New Business Strategy

새로운 경영전략

이덕훈 저

도서출판 두남

머리말

Preface

필자가 스토라티치(ストラテジー)란 단어를 처음 접한 것은 일본의 게이오 대학 대학원 석사과정에 재학 중인 1980년대 중반이었다. 일본에서는 전략이라고 하지 않고 스토라티치란 단어를 사용하여 처음에는 알지 못했으나 스트래티지(strategy)의 일본식 표현이었다.

게이오 대학의 원로교수들은 챈들러(Alfred DuPont Chandler)의 저서『Strategy and Structure(1962)』에서 기업의 성장을 계획하고 이행하는 것이 "전략(strategy)"이며 이러한 활동과 자원 관리를 위해 고안된 조직을 '구조(structure)'로 생각하고, '조직(구조)은 전략에 따른다(structure follows strategy)'라는 명제로 전략을 설명하던 때였다.

당시의 일본이 세계최강의 시기였던 만큼 대학원에서도 전략에 관한 과목이 상당히 많이 차지하였다. 게이오 대학의 S교수는 일본인 대학원생들 사이에는 마이클 포터(Michael Porter)의 논문과 '경쟁요소가 전략을 형성하는 방법'(How Competitive Forces Shape Strategy, Harvard Business Review 57, No.2, 1979)과 저서인『Competitive strategy(1980)』를 이용해서 이 과목, 저 과목에서 강의를 한다고 할 정도로 포터의 전성기였다고 할 수 있다.

또한 T교수는 포터의(Competitive advantage, 1985)를 영어원서로 수업을 하여 한국인인 필자는 영어원서를 읽고 일본어로 발표를 하게 되었는데 초기에는 경영용어와 일본어의 미숙으로 초기에는 일본인 대학원생들이 알아듣지 못해 상당한 쇼크를 받았다. 포터의『경쟁전략(Competitive strategy, 1980)을 통해 나는 당시 처음으로 전략과 경쟁의 개념을 처음 접했다. 이 당시만 해도 일본은 미국 기업의 전략을 높이 평가했는데 1981년 리처드 파스케일(Richard Pascale)과 앤서니 아토스(Anthony Athos)는 공동저서인『The Art of Japanese Management』, 톰 피터스(Tom Peters)의『In Search of Excellence(1982)』는 일본기업의 성공전략을 설명하면서 일본적경영의 최전성기를 맞게 되며 필자의 혼자만의 생각일지는 모르지만 일본인의 장점인 겸손한 태도가 사라지는 느낌을 받았다.

1979년 첫 발매한 휴대용 카세트테이프 리코더 & 플레이어다인 워크맨이 세계적으로 성공하면서 일본제품의 우수성과 1985년 플라자 합의에서 엔고정책이 이루어져 1년 후에는 달러의 가치가 1달러에 235엔에서 120엔 대로 갔지만 일본인의 자신감이 넘치던 시기였다.

소니, 도요타, 혼다, 파나소닉 등 일본기업의 전략은 세계적으로 인기가 있었다. 그런데 약 10년 뒤에 「대부분의 일본 기업에는 전략이 없다.」 이것은 포터가, 1996년의 하버드·비즈니스·리뷰지에서 발표한 논문 『전략이란 무엇인가』(What is Strategy?) 안에 있는 칼럼의 타이틀이다.

여기에서 포터는 일본 대기업에는 전략이 없다. 있는 것은 업무효율뿐이다. 기업들이 전략은 없고 비슷한 행동을 취하면서 극심한 경쟁(Rat Race)으로 이익이 줄어든다고 지적하게 된다.

그의 말이 맞았는지는 차치하고 우리에게는 도저히 뛰어 넘을 수 없던 넘사벽이었던 소니를 삼성이 이기면서 한국인들도 자신감(?)을 갖게 된다.

이시기에는 하멜과 프라할라드(Gary Hamel과 C. K. Prahalad)의 전략으로서의 핵심역량(Core Competency), 티스(David J. Teece) 의 동적 역량(Dynamic Capabilities)으로 이어지면서 전략의 혼돈시대가 등장한다. 이를 민츠버그(Henry Mintzberg)는 전략 사파리(Strategy Safari, 2005)라고 부르며 수많은 전략에서 혼란스러운 전략의 정글에서 진정한 전략의 실체를 발견하라고 주장하기도 했다.

그렇다면 전략은 무엇인가? 필자는 기업이 시장에서 생존하기 위한 경영의 나침반이며 장기적인 기본 설계도로 정의했다. 그러나 최근의 대기업에서의 미래는 어디로 갈 것인가 하는 현재의 상태를 불안해할 때 포터의 정의가 최근에는 가슴을 울린다.

'전략의 본질은 무엇을 할 것인지 않을 것인지를 선택하는 것이다(The essence of strategy is choosing what not to do).'라고 한 것은 최고경영자의 심정을 표현한 말이라고 하겠다.

필자가 중요하게 생각했던 토종커피의 성공신화 즉 카페베네의 사례는 포터의 전략의 본질을 생각나게 한다. 한국 커피업계의 신화로 꼽히던 K사장의 죽음과 K대표의 몰락은 나를 슬프게 하고 있다. 카페베네는 스타벅스, 파스쿠치 등 골리앗 브랜드가 즐비한, 그것도 많은 사람이 레드오션으로 여겼던 커피 전문점 시장에서 놀라울 만큼의 성공을 거뒀으나 불과 15여년 사이에 그들의 아성은 사라졌다(물론, 아직은 기회가 있다). 그러나 여기에서 배울 점은 한 번의 성공도 중요하나 그보다도 중요한 것은 수성(守城)전략 또한 중요한 전략임을 우리에게 알려주었다는 것이다.

지금은 전통적 기업, 전통적 경영과는 다른 글로벌사회와 다원화사회의 경영환경의 변화에 대응하기 위한 새로운 전략의 재정립이 필요한 시기이다. 따라서 본 교재는 이러한 위기를 극복하여, 창업을 하고, 성공으로 이어지면서 사회적 문제를 해결하기 위한 기업이 어떠한 전략으로 어떻게 대응해야 하며, 어떻게 전략을 세워 글로벌 기업으로 성장시켜야 하는가를 중심으로 집필되었다고 할 수 있다.

2020년 4년간의 대학총장직을 마치고 지도교수였던 후지모리 교수의 초청으로 필자의 모교인 일본 게이오 대학의 객원교수로 가서 일본기업의 전략을 새롭게 보려했던 생각은 코로나가 한창이었던 2020년 3월말 후지모리 교수의 소천(召天)으로 잠시 멈추게 되었으며 정말 아쉽게 생각한다. 전략이라는 단어를 알게 해주고 국적을 떠나서 연구하게 도와준 필자의 은사이신 일본 게이오 대학의 명예교수이신 고 후지모리 교수님께 다시 한번 깊은 감사의 인사를 드린다.

2022년 매미소리를 들으며
6월의 마지막 날 대전의 한 파스쿠치에서
이 덕 훈

차 례

Contents

01 Chapter 기업과 환경, 전략

제 1 절 환경과 적응이 갖는 기능의 중요성

1. 생존을 위한 변화 : 혁신과 진화

장대한 지구의 역사는 생물의 성쇠가 반복된 역사라 할 수 있다. 그 중 가장 극적이라고 할 수 있는 것은 거대한 공룡이나 맘모스 같은 동물이 지구에서 자취를 갖춘 것과는 반대로 육체적으로는 작지만 인류는 점점 인구가 증가하여 지구상에 최고로 번영하는 존재로 성장되었던 것이라 하겠다. 공룡이나 맘모스가 살아남지 못한 것과 인간이 살아남고 번영한 이유는 여러 가지 이유가 있겠지만 간단히 이야기하자면 변화하는 환경에 적응, 또는 환경을 움직일 수 있는 능력과 지혜가 있었기 때문이라고 하겠다.

또한 우리 인류의 역사에도 민족이나 국가 간에도 성쇠가 있었던 것은 역사상의 문제뿐만 아닌 현실의 문제로 실감할 수 있다. 생물에 있어서의 종·류, 인간에 있어서의 국가·민족 그리고 개인에 대해서도 각각 환경과의 관계가 중요한 의미가 있다고 하겠다. 기업의 세계에서는 생존경쟁을 위해서 특히 '성장과 전략'이라는 말이 사용되고 있다.

성장이란, 생물로 말하자면 자라서 커지는 것이고 기업으로 말하면 기존 사업을 보다 효율적으로 운영하고 규모 확대를 도모하는 것에 해당한다.

우리나라의 기업에서는 혁신과 파괴라는 말이 등장하지만 미국과 일본기업에서는 진화(進化)란 단어가 등장한다. 진화란 생물에서 유전자 수준에서 변화를 일으켜, 환경의 변화에 적합한 생명체를 만드는 것이다. 이것은 생물이 살아남기 위해 필요한 것으로 진화하지 않는 생물은 멸망해 간다.

기업으로 말하면, 업태나 조직을 개혁해, 새로운 사업 분야에 도전하는 것이 이에 해당한다. 기업의 조직뿐 아니라 모든 조직은 비록 쇠퇴가 시작되더라도 지금까지 그대로의 일을 답습해 가려는 본능이 있고, 기존 사업을 바꾸거나 변화하려는 의지보다는 그대로 계속하려는 본능을 갖고 있다.

하지만 이 본능대로 살아가는 기업이나 조직은 변화에 적응할 수 없고 쇠퇴해 갈 수밖에 없다. 진화(進化, evolution)는 다르다. 기업은 성장 본능과 달리 진화에 대해서는 겁을 먹기 쉽다. 사실 진화는 기업의 본능에는 없는 것이기 때문이다. 진화란 생물 집단이 여러 세대를 거치면서 변화를 축적해 집단 전체의 특성을 변화시키고 나아가 새로운 종 의 탄생을 형성하는 관찰된 자연 현상을 가리키는 생물학 용어이다. 기업에서도 기존사업보다는 새로운 종(사업)의 탄생이 필요하기 때문이다. 따라서 기업에는 진화하려는 강한 의지가 필요하다.

기업이 진화해 나가기 위해서는 기업조직의 본능을 거스르고 도산하면 안 된다는 시대의 변화를 읽고 용기를 가지고 새로운 것을 실행해 나가려는 강한 의지가 필요한 것이다.

2. 비즈니스와 생물의 생존은 유사점이 많다

왜 일부 기업은 번창하고 다른 회사는 소멸하는가? 생존의 비결은 무엇인가? 그리고 성공의 비결은 무엇인가를 논의 하다 보면 환경과 전략이 등장한다. 그런 의미에서 비즈니스와 생물은 비슷하다고 보는 사람이 많다.

우리가 잘 아는바와 같이 비즈니스(기업)는 살아있는 유기체라고 할 수 있다. 기업은 많은 조직이 전체의 이익을 위해 함께 작동해야 하는 시스템이므로 한 조직이 움직이지 않으면 때로는 큰 실패로 이어질 수 있다. 이것은 생물도 마찬가지이다.

생물인 우리 인간을 보면 한 조직이 움직이지 않으면 큰 병으로 이어지거나 때로는 생명을 잃을 수도 있다. 기업이나 생물은 둘 다 조직(부품)간의 정확한 정보의 적시 통신에 의존하며 기업이나 생물은 둘 다 스트레스, 과로, 노화 및 질병에 취약하다.

그리고 기업과 생물 둘 다 종종 적대적이고 변덕스러운 환경에서 적응하여야 한다. 따라서 시간이 지남에 따라 기업이나 생물이 환경에 적응하지 못하면 사라지기 때문에 진화를 필요로 한다.

생물학의 에코시스템(ecosystem) 개념을 경영학, 특히 경영전략이나 조직간 관계의 논의에 최초로 도입한 것은 제임스 무어(James Moore)라고 한다.

무어는 '포식자와 먹이'라는 논문[1]을 저술하면서 경쟁의 새로운 생태계로서 경제 및 기술 시스템의 변화를 연구하고 비즈니스 생태계, 인터넷 생태계, 동맹 및 동맹 기

---

1) James F. Moore (1993), Predators and prey : A new ecology of competition, Harvard Business Review, 71(3), 75-86.

반 경쟁에 대한 생태학적 접근으로 전략 경영 분석의 새로운 기술과 틀을 구축했다.

그리고 다음의 『경쟁의 죽음: 비즈니스 생태계시대의 리더십과 전략(The Death of Competition: Leadership and Strategy in the Age of Business Ecosystems)』이라는 저서에서 생물학적 생태학을 은유로 사용하여 오늘날의 비즈니스 환경이 자연속의 유기체처럼 기업이 자신의 비즈니스 생태계 내에서 공존하고 공존해야 하는 방법을 보여주면서 유명해졌다. 무어는 특히 IBM과 Microsoft 간의 긴밀한 협력/경쟁 관계에 대해 설명하고 비즈니스가 고객, 공급업체, 투자자 및 지역 사회와의 협력을 강화하는 데 사용할 수 있는 포괄적인 틀을 제공하였다.

▲ 경쟁의 죽음

▲ 제임스 무어

그 후, 많은 연구자들이 서로 다른 관점, 문제의 측면과 접근에서 복잡한 비즈니스 환경을 설명하기 위해 비즈니스 에코시스템의 개념을 이용하여 정리하여 발전시켰다. 그중 하논(Hannon)은 경제학과 생태학에는 많은 공통된 특징이 있다고 주장한다.[2] 양자는 모두 생산 교환, 자원의 축적, 존속 방법을 갖고, 동적이고 유기적인 시스템이기 때문이다. 또한 레윈(Lewin)도 생물과 마찬가지로 기업은 상호 작용이 자주 발생하는 네트워크에서 활동하고, 로컬 수준에서 지역 경제를 형성하고 글로벌 수준에서 세계 경제를 형성하고 있다는 점에서, 생물학과 비즈니스 세계의 비유를 얻을 수 있다고 주장했다.[3] 기업은 단순히 자연 생태계를 닮은 것이 아니라 오히려 그들은 몇 가지 기본적인 특성을 공유하고 있다. 생물 에코시스템과 경제 에코시스템은 복잡한 적응시스템이며, 심층구조에서는 동일한 법칙을 따른다고 주장하고 있다.

그런데 2016년 하버드 비즈니스 리뷰에서 기업 생존의 생물학(The Biology of Corporate Survival)이란 흥미로운 논문이 발표되면서 자연 생태계는 비즈니스에 놀라운 교훈을 주고 있다고 주장하였다. 우선 이들은 기업은 어떻게 번성하고 지속할 수 있는가에 대한 질문을 제시하며 이들은 기업이 중요한 측면에서 생물학적 종과 동일하다는 점을 강조하는데 기업과 생물 둘 다 복잡적응계(complex adaptive systems)란 환경을 극복하여야 하기 때문이다.

---

2) Bruce Hannon (1997), The Use of Analogy in Biology and Economics from Biology to Economics, and Back", Structural Change and Economic Dynamics, 8 : 471-488.

3) Roger Lewin (1999), Complexity : Life at the edge of chaos, Chicago, IL, The University of Chicago Press.

미국의 기업은 점점 더 빠른 속도로 사라져가고 있다고 하며 사실, 그들은 향후 5년 안에 상장폐지 될 확률이 3분의 1이라고 주장한다. 이들은 그들이 환경의 복잡성 증가에 적응하는 데 실패하고 있다고 주장한다. 즉, 이러한 환경을 잘못 읽거나, 전략에 대한 잘못된 접근 방식을 선택하거나, 올바른 행동과 기능으로 실행 가능한 접근 방식을 지원하지 못하는 것이라고 주장한다.

이들은 비즈니스 전략, 생물학 및 복잡한 시스템의 교집합에 대한 연구를 바탕으로 보스톤 컨설팅그룹(BCG)의 연구원인 리브(Martin Reeves)와 우에다(Daichi Ueda)는 프린스톤(Princeton)대학의 생물학자인 레빈(Simon Levin)과 함께 복잡적응계(complex adaptive systems)으로 알려진 것에 견고성을 부여하는 6가지 원칙, 즉 직접 적용 가능한 원칙을 설명하고 있다.

3. 기업의 수명과 적자생존

1) 기업진화론

세계적 경제매거진 '포춘'(Fortune)이 매년 발표하는 500대 기업, 포춘이 처음 500대 기업 순위를 발표한 게 1955년이다. 그렇다면 당시 500대 기업에 포함된 기업들은 여전히 글로벌 기업으로서 자리를 지키고 있을까. 우연히 비즈시프트 트랜드 닷컴(bizshift-trend.com)이라는 인터넷기사를 보니 맥킨지의 자료를 인용한 기사를 보니 다음과 같이 나왔다.

1955년 첫 조사가 시작된 후 500대 기업에 선정된 후 60년 지난 2016년에도 500대 순위에 포함된 기업은 전체의 12%인 60개 기업에 불과했으며 나머지 88%인 440개 기업은 파산했거나 또는 타 기업에 인수·합병된 것으로 나타났다. 향후 10년 뒤에는 약 30개의 기업이 리스트에서 사라질 것이라고 예측하였다.

최근 60년을 돌아보면 기업의 평균 수명이 극단적일 정도로 짧아지고 있다. 1955년 기업의 평균 수명은 75년, 2015년 기업의 평균 수명은 15년이다. 지금 미국에서는 기업이 평균 15년 정도에 생애를 끝내고 있는 것이다.

이것을 학계에서는 생존 경쟁(the struggle for existence), 적자생존(the survival of the fittest), 자연선택(자연도태, natural selection)라는 키워드로 설명하고 있다.

적자생존(適者生存, Survival of the fittest)은 1864년 영국의 철학자인 허버트 스펜서가 『생물학의 원리(Principles of Biology)』에서 처음으로 사용한 인간들의 사회적 생존경쟁의 원리를 함축시킨 사회학과 철학 용어로 처음으로 사용되었다. 이 용어는 찰스 다윈에 의해 생물체나 집단체의 다양한 환경 적응력이 높을수록 오래 살아남는다는 의미를 가진 진화론 영역의 과학 용어로 더 확고한 뜻으로 발전되었으며 그것은 그의 저서인 1869년『종의 기원(On the Origin of Species)』에서 잘 나타났으며 자연선택 이론에도 큰 영향을 미쳤다고 한다. 여기에 등장하는 것이 기업진화론인데 기업진화론은 경제진화론과 사회진화론 등 사회과학에서 사용되고 있다. 특히 사회 진화론은 다윈의 생물진화론을 개인과 집단에 적용시킨 사회 이론이다.[4)]

2) 기업의 평균수명

세상의 모든 것들이 수명이 있는 것처럼 기업도 언젠가는 생을 다해 사라질 수 있다. 끊임없이 혁신에 매진하고 구조조정 등으로 살 길을 모색해 보지만 급변하는 기업 환경과 다변화되는 고객의 기대를 따라잡기란 여간 어려운 일이 아니기 때문이다.

실제로 기업들의 평균 수명을 살펴보면 과거보다 현격히 짧아진 것을 확인할 수 있다. 세계경제포럼(WEF)의 2018년 1월의 보고서에 따르면 미국의 S&P500 지수 편입 기업들의 평균수명은 1920년대에 67년이었으나 2018년 현재 15.18년에 불과하다고 한다.

글로벌 전략 혁신 컨설팅 그룹 이노사이트(Innosight)의 격년 기업 장수 보고서에 따르면 기업의 수명은 장기적으로 감소하고 있다고 한다. 최근 발표한 '2018 기업 존속 전망'에서 1964년 평균 33년(30년-35년)이던 S&P500 기업의 존속기간이 2016년에는 24년으로 감소했고 2027년에는 약 12년으로 급감할 것이라고 전망했다. 여기에서 등장하는 S&P500 지수는 국제 신용평가기관인 미국의 스탠더드 앤드 푸어스(Standard 피치(Fitcand Poors, 약칭 S&P)이 작성한 주가 지수이다. 스탠더드 앤드 푸어스는 무디스(Moody's) 등과 함께 세계 3대 신용평가 기관으로 불리고 있다.

이노사이트는 2017년 발표한 보고서에서 2012년 S&P500에 들었던 기업의 75%가 15년 후인 2027년에는 탈락할 것이라고 전망하기도 했다. Innosight의 격년 기업 장수 보고서에 따르면 기업의 수명은 장기적으로 감소하고 있다.

이것만 보면 세계경제는 우울하지만 사실은 우리나라 기업들의 상황은 더 좋지 않다. 대한상공회의소가 2016년 8월1일 전국의 제조업체 2400여 곳을 대상으로 실시한 '저성장 시대에 대한 인식과 대응 전략 조사' 결과에 따르면 응답 기업들이 예상한 자사의 잔존수명은 평균 10년도 채 되지 않았다고 한다. 예를 들면 '대내외 환경 변화에 대처하지 않으면 귀사의 생명력은 얼마나 유지될까'라는 질문에 평균 8.4년이라고 응

4) 사회 진화론의 중심 개념은 19세기에 등장한 '생존 경쟁'과 '적자생존'인데, 이 두 개념의 적용 범위가 개인인가 집단인가에 따라 자유방임주의와 결합하기도 하고 민족주의나 제국주의와 결합하기도 하였다.

답한 것이다. 업종별로는 시장 상황이 빠르게 변화하는 전자업종이 6.5년으로 가장 짧았고 다음이 자동차로 8년, 기계·철강 9년, 정유 10년, 섬유는 15.9년으로 나타났다.

그런데 이노사이트(Innosight)의 주장은 우리에게 새로운 것을 보여준다. 매년 많은 기업들이 대기업의 시장 가치 감소 또는 인수로 인해 S&P500 리스트에 탈락된다([그림 1-1] 참조). 2020년에는 18개 기업이 추가되거나 탈락했으며, 2019년과 2018년에는 20개 기업이 탈락되었다고 한다. 이러한 이유는 과거와는 달리 전통산업만 고유하는 업종은 탈락하게 된다는 것을 의미하며 과거의 업종이나 산업을 창조적인 파괴로 새로운 방법을 만들고, 이 파괴적인 힘은 특히 전체 산업이 빠르게 성장하는 "하이브리드 산업"으로 등장하게 된다는 것이다.

즉, 하나의 업종으로 성공을 거둔 기업이 시장에서 확실하게 생존하며 성장을 계속하는 것은 쉽지 않다. 업무 효율을 높이기 위한 기간 업무 시스템, 클라우드, 컴퓨터 지원 설계(Computer Aided Design : CAD)나 차세대 서비스의 창조 또는 비즈니스 모델의 변화로 이어질 가능성이 높은 모바일, 기계 학습/AI(인공지능), 사물인터넷(IoT, Internet of Things) 등 디지털 기술은 급속히 진화를 이루고 있다.

따라서 이러한 기술에 투자하는 많은 기업에 있어서, 디지털화가 '이노베이션' 그 자체를 의미하게 되면서, 앞으로 기업이 시장에서 살아남기 위해서는 혁신적인 혁신 전략을 추진하고 핵심 업종을 뛰어 넘는 새로운 비즈니스 기회를 파악하여 업종의 융합을 지속적으로 수행하는 것이 중요하다.

[그림 1-1] Average company lifespan on S&P 500 Index in years(rolling 7-year average)

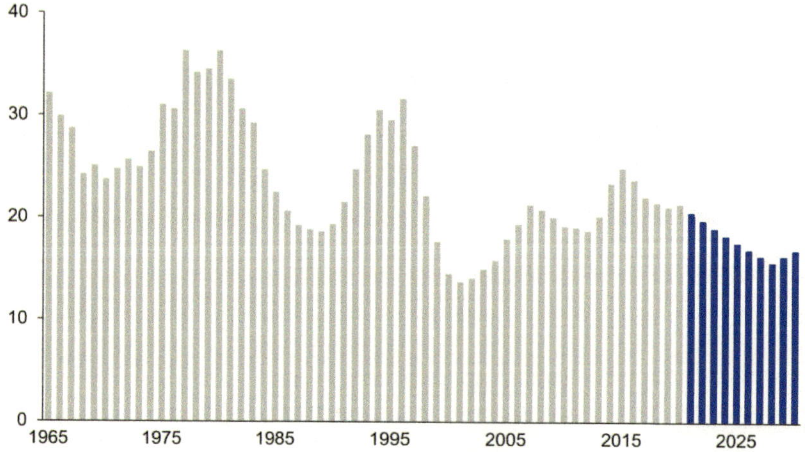

Data : Standard & Poor's : Innosight analysis based on public S&P 500 data.
sources : endnote on methodology.

3) 기업의 생존율과 장수기업

우리나라 기업들은 창업한 지 1년 이내에 10곳 중 4곳이 사라지며 5년 이상 살아남는 기업은 10곳 중 3곳도 되지 않는다는 조사 결과가 있다. 한국무역협회 국제무역연구원이 2017년 9월 20일 발표한 '국제 비교를 통한 우리나라 기업 생태계 현황 점검' 보고서에 따르면 우리나라 신생 기업의 5년 생존율은 2015년 기준 27%였다. 독일, 프랑스, 영국, 스페인, 이탈리아 5개국 평균 42%와 비교하면 3분의 2 수준에 불과하다. 또한 창업1년 생존율도 영국 92.2%, 프랑스 82%, 이탈리아 80.4%, 독일 및 스페인 76.5%보다 현저히 낮은 62.4%에 그쳤다.

코로나 바이러스로 인한 각국이 여행제한과 봉쇄 조치를 통하여 세계 경제적 불황이 기정사실화 되었고, 사회적거리두기 등으로 불황으로 이어진 세계경제는 위드코로나 등으로 조금 좋아진 듯 보였으나 세계 경제가 심각한 경제적 영향을 주게 되었다. 코로나19 팬데믹으로 인한 대규모 해고가 발생하고 있으며, USA투데이 등에 따르면 미국 노동부 발표에서 미국에서도 해고된 노동자들이 급증 하였는데 특히 호텔과 관광부분이 직격타를 맞았다고 한다.

일반적으로 기업의 평균 수명은 일반적으로 30년이라고 하는데 창업으로부터 100년 이상 계속하는 것은 쉬운 일이 아니다. 그러나 일본은 장수기업 대국이라 할 정도로 창업 100년 넘는 기업이 세계에 비해 압도적으로 많은 나라이다.

일본의 닛케이 BP 컨설팅·주년 사업 연구소 조사(2020년 3월 발표)[5]에 따르면 세계 창업 100년 이상의 기업이 총 8만 66사 중 일본 기업은 41.3%인 3만 3076사로 세계 가장 많은 결과를 보이고 있다. 또한, 창업 200년 이상의 기업에서는, 65%를 차지해 단연 1위이다.

그런데 일본의 100년 이상의 노포(老鋪)의 기업에 공통되는 특징에는 "유연함"이 있다. 다시 말하면 너무 전통을 고집하지 않으며 유행과 전통을 절충하여 기업의 아이덴티티를 이어나가는 방식이라는 점이다.

그런데 우연히 200년 넘은 일본과자인 화과자 사장을 만난 적이 있다. 그런데 깜짝 놀란 것은 조그만 기업인데도 다양한 업계의 리더들을 초대해 강연회를 열거나, 사원에게 해외 시찰의 기회를 주거나 겸손하게 계속 배우고자 하는 자세가 있었다는 점이다. 필자는 200년 넘는 일본의 화과자(和菓子) 기업은 이노사이트의 주장대로 본업과 새로운 업종을 연결한 하이브리드화로 이어졌으며 이러한 유연성과 학습성이 8대째 200년이란 세월이 흘러도 존속하였을 것으로 보고 있다.

---

5) 日経BPコンサルティング·周年事業ラボ2020年 調査

4. 변화는 진화와 혁신에 의해 이루어진다

기업이나 조직은 환경에 적응하지 못하면 사라지기 때문에 환경적응은 변화에 가장 중요한 요소이다. 찰스 다윈(Charles Darwin)이 주장했던 말 중에 필자는 너무나 감동을 받았는데 이 말은 현대기업에 맞는 말이라고 생각한다.

> "가장 강한 것이 살아남는 것이 아니고, 가장 똑똑하다고 해서 살아남는 것도 아니다. 변화에 가장 잘 적응하는 것(종)이 살아남는다."
>
> "It is not the strongest of the species that survives, nor the most intelligent, but the one most responsive to change."

위대한 천체물리학자 '스티븐 호킹(Stephen Hawking)' 박사는 한층 더 변화에 적응하는 능력을 중요하게 생각한다. 그는 "지능은 변화에 적응하는 능력(Intelligence is the ability to adapt to change.)"이라고 주장하여 변화에 적응하는 것을 높이 평가했다.

디지털 마케팅과 소셜 미디어의 선구자인 게리 베이너척(Gary Vaynerchuk)은 "혁신하지 않으면 죽는다(If you don't innovate, you die.)"라는 말로 유명할 정도로 혁신을 중요시 하고 있다.

그런데 일반적으로 우리가 환경에 적응하기 위해서는 진화(Evolution)와 혁신(Innovation)의 두 종류의 "변화"가 필요하다고 생각한다. 진화는 천천히 움직이는 변화이며 혁신은 갑작스런 변화의 의미이다.

일반적으로 영리기업이나 비영리기업의 회장들은 조직에서의 일에는 95%의 '루틴'함의 진화와 5%의 '새로움(창조)'이 필요하다고 말을 한다.

즉 95%의 "루틴"의 변화 대해서는, 한 걸음 한 걸음의 진화(Evolution)이고 , 즉 작은 걸음단계의 변화가 필요하며, 5%의 "창조"에는 과감한 혁신(Innovation)에의 대처, 위대한 변화에 도전하는 것이 필요하다고 생각한다.

어느 기업이나 조직에서 성공한 조직은 항상 진화(Evolution)와 혁신(Innovation), 두 개의 변화가 필요하기 때문이다.

▶ 진화(Evolution)의 관리

목표를 명확히 하고 도달하기 위해 현장에서 할 수 있는 일을 한 걸음 한 걸음 쌓아가는 접근이며 작업하는 단계를 결정하고 작은 변화를 일으키는 것이 중요하다.

▶ 혁신(Innovation)의 관리

자신들이 제공해 나가야 할 미래가치를 생각하고 본질적으로 가치 창출에 도전하는 접근이며 자율적인 개인이 모여, 뜻을 공유하고, 열정 있는 컨셉이 필요하다. 수많은 시행착오를 거듭하면서 시간을 들여 포기하지 않으면 마지막에 성공의 열매가 기다린다.

하버드 비즈니스 스쿨의 클레이턴 크리스텐센(Clayton M. Christensen) 교수는 1997년 발간한 그이 저서 "혁신가의 딜레마(The Innovator's Dilemma)"에서 한마디로, 과감한 파괴적 혁신(disruptive innovation)을 할 것인가, 기존 기술의 연장 노선으로 갈 것인가라는 시기에서 혁신가의 딜레마를 설명하였다. 특히 대기업이 기술에 직면하였을 때에는 파괴적 혁신의 단어를 사용했지만 내용은 비슷하다.

본서에서는 조직(기업을 포함)의 변화의 흐름에 대해 진화와 혁신의 개념으로 설명했다. 그러나 세상의 변화도 변화 없이는 불가능하지만 이것은 항상 도전을 필요로 한다.

따라서 항상 도전과 변화는 혁신의 기본(Challenge & Change is Basic of Innovation)이라고 생각한다. 기업이 환경에 적응하지 못하고 소멸되는 것은 진화와 혁신이 없었기 때문이고 이에 대한 도전이 없었기 때문이다. 기업이 소멸되어 사라지는 것은 시장에서 환영받지 못하는 제품, 즉 상품이나 서비스를 제공하지 못하는데서 비롯된다고 하겠다. 일반적으로 기업의 수명은 30년이라고 하는데, 이것은 정확하게 말하자면 어느 사업, 상품으로서의 재화, 서비스가 시장에 받아들여 소비자에게 인식되는 것은 겨우 30년이라는 말이기도 하다.

다시 말하면 상품에 대한 수요가 변화하기 때문이라 하겠다. 이러한 이유는 여러 가지가 있겠지만 한마디로 말하면 인간들의 사고, 생활습관, 또는 그것을 둘러싼 상황의 변천, 즉 환경의 변화이다. 기업은 환경의 변화에 맞춰 사업의 내용, 사업의 진행방법을 변화시킨다. 기업변신, 또는 리스트럭춰링(Restructuring, 재구축)으로 불리기도 한다.

우리가 사용하고 있는 볼펜은 영어로는 볼포인트 펜(Ballpoint pen)의 줄임말이라고 한다. 볼펜을 처음 만들고 사용한 사람은 헝가리의 신문 기자 비로 라슬로(Bíró László, 1899-1985)라고 하는데 만년필의 잉크가 새고, 뭉치고, 번지는 현상을 해결해 보려 빨리 마르는 윤전기 잉크를 넣어 사용했더니 잉크가 너무 빽빽해 만년필에서 잉크가 잘 나오지 않았다. 그 후 그는 만년필촉을 대신할 금속 볼 베어링을 사용하여 볼이 굴러

가며 잉크가 흘러나오는 펜을 고안해 낸다.

1938년 영국에서 특허를 취득하고, 1941년에 나치 독일을 피해 아르헨티나로 이주하면서 이 나라에서 회사를 설립하고, 1943년에 이 나라에서 특허를 취득해 바이롬(Birome)이라는 브랜드 명으로 판매했다고 한다. 영국 공군이 이 펜의 라이센스(Biro)를 채용해, 볼펜은 만년필보다 잉크가 누출되기 쉬운 높은 고도의 비행 중에 사용하기 편한 것으로 알려져 전쟁 중에 많이 사용되었다. 1945년에 비로의 Birome펜을 에버샤프사와 레이놀즈사가 양산화, 전후의 미국에서 붐을 일으켰다. 마르셀 비크(Marcel Bich)는 1950년대 미국 시장에 볼펜을 도입했으며, 비로로부터 라이센스를 받았으며, 아르헨티나 디자인을 기반으로 한다. Bich는 1953년에 그의 이름을 Bic으로 줄였으며, 현재 전 세계적으로 인정받는 볼펜 브랜드가 되었다. 빅 펜은 회사가 "처음으로 글을 쓸 때마다!" 1960년대 광고 캠페인이다. 이 시대의 경쟁으로 인해 볼펜의 단가가 크게 떨어졌다.

세계에서 가장 인기 있는 펜은 2006년 9월에 판매된 1,000억 달러에 달하는 빅스빅 크리스탈이다. 1950년에 출시되었으며, 다른 브랜드보다 훨씬 빠르고 더 빨리 초당 57개 판매를 했다고 한다.

[그림 1-2]에서 보여지듯이 볼펜이 등장하기 전에는 만년필이 주 필기도구였지만, 1949년대부터 볼펜의 사용량은 증가하면서 1969년에는 만년필 사용량을 능가하기 시작하였다. 1974년에는 만년필 사용량이 최저에서 조금씩 증가하기 시작한다. 만년필 잉크 대신에 호환하는 카트리지를 보급하면서 만년필도 조금씩 사용량이 증가하는 것을 보면 고객중심으로 이어지면 기업은 도산하지 않는다.

[그림 1-2] 만년필과 볼펜의 생존경쟁

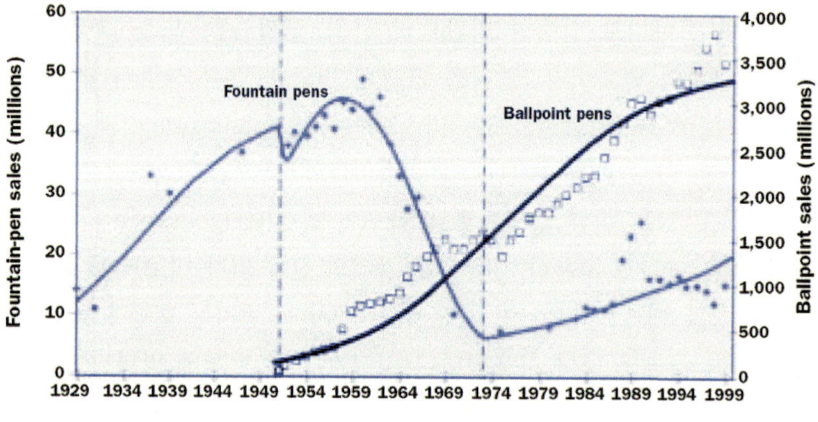

제 2 절 기업의 변화와 생존경쟁

"천재는 99%의 노력과 1%의 영감으로 만들어진다."는 세계적인 발명가 토머스 A. 에디슨(Thomas A. Edison)의 명언은 어렸을 때부터 많이 들어왔지만 에디슨이 설립한 회사가 미국의 GE(General Electric Company)라는 것을 아는 사람은 많지 않다.

GE는 1878년 토머스 A. 에디슨(Thomas A. Edison)이 설립한 이래 150년간 세계 최고의 지위를 누리고 있다. 물론 20년 전인 2000년 만해도 GE는 지난 5년간 전 세계에서 시가총액이 가장 큰 회사로 비즈니스위크 선정 글로벌 1,000대 기업 순위에서 1위를 유지하고 있었다. 최근의 2020년에 GE는 포춘지 선정 500대 기업 중 총 매출로 미국에서 33번째로 큰 기업으로 선정되었으며, 2011년 GE는 포춘지 선정 20대 기업 중 14위를 차지했다. 과거의 GE는 아니라고 하지만 150년간의 세월을 생존하면서 미국의 메이저 기업으로 성장한 기적은 놀랄만하다.

미국기업에서 100년을 넘은 장수기업이면서 우리에게 알려진 세계적인 기업은 엑슨모빌, 쉐브론텍사코, 씨티그룹, 알트리아그룹, JP모건체이스, 파이자, P&G, 존슨앤존스 IBM, AIG, 뱅크오브 아메리카 등이다. 이에 비해 우리 한국기업의 기업 환경은 미국과는 다르다. 우선 자본주의의 역사가 짧은 것도 그중 한 이유에 해당되겠지만 환경에 적응하지 못한 기업과 전략에 실패한 기업 등으로 구분할 수 있다.

이런 것을 보면 어제의 인기산업이 오늘은 사양산업이 되는 기업경영의 법칙은 영원한 성장산업은 존재하지 않으며, 성장산업이 되기 위해서는 끊임없이 환경과 대응우위를 가져야 한다는 중요한 지적을 우리에게 주고 있다. 이것은 또한 다음의 표에서도 설명할 수 있다. 〈표 1-1〉은 한국기업의 10대 대기업의 변화순위를 시계열적으로 나타낸 것이다.

우리는 여기에서 다음을 지적할 수 있다. 1950년대 상위 10개 대기업 집단 중 70여년이 지난 현재까지 동일한 지위를 점하고 있는 기업집단은 삼성과 LG 2개에 불과하며 1960년대 상위 10개 대기업 집단 중 60년 동안 남아 있는 기업은 삼성, 현대, LG 3개이다. 그리고 1965년 100대 기업을 기준으로 1995년까지 생존한 기업은 불과 16개뿐이고,[6] IMF를 겪은 뒤의 1999년까지를 보면 1965년-1995년의 100대 기업 중 생존기업은 불과 13개에 불과하다는 점이다.

---

6) 국제신문, 2016.01.18.

〈표 1-1〉 한국대기업의 변화순위

	1950년	1960년	1970년	1980년	1990년	2000년	2010년	2020년
1	삼성	삼성	현대	삼성	현대	삼성전자	삼성전자	삼성전자
2	럭키	럭키	삼성	현대	대우	현대	POSCO	SK
3	금성(쌍용)	현대	럭키금성	럭키금성	삼성	삼성	현대	삼성바이오로직스
4	판본	한진	대우	대우	LG	SK	현대중공업	네이버
5	삼호	효성	선경	선경	SK	현대자동차	MOBIS	LG화학
6	삼양사	쌍용	쌍용	쌍용	한진	LG International	삼성생명	삼성전자 우선주
7	동양	대우	한국화약	기아	쌍용	삼성생명	LG화학	셀트리온
8	대한	두산	효성	한진	한화	LG전자	신한금융	현대자동차
9	개풍	동아건설	국제	롯데	금호	한국전력	KB금융그룹	카카오
10	화신	신동아	한진	한국화약	롯데	SKGlobal	한전	삼성SDI

자료 : 〈포브스〉, 2007; 2020년 공정거래위원회, 각 년도.

그리고 한국 기업과는 직접적인 관계는 없지만 1960년 이후 세계 100대 기업의 30년간 잔존율은 38%인데 그중 미국기업은 21%, 일본기업은 22% 정도인 것과 우리를 비교해보면 우리기업의 생존율이 선진국보다는 낮으며 그만큼 우리기업은 외부의 환경에 영향을 받고 있다는 것이다.7)

특히 우리나라의 기업부침이 심한 이유는 급격한 환경변화와 치열한 경쟁을 들 수 있으나 이러한 기업 내부요인보다 정부 등의 기업 외부요인이 더욱 크게 작용한다는 점을 잊어서는 안 된다. 우선 1960년대의 기업부침은 1960년대 후반 불황이 닥치면서 외부자금 의존도가 높고 산업구조 변화에 적응하지 못한 많은 기업들이 도산(제1차 부실기업정리)하였다.

그리고 1973년과 1979년의 제1차, 제2차 오일쇼크로 인하여 80년대 초 중화학 투자 조정과정에서 성장한계에 부딪힌 기업들이 몰락한 반면, 첨단산업에 진출하는 등 사업구조 변신에 성공한 기업들은 부상하였다. 그리고 무엇보다도 한국기업의 도산과 제일 관계가 깊었던 사건은 1990년대 후반(1997년12월)의 IMF 외환위기였다고 하겠다.

7) 이덕훈, 기업과 환경, 제3판, 2016.

[그림 1-3] IMF 외환위기 이후 30대 그룹 순위 변화

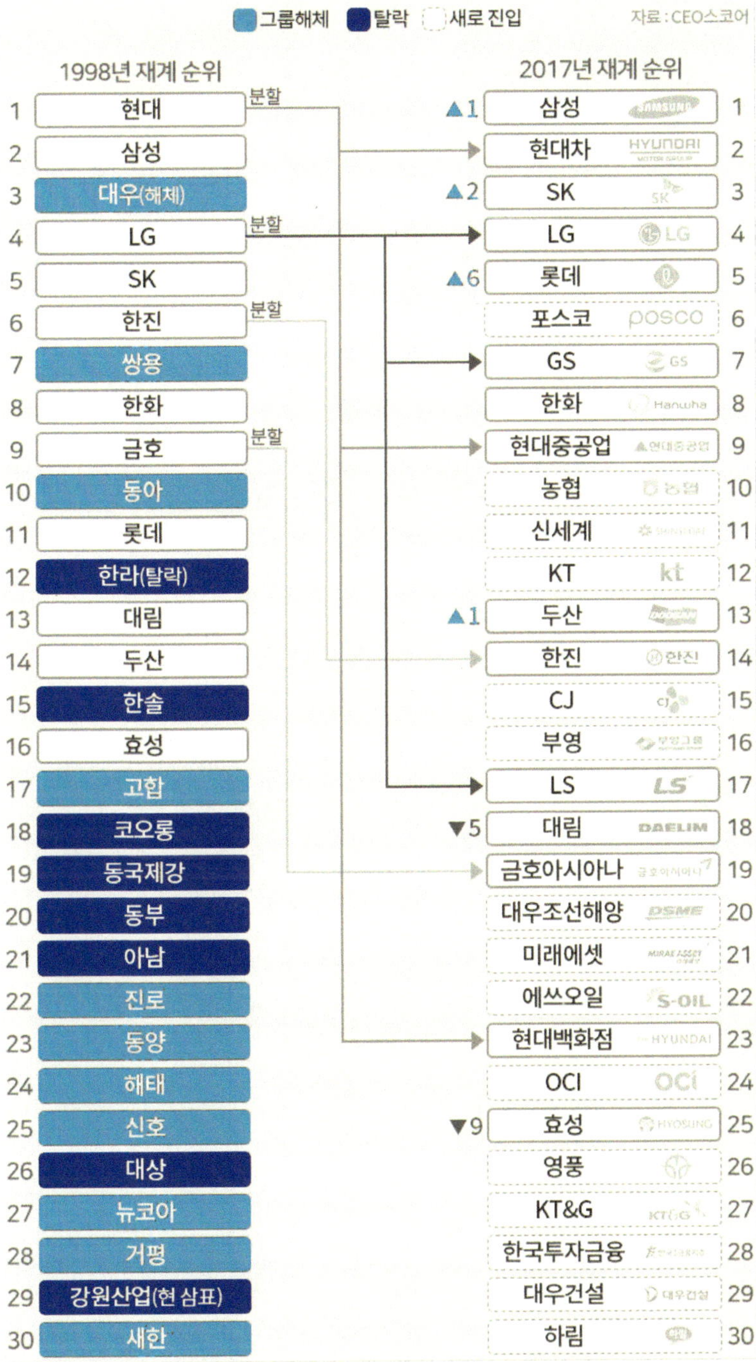

출처 : 나무위키

한국기업의 IMF 외환위기의 도산과정을 살펴보면 국내기업들은 우선 대외여건 변화에 둔감하였고, 근본적인 기업의 구조조정과 체질개혁보다는 관치금융에 적응된 많은 기업들이 퇴출하였음은 주지의 사실이다.

우선 30대 그룹 중 대우를 포함한 15개 그룹이 워크아웃, 법정관리, 화의, 협조융자에 들어가고 기아, 뉴코아, 한일, 거평그룹이 탈락하였다. 이러한 원인중의 하나는 1990년대 중반까지는 외형이 기업판도를 좌우하였고 이윤을 무시한 기업성장과 관계가 있다고 하겠다.

특히 1997년의 금융위기는 한국경제의 글로벌 사고를 갖게 하였고, 모든 행동을 글로벌 스탠다드와 함께 움직이도록 했다는 것이다. 따라서 삼성이 삼성전자, 삼성생명으로 분류되었고, 현대도 현대와 현대자동차로 분리되었다. 특히 2007년도를 보면 한국대기업의 순위에 국민은행, 우리은행, 신한은행 등 은행관련 업종이 부각된 것이 주목할 만하다.

1997년에 등재되었던 30대 대기업 집단 중에서 현재까지도 '30대 그룹' 명단에 자리를 유지한 곳은 11곳에 불과하다. 과거 재계를 쥐락펴락하던 상당수 그룹이 경제위기를 맞아 뿔뿔이 해체되거나 30대 그룹 밖으로 밀려나는 운명을 맞았다.

▶ 1998년 외환위기 당시 재벌들의 생존현황(2017년)

재계순위 30대 기업 중 11개 기업이 탈락하거나 해체되었다. 분할과 해체 없이 온전히 1998년도와 2017년까지의 20년 동안 한국그룹 30위권을 유지한 그룹은 삼성, SK, 한화, 롯데, 대림그룹, 두산, 효성그룹의 7개 기업이고, 재계 3위를 유지하던 대우그룹과 쌍용, 동아, 진로, 동양, 해태그룹 등 11개 그룹이 해체되었고, 8개 기업은 탈락되었다. 2027년 새로 진입한 그룹은 POSCO, 농협, 신세계, KT 등 15개 그룹이다.

1. 세계의 기업순위와 시장가치

기업 시장에서의 가치를 나타내는 수치에는 주가가 있다. 그러나 주가는 그 기업의 가치의 한 측면을 나타내는 것에 지나지 않고, 주가만으로는 비교가 어렵기 때문에, 주가에 발행 끝난 주식수를 곱한 "시가총액"이라고 하는 수치로 그 기업의 가치를 평가해 있는 것이 일반적이다. 시가총액(時價總額, market capitalization)은 주가와 발행 주식수를 곱한 것으로 상장회사 혹은 기업 가치를 평가하는 지표이다. 즉 시가총액 = (현재 시가총액 1주) × (총 발행 주식 수)이다.

시가총액이 크다는 것은 실적뿐 아니라 미래의 성장에 대한 기대도 크다는 것을 의미한다. 이 시가총액의 1989년과 2018년(7월 20일 시점)의 30년간의 세계 랭킹에 관한 기사가 있다. 여기에 의하면 1989년에는 세계의 상위 50개 회사 중 일본 기업이 32개가 들어갔지만 30년 후인 2018년에는 1개사도 없다. 도요타자동차가 35위를 기록하고 있을 정도이다.

1989년 세계에서 가장 거대한 기업은 NTT였다. 놀랍게도 일본 국내의 전화회선 회사에 불과한 회사가 압도적으로 세계 제일의 대기업이었다. 금융 이외에는 도요타자동차, 신일본 제철, 히타치 제작소, 마쓰시타 전기산업, 도시바가 세계 TOP 20에 랭크하고 있다.

〈표 1-2〉 세계의 시가총액 서열(1989년)

순위	기업명	시가총액(억 달러)	국명
1	NTT	1,638.6	일본
2	일본흥업 은행	715.9	일본
3	스미토모 은행	695.9	일본
4	후지 은행	670.8	일본
5	제1권업 은행	660.9	일본
6	IBM	646.5	미국
7	미쓰비시 은행	592.7	일본
8	액슨	549.2	미국
9	동경전력	544.6	일본
10	로얄더치쉘	543.6	영국
11	도요타자동차	541.7	일본
12	GE	493.6	미국
13	삼화(산와) 은행	492.9	일본
14	노무라 은행	444.4	일본
15	신일본제철	414.8	일본
16	AT&T	381.2	미국
17	히타치제작소	358.2	일본
18	마츠시타전기	357.0	일본
19	필립모리스	321.4	미국
20	도시바	309.1	일본

특히 일본의 가전 메이커는 당시 미국의 거대 기업 GE(제너럴 일렉트릭)를 추월해 세계에 군림하고 있었다. 파나소닉(Panasonic)도 도시바(TOSHIBA)도 히타치(HITACHI)도 소니(SONY)도 세계 브랜드였던 요즘, 일본 기업은 경쟁해 미국의 유명한 기업을 인수해 가고, 가전 메이커는 미국의 영화 회사나 음악 회사를 잇달아 인수하고 있었다.

당시 세계 명목 GDP의 2위는 일본으로, GDP는 인구가 2배 이상인 미국의 60% 정도였지만 일본 기업의 존재감은 미국 기업을 웃돌고 있었다.

현재 일본의 명목 GDP는 세계 3위로 미국의 4분의 1, 중국의 3분의 1 정도로 떨어졌다. 덧붙여서 1989년 중국의 명목 GDP는 일본의 6분의 1 이하로 독일, 영국, 프랑스, 이탈리아, 캐나다보다 아래였다. 그때 30년에서 중국의 GDP는 약 30배로 성장한다.

〈표 1-3〉 세계시가총액 순위(2018년)

순위	기업명	시가총액(억 달러)	국명
1	애플	9,409.5	미국
2	아마존닷컴	8,800.6	미국
3	알파벳(구글자회사)	8,336.6	미국
4	마이크로소프트	8,158.4	미국
5	페이스북	6,092.5	미국
6	버크셔 해서웨이	4,925.0	미국
7	알리바바	4,795.8	중국
8	텐센트	4,557.3	중국
9	JP모건	3,740.0	미국
10	액슨모빌	3,446.5	미국
11	존슨앤존슨	3,3755	미국
12	비자	3,143.8	미국
13	뱅크오브아메리카	3,016.8	미국
14	로얄 더치 쉘	2,899.7	영국
15	중국 공상은행	2,870.7	중국
16	삼성전자	2,842.8	한국
17	웰스파고	2,735.4	미국
18	월마트	2,598.5	미국
19	중국 건설 은행	2,502.8	중국
20	네슬레	2,455.2	스위스

톱 20에 일본 기업의 이름은 하나도 없다. 상위 5위는 더 이상 친숙한 GAFA + 마이크로소프트, 3위 알파벳은 구글의 운용회사, 6위 파크셔 해서웨이와는 워렌 버핏의 투자회사다. 게다가 TOP 20에 중국 기업이 4사, 한국 기업이 1사 들어있다. 눈을 떼지 않고 천천히 바라보고 싶다. 세계를 석권한 '메이드 인 제팬'을 상징하는 가전 메이커가, 한국의 삼성전자에 엉망이 되어 버렸다고 하는 사실도 포함한다. 30년이 지난 2018년 2위 이하에는 일본의 도시은행이 즐비하다. 이 은행은 재편에 의해 그대로 남아있는 이름은 하나도 없다.

시가총액을 비교해 보면 알지만 상위기업의 시가총액은 지난 30년으로 약 10배 규모가 되고 있다. 성장 기업에 완전히 빠져버린 것이다. 얼마 전 일본 주식시장의 시가총액이 홍콩에 빠져 세계 4위로 후퇴했다는 소식이 있었다. 세계 최고 20은 지난 30년에 대략 대체했다. 세계 톱 10은 30년 전에는 모습도 모양도 없었던 회사뿐이다.

아마존의 설립은 1994년, 구글의 설립은 1998년, 페이스북의 설립은 2004년. 중국의 IT기업을 포함한 IT 기업들이 세계를 석권하고 있다

〈표 1-4〉에서 볼 수 있듯이 시가총액 상위 기업들은 많게는 40배 이상 시가총액이 자산규모를 상회하고 있다. 주식시가총액이 시장가치를 반영해주는 적절한 변수라는 앞의 가정이 유효화 하다고 볼 때 이 둘 사이의 차이는 기업의 질적 유효성을 나타내주는 옵션가치가 된다. 따라서 기업의 가치는 자산가치 라는 계량적 부분뿐 아니라 비계량적이고 비가시적인 옵션가치에 의해서도 크게 좌우된다.

〈표 1-4〉는 시가총액을 기준으로 미국의 최근 30년간 기업순위변동에서도 우리는 기업의 순위를 알 수 있다. 1989년에는 IBM과 엡손 등이 1,2위를 차지하였으며 5,6위는 필립모리스와 머크 등이 차지하였으나 10년 후인 1999년에는 갑자기 나타난 마이크로소프트(1위)와 인텔(7위)이 등장하였다.

그리고 89년에 13위였는데 월마트가 10년 뒤에는 5위로 상승하였으며 89년에 5위를 지키던 필립모리스는 20위권 밖으로 밀려나갔고, 머크(89년 6위)는 10위에 랭크되었다. 더욱 재미있는 것은 1989년에 8위를 기록하던 GM이 20위권 밖으로 밀려난 것을 보면 10년간의 기업순위의 변동을 알아봄과 동시에 기업가치의 평가와 정보화 사회의 움직임을 알 수 있다는 것이다.

그러나 8년이 지난 2007년에는 액슨모빌, GE, MS 순위로 1,2,3 등을 기록하고 시티그룹이 4위, 뱅크오브 어메리카가 6위를 기록한 것을 보면 한국과 비슷하게 은행업종이 강세를 보이고 있다. 1989년 1위의 IBM이 99년에는 3위, 2007년에는 15위로 추락한 것을 보면 언제나 강자는 존재하지 않음을 보여주고 있다.

〈표 1-4〉 미국의 30년간 기업순위 변동 1989-2020년(순위 = 주식시가총액 기준)

순위	89년	99년	2007년	2020년
1	IBM	마이크로소프트	엑슨모빌	애플
2	엑슨	GE	GE	마이크로소프트
3	GE	IBM	마이크로소프트	구글
4	AT&T	엑슨	시티그룹	아마존
5	필립모리스	월마트	AT&T	테슬라
6	머크	AT&T	뱅크오브 아메리카	버크셔 해서웨이
7	듀폰	인텔	P&G	엔비디아
8	GM	시스코	Altria Group	메타(페이스북)
9	벨사우스	코카콜라	American Intl. Group	유나이티드헬스
10	포드	머크	존슨&존슨	존슨앤존슨
11	아모코	MCI월드컵	J.P 모건	비자
12	코카콜라	시티그룹	Berkshire Hathaway	월마트
13	월마트	루슨트 테크놀로지	Chevron	JP모건체이스
14	모빌	아메리칸인터내셔널	씨스코 씨스템	프록터 앤 갬블
15	애틀랜틱 리치필드	화이자	I B M	홈 디포
16	세브론	브리스톨 마이어스	Wells Fargo	엑슨 모빌
17	시어스로벅	아메리카 온라인	필립스	뱅크오브아메리카
18	P&G	존슨&존슨	코카콜라	마스터카드
19	GTE	P&G	Verizon Communications	쉐브론
20	벨 애틀랜틱	뱅크오브아메리카	인텔	화이자

자료 : 비지니스위크 글로벌 100(정보기술산업), 포춘 각 년도 2007, 2020.

그리고 2020년이 되면서 GAFA(구글·아마존·페이스북·애플), GAFAM(아마존, 애플, 구글(알파벳), 메타, 마이크로소프트) 등의 빅테크로 불리는 미국 정보 기술 산업에서 가장 크고 지배적인 4개 기업 또는 5개 기업이 등장하게 되었다. 이 기업들은 전 세계적으로 가장 가치 있는 상장 기업들이며 각각의 최대 시가 총액은 약 1조 달러에서 2조 달러 사이의 하이테크 기업들이다.

1989년부터 2020년까지의 31년 동안 최근 기업순위에서 20위를 지키고 있는 것은 엑슨모빌과 월마트정도이고 20년 동안 20위를 지킨 기업은 IBM, GE, AT&T, BOA(뱅크 오브 아메리카) 정도이다. 이러한 것을 보면 기업의 수명은 30년이라는 말과 기업에는 절대강자는 없다는 말을 실감나게 한다. 그리고 20위까지를 30년 동안 지킨 기업은 엑슨모빌과 월마트뿐이라는 것을 보면 계속기업이 얼마나 힘든 것인가를 더욱더 실감나게 한다.

지금까지의 약 30여년의 움직임을 보면 결국 기업의 가치경영은 미래지향적 경영혁신으로 옵션가치의 창출이 이루어지고, 이것이 다시 자산가치 상승의 성과를 이끌 때 실현된다는 것을 알 수 있다.

토마스 왓슨 2세는 "조직체가 가져야 할 기본적인 사고방식이 기술력, 자금력, 신제품 도입, 타이밍보다도 훨씬 더 기업의 업적과 연결된다."고 한 것은 미래의 패러다임의 움직임에 대처하여야 할 사고가 중요하다는 것을 보여준다.

자산가치가 현재의 가치라면 옵션가치는 미래에 대한 가치이다. 높은 시장가치를 지니고 있는 기업들의 예를 보면 자산가치보다는 옵션가치부분에서 높은 평가를 받고 있는 경우가 일반적이다. 미래에 대한 가장 확실한 담보는 옵션가치에 담겨져 있기 때문이다.

옵션가치는 그 기업의 잠재력이며, 직접 관리해야 할 그 기업의 몫이라고 할 수 있다. 우량기업들은 가치경영을 통해 가치를 극대화함으로써 자산규모라는 물리적 제약을 뛰어넘는 모범적인 성장을 보이고 있는 것이다. 이러한 논리가 혁신기업의 등장과 성장을 지지하고 있으며 대기업보다도 창조적 사고와 새로운 기술의 결합이 세계를 제패할 수 있다는 사고를 뒷받침하고 있다.

2. 기업의 성패와 이카루스의 역설

우리는 미국기업과 한국기업의 성쇠를 살펴보았다. 잘나가던 기업이 갑자기 순위에서 사라지거나 망하는 것을 이카루스의 역설(Icarus Paradox)로 설명할 수 있다.

날기를 희망한 이카루스는 아버지 다이달로스가 만들어준 날개를 달고 하늘을 날았다. 그는 너무 좋은 나머지 오만해져서 태양까지 접근하였다. 그러자 밀랍으로 만든 그의 날개가 녹아버렸다. 이 의미는 소중한 자신이 자신을 파멸로 이끄는 도구가 될 것이라는 뜻이 담긴 말이다.

대니 밀러(Danny Miller)는 그의 저서에서 '이카루스'의 역설을 설명하면서 그 기본에는 이카루스가 매우 능숙하게 날 수 있었기 때문에, 자만하여 야심이 너무 커져서 실패한 것을 예로 들었다.[8] 그리고 마찬가지로 뛰어난 기업 실적을 위해서 필요하다

▲ 이카루스의 역설

▲ 유명한 경영자가 실패하는 이유

고 생각되는 초점을 맞추고 입증된 전략, 그리고 자신만만한 리더십, 활기 넘치는 기업 문화야말로 나중에는 자신감 과잉과 이정도면 된다는 느근한 분위기, 편협한 문화, 경직된 권력 구조 등으로 이어진다고 주장하였다.

또한 최근에는 젝디시 세스(Jagdish N. Sheth)가 한때 세계 일류 기업의 대표로서 '엑셀렌트 컴퍼니'에서 다루어진 기업이 갑자기 경영난에 빠지거나 경우에 따라서는 소멸되어 버리는 상황을 조사하고, 그 쇠락의 원인을 찾고 있다.[9] 그 결론은 일반적으로 상상할 수 있는 경쟁업체와의 경쟁에 패한 결과와 같은 것이 아니라 오히려 스스로 환경에 적응하는 것을 거부하는 "성공한 업종이 명성을 획득해 나가는 과정 착용, 자멸적인 습관이 파멸의 원인이 있다."고 주장하고 있다.

그중 창업 시의 원점을 잊고 스스로의 위대함을 신화화하기 시작하는 현실부인증과 과거의 뛰어난 업적에 의해 외부환경 무시하는 방만형 기업의 경쟁을 협소한 범위에 한정적으로 보고 새로운 도전자를 인정하지 않는 경쟁근시안증 등은 우리에게 새로운 인식을 주고 있다.

다시 말하면 자기만의 성공비법으로 성공을 이루었지만 이것만을 고집하고 신격화하다 보면 실패할 우려가 많기 때문에 좀 더 큰 성공을 이루려면 끊임없는 변화를 수용하여 경쟁 환경에 적응하도록 하여야 한다는 말이다.

또한 『유명한 경영자가 실패하는 이유』의 저자인 시드니 핀켈 슈타인(Finkelstein Sydney Finkelstein, 2003)은 세계적인 성공기업, 특히 그 경영자가 저지른 '실패'에 관한 연구의 성과를 근거로 다음과 같이 말하고 있다.[10]

---

8) Danny Miller, The Icarus Paradox : How Exceptional Companies Bring about Their Own Downfall, Harper Business, 1990.

9) Jagdish N. Sheth, The Self-Destructive Habits of Good Companies and How to Break Them, Wharton School Pub. 2007.

10) Sydney Finkelstein, Why Smart Executives Fail, And what you can Learn From Their Mistakes, Portfolio, 2004, p.23.

내 조사팀이 발견한 대답 중 일부는 많은 경영자가 영광의 모습에서 갑자기 뚝 떨어진 사실은 그 자체에 뒤지지 않고 놀라운 것이었다.

실제, 꿈의 기업의 특징으로 생각되었던 다양한 "장점"이, 비즈니스에 있어서 악몽의 기반이었던 것을 알았다. 많은 매니저가 자신도 닮고 싶다고 동경하는 경영자의 자질, 그것이 없어서 열등감으로 느끼고 있던 자질의 많은 점이 없는 부분이 더 낫다고 생각하게 되었다. 많은 투자자가 성공의 지표로서 찾고 있던 일이, 실패의 표시인 것을 알았다.

한 번의 성공은 영원한 성공이 아니고 우연적 성공일 수가 있다. 반복적 성공이 아닌 우연적 성공이나 일시적 성공을 과신하다보면 실패로 가는 지름길이다.

3. 코닥모멘트의 역설

'코닥 모멘트(Kodak moment)'라는 표현이 있다. 이 의미는 사진으로 남기고 싶은, 오랫동안 간직하고 싶은 소중한 순간을 뜻하는데, 사실 코닥(Kodak)이란 브랜드를 안다면 그 뜻을 쉽게 짐작할 수 있는 표현이기도 하다. 따라서 '코닥 모멘트'는 사진 촬영의 결정적 순간 즉 사진 찍을 가치가 충분한 찰나를 의미하는 속어이며 보존해 즐길 가치가 있는 셔터 찬스를 의미하는 말이 되어 버렸다. 이 말은 코닥사의 광고 캠페인에서 등장했던 말인데 이스트만 코닥은, 이러한 어구가 나올 정도로 찬란한 전성기를 구가했던 기업이다.

코닥 모멘트에 관한 논문도 허버드 비즈니스 리뷰에 로버트 플랜트[11]와 스코트 앤소니[12]의 논문은 흥미롭고 재미있다. 특히 스코트 앤소니의 논문은 재미있다. 그는 학자라기보다는 세계적 컨설팅회사인 이노사이트의 시니어 연구원이다. 하버드비즈니스리뷰가 유명한 것은 세계적전문가들이 일반인들도 보고 알기 쉬운 논문을 작성한다는 점이다.

이스트만 코닥은 한때 세계 최고의 카메라 및 필름회사였으며, 80%의 시장 점유율을 기록했으며 2위인 후지필름은 17% 정도를 기록하였다. 1980년대에 후지필름과 코닥은 디지털 시대가 이 두 회사들을 향해 다가오고 있다는 것을 알았지만, 문제는 그것에 대해 어떻게 접근하고 대응해야 하는가를 전략적으로 설명하고 있다.

---

11) Robert Plant, A Kodak Moment to Reconsider the Value of IT, Harvard Business Review, October 12, 2011.

12) Scott D. Anthony, Kodak's Downfall Wasn't About Technology, Harvard Business Review, July 15, 2016.

코닥과 후지필름의 두 회사는 디지털 혁신을 해결하기 위해 서로 다른 접근 방식을 취했고 그 결과는 2012년 Kodak은 파산 신청을 하고 특허를 매각했으며 기존 사업을 종료했으며 후지필름은 208억 달러의 수익 회사로 성장했다는 점이다.

코닥의 전자 사업부 엔지니어였던 스티브 세손(Steve J. Sasson) 디지털 카메라를 개발했음에도 불구하고 코닥은 필름 카메라에 전념하기로 결정했다. 다시 말하면, 이 디지털 카메라가 향후 아날로그 필름 시장의 붕괴를 가져올 것으로 보고, 이것에 대한 상용화를 중지시켰는데 이 결정을 이제 세계 비즈니스 역사의 큰 실패 중 하나로 간주되고 있다. 이러한 상용화중지 전략은 20여 년간 이어졌지만, 1998년 디지털 카메라의 대중성을 예측한 일본 카메라 기업들이 보급형 디지털 카메라를 출시하기 시작하면서 필름 카메라는 급속도로 사장되기 시작했고, 이러한 시장 역전에 코닥의 입지와 수익성은 극단적으로 줄어들기 시작했다.

이 사건으로부터 변화하는 시장에 적응할 수 없는 상태가 되는 것을 "코닥 모멘트"라고 부르게 되었다. 즉, 코닥 자체가 카메라의 대명사로 인정될 만큼 유명했던 기업은 카메라 필름 사업에서의 너무 큰 성공 때문에 카메라 필름의 실적에 악영향을 미친다는 이유로 발명품인 디지털 카메라의 상업화를 보류하면서 디지털화의 파도에 타지 못했던 것이다.

2000년대 이후 필름 시장의 급격한 쇠퇴에 따라 2012년 코닥은 도산했다. 코닥 도산의 결정적 이유는 디지털 카메라였는데 최초의 디지털 카메라 개발자 역시 코닥이었다는 사실이다. 이미 코닥은 디지털 시대가 도래할 것을 예측하고 1975년 최초로 디지털 카메라를 개발하는 데 성공했지만 이 모든 것을 무시했다. 그 결과 130년 가까이 세계시장을 선도해온 기업은 몰락했다. 반면 만년 2등에 머무르던 후지필름은 생명산업, 화장품 등 다각화로 새로운 시장을 개척하며 살아남았다. 이에 비해 후지필름은 디지털화를 기회로 인식하여 코닥과는 반대로 카메라 필름을 탈피하여 디지털화로 변신하고 디지털 이메이징, 광학 디바이스사업, 고성능재료사업, 의약품 등으로 다각화하여 사업을 확대하기에 이른다.

필름사진에서 디지털사진으로의 변환에 대한 코닥과 후지필름의 양사의 대응의 차이가 회사의 '파탄과 성장'의 크게 다른 결과를 가져와 코닥은 도산하고 후지필름은 아직도 건재한 기업으로 이어가고 있다.

카메라 산업 때문에 성공한 기업이 디지털카메라 때문에 도산을 하거나 불황을 겪는 경우를 코닥 모멘트라 하지만 자세히 보면 이것 역시 이카루스의 역설을 생각하게 한다. 조그만 성공은 자만심이 생기게 되고 그 결과 변화에 대한 거부와 폐쇄성을 초래, 파멸로 이끈다는 기업경영에서 중요한 격언일 것이다.

[그림 1-4] **성공의 함정**

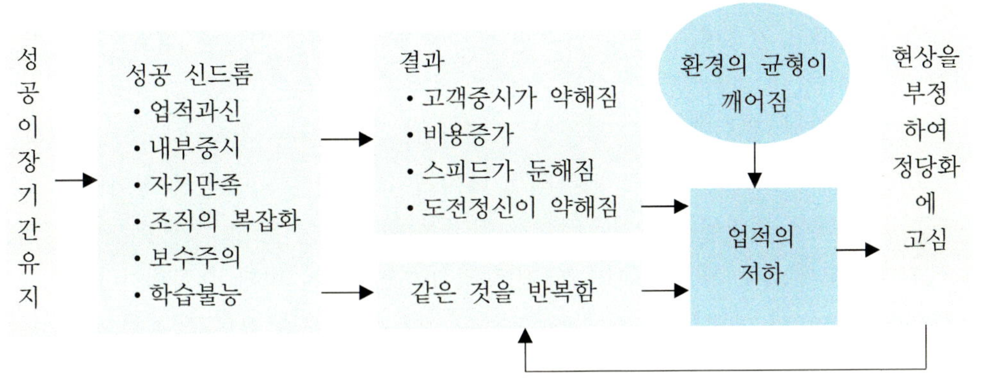

자료 : David Nadler, Robert B Show, A Elise Walton and Associate, Discontinuous Change, Jossey-Bass, 1995.

[그림 1-4]는 성공의 함정도표이다. 성공이 장기간 유지되면 성공신드롬에 기업이 위험해진다는 것을 나타내고 있다. 자기의 성공 체험을 과신하게 되거나 자기만족과 조직이 복잡화 하게 되어 기업은 학습 불능에 빠져 고객중시 사상이 없어지거나 비용이 증가, 그리고 스피드가 둔화되어 업적의 저하로 이어진다. 이것을 성공의 함정이라 부른다.

한보철강, 대우그룹, 삼보컴퓨터의 도산 등은 성공의 함정에 빠져나오지 못했던 것이 아닌가하는 생각이 들 정도로 잘나가던 기업이 환경에 적응하지 못해 도산하는 것은 기업뿐이 아니라 국가 경제적으로도 큰 손실이므로 최고 경영자는 성공의 함정과 이카루스의 역설에 역점을 두어야 한다.

4. 기업의 성패와 전략의 역설 : 성공할 전망이 높은 전략은 실패할 전망도 높다

마이클 레이노(Michael E. Raynor, 2006)의 저서로 유명한 전략 패러독스(Strategy Paradox)가 있는데 그중 제1장 전략역설은 무엇인가에서 처음 단락을 여기 "풀기 어려운 사실(puzzling fact)"이 있다고 시작한다.

> "가장 성공한 기업은 겨우 살아남은 기업보다 굴욕적인 도산기업이 보다 공통점이 많다. 그런가 하면, 높은 업적의 결정 요인으로서 인식되고 있는 기업 특성 그 자체가, 전면적인 실패를 초래하는 요인이기도 하다. 그 때문에 적어도 기업의 행동이라는 점에서 말하면 성공의 반대는 실패가 아니라 평범(mediocrity)이다."

레이노가 지적한 말은 "성공할 전망이 가장 높은 전략은 실패할 전망도 가장 높다"는 것을 의미하고 있으며, 성공은 필수적으로 실패를 전제로 한다는 새로운 패러독스(역설)인 것이다. 따라서 결과적으로 성공과 실패를 분별하는 것은 타이밍의 절묘한 어긋남 혹은 운과 불운과 같은 수준의 문제일지도 모른다는 것을 시사하고 있다.

대표적인 예는 소니(SONY)의 베타맥스 테이프이다. 일본 기술의 상징이었던 소니는 뛰어난 전략을 채택했지만 지속적인 전략적 실패를 겪는다. 소니가 1975년에 개발한 베타맥스(Betamax) 테이프(베타 테이프)와 1976년 일본 빅터 주식회사 JVC(Japan Victor Company)가 개발한 VHS(Video Home System)보다 화질도 우수하고 녹화 시간도 우수했으나 시장에서 외면당한다.

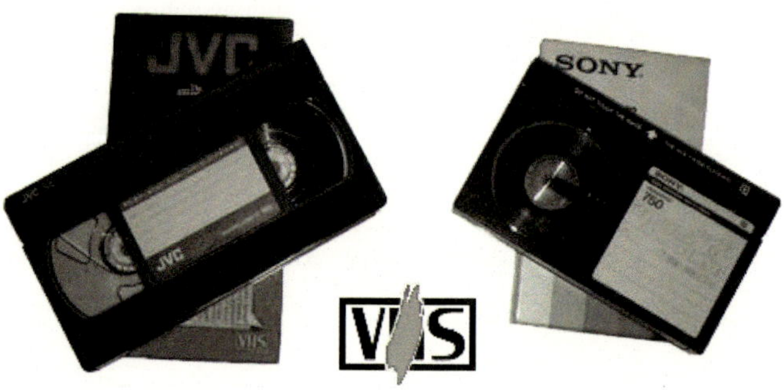

▲ JVC(Japan Victor Company)의 VHS와 소니의 베타맥스 테이프

소니의 베타맥스 테이프는 VHS보다 1년 일찍 출시된 데다가 테이프 크기 자체가 작고, 경로가 짧아 기계를 작게 만들 수 있었다. 화질도 VHS보다 근소하나마 좋고, 화면 소음도 적었으며, 고속 재생/정지 화면에 줄이 생기지 않는 등의 기술적인 장점이 있었다. 그러나 의외로 소니의 베타테이프는 고전을 한다. 그 이유는 이미 시장을 선점한 VHS와 호환이 불가능했고, 컨텐츠의 부족이 결정타였기 때문이다.

소니는 시장을 보지 않고 기술의 고집으로 베타맥스에 관한 제품들을 꾸준히 출시했지만 계속 실패를 하고 소니는 결국 2002년이 되서야 베타맥스와 관련된 제품 생산을 중지하였다.

[그림 1-5] 베타 맥스 대 VHS의 년도별 매출액 추이(1978-1987년)

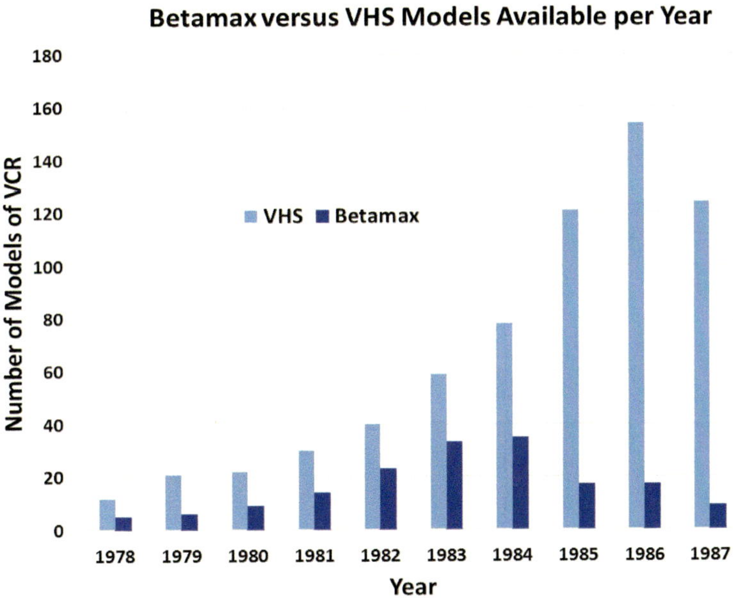

[그림 1-5] 베타 맥스 대 VHS의 년도별 매출액 추이(1978-1987년)를 보면 1980년부터 1984년까지는 베타 맥스는 VHS의 40-55%의 매출액을 기록하지만 1985년이 지나면서는 15%에서 9% 정도의 매출액을 기록하게 되는데 기술의 소니는 베타 맥스 테이프(베타 테이프)는 시장 지배를 위한 유일한 방법이었지만, 동시에 소비자와 시장의 변화를 따라잡지 못하는 전략적 실패였던 것이다. 소비자를 충족시키지 못한 기업의 기술은 사라진다는 교훈을 남겼다.

5. 전략과 환경

전략은 환경에 따라야 하고 환경에 적응하여야 한다. 같은 전략이라 하더라도 어느 환경조건하에서는 성공하고 다른 환경조건하에서는 실패한다. 모든 환경조건하에서 성공하는 전략은 있을 수 없기 때문에 전략의 유효성은 외부환경의 성질에만 영향을 받고 있는데, 외부환경도 원재료의 공급제한 및 가격등귀, 환율변동, 인플레이션, 수출의 부진, 외국자본의 상륙 등 변화에 의해 예측을 불허할 정도이다.

그리고 하나의 기업으로서 투하 가능한 경영자원(사람, 물건, 자본)은 무한정이지 않기 때문에 한번 잘못된 계획이 계속될 경우에는 기업으로서는 치명상을 입을 것이다. 이러한 상황이기 때문에 기업경영에 있어서 전략적 시점, 사업적 사고가 한층 더 요구되고 있는 것이다.

전략이라는 것도 기업의 현재의 중심사업과 미래지향의 사업의 배합을 어느 정도 할 것인가를 판정, 현재와 미래의 수익의 최적 균형을 유지하기 위해 기업의 모든 경영자원을 배분하는 것으로 표현할 수 있다. 다시 말하면 한정된 경영자원을 무엇으로 얼마만큼 투하할 것인가를 결정하는 투자의 의사결정이라고 할 수 있다.

전략의 기본은 일정의 외부환경, 한정된 경영자원 하에서 "경쟁상대의 약점에 자사의 강점을 집중하는 것"이라 할 수 있다. 그렇다면 무엇을 약점, 강점이라 하며, 무엇을 경쟁상대, 자사의 경영자원이라 하는 것일까? 기업은 본질적으로, 조직으로 움직이는 것이므로 전략이 기업전체의 운명을 전하고 있는 한 그 전략은 이론적 정합성과 조직 전체의 공통인식을 내포하는 것이라야만 한다.

Chapter 02 VUCA시대의 경영전략

코로나19의 지속과 확산, 미국바이든 대통령의 행정부의 출범과 과격해진 미중 무역전쟁, 그리고 한국의 대통령선거 돌입, 미얀마 군부 쿠데타와 민주화 운동, 그리고 2021년 아프가니스탄 탈레반 집권 등과 독일·베네룩스 국가의 폭우 사태 중국 허난성 폭우 사태 그리고 서일본 폭우 사태가 일어나면서 2021년도는 정말로 예측 불가능한 사건이 계속 일어난 한 해였다. 그리고 경제적으로는 2021년 중국의 헝다그룹 파산과 한국의 요소수 대란 등 그리고 2021년 3월에 일어난 신장목화논란(新疆棉花事件) 등은 정말로 예측과 해석불능의 경제 갈등으로 등장하였다.

신장목화사건이라 불리기도 하는 이 사건은 2021년 3월 24일 스웨덴의 패션 브랜드 H&M이 중국 신장 위구르 자치구 목화 공장의 무슬림계 소수민족 위구르족에 대한 강제노동을 고발하며 신장 목화 보이콧과 신장 목화 관련 기업과의 협력 중단을 선언하면서 불거진 정치·무역 분쟁이다. 여기에 나이키도 동조하면서 강제노동과 공정무역이 등장하면서 중국과의 무역전쟁으로 등장하였다. 이에 미국, 영국, 유럽연합, 캐나다 등 많은 서방 국가들은 중국에 경제제재를 가했고 중국은 이에 내정간섭이라 반발하며 반외국제재법을 제정하기도 했다.

2021년은 제2의 혼돈시대로 들어섰다고 해도 과언은 아니다. 이러한 시대를 일컬어 '뷰카(VUCA)'라고들 부른다. 변동성(Volatility), 불확실성(Uncertainty), 복잡성(Complexity), 모호함(Ambiguity)이 혼재된 시기라는 의미다. 변동성(Volatility), 불확실성(Uncertainty), 복잡성(Complexity), 모호함(Ambiguity)을 필자는 줄여서 변불복모(變不複模) 시대라고도 하며 최근의 사회를 나타내는 한 현상이기도 하다.

미중무역전쟁은 경제가 정치적으로 발전한 것이고 한·일 무역전쟁은 정치가 경제적으로 발전한 것이며 폭우와 폭염 등의 기후변동과 급격한 과학기술의 진보도 비선형으로 전혀 예측하기가 어렵다.

미·중 무역전쟁은 미국과 중국 사이에 현재에도 진행 중인 경제 갈등이다. 도널드 트럼프 대통령은 2018년 미국의 '불공정 무역관행'에 변화를 강요할 목적으로 중국에 관세 등 무역장벽을 도입하였다. 미국이 주장하는 무역 관행과 그 영향들 중에는 증가하는 무역 적자와 지적 재산의 도용과 미국 기술의 중국으로의 강제 이양 혐의가 있다. 그리고 이어진 바이든 대통령이 들어서면서도 미·일 무역전쟁은 더 가속화되면서 세계경제는 침체에 들어가고 있다. 이러한 미국의 무역 조치에 대해 중국 정부는 미국의 보호무역주의라고 비난하고 있다.

한편 2020년 중국에서 시작된 코로나19 팬데믹으로 인해 일본도 중국을 멀리하고 있으며, 홍콩 보안법 문제로 미국, EU와 함께 중국을 비난하고 있다. 또한 아베 신조 일본 총리는 코로나19가 중국 우한시에서 시작되었다고 기자회견에서 공식적으로 밝히는 등 미국의 중국 때리기에 동조하고 있다. 그러나 아무래도 수출 의존도가 높은 한국은 이 무역전쟁으로 인한 타격이 불가피하여 중국 때리기보다는 관망하고 있다. 우리나라의 수출의 26.1%, 수입의 16.1%를 차지하는 중국으로 한국에서는 '안미경중'(안보는 미국, 경제는 중국)이라는 단어가 등장하고 있지만 뷰카시대의 한국과 한국기업은 어떻게 해야 하는가가 과제로 등장한다.

제 1 절 뷰카(VUCA)란 무엇인가?

뷰카(VUCA)는 원래 미국에서 사용되고 있던 군사 용어이다. 1990년대에 미국과 러시아가 대전하고 있던 냉전이 종결되면서 전략이 불투명한 전략으로 바뀐 것을 나타내는 말로 등장하였다. 그 후 이 용어는 2008년 글로벌경제 위기 이후 비즈니스 세계에서 처음 사용되었으며, 대부분 기술 발전이 너무 빠르게 움직여 계획이 무산되어 기업이 경영 결정에 신속하고 급진적인 변화를 도입하도록 강요되면서 서비스, 산업, 생산 및 기술과 같은 분야에 관계없이 다양한 컨텍스트로 나타나면서 사용되었다. 코로나19시대가 들어오면서 지금은 VUCA의 세계가 되었다.

뷰카는 [그림 2-1]처럼 4가지 특성을 갖고 있다.

변동성(Volatility, 變動性)은 오늘날 기술의 발전과 그에 따라 다양한 가치관과 사회 구조, 고객 요구 등이 변화하는 것으로 단기간에 시장 상황이 변화하여 기업이나 조직의 예측이 쉽지 않다. 이렇게 어지럽게 다양한 변화 때문에 앞을 예측하지 못하고 미래의 예측이 어려워지고 있다고 생각되고 불안 요소로 등장하고 있다.

[그림 2-1] 뷰카의 4가지 특성

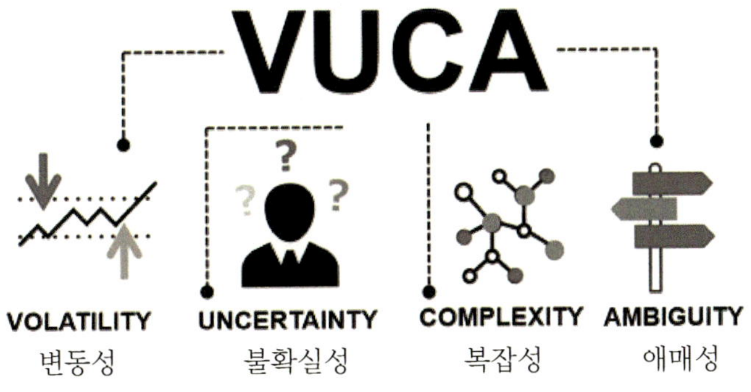

불확실성(Uncertainty, 不確實性)은 지구 온난화에 따른 기후 변화와 신종 코로나 바이러스와 같은 알려지지 않은 질병 등의 문제를 예측하는 것은 어려우며 대응도 어렵다. 코로나 불황이라고 일컬어지는 현 상황에 세계의 모든 조직이 당황하고 있다. 코로나 불황으로 이어지면서 한국에서는 대기업의 특징인 평생직장제도와 서열문화 등의 직장문화가 무너지고 있고, 성과주의의 평가가 등장하며 중소기업에서는 생존권 문제로 등장하여 기업의 성패를 결정짓는 중요한 요소로 작용하고 있다.

복잡성(Complexity, 複雜性)은 경제가 글로벌화 됨에 따라 기업은 복잡해지고 있는데 4차 산업혁명, 지구온난화, 기후변동 등으로 글로벌 공급사슬이 깨지면서 새로운 스타일의 복잡성이 등장하다 보니 기업은 갈팡질팡하여 복잡화로 연결되고 있다. 어제까지 통용되었던 글로벌상식이 갑자기 통용되지 않거나, 반대로 해외에서 통용되었던 글로벌상식이 한국에서는 통용되지 않는다.

이처럼 글로벌 비즈니스 환경에서 그 나라의 법률과 문화, 상식 등 다양한 요인이 복잡화로 모호성(Ambiguity, 模糊性)은 변동성(Volatility)·불확실성(Uncertainty)·복잡성(Complexity)이 복잡하게 연결되어 있어 인과 관계가 불분명하여 과거 실적 및 성공 사례에 근거한 방식이 통용되지 않는 모호성이 높은 세계로 돌입하여 더욱 예측하기가 어려워진다.[1)]

1) Oliver Mack; Anshuman Khare; Andreas Krämer; Thomas Burgartz(2015), Managing in a VUCA World, Springer, p.5.

비즈니스에 큰 영향을 미치는 VUCA시대의 변화로는 다음과 같은 요인이 있다.

(1) 디지털 기술의 급속한 진화

(2) 기후변화·해양오염 등 환경파괴의 심각화

(3) 글로벌 경제가 야기하는 문제의 복잡화

(4) 사회구조의 변화(제3세계의 인구 폭발과 국내 인구의 감소, 저출산, 고령화)

(5) 신형 코로나 바이러스에 의한 세계적인 불황

위의 5가지 요인은 뷰카(VUCA)시대의 4차 산업혁명에 진입으로 디지털 혁신, IoT, AI, 빅 데이터 및 사이버 물리적 시스템에 의해 구동되어 최근까지 성공을 이루었던 전통적인 비즈니스 모델의 중단과 완전히 새로운 비즈니스 모델과 기회의 출현이 기대된다. 그리고 기후 변화와 신종 코로나 바이러스의 영향으로 제품 및 혁신 수명 주기가 단축되어 환경의 변화가 급격히 이루어진다.

따라서 과거에는 기업의 수익성 추구에 대한 환경 요인이 주로 연구되었지만 현재는 다원화된 사회의 한 조직체로서의 기업의 행동이 타 조직체들에게 미치는 영향이 더욱 중요시하게 되었다. 기업과 환경의 관계는 상호 유기체적인 관계로 이해되면서 이것이 장기간의 기업생존 및 성장전략의 필수 요인으로 등장한다.

최근에 등장한 ESG(Environmental, Social and Governance)가 새로운 기업모델로 등장하고 있다. ESG는 'Environment', 'Social', 'Governance'의 머리글자를 딴 단어로 기업 활동에 친환경, 사회적 책임 경영, 지배구조 개선 등 투명 경영을 고려해야 지속가능한 발전을 할 수 있다는 철학을 포함하고 있다. 최근에는 ESG는 선택요인이 아니고 필수요소로 등장하여 개별 기업을 넘어 자본시장과 한 국가의 성패를 좌우하는 핵심요인으로 등장하고 있다.

ESG는 기업의 비재무적 요소인 환경(Environment)·사회(Social)·지배구조(Governance)를 뜻하는 말로서 기업의 재무적 성과만을 판단하던 전통적 방식과 달리, 장기적 관점에서 기업 가치와 지속가능성에 영향을 주는 ESG(환경·사회·지배구조) 등의 비재무적 요소를 충분히 빈영해 평가한다. 기업의 ESG 성과를 활용한 투자 방식은 투자자들의 장기적 수익을 추구하는 한편, 기업 행동이 사회에 이익이 되도록 영향을 줄 수 있다.

지속가능한 발전을 위한 기업과 투자자의 사회적 책임이 중요해지면서 세계적으로 많은 금융기관이 ESG 평가 정보를 활용하고 있다.

제 2 절 VUCA시대의 코로나 팬더믹(Pandemic)과 언택트(untact)시대

코로나19는 2019년 11월부터 중국에서 최초 보고되면서 확산되어 현재까지 전 세계에서 지속되고 있는 범유행전염병이자 사람과 동물 모두 감염되는 인수공통전염병이다. 또한 제1급 감염병 신종감염병 증후군의 법정 감염병이다. 2019년 12월 1일 최초 보고 내용에 따르면 2019년 11월 17일에 중국 후베이성 우한시에서 최초로 발생하였다.

2020년 1월부터 본격적으로 중국을 넘어 아시아권부터 퍼지기 시작해 2월 중하순부터 전 세계로 퍼지기 시작했고 3월 말까지 일부 국가 및 지역을 제외한 전 세계 대부분의 국가, 그리고 모든 대륙으로 확산되며 매우 많은 감염자와 사망자를 기록하였다. 세계보건기구(WHO)는 2020년 1월 31일, 국제적 공중보건 비상사태를 선포하였고, 2월 28일부로 코로나바이러스감염증-19의 전 세계 위험도를 '매우 높음'으로 격상하였으며, 3월 11일 코로나바이러스감염증-19가 범유행전염병(팬데믹)임을 선언하였다.

2020년 12월 23일부로 전 세계 누적 확진자가 7,830만 명을 돌파하면서 당시 전 세계 인구 78억 3,000만 명 중 1%, 즉 100명 중 한 명이 감염된 셈이 되고 말았다. 2021년 10월 10일에 전 세계 누적 확진자가 2억 3,700만 명을 돌파하면서 당시 전 세계 인구 78억 9,900만 명 중 3%, 즉 33명 중 한 명이 감염된 셈이 되었다. 220개 국가와 지역, 2개의 비국가적 선박에서 확진자가 나왔으며 2021년 8월 4일 4시 기준으로 전 세계 총 확진자 수가 세계 인구의 약 2.5%에 해당하는 2억 명을 돌파하였다. 또한 코로나19의 잠정 치사율은 약 1.9%로 이전 2009년 인플루엔자 범유행의 치사율(약 0.03%)보다 63배나 높은 수치이다. 국가 원수급 지도자들을 포함해 수많은 유명인이 감염되거나 사망하기도 했으며 종교, 정치, 경제, 교육, 문화, 스포츠, 군사, 외교 등 영향을 받지 않은 곳이 없다.

한국 시각으로 2021년 10월 31일 1시 경 코로나19 발병 714일 만에 누적 사망자가 500만 명을 넘어서야 이번 사태가 사스, 신종플루, 메르스와는 달리 장기간 이어짐에 따라, 전문가들이 제2의 흑사병, 스페인 독감이라고 부르는 것도 과언이 아닐 정도로 21세기 이후 전 지구촌을 집어삼킨 최악의 전염병 중 하나로 기록될 것으로 보인다.

이처럼 인류가 차마 손을 쓸 수 없을 정도로 사태가 악화하자 백신만이 이 상황을 끝낼 수 있다는 결론에 도달했다. 이런 노력의 결과물로 2020년 12월 8일 영국에서 세계 최초로 백신 접종이 시작되었으며 각국의 백신 접종도 잇따를 전망이다. 하지만 2020년 12월부터 감염력이 기존의 중국 우한발 코로나 바이러스보다 70%나 더 높은 알파 변이가 70여 개국으로 확산되었고, 뒤이어 백신들의 효능을 떨어뜨리는 주요 변이들인 델타 변이와 오미크론 변이가 전 세계로 확산되면서 인류의 코로나 대응은 중대한 분기점을 맞이하게 된다.

다시 정리하지면 우리가 겪었던 지금까지의 전염병과는 전혀 다른 형태인 코로나19(COVID19)가 급속도로 전파되어 사람이 사람을 만나는 것을 의도적으로 회피해야 하는 비대면 사회로 바뀐 것이다. 이른바 '언택트[Untact : 접촉하다는 의미의 콘택트(contact)에 부정적 의미인 언(un)을 합성한 신조어로 접촉을 피하는 것을 뜻한다.]시대'가 의도치 않게 빠르게 도래한 것이다.

AI·5G 등 산업사회에서 지능정보화사회로의 변화를 예측하는 산업 분야에서도 코로나19 사태를 예상하지 못했으므로 뷰카시대를 새로 겪게 되고 있다. 코로나19는 접촉을 금하면서 언택트로 비대면적 소비패턴으로의 진화와 언텍트시대의 확산은 기업과 비즈니스에도 직접적으로 연결되면서 과거와는 다른 소비문화와 기업문화가 등장하고 있다.

역사를 되돌아보면 인류의 발전은 사실 '콘택트(contact)'라는 실질적 접촉을 통해 이루어져왔다. 인간과 인간이 마주했을 때 발생하는 시너지야말로 경제·문화적 발전의 핵심이었다.

일본 파나소닉의 창업자인 마츠시타 고노스케(松下幸之助)라는 유명한 경영자는 "기업은 사람이다."는 발언이 유명한데, 이는 기업이 이익을 내는 것도 사람이며 손실을 내는 것도 사람이고 지금은 IoT, AI, 빅 데이터 등의 디지털 사회이지만 그것을 좌우하는 것도 사람이라는 의미이다. 아무리 디지털사회라 하더라도 기업을 운영하기 위해서는 최종적으로는 사람이 움직여야 하므로 사람에 의해 좌우된다고 보면 된다. 그러나 이 "기업은 사람이다"라는 말도 팬더믹 앞에서는 조금씩 변화하고 있다.

1. 코로나 팬더믹과 세계 경제

우선 코로나 팬더믹과 세계의 경제 성장에 대해 간단하게 알아보기로 한다. 2005년부터 2019년의 세계 경제 성장을 GDP의 추이로 보면 2005년은 47.6조 달러, 2010년은 66.2조 달러, 2015년은 74.9조 달러, 2019년은 87.3조 달러로 약 83% 증가하고 있다.

[그림 2-2] 전 세계 합계 GDP의 추이

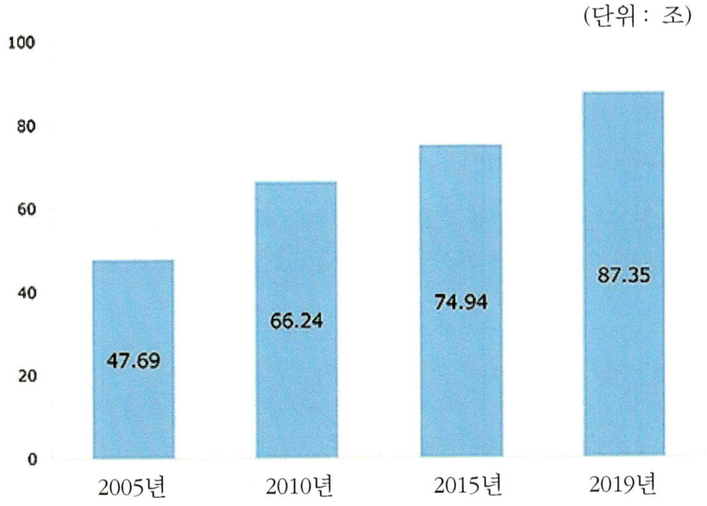

자료 : IMF, 2021, World Economic Outlook(April 2021)

[그림 2-3] 세계의 GDP 성장률의 추이 전년 대비

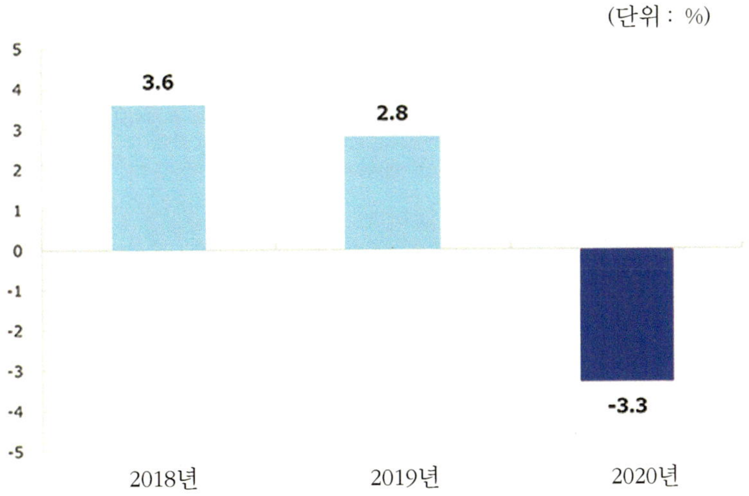

자료 : IMF, 2021, World Economic Outlook(April 2021)

그러나 2020년에 신형 코로나바이러스의 폭발적인 유행이 전 세계에 큰 영향을 미쳤으며, 감염자 수는 전 세계 1억 7,000만 명을 넘었고, 사망자 수는 380만 명에 달했

다.(2021년 6월 16일 기준)

이에 따라 세계 각국은 감염 확대를 억제하기 위해 대면 커뮤니케이션이나 도항, 외출 등을 제한한 락다운을 실시. 이 인간과 사물의 왕래를 제한함으로써 경제활동에 있어서의 공급망이 끊어지게 되었다. 글로벌 공급망이 깨어지게 되면서 재료의 공급은 물론 생산활동도 할 수 없게 되는 기업활동이 억제되었기 때문에 경제활동을 크게 정체시키게 되었다. 한편, 수요에도 마찬가지로 큰 영향을 받았다. 코로나19로 인해 대면 커뮤니케이션을 제한함으로써 서비스업은 경제적으로 큰 타격을 받았고, 결과적으로 세계의 GDP 성장률은 2020년대 전년 대비 -3.3이 되었다.

2. 대학교육에서의 언택트

코로나 팬데믹으로 인해 본격적인 언택트(untact)시대가 시작되면서 비즈니스와 업무 방식의 변화 등 전 세계적으로 문화가 많이 바뀌고 있기 때문이다. 학교에서도 수업은 대면수업만이 필요하다는 관념이 깨지면서 줌 수업과 동영상 수업이 등장하면서 과거와는 회사 업무는 사무실에서만 해야 한다거나 직원도 면대면 면접을 통해서만 뽑아야 한다는 고정관념들이 깨지고, 물건도 대면 마케팅에서 비대면 마케팅으로 바뀌면서 디지털 트랜스포메이션이 촉발되며 다양한 언택트 비즈니스 기술들이 각광을 받고 있다.

과거에 2014년에 개교한 미네르바 스쿨(Minerva School)이 각광을 받았지만 일반적으로는 신기하기는 하지만 사제지간의 교육을 생각하던 우리와는 먼 교육적으로는 다른 대학으로 인정했지만 언택트 문화에서는 미네르바 스쿨이 재각광을 받고 있다.

캠퍼스 없는 대학으로 유명한 미네르바 스쿨은 커리큘럼 상 1학년 학생은 미국 샌프란시스코 지역 기숙사에서 머물며 기업 인턴십에 참여하고 기본 소양을 다지기 위한 수업들을 듣는다. 2학년 때부터는 3~6개월마다 국가를 이동한다. 2학년 때는 독일이나 아르헨티나, 3학년 때는 인도나 한국, 4학년 때는 이스라엘이나 영국 등으로 이동하며 기숙사 생활을 한다.

전공은 예술과 인문학, 컴퓨터 과학, 자연과학, 사회과학, 경영 등으로 나뉘어져 있으며 2학년 말에 전공을 선택하며 학생들은 인턴십과 동시에 교수와 화상 수업, 엄청난 양의 과제 등을 소화해야 한다.

미네르바 스쿨에서 진행되는 온라인 수업은 우리가 생각하는 온라인에서 단순히 강의를 하는데 그치지 않으며 자체 개발한 영상통화 도구를 수업에 활용한다.

미네르바 스쿨에서 수업이 시작하면 모든 학생과 교수의 얼굴이 보인다. 모든 강의는 20명 이하로 진행된다. 수업은 세미나 형식으로 진행하며, 일방적으로 교수 혼자 말하는 강의는 없다. 교수는 20명의 학생 얼굴 밑에 '동의한다'와 '동의하지 않는다'라는 내용을 볼 수 있다. 교수는 덕분에 매번 발표를 잘하던 학생보단 지난 시간 발표를 하지 않았던 친구의 이름을 부르고 의견을 물어서 참여를 유발한다.

시간이 지나면 20명 학생 중 말을 많이 한 학생 화면에 빨간색 배경이 입혀진다. 말을 적게 한 학생 화면에게는 초록색 배경이 뜬다. 교수는 모든 사람의 발표내용을 기억하지 않고도 화면 색깔을 확인해 수업에 덜 참여한 사람을 쉽게 파악할 수 있다. 그리고 초록색 화면의 학생들에게 의견을 물어 수업 참여도를 높인다. 우리가 우려했던 비대면의 수업을 대면수업보다 언택트를 통한 대면이 이루어져 많은 인기를 얻고 있다.

미네르바 스쿨은 하버드대나 옥스퍼드대보다 입학 경쟁이 치열하다고 알려져 있다. 신입생 200명을 모집하는데 70개 국가에서 2만3천명이 지원했다. 합격률은 하버드대(4.6%), MIT(6.7%)보다도 낮은 2%대다. 미네르바에 들어가기 위해서는 미국 수능인 SAT가 아닌 자체 시험을 통과해야 한다.[2)]

미네르바 스쿨은 일단 캠퍼스가 없다. 기숙사시설을 제외하고는 캠퍼스에 예산을 들이지 않으며 실질적인 교육적 인프라에 제공되어 기숙사는 7동으로 학생 전원이 4년 동안 7개의 기숙사를 돌아다니며 생활하는 종합대학이기도 하다. 1학년 때는 대학 본부가 있는 샌프란시스코에서 공부하고, 2학년부터 각 학기를 서울(대한민국)·하이데라바드(인도)·베를린(독일)·부에노스아이레스(아르헨티나)·런던(영국)·타이베이(대만)에서 생활한다. 각 도시에서 생활하면서 다양한 문화를 체험하며 인간의 복잡성과 깊이를 이해하는 시간을 보낸다.

프로젝트명의 '미네르바'는 로마 신화의 지혜의 여신을 의미한다고 한다.

대학을 만든 것도 혁신적이다. 미네르바 스쿨(Minerva School)은 미국의 벤처투자자 벤 넬슨(Ben Nelson)이 2012년 4월, 미네르바 프로젝트는 벤치마크 캐피탈로부터 2,500만 달러의 벤처 기금을 지원받아 학부 프로그램을 만들었다. 2016년에는 대학원의 석사과정도 만들었다.

미네르바 스쿨(Minerva School)은 미국의 벤처투자자 벤 넬슨(Ben Nelson)이 KGI(미국 대학 연합체, Keck Graduate Institute)의 인가를 받아 2010년 설립한 대학교 이다.

캠퍼스 없는 명문대학교 미네르바 스쿨도 유명하지만 MOOC(Massive Open Online Course)강좌가 세계적인 반응을 받고 있다. MOOC강좌는 인터넷상에서 누구나 무료

2) Jackson, Abby, "This college startup has a 1.9% acceptance rate, making it tougher to get into than Harvard", Business Insider, 2016, 16 April.

로[3] 수강할 수 있는 대규모 열린 강의이다. 미래교육은 캠퍼스 없는 무한 공간의 실시간 인터넷교육시대에 진입하였다. MOOC한 강좌에 10만 명 이상이 교육을 받는다. 지구촌 전체가 교육생이 되고 있으며 교실이기도 하다. 인터넷 강의는 급속하게 발전하면서 화상을 통한 쌍방향교육으로 급성장하고 있다. 빅데이터는 오픈소스(open source)에 의하여 실시간으로 생성되고 있다. 미래교육은 오픈소스에 의한 빅데이터로 경쟁하는 시대이다. 과거의 교과서 교육시대는 끝났다. 학습자 중심교육으로 180도 방향이 바뀌었다.

최근에 코로나 전과 다른 무엇보다 가장 큰 변화는 코로나로 인한 사회적 거리두기로 원격 재택근무가 확대되면서 가정의 개인 컴퓨터가 업무환경으로 바뀌게 된 것이다. 업무를 위해 원격 VPN(Virtual Private Network)을 통해 사내 업무환경에 접속하게 된다. VPN은 가상 사설망으로 인터넷 같은 공중전화망상에 사설망을 구축할 수 있게 해주는 서비스를 말한다.

그런데 VPN 연결로 인한 PC의 성능 저하는 물론 개인 컴퓨터의 보안 위협이 기업 내부 네트워크로 전파될 가능성이 높아져 우려를 낳고 있다. 때문에 보안 유지는 물론 업무의 효율도 높이고 비즈니스의 연속성을 유지하기 위한 기술들이 주목을 받고 있다.

사회적 거리두기로 사람간의 물리적 거리는 유지하되 개인 일상의 삶을 영위하고 사회가 정상적으로 운영되기 위해 언제든 원할 때 서로를 연결할 수 있는 '연결의 필요성'이 대두되면서 온택트(ontact)가 보편화되는 뉴노멀시대로 가고 있다.

언택트 사회를 대비하여 개린과 기업은 인공지능 중심의 융합기술 개발이 매우 중요하다. 인간만이 할 수 있다고 생각되었던 분야에 인공지능이 등장하여 인공지능을 비롯한 사물 인터넷, 자율 주행차 등 우리나라에서 인공지능 전문가가 이와 관련된 창업이 많아질 것으로 예상된다. 새로운 직업으로는 빅데이터 전문가, 사물 인터넷전문가, 인공지능전문가, 가상현실전문가 등이 각광을 받을 것으로 보고 있다.

---

3) Kaplan Andreas, Haenlein Michael (2016), Higher education and the digital revolution : About MOOCs, SPOCs, social media, and the Cookie Monster, Business Horizons, Volume 59.

제 3 절 VUCA시대를 극복하려면

급격한 변화가 일어나고, 지금까지의 상식이 바뀌어지는 VUCA시대에서 기업은 이 시대를 어떻게 극복하여야 하는가?

기업에서는 사회나 조직에서 가시화되지 않은 본질적인 과제를 찾아 문제 해결을 신속하게 제안하고 수행할 수 있는 능력이 필요하고 변화가 많은 VUCA시대에 있어서는, 본질적인 과제도 지금까지의 사례와는 다른 경우가 나타나기 때문에 성공 사례의 패턴에 얽매이지 않고 사건마다의 본질을 간파하는 힘도 동시에 필요하다.

VUCA시대에는 과거의 조직에 얽매이지 않고 새로운 능력 해결의 조직이 필요하다. 과거의 한국은 연공서열과 신졸 일괄 채용 등이 주류였으나, VUCA시대의 도래에 따라, 연공서열형의 고용에서는 새로운 시대의 일을 수행하는 것이 어렵다. 재택근무나 원격사무실 등의 텔레워크(Telework)를 하는 데는 연공서열보다는 컴퓨터나 정보기술의 활용 등의 디지털기술이 필요해지면서 디지털기술과 미래를 보는 혜안적 능력이 필요하게 된다.

2020년 일본의 일본경제출판사가 제작한 'BCG가 읽는 경영의 논점 2021(BCGが読む経営の論点2021)'은 답답한 코로나 언택트시대에 해답은 아니지만 가야 할 방향을 제시하여 주목을 받았다. BCG는(Boston Consulting Group)을 말하며 미국에 본사를 둔 세계적인 경영컨설팅 회사로 1963년 하버드 비즈니스스쿨 출신의 브루스 D. 헨더슨(Bruce D. Henderson)이 설립했다. 코로나 팬더믹으로 급변하는 변화에 대응하여 '비즈니스를 어떻게 진보시킬 수 있는가'가 주제다. 역시 ESG 중시와 IoT, AI, 빅 데이터 등의 사용을 중요하게 생각했다.

그리고 기업과 고객과의 관계에서 중요한 키워드는 D2C(Direct to Consumer, 소비자에게 직접)와 OMO(Online Merges with offline, 온라인과 오프라인 융합)의 두 가지이다.

OMO는 실제 매장과 온라인을 융합하여 새로운 구매 경험을 창출하는 노력을 말한다. OMO의 실현은 하나의 업계 구조를 바꾸어 버릴 정도의 가능성을 보고 있다는 점이다.

세계에서는 물론, 한국에서도 은행의 오프라인 점포 폐쇄가 가속화되고 있다. 2021년 들어 203개가 폐쇄된데 이어, 2021년 12월 중으로 59개가 더 사라질 예정이다. 은행들은 전국적으로 네트워크가 깔려 있는 우체국이나 편의점과 협업을 통해 공동점포를 운영하거나 앱 서비스·자동화기기(ATM)의 접근성을 개선해 금융소외층 불편을 최소화한다는 방침이다.

최근 지방의 M시는 M지점 폐쇄를 결정한 KB국민은행에게 존치 요구 건의서를 제출했다.

M시의 건의문에서는 “원도심 소상공인, 디지털 금융에 익숙하지 않은 고령의 금융 취약계층 등의 편의를 위해 목포지점 폐쇄 재검토를 요청한다.”고 입장을 밝혔다. 많은 사람들이 전적으로 동의하고 있다. 왜냐하면 금융의 디지털화는 모바일 활용이 익숙지 않은 고령층, 농어민, 장애인 등의 불편을 극대화하고 정보의 비대칭도 심화시킨다. 금융의 디지털화를 반대하지는 않는다. 너무나 늦어도 안 되지만 너무나 빠른 디지털화는 고령화 사회의 고령의 디지털 취약층에게 위화감을 조성하고 있어 새로운 은행 서비스가 요구되고 있다.

물론 최근에는 모바일 결제 서비스는 신용카드를 대체, 보완할 새로운 지급 수단으로 자리 잡고 있다. 앞으로 온라인과 오프라인의 결합에 중요한 역할을 할 것으로 전망되며 금융기관뿐 아니라 다양한 업계의 기업들이 경쟁에 뛰어들고 있다. 페이팔, 알리페이는 이미 미국과 중국의 모바일 결제 시장의 대부분을 차지하고 있으며, 스퀘어, 스트라이프와 같이 중소 상공인들을 대상으로 하는 결제 플랫폼 서비스도 주목을 받고 있다.

결제 서비스가 향후 더욱 중요해지는 또 하나의 이유는 O2O(Online to Offline) 때문이다. 오프라인의 소비도 인터넷이나 스마트폰을 이용해 결제가 이뤄지는 경우가 증가하고 있다. O2O란 온라인(online)과 오프라인(offline)이 결합하는 현상을 의미하는 말이며, 최근에는 주로 전자상거래 혹은 마케팅 분야에서 온라인과 오프라인이 연결되는 현상을 말하는 데 사용된다.

스마트폰 사용자는 전 세계를 통틀어 2013년 19억 명에서 2019년에는 56억 명으로 증가하면서 글로벌적으로 스마트폰이 널리 보급되면서 온라인과 오프라인의 경계선이 흐려졌다. 스마트폰만으로도 언제 어디서나 인터넷을 사용할 수 있게 되면서 전 세계적으로 ‘O2O’(Online to Offline)가 등장하였다.

은행에서는 아무리 디지털화가 진행되어도 오프라인을 중요시하는 사람과 디지털 경제에 아직 적응하지 못한 사람들이 있기 때문에 역시 은행과 결재 시스템은 중요하지만, BCG가 제시한 OMO(Online Merges with offline, 온라인과 오프라인 융합)도 중요하다.

1. VUCA시대의 전략

코로나19가 휩쓸고 간 지난 2년 동안 전략 계획에 대한 전통적인 접근 방식이 더 이상 효과적이지 않다는 것을 입증되었다고 할 수 있다. 이제 우리는 정적 또는 예측 가능한 세상에 살지 않다. 이제 예측 불가능성을 갖춘 VUCA 환경이 당연하게 받아들여지는 환경이라면 조직은 보다 강력하고 민첩한 전략적 계획 프로세스를 채택해야 된다고 생각한다. 오늘날 조직은 가속화되는 변화 속도, 극단적인 예측 불가능성 및 세계 경제 전반에 걸쳐 광범위한 VUCA 혼란을 처리하기 위한 전략적 계획이 필요하다.

VUCA시대의 전략 계획 프레임워크는 리더와 팀이 조직의 미래를 결정하는데 도움이 되는 포괄적이면서도 유연한 계획을 개발하는데 도움이 된다. 이 새로운 시대에 성공하려면 조직이 유연하고 민첩해야 된다. 경영자들은 사무실에서 나가서 현장을 보고 의사결정을 하여야 한다. 그러기 위해서는 조직은 전략적 계획에 유연하고(유연성) 실행에 민첩해야(민첩성) 된다. 현장을 보지 않고 사무실에서만 계획을 설계하는 것은 자동차 운전을 할 경우에 전면 앞 유리보다는 후방 거울을 통해 승용차를 운전하는 것과 같다. 우리가 전면 앞 유리를 통해 조종하는 전략적 계획은 현장을 보고 데이터를 통한 민첩한 접근 방식이라고 할 수 있다.

우리가 눈이 펑펑 쏟아지는 날에 운전할 경우에는 내비게이션(navigation)이 있다 하더라도 1km 앞에 언덕이 있다는 것을 알 수는 있어도 언덕의 높이 까지를 측정할 수는 없다. 현장과 데이터를 무시한 전략은 이런 눈 오는 날에 후방거울을 통한 운전과 같으며 아무리 데이터(내비게이션)가 있다 하더라도 현재의 도로뿐만 아니라 언덕 너머까지를 생각하여야 한다. 다시 말하면 뷰카(VUCA)시대의 전략은 현재의 상황뿐 아니라 미지의 미래에 초점을 맞추어야하며, 앞으로 다가올 것을 더 잘 예측하고 우리를 공격할 수 있는 잠재적인 세력이나 변화에 적절하게 대응할 수 있도록 해야 한다는 것이다.

2. 미지의 남극 도전과 아문센의 성공

노르웨이 출신의 로알 아문센(Roald Amundsen)은 인류 최초로 남극점에 도달한 인물로 교과서에도 실렸을 정도로 유명하다. 한편 영국의 로버트 스콧(Robert F. Scott)은 별로 알려져 있지 않다. 아문센-스콧 남극점 기지(Amundsen-Scott South Pole Station)는 미국의 남극 관측기지이다. 남극점에 최초 도달하기 위해 노력했던 노르웨이의 아문센과 영국의 로버트 스콧의 두 탐험가에게 경의를 표하기 위해서 아문센 스콧 기지로 명명되었다고 한다. 1956년 11월, 1957년 국제지구관측의 해를 기념하기 위해 당시 남극점에서

▲ 아문젠

▲ 스콧

겨우 100m 떨어진 곳에 건설하였다.

미국의 '아문센 스콧 기지'는 같은 시기에 레이스를 겨룬 이 2명의 영웅으로부터 명명되고 있다. 하지만 사실, 이 라이벌의 이야기는 전혀 대조적이다. 짐 콜린스(Jim Collins)는 그의 책 『위대한 기업의 선택(GREAT BY CHOICE)』에서 아문센과 스콧의 이야기를 통해 20마일의 법칙을 말한다. 아문센은 아무리 날씨가 좋아도 대원들이 체력을 소진하지 않도록 적정성을 유지해 항상 20마일 행진을 고수하여 성공하여 20마일의 법칙을 주장했다. 이 책에서는 아문센과 스콧의 새로운 점을 찾아 전략적으로 설명하고 있다.

즉, 아문젠 같은 10X형(10배형) 리더(10Xers)는 광신적 규율(Fanatic discipline)을 유지한다는 것이다. 10X형 리더(10Xers)는 일관된 가치관, 일관된 목표, 일관된 평가 기준, 일관된 방법을 비롯하여 철저한 '행동의 일관성'을 나타낸다. 어떠한 시련과 오랜 시간이 지나도 행동이 흔들리지 않는다는 것이다. 일관성을 유지하려고 하기 때문에 단호한 대응을 하고 마치 편집광처럼 목표를 향해 돌진한다고 주장한다.[4)]

아문센은 1911년 12월 19일 먼저 남극점에 도달하였고, 스콧은 1912년 1월 18일 남극점에 도달했다. 불과 한 달의 차이였지만 아문센은 돌아와 영웅이 되었고, 스콧은 돌아오는 길에 추위와 기아로 사망했다. 승자에게는 영광이 주어졌지만 패자에게는 죽음이 돌아올 정도로 혹독한 추위와의 싸움이기도 했다.

물론, 성공과 실패의 결과는 중요했지만 다른 것은 결과만이 아니었다. 준비 기간, 정보 수집과 꼼꼼한 시뮬레이션, 팀워크와 리더십, 보급과 기동력 등 많은 부분에서 엄청나게 달랐다는 점이다.[5)] 결과론적이지만 아문센은 스콧보다 적어도 3가지 면에서 전략적으로 성공하였다.

1) 우수한 복장

아문센은 평소 북극의 에스키모 원주민(이누이트)들과 친분을 쌓아서 정보를 입수 남극을 탐험 시에는 동물 가죽으로 만든 그 옷은 추위를 견디기에 가장 좋은 옷이었으며, 외부의 물기를 차단하면서도 내부의 땀에 의한 수증기를 배출할 수 있었다.

---

4) Jim Collins and Morten T. Hansen, Great by Choice: Uncertainty, Chaos, and Luck — Why Some Thrive Despite Them All, Harper Business 2011.

5) 本多勝一, アムンセンとスコット, 朝日文庫, 1980.

2) 원활한 식량 조달

아문센은 탐험대원 중 바다표범을 사냥했으며 바다표범이 없을 때에만 썰매를 끄는 개를 식용으로 먹었다. 배가 고파도 개를 도살하지 않았고 그대로 굶주림에 시달렸던 로버트 스콧과 대조되는 행동이었다.

3) 벤치마킹

어니스트 섀클턴의 남극 탐험에 실패 원인을 분석했다. 결과는 조랑말을 끌고 갔기 때문이라는 것을 알아낸 아문센은 자신의 탐험대에 식량이 많이 들고 추위에 약한 말 대신에 추위에 잘 견디고 식량이 적게 드는 52마리의 개(일부에서는 116마리)를 이용 썰매를 만들었다.

지도도 없이 지형이나 기상도 불투명한데 빙하의 왕복 3000km를 3~4개월에 걸쳐 주파하는 장거리 레이스다. 남극점은 표고 2,835m로 최고봉은 4,810m나 있어(북극보다 춥다) 빙하에서는 영하 50℃라고 하는데 추울 때는 영하 60~80℃까지 내려간다. 주어진 환경은 같은데 생사를 나눌 정도의 결과가 나타난 것이다. 아문젠의 남극탐험은 현재의 뷰카 상황과 비슷하다.

미래가 불확실성(Uncertainty)하며 기상이 모호성(Ambiguity, 模糊性)하고 변동성(Volatility)이 있으며 불학실성 속에 변동성의 장거리 레이스를 탐험하는 리더는 모호성과 복잡성(Complexity)의 상황 속에서도 전진하여야 한다.

이 밖에도 스콧의 탐험가로서, 심지어 리더로서의 자질에 의문을 품는 학자들도 많다. 생사를 좌우하는 극도의 추위와 누구도 가보지 않은 미지의 극한 상황에서는 사람의 생사도 리더에 달려 있다.

우수한 리더의 판단이야말로 생존하는 길을 열어준다. 이것을 지도자는 자각해야 한다. 판단을 멤버에게 던져 그 다수결에 따르는 것은 리더로서의 책임 포기로 이어진다.

아문센은 이렇게 이야기한다.

"승리는 준비된 자에게 찾아오며, 사람들은 이를 행운이라 부른다. 패배는 미리 준비하지 않은 자에게 찾아오며, 사람들은 이를 불운이라 부른다.(Victory awaits him who has everything in order, luck some people call it. Defeat is certain for him who has neglected to take necessary precautions in time; this is called bad luck.)"

나는 이 말이 뷰카시대에 맞는 말이라고 생각한다. 여기에서 중요한 것은 미지의 아무도 가보지 않은 곳을 갈 때처럼 모든 상황을 준비하라는 것이다.

한편 스콧은 마지막 일기에 "우리의 불행은 조직의 결함이 아니고, 계속 이어지는 불운에 있었다."고 적었다. 각각의 말에 일리가 있다. 모든 일에는 우연이 있으며 이것이 장난을 치기도 한다. 하지만 사실을 보면, 다른 견해가 생긴다. 치명적인 실수를 회피하고, 모든 일에 성공에의 경로를 진행하는 방법이 있을 수 있다.

미래는 예측할 수 없지만 "불확실성"에 대응하는 좋은 시스템이 존재한다. 행운·불운의 문제가 아니라고 지금 해야 할 일이 있다 바로 준비하는 것이다.

현재의 기업이 부딪히는 것은 AI가 특기인 것은 '복잡성'이다. AI가 움직이려면 방대한 데이터를 준비하여야 한다. 모든 기업이 아문젠처럼 미지의 길을 가고 있는 것이다. 기술적 특이점(technological singularity, TS)은 인공지능(AI)의 발전이 가속화되어 모든 인류의 지성을 합친 것보다 더 뛰어난 초인공지능이 출현하는 시점을 말한다.

제 4 절 뷰카시대의 의사결정모델

1. PDCA 싸이클

PDCA 사이클은 미국의 통계학자 데밍(William Edwards Deming)의 관리 사이클, 즉 데밍 사이클이라고도 한다. PDCA 사이클은 1950년에 일본과학기술연맹이 데밍(William Edwards Deming) 박사를 초빙해 행한 품질관리 세미나에서 비롯된 것이라는 것이 정설이다. 여기서 비롯된 품질관리활동은 QC활동, TQM(Total Quality Management)으로 불리며 일본에서의 품질개선활동에 크게 기여했다.

[그림 2-4] 데밍의 PDCA 싸이클

PDCA 사이클은 처음에는 품질관리에 국한해 적용이 시작되었으나, 이후 적용범위가 경영관리 전반으로 확대됐고 품질관리시스템 규격인 ISO9001이 2015년에 개정돼 품질관리뿐만 아니라 사업 프로세스의 관리툴로서 PDCA 사이클에 기초한 프로세스 접근방법이 강조되게 됐다.

여기에서의 P는 PLAN(계획)으로, 목표나 방침을 명확히 하고 실현 가능한 실행 계획으로 구체화한다는 원칙이다. 다음 D는 Do(실행)으로, 계획에 따라 실행하면서 진척 상태를 측정하는 것이다. C는 Check(검증)으로, 성과의 달성도나 방식을 검증하고 성공 또는 실패의 원인을 분석하는 순서다. 마지막 A는 Act(개선)으로, 계획에 따라 실행되지 못한 부분을 개선해 다음 계획에 피드백 하는 방법이다.

2. 우다루프(OODA LOOP)

현재의 예측 불가능성을 갖춘 VUCA 환경과 경영의 스피드화에 대응하기 위해서는 아무래도 기존 PDCA의 사고방식으로는 한계가 있다. 그래서 등장한 것이 우다루프(OODA LOOP)이다. 2015년 가을 도널드 트럼프는 미국공화당의 대통령후보 선두주자로 부상하고 선두주자였던 젭 부시는 패배하였다. 결국 트럼프는 미국 대통령이 되는데 부동산 사업을 통해 갈고 닦은 협상의 기술로 상대방을 당황하게 하면서, 화제를 본인이 유리한 국면으로 전환하는 능력이 매우 뛰어났다. 평생 정치를 해온 공화당의 트럼프의 경쟁자들은 사라지게 되면서 트럼프는 미국의 대통령이 되었다. 이러한 트럼프 승리의 일면에는 '우다루프(OODA Loop)'를 언급하고 있다.

우다(OODA)루프는 미국 전투기 조종사이자 항공 전술가이기도 한 존 보이드(John Boyd) 대령이 발명한 의사 결정 방법이다. 보이드는 6·25전쟁 당시 전투기 조종사로 활동하면서 얻은 경험이 바탕이 되었다고 한다. 즉, 6·25전쟁 당시 미 공군 전투기 F-86(일명 세이버)의 성능은 소련 미그기에 비해 열세였지만 미 공군은 성능 차이를 비행전술로 뒤집었다. 그것은 공전의 승리가 개별 전투기의 성능이 아니라, 급속하게 기동할 수 있는 능력, 즉 적·아군 쌍방의 파일럿이 가지는 인지적인 능력, OODA 루프의 상대적인 속도에 좌우된다는 생각이 중심을 이루었다. 보이드는 이 성공 요인이 먼저 보고 먼저 판단할 수 있었기 때문이라고 판단하였다. 그것은 공전의 승리가 개별 전투기의 성능이 아니라, 급속하게 기동할 수 있는 능력, 즉 적·아군 쌍방의 파일럿이 가지는 인지적인 능력, OODA 루프의 상대적인 속도에 좌우된다는 생각이 중심을 이루었다.[6)]

존 보이드는 아무리 불리한 상황에서도 40초면 형세를 역전할 수 있었다고 하여

'40초 보이드'의 별명을 가졌을 정도이다. 무엇보다도 '40초 보이드'의 힘의 비결을 한 마디로 말하면, '행동으로 옮기는 속도' 즉 기동성이다. 먼저 보이지 않는 상황 속에서도 신속하게 의사 결정을 내리고 신속하게 행동으로 옮기는 것이야말로 이것이야말로, 존 보이드씨가 40초 보이드로 만들었다. 존 보이드는 군대를 은퇴한 후 인간의 의사 결정에 관한 연구에 몰두하고 그 연구 끝에 만들어낸 것이 OODA 루프이다. OODA 루프는 PDCA 사이클과 마찬가지로 네 단계로 나뉘는데 '우다루프(OODA Loop)는 관찰(Observe), 방향설정(Orient), 결심(Decide), 행동(Act)을 말한다. 뷰카시대의 민첩한 의사결정의 도구로 인식되고 있다.([그림 2-5] 참조)

[그림 2-5] PDCA 사이클과 우다루프(OODA Loop)의 차이

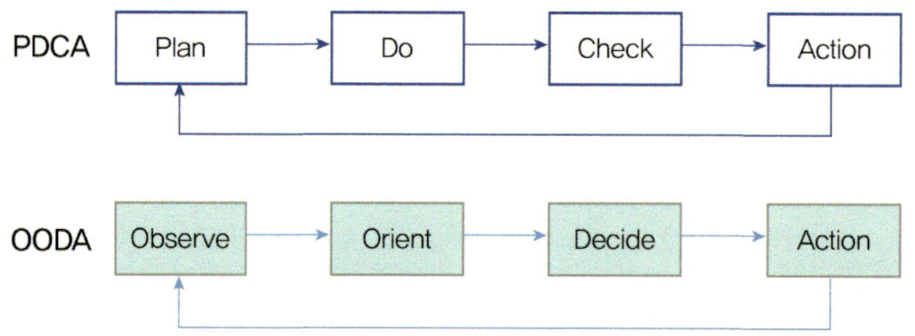

즉, 상황을 관찰하고 이를 타개할 방향성을 모색하여 결정하고 신속히 행동하는 것을 반복적으로 함으로써 자신에게 유리한 국면을 만든다는 것이다.

하버드 비즈니스 리뷰에서 1988년에 "경쟁력을 위한 빠른 사이클 능력, Fast-Cycle Capability for Competitive Power"이라는 제목으로 하버드 경영대학원의 조셉 L. 바우어(Joseph L. Bower)와 보스턴 컨설팅 그룹의 파트너인 토마스 M. 호우트(Thomas Hout)는 실제로 OODA 루프를 인용하면서부터 기업에서도 우다루프는 유명해졌으며,[7] 2000년 이후에는 최근에는 비즈니스와 스포츠에서도 도입되고 있다.

PDCA가 "자신의 계획"으로 부터 시작한다면 OODA 루프는 "상대의 관찰"로 시작하는 곳이 다르다. PDCA는 계획에서 시작하기 때문에 준비가 필요하고 현장에서의 임기응변이 부족하다는 단점이 있다.

---

6) David Deptula, Lawrence Stutzriem, Mark Gunzinger, "Restoring America's Military Competitiveness : Mosaic Warfare," The Mitchell Institute for Aerospace Studies, September 2019, p.27.

7) Joseph L. Bower and Thomas M. Hout, Fast-Cycle Capability for Competitive Power, Harvard Business Review, 1988.11.1.

[그림 2-6] 보이드의 OODA 루프

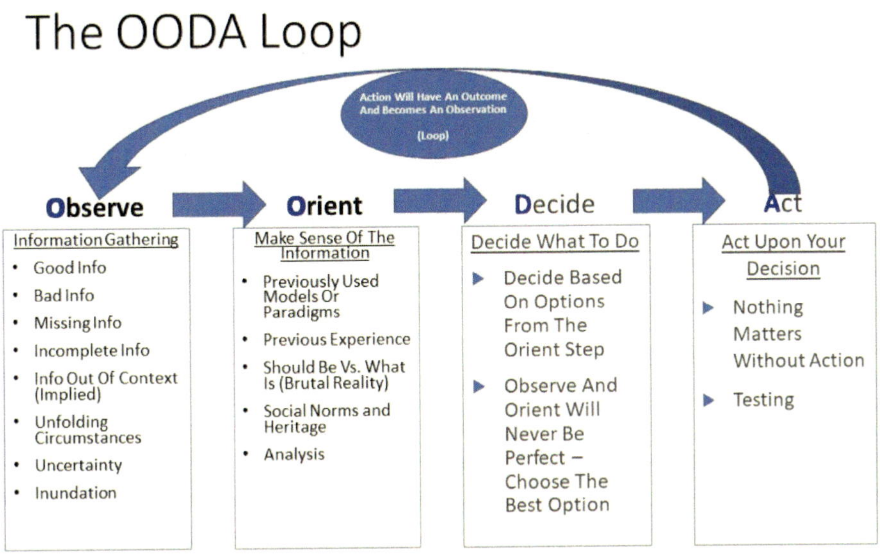

OODA 루프는 다음의 4가지 프로세스를 통해 이루어진다.

1 단계 : 관찰(Observe)

객관적인 데이터를 수집하고 관찰하는 단계

2 단계 : 상황 확인(방향설정) 단계(Orient)

개관적인 데이터를 분석하고 상황 확인하여 가설을 설정

3 단계 : 의사결정 단계(Decide)

상황 확인에 기초하여 가설을 기초로 의사 결정하는 단계

4 단계 : 행동 단계(Act)

의사 결정에 따라 행동하는 단계

3. PDCA와 OODA 루프의 차이점

여기에 비해 OODA는 현장이 기점이므로 유연하게 대응할 수 있다. OODA 루프를 빠르게 반복하면서, 매번 조정을 더해 갈 수 있게 되면, 재빠르게 적절한 결정을 내리

는 능력이 높아져, 변화에 대해 임기응변적인 대응이 가능하게 되기 때문에 결과, 현장의 문제 해결 능력이 향상된다는 장점이 있다.

PDCA 사이클이 어떤 목적으로 개발되었는지를 아는 사람은 많지 않다. PDCA 사이클은 원래 공장의 생산성을 높이기 위해 만들어진 프레임 워크이다. 즉, 공장에서의 생산속도나 생산효율이라고 하는 "정해진 공정을 얼마나 낮은 코스트(저비용)로 진행해, 높은 생산성을 발휘 하는가"라고 하는 과제에 대한 개선을 도모하기에 최적이라고 여겨지고 있다. 그러므로 PDCA 사이클은 업무 개선에 가장 적합한 프레임워크라고 일컬어지고 있다.

반면에 OODA 루프는 앞서 언급했듯이 의사 결정을 내리는 프레임 워크라고 할 수 있다. 즉, 존 보이드가 몸을 담았던 전장(전쟁의 장소)처럼, 불명확하고 항상 변화해 나가는 상황 속에서, 현재 상태에 있는 것에서 최선의 판단을 내리고, 즉시 행동을 일으키는 것을 목적으로 하고 있다고 할 수 있다. 그러므로 PDCA 사이클과 같은 업무 개선이 아니라, VUCA 환경에서 '기업의 성공', '신규 사업의 개발'이라는 명확한 공정이 없는 과제에 대해서 효과적인 프레임워크가 OODA 루프라고 할 수 있다.

PDCA 사이클은 업무 개선과 같은 'How'를 생각하는데 효과적이며, OODA 루프는 기업이나 사업 개발과 같은 'What'을 생각하는데 효과적인 프레임워크라 할 수 있다.

4. 뷰카시대의 OODA 루프의 방향설정

OODA 루프는 자꾸자꾸 계획을 수정해 나가는 것으로, 변화가 극심한 뷰카시대에 적합한 방법이다. 그러나 큰 조직이 되어 오면 방향설정(Orient)에 개인의 차가 있어, 각자 다르게 행동을 하는 것이 문제로 등장한다.

따라서 조직 운영에 있어서는 방향설정(Orient)에만, '공통 개념'이라는 지표를 나타내면 된다.

공통 개념이란 "가능한 한 지켜야 할" 지표이다. 예를 들면 "지하철역의 낙서를 제거"라는 하는 공통 개념을 지표로 한다면 낙서제거 방법은 물수건이든 중성세제를 물에 풀어서 하던지 새로 페인트를 칠하든 각자에게 맡겨서 낙서제거라는 점만 조직에서 공통 개념으로서 가지고 가면 된다.

예를 들면 조직에서 주말에 등산갈 때에도 "오전 8시에 서울역에 집합"이라는 공통 개념만을 공유하고, 가는 방법은 지하철, 버스, 택시, 자가용 등 편리한 방법으로 각자의 판단에 맡겨서 오게 하는 것과 같다.

이 공통 개념만 공유해 두면 방향이 다른 사람이라도 최종적으로 가는 목표는 같아지기 때문에 조직으로서 통일된 움직임을 할 수 있는 것이다.이 방법은 많은 기업도 이미 채용하고 있다.

예를 들면 Google사에서는 최저한의 규칙 이외의 메뉴얼은 거의 없고, 공통 개념은 "Google 다움" 즉 Google이라면 무엇도 할 수 있다는 느낌으로 움직인다.

제 5 절 VUCA를 해결하기 위해 등장한 해결방법

1. VUCA 2.0

VUCA 2.0은 하버드 비즈니스 스쿨의 선임 연구원인 빌 조지(Bill George)가 만든 VUCA 해독제(Vision, Understanding, Courage, adaptability)가 등장한다.

2017년에 "VUCA 2.0"이라는 개념이 하버드 대학의 빌 조지라는 연구자에 의해 제창되고 있다. VUCA에 대응하는 것이 VUCA 2.0 인데 그것이 주장하는 것을 보면 쉽게 이해되지 않고 오히려 더욱더 혼란을 재촉하고 있는 것처럼 보인다. 그의 VUCA 2.0을 보면

- Vision : 미래의 비전, 미션(사명)을 견지하고
- Understanding : 강점을 살리고 약점을 최소화하기 위해 조직과 전략을 잘 이해하고 주위는 예스맨이 아닌 다양한 정보원을 확보한다.
- Courage : 보수적이고 본능적인 두려움을 극복하고 정확하게 대담한 의사 결정을 이끄는 용기이다.
- Adaptability : 전략을 변경하지 않고 상황에 맞게 활동하는 유연성을 가지고 최악의 상태에 대응하는 계획 B도 준비해 두는 주도함이라고 설명한다.

VUCA 2.0은 역시 리더십의 중요성을 강조한 것이라고 생각한다. 비전제시, 의사결정하는 용기, 전략의 유연성과 적응성, 그리고 상황을 이해하는 이해성은 모두가 리더십을 정의할 때 등장하는 단어이다.

2. 계획은 쓸모가 없지만 기획은 필수불가결하다

드와이트 D. 아이젠하워(Dwight Eisenhower)의 명언 중 나는 "계획은 쓸모가 없지

만 기획은 필수불가결 하다(plans are useless but planning is indispensable)"[8]는 이 말을 좋아한다. 한번은 강연 중에 일반인들에게 알려주자 별로 감동을 받지 않아 한글해석이 조금 약한 것도 같고 분위기가 안 올 수 있어 영어 원문을 보면 알려주기로 했다.

그래서 등장한 것이 원문을 살펴보니 다음과 같은 말이다.

> 전투를 준비함에 있어, 나는 항상 계획은 도움이 되지 않는 것이라고 생각한다. 그러나 계획을 세우는 것은 필수 불가결하다.(In preparing for battle, I have always found that plans are useless, but planning is indispensable)

나중에 알아보니 전투라는 단어가 들어가니 많은 사람들이 이해하며 나름 감동을 받았다고 하였다. 필자도 일본의 석사과정 대학원시절에 이 말을 이해하기 어려워 지도교수인 고 후지모리 미츠오 게이오 대학 명예교수에게 질문을 했더니 전쟁의 작전을 반영할 때 항상 계획 자체는 필요가 없지만, 계획 입안의 프로세스(과정)은 절대로 필요한 것으로 생각한다는 것이다. 자꾸 질문하기가 어려워 아는 척 했지만 이 구절을 수없이 반복하며 알은 것은 생사의 갈림길에서 전쟁의 작전을 반영할 때 항상 아이젠하워가 생각한 것은 계획 자체는 무용이지만, 계획 입안의 프로세스는 절대로 필요하다는 것으로 이해했는데 이 말은 계획 입안의 프로세스에서 중요한 것은 여러가지 시뮬레이션을 한다는 점이다.

일반적으로 계획을 세우는 것에 대해 오해하고 있거나 편견을 가지고 있는 사람이 많다. 일반적인 오해는, "완벽한 계획을 세워, 계획대로 하면 잘 된다."라고 하는 생각으로 판단한다는 것이다.

급변하는 환경의 흐름에 따라 상황이 변화하는 것이 현실이다.

그래서 '완벽한 계획'이라는 것은 존재하지 않는다. 우리가 할 수 있는 것은 여러가지 시뮬레이션을 한 후 최고의 생각을 계획을 채용하는 것이다. 포인트는 여러 가지 시뮬레이션을 한다는 것이 키포인트이다.

그리고 이 원문을 보고 경영학적으로 다시 해석하면 나는 항상 계획(plan)이 쓸모없다는 것을 발견했지만 (계획을 세우는) 기획(planning, 설계, 디자인)은 필수불가결하다로 해석하였다. 계획보다는 이 역동적인 전략적 기획은 새로운 도전이 갑자기 발생했을 때 빠른 결정을 내릴 수 있도록 준비함을 의미하기 때문이다.

위기경영을 생각하여야 나오는 아이젠하워의 명언이다.

---

8) Dwight D. Eisenhower(August 19, 1954), Address at the Second Assembly of the World Council of Churches.

드와이트 D. 아이젠하워 전 미국 대통령이 말했듯이 불확실성에 직면할 때, 그것은 무엇을 계획하고 있는지 보다는 확실하게 시나리오를 생각한 전략적인 기획이 필요하다는 것이다. 최근처럼 의사결정을 내리기 힘들 경우에는 체계적인 기획프로세스는 변화와 불확실성의 시기에 경쟁 우위를 신속하게 조정하고 유지할 수 있는 공유하여야 할 정보의 기준을 만든다. 계획만 세우다가 사라지는 지도자나 경영자가 많은 것은 냉철함과 민첩함의 결여에서 나온다.

변화 위험의 빠른 속도를 따라 하지 못하는 혁신은 더 이상 선택 사항이 아니라 성능 중시의 조직을 위한 필수사항이다. 그렇다면 비즈니스 리더들은 끊임없이 변화하는 환경에서 어떻게 회사를 성공으로 자리매김할까? 대답은 민첩성과 적응성으로 귀결된다.

이때 등장하는 것이 아이젠하워 매트릭스이다.

3. 아이젠하워 매트릭스(Eisenhower Matrix)

아이젠하워 매트릭스(Eisenhower Matrix)는 작업의 우선순위 지정 및 작업량 관리에 도움이 되는 간단한 작업의 흐름표로, 아이젠하워의 법칙 또는 긴급 중요도 매트릭스라고도 한다. 우선 아이젠하워를 살펴보면 미국의 34대 대통령인 드와이트 D. 아이젠하워가 나중에 아이젠하워 매트릭스로 이어지는 아이디어를 만들었다. 아이젠하워는 1954년 연설에서

(1) 중요한 것은 거의 긴급하지 않으며 긴급한 것은 거의 중요하지 않다.

(2) 시급한 대부분의 것은 중요하지 않으며, 중요한 것은 대부분 시급하지 않다.

“중요한 것은 그다지 시급해 보이지 않고, 정작 시급한 것들은 대부분 중요한 것들이 아니다.”(what is important seldom urgent and what is urgent is seldom important.) 라고 하여 유명한 말이 되었다.

그렇다면 드와이트 아이젠하워(Dwight Eisenhower)가 누구인가?

미국의 5성 장군 즉 원수(元帥)이며, 1953년부터 1961년까지 미국의 제34대 대통령이었지만 대통령이 되기 전에는 제2차 세계대전 당시 연합군 최고사령관으로, 이후 나토최초의 최고사령관으로 미국 육군원수로 복무하면서 아이젠하워는 매일 집중해야 할 많은 과제 중에 끊임없이 어려운 결정을 쉽게 내린 것으로 유명하다. 이러한 과정은 마침내 그를 세계적으로 유명한 아이젠하워 매트릭스를 발명하게 되었고, 오늘날에도 의사결정과 정책입안 시에 긴급함과 중요성에 의해 우선순위를 두는 데 도움이 되고 있다.

Important Urgent	Important Not Urgent
Not Important Urgent	Not Important Not Urgent

▲ 아이젠하워 매트릭스

▲ 드와이트 아이젠하워

드와이트 아이젠하워(Dwight Eisenhower)는 2차 대전을 겪으면서 VUCA 환경에 익숙한 군인의 최고지도자였기 때문에 VUCA 개념이 전쟁과 전략 계획에 큰 가치가 있다는 것을 이해했으며, 이를 사용하는 방법을 이해한다면 전쟁에 이길 수 있다고 생각한 것으로 판단된다.

아이젠하워의 이 말을 곰곰이 생각해보면 현대 지도자의 딜레마를 표현했다고 생각한다. 이 말에 함축되어 있는 것은 중요한 문제는 우리가 해결하는데 도움이 될 수 있으며, 아마도 중요하고 긴급한 문제를 해결하는데 큰 위안의 말이라고 생각한다.

많은 지도자들이 그들이 경쟁하는 환경을 설명하기 위해 군사 용어 VUCA(변동성, 불확실, 복잡성, 모호성)를 채택했다. VUCA 환경에 익숙한 드와이트 아이젠하워(Dwight Eisenhower)는 전략 계획에 큰 가치가 있다는 것을 이해했다.

아이젠하워 매트릭스(Eisenhower Matrix)는 간단히 이야기 하면 긴급한 것, 중요한 것, 두 가지 문제가 있다. 긴급한 것은 중요하지 않고, 중요한 것은 결코 긴급하지 않다는 것이다. 즉, 긴급 업무와 중요업무의 구별 방법이라는 점이다.

긴급성과 중요성은 비슷한 말로 들릴 수 있지만 아이젠하워의 매트릭스에서는 사물을 분석할 때는 큰 차이점으로 등장한다. 아이젠하워 매트릭스에서 긴급성과 중요성을 구별하면 곧바로 취해야 할 업무와 천천히 할 업무 그리고 다른 구성원에게 맡겨야 할 업무를 식별하기 쉬워진다.

긴급업무는 신속한 조치가 필요한 작업이라고 할 수 있다. 지금 하여야만 하는 업무로 특정 시간 내에 업무를 완료하지 못하면 조직에 엄청난 영향을 미친다. 이러한 업무는 불가피한 것이며, 대응이 늦어질수록 스트레스의 원인이 되기도 하고 조직의 마이너스 영향으로 등장한다.

▶ **긴급 업무의 예**

- 납기 또는 기한이 닥친 프로젝트의 완료 여부
- 중요한 고객의 긴급 요청에 대응

중요한 업무는 반드시 긴급한 조치가 필요하지는 않지만 장기적인 목표를 달성하는 업무이다. 긴급성이 낮다고 해서 아무래도 좋다는 것은 아니다. 자원을 효율적으로 활용할 수 있도록 중요 업무계획을 신중하게 수행하여야 한다는 의미이다.

▶ 중요한 업무의 예

- 장기 프로젝트 계획 수립
- 고객 기반을 구축하기 위한 인적 네트워크 형성
- 정기적인 업무 및 프로젝트 유지 보수

미국 드와이트 D. 아이젠하워 대통령에 의해 사용된 아이젠하워 매트릭스는 중요함/중요하지 않은 및 긴급함/긴급하지 않은 기준을 사용하는 업무평가에 바탕을 둔다.

이것은 아이젠하워 의사결정 매트릭스(또는 아이젠하워 박스)에 업무들을 가시화한 것이다. 가로 X축은 좌측에 최대 긴급함 그리고 우측에 최소 긴급함을 나타낸다. 세로 Y축은 아래는 최하 중요함, 위는 최상 중요함을 나타낸다.

아이젠하워는 뛰어난 업무 수행 능력자로 잘 알려져 있으며, 그 때문에 많은 사람들이 그의 목표 설정과 시간 관리 방법을 자세히 연구하고 있을 정도이다. 그 중 한 명은 스티븐 코비(Stephen Richards Covey)가 있다. 코비는 『성공하는 사람들의 7가지 습관(The 7 Habits of Highly Effective People)』이라는 책에서 아이젠하워의 접근법을 태스크 우선 순위화를 위한 간단한 방법으로 정리했다. 그것이 아이젠하워 매트릭스이다.[9)]

드와이트 아이젠하워(Dwight Eisenhower) 대통령은 나중에 아이젠하워 매트릭스라고 불리는 개념을 직접 개발했다. 그는 미육군 장군으로서, 나토 군사령관으로서, 그리고 결국 미국 대통령으로 되었지만 많은 고위험 문제를 우선순위에 두는 데 사용했다. 그는 매일 어떤 작업에 집중해야 할지 결정해야 했다. 그 결과, 그는 아이젠하워 매트릭스를 설계했는데, 이 매트릭스는 오늘날에도 여전히 널리 사용되고 있다. 아이젠하워는 중요와 긴급의 차이가 있음을 확인했다. 중요한 작업은 개인 및 직업적 목표달성으로 이어지지만, 시급한 과제는 일반적으로 다른 사람들이 목표를 달성하는데 도움이 된다. 긴급 과제를 완료하지 않으면 즉시 경험이 있으므로 일반적으로 가장 중요한 결과를 얻게 된다.

계획, 우선순위 지정, 위임 및 일정의 아이젠하워 원칙을 통해 목표를 달성하고 생

9) Stephen R. Covey, The 7 Habits of Highly Effective People, Free. Press, 1989.

산성을 높이기 위해 해야 할 올바른 작업을 보기 시작한다.

수십 년 후, 저자 스티븐 코비는 그의 책에서 아이젠하워의 프레임 워크를 대중화 7 매우 효과적인 사람들의 습관, 코비의 작업 결과, 아이젠하워 매트릭스는 비즈니스에서 널리 사용되는 시간 관리 및 의사 결정 프레임 워크가 되었다.

그렇다면 아이젠하워 매트릭스는 무엇인가? 단적으로 이야기하자면 아이젠하워 대통령의 다음 말을 실천하기 위한 전략적 표가 된다. 즉, "업무에는 급한 일과 중요한 일이라고 하는 2종류의 해야 할 일이 있다. 하지만 급한 일이라고 해서 중요하다고는 할 수 없고, 중요한 일이니까 서둘러 임하는 것도 아니다."라고 하는 것이다. 요점은 업무를 긴급도와 중요도 측면에서 정리하는 업무 관리 평가도라 할 수 있다.

아이젠하워 박스 또는 긴급 중요 매트릭스라고도 불리는 이 방법은 긴급함과 긴급하지 않음이라고 표시된 x축으로 표시된 4박스 사각형과 y축이 중요함과 중요하지 않음이라고 표시한 것으로 구성된다. 그런 다음 목록의 항목을 네 개의 상자 중 하나에 그룹화 한다.

[그림 2-7] **아이젠하워 박스**

아이젠하워 매트릭스는 어떻게 사용하는가?

아이젠하워 매트릭스를 그린 후에는 4개의 빈 상자가 두 개씩 있다. 이렇게 하면 할 항목 중 하나를 가능한 네 가지 설명 중 하나로 분류할 수 있다.

첫 번째 (왼쪽 위) : 긴급하고 중요
두 번째 (오른쪽 상단) : 중요하지만 긴급하지는 않다.
세 번째 (왼쪽 아래) : 중요하지 않지만 긴급
네 번째 (오른쪽 아래) : 중요하거나 긴급하지 않음

아이젠하워의 법칙의 활용 방법은 기업이나 개인 모두 아이젠하워 매트릭스를 사용하여 매일 또는 매주 작업을 계획, 위임, 우선순위 지정 및 스케줄을 설정할 수 있다. 일반적으로 작업을 아래의 네 가지 영역 중 하나로 분류하면 해당 작업의 긴급도와 적절한 조치를 결정할 수 있다.

① 첫 번째 영역 : 해야 할 일

긴급하고 중요(즉시 완료해야 할 작업)으로 분류되는 경우이다. 가능한 한 빨리 착수하는 것이 중요한 "최우선 작업"으로 흔한 경우로는 예기치 않은 사태가 발생했기 때문에 기한 직전에 밟는 작업 의뢰 등이다. 일반적으로 이런 종류의 작업은 즉시 정리하거나 하루나 이틀 중에 끝내야 한다. 예를 들어, 부모가 돌아가셔서 상을 치루고 있는 동료의 대리로서 프로젝트에 참가하는 경우나, 공급 체인이 중단되어 버리는 등 예기치 않은 긴급 사태를 대처하는 경우 등이다.

② 두 번째 영역 : 연기, 예정할 일

중요하지만 긴급하지 않은(일정에 넣어야 할 작업)으로 분류되는 경우 중요도가 높은 장기 목표 또는 작업이다. 다만, 명확한 기한이 정해져 있는 것은 아니기 때문에, 작업 일을 스케줄에 넣어 두고 조금 후에 수행해도 좋은 업무이다. 예를 들어 업무에 사용할 인가취득과 예산 절감 등 장기적인 비즈니스 목표를 계획하는 경우 등이 이에 해당된다.

③ 세 번째 영역 : 위임할 일

긴급하지만 중요하지 않은 업무(다른 사람에게 위임해야 할 작업)로 분류되는 경우, 이것은 급한 일이지만 지도자나 경영자가 다루어야 할 만큼 중요도가 높은 작업이 아니다. 즉, 부하직원이나 팀의 다른 회원에게 요청할 수 있다. 예를 들어 정형적인 작업이나 명확한 목적이 없는 장시간의 대면 회의나 전화 회의 등이다.

④ 네 번째 영역 : 삭제할 일

긴급하지도 않고 중요하지도 않은(피해야 할 작업) 업무로 분류되는 경우이다. 이것은 단지 시간낭비이며 가능한 경우 피하는 것이 좋다. 대부분의 경우 이런 종류의 작업은 무시하거나 취소할 수 있다. 예를 들어, 사교적인 활동이나 불필요하며 긴 시간이 요하는 티타임 미팅 등이다.

간단히 말해, 아이젠하워의 법칙을 활용하여 작업을 '중요도'와 '긴급도'라는 척도에서 시각화할 수 있다. 이러한 관점에서 업무를 고려하면 가장 중요한 작업을 우선적으로 처리하고 가능한 한 빨리 완료하는 것이 훨씬 쉬워진다.

아이젠하워는 전쟁에서 많은 것을 느끼면서 다음과 같은 명언을 남겼다.

> 개가 싸울 때 중요한 것은 개의 몸집의 크기가 아니라, 싸우겠다는 의지(투지)의 크기이다.(What counts is not necessarily the size of the dog in the fight - it's the size of the fight in the dog.)

이 문구는 개를 비유하는 유머 같지만 실은 기업이든 국가든 선거이든 정말로 중요한 의미를 포함하고 있다. 일반적으로 승자와 패자를 나누는 것은 무엇인가? 일반적으로는 크기(규모)와 힘이라고 하는 사람이 많을지도 모른다. '큰 개(대기업, 대국)'가 '작은 개(소기업, 소국)'를 이길 가능성이 크다고 생각된다. 하지만 크기와 강도가 전부는 아니다. 정말로 중요한 것은 내용에 있다.

승자란 여러 가지 힘든 상황이 닥쳐도 절대로 포기하지 않고 계속 도전할 의지(투지)를 가진 사람(기업)이다.

'내적 투지를 숨긴' 사람은 굴하지 않고 포기하지 않는다. '투지'는 누구나 가질 수 있다. 그것은 강하거나 약하거나, 크거나 작거나, 부자이거나 가난하거나, 청년이건 노인이건 관계없다. 오직 질 수 없다는 투지가 작용한다. 다윗이 골리앗을 이긴 것처럼 지혜와 전략이 있다면 승리할 수 있다. 그리고 실패하지 않고 최선을 다해 도전한다면 이길 확률(승률)은 높아진다.

아이젠하워는 리더십이란 "내가 다른 사람에게 시켜야 할 일을 다른 사람도 하고 싶도록 만드는 기술이다."라고 했다.

> 리더십이란 내가 하고 싶은 일을 다른 사람도 하고 싶도록 만드는 기술이다. (Leadership is the art of getting someone else to do something you want done because he wants to do it)

제 6 절 위기시의 새로운 경영전략

1. 위기상황시의 대응 “Readiness(계획의 준비)”가 왜 중요한가?

위기상황은 예정되어 발생하는 것이 아니라 갑자기 발생한다. 그것이 대규모 지진이나 공장 화재와 같이 돌발적으로 발생하는 경우가 있다면, SNS에서의 불길처럼 처음에는 약간의 사건이 서서히 위기상황으로 바뀌어 가거나 식품사업의 음식품질 사고처럼 대응을 잘못하여, 갑자기 위기로 바뀌는 경우도 있다.

남양유업은 2013년 대리점주를 향한 욕설과 물량 밀어내기로 갑질 논란으로 위기를 초래했다. 매출을 늘리기 위해 대리점에 주문량을 훨씬 초과하는 물량을 강제로 배정하고, 팔지 못한 물량은 환불해주지 않아 대리점이 손해를 떠안도록 하는 식이었다. 남양유업은 당시 대리점 피해자협의회를 명예훼손 혐의로 고소했으나, 여론이 좋지 않자 고소를 취하하고 대리점주를 찾아 사과했다. 역시 처음부터 사과를 했어야 하는데 초기의 대응미숙으로 소비자들을 화나게 하여 불매운동으로 이어지게 되었다.

갑질 논란 이후 남양유업은 계속 부진한 실적을 기록하고 있다. 2012년 637억 원이었던 영업이익은 2013년과 2014년에 각각 175억 원, 261억 원 영업손실로 적자전환했다. 2016년에 418억 원 흑자로 돌아섰지만, 2017년에는 영업이익이 50억 원에 그쳤다. 시장 점유율은 서울우유에 이어 2위를 기록하고 있지만, 3위인 매일유업과 격차가 좁혀졌다. 2013년 5월 110만원을 웃돌던 주가는 2017년에는 70만원을 밑돌고 있다.

2021년에는 남양유업이 발효유제품 ‘불가리스’가 코로나19 억제 효과가 있다는 연구 발표를 하면서 임상시험을 하지 않은 상태에서 엉성한 연구 결과를 발표해 소비자들에게 혼란을 안겼다. 식약처는 ‘질병의 예방·치료에 효능이 있는 것으로 인식할 우려가 있는 표시 또는 광고’를 금지하는 식품표시광고법을 위반한 것으로 보고 남양유업을 고발했다. 2020년 사상 최대 적자를 기록한 남양유업이 이번엔 제품의 40%를 생산하는 세종공장 영업정지 처분을 받게 됐다.

어느 경우에도, 기업으로서 위기발생 후의 대응에 의해 그 영향을 최소한으로 막을 필요가 있지만, 위기발생 후에는 사람도 조직도 좀처럼 과감하게 신속하게 움직일 수 없게 된다(물론, 의도적으로 움직이지 않는 경우도 있다). 이것은 기업이 위급한 상황하에 놓여 졌을 때 충분한 정보나 시간, 사람 등 대응에 필요한 것을 하지 않고 과거처럼 대응하여 위험을 초래한 것이다.

2. BCM [Business Continuity Management, 사업연속성경영, 사업연속성관리]의 등장

사업연속성 경영 또는 사업연속성 관리인 BCM은 리스크 매니지먼트의 일종이며, 기업이 리스크 발생 시에 어떻게 사업의 계속을 꾀하고, 거래처에 대한 서비스의 제공의 결여를 최소한으로 하는 것을 목적으로 하는 경영 수단이다. 다시 말하면 지진이나 쓰나미 등의 재해로 인한 업무중단으로부터 발생할 수 있는 중대한 위험을 최소화하는 것을 목적으로 하는 절차로, 평상시 중대한 업무중단 발생을 예방하고 업무장단 발생 시에는 핵심영업을 유지하거나 복구하는 일련의 활동 및 시스템을 말한다.

사업(업무)연속성 계획(BCP : Business Continuity Planning)은 기업이 재해로 타격을 입은 뒤 기업이 손해를 최소화하고 업무관리를 어떻게 복구 재개하는지에 대한 계획을 말한다. 또는 비즈니스 연속성 및 복구 계획(Business Continuity & Resiliency Planning, BCRP)이라고도 한다. 기업에 대한 잠재적인 위협에 대처하기 위한 예방 외에도 재해 복구에 의한 사업의 지속적인 운영을 가능하게 하는 것을 목표로 한다.[10)]

다시 말하면 기업의 핵심 비즈니스 프로세스를 식별하고 핵심 업무를 처리하기 위한 대응 행동계획을 업무계속계획(BCP : Business Continuity Planning)이라고 한다.

업무계속계획(BCP)가 수립되기 위해서는 업무영향분석(BIA : Bussiness Impact Analysis)이 필요하다. 업무영향분석(BIA)은 재해가 발생하여 업무 중단이 발생하였을 때 기업의 비즈니스에 미치는 파급영향을 설정하고, 업무중단에 대한 정량적·정성적 분석을 통해 복구우선순위를 도출하는 BCP의 핵심적인 분석을 말한다.

국내에서는 아직 생소한 리스크관리체계이며 우리나라에서는 금융감독원을 통해 BCP(업무연속성계획)라는 용어로 소개됐다. 재해·위기 상황에 대한 예방·대비·대응·복구 전 단계에 대한 대내외 역량확보와 체계운영 및 관리를 포함하는 포괄적 프로세스와 운영체계를 의미한다.

세계적으로는 2012년에 국제표준화기구에 의한 국제규격 ISO 22301(Business continuity management systems Requirements)이 발행되었으며 2013년에는 지진과 쓰나미가 많은 일본에서는 일본어 번역인 일본산업규격 JIS Q 22301(사업계속경영시스템 요구사항)이 제정되기도 하였다.

10) Alan Berman (March 9, 2015), "Constructing a Successful Business Continuity Plan", Business Insurance Magazine.

보안 및 탄력성에 대한 용어를 정의하는 국제 표준 ISO 22300 "Security and resilience - Vocabulary"에서는 업무(사업)연속성 관리 "BCM(Business Continuity Management)"를 다음과 같이 정의한다.

BCM은 비즈니스 연속성을 구현하고 유지하는 프로세스(process of implementing and maintaining business continuity)로 정의되고 있으며 또한, 위의 정의에 포함되어 있는 업무계속(business continuity)은 혼란(업무중단) 중에 사전 정의된 용량으로 수용 가능한 시간 내에 제품 및 서비스를 계속 제공할 수 있는 조직의 능력(capability of an organization to continue the delivery of products and services within acceptable time frames at predefined capacity during a disruption.)으로 정의되어 있다.

Chapter 03 경영전략의 등장과 발전

제 1 절 경영전략의 등장

1. 기초 이론 시대 : 1950~1960년대

1) 조직유지로서의 버나드의 경영자의 역할

전략론의 대가로 알려진 버나드(Chester Irving Barnard)는 『경영자의 역할(The Function of the Executive)』이라는 저서에서 협력과 조직의 이론(Theory of cooperation and organization)과 공식 조직에서 경영자의 직무와 운영 방법의 연구를 제시하였다.

버나드(1886-1961)는 하버드 대학의 경제학과를 졸업하고 1909년 미국 최대의 전화회사인 AT&T에 입사한 후, 1927년에는 AT&T의 자회사인 '뉴저지 벨'의 사장으로까지 올라간다. 1927년부터 1948년까지 약 20년간, 미국의 벨 전화 시스템 산하의 뉴저지 벨 전화 회사 사장을 맡았다. 사장 재임 중인 1937년에 하버드 대학의 로웰 연구소(Lowell Institute)에서 '경영자의 역할(The functions of the executive)'이라는 제목의 강의를 했고, 이 강의의 내용을 바탕으로 같은 제목의 서적이 1938년에 출판된다. 이것이 그 유명한 『경영자의 역할(The functions of the executive, 1938)』이다. 버나드는 이 책으로 과학적 관리법(Scientific Management)의 프레드릭 테일러(Frederick Taylor)와 함께 초기의 경영학자로서의 명성을 확립했다.

특히 미국전화회사의 최고경영자로 있으면서 관리경험과 연구를 통하여 저술된 『경영자의 역할』은 과학적 관리법이나 인간관계론이 어느 일면만을 강조하는 것에 반하여 이들을 종합하는 입장으로서 근대적 조직이론의 시초로 평가되고 있다.

버나드의 책은 전문 경영자가 쓴 것임에도 불구하고 고도로 추상적이며 스스로 생

▲ 버나드

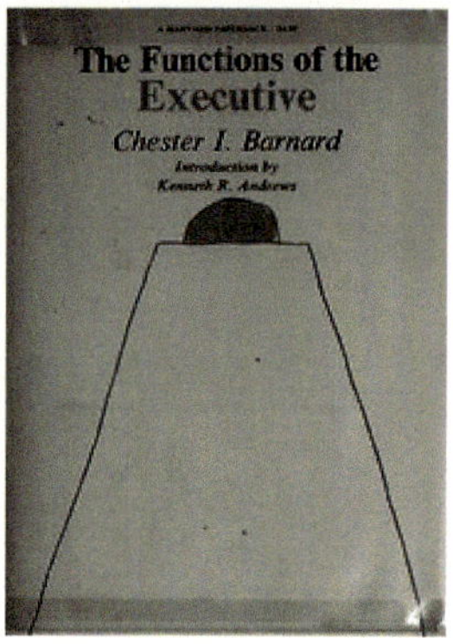

▲ 경영자의 역할

각해 낸 개념을 체계적으로 세운다는 성격을 갖고 있다. 좀 더 구체적으로는, 우선 협동 시스템을 생각하고, 그 중핵적(핵심적) 서브시스템으로서 공식 조직을 생각한 후에, 이 공식 조직을 성립·존속시키는 것이 협동 시스템을 유지하는 것이며, 거기에 경영적 직능을 찾아내는 전개를 취하게 된다. 이른바 조직에서는 구체적인 요소나 서브시스템이 하나의 시스템으로서 기능하고 있는 것처럼 보인다. 이 때, 이러한 구체적인 요소나 서브시스템을 묶어 하나의 시스템으로서 기능시키고 있는 자체를 버나드는 그것을 공식 조직(formal organization)이라고 불렀다.

버나드는 조직을 인간 활동의 협력체제로 보았으며 조직은 일반적으로 오래 존속하지 못한다고 했다. 100년 이상 이어지는 기업은 드물며, 마찬가지로 대부분의 나라는 100년 이상 지속되기 힘들다. 오랫동안 이어져 왔다고 인정할 수 있는 유일한 조직은 로마 가톨릭교회 정도라고 주장했다. 버나드는 조직이 오래 살지 못하는 이유는 생존하기 위한 두 가지 조건인 효과성(effectiveness)과 효율성(efficiency)을 충족하지 못하기 때문이라고 주장했다.

버나드는 공식 조직(formal organization)을 "의식적으로 조정된 두 명 이상의 사람들의 활동과 제력의 시스템(a system of consciously coordinated activities or forces of two or more people)"이라고 주장했다.[1)]

다시 말하면 협동 시스템의 모든 서브시스템에 공통적이며, 이들 다른 모든 서브시스템을 전체의 구체적인 협동적 상황에 결합하는 것이 공식 조직이다.[2)] 즉 공식 조직이 성립·존속함으로써, 처음으로 협동 시스템은 시스템으로서 유지되게 된다. 이와 같이 공식 조직은 추상적인 시스템으로, 사람의 집단과 같은 어떠한 실체를 가리키는 것은 아니다. 보다 정확하게는 공식 조직은 물리학의 중력장 및 전자기장과 유사한 구성 개념(construct)이다.[3)] 구성 개념이란, 그 존재를 가정함으로써 복잡한 현상을 비교적 단순하게 이해하는 것을 목적으로 구성하는 개념이다.

---

1) Chester Barnard (1938), The functions of the executive, Harvard University Press, p.81.
2) Chester Barnard (1938), pp.73-74.
3) Chester Barnard (1938), p.75.

공식 조직의 성립(내적 균형) 조건, 즉 공식 조직의 성립 조건은 다음의 3요소이다.

① 커뮤니케이션(communication)

② 공헌의지(willingness to serve)

③ 공통 목적(common purpose)

버나드는 이 3요소가 갖추어졌을 때 공식 조직이 성립하고 있다고 주장한다. 공식 조직의 존속(외적 균형) 조건은 조직의 효과성(effectiveness)과 조직의 효율성(efficiency)이 필요하다. 여기서 버나드가 말하는 조직의 유효성, 능률은 다음과 같다.

- 조직의 효과성(effectiveness) : 조직의 목표 달성 정도이다. 조직의 지속은 목적을 수행하는 능력에 달려 있으며, 분명히 그 행위의 적합성과 환경 조건 모두에 달려 있다.
- 조직의 효율성(efficiency) : 조직이 필요한 개인적 공헌을 확보하기에 충분한 효과적인 유인을 제공할 수 있는 것이다. 간단히 논하자면 효과성은 공통 목적이며, 효율성은 공헌 의욕으로 봐도 좋다.

[그림 3-1] 효과성과 효율성

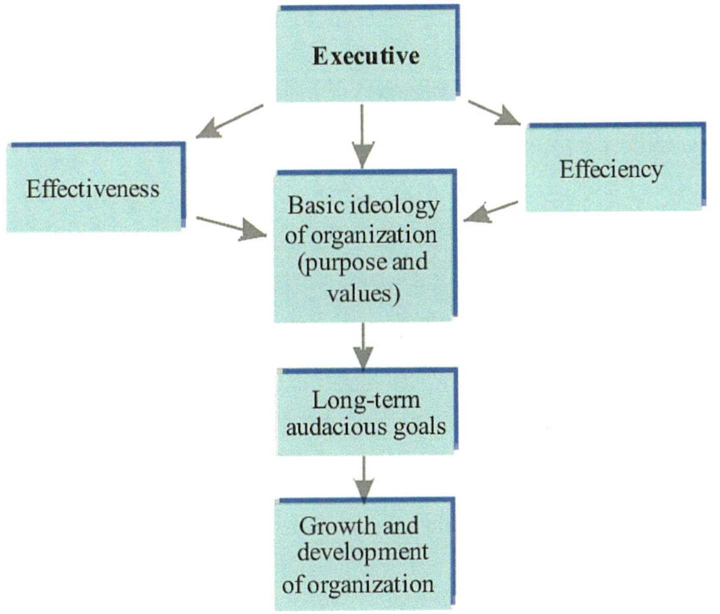

[그림 3-1]에서 보는 바와 같이 '효과성'은 일반적인 의미처럼 '주어진 목표를 달성하는 정도'이다. '효율성'은 전통적으로 써오던 의미와는 다르며 조직의 효율성을 '조직 구성원에게 동기를 부여하는 것'으로 정의했다. 만약 어떤 조직이 명시적인 목표를 달성하면서 구성원에게 동기부여를 할 수 있다면 구성원간의 협력행위는 지속될 것이다.

여기서 구성원은 조직에 공헌을 하고, 조직은 그에 대한 대가로 보상을 주어 이것이 균형을 이룰 때 조직은 유지·존속된다. 협동시스템으로서의 조직은 인간의 협동적 노력의 결합체로서 개인목적과 조직목적의 통합이 조직의 존속 조건임을 강조한다.

리더(경영자)가, 조직의 "목적"(비전)을, 어떻게 생각하며, 어떤 식으로 전하는(커뮤니케이션)가에 의해 , 구성원의 협동의지(의욕)가 강해지거나 약해지거나 한다. 조직의 목적을 달성하려고 구성원을 일정한 방향으로 이끌어 성과를 창출하는 능력으로 이어지기 때문이다.

버나드는 전략을 조직의 입장에서 리더가 조직의 존속과 유지의 목적을 달성하기 위한 중요(결정적) 요인을 조정하는 것으로 정의하여 간접적인 조직전략의 설립자로 불리고 있다.

2) 기업의 성장요인으로서의 드러커 전략의 등장

▶ 기업의 목적은 고객창조

군사에 관한 개념이었던 전략(strategy)을 경영으로 진입시킨 것은 피터 드러커(Peter Ferdinand Drucker)였다. 드러커는 기업이 사회의 기본적 제도를 구성하고 사회의 성장과 발전을 지탱하는 중요한 기능을 수행 할 존재로서의 전략을 인식하였다. 또한, 드러커는 기업 경영에 관한 최초의 저서인 『기업의 개념(Concept of the Corporation, 1946)』에서 기업의 활동을 사회 공학의 관점에서 기업의 일반 활동을 명백히 하여야 할 뿐만 아니라 사회적, 정치적 조직의 분석을 하여야 한다고 주장하고 있다.

드러커는 이 책에서 관리 기술, 프로그램 및 인프라를 개발한 제너럴 모터스(GM)를 강력하게 칭찬했지만, 드러커는 GM이 더 성공하기 위해서는 회사를 분산화 할 필요성을 제안하면서 GM에게 고객 관리, 딜러 관리, 직원 관리 등에 관한 정책을 재점검할 것을 제안하였다.

드러커는 GM을 미국 정부와 비교했을 만큼 대단하고 훌륭한 회사라고 칭찬하였다. 따라서 Drucker는 회사가 많은 자율 사업에서 조직되어야 한다고 느꼈기 때문에 이를 설명하기 위해 미국의 '연방 지방 분권화'라는 용어를 사용하며 다중사업부 구조

(multidivisional structure)를 주장하였다. 당시 GM의 경영자였던 알프레드 슬론(Alfred Sloan) 회장과 임원들은 드러커에 강한 불쾌감을 나타나며,[4] 이 책의 내용이 마음에 들지 않아 이 책에 대해서 언급을 하지 않는 것은 물론 슬론 앞에서는 이 책에 대해 언급하는 것도 허락하지 않을 만큼 이 책을 혹평하였을 정도였다.

이처럼 이 책이 제너럴 모터스(GM)에서는 혹평을 받았지만 미국사회에서는 다중 사업부 구조(multidivisional structure)가 대중화되면서 이에 관한 다양한 논문들이 등장하는 계기가 되었다. 사회적으로 드러커는 기업의 본질과 목적을 경제적 실적이나 공식에 규칙의 관점이 아니라 기업 내의 사람의 관계 및 기업과 시민과의 관계에서 파악[5]한 것이다. 이것은 거의 80년 전에 이런 사고로 기업을 접근한 학자는 아무도 없었기 때문에 경영학의 아버지로 존경받고 있는 것이다.

드러커는 기업을 제도로서 기업의 어떠한 조직이 조직화 사회의 생존과 안정에 가장 효과적인지 그리고 자율적인 기업의 목적과 그 존립하는 사회의 필요성 사이에 어떤 충돌이 존재 하는가를 인식하고 기업의 외부적 환경과 내부적 환경을 주장함과 동시에 기업의 사회성과 기업의 사회적 책임을 간접적으로 주장하였다. 이것은 비영리 기업에서도 마찬가지이다.

예를 들면 비영리조직인 대학이 대학의 사회성, 즉 사회의 성장과 발전에 중요한 기능을 수행할 존재로 인식하듯이 비영리조직인 종교단체도 마찬가지이다. 대학이 고고하게 사회를 무시하고 고립되어 있으면 발전하기 어렵듯이 종교단체도 신앙만 주장하면서 사회를 무시하면 종교단체의 존립은 어렵다고 볼 수 있다.

피터 드러커는 『경영의 실제(The Practice of Management, 1954)』에서 '기업 목적을 고객의 창조(The purpose of the business is to create customer)'라고 표현하였다.[6] 당시의 대부분의 경영자들이 기업을

▲ 드러커

▲ 기업의 개념

▲ 경영의 실제

4) Sloan, Alfred P. (1964), McDonald, John (ed.), My Years with General Motors, Garden City, NY, US : Doubleday.

5) Peter Drucker, Concept of the Corporation, The John Day Company, 1946, pp.12-13.

6) Peter Drucker, The Practice of Management (New York : Harper & Brothers, 1954, p.29.

'영리를 추구하는 조직'이라고 주장했던 반면 피터 드러커는 '영리추구'보다는 기업의 존재 이유를 '고객창조이며 목적은 시장'이라고 주장했다.

드러커는 기업이 단순한 이윤 목적의 영리 조직임을 강하게 부정하고 있다. 그 이유를 드러커는 "이익은 어디까지나 원인이 아니라 결과"라고 설명하고 있다. 좀 더 자세히 말하면, 이익은 기업이 적절한 관리를 한 결과 손에 쥐는 것이며, 이익 자체는 성과의 판정 기준에 불과하다는 것이 드러커의 주장이다.

드러커가 기업 목적을 '고객의 창조'라고 표현하는 것은, 즉 고객이 바라는 제품·서비스를 생각하고 사회에 제공하는 것이라고 표현할 수 있다. 그 기능을 수행하는 것이 드러커가 말하는 마케팅과 혁신 기능이다. 이 두 가지 요소를 드러커는 기업가 기능(entrepreneurial function)이라고 표현하고 있다.[7]

드러커에 의하면, 경영자는 기업 외부의 고객이 원하는 것을 제공하는 책임을 사회로부터 위탁받고 있다는 것이다. 따라서 경영자는 이상을 가지고 그것을 끊임없이 추구 노력하는 책임을 지게 된다. 따라서 고객 요구의 변화를 추구할 뿐 아니라 미래에 어떤 산업이 필요하며 이를 위해서는 고객의 생활 변화, 수요의 변화가 어떻게 대응하여야 하는가를 상상하는 능력도 요구된다. 이것을 담당하는 것이 바로 경영자이다. 그렇게 하기 위해서는 경영자의 가치관, 경험, 그리고 인식이 중요하다는 것을 드러커는 강조했다. 과거의 사업 모델을 변경하고 새로운 사업 모델로의 전환을 지속적으로 수행할 경영자에게 요구한 것이다. 그것을 기업가적 경영라고 실현하는 것이 경영자에게 요구한 것이었다.

드러커는 암시적이었지만, 기업의 전략이란
① 우리의 사업이란 무엇인가?
② 그것은 어떻게 해야 하는 것인가?에 대한 질문의 답이라고 주장했다.

즉, 기업의 성장을 위해서 경영자는 어떤 일을 다루는가 하는 전략론의 시점이라고 하겠다. 드러커는 경영에 관한 수많은 서적을 현재에 남기고 있지만, 경영전략론이라고 하는 영역에 있어서 많은 공헌 가운데 필자는 목표에 의한 관리라고 생각한다. 드러커는 "명확한 목표(비전)가 없는 조직은, 키 없는 배와 같다."고 주장하여 목표의 중요성을 지적하여[8] 목표관리를 도출한 점이다.

목표관리는 드러커가 1954년에 저술한 『경영의 실제(The Practice of Management)』에서 등장한 용어인 'Management by objectives'의 약어로 '목표에 의한 관리'를 의미

7) Peter Drucker, 1954, pp.37-39.
8) Peter Drucker, The Practice of Management, Harper and Row, New York, 1954.

한다. 좀 더 구체적으로 설명하면, 목표를 달성하기 위해서 경영자와 종업원들이 설정된 목표에 동의하고 그들이 조직 내에서 무엇을 해야 할 지를 이해해 가는 일련의 과정을 뜻한다.

자세히 분석하면 기업이 목표를 달성하기 위한 행동은 전략이라고 할 수 있다. 피터 드러커는 기업의 경영의 중심에 기업외적인 요소인 고객을 최고로 두고, 종업원을 비용이 아닌 자산으로 인식시키려 했다는 점이 당시에는 새로운 경영의 접근방법으로 충격을 주었으며 지금까지도 그의 사상은 높이 평가되어 현대 경영학의 아버지로 평가 되고 있다.

3) 챈들러의 '조직은 전략을 따른다(Structure follows strategy)'

1950년대에는 추상적인 개념의 전략을 제시했다면 1960년대에 들어서면서 기업에서 경영전략의 개념이 기본적으로 제시되었다. 우선, 전략과 조직 구조 간에 명확한 관계가 존재하는 것을 미국 대기업 4사, 즉 듀퐁, GM, 스탠다드 오일, 시어즈 로빅의 실증연구에서 이끌어 낸 것이 알프레드 챈들러(Alfred DuPont Chandler, Jr)이다.

현대 경영 전략을 논할 때 가장 먼저 등장하는 사람은 알프레드 챈들러 교수인데 그 이유는 1962년에 발간한 『전략과 구조(Strategy and Structure)』라는 저서에서 '전략'이라는 용어를 경영학의 맥락에서 처음 사용하였기 때문이다.

챈들러는 기업의 성장을 계획하고 이행하는 것이 "전략(strategy)"이며 이러한 확장된 활동과 자원 관리를 위해 고안된 조직을 '구조(structure)'로 생각하고, '조직은 전략에 따른다(structure follows strategy)'라는 기념비적 명제를 주장한 것이다.[9]

챈들러는 미국의 대기업 4개사의 역사적 연구를 통해 미국의 근대적인 분권조직에의 혁신과 보급을 해명하려고 경영학적 조사를 실시하였다. 그 결과 기업은 확대를 기획하고 실시하는 것이 전략이라면 그것을 위한 활동과 지원을 관리하기 위해 형성된 조직은 전략에 따라야 한다는 명제를 창출하였다. 뛰어난 대기업의 조직이 시장이라는 환경

▲ 챈들러

▲ 전략과 구조

9) Alfred DuPont Chandler Jr, Strategy and Structure, M.I.T. Press, 1962, p.14.

에 적응하기 위한 전략에 응하여야 한다는 것을 챈들러는 지적하였던 것이다. 특히 대기업의 사업부 재조직이라는 제품별로 특화된 조직을 채용한 것에 주목하였다.

듀퐁과 GM은 1차 대전 후에 조직개편이 시작되었으며 스탠더드오일은 1935년, 시어즈 로벅은 1929년에 개편이 시작되었다. 그리고 챈들러는 이들 기업이 서로 다른 목적과 과정을 거치면서 자생적으로 비슷한 조직구조에 도달한 것과 타회사를 모방한 것이 아니었다는 것을 강조한다. 듀퐁에서는 신제품개발에 의한 신시장 진출이라는 다각화전략이 조직개편의 실마리가 되었다. 1918년까지의 듀퐁사의 성장은 화약사업이라는 단일제품계열의 생산량의 확대에 의한 것이었지만 1919년까지의 전후 1년간에 본격적으로 다각화가 이루어져 다종의 신제품계열을 취급하는 대규모화로의 질적인 전환이 이루어졌다.

이 전략은 전시중의 군수요에 의해 확대한 인적·물적·자금적인 잉여자원을 낭비하지 않기 위해 전용과 신활용이 기대되는 유망한 시장후보를 탐색한 결과였다. 그러나 이 진출은 서로 다른 사업의 운영을 동시에 취급하는 관리의 복잡함이 나타나 집권적인 기능별조직으로만 대응할 수 없어 1921년에 새로운 조직체제를 도입·확립시켰다. 이제도가 각 제품별로 분리되어 독립된 각각의 부문을 관리하는 사업부제 조직이었다.([그림 3-2] 참조)

GM에서는 수직통합전략이 새로운 관리조직을 필요로 하였다. 1차 대전 후 자동차의 제품계열을 늘리면서 각종의 제품회사와 판매금융회사를 산하에 설립, 통합하는 등 적극적인 전략이 추진되었지만 조직에 대해서는 이렇다 할만한 관심이 없었다. 1920년대가 되면서 생산계획의 삭감이 책정되어도 각사업의 책임자가 자재, 설비발주부터 자금의 차입 등 자금운용의 전권을 갖고 있어 자금수요가 점점 증가하였다. 1921년대에 새로운 조직 안이 제시되었는데 집권적인 조직체제가 아니고 분권체제의 사업부의 자립성을 유지하는 것이 전제가 되었다. GM의 사업부제 조직 운영 방식은 1920년대 GM을 이끌던 알프레드 슬론(Alfred Sloan)에 의해 체계화되었다. 사업부별 성과가 명확히 드러나기 때문에 성과 제고를 위해 사업부들이 필사적인 노력을 하게 된다. 사업부제가 GM 성장의 견인차가 되고 있다는 얘기가 알려지면서 많은 기업의 벤치마킹 대상이 됐다. GM도 듀퐁과 거의 같게 사업의 확대가 관리의 복잡함을 초래해 신조직이 필요하게 되었다.

다각화에 의한 신규사업진출이나 수직통합이 진행되면서 기존의 직능별조직으로는 효율운영이 되지 않게 되자 그 결과 제네널 스텝이 필요로 하는 통합본사의 설립과 사업부제가 성립되어 전략에 구조가 따라가게 된다.

[그림 3-2] 직능별 부문조직과 사업부제 조직의 개념도

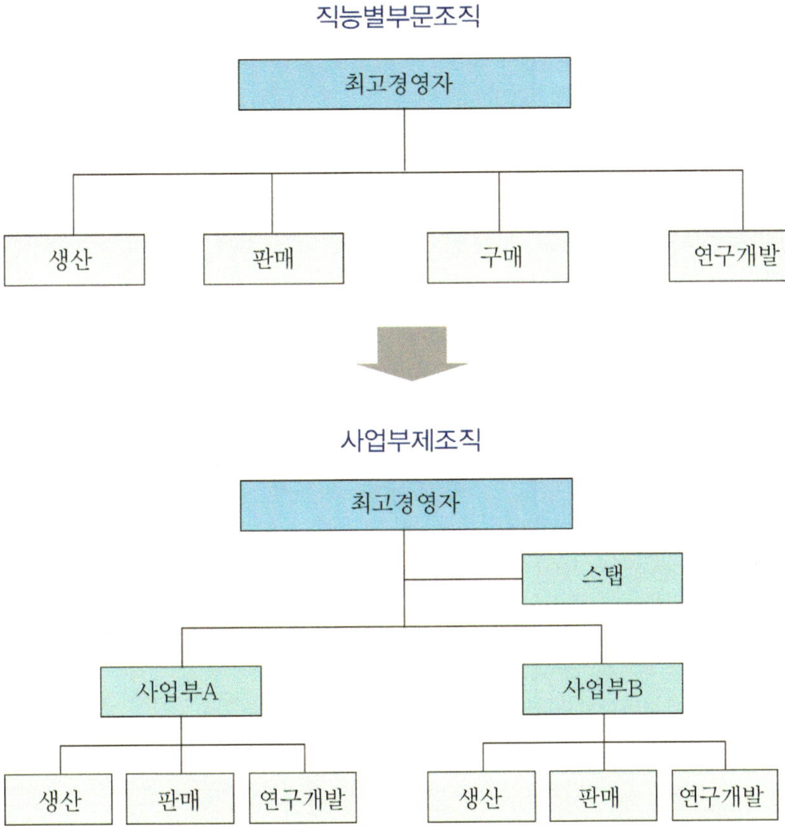

그러나 이 명제는 전략과 구조의 직선적인 인과관계와 지체 없는 연동관계를 상기시키지만 챈들러는 전략변경의 용이함과 구조변경의 곤란함 그리고 전략변경에서 구조재편에 이르기까지 시차와 다양한 매개요인도 계속 지적하고 있다.

외부환경이 변하면 다각화와 수직통합, 지리적 확대 등이 진행되면서 환경변화에 따른 기존자산의 낭비를 피하려고 경영자원의 효율 활용도 전략변경의 동기가 되었다. 그러나 전략에 적절한 조직구조가 금방 설계되는 경우는 거의 없었고 전략 확대는 복잡한 관리문제를 초래해 경영자는 위험한 성과가 눈에 보이기까지 착수하기 어렵다.

챈들러가 조사한 미국의 대기업 4개사의 성장과정에서 보여진 미국 기업의 전략과 조직의 관계에는 4단계의 단계적인 발전이 있음을 발견했다. 기업의 전략 프로세스를 ①업종확대 ②지리적 확산 ③수직적 통합 ④제품 다각화의 4단계로 나누고 프로

세스의 발전 단계로서의 흐름을 다음과 같이 밝혔다.

① 양적 확대 → 관리 부문의 발생
② 지리적 확산 → 지역마다 입지하는 현업 조직의 발생
③ 수직적 통합 → 개발이나 생산 등의 수직직능을 통합화함으로써 직능성 조직 생성
④ 제품 다각화 → 사업부제조직(divisional structure)도입

즉, 사업 활동의 양적 확대나 지리적 분산, 혹은 수직적 통합이나 다각화에 따라 전통적인 직능부문 조직에서 사업부제와 같은 조직으로 바뀌어 가는 것을 사례 중에서 확인했다.

이러한 사례를 보고 챈들러는 전략 프로세스의 차이에 따라 조직구조가 바뀐다는 현상에서 "조직은 전략에 따른다.(structure follows strategy)"라는 결론에 이른다. 환경변화에의 적응이 내부의 조직구조를 규정하고 있다고 주장한 것이다. 챈들러의 영향을 받아 많은 미국의 많은 기업이 직능별 조직에서 사업부제 조직(divisional structure)으로 전환해 갔다.

가족 경영적인 단순한 조직이 거대 기업으로 성장해 가는 과정에서 발견한 것이었던 조직은 전략에 따른다는 명제는 극단적으로 말하면, 전략이 먼저이고, 조직은 나중이라는 생각이라고도 할 수 있다.

일반적으로 사업부제라고 하면 자립성이 높고 독립채산의 각 사업부의 존재로 생각하기 쉽지만, 실은 챈들러는 당시(1930년대)에는 거기까지는 이르지 못하고 종합본사의 존재에 주목하고 있었다. 오히려 챈들러는 경영자가 그 본래 있어야 할 역할을 충분히 발휘하기 위해서는 오히려 사업부제를 전제로 한 종합본사가 필요하다고 주장하고 있다. 그리고 챈들러는 종합 본사의 기능과 역할을 설명할 때의 키워드로서 '기업가'와 '전략'을 중시하고 있다.

챈들러에 따르면, 기업가란, 활용할 수 있는 여러 자원을 실제로 할당하는 경영 간부이며, 기업가적인 결정과 행동은 기업 전체를 위해 경영 자원을 할당(배분) 또는 할당 방식을 바꾸는 것이라고 주장한다. 그리고 이에 대치하는 개념으로서 매니저가 있으며, 매니저는 자신들에게 할당된 경영자원의 범위 내에서 조정, 평가, 계획을 세우고 있는 사람들이다.

게다가 챈들러는 전략이란 "전략은 기업의 기본적인 장기 목표와 목적을 결정하고, 이러한 목표를 수행하는 데 필요한 행동 방침 및 자원 할당(배분)을 결정하는 것(Strategy can be defined as the determination of the basic long-term goals and objectives of an enterprise, and the adoption of courses of action and the allocation of resources necessary for carrying out these goals.)"으로 정의하였다.[10]

기업이 존속·성장해 나가기 위해서는 전략과 조직이 적절한 관계를 가져야 한다. 전략은 기업의 환경적합의 기본적인 방법을 나타내는 것이며, 전략과 조직이 일관성을 가지고 있는 것이 조직의 목표 달성에 필수적이다. 챈들러 교수는 이 명제에 기초해 사업을 운영하는 기업의 조직은 그 기업이 추구하는 전략의 실행에 부합해야 한다고 주장했다. 즉, 기업은 생존과 성장을 위한 사업계획과 실행전략을 수립해야 하고, 수립된 전략의 실행력을 뒷받침하고 극대화하기 위해 조직을 설계하고 운영해야 함을 역설하고 있다. 그리고 전략적 결정과 전술적 결정이라는 용어를 구별하여 전술적결정은 일상 업무적 결정이며, 전략적 결정이란 기업 전체의 기본적인 목적을 결정하고 목적을 수행하기 위한 행동양식을 선택하여 자원을 분배하는 결정으로 인식하였다.

4) 왜 전략이 먼저인가?

1920년대에 사업부제 조직이 등장한 미국에서는 확실히 직능별 조직에서 사업부제 조직이 회사도 있었지만, 이와는 반대로 지주 회사에서 사업부제로 재편한 GM의 경우도 있었던 것이다. GM은 지주 회사 형태로 인수 합병을 반복 커진 후 단순한 회사의 뒤범벅에서 하나의 정리된 조직으로 변환을 이루기 위해서 사업부제로 이행했다. 이에 따라 경영 역사 챈들러는 사업부제이야말로 궁극적인 조직 설계이며, 직능별 조직을 지주 회사 형태도 결국은 사업부제에 수렴할 것으로 단정한다.

이러한 이유로 챈들러는 기업의 성장을 계획하고 실시하는 것을 '전략'(strategy)으로 간주하며,[11] 이러한 것들의 확대된 활동 및 자원을 관리하기 위해 안출된 조직을 '조직구조'(structure)으로 간주한 다음에 "조직은 전략을 따른다(structure follows strategy)."[12]라는 유명한 명제를 주장하였다. 이 명제의 follow는 "따른다"로 번역하고 있지만, 정확하게는 시간으로 '이어지는'의 의미도 담겨 있다. 사실 챈들러 자신이 이 논의를 진행하기 위해 왜 전략이 먼저인가, 그리고 왜 조직 만들기가 전략에 뒤지는 것인가라는 두 종류의 질문과 답을 우리에게 내놓고 있다. 이 명제는 정확히 "조직 만들기(organization building) 과정은 성장 전략의 뒤로 되기 위해 성장 유형의 차이에서 조직의 형태도 달라진다."라는 것이다.

그럼 왜 전략이 먼저인가, 그리고 왜 조직 만들기 전략에 지연되는지 그 두 질문에

10) Alfred DuPont Chandler Jr, 1962, p.13.
11) Alfred DuPont Chandler Jr, 1962, pp.13-14.
12) Alfred DuPont Chandler Jr, 1962, p.14.

대한 챈들러의 답변은 대략적으로 다음과 같이 정리된다.[13)]

우선 인구, 소득, 기술이 변화함으로써 자원 활용의 기회와 수요가 창출된다. 수요의 추이, 공급원의 변화, 경제 정세의 변화, 새로운 기술 개발과 경쟁자의 등장 등을 인식한 기업이 사업 활동을 양적으로 확대하고, 멀리 떨어져 있는 원격지에 공장이나 사무소를 설립하고 지역적으로 분산하고, 새로운 사업 분야에 진출해 수직 통합·다각화 등을 한다.

이렇게 기업이 성장하는 것을 계속하고 기업에 새로운 자원, 새로운 활동 분야가 증가하고 관리(administration) 즉, 기업 활동의 조정·평가·계획 및 자원 배분시의 경영적 결정(의사결정)·행동·명령이 증가하게 된다.

이러한 경영에 대한 요구를 방치하고 조직 만들기를 하지 못한 채 기업이 성장을 계속한다면 경제적인 효율성은 저하될 뿐, 규모의 경제는 실현되지 않을 것이다. 따라서 조직 만들기가 무엇보다 필요할 것인데, 그 필요한 조직 만들기가 지연되면 기업의 장기적인 성장에 책임 있는 경영자의 탓으로 본다. 경영자가 일상 업무에 너무 열중하거나 지금까지 받아온 교육·훈련에 문제가 있으면, 중장기의 조직 만들기의 필요성을 인식·이해하지 못하거나 대처하지 못한다. 그리고 조직 만들기가 경영자 자신의 지위나 권력과 안정감에 위협이 된다고 느끼기 때문에 관리적으로 바람직한 변화에 저항할지도 모른다.

대기업에서의 규모 확대와 조직 만들기의 실제 역사는 이론적으로 규정된 만큼 뚜렷한 것은 아니지만, "경영 전략과 조직"에서 다루어지고 있는 사례에서도 조직 만들기는 종종 성장 전략에 뒤지고 있으며, 특히 급성장기에는 더욱 뒤진다. 그러나 1920년대에 4개사에 의해 만들어진 사업부제가 다각화의 위험을 크게 줄일 수 있는 것이 1930년대에 미국의 회사에 알려지게 되면서 이번에는 이 조직 구조상의 발견이 기업을 다각화 전략으로 이끌 것은 의심의 여지가 없다.[14)] 이러한 선례가 있는 경우에는 조직 만들기의 지연은 더 소폭에 그칠 것이다. 그리고 적어도 지금까지 성장을 계속 살아남은 대기업은 역사적 시간 속에서 성장 전략을 취하고 급속한 성장기를 경험한 후에는 뒤처지는 형태로 조직 만들기의 기간이 등장한 것이다.

---

13) Alfred DuPont Chandler Jr, 1962, Introduction.
14) Alfred DuPont Chandler Jr, 1962, pp.393-394.

사 례

행태는 기능에 따른다(Form Follows Function)

나는 몇 년 전에 총장재임시절에 구조조정을 하면서 챈들러의 경영적인 명제, 즉 "조직은 전략을 따른다(structure follows strategy)"는 말을 한 적이 있다. 그러자 건축학과 교수들과 미술과 교수들이 루이스 설리반의 명제를 어떻게 아느냐고 하면서 이 교수들은 나에게 루이스 설리반(Louis H. Sullivan)에 대해 설명해줘서 감명을 받았다.

루이스 설리반(Louis H. Sullivan)의 "행태는 항상 기능을 따른다.(form ever follows function.)"를 축소한 말로 일반적으로는 "행태는 기능에 따른다(Form Follows Function)"가 유명하다.

19세기에 근대 건축을 대표하는 철골 구조의 고층 건축을 추진시킨 시카고파를 대표하는 사람이다. 그 이전의 건축은 석조 건축이며 벽면에서 하중을 지지하기 위해 구조적인 제약이 걸렸지만, 철골 구조 건축에서는 하중을 지지하는 것은 기둥으로 바뀌었다. 그는 그러한 제약으로부터 개방되어 디자인에 변화를 줄 수 있다고 전망하고, 이 말을 건축의 기본 원리로서 소개했다고 한다.

▲ 설리반

▲ 1894년 뉴욕 버팔로 푸루덴셜 빌딩

그 후, 이 말은 모더니즘(근대주의)의 디자인 지표로서 이용되게 되었다. 현대 디자인을 견인한 독일 디자인 학교 '바우하우스(Bauhaus)'에서도 이 방침 하에 미술과 건축, 공예 교육이 이루어졌고, 130여 년 전 미국에서 산업화에 가속이 붙고 고층 건물을 세워 올리기 시작할 즈음, 수천 년 동안 반복되어온 '형태는 전례를 따른다'는 고전적 이념에 도전장을 내민 혁신적인 건축가적 철학이었다.

당시 미국의 급변하는 산업화문제점들에 적절한 대안을 제시해 줄 수 있었던, 기존의 건축 디자인 산업에 새로운 도전을 안겨준 최고의 슬로건이었던 것이다.

산업사회의 새로운 기술적 조건에 적합한, 단순하고 명쾌한 형태와 기능을 추구하는 디자인 경향을 뜻한다. 설리반은 기능과 미 사이의 연결 고리를 만드는 데에 18세기의 생물학자이자 진화론자인 라마르크의 자연발생설을 원용했다. 생물의 형태와 기능의 유관성이 디자인에서도 다를 바 없다는 것이다. 설리반은 당대의 시대정신과 동시대인의 욕구를 대변하는 건물인 마천루(고층건물)를 제안하였다. 그가 이룬 가장 주목할 만한 공헌은 바로 높은 상업 건물에 걸맞은 적절한 형태를 창조하였다는 점이다. 브로이어의 의자를 비롯한 많은 디자인이 만들어졌다고 한다.

나는 "Form Follows Function(형식은 기능을 따른다)"는 말을 인용하여 챈들러는 "조직은 전략을 따른다(structure follows strategy)"는 말이 나오지 않았을까 생각한다.

5) 앤드류스(Kenneth R. Andrews)의 기업정책으로서의 전략

전략의 기본으로 알려진 SWOT 분석은 주체의 내부 요인과 외부 요인(환경)의 적합을 모색하는 전략을 책정하기 위한 도구로서 사용되고 있다. 이 프레임워크는 하버드 비즈니스 스쿨의 크리스텐센(C. Roland Christensen) 앤드류스(Kenneth R. Andrews) 등에 의해 집필된 『비즈니스 정책 : 텍스트와 사례(Business Policy : Text and Cases)』를 기원으로 한다고 한다.

1960-70년대의 비즈니스 스쿨의 졸업생들은 인재의 공급원으로서, 또 새로운 경영개념의 전도사로서 경영 전략의 분위기를 일으키는 매개체였다. 따라서 비즈니스 스쿨은 뛰어난 인재를 배출하면서 한편으로는 지식을 창출하는 연구기관으로서도 그 중요성을 높여 나간다. 비즈니스 스쿨의 졸업생들의 뒤에는 저명한 비즈니스 스쿨의 유명한 교수가 등장하여 이들은 저작뿐만 아니라 강연을 통해 미국 실업계에 큰 영향력을 발휘해 갔다.

▲ 앤드류스

▲ 비즈니스 정책

이중에서 특히 유명한 인물은 하버드 비즈니스 스쿨의 케네스 앤드류스[15]일 것이다. 그는 'Business Policy(경영방침)'의 개념을 정의했다. 특필할만한 것은 앤소프는 시장 환경이 변화하는 가운데 어떻게 전략적 의사결정을 하는지 주력했는데 비해 앤드류스는 기업의 사회적인 책임, 매니저 개인의 가치관, 사고방식, 목적 달성에 필요한 시스템 그리고 리더십의 역할까지 언급되어 있다는 것이다.[16]

앤드류스는 SWOT 분석을 통해 ①자사의 강점(Strength), 약점(Weakness)과 ②환경에서의 기회(Opportunity)와 위협(Threat)을 검토해야 할 필요성을 주장했다. 이것이 각각의 이니셜을 취한 SWOT 분석이 되고 나중에 컨설턴트 등에 의해 더욱 정교화되면서 현대에도 가장 단순하고 명쾌한 전략으로 평가되고 있다. 기업의 내부적인 면을 분석하는 강점·약점 분석과, 외부적 환경적인 면을 분석하는 기회·위협 분석으로 나누어서 긍정적인 면을 보는 강점과 기회 그리고 그 반대로 위험적요인의 약점, 위협을 가름질하는 전략도구이다.

이러한 분석을 통해 경영자는 회사가 처한 시장 상황에 대한 인식을 할 수 있으며 앞으로의 전략을 수립하기 위한 중요한 자료로 삼을 수 있다.

하버드 비즈니스 스쿨에서는 1965년에 당시에는 전략으로서 가장 영향력 있는 교과서인 『비즈니스 정책 : 텍스트와 사례(Business Policy : Text and Cases)』가 출판되었으나 이 교과서는 1971년에 앤드류스의 이름으로 별도로 출판되었으며 당시에 앤드류스가 가르치는 전략 형성의 구체적인 관점은 아마도 공식적인 과정에서 일상적으로 가르치는 비즈니스 전략의 가장 초기 개념이었다고 알려지고 있다. 또한 대학에서 기업정책(Business Policy)의 이름으로 가르치는 전략 문헌의 일부 분야에서 '전략이란 무엇인가?'에 대해 가장 근본적인 교훈을 많이 제공한 것으로 알려져 있다.

앤드루스는 몇 가지 전략에 대한 지침을 소개했지만 전략이 무엇인지에 대한 확실하고 명확한 개념과 정의는 하지 않았다.

그러나 그는 기업전략을 목표, 의도 또는 목표의 패턴과 이러한 목표를 달성하기 위한 주요 정책과 계획을 수립하고 회사가 속해 있거나 속하게 될 사업(비즈니스 범위)과 현재 또는 앞으로 있을 회사의(비즈니스)의 종류를 정의하는 방식으로 정의했다.

여기에서 등장하는 주체는 경영자이다. 경영자가 수행해야 할 가장 어려운 과제는 기업의 목표(목적)를 수립하고 달성하기 위한 계획을 표류하지 않고 사업범위를 정하여 계획적으로 나아가게 하는 일이므로, 미래를 위해 기업을 준비하는 동시에 현재의 발전을 유지할 수 있어야 한다.

---

15) Learned, E. P., Christensen, R. C., & Andrews, K. R. (1965), Business Policy : Text and Cases, R.D. Irwin.

16) Andrews, K. R. (1971), The Concept of Corporate Strategy, Dow Jones-Irwin.

그런데 여기에서 중요한 것은 경영자가 회사가 추구하는 비즈니스 범위를 결정하고 앞으로 가야 할 비즈니스(경제 및 인적 조직의 종류), 그리고 현재 또는 앞으로 있을 회사의(비즈니스)의 종류를 정의했다는 점이다.

앤드류스의 전략의 정의의 중요한 부분은 다음과 같다.

(1) 목표, 의도, 목적 : 회사가 달성하고자 하는 것(임무, 목적, 목표)
(2) 정책과 계획 : 목표를 달성하고 임무를 완수하는 방법은 무엇인가?
(3) 비즈니스 범위 : 외부 환경(시장, 지역, 규모 등)에서 회사의 위치 지정
(4) 경제 및 인적 조직의 종류 : 내부 환경, 여러 차원의 회사의 아키텍처(경제 모델, 조직 구조, 기능 구조, 비즈니스 프로세스 등)의 관점에서 회사의 정의
(5) 기여 : 회사가 어떻게 가치를 창출하는가, 누구를 위해 가치를 창출하는가?

그런데 앤드류스는 "목표, 목적, 정책, 행동계획"을 구별하는 문제는 더 이상 지적하지 않았다는 점은 아쉽다.

앤드루스가 뛰어난 점은 전략에 대해 그가 설정한 모든 교훈을 만들어냈다고 주장하지 않았으며, 1957년에 필립 셀즈닉이나 1962년에 알프레드 D. 챈들러에 의해 이전에 도입된 것도 지적되었다. 앤드류스는 전략이 신중하고 의식적으로 결정되고 경영진이 채택해야 한다고 규정했다.

6) 이고르 앤소프(Igor Ansoff)의 Ansoff's Anti-thesis

▶ 전략은 조직에 따른다(Strategy follows structure)

경영 전략의 창시자로 불리는 이고르 앤소프(Igor Ansoff)는 1957년에, 조직이 성장하기 위해서 실행할 수 있는 어프로치를 정리한 논문을 하버드 비즈니스 리뷰에 발표하였다.[17] 이 논문에서 4개의 성장 벡터를 주장하여 제품/시장 그리드(Product/Market Grid)라고도 불리는 "앤소프 매트릭스"를 주장한다. 이 논문은 군사 전략을 원점으로 예산·동원 계획과 그 충실한 실행을 목적으로 하는 종래의 발상과 경영 전략의 입안을 발상의 원점으로 하는 이후의 논의의 분수령이었다고 할 수 있다.

미국에서는 1950년대에 관련 산업 내에서 수평적·수직적 기업 합병을 규제한 셀러-키포버법(Celler-Kefauver Act)(클레이튼법 제7조 수정)이 성립해, 기업은 내부 자원을 활용한 내부 성장(Organic growth)이 요구되고 있었다.[18]

17) H. Igor Ansoff, "Strategies for Diversification," Harvard Business Review, 1957, pp.113-124.

록히드에는 다각화를 검토하는 부문이 있으며, 앤소프는 그 전문가로 입사한 것이다. 록히드는 사업의 다각화를 추진하기 위해 지상정비 기기나 항공관제용 컴퓨터를 개발하고 그 사업화를 추진하는 자회사로 록히드 일렉트로닉스를 설립했다. 그리고 앤소프는 그 계획 담당 부사장에 취임했다.

앤소프 매트릭스는 세로축에 '제품 라인(Product Line)'(자사가 제공하는 '상품 특성')을, 가로축에 '시장(Markets)'(시장에 존재하는 '고객 요구')을 만들고, 성장 벡터를 '시장 침투(Market Penetration)', '제품 개발(Product Development)', '시장 개척(Market Development)', '다각화(Diversification)'의 4개로 나누었다.([그림 3-3] 참조)

앤소프 매트릭스는 자사의 사업 영역에 성장 한계가 찾아 쇠퇴기에 들어가기 전에 신규 고객 요구에 새로운 제품 특성을 투입하는 '다각화(Diversification)'가 등장한다. 앤소프의 논문 제목이 "Strategies for Diversification(다각화 전략)"임을 알 수 있듯이 그 초점은 다각화의 위치를 명확히 하는 것이었다.

[그림 3-3] 앤소프 매트릭스

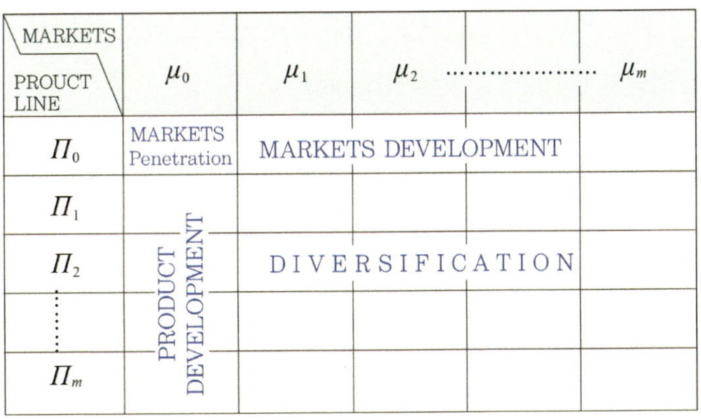

자료 : Ansoff, H. I. (1957), Strategies for Diversification. Harvard Business Review, 35(5) : 113-24, p.114.

18) 셀러-키포버법은 어느 회사가 다른 회사의 주식이나 유형자산(예를 들면 공장과 설비)을 취득함으로써 경쟁의 제한을 가져올 경우 이를 취득할 수 없게 함으로써 클레이턴법 제7조를 강화했다. 셀러-키포버법은 실질적으로 경쟁제한과 독점형성의 효과가 있는 모든 결합형태로 그 적용범위를 확대시켰다. 초기의 입법조치들은 단순히 같은 종류의 상품을 생산하는 기업들 간의 수평적 결합만을 제한했지만, 셀러-키포버법은 상위한 업종의 기업들 간의 결합, 즉 복합결합까지도 금지하고 있다.

그러나 다각화는 다른 3개(시장 침투, 시장 개척, 제품 개발)에 비해 광범위한 가능성을 가지는 한편, 자사가 이해하고 있는 고객 요구와 이미 제공하고 있는 상품 특성과 다른 제품·서비스를 제공하는 어려움이 존재한다. 자유도가 높은 반면 기존 사업의 경험과 그에 의해 형성된 조직이나 사업 구조의 전환을 도모할 필요가 있어 복잡하고 고도의 전략적 의사결정이다.

전략적 의사결정에 대해 앤소프는 "전략적 의사 결정의 궁극적인 목적은 보기에는 단순한 것이다. 말하자면 기업을 위해 제품과 시장의 결합(조합)을 선택하는 것이다. (The end product of strategic decisions is deceptively simple; a combination of products and markets is selected for the firm)" 라고 했으며,[19] 앤소프는 이를 중심으로 '기업전략(Corporate Strategy)'을 주장했다.

▲ 이고르 앤소프

▲ 기업전략

7) 앤소프의 역명제(Ansoff's Anti-thesis)

"조직 vs. 전략"이라고 하는 상호 관계에 대한 연구는 매우 많지만, "조직은 전략에 따른다(Structure follows strategy)"라고 하는 "챈들러의 명제(Chandler's Thesis)"는 가장 유명하다. 그러나 챈들러의 이 명제에 앤소프가 반대론을 주장하였다.

앤소프는 자신이 랜드 연구소에서 경험한 조직의 근시안적인 태도와 록히드사에서 경험한 경영자의 다각화에 대한 이해가 없음을 알았기 때문에 조직은 기존의 경영에 익숙하나 변화에 대한 저항이 강하면 최적의 전략을 책정할 수 없거나, 책정한 전략을 수행할 수 없거나 하는 것이 종종 있음을 경험하고 있었다. 그 때문에 앤소프는 챈들러의 실적에 경의를 가지면서, 조직 학습과 조직 능력의 향상이 있어야 환경의 변화에 대응한 최적의 경영 전략을 취할 수 있다는 것을 『전략 경영론』(1979년) 속에서 "전략은 조직에 따른다(Strategy follows structure)"라는 역의 명제를 주장했다.[20] 즉 비즈니스를 둘러싼 환경 변화가 일어나면 새로운 메커니즘을 도입하여 조직이 새로운 능력을 확보하고 새로운 조직의 능력으로 실행할 수 있는 전략이 탄생한다는 것이다.

---

19) Ansoff, H. I. (1965), Corporate Strategy, McGraw-Hill, New York, p.23.
20) Ansoff, H. I. (1979), Strategic Management, London, UK : MacMillan Publisher.

앤소프에 의하면, 뛰어난 전략이 책정되어도, 조직 내부에 머물고 있는 자연발생적인 '관성(inertia)'과 '변화에의 저항(resistanceto change)'이 강하면, 그 전략은 실현될 수 없는 현상이 많이 관찰된다. 실제로 개별의 기업이 어떤 성장 전략을 선택하는가, 어떤 사업 분야에 다각화 해나갈까에 대해서는, 그 기업이 지금까지 형성한 조직의 성격과 능력에 의해서 크게 좌우된다. 부단한 조직학습과 조직능력의 향상이 없으면, 외부 환경에 맞는 경영전략의 실시는 불가능하다.

앤소프가 주장한 전략적 성공(strategic success)의 3요소로서 환경계 난기류(environmental turbulence)에 직면했을 경우, 조직 대응능력(organizational responsiveness) 하지만 전략 적극성(strategic aggressiveness)을 결정할 때가 많다.[21)]

이 의미로부터 "조직은 전략에 따른다"라고 하는 챈들러의 명제에 대해서, 반론을 제기해 앤소프는 "전략은 조직에 따른다(Strategy follows structure)"라고 하는 역명제를 제시했던 것이다. 이 역명제의 근거에 대해 앤소프는 다음과 같이 설명하고 있다.[22)]

> 새로운 도구를 이해할 수 없고, 그 활용방법을 모르면, 그 새로운 도구에 의해 자신의 무능이 노출된다고 느낀 매니저에게는 새로운 도구는 위협이 되어 나타나는 경우가 많았다. 한 시스템이 상위 관리자 그룹의 권한에 의해 매우 장기간에 걸쳐 유지되면 관리자 그룹은 (그 시스템에 어울리는) 도구와 공존하는 방법을 배울 수밖에 없다. 조직 능력의 다른 구성요소가 발달하여 기존 시스템(의 생존과 진화)을 지원하고, 또한 새로운 조직 능력은 (기존 시스템에 적합시키기 위한) 전략적인 추진력을 새롭게 만든다. 따라서 챈들러 스타일의 순서는 역전되어 '전략은 조직 구조에 따른다'는 것이라는 것이다.
>
> (The new tools frequently appeared threatening to managers who did not understand them, did not know how to use them, and felt that the tool exposed their incompetence. If the new system was maintained by the authority of top management long enough to force managers to learn to live with the new tool, other components of capability developed to support the system, and the new capability produced a new strategic thrust. Thus the Chandlerian sequence was reversed and 'strategy followed structure')

---

21) Ansoff, H. I. (1984), Implanting Strategic Management, Prentice Hall International (UK) 1st edition : 1984, pp.30-31.

22) Ansoff (1979), p.91.

예를 들어 『초우량기업의 조건』[23]의 저자의 한 사람으로 있는 피터즈(Tom Peters)도 앤소프의 주장에 찬성하며 챈들러의 주장에는 반론하고 있다. "그(챈들러)의 생각은 완전히 잘못되었다고 생각한다. …… 시장의 어느 부분을 공격할까 하는 선택을 결정하는 것은, 장기적으로 보면, 그것은 조직구조이다.(I think he got it exactly wrong. …… For it is the structure of the organization that determines, over time, the choices that it makes about the markets it attacks.)"[24]

앤소프가 1979년에 발표한 『전략경영(Strategic Management)』에서 주장한 "전략은 조직 구조에 따른다."는 말은 '조직의 특징을 살리기 위한 전략이 있다.'는 의미인데 이것을 극단적으로 말하면, 조직이 먼저 있고 전략은 나중이라는 생각, 즉 조직을 통한 전략이 필요한 것이다.

전략이라는 개념을 경영학에 도입한 것은 챈들러이며, 이를 바탕으로 경영 전략과 전략경영론으로서 전개한 것은 앤소프였기 때문에 전략경영의 아버지로 불리는 것이다.

8) 전략과 조직에서의 챈들러와 앤소프

알프레드 챈들러는 『전략과 구조(Strategy and Structure, 1962)』에서 미국의 거대 기업에서 조직적 변화를 분석했다. 이 저서는 기업이 환경에 대해 자사가 최적이라고 생각하는 기본적인 장기 목표를 결정하고 거기에 기초한 행동 지침을 정하고 그 지침을 실현하기 위해 여러 자원을 할당하고 조직 체제를 정비하고 가는 경위를 상세하게 묘사하고 있다.

그 성과는 많은 실무가에게 시사를 주었다. 직능 부문별 조직에서 현대적 분권 조직으로서의 사업부제 조직으로의 이행 과정, 예를 들어 듀퐁이 직면한 수요변동에 의한 경영위기와 그 대응책으로서의 사업의 다각화, 그리고 그 어려움을 극복하기 위한 사업부제의 방식을 제시한 것은 그 대표이다. 그러나 이것은 어디까지나 경영사의 관점에서 역사적 사실을 풀어 경영환경, 전략, 조직의 관계를 밝힌 것이다. 대기업의 성장과정을 통해 다각화로 이어진 미국 기업의 분권화와 사업부제 도입의 역사에 관한 세밀한 분석을 하였지만 경영전략을 체계적으로 정리하려는 시도는 아니었다. 영리

---

23) Peters, T. J. & Waterman, Jr. R. H. (1982), In Search of Excellence : Lessons from America's Best－Run Companies, New York, NY : Harper & Row, Publishers.

24) Crainer, S. (2000), The Management Century : A Critical Review of 20th Century Thought & Practice, SanFrancisco, CA : Jossey－Bass Publishers, p.125.

조직의 경영전략을 분석적이고 체계적으로 취급한 최초의 저작은 '경영전략의 아버지'로 불리는 이고르 앤소프가 출판한 『기업전략(Corporate Strategy, 1965)』이라고 할 수 있다.

앤소프는 랜드 연구소에서 미 공군의 조달 전략이나 NATO 전략 등에 종사한 뒤 록히드 에어크래프트 경영기획부로 이전했다. 그 후 부사장으로 승진하였지만 변신하여 대학교수로서의 길을 걷기 시작한다. 그리고 그 다양한 경험을 배경으로 전략의 개념을 기업경영의 핵심에 응용하기에 이른 인물이다.

앤소프는 조직은 우선 사업 환경 분석에서 자사의 방향성에 관한 전략적 의사결정을 실시하고 이를 바탕으로 예산을 비롯한 행동계획을 정해야 한다고 주장했다. 왜냐하면 사람이 미래를 완전히 예측하는 것은 불가능하기 때문에 예산이나 계획도 완벽할 수 없다고 생각했기 때문이다

앤소프 이전에도 목표 수치를 달성하기 위해 필요한 경영 자원을 배분하고 그 달성 상황을 모니터링 하는 구조는 확립되어 있었다. 그것은 19세기에 등장한 대기업이라 불리는 거대 조직의 운영에서 등장한 경영 프로세스이며, 군대나 국가 운영의 노하우를 기원으로 하는 예실 관리(예산과 실적을 관리)에 있어서는 가장 핵심적이고 기본적으로 된 프로세스이기도 하다.

앤소프 이전의 기업경영은 각 부서가 달성해야 할 수치를 베이스로 사업계획이 입안되었고, 이를 위한 방책은 각 부서의 자율적인 활동에 맡겨졌다고 할 수 있다. 거대 조직을 운영하는 데 있어서 수치를 베이스로 한 계획을 세워 그것을 꾸준히 실행하는 것이 경영관리의 실제였다. 그리고 예산책정과 이를 바탕으로 경영관리의 골격이 되는 기업의 방향성 결정과 전략 입안에 있어서는 경영자 개인의 속인적인 재치에 맡기는 곳이 컸다. 거대 조직의 전략적 의사결정을 어떻게 하는지의 과정에 대해서는 명확하게 일반화되지 않았던 것이다.

이것에는 일정한 합리성이 있었다. 2차 대전 후 승리한 미국은 1950년대 황금기를 맞이한다. 당시 미국은 냉전 구조에서의 군사비의 증대와 함께, 도시부의 인구 증가와 기술혁신에 의한 대중소비사회의 성장에 의해 시장경제 자체가 안정적인 성장을 실현하고 있었기 때문이다.

당시의 경영의 과제는 인간이나 자원 등의 경영 자원을 어떻게 효율화 하는가 등 기업 내부의 문제 즉 경영 관리(Management Control)가 중심이었다. 그러나 1960년대가 되면서 점차 시장이 포화되면서 더욱 성장을 위한 신규 사업이나 신시장 개척, 장기 계획의 중요성이 등장한다.

따라서 경영자는 점차 경영환경을 둘러싼 불확실성에 고민하게 된다. 이러한 시대

의 변화는 앤소프의 주장이 널리 주목을 받게 된 요인 중 하나라고 할 수 있다. 예상치 못한 자체가 일어날 때 필요한 것은 단순한 수치 계획이 아니라 전략적인 계획, 즉 조직의 중장기적인 방향성이며, 수치의 배경이 되는 철학이다. 그런 생각이 평가되기 시작했다.

또 앤소프가 사업의 다각화에 초점을 맞추고 논의를 진행한 것도 그가 시대의 흐름에 탔던 요인이라고 할 수 있다. 이는 또한 당시 미국 기업이 안고 있던 경영 과제의 핵심이 되었기 때문이다. 장기적 성장을 실현하기 위해서나 환경변화로 인한 경기감속과 산업구조의 변화에 대비하기 위해서도 사업의 새로운 틀을 준비하는 것은 경영자들의 요구였다. 이 시기에 챈들러와 앤소프는 거의 같은 시기에 등장하면서 모두 조직의 방향성을 결정하는 것으로 경영 전략을 자리매김하고 그 존재를 나타냈다. 챈들러는 구체적인 기업의 분권화와 조직 변화의 사례를 바탕으로 이를 상세히 해설했다. 이에 대해 앤소프는 경영전략이라는 개념을 분석적이고 체계적으로 정리하여 경영전략의 방법론과 분야의 확립에 크게 기여한 것이다.

2. 경영전략에서 전략경영으로 : 1970년대

1) 경영전략과 BCG(Boston Consulting Group)의 대두

전략 컨설팅 회사의 존재를 일약 유명하게 한 것은 'BCG 매트릭스(BCG Matrix)' 혹은 '성장·시장 공유 매트릭스'라고 불리는 PPM(Product Portfolio Matrix) 방법론이다. 이 방법론은 "다수의 사업이 병존하는 가운데 어느 사업에 추가로 투자하고 어느 사업을 축소해야 하는가"라는 과제에 명확한 대답을 제시함으로써 1970년대 당시에 큰 주목을 받게 된다. 1973년 제1차 오일쇼크를 계기로 미국경제가 혼란에 빠짐에 따라 미국 기업에서는 해결책으로서 BCG 매트릭스가 도입되었다. 1970년대 초반까지 다각화를 진행하고 있던 미국 기업은 갑자기 찾아온 불경기에 대해 신속히 자사의 사업을 재검토할 필요성이 대두되었던 것이다. 'BCG 매트릭스' 명칭에서 알 수 있듯이, 이 매트릭스를 세상에 전파한 것은 다름 아닌 보스턴 컨설팅 그룹(BCG, Boston Consulting Group)이다. 그럼 왜 이 시대에 컨설팅 회사가 등장하여 그들의 논리가 급속히 침투되었을까? 물론 다각화 시대이전에도 컨설팅 회사는 외부 전문가로서 기업의 경영 지원에 종사해 큰 성과를 올리고는 있었다.

앤소프가 전략적 의사결정의 중요성을 세상에 전파하면서, 의사결정에서 과학적인 면이 등장하게 되면서 컨설팅의 요구가 필요하게 되면서 거기에 종사하는 전문가 집단의 수요가 한층 높아지게 된다. 그러므로 기업의 실무가도 학계의 연구자도 아닌 제3의 존재로서의 컨설팅 회사에 대해 전략적 의사 결정의 지원을 원하는 요구가 그 어느 때보다 커졌다고 볼 수 있다.

그 요청에 제일 처음으로 응한 것은 맥킨지 앤드 컴퍼니(McKinsey & Company)였다. 맥킨지는 제2차대전 전쟁 전부터 사업을 시작하고 전략 컨설턴트라는 브랜드를 이미 확립시키고 있었다. 맥킨지는 "그레이 헤어(Gray Hair) 컨설턴트"라고 불렸던 풍부한 경험과 지식의 연장자에 의존하고 있던 전략 컨설팅 업무를 비즈니스 스쿨의 졸업생의 젊은 층에서도 실행할 수 있도록 업무를 정식화하여 적극적인 사업 확대를 실현했다. 그리고 경영전략의 중요성 인지가 높아짐에 따라 그 존재감을 더욱 늘려갔다.

맥킨지는 다각화에 따른 사업부제 도입을 지원하는 형태로 시류를 타고 확고한 지반을 구축하고 있었다. 그러나 분권화를 추진하는 그 방법론은 다각화가 진전된 기업군의 요구, 즉 사업 재편의 요청에 답하는 것은 아니었다. 그리고 사업부제의 도입에 계속 주력한 결과 기업에 큰 전환이 요구되는 시대가 되면서 고객이 요구하는 최적의 해답을 제공할 수 없게 된다.

따라서 그 대신 대두한 것이 BCG(Boston Consulting Group)였다. 이 회사로 인해 세상에 퍼진 BCG 매트릭스는 사업 포트폴리오의 특성을 알 수 있다는 편의성을 제공하는 동시에, 현금을 창출하는 사업과 현금을 요구하는 사업의 밸런스를 선택하는 것도 가능하게 했다. 각 사업에 대한 투자와 사업 포트폴리오를 바꾸는데다 특히 현금흐름의 배분에 관한 논의를 실현한 것이다. 한편 BCG 매트릭스와 같은 시기에 개발된 경험 곡선을 무기로, BCG는 컨설팅 회사로서의 지명도를 더욱더 높여갔던 것이다.

2) PPM(Product Portfolio Matrix)

상술한 바와 같이 미국에서는 1970년대에 들어서면서 다각화의 진행이 급속히 이루어졌다. 1970년대 경영전략론의 대부분은 규모와 성장, 포트폴리오 이론을 중심으로 하고 있었다. 그러나 경영자원은 한정되어 있어 다각화하는 사업에 대해 경영자원, 특히 자금을 어떻게 배분하고 또한 전체적인 사업구성안에서 각각의 사업에 어떤 역할을 부여할 것인가가 큰 과제로 등장하였다.

이 과제에 접근하는 수법으로서 개발된 것이 프로덕트·포트폴리오·매니지먼트(product portfolio management, PPM)이다. 보스턴컨설팅그룹이나 맥킨제이 등 미국의 컨설팅 회사와 함께 GE사가 개발하여, 일약 각광을 받았다. 그 기초에 있는 것이 대부분의 기업분석에서 얻은 경험곡선(experience curve)이다. 어느 제품의 생산의 시작부터 현재까지 누적생산량이 증가하는 만큼, 단위당의 생산코스트가 체감한다고 하는 경험이다. 경쟁 기업보다 높은 점유율을 획득하면 상대보다 저생산코스트로 생산할 수 있어 경쟁상 우위에 서는 것과 동시에 높은 이익을 올려 투자자금을 회수할 수 있다. 이 자금을 성장성이 높은 사업에 선택적으로 투입하여 최적의 사업 구성을 목표로 한다. 즉, 포트폴리오 전략이다.

즉 좀 더 자세히 설명하면 개발 현장에서 얻을 수 있는 정보를 포트폴리오나 프로젝트의 우선순위의 설정과 인원이나 예산 할당을 할 때의 의사결정 판단을 지원하는 기본 데이터로서 활용과 정보를 통합적으로 관리하게 된다. 이에 따라 개별 프로젝트를 계획하고 일정 계획을 세우고 실행/관리하는 것에 비해 프로덕트 포트폴리오 관리(PPM)는 모든 프로젝트에 대해 계획/실행/관리/통제를 기업 조직의 전략에 근거하여 수행하는 것이다.

그러나 포트폴리오 경영은 그 나름의 성과를 올렸으나 데이터를 분석하기 위해 많은 본사 스텝을 필요했다. 또한 현실적인 경영보다도 데이터만 분석하는 움직임으로 옮겨 갔다. 전략개발은 실제 사업집행에 임하지 않은 본사 스태프에게 이동되면서 경영이 경직화되는 위험도 있었다. 또한 사업의 금후 성장성을 예측할 수 있는 것 등, 장래의 환경이 어느 정도 예측할 수 있는 것도 전제였다.

1970년대의 BCG의 흐름을 받은 학술계는 리처드 루멜트(Richard Rumelt)의 연구로 대표되는 바와 같이 어떠한 다각화가 수익성을 높이는지를 과학적으로 검증하는 움직임이 중심을 이루었다.[25] 그러나 시장 자체의 성장이 정체되기 시작하면 여러 사업의 포트폴리오를 검토하는 전략적 의사 결정보다 그 산업 내에서 어떤 경쟁 전략을 취해야 하는지에 관한 지식이 필요하게 된다.[26] 논의의 여지는 있지만, 1970년대 경영전략의 주된 발전은 계획입안의 프로세스를 체계화하고 세련화 하는 것이고, 앤소프의 이론을 실증하는 것이 논의의 중심이었다. 앤소프 이후, 그 주장을 뒷받침하기 위해 실증 연구가 진행되고, 또 실무가가 참고할 수 있는 보다 세밀한 공정표, 각각의 분석이나 입안 수법의 구체적인 해설이 꾸준히 축적되어 갔다.[27] 다만, 그들은 어디까지나 앤소프의 논리의 연장선상에 있는 이론이 굳어지고 있었다고 할 수 있다.

2009년 5월 8일, IT조사회사 Forrester Research사의 Craig Symons(크레이그 시몬스)가 정리한 조사 보고서 ROI of Project and Portfolio Management Tools(프로젝트

---

25) Richard P. Rumelt, (1974), Strategy, Structure, and Economic Performance, Boston; Cambridge, Mass. : Harvard University Press.

26) Mintzberg, H. (1978), Patterns in Strategy Formation, Management Science, 24(9) : 934-48.

27) Hofer, C. W. & Schendel, D. (1978), Strategy Formulation : Analytical Concepts, St. Paul : West Pub. CO.

포트폴리오 관리 툴의 ROI)에 따르면,[28] PPM에서는 281%의 투자 회수율을 기대할 수 있는 것으로 보고되었다. 또한 실패 프로젝트의 구제, 비용 초과 프로젝트의 감소, 가치가 낮은 프로젝트 투자를 회피가 직접적인 효과로 전망하고, 부대적인 효과로서 그들과 관련된 관리 작업의 시간도 삭감할 수 있다고 시사하고 있다. 게다가 IT 조사 회사인 IDC사는 PPM 툴을 도입함으로써 중복 프로젝트를 78% 절감, 프로젝트 실패율이 59% 감소, 불과 7.4개월 만에 투자 회수할 수 있다고 보고 하다

3) 시장전략의 이익효과, PIMS(Profit Impact of Market Strategies)의 등장

(1) PIMS의 등장배경

1960년대 후반부터 1970년대에 걸쳐 고도성장기를 경험한 미국에서는 많은 산업이 성숙기를 맞이하고 있었다. 이처럼 산업이 성숙기에 접할 때 기업 경영의 과제 중 하나는 경영 자원을 여러 사업에 어떻게 배분해야 하는가 하는 문제이다. 최고 경영자는 모든 사업에 균등하게 자원 배분하는 것보다는 성장하는 사업과 성장하지 않는 사업, 수익을 올릴 수 있는 사업과 수익을 올릴 수 없는 사업을 식별하여 자원을 배분할 필요가 있다고 생각한다. 그러나 성장하지 않는 사업과 수익을 올릴 수 없는 사업에서의 본부장들은 본인들의 입장을 생각하여 성장하지 않는 사업이라는 것에 동의하지 못했으며 인식했다 하더라도 조금 후면 다시 좋아질 것이라는 안일한 사고로 균등하게 자원배분을 요구하였기에 최고경영자들은 성장하는 사업과 성장하지 않는 사업, 수익을 올릴 수 있는 사업과 수익을 올릴 수 없는 사업을 어떻게 식별하면 좋은 것인지, 당시는 몰랐다.

이 시기에, 제너럴 일렉트릭(GE)사도 200개 이상의 제품 사업을 전개하고 있었다. 그중에는, 성장 사업도 많이 있어, 이들에 대한 투자가 늘어나지만, 그것을 충당하는 자금의 확보에 고민하고 있었다. 따라서 GE는 사업 간에 균등 배분보다는 균형 잡힌 자금을 배분하는 프레임워크를 만들기 위해 사내 프로젝트를 시작했다. 1972년, 이 사내 프로젝트는 하버드 대학 전략 계획 연구소(Strategic Planning Institute)로 이관되어 다른 기업을 끌어들여 PIMS(Profit Impact of Market Strategies) 프로젝트가 되었다.

---

28) ROI of Project and Portfolio Management Tools :
http://www.forrester.com/The+ROI+Of+Project+Portfolio+Management+Tools/fulltext/-/E-RES47982

(2) PIMS 프로젝트의 근본적인 사상과 결과

PIMS 프로젝트의 근본적인 사상은 '사업 전략을 책정하기 전에 어떤 방법으로 대응하면 얼마나 결과를 얻을 수 있는지'를 미리 예측하는 것이었다. 이를 조사하기 위해 PIMS 프로젝트의 목적은 다음과 같은 질문에 제안을 제공하는 것이었다.

- 사업에 따라 투자수익률(ROI) 등의 실적이 다르다. 이 차이를 낳는 요인은 무엇인가?
- 특정 시장에서 특정 전략을 채용한 경우, 평균적으로 어느 정도의 실적을 얻을 수 있을까?
- 전략을 변경함으로써 투자수익률(ROI) 등의 실적은 어떻게 변하는가?

PIMS로 불리는 이 프로젝트는 15년 이상의 세월을 들여 600여개 기업을 대상으로 했다. 즉, '시장점유율을 높이면 이익률이 향상된다.'는 법칙이 제조업이지만 서비스업이든 어떤 산업이라도 성립되는 것으로 나타났다.

이 연구에서 밝혀진 점은 다음과 같다.

① 절대·상대적 시장·점유율은 투하 자본 수익률(ROI)과 깊은 관계가 있다. 높은 점유율을 자랑하는 기업일수록 규모의 경제나 경험효과가 작용해 시장에서의 영향력이 강하고, 뛰어난 경영수완을 갖기 때문에 수익성이 높아진다.

② 제품의 품질은 시장의 리더십을 확립하는 열쇠이며, 점유율이 높은 기업일수록 프리미엄 가격으로 높은 이익을 얻을 수 있다.

③ ROI와 시장 성장률은 양(+)의 상관관계에 있다.

④ 수직 통합은 제품 수명주기의 후반기에 유리하다. 부분적인 수직 통합은 피하는 편이 좋고, 후방 통합보다 전방 통합 쪽이 수익성은 높다.

⑤ 투자를 집중시키거나 재고 수준을 높게 하면 ROI는 떨어진다.

⑥ 자본 집약적인 기업에서는 가동률이 중요해지고 점유율이 작은 기업만큼 영향을 받기 쉽다.

이상의 연구결과는, 1980년대에 있어서의 기업의 성공의 다수를 밝히는 것과 동시에, 왜 1990년대 초기에 걸쳐 기업의 수익이 침체했는지를 생각하는데도 도움이 된다. 그러나 PIMS 프로젝트의 결과는 당시에는 효과적이었지만, 지금에서는 PIMS의 연구 결과가 타당성이 급속히 상실되고 있다고 하겠다. PIMS 연구의 분석 결과 전략과 이익률 사이에 많은 관계가 발견되었지만 자원 배분 문제에 영향을 미친 것은 다음과 같다.

상대 시장 점유율이 높아지면 투자 수익률과 현금 흐름 모두 증가한다.

이 결과는 "시장 점유율이 높은 기업은 규모의 경제와 학습 곡선 효과를 얻을 수 있어 그것이 수익률 향상으로 이어진다."고 해석되었다.[29] 이 결과의 가장 중요한 점은 산업에 의존하지 않는 보편성을 가지고 있다는 것이다. 즉, '시장 점유율을 높이면 이익률(수익율)이 향상된다.'는 법칙이 제조업이든 서비스업이든 어떤 산업이라도 성립되는 것으로 나타났다는 것이다.

이 시기에 등장한 시장 점유율이 높으면 수익률 향상으로 이어진다는 명제는 기업의 확대·성장 전략에 주목을 받고, 수평 통합, 수직 통합, 다각화, 프랜차이즈, M&A, 조인트 벤처, 유기적 성장 등에 대해 활발하게 논의가 이루어졌다.

3. 전략경영의 틀의 확립으로 : 1980년대

1) 잭 웰치의 등장과 리스트럭처링

1981년 GM사는 잭 웰치(Jack Welch)에 의해 기업변혁에 착수했다. 1970년대의 포트폴리오 전략에 의해 많은 사업을 정연하게 평가해 보았지만 그 효과는 충분하지 않았다. 한편으로 본사의 기획 스태프는 200명에 이르러 관료화되었다. 전략은 물론 경영혁신력도 희미해졌다.

잭 웰치(Jack Welch)는 1980년대와 1990년대 미국에 불어 닥친 구조조정(정리해고) 열풍을 불러일으킨 인물이기도 하며, "경영의 신"과 "중성자탄 잭"이라는 별명을 양면처럼 지니고 있다. 건물은 놔두고 안에 있는 인원만 싹 죽여 버리는 중성자탄처럼 인수한 회사의 외양은 놔둔 채 기업의 내부 인원을 전부 물갈이해 버리는 무시무시한 구조조정을 추진했기 때문이다. 그는 이러한 구조조정을 통해 GE를 핵심사업 분야·첨단기술사업 분야·서비스사업 분야의 3개 분야로 정리하였고, 이에 따라 그의 취임 당시 170개에 이르던 사업부 중 110개 부문이 정리되었다.

잭 웰치는 우선 기획 스태프를 큰 폭으로 삭감하여, 막대한 데이터를 분석해 책상 위에서 전략을 생각하는 방법을 큰 폭으로 간소화했다. 동시에 사업영역을 3개의 중핵적인 영역으로 좁혔다.

---

29) Buzzell, R. and Gale, B. (1987), The PIMS Principles : Linking Strategy to Performance, Free Press, New York.

① 대형가전이나 조명기구와 같이 오늘날의 GE의 성장을 지탱해 온 영역
② 반도체, 통신 시스템, ME 기기와 같은 새로운 하이테크 영역
③ 금융 서비스 등 GE에 있어서는 새로운 서비스의 영역

이 사업 영역 중에서 적극적인 매수와 철퇴를 시행하여 사업구성을 재편화 했다. 모든 사업구조의 리스트럭처링(restructuring)이라 할 수 있는데, 6년간에 걸쳐 매수한 사업은 약 350개, 철퇴한 사업은 약 200개에 달한다. 동시에 예산관리 시스템을 바꾸어 기업문화의 활성화를 도모했다. 그 결과 GE는 오늘날에도 높은 성장을 지속하고 있다.

잭 웰치가 GE 회장으로 일하는 20년 동안 GE 그룹 매출은 4배 이상 증가했고, 시가총액은 30배 가까이 늘었다. 취임 당시 주당 1달러대에 그쳤던 GE 주가는 그의 재임 막바지인 2000년 9월 55달러로 치솟았다. 지금도 깨지지 않는 기록이다. 2020년 3월 2일 현재의 GE 주가는 11달러로 잭 웰치 재임 시절의 5분의 1에 불과하다고 한다.

[그림 3-4] GE의 잭 웰치 재임 시의 주가의 성장

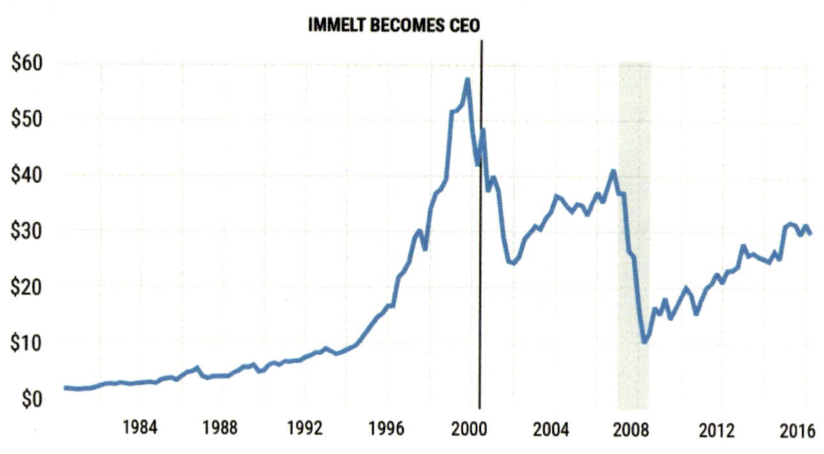

2) 마이클 포터의 등장

(1) 마이클포터와 포지셔닝 학파의 등장 배경

포지셔닝 학파(Positioning School)란 경영학자인 헨리 민츠버그가 저서 『전략 사파리』 중 전략 형성 과정에 착안해 분류한 학파 중 그 하나이다. 포지셔닝 학파는 1970

년대 후반부터 전략 형성의 주류가 된 전략론이며 업계 분석을 통해 자사가 경쟁에 우위가 되는 포지션을 선택하는 것을 중심으로 한다.

포지셔닝 학파의 원류는 역사가 깊어서 군사학에 그 기원을 찾을 수 있다. 이러한 흐름을 증가시킨 것은 1960년대 후반부터 1970년대에 걸쳐 보스턴 컨설팅 그룹을 비롯한 전략 컨설팅 회사가 논문을 발표하고, 또 실천에 응용하여 그 유효성을 주장하기 시작한 이후이다. 시장 전략과 시장 점유율이 이익에 어떤 영향을 미치는지 분석한 PIMS(Profit Impact of Market Strategies) 프로젝트도 이 연장선에 있다.

1970년대 후반에 등장한 마이클 포터는 산업경제학의 논리를 바탕으로 포지셔닝 학파의 사고방식을 한층 더 발전시켜 '5 Forces Model 분석'과 '가치 사슬' 등 현대에서도 사용되고 있는 다양한 경영 프레임워크를 제창했다. 포터의 주장은 그 명확함, 쉽게 해석하고 기업이나 학계에서 널리 받아들여졌으며(특히, 기업의 분석 스탭이나 컨설팅 회사, 저널리스트 등이 강하게 지지하였다), 80년대 이후의 포지셔닝 학파의 융성에 크게 공헌했다.

포지셔닝 학파(Positioning School)는 아직도 전략론의 중심에 위치하지만, 몇 가지 비판도 있다. 주요 비판으로는 다음이 있다.

① 외부 환경 분석을 너무 중시하고 있어 전략이 동질화해 버린다.(누가 생각해도 비슷한 전략이 되어 버린다)
② 전략이 모방되기 쉽다.
③ 기업 고유의 강점과 특징에 대한 통찰력이 약하다.
④ 원래 외부 환경을 분석 스탭이 모두 보충하는 것은 어렵다.

(2) 포터의 경쟁전략

1980년 포터는 『경쟁전략(Competitive Strategy)』이란 저서에서 경쟁전략은 기업 내부의 시점만으로는 판단할 수 없고, 소비자가 경쟁 상대와 비교하여 어떻게 인식하는지에 달려 있다는 것이다. 따라서 포터는 폭넓은 관점에서 산업 경쟁의 구성요소를 확대된 경쟁이라고 부르며 경쟁전략을 수립하는 목적은 회사가 이러한 요소들에 맞서 자사를 가장 잘 방어할 수 있는, 또는 이러한 힘들을 자사에게 가장 유리하게 이용 가능한 포지션(Position)을 찾기 위한 것이라는 것을 주장하였다. 그래서 등장한 것이 Porter의 산업구조분석 모델(5 Forces Model)이다. 포터의 5 포스분석(5 Forces Analysis) 모델은 산업구조의 매력도(가치) 분석을 통하여 외부환경(경쟁) 요인을 사업단위 내부에 반영시키는 전략 도구이다. 이 프레임 워크에 따르면, 경쟁력은 경쟁자에서뿐만 아니라 새로운 참가자의 위협, 공급 업체의 협상 힘, 구매자의 협상 힘, 대체 제품이나 서비스의 위협, 기존 산업 경쟁 등에 의해서 결정된다고 하였으며 전략에서 경쟁(Competitive)이라는 단어를 처음 사용하였다. 고전적인 산업조직론을 기반으로 하는 경영전략의 추진자로서, 포터는 산업의 구조가 기업의 경쟁력에 핵심적인 역할을 한다고 생각하고 있었다. 포터의 5 forces 모델은 이 포터의 사상을 정리한 것이다. 포터의 모델이 산업구조를 통한 기업을 분석하였으므로 그의 주장은 산업 분석 쪽으로 치우쳐 있다. "자신의 모델은 어떤 기업이 어떻게 하면 이익을 낼 수 있는가라는 것보다는 그 산업의 어떤 위치에서 이익을 낼 수 있는가를 분석하고, 성공적인 진입장벽을 건설하기 위한 것으로 이루어졌다."[30]고 주장하였다.

마이클 포터는 1985년 자신의 두 번째 저서인『경쟁우위 - 탁월한 성과를 지속적으로 창출하는 법』(Competitive Advantage : Creating and Sustaining Superior Performance)에서 경쟁우위를 얻기 위한 '비용 우위 전략(Cost Leadership Strategy)', '차별화 전략(Differentiation Strategy', '집중화 전략(Focus Strategy)' 세 가지 전략을 제시하였다. 포터는 차별화, 코스트 우위, 특정의 세그먼트(segment)를 특화하여, 차별화나 코스트 우위를 목표로 하는 집중화에 의해 경쟁기업에 대한 우위성을 확립하려는 사고로 지금까지와는 전혀 다른 경쟁이라는 개념을 도입하기도 하였다.[31]

또한 포터는 기술의 집합체로서 경영의 집합체로서의 가치사슬(value chain)을 주장하였다.[32] 가치 사슬(value chain)은 기업에서 경쟁전략을 세우기 위해, 자신의 경쟁적 지위를 파악하고 이를 향상시킬 수 있는 지점을 찾기 위해 사용하는 모형이다. 마이클 포터의 가치사슬은 모든 조직에서 수행되는 활동은 본원적 활동(primary activity)과 지원활동(support activity)으로 나누어 질 수 있다. 본원적 활동은 제조, 물류, 마케팅, 기술개발, 인사관리, 전반적인 관리 시스템을 말하고 지원활동은 기업의 인프라스트럭처(회계, 재무, 경영), 인적자원 관리, 기술 개발, 조달 프로세스 등에 의해 골고루 지원된다.

기업의 핵심역량을 단순한 기능별 능력이 아닌 여러 기능별 능력이 종합된 조직상의 능력으로 이해하기 위한 분석방법을 제시함으로서 높게 평가받았다.

---

30) Porter, Michael E., "The Five Competitive Forces That Shape Strategy," Special Issue on HBS Centennial, Harvard Business Review 86, (1) :78-93, January 2008.

31) Porter, Michael E. (1985), Competitive Advantage : Creating and Sustaining Superior Performance, Free Press, p.12.

32) Porter, Michael E. (1985), Competitive Advantage : p.167.

[그림 3-5] 포터의 경쟁우위 전략

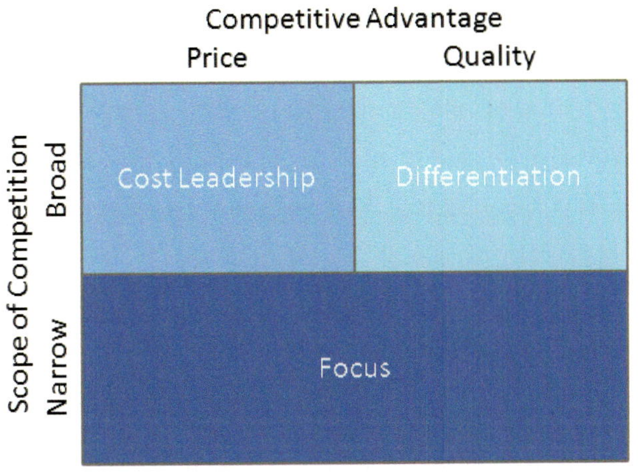

자료 : Porter, Michael E. (1985), Competitive Advantage : Creating and Sustaining Superior Performance, Free Press, p.12.

3) 1980년대 등장한 일본기업의 성공요인의 분석

1981년 리처드 파스케일(Richard Pascale)과 앤서니 아토스(Anthony Athos)는 공저 『일본의 경영기법(The Art of Japanese Management)』에서[33] 일본 기업의 성공의 주된 이유는 그 뛰어난 경영 기술이라고 주장했다. 이들은 관리를 전략·구조·시스템·스킬·스탭·스타일·공유가치의 7가지 차원(7S)으로 나누어 설명했다. 전략·구조·시스템을 하드웨어적 요소, 스킬·스탭·스타일·공유가치에 대해서는 소프트웨어 요소로 분류했다.

이들은 미국 기업이 하드웨어 요소에서는 뛰어나지만 소프트웨어 요소에서는 뛰어나다고 말할 수 없다고 주장했다.

1982년, 톰 피터스Tom Peters)와 로버트 워터맨이 일본 기업의 도전을 정면에서 분석하는 『초우량기업의 조건(In Search of Excellence)』에서 우수하다고 여겨지는 62개 기업 중에서 43개사를 선발해 중요한 경영진에 인터뷰를 거듭했다.[34]

그 결과, 이들은 우수한 기업에 공통된 행동의 중요성, 고객 밀착성, 간단한 조직 등 8개의 특징을 발견했다.

33) Pascale, R. and Athos, A. (1981), The Art of Japanese Management, Penguin, London.
34) Peters, T. and Waterman, R. (1982), In Search of Excellence, Harper Collins, New York.

4. 비연속적인 변화 : 1990년대-2000년대

1) 1990년대

1990년대에 들어서면서 '자원기반전략(Resource-Based View, RBV)'이 등장하는데, 이는 Barney(1991)의 주장이 새롭게 인식되면서 시작되었다. 자원기반이론이 1980년대에 주목을 받았던 마이클 포터의 이론과 가장 큰 차이를 두는 것은 기업수익의 원천을 외부 요소가 아닌 기업 내부의 잠재 요소에서 분석했다는 점이다. 제이 바니는 본인의 논문 「기업의 자원과 지속적인 경쟁 우위」에서[35] 산업 구조를 중심으로 한 포터의 포지셔닝 학파에 대한 반대의견으로 지속 가능한 경쟁 우위는 우수한 역량과 자원을 개발하는 데서 비롯된다고 주장했다.

바니(Jay Barney)는 Porter의 외부 분석에 조직의 자원과 능력에 주목보다는 내부 분석을 주장하고 있다. 포터의 전략론의 본질은 ① 기업을 둘러싼 외부 환경을 5개의 경쟁 요인으로부터 분석하고, ② 3개의 기본적 전략에 의해, 자사 독자적인 포지셔닝을 취함으로서 경쟁을 중요하게 생각했다.

이에 비해 바니의 전략론의 본질은 '경쟁 우위의 원천'을 기업 내부에 존재하는 경영 자원에 요구하고 있다는 점에 있다. 우선 그는 내부 환경에 주목하고 지속적인 경쟁 우위를 좌우하는 요인은 소속된 업계의 특징에 있는 것이 아니라 그 기업이 업계에 제공하는 (능력)에 있어 이것이 수익성을 결정한다고 주장한다.

포터에 따르면, 매력이 부족한 업계에서는 수익성을 얻기가 어렵기 때문에 이러한 업계를 선택해서는 안 된다는 반면, 버니는 경쟁이 심하고 매력이 부족한 업계에서도 높은 수익성을 실현하고 있는 기업이 있다고 주장하고 있다. 포터의 주장은 비슷한 환경을 공유하는 기업들의 수익성은 같아야 한다는 전제를 갖고 있어 늘 이론적 약점으로 지적되었다. 기업의 현실을 반영하지 못한 것으로 지적되고 있었다. 경쟁이 심하고 비슷한 환경 하에서도 기업들이 서로 다른 수익을 내고 있다는 사실은 수익의 원천이 외부환경이 아닌 내부의 요인에 의해 결정된다는 것을 간접적으로 반증하고 있다는 것이 자원기반이론의 출발점이 된다.

월마트, 아마존, 델 등이 그 사례이다. 유통업계라는 경쟁이 심하고 매력이 부족한 업계에 위치하면서도 월마트는 지속적 경쟁 우위를 유지해 미국에만 머무르지 않고 유럽, 아시아 등 세계로 진출하여 성공을 거두었다.

바니는 이와 같이 경쟁우위를 얻기 위해서는 희소성이 있고 모방에 비용이 많이 드

35) Jay Barney (1991), Firm Resources and Sustained Competitive Advantage, Journal of Management, 17(1), 99-120.

는 능력을 장비하고, 이를 통해 고객의 요구에 부응하는 전략을 채택하는 것이라고 말했다. 구체적으로는 「VRIO」라고 하는 프레임워크를 이용하는 것으로, 그 기업의 능력이 경쟁 우위를 획득할 수 있다고 주장한다. 1990년 리처드 파스케일(Richard Pascale)은 끊임없는 변화에 노출되는 상황에서의 비즈니스는 끊임없이 자신을 개혁해야 한다고 주장했다.[36] 어제의 강점이 오늘의 약점으로 바뀌는 것을 의미하는 "성공은 실패를 부른다(Nothing fails like success)."라는 유명한 말은 파스케일의 것이다. 1996년, Art Kleiner는 변화에 대응할 수 있는 기업 문화를 육성하기 위해서는 이단자, 영웅, 무법자, 공상가(visionary)를 고용해야 한다고 논했다.[37]

계층 조직에서 뛰어난 중간관리직으로 기능되어진 보수적인 관료는 최근에는 도움이 되지 않는다고 하였다. 1997년, 클레이튼 크리스텐센(Clayton Christensen)은 그의 저서 '이노베이션의 딜레마(The Innovator's Dilemma)'에서 위대한 기업은 옳은 일을 정확히 수행하기 때문에 실패한다고 주장했다.[38] 기업의 능력(capability)은 기업의 강점이자 기업의 약점(disability)이기 때문이다. 크리스텐센의 이론은 위대한 기업이 파괴적 기술에 직면했을 때 그 리더십을 잃는다는 것이다

많은 전략가들은 변화에 대응하기 위해 시나리오 플래닝(scenario planning) 기술을 사용하고 있다. 예를 들어 케스 반 데르 헤이든(Kees van der Heijden, 1996)은 변화와 불확실성은 최적의 전략 결정을 불가능하게 만든다고 말한다.[39] 이러한 사건을 다루기에 충분한 시간도, 정보도 얻을 수 없기 때문이다. 우리는 최적이 아닌 자기가 할 수 있는 "가장 숙달된 프로세스(the most skilful process)"밖에 대응할 수 없기 때문이다. 헤이든이 주장한 시나리오 플래닝(경영)은 기업의 전략 수립에 있어서 미래를 탐구하고 인지하는데 활용될 수 있는 분석 기법으로 불확실한 미래 경영 환경의 변화를 최대한 감안하여 향후 전개될 변화 과정을 시나리오로 구성하고 각 상황에 따라 유연하게 대처하는 경영방식이다.

2) 2000년대 이후

포춘은 지난 2006년에 '미안해요! 잭(Sorry, Jack)!'이란 제목의 표지 기사를 10쪽에 걸쳐 실었다. 포춘은 '잭 웰치의 경영지침서를 찢어버려라(Tearing up the Jack Welch playbook)'는 제목의 기사에서 한 때 성공의 지름길로 여겨졌던 잭 웰치식(式) 경영

36) Pascale (1990), Richard Managing on the Edge, Simon and Schuster, New York.
37) Kleiner (1996), Art The Age of Heretics, Doubleday, New York.
38) Clayton Christensen (1997), The Innovator's Dilemma, Harvard Business School Press, Boston.
39) Kees van der Heyden (1996), Scenarios : The art of strategic conversation, Wiley, New York.

비법이 빠르게 변화하는 현실에는 맞지 않는 '낡은 공식'이 됐다고 평가한다.

2000년대에 들어서면서 뷰카(VUCA)시대의 4차 산업혁명에 진입하면서 기업은 디지털 혁신, IoT, AI, 빅 데이터 및 사이버 물리적 시스템에 의해 성공요인이 변화되면서 최근까지 성공을 이루었던 전통적인 비즈니스 모델과 전략이 맞지 않음을 간접적으로 평가한 것이며 이는 뷰카(VUCA)시대의 완전히 새로운 비즈니스 모델을 기대했던 것으로 파악된다.

리차드 멀캐스터(Richard Mulcaster)는 전략 자체에 대한 연구에는 많은 연구가 축적되었지만 전략적 의지 결정 및 전략 수행 시 효율성에 영향을 미치는 요인에 대해서는 거의 연구가 축적되지 않았다고 논했다. 예를 들어 2007년-2010년의 글로벌 금융 위기는 은행이 위험(Risk)에 조금 더 많은 관심을 기울였으면 피할 수 있었을지 모른다. 그렇다면 어떻게 의사결정 프로세스를 개선할 수 있었을 것인가? 멀캐스터(Mulcaster)는 의사결정 또는 전략 수행 시 고려해야 할 11가지 요인(시간, 적대 요인, 정치, 지각, 전체 영향, 부가가치, 인센티브, 학습 능력, 기회비용, 위험, 스타일 등)을 예로 들었다.[40)]

2000년 말콤 글래드웰(Malcolm Gladwell)은 대전환점(tipping point)의 중요성을 설명했다.[41)] 우리말로 대전환점으로 번역되는 티핑 포인트(tipping point)는 터닝 포인트와는 다르다. 진행 방향과 다른 새로운 길을 갈 때 '터닝 포인트'라고 하는 반면, '티핑 포인트'는 수면 아래에 있던 노력의 결과가 수면 밖으로 튀어 오를 때 쓰는 용어다. 대전환점이란 "어떤 아이디어나 유행 혹은 사회적 행동이, 문턱을 넘어 단번에 흘러나와, 화재처럼 퍼지는 극적 순간"을 말한다.

2000년 게리 하멜(Gary Hamel)은 두 번째 저서인 『꿀벌과 게릴라(Leading the Revolution)』를 발표했다. 그리고 여기에서 전략의 쇠퇴(strategic decay)에 대해 다음과 같이 논했다. 그에 의하면, 아무리 뛰어난 전략이라도, 때때로 그 빛은 잃어지고, 전략의 가치는 자연스럽게 잃어간다고 한다.[42)]

지금은 말 그대로 뷰카시대를 대변하는 전략의 정글, 전략의 쇠퇴, 전략의 무용론으로 불려지기도 하지만 최근의 '전략'에 대한 접근은 사업(business)에서 경영(management)으로 흐름이 변하고 있다. 탈공업화 사회에서 경쟁 우위의 전통적인 원천에 의존하는 사업 수준의 전략은 사실상 사라지고 있다고 해도 과언은 아니다. 일반적으로 경영전략에서 전략경영으로의 발전적인 흐름을 [그림 3-6]에서 나타내고 있다.

---

40) Richard Mulcaster (2009), Three Strategic Frameworks, Business Strategy Series, Vol.10, No.1, pp.68-75.

41) Malcolm Gladwell (2000), The Tipping Point, Little Brown, New York.

42) Gary Hamel (2002), Leading the Revolution, Plume (Penguin Books), New York.

[그림 3-6] 경영전략에서 전략경영으로의 발전

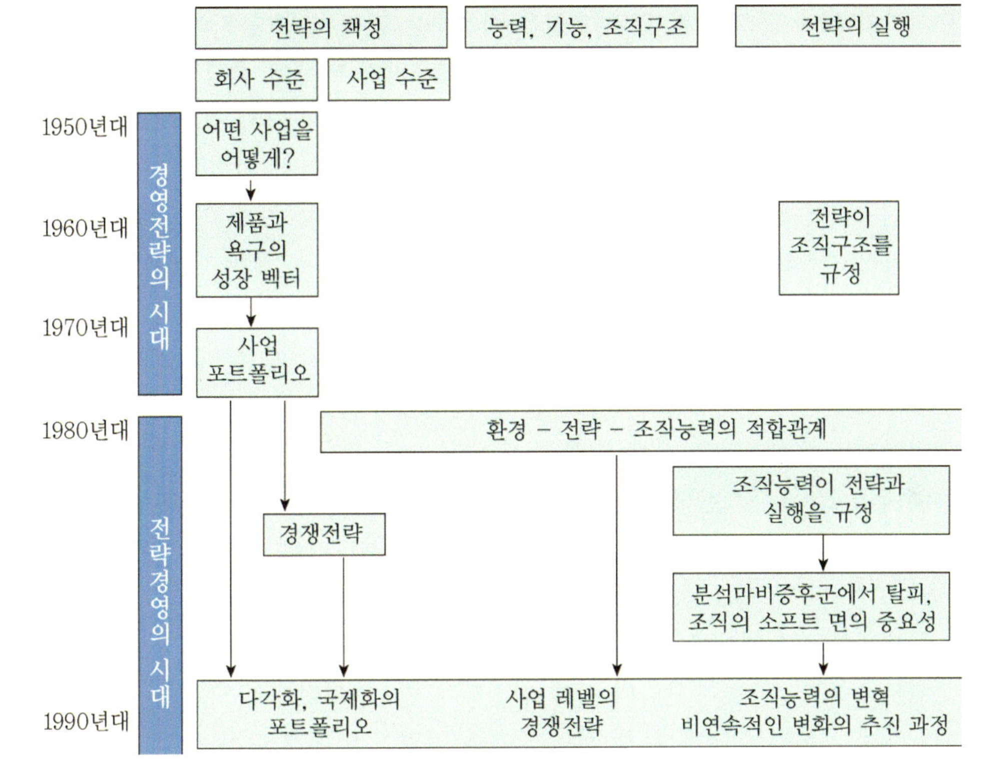

제 2 절 포지셔닝과 자원기반이론의 평가와 블루오션전략

포지셔닝 학파(positioning school)는 기업 외부의 5가지 요인이 기업의 초과 이윤 획득 가능성을 결정한다고 주장한다. 자원기반이론((Resource-Based View, RBV)은 경쟁 우위의 원천을 기업 내부의 자원의 이질성에 요구하고 그 자원의 특징경쟁 우위의 지속 가능성을 결정한다고 주장한다. 이러한 두 가지 이론은 경쟁 우위를 기업의 외부 및 내부 요인에서 설명한 보완적인 이론으로 볼 수 있다.

이와 같이 포지셔닝 학파는 기업이 전략의 실행에 의해 달성해야 하는 위치(position), 즉 경쟁 우위가 획득되고 있는 상태를 정의한 반면, 자원기반이론은 경쟁 우위의 원천을 동정하고 그것이 유지되는 메카니즘을 해명한 것처럼 공헌에서는 서로 보완적이라고 할 수 있다. 실제로 기업은 모든 중요한 요소를 고려하지 않고 결정을 내리는 것을 피하기 위해 균형 잡힌 전략 조합을 사용하는 것이 더 효율적이다. 전략적 접근법 중 두 학파는 비즈니스의 모든 측면을 다루지 않기 때문에 결정적인 것으로 간주되어서는 안 된다. 양자의 관점은 자원기반이론의 경우에는 거시 경제 요인을 배제하거나 포지셔닝 학파는 미시 경제적 요인을 배제한다. 따라서 기업은 자원과 역량을 시장의 전반적인 모든 상황과 연결하는 것이 중요하다.[43]

겔 웨일러(Christof Gellweiler)는 '내부 전략적 목표는 외부 전략적 목표와 일치해야 하며 그 반대의 경우도 마찬가지'라고 하였다.[44] 두 이론의 요인에 대한 일관된 평가는 경쟁 우위를 이끌어 내는 가장 관련성이 높고 신뢰할 수 있는 데이터를 제공하기 때문이다. 2000년대 중반, 한국을 포함한 전 세계에서 일반인들에게도 유명해진 베스트 셀러가 된 경영 전략은 블루 오션 전략(Blue Ocean Strategy)이다. 프랑스의 유럽경영대학원(INSEAD)의 한국인 김위찬 교수와 프랑스인의 동료인 르네 마보안(Renée Mauborgne) 교수와 함께 블루 오션 전략을 만들었다.[45] 블루 오션 전략은 새로이 탄생하거나, 경쟁자가 별로 없는 시장이며 넓고 광활한 푸른 바다에서 경쟁자 없이 평화롭게 지낸다는 의미이다.

김위찬 교수 등은 기존 산업의 틀에 한정되지 않고, 어떻게 유망한 산업을 스스로 창출해 경쟁 자체를 회피해 나갈 것인가(개별 기업이 어떻게 다른 산업의 종류를 창조할 것인가)를 연구하고 그 방법론을 제시했다. 예를 들어 한 기업이 수요를 새로이 창출한 시장이라면 당연히 기존 사업자가 있을 수 없기 때문에 그 기업은 해당 산업에서 독점적 지위를 누릴 수 있다.

포터의 주장은 시장에 존재하는 힘들의 균형에 의해 시장의 수익성이 결정된다는 주장과 달리, 블루오션의 개념은 하나의 아이디어와 기술에 따라 시장에 영향을 미치던 기존의 세력들과 관계없이 수익성을 결정지을 수 있다는 개념이다. 기존부터 잘 알려진 마이클 포터의 경쟁 전략에서는 '사업이 성공하기 위해서는 저가격 전략이나 차별화(고부가가치) 전략 중 하나를 선택할 필요가 있다'고 주장하고 있다. 하지만 '블루 오션 전략에서는 '감소', '삭제'하는 것에 의한 저비용화와, '증가', '창조'에 의한 고객에게 있어서의 고부가가치는 양립할 수 있다'고 주장하고 있다.

43) Lanzolla & Markides, 2020, p.4.

44) Christof Gellweiler(2018), 'Cohesion of RBV and industry view for competitive positioning', Strategic Management, 23(2), pp.3-12.

45) 김위찬, 르네 마보안의 블루오션 전략, 강해구 옮김, 교보문고, 2005.

Chapter 04 환경과 기업전략

기업은 외부의 환경과 끊임없이 접촉하면서 경영활동을 수행하고 있다. 기업은 외부의 환경으로부터 투입물(자원과 서비스)을 공급하여 이를 적절히 결합하고 여기서 산출된 제품이나 서비스와 같은 산출물을 외부환경인 제품시장에 제공한다.

종래에는 기업의 수익성 추구에 대한 환경요인이 주로 연구되었으나 현재는 다원화된 사회의 한 조직체로서의 기업의 행동이 타 조직체들에게 미치는 영향이 더욱 중요시되고 있다. 따라서 기업과 환경과의 관계는 상호 유기체적인 관계로 이해되어야 하며 이것이 장기간의 기업생존 및 성장전략의 필수요인이라는 사실을 잊어서는 안 된다.

제 1 절 기업 환경과 전략

외부환경과의 적용하의 경영전략의 실행은 쉬운 일은 아니다. 경영전략은 급변하는 기업 환경의 여러 조건의 제약을 능동적으로 적응, 순응하는 능력을 발휘하면서 이루어진다. 특히 오늘날과 같이 급변하는 기업 환경 속에 예측하기 어려운 현실에 환경적응을 해야 하는 것이 과제라 할 수 있다. 경영전략을 전개하기 위한 기업 환경(Business environment)의 개념만 하더라도 통일된 개념은 확실히 정의되지는 않고 있다. 넓은 의미에서의 기업 환경의 개념으로, "기업에 영향을 미치는 모든 요인과 기업에 대해서 영향을 미치는 모든 요인의 상황전체"[1)]라고 표현할 수 있다.

이러한 정태적 의미로서의 기업의 환경보다는 기업자체가 독자적인 목적과 기능을

---

1) 林周二, 「企業と市場構造」, 1979, p.173.

갖는 경제주체이므로, 환경과 주체와의 조화적인 관계를 유지하여야 한다는 동태적 의미로서 기업 환경(좁은 의미)에 대한 개념은 "하나의 기업을 둘러싼 외계"[2]로 인식되어지는 것이 일반적인 추세가 되기도 하였다.

그러나 요즈음은 기업 자체가 독자적인 기능을 갖고 환경에 임하지만 때로는 같은 업종의 타 기업에 의해 미치는 기업이미지(image)도 크게 작용하고 있는 것으로 나타났다. 예를 들면, 몇 년 전에 A맥주회사의 페놀사건으로 인해 A맥주회사의 제품뿐만 아니라 맥주 자체가 소비되지 않은 적이 있다. 이것을 보더라도 "하나의 기업을 둘러싼 외계"로 보는 견해는 현대에서는 그 의의가 적다고 하겠다. 하이트 맥주회사는 이러한 요인 때문에 새로운 상표 전략으로 맥주업계의 판도를 바꾸어 놓기도 하였다. 하이트(HITE) 맥주의 성장전략은 환경적응에의 대표적 성공케이스라 할 수 있다.

현대에서는 D. Baron의 주장대로 시장(Market)과 비 시장(Non Market)의 환경요인[3]의 상호관계에 의해 조화가 이루어지므로 광의의 개념이 적합하다고 하겠다. 이러한 내용의 구체적인 예를 조그마한 노래방과 환경과의 관계를 들어 살펴보기로 한다.

첫째, 노래방사업을 시작하려면 자본이 필요하다. 우선 점포를 대여하거나 구입해야할 자본이 필요하고, 실내장식을 하거나 노래방에 필요한 기기 일체가 필요하다. 사업을 시작하려면 자금이 요구되므로 저축이나 대출을 필요로 하며 이는 은행과의 관계를 필요로 한다. 둘째, 노래방을 열려면 관청의 허가가 필요하다. 허가는 일정한 규칙과 규제가 따르기 때문에 의무를 필요로 하고, 이에 응하지 않으면 허가 취소가 발생한다. 셋째, 종업원이 필요하다. 종업원을 고용하기 위해서는 노동력에 대한 반대급부인 임금이 필요하다. 넷째, 고객이 필요하다. 노래방을 설치해서 많은 고객이 오면 노래방은 유지될 수 있으며 고객이야말로 노래방을 유지, 발전시키는데 제일 중요한 요인이 될지 모른다.

그리고 비 시장개념을 생각하지 않으면 안 된다. 노래방이 사회문화적으로 인정된 한국, 일본, 중국에서는 발전되었으나 미국과 유럽 등에서는 이러한 흐름이 사회문화적 인정되기 어렵기 때문에 발전되기 어렵다. 또한 기술적으로도 이러한 노래방 기계를 조금 더 편리하게 혁신적인 기기가 나오면 고객들이 증가한다.

우리나라에서는 노래방문화가 발달하다보니 노래방에 고등학생들이 출입한다고 하여 사회적으로 크게 문제가 된 적이 있었고, 경찰과 선생님들이 합동검사를 한 적이 있다. 또한 노래방마이크에 감전되어 고객이 사망한 경우도 있고, 노래방 소음에 의해 주민들이 노래방 철거를 주장하며 데모도 하기도 하였다. 또한 노래방과 아울러

2) 土屋守章, 『現代企業入門』, 日本經濟新聞社, 1984. pp.63-69.
3) David Baron, "Business and its Environment," Prentice nall, 1993, p.7-9.

찜질방문화도 발달하고 있으나 이는 한국에서만 발달하고 있으며 일본과 중국에서는 아직도 이러한 분위기는 없다.

상술한 비 시장요인은 시장요인보다 더욱 기업을 곤란하게 만들고 있다. 따라서 기업과 환경과의 개념은 광의의 개념 하에 발전되어야 하며, 현대사회에서는 광의의 개념 없이 기업과 환경을 논하기 어렵다고 하겠다.

위와 같이 노래방을 예를 들어 살펴본 환경과의 관계를 보면 마크로적 환경인 사회문화적, 경제적요인, 기술적요인과 기업이 직접 상대하는 산업레벨의 환경요인으로 나뉘는데 환경과 기업과의 관계를 도식화하면 [그림 4-1]과 같이 나타낼 수 있다.

[그림 4-1] 환경과 기업과의 관계

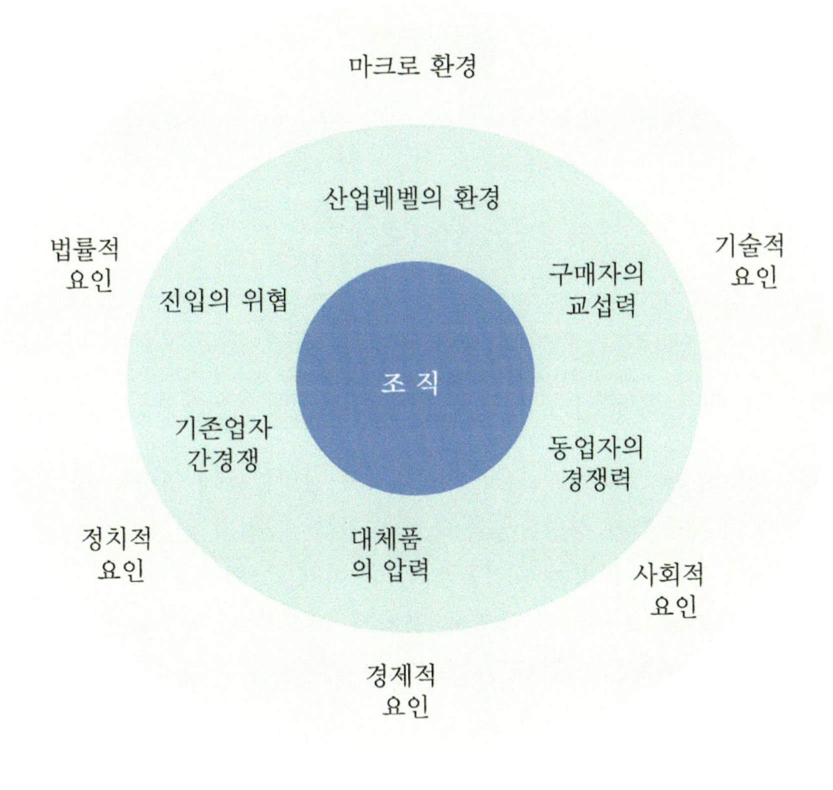

자료 : Peter Wright, Mark J. Kroll, Strategic Management-Concepts and Cases, Third Edition, Prentice Hall, International 1996.

제 2 절 기업의 환경요인

기업을 유지, 성장하기 위해서는 환경과의 상호관계를 고려하여야 한다. 기업 환경이란 기업 활동에 영향을 미치는 요인들을 총칭하는데 이러한 요인들을 기업과의 밀접성에 따라 직접적 환경과 간접적 환경으로 구분할 수 있다. 이를 정리하면 [그림 4-2]와 같이 도식화할 수 있다.

[그림 4-2] 직·간접적 환경과의 관계

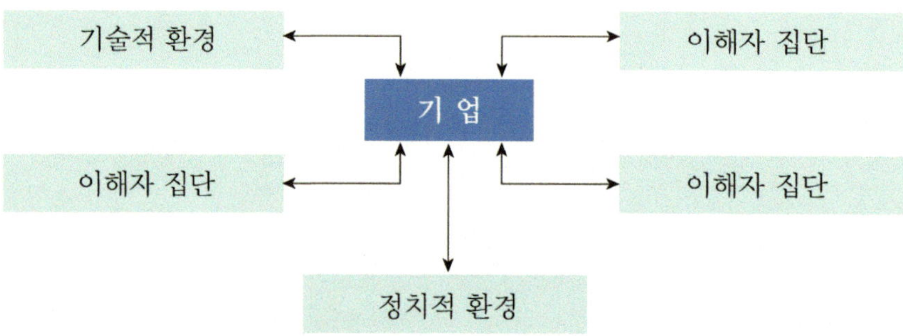

1. 외부적 환경

많은 외부세력들(external forces)이 기업조직의 경영활동에 영향을 주고 있으며 기업조직은 이들에 대응하여 경영활동을 조성해 간다. 간접적 환경이란 간접적으로 기업의 업무수행에 영향을 미치는 요인을 말한다. 이 같은 외부환경의 구성요소들은 세 가지 유형으로 구분될 수 있는데 경제적, 정치적, 사회적 환경 등이 그것이다. 이러한 간접적 환경요인은 때로는 직접적 환경요인이 될 가능성도 내포하고 있으므로 무시할 수 없는 요인이다.

1) PEST 분석

PEST 분석이란, 매크로 환경 분석의 체제의 하나이며 PEST란, 정치적 환경요인(Politics), 경제적 환경요인(Economic), 사회적 환경요인(Social), 기술적 환경요인

(Technological)의 머리글자를 취한 것이다.[4)]

(1) 정치적 환경요인(Political)

회사 경영을 둘러싸는 법률·세제, 각종 규제 등을 분석하는데 업계에 따라서는 TPP 교섭 등, 외교의 영향도 받는다.

경제잡지 등에는 각종 법률 등의 개정 동향 등의 해설문을 볼 기회가 있다고 생각하지만, 보다 빨리 정보를 수집하려면 국회에서 심의중의 법안의 요지 등이 국회의원 등의 홈 페이지에서 공개되고 있기 때문에, 확인해 보면 좋다.

근래에는 부가가치세, 소비세 증세 등 각종 세금의 영향이, 폭넓은 업종에 보인다.

(2) 경제적 환경요인(Economic)

경제 동향을 대상으로 하기 때문에, GDP 성장률, 물가 동향, 환율 동향, 금리 동향, 소비 동향, 원유가격 등을 분석한다.

경제지표는 기획재정부, 고용노동부, 국토교통부 등 6개 경제관련 부처에서 정보 공개하고 있고, 민간의 싱크탱크의 홈페이지에서도 확인할 수 있다.

GDP 성장률과 회사 경영의 관계성을 느끼기 어려울지도 모르지만, 단순화하면 GDP 성장률이 2% 때에, 회사의 매출액가 전년대비 2% 증가였다고 해도, 그것은 자연 증가로 파악해야 하기 때문이다. GDP 성장률 이상으로 회사를 성장시키는 것이, 경영 노력의 성과라고 생각하면, 버블 경제의 무렵 실적을 올린 회사는 반드시 경영 노력의 결과라고만은 볼 수 없다. 한편, 최근 불황에서도 실적을 올린 회사는 대단한 경영 노력의 결과라고 할 수 있다.

(3) 사회적 환경요인

인구의 변화, 라이프스타일의 변화, 교육이나 문화 등을 분석 대상으로 하는데, 인구 변화는 국내로 한정하면 무엇보다도 저출산과 고령화이다. 이에 따라 일하는 여성의 증가, 외국인의 증가 등이 전망되고 있어 사회가 변화해 갈 것으로 보고 있다. 또 라이프스타일은 건강을 중시하는 의식과 환경보호의 의식 등이 대표적이다. 해외로 눈을 돌리면, 인구 폭발, 식량 위기, 물 부족, 환경 파괴 등, 우리와는 다른 요인이 등장한다.

---

4) PEST analysis method and examples, Businessballs.com

(4) 기술적 환경요인

정보기술이나 신소재, 특허 등을 분석 대상으로 하는데 정보기술에 관해서는 해마다 진보하고 있어, 스마트폰의 보급이나 클라우드 기술의 발전 등을 들 수 있다. 5년 전과 비교해보더라도 몰라보도록 진보하고 있기 때문에, 5년 후에 어떠한 정보기술이 보급되어야 할까 회사로서는 중요한 의사결정이 필요하다.

또 셰일가스 혁명으로 의해 원유가격 시장은 크게 영향을 받았다. 구미에서는 자동차 업계에서는 전기 자동차가 일반 판매되었지만, 우리는 어떻게 대응하여야 하는가가 과제로 등장한다.

한국이나 일본, 미국, 아랍 등의 문화, 가치관, 관습, 전통 등의 차이가 국가마다 각기 다른 경영관리시스템의 차이가 나타나 사회·문화적 환경요인은 국제 비교경영에서 중요한 요인으로 등장하고 있다. 이상과 같이 간접적 환경요인들을 살펴보았다. 자동차회사와 마크로 환경에 대해 구체적으로 설명하였다. 〈표 4-1〉에 나타나 있다.

[표 4-1] 외부적 환경요인

환 경	구성요소	자동차 회사(예)
경제적 환경	경제체제, 경기변동, 경제정책, 공급업자, 투자자소비자, 경쟁업자	생산원가, 고객요구의 다양화
정치적 환경	사회의 일반적인 정치 분위기, 정부의 규제와 보호, 법률	외국 정부 규제 및 허가, 수출문제
사회·문화적 환경	사회 문화적 변화	공해, 소음문제, 하도급 문제
기술적 환경	에너지부족과 기술	하이브리드카

2. 경쟁 환경과 기업

기업이 행하고 있는 사업이 잘된 것인가 잘못된 것인가 하는 것은 경쟁기업의 사업과의 비교로 볼 필요가 있다. 그 경우 동일산업 내에서의 경쟁을 생각하는 것만으로는 충분하지 않다. 또 그 사업이 속하고 있는 산업에 매력이 있는지 없는지의 현상을 판단하기 위해서는 그 산업이 타산업과 생각되는 것과 어느 정도 관계에 있는가를 파악하지 않으면 안 된다.

이와 같은 관점에서 기업의 경쟁을 파악하여 거기에서 사업의 강함 산업의 매력을 끌어내기 위해서는 포터(Porter)가 제창한 경쟁의 다섯 요인인 5 Forces 분석 : Five Forces Analysis을 충분히 이해해 두는 것이 중요하다([그림 4-3] 참조). 포터의 5 Forces 분석(Five Forces Analysis)에 근거하여 기업의 경쟁을 받아들이는 방법을 명확히 하기로 한다.5)

1) 5 Forces 분석 : Five Forces Analysis

5 Forces 분석이란, 업계의 수익성을 결정하는 5개의 경쟁 요인으로부터, 업계의 구조 분석을 행하는 수법으로, 마이클 포터(Porter, M. E.)의 저서 『경쟁의 전략』으로 넓게 학회나 비즈니스계에 널리 알려졌다.

「공급 기업의 교섭력」, 「구매자의 교섭력」, 「경쟁 기업간의 적대 관계」라고 하는 3개의 내적 요인과 「신규 참가 업자의 위협」, 「대체품의 위협」의 2개의 외적 요인, 합계 5개의 요인으로부터 업계 전체의 매력도를 측정한다.

[그림 4-3]에 나타나듯이 신규진입자의 위협, 대체품의 위협, 공급업자의 교섭력, 매입자의 교섭력도 강한 경쟁력으로 된다.

[그림 4-3] 산업경쟁을 일으키는 요인

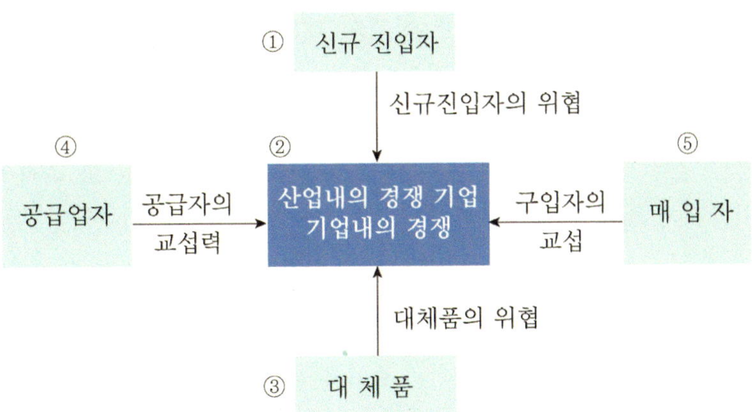

자료 : M. E. Porter, Competitive Strategy, The Free Press, 1980, p.4.

5) Porter, M E., Competitive Strategy, Free Press 1980, p.4.

어느 것이 가장 강한 영향을 주는가는 산업마다 다르다. 경영전략책정의 입장에서 생각하면 가장 큰 영향을 주는 힘이 중요한 요인으로 된다. 그래서 먼저 이 다섯 요인에 대해 검토하기로 한다.

(1) 신규 진입자의 위협

어떤 산업에 새로운 진입자가 있다는 것은 산업내의 생산능력이 커진다는 것을 의미한다. 따라서 가격경쟁이 심해지며 수익구조가 악화되어 기존기업은 진입장벽을 높이는 전략을 취하게 된다.

신규 진입자를 저지하는 장벽은 규모의 경제성, 브랜드의 확보, 제품차별화 등의 전략이 고려되고 신규진입을 위해 자본금을 높이는 방책도 있을 수 있다.

(2) 기존경쟁기업간의 강한 경쟁 관계

기존기업간의 경쟁 관계는, 유리한 시장지위를 확보하려고 가격경쟁, 광고경쟁, 신제품도입, 고객서비스, 보증조건의 확대 등의 전술로 행해진다. 대부분 산업에 있어서, 한 회사의 경쟁행동은 타 기업에 알려져, 그것에 대한 대응 정책이 나타난다.

(3) 대체품의 위협

어느 산업에 속한 기업은 모두 대체품을 생산하는 타 산업의 기업과 넓은 의미에서 경쟁을 하고 있다. 어느 제품의 가치·가격이 대체품의 가치·가격보다 작지 않으면 대체품으로 바뀌게 된다. 가치는 주관적이므로 어떤 종류의 분위기에서 대체품으로 바꾸어 가는 일도 있다.

주류 중에서, 소주가 위스키로 바뀌는 현상은 그 하나의 예이다. 또 리싸이클이 쉬운 면에서 알미늄캔이 철캔으로 바뀌어 간다는 것도 우리들이 흔히 볼 수 있는 일이다.

(4) 구매자의 교섭력

일반 구매자에게 힘이 있는 경우는 가격저하를 강요하거나 높은 질이나 서비스를 요구하거나 판매자 끼리를 결합시키거나 하는 태도를 취할 수가 있다. 이와 같은 행동을 구매자가 취하면 산업계는 수익성을 저하시키게 된다. 무시할 수 없는 사태이다. 중요한 고객인 구매자 그룹이 어느 정도의 힘을 갖는가는 시장의 상황에 따라 변해온다.

(5) 판매자의 교섭력

공급업자는 구매자에 대해 가격인상, 품질을 내리는 일로 교섭력을 행사한다. 판매자의 힘이 강한 경우, 구매자는 그 요구에 응하지 않을 수 없다. 제1차 오일쇼크 당시의 OPEC의 태도는 그 전형적인 예이다.

공급업자의 힘을 높이게 하는 조건은 구매자의 교섭력을 생각한 경우와 비슷하다.

이러한 5개의 요인이 업계의 경쟁을 좌우하기 때문에, 이들 요인을 분석하여 자사의 강점, 약점을 명백히 하여 기업이 취하여야 할 전략의 검토를 하여야 한다고 포터는 주장하고 있다. 포터는 업계구조의 분석에서 나타난 것처럼 기업으로서는 전략구축을 위해 업계의 수익성에 영향을 주는 많은 요인에 대해 분석함과 동시에 자사의 기존의 능력과 잠재적인 능력의 분석이 필요하다고 주장하고 있다.

제 3 절 종합환경분석과 경영전략

기업이 살아남고 성장하기 위해서는 경영전략을 필요로 하는 데 이러한 전략은 기업조직의 활동범위(Domain)를 결정하고 이러한 전략수립은 내부적 환경요인과 외부적 환경요인의 적합에 이루어진다.

1. 기업의 내부적 환경과 변화요인

기업이 성장과 쇠퇴요인으로서 외부적 환경요인도 중요하지만 기업의 내부적 환경요인도 중요하다. 예를 들면 경영진의 교대, 중요한 자원의 부족, 기업문화의 변혁 등 조직내부나 직접적 이해관계자에서 나타난 환경요인도 중요하다.

조직내부에서의 저항은 기업의 적응능력을 저하시켜 조직변화를 방해하는 문화로 나타나기도 한다. 조직내부의 변혁저항요인은 다음과 같다.[6)]

① 구조적 경직성, 조직적 경직성

② 시대에 뒤떨어진 사고나 전략에 기초한 유연성이 없는 발상

③ 변혁을 싫어하는 사고, 행동이 있는 기업문화

④ 현재의 전략적 요건에 맞지 않는 역효과의 변혁추진력

6) P. Strebel, Choosing the Right Change Path, California Management Review, 1994, Vol.36, p.30.

2. 기업의 라이프사이클

조직적 저항요인의 종류와 강점은 그 기업의 역사, 업적, 문화에 따라 정해지지만 그중에는 예측 가능한 발생패턴이 있다. 이것이 기업의 라이프사이클(Company Life cycle)이다. 우선 창업자가 기업을 세웠을 때는 비전과 목적이 명확하고 방향성이 정해져 비전의 현실에 필요한 경영자원이 배치되었다.

그러나 기업이 성장함에 따라 다양한 기능을 취급하기 위하여 보다 공식적인 경영시스템이 필요해지고 조직내부가 비공식화에서 공식화로 움직이면서 전략적 변혁이 촉진되는 경우도 있지만 방해되는 경우도 있다. 성숙화로 향하는 기업이 경험하는 통과점은 기업가적 조직에서 관리적 조직으로의 전환기(entrepreneurial managerial transaction)로 불려진다.[7] 이시기에는 거의 모든 기업이 관리에 중점을 두는 조직구조로 전환하는 가운데에 어떻게 기업가정신이 유지되는가 하는 딜레마에 직면하게 된다.

3. 3C분석

3C분석이란, 기업의 마케팅 등에서, 고객(Customer), 경쟁상대(Competitor), 자사(Company)의 관점에서 시장 환경을 분석해, 경영전략상의 과제를 이끄는 분석 방법의 하나이다.[8] 그리고 대리점 등이 중요한 유통업계에서는, 채널(Channel)을 더하여 4C분석으로 불리기도 한다.

이 3개(3C)의 정보로부터 성공 요인(KSF ; key success factor)을 찾아내, 자사의 「강점」, 「약점」을 특정하기 위한 분석이기도 하다.

성공 요인은, 다음 10개의 요인으로 분류된다.

1) 시장의 성공 요인

① 시장 점유율(시장 점유율)
② 인지도(고객 인지도)
③ 하트 쉐어(호감도)

---

7) コーネリス, デ クルイヴアー, ジョン ピアース, ピアース, 戰略とは何か, 大柳正子譯, 東洋經濟新報社, 2006年, p.84.
8) 板倉宏昭, 『経営学講義』, 勁草書房, 2010年, 45頁.

2) 마케팅의 성공 요인

④ 제품(상품, 서비스)
⑤ 가격
⑥ 유통(장소)
⑦ 프로모션
⑧ 사람(판매 스탭)
⑨ 업무 프로세스
⑩ 업적 증거

3c 분석에서 우리가 간과해서는 안 될 점은 고객, 경쟁상대는 항상 변화한다는 점이다. 3C 분석은 1980년대에 맥킨지 앤 컴퍼니의 오마에 켄이치(大前研一)가 제창한 사고방식으로 알려져 있다. 3C 분석은 객관적인 마케팅 환경의 정보를 모으는데 주안을 둔 분석으로 각각의 'C'를 분석함으로써 마케팅 환경을 누출 없이 파악할 수 있다.

4. 균형성과표 : BSC(Balanced Scorecard)

균형성과표인 BSC(Balanced Scorecard)는 하버드 비즈니스 스쿨 교수인 Kaplan과 컨설턴트 회사 사장인 Norton이 1992년에 「Harvard Business Review」에 발표한 실적평가 시스템이며 「장래의 기업에 있어서의 실적평가」라고 하는 연구 프로젝트를 통하여 개발하여 제안한 것으로 사업단위 조직의 성과를 평가하기 위한 하나의 새로운 기법이다.[9)]

즉, BSC는 성과측정의 영역을 분류하기 위한 새로운 틀을 제공하고, 주요성과를 관리 가능한 몇 개의 주요성과지표(Key Performance Indicators : KPI)로 표시하고 이를 통해 전략이 효과적으로 수행될 수 있도록 하는 전략적 관리 시스템이다.

1980년대 중반부터 제기된 재무성과 측정시스템의 문제점 개선방안으로 1992년 노턴과 케플런에 의해 고안된 BSC는 기업의 비전과 전략을 기업 목표로 전환시키고 기존의 주요 측정지표인 재무지표에서 재무와 비 재무지표 즉, 고객지표, 내부과정지표, 학습과 성장지표로 성과측정지표를 전환시킴으로써 다양한 관점의 객관적 측정을 도모하며, 장기와 단기지표간의 균형, 원인과 결과지표 간의 균형을 통한 이정표

---

9) Kaplan, R. S. and Norton, D. P. (1992년), "The balanced scorecard : measures that drive performance," *Harvard Business Review*, Jan-Feb., pp.71-80.

의 수립과 상호 의사소통의 활성화를 통한 성과의 증대를 꾀하는 전략적 성과측정시스템의 이행도구로 기업의 총체적 정보를 적절한 시기에 한눈에 파악할 수 있는 성과평가도구이다.

즉, 이 개념은 종래의 재무적 지표 중심의 실적 관리 수법의 결점을 보충하는 것이어, 전략·비전을 4개의 시점(재무의 시점, 고객의 시점, 업무 프로세스의 시점, 학습과 성장의 시점)에서 분류해, 그 기업이 갖는 전략이나 비전과 연쇄된 재무적 지표 및 비재무적 지표를 설정할 필요가 있다.

전형적인 BSC의 흐름은 이하의 4개의 프로세스로부터 이어진다.

① 비전을 실현 가능한 목표로 바꾼다.

② 비전에 대해 논의하여, 개개의 실적과 링크시킨다.

③ 비즈니스 계획 입안한다.

④ 피드백과 학습에 의해, 전략에 수정을 가한다.

1) BSC의 4개의 시점

4개의 시점이란 재무의 시점, 고객의 시점, 업무 프로세스의 시점, 학습과 성장의 시점이며, 각 시점마다 목표, 실적평가 지표, 타겟(목표), 구체적 프로그램이 설정된다.

① 재무의 시점 : 주주나 종업원 등의 이해관계자의 기대에 보답하기 위해, 기업실적으로서 재무적으로 성공하기 위해서 어떻게 행동해야 할 것인가의 지표를 설정한다.

② 고객의 시점 : 기업의 비전을 달성하기 위해서, 고객에 대해서 어떻게 행동해야 할 것인가의 지표를 설정한다.

③ 업무 프로세스의 시점 : 재무적 목표의 달성이나 고객 만족도를 향상시키기 위해서, 뛰어난 업무 프로세스를 구축하기 위한 지표를 설정한다.

④ 학습과 성장의 시점 : 기업의 비전을 달성하기 위해서 조직이나 개인으로서 어떻게 변화(개선)하여 능력 향상을 도모하는가의 지표를 설정한다.

BSC는 조직의 실적·효율에 관한 평가를 정리한 간결한 리포트이다. 각 평가 척도를 1개 이상의 기대치(목표치)와 관련짓는 것으로, 조직의 실적이 그것들 기대치에 이르지 않은 경우에 경영자에게 경보를 발표하게 된다. 1992년의 Harvard Business Review의 기사에도 있듯이, BSC의 열쇠가 되는 것은 그러한 평가 척도의 선택 방법이다.

당초, BSC는 조직이 그 전략의 실시 상황을 감시하기 위한 툴로서 등장했다.

초기의 BSC는 4개의 부분(관점)으로 나누어진 표로 나타내지고 있었다. 그것은 통상, 「재무」, 「고객」, 「업무 프로세스」, 「학습과 성장」이다. 각각의 관점에 대해 5개에서 6개의 평가 척도를 열거하는 것이 좋다고 여겨졌다. 관점의 명칭은 이 이외의 조합도 있고, 관점의 수가 이것과 다른 경우도 있다. 이것은 관점의 선택에 의해서 「더 좋은」 설계가 가능하게 된다고 생각할 수 있었기 때문이다. 이런 종류의 BSC가 안는 문제는, 선택된 평가 척도의 타당성이다. 즉, 「당신은 왜 그러한 평가 척도를 선택했는가?」라는 문제이다. 사용자가 BSC로 선택된 평가 척도에 자신이 없는 경우, 거기에 따라 얻을 수 있는 정보도 확신을 가져 이용할 수 없다. 일반적이지 않기는 하지만, 이러한 초기의 BSC는 지금도 설계되어 사용되고 있다.

초기의 BSC는 설계가 어렵고, 신뢰성이 부족했다. 그 때문에 많은 경우, 완성과 동시에 버려지기도 했다.

1990년대 중반, 설계 수법의 개선이 이루어졌다. 새로운 수법으로는, 평가 척도는 「전략적 링크 모델 ; strategic linkage model」이나 「전략 맵 ; strategy map」으로 그려지는 「전략 목표 ; strategic objectives」에 근거해 선택된다.[10] 이 경우 전략 목표는 종래의 설계로의 복수의 관점에 분산하고 있어, 설계는 보다 추상적이 된다. 경영자가 각 관점에 도착해 5개나 6개의 평가 척도를 선택하는 것은 같지만, 평가 척도간의 관계를 그림에 그리고 기대치(목표치)를 결정한다. 각 평가 척도의 관계와 목표치에 대해 합의에 이른 다음, BSC의 각 척도에 대해 적절한 목표치가 설정된다. 이러한 방법으로 평가 척도의 선택의 타당성이 향상해, 운용이 용이하게 된다. 이런 종류의 BSC가 현재는 일반적이 되고 있다.

이 수정된 BSC 설계 수법에도 문제는 있지만, 종래의 수법보다는 뛰어나 성공을 거두어 왔다. 1990년대 후반 이후, BSC를 개량한 수법이 수없이 고안 되었다. 예를 들면, The Performance Prism, Results Based Management, Third Generation Balanced Scorecard 등이 있다. 이러한 수법은 설계 문제를 해결하려고 하는 것으로, 특히 조직을 넘어 이용 가능한 BSC의 설계나, 평가 대상의 선택이라고 하는 문제에 관련하고 있다.[11]

BSC에 관한 서적이나 기사에서는, BSC 자신과 그 설계 과정을 혼동하고 있다. 특

10) Kaplan, R. S. and Norton, D. P. (1996년), "Using the balanced scorecard as a strategic management system," Harvard Business Review Jan-Feb., pp.75-85.

11) Kurtzman J. (1997년), "Is your company off course? Now you can find out why," Fortune Feb 17, pp.128-30.

히 「전략적 링크 모델」이나 「전략 맵」이라고 하는 용어와 BSC가 혼동되기 쉽다.

BSC는 성과 관리방법이다. 경영자는 이에 따라 전략적 문제에 주목할 수 있어 전략 입안에 주력한다. 그러나 BSC 자체는 전략 입안을 위한 물건은 아닌 것을 잊지 않는 것이 중요하다. BSC는 전략 입안이나 다른 방법이 동시에 존재한다.

캐플랜과 노튼의 조사에 의하면, 기업은 BSC를 다음과 같은 목적으로 이용하고 있다.

① 예산의 명확화와 갱신
② 전략적 방향성의 명확화와 조정
③ 실적의 정기적 평가

1997년, 캐플랜은 조사 대상 기업 중 64%의 기업이 균형성과표적인 다면적인 실적 평가 방법을 채용하고 있는 것을 나타냈다.

BSC는 정부 기관, 군, 기업의 부문, 기업 전체, 비영리 단체, 학교 등에서 이용되고 있어 Web 검색으로 다수의 BSC가 발견된다. 다만 어느 조직의 BSC를 다른 조직이 유용하는 것은 추천 되지 않고, BSC는 각 조직에 맞은 형태로 적용해야 한다.

5. 환경분석으로서의 SWOT 분석법

1) SWOT 분석법이란?

1971년 앤드류즈(Andrews, Kenneth R.)는, 스티븐 슨(Stevenson, Howard H.)의 박사 논문(Defining Corporate Strength and Weakness) 등에서 힌트를 얻어, 하버드 비즈니스 스쿨의 과목 「경영 정책(Business Policy)」에서, ①자사의 강점(Strength)과 약점(Weakness)과 ②환경에 있어서의 기회(Opportunity)와 위협(Threat)을 검토하는 중요성을 설명했다. 이것의 머리글자를 취한 것이 SWOT 분석이 되어, 후에 컨설턴트 등에 의해서 정교화 되었다.

SWOT이란 자사의 강점(Strengths) 약점(Weakness), 기회(Opportunities), 위협(Threats)의 첫머리 글자로 구성된 용어로서, 자사의 전략적 상황을 파악하는 분석기법이다. 다시 말하면 SWOT 분석법이란 계획에 기초가 되는 약점, 기회, 위협, 강점을 파악하는데 초점을 두고자 하는 상황 감사 기법으로서 자사와 경쟁사의 위치를 종합적으로 평가하는데 필요하다. [그림 4-4]는 SWOT 분석을 통한 상황 감사가 기업의 전략을 제시하고 평가하는데 유용한 것임을 잘 나타내고 있다. 이러한 정보는 기업의 사명과 목적을 다시 살펴보고 장기적 목표를 설정하여 프로그램 전략으로 적절한 흐름이 일어나게 해준다.

[그림 4-4] SWOT 분석과 전략

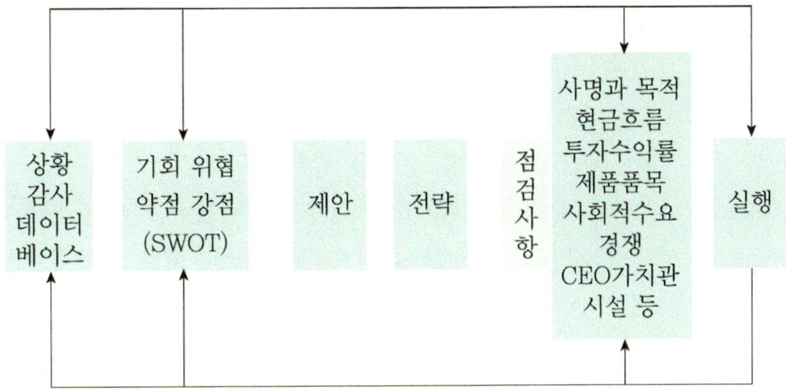

자료 : George A. Steiner, Strategic Planning What Every Manage Must Know (The Free Press, 1979), p.143.

2) 효과적 전략 개발을 위한 SWOT 분석

SWOT 분석법은 궁극적으로 조직 환경의 추세와 내부적 역량이 잘 대응될 수 있는 전략을 개발하고자 하는 의도에서 고안된 것이다.([그림 4-5] 참조)

[그림 4-5] SWOT에서 외부적 여건과 내부적 여건의 대응 관계

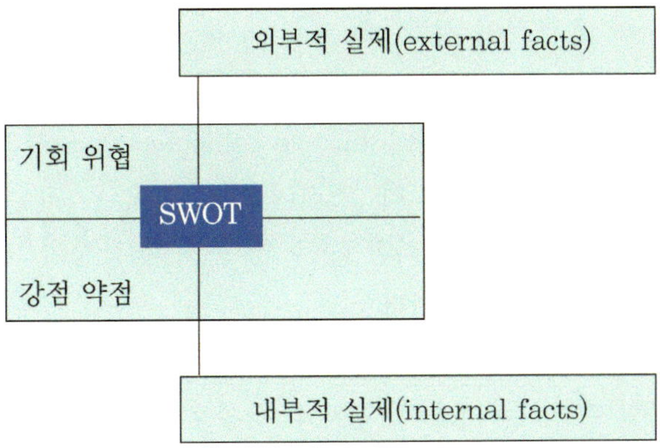

자료 : Arthur A. Thompson Jr., A. J. Strickland 〈 Strategic Management, Business publications Inc, 1984, p.178.

SWOT 분석의 이러한 측면은 [그림 4-5]에서 외부적 여건과 내부적 여건의 접촉 적응 관계로 잘 표현되어 있다.

(1) 외부적 여건 : 환경의 조건과 변화

① 기회(opportunities) : 기회는 제품 수요를 유발케 하는 욕구의 변호 등과 같이 조직 환경에 있어 바람직한 어떤 상황을 말한다.

② 위협(threats) : 위협은 조직 환경에 있어 바람직하지 못한 상황을 말한다. 즉, 조직과 조직의 전략에 잠재적 손해를 가져올 수 있는 그러한 상황으로서, 이것은 조직에 있어 장벽 또는 제약, 문제를 유발하는 어떤 것 등이 된다. 조직의 기회와 위협에 대한 이래는 전략의 설정에 있어, 기업이 적절히 활동할 수 있는 범위를 파악하는데 도움이 된다.

(2) 내부적 역량

① 강점(strengths) : 강점은 조직의 목표를 달성함에 있어서 효과적으로 사용할 수 있는 자원 또는 능력을 말한다.

② 약점(weaknesses) : 약점은 조직의 목표 달성을 제한하는 한계, 조직의 결함 등을 말한다. 우리 조직의 강점과 약점에 대한 이해는 타 조직이 가지지 못한 차별적 능력(distinctive competence)을 파악하는데 도움이 된다. 통상, 효과적인 전략이란 조직의 강점을 이용하여 조직의 기회를 잘 이용하고, 또 조직의 약점을 피하거나 보완함으로써 조직의 위협에 적절한 대응책을 제시하는 것을 말한다.

상황 감사를 통하여 효과적인 전략(effective strategy)을 개발하고자 하는 경영자는 다음과 같은 3가지 임무(key tasks)를 충실히 하여야 한다.

첫째, 타 조직에 비해 차별적 능력(distinctive competence)을 가진 부문을 파악해야 한다. 즉, 영업활동을 하는데 있어 타 조직이 가지지 않은 고유의 자원이나 역량(capability) 등을 파악해야 한다. 이러한 것은 곧 조직의 강점이 되며 조직의 강점을 극복할 수 있는 조직의 능력인 것이다.

둘째, 조직 환경에서 조직이 적절히 활동할 수 있는 범위(niche)를 발견해야 한다. 즉, 조직이 잘 적응할 수 있는 사회적·경제적 상황을 발견해야 하는 것이다. 이러한 것은 조직이 기회를 이용할 수 있고 또 환경으로부터의 위협을 대처할 수 있는 조직의 위치를 결정해 준다.

셋째, 우리 조직이 타 조직에 비해 비교 우위적 강점이 있는 요소와 조직이 활동할 수 있는 범위를 가장 잘 대응시키는 것이 아주 중요하다.

제 4 절 전략적 경영환경과 변화에 적응

혁신적인 기업은 기업 환경 변화에 특별히 기민하게 대처하기 위해 환경이 변화할 때 그들의 기업 또한 변화한다. 예를 들면 소비자들의 욕구가 변화함에 따라 경쟁기업의 기술도 개선되어진다. 또한 고객들의 분위기는 쉽게 변하고 국제무역의 흐름도 재편성되어가고 있다.

그리고 정부규제도 완화되어가고 있어 회사는 끊임없는 변화에 적응하여 개혁이나 변화를 한다. 기업과 사회 그리고 재무 사이의 관계를 토론하게 되면서 전략경영자는 대외환경으로부터 그들의 기업을 적응하기 위해 노력한다. 우리는 전략변화에 있어서 다음과 같은 관리경영자의 역할을 고려해야 한다. 과연 관리경영자들이 차별화를 할 수 있는 능력이 있으며 그들이 기업을 변화하는 환경에 효과적으로 적응시킬 수 있을까 하는 문제가 등장한다.

1. 경제와 사회의 역할

외부의 기회와 맞선 대응과 내부의 능력을 함께 다루는 것은 전략의 핵심이라고 할 수 있다. 그러나 이것이 전략의 전부는 아니다. 무엇보다도 전략을 개발하기 위해서 기업은 비경제적인 면에서도 사회적인 책임에 대한 지식을 가져야 한다. 관리경영자들의 의무는 주식을 소유하고 있는 주주들에 대한 책임을 지게 된다.

그러므로 기업의 전략은 그들의 기업이 상징하는 것을 보여주게 된다. 예를 들면, 사명, 기능 그리고 목적 등 사회의 표준과 관리경영자의 가치 사이의 주된 관심이 집중하게 된다. 회사의 재무적 부담과 사회적 역할 사이에 있어서 다음 4가지 관계가 가능하다.

① 수익성과 사회적 역할 수행 사이는 긍정적인 관계가 있다. 수익성이 높은 기업은 보다 훌륭한 사회적 역할 수행자이다.

② 수익성과 사회적 역할 수행 사이는 부정적인 관계가 있다. 수익성이 높은 기업

은 보다 나쁜 사회적 역할 수행자이다.

③ 경제와 사회적 역할 수행자 사이는 아무런 관계가 없다.

④ 거꾸로 된 U-모양의 관계가 있다. 좋은 수익성과 그렇지 않은 기업들은 좋은 사회적 역할 수행자가 아니다. 중간에 놓여 있는 기업이 좋은 사회적 역할 수행자이다.

왜 경제와 사회적 역할 수행자 사이에 있어서 긍정적인 관계가 존재하는가? 인과관계의 방향이 매우 중요한 역할을 수행하게 된다. 기업들은 최고가 되기 위하여 노력할 수 있다.

만약 경제적인 역할 수행이 사회적 역할에 영향을 미친다면 만족스런 행동을 한 기업들은 사회적 역할 수행에 만족스러운 역할을 할 수 있다. 이 같은 관점에 따르면 기업의 경제적 역할은 사회적 욕구를 수용하기 위해서 자원을 효과적으로 사용할 것이다.

사회적 역할에 따르는 실제적인 비용이 지출되기 때문이다. 자원을 가지고 있는 기업들은 이 같은 비용을 해결할 수가 있다.

2. 사회적 역할 수행과 경제적인 역할

인과관계의 방향이 역으로 흐른다면 다른 해석이 가능하다. 이 같은 전망에 따르면 사회적 역할 수행은 경제적인 역할에 공헌할 수 있다. 즉, 그것은 최고가 되기 위하여 지불하는 것이기 때문이다. 무엇이 이 같은 내용을 사실화했는가?

① 사회적 관리자로써는 품질과 기술에서 경제적인 영역을 함축하고 있다. 즉 어떠한 분야에서 우수한 관리자는 다른 영역에서 우수한 성과를 이룰 수 있다. 사회적 인식과 집중된 관리로 재무구조가 우수한 기업과 경쟁함에 있어서 뛰어난 기술을 보유하고 있을 수도 있다. 이 같은 기술은 아마도 외부적인 힘에 민감하고 외부적인 압력에 창조적으로 대응할 수 있다.

② 사회적인 역할 수행은 중요한 자산으로서 기업이 이익을 얻게 만든다. 왜냐하면 그것은 종업원, 소비자, 정부, 은행가들, 투자자들, 다른 중요한 구성요인에 기업이 효과적으로 대응함에 있어서 긍정적인 압력으로 작용할 수 있다.

③ 사회적인 역할 수행자로서 인식되기 위해서는 종업원들에게 사기를 올려 주어야 한다. 이것은 생산성 증가로 나타나기 때문이다. 파업과 투쟁이 점점 감소되는 것은 사회적인 책임이 줄어드는 것을 의미한다.

④ 사회적인 역할 수행에 따른 기업의 이미지는 소비자들의 만족도를 높여준다. 인

식된 품질에 소비자들을 만족시키기보다는 더욱 더 좋은 생산성에 대한 만족도를 높이는데 기업은 앞장서야 한다.

⑤ 기업이미지는 이해관계자를 부드럽게 만드는 경향이 있다. 그렇지 않으면 기업은 큰 벌금이나 소송이 기다리고 있을 것이다.

3. 역할수행의 순환

경제적 역할 수행자는 사회적 역할이 먼저 선행 되어야 한다. 왜냐하면 경제적 역할은 사회적 역할 수행의 결과로 이어지기 때문이다. 훌륭한 기업은 경제적 역할 수행이 사회적 역할 수행에 공헌할 때 존재하게 된다.

4. 고려해야 할 다른 요인들

기업사회와 경제적 역할 수행사이에 관계를 이해함에 있어서 산업, 사회의 크기, 부족자원의 이용도, 자산의 규모, 회사의 나이 그리고 다른 요인들을 고려해야 한다. 예를 들면, 특별한 산업과 위험에 있어서 역할수행의 형태는 중요한 것 같다.

또한 주주들은 산업과 규모가 큰 기업의 잠재적인 수요에 초점을 맞추게 된다. 동시에 주식소유자들은 산업과 규모가 큰 기업의 잠재적인 수요에 초점을 맞추게 되며 큰 기업들은 재무적·관리적·기술적인 노하우를 가지고 있으며 규모의 경제를 실현할 수 있거나 사회적인 역할 수행에 일정한 영역을 가지고 있다.

그들은 공무원과 더 많은 거래를 하게 되고 사회적 도구로서 이루어지는 결과라 할 수 있는 더 많은 양보를 얻을 수 있다.

5. 전략의 영향

기업의 전략은 기업의 사회적 역할 수행에 영향을 미친다. 그리고 기업의 사회적 역할 수행은 기업의 경영전략에도 영향을 미친다. 전략과 관리자들의 시간에 대한 자원배분의 형태는 변화하는 환경 하에서 조직의 책임이 반영된다. 전략의 내용은 기업의 목표, 크기 그리고 경쟁적인 접근에 관해서는 전문적인 의사결정이 참조되어진다.

전략적 진행은 어떻게 이와 같은 의사결정이 이루어졌는가를 참고하여야 한다. 그 내용은 상품과 시장에 관한 선택에 대하여 기업이 보여주는 위치 선택과 어떻게 유사상품과 서비스 제공에 기업이 관계된 경쟁적 우위를 차지하게 된다는 결과이다.

진행은 문제에 집중된 관찰과 해석 그리고 의사결정의 흐름을 통하여 예측되어진다. 내용 결정은 기업과 경영레벨 사이에서 만들어진다. 기업레벨 위치에 있어서 관리자들은 기업의 상품과 시장을 선택하게 된다. 그들은 기업이 결정에 대응하기 위해서이고 운영되어지는 경영이라 정의할 수 있다. 중요한 내용의 목표는 경영분산의 정도와 기업운영에서의 경영의 관계성이다.

6. 전략의 유형들

유사한 조직의 형태, 기술, 산업 등에서 취해지는 전략의 유형은 공통적이라 할 수 있다. 이런 유형은 일반적으로 세 가지로 볼 수 있다.

1) 적응

이 구조에서 중요한 전략적 유형은 방어자, 예측자, 분석자, 반응자의 입장에 있다. 조직의 환경이 안정적일 때 적절한 전략은 방어에 있고, 단일 핵심 기술을 채택한 조직은 보다 높은 비용이 효과적일 것이다. 또한 의도적인 계획과 통제의 집중화는 안정을 유지하기 위하여 필요하며 기계적인 구조가 필요하다.

조직의 환경이 끊임없이 확장되고 커질 때의 적절한 전략은 예측에 있으며 환경적인 조건의 넓은 범위를 볼 때는 새로운 상품과 시장의 조사가 필요하다. 원시적인 순환성을 가지고 있는 기술은 유연성을 필요로 한다. 이 같은 조직은 유기적인 구조를 필요로 한다.

혼합된 영역 안에서는 적절한 조직의 전략은 분석에 있다. 이 조직의 시도는 새로운 상품과 시장의 기회를 개발하고 지정하는데 있으며, 이것은 전통적으로 상품과 소비자들의 기호에 근거를 두고 있다.

2) 독창성

포터(Porter)에 의하면 역할 수행이 수익성에 의하여 결정된 환경의 영향에 기업의 능력이 영향을 받게 된다는 것이다. 이 같은 힘은 경쟁자, 대체상품의 취급, 소비자의 상품 구매력이 존재하는 한 경쟁자, 선의의 동반자로 다루어져야 한다.

기업은 독창성을 통하여 생성된 영향을 미친다. 왜냐하면 가격우위, 차별화, 집중화에 있어서 선두자적 역할을 하고 이것들을 유도하여야 하기 때문이다. 가격우위는 높은 시장 점유율과 원료의 신속한 공급이다. 일반적으로 기업들이 효과적인 판매의 유용성, 탄력적인 가격, 그리고 상위 통제, 시장소비자들의 계산 회피, 연구개발비의 최소화, 서비스, 판매력, 광고 등에 전략을 채택하게 된다. 그리고 차별화는 상품과 서비스를 제공하는 기업들이 상표의 이미지, 기술, 형태, 소비자들의 봉사, 판매자의 유통망 등 다차원적인 독창성을 의미한다.

이와 같은 독창적인 형태는 할증된 가격이 좁은 전략적 목표를 가지고 있을 때를 의미한다. 특별한 소비자들과 단일적인 생산 라인에서 중요시된다. 가격우위와 차별화는 집중화와 더불어 혼합될 수 있고 중간계층을 공략하는 것은 낮은 수익성 전략이다. 초기의 의도는 중간계층으로 이동한다.

그러므로 가격우위는 기업이 이러한 방향으로 표류하는 것을 막아준다. 일반적인 전략은 전문화된 조직의 정비, 통제의 강화, 그리고 서로 다른 잠재적인 체계를 의미한다. 그들의 성공적인 활동은 특별한 자원과 기술을 사용하는 능력을 요구한다. 기업은 한 번에 두 가지 전략으로 성공할 수 없다. 자원과 기술이 한가지로 성공할 필요가 있는 것은 이것들이 서로 다른 것에 의하여 요구되어지는 것을 교환할 수 없기 때문이다.

3) 수명주기(LIFE CYCLE)

상품의 수명주기는 공식화된 성공적인 전략에서 가장 중요한 환경적인 요인일지도 모른다. 이 같은 틀에 따르면 첫 번째 전략은 새로운 상품과 서비스를 개발하는데 있다. 조직의 이익은 새로운 시장 개발을 통하여 오랜 기간 성장하게 된다. 유기적인 조직이 우세하고 시장과 기술 그리고 연구개발과 시장의 기회를 포착하는데 강점이 있다.

또한 계속된 투자와 그리고 새로운 상품과 절차의 개발에 높은 중점을 두어야 한다. 조직은 확장된 시장의 개발에 중점을 두고 시장지배를 추구한다. 목표는 오랜 기간을 통하여 생성되는 것이고 단기간에 이익으로 생성되는 것이 아니다.

두 번째 전략은 시장의 안정성에 있다. 만약 시장이 같은 형태의 시장에서 운영된다면 가격·비용의 이윤을 통하여 경쟁한다. 탄력적인 기계적 구조를 추구함으로써 가격우위를 차지할 수 있다. 그리고 효율적인 제조과정과 상품의 제한적인 세트 생산을 위한 과정이다. 또 다른 안정적인 조직은 차별화에 있다. 시장의 안정성은 조직의 고난을 극복하고 경쟁자들의 약점에 집중에 있으며, 다른 상품의 브랜드와 상품의 특징을 방어한다. 그리고 고품질, 특성화된 서비스, 친밀한 고객 관리를 강조한다. 또한, 고객이 요구하는 상품과 수익성에 집중하는 것은 성장시장에서의 관리이다.

세 번째 전략은 전환에 있는데, 이러한 전환은 생존의 목적이 된다. 기업은 운영의 탄력성을 갖기 위해 조직의 새로운 방향 설정과 단위당 가치를 설정할 수 있다. 아울러, 비용의 효율성과 통제를 소개할 수 있다. 그리고 조직은 불합리한 수익자산, 단위, 상품을 포장함으로써 상품의 생산라인을 합리화 할 수 있다. 분산, 확장, 인수, 합병을 통하여 재조직을 하고 또는 통합으로 이루어진다. 기업의 전환에 있어서 합리화된 거짓말은 기업을 더욱 강하게 된다.

마지막 전략은 최종 정리에 있다. 기업은 유동성 있는 판매와 유동 자산을 어려움 속에서 결정하여야 하고 비관적인 역할수행은 하지 말아야 한다. 핵심경영과 문화, 기업의 인식된 전문성은 비교할 수 없는 자산이다. 또는 전략적인 방향에 적합하지 않을 수도 있다. 최종정리는 상황에 따라 달라질 수 있다. 그것을 계획하고 긴급히 처리할 수 있다. 즉 의사결정은 상황에 따른 시행착오를 통하여 이루어진다. 이 전략 수행의 능력은 장벽 탈출의 의미일 수도 있다. 입법적인 문제를 포함하고 사회·도덕적인 목표뿐만 아니라 긍지와 경쟁에 대한 관리적인 목표를 수행하는 능력의 영향으로 장벽을 넘을 수도 있다.

7. 과정

전략적 의사결정에 덧붙여서 기업은 또한 공식적인 의사결정과 정보관리 통제 체계, 그들이 가질 수 있는 구조 등의 과정적 의사결정을 하여야 한다. 이 같은 범위 안에서 정보 수집을 위한 체계, 사건의 보고, 진로, 관찰, 안내 그리고 통제 등은 중요하다.

기업은 과거 좋지 않았던 사건을 기록하고 성취한 계획을 비교하면서 발전을 하고 좋지 않았던 사건을 통해 극복하는 노력하는 기업이미지를 좋게 된다. 기업의 흐름이 무엇인가 잘못되어가고 있을 때, 조직은 올바른 가치관을 가지고 행동해야 한다. 이 같은 행동들은 가치관을 가지고 있지 않을 때 기업은 흔들리게 된다.

사건이 발생함으로써 생기며 기업이 가치관의 착오와 실체를 갖고 기대치를 정렬하면서 고객에게 어떻게 보여줄 것인가에 기업의 미래는 달려 있다. 관리자들은 역경적인 환경을 통하여 성장되어 가는 조직화의 과정으로 가게 된다.

관리자들이 사건발생에 어떻게 대응할 것인가 하는 것은 조직화와 관계되어지는 종업원들과 외부세계를 통제하기 위한 표준화된 규정에 관한 내용이 무엇인가를 이해관계자에게 보여주어야 한다. 관리자란 조직의 문화, 이상론 그리고 구체화된 과정의 가치는 기업이 어떻게 그들만의 영역을 결정할 것인가와 그들만의 영역에서 어떠한 방법으로 경쟁할 것인가를 결정하는데 도움을 줄 의무가 있기 때문이다.

Chapter 05

전쟁과 전략

제 1 절 전쟁의 새로운 지혜와 룰 : 다윗과 골리앗

1. 강자와 약자의 전투

강자와 약자의 싸움에서 약자가 새로운 전술로 승리할 때 가장 대표적으로 언급되는 이야기는 바로 다윗과 골리앗의 이야기이다. 기독교인이 아니거나 성경을 읽어본 적이 없어도 다윗과 골리앗의 이야기는 모든 사람이 알고 있다.

▲ 다윗과 골리앗

양치기 소년 다윗이 거구의 적국 장수 골리앗을 대적해 '물매'(작은 돌을 끈에 맨 후 끈의 양 끝을 잡고 휘두르다가 한쪽 끝을 놓아 돌을 멀리 던지는 팔매. 끈 달린 돌팔매)로 이마를 맞춰 쓰러뜨린다는 내용이다. 물리적으로 큰 차이가 나는 강한 상대에 맞서 새로운 룰로 지혜롭게 싸워 이긴다는 의미의 비유로도 쓰인다. 골리앗의 창과 다윗의 물매 돌은 큰 차이가 있다. 골리앗의 창날은 무게만 600세겔이다. 약 6.84 킬로그램이나 되는 육중한 창이다. 하지만 물매 돌은 쇠고기 반 근보다도 훨씬 가벼운 작은 돌에 불과하다. 창날은 나무를 찌르고 날카롭고 예리했지만, 물매 돌은 손으로 만질 수 있을 만큼 무디고 둥그렇게 생겼다. 창날은 날카롭게 번쩍이는 금속이었지만, 물매 돌은 흔하게 볼 수 있는 지극히 평범한 돌이었다.

▲ 물매돌

2. 구약성경의 다윗과 골리앗

구약성경 사무엘상 17장에 등장하는 다윗과 골리앗은 '골리앗에 맞서는 다윗'이라는 말로 표현되는데 체격이나 실력 등의 차이가 너무 난다는 것을 의미한다.

골리앗(Goliath)은 성경에서 나오는 인물로 불레셋의 대장이며, 신장이 8척 반(2.9미터)의 거인이었는데, 소년 다윗과의 싸움에서 패배해서 살해되었다. 현실 세계에서는 소년 다윗은 8척 반의 골리앗을 물리치기가 어려웠는데, 기독교인들에게는 하나님의 능력을 힘입어 '소년 다윗'이 골리앗을 한 방에 쓰러뜨린 역사이지만, 말콤 글래드웰(Malcolm Glawell)의 "다윗과 골리앗"은 다윗이 골리앗을 이길 수 있었던 비결을 분석하면서, '강자와 약자'에 대한 세간의 고정관념을 세차게 흔들어놓는다.[1)]

글래드웰은 '골리앗에게 있었던 의외의 약점'들을 이야기하면서 하나님의 능력이 역사한 원인들을 나름대로 찾아낸다. 실제로 다윗과 골리앗의 전투에는 1:1 승부를 준비하고 있던 골리앗에게 다윗은 저 멀리서 다가오며 머리에 투석을 하며 골리앗에 대비해 약할 수밖에 없었던 신체조건을 전투 전 미리 대비한 하나의 '전술'로써 승리를 일궈냈다는 사실을 현실적으로 보여준다.

약자라고 보이는 다윗에게는 분명한 강점이 있었다. 그는 민첩했으며, 상대에게 접근하지 않고도 사용할 수 있는 치명적인 무기를 가지고 있었기 때문이다. 돌팔매는 충분한 실력을 갖춘다면 칼을 가진 상대를 총으로 제압하는 효과를 낼 수 있다. 다윗이 골리앗을 이긴 이유는 모든 사람이 받아들이고 있던 주먹싸움이라는 싸움의 규칙을 바꾸었기 때문이다.

다윗(David)과 골리앗(Goliath)의 고사는 유명하다. 목동 소년 다윗은, 중무장의 거인 골리앗과 싸움에 나섰는데 골리앗이 강자이지만 창과 방패의 싸움으로만 이겼던 골리앗을 전투의 룰을 바꿔서 이겼는데 물맷돌(무릿매질)을 이용하여 불과 1개의 돌로 이마(급소)를 맞혀 죽였다. 다윗의 손에는 검과 창도 없었다고 한다. 다윗의 승리는 기습과 정확성 때문이었다. 그는 골리앗의 방식으로는 절대로 골리앗을 이길 수 없음을 알았고 골리앗이 미처 대응을 하기도 전에 비장의 무기(물매돌)를 날렸다. 그에게는 딱 한차례의 물매돌기회만 있었다.[2)] 이 고사는 극히 시사적이다. 즉, 속도전에서 돌이 칼보다 빠르다는 것과 돌(비정규 전법)을 가지고 싸우는 약자에게, 강자가 검(정규 전법)을 가지고 대하는 경우, 약자가 승리할 가능성이 있다는 것을 내포하고 있다. 또한 싸움의 규칙을 바꾸면 약자도 강자에게 이길 수 있다는 것을 사실을 보여준다.

---

1) 말콤 그래드 웰 지음, 선대인 옮김, "다윗과 골리앗," 21세기 북스, 2014.
2) 로렌스 프리드먼 지음, 이경식 옮김, 전략의 역사 1, 비즈니스 북스, 2014. 12, p.72.

3. 비정규(약자)군과 게릴라

제2차 대전 후, 제3세계에서는 민족 독립전쟁이 각지에서 일어났다. 그 중에서도 제1차 인도차이나 전쟁(1945-54년), 알제리 전쟁(1954-62년), 베트남 전쟁(1960-75년), 소련·아프간 전쟁(1979-89년)과 같은 사례로는, 게릴라전을 전개하는 약자가 군사적·경제적·기술적으로 우위인 강자에 대해서 승리를 거두고 있다.[3] 특히 미국의 베트남전쟁의 패인요인은 여러 가지로 분석하고 있지만 1967년의 남베트남 주둔 미군병력은 최정예군 38만9,000명에 달했다. 그러나 우세한 무기와 장비에도 불구하고, 미군은 교묘하고 결연한 자세로 싸우는 비정규군인 베트콩을 이길 수 없었고 결국 미군은 철수하고 1975년 4월 남베트남의 수도인 사이공이 점령당하며 전쟁은 끝난다. 이것이 정규군에 대한 비정규군의 승리의 대표적 예로 등장한다.

21세기에 들어가서도, 아프가니스탄 전쟁(2001-21년)이나 이라크전쟁(2003-11년)도, 비정규 전쟁(irregular warfare)을 전개하는 약자에 대해서, 미국은 고전을 강요당하고 있다.

4. 게릴라전

게릴라라고 하는 말은 잘 사용되지만, 그 의미는 애매하다. 또 동의어·종류의 말도 많아, 용어상의 혼란도 심하다. 여기에서는 논의를 명확하게 하기 위한 동의어인 게릴라전(guerrilla war),[4] 파르티잔 전쟁(partisan war)을 대체로 게릴라전이라고 부르기로 한다. 게릴라전과는 비정규 전법의 일종으로, 이것에 종사하는 것을 게릴라라고 부른다. 게릴라전의 연구자인 이치카와 무네아키(市川)에 의하면, 게릴라전은 다음과 같은 싸움법을 말한다.[5]

즉, 무력에 대해 열세, 생산에 있어도 박약인 국가나 민족의 일부가, 광범위한 민중을 조직해, 그 기반 위에서 홈그라운드의 이점을 살려 기세되는 외국 또는 내국의 군대 및 경찰 등에 대해, 장기에 걸치는 지구·소모의 전략을 전개, 따라서 상대를 해 분명에 지치게 해 그 약체화를 도모하는 것이다. 이것과 함께, 자기 역량의 확대에 근무하고, 혹은 원군의 도래나 적 본국의 급변상태의 발생 등의 외부 정세·조건에 기대를 걸든지, 머지않아 어떠한 정세 변화를 이용하여, 적국의 정부와 그 세력의 전복·붕괴를 달성하려고 하는 특수한 방식의 싸움이다.[6]

---

3) David Jordan, et al., *Understanding Modern War fare* (New York : Cambridge University Press, 2008), pp.226-291.
4) 市川宗明, 『反ゲリラ・対暴~動論』 (原書房, 1968年), 128ペイジ.
5) 市川宗明, p.132.
6) Arthur Campbell, 沢木静 訳, ゲリラ : その歴史と分析, 冨山房, 1969.

5. 모든 게릴라전의 공통 원리·원칙[7)]

게릴라전에 의해서 추구되는 정치 목적은 육상권의 획득이다. 그들은 기존의 권력을 구축하고, 육상권을 탈취하는 것을 바라고 있다. 게릴라가 게릴라전에 호소하지 않을 수 없는 것은 군사적·경제적·기술적으로 열약하고, 정규군을 조직할 수 없기 때문이다. 그 때문에 그들은 민중의 지지와 마음을 획득해, 민중을 게릴라로서 수중에 넣을 필요가 있다. 이렇게 해 증강된 게릴라 부대는 이윽고 정규군화 된다. 정규군의 존재 없이 게릴라가 승리할 수 없다. 게릴라 부대만으로 적정규군에 정면 공격을 실시하는 것은 자살 행위이기 때문이다.

게릴라는 자기보존을 위해서 결전을 회피하므로, 그 싸움은 필연적으로 지구전·소모전이 된다. 지역의 실패에 의해서 전체가 붕괴를 초래하는 일은 없고, 항복은 있을 수 없다. 그들은 소부대·경장비로 행동해, 신출귀몰하게 움직인다. 고도의 유격성에 의해 적의 후방을 교란해, 적부대나 보급선, 연락선에의 기습·파괴를 실시한다. 게릴라는 군복을 착용하지 않기 때문에, 민중과 분간할 수 없다. 게릴라는 민중이나 외부 세력이 제공하는 피난 장소·성역에 잠복한다. 그것이 없는 경우에는 산지나 황무지, 정글의 근거지에 잠복한다. 게릴라에 있어서 민중이나 외부 세력으로부터의 물적·정치적인 지원은 불가결하다.

6. 보 응우엔 지압의 3불 전략

보 응우엔 지압(Võ Nguyên Giáp, 武元甲)장군은 베트남의 전설이며 신화이다. 보 응우엔 지압의 삶과 투쟁자체가 현대 베트남의 역사이며 자존심이었기 때문이다. 지압장군의 승리신화는 골리앗과 다윗의 현대판이라고 불려질 정도이다. 베트남 독립 운동사에서 호찌민 다음으로 중요한 인재로 알려져 있고 프랑스어, 영어, 중국어를 구사할 수 있었으며, 베트남 독립 전쟁과 통일전쟁을 승리로 이끈 군사적 영웅이다.

북베트남(월맹)은 작고 가난한 힘없는 다윗이었는데 강대국 골리앗들을 계속해서 연파했기 때문에 더욱 유명하다. 20세기 후반 약 30년 사이에 프랑스·미국·중국과 싸워 이겼다. 일본 유학시절에 보구엔 지압이라고 하여 유명했지만 우리는 베트남 파병국가로서 미국의 패배로 인해 보구엔 지압의 이름조차 몰랐던 것이 사실이다. 그러나 보 구엔 지압은 일본식표기였고 보 응우엔 지압이 베트남식 이름이다.

남베트남(월남)은 우리가 파병한 국가였고 지압은 남베트남을 패망시킨 북베트남(월맹) 사령관이었으므로 알려지지 않았다. 우선 지압의 군대는 프랑스 식민주의를

7) カール・シュミット『パルチザンの理論――政治的なものの概念についての中間所見』筑ー摩書房, 1995年, pp.145-170.

몰아냈다. 프랑스의 디엔 비엔 푸(Dien Bien Phu) 패배는 치욕적이었다. 베트남 전쟁 제1기인 프랑스와의 독립전쟁 당시 프랑스군이 호치민의 베트민(Việt Minh, 월맹)의 교통을 차단하고자 이곳에 요새를 건설하였으나 디엔 비엔 푸 전투가 발발하여 베트민의 포위공격에 디엔 비 엔푸 전투는 56일 간의 포위 끝에 베트민이 승리했고, 프랑스는 완벽히 패배했다. 결국 디엔 비엔 푸에 있던 프랑스군은 보 응우엔 지압 장군이 이끄는 베트민군에게 포위되면서 1954년 5월 7일 결국 프랑스군은 항복한다. 디엔 비엔 푸 전투에 투입된 16,000명의 프랑스군 중 최소 11,000명이 포로로 붙잡혔으며, 전 세계를 놀라게 했다. 디엔 비엔 푸 전투에서 승리한 베트남은 제1차 인도차이나 전쟁에서 승리했고 100년간의 프랑스 식민지 통치를 종결시켰다. 1954년 5월 7일이다.

그리고 가난한 나라 베트남, 분단국가 베트남(월맹)은 1960년~70년대 초반 세계최강의 미군과 맞섰다. 한국은 파병(월남, 남베트남)을 하여 1964년 9월에서 1973년 3월 철수 시까지 약 9년간에 걸쳐 비전투 병력까지 포함하여 한국군이 투입한 병력은 총 346,393명이다. 베트남 전쟁에서 한국군 전사자 및 사망자(순직자, 변사자, 자살자 및 행방불명자 포함)는 공식전사에 따르면 5,099명이다.

우리와는 불편한 관계였지만 미국과의 전쟁에서도 지압은 승리하고 한국군도 월남에서 철수한다. 우리와는 묘한 인연이지만 그는 대단한 영웅이다. 1975년 4월 월남(越南)은 패망하고 베트남은 통일된다. 1979년 중국은 베트남 국경을 침공했다. 지압의 군대는 역시 중국을 패퇴시켜 프랑스, 미국, 중국 강대국을 상대로 이겼다. 제국주의 열강인 프랑스를 상대로 독립을 쟁취하고, 초강대국 미국의 군사 개입에 맞서 통일을 달성한 데 이어서, 아시아의 대표적인 강대국인 중국의 침공을 격퇴해 냈기 때문이다.

지압은 군사 천재다. 그가 높이 평가받고 있는 것은 지금까지의 전쟁의 개념을 새로 썼다는 것이다. 상대방(적)과 전쟁을 하면서 시간, 장소, 방법을 과거와 달리하면서 이겼다는 것이다. 이것이 그 유명한 지압의 3불 작전이다.

▷적이 원하는 시간에 싸우지 않고

▷적이 원하는 장소에서 싸우지 않는

▷적이 원하는 방법으론 싸우지 않는다는 3불 작전은 손자병법의 영향을 받았다고 한다.

20세기의 최고의 명장으로 불리는 보 응우엔 지압 장군은 강대국과의 전쟁에서 이기면서 '붉은 나폴레옹'으로 찬사를 받았다. 지압장군은 전쟁에서 승리한 이유를 서방기자가 질문을 하자 "우리는 미군과 프랑스군을 정확히 파악했지만 그들은 베트남사람이 어떠한 사람인지 알려고 하지 않았다. 우월한 무기만으로 충분히 이길 것이라고 오판했다"고 말했다.

지압장군은 손자병법의 달인으로 유명하다. 지압은 우리는 미군과 프랑스군을 정확히

▲ 지압과 호치민

▲ 1966년 6월 17일 타임지

파악했지만 그들은 베트남사람이 어떠한 사람인지 알려고 하지 않았다는 말을 했는데 이 말은 적(베트남)을 모르고 미군과 프랑스군이 싸웠다는 손자병법의 기초를 우리에게 알려준 말이다.

'적을 알고 나를 알면 백번 싸워도 위태로움이 없으며, 적을 알지 못하고 나를 알면 한 번 이기고 한 번 지며, 적을 모르고 나를 모르면 싸움마다 반드시 위태롭다'는 손무의 손자병법 모공편의 결구인 '知彼知己, 百戰不殆, 不知彼而知己, 一勝一負, 不知彼不知己, 每戰必殆(지피지기 백전불태 부지피이지기 일승일부 부지피부지기 매전필태)'에서 등장하는 말이다.

1) 보 응우엔 지압의 3불 정책과 사우스웨스트의 8무 정책

1973년 이래 실로 40년간 흑자경영을 계속하고 있는 항공사인 사우스웨스트항공은 '고객 NO2, 종업원 NO1' 이라는 특이한 기업 정책을 내걸고 있다. 종업원제일주의는 고객에게 충분한 서비스가 돌아가게 하기 위한 정책이다. 사우스웨스트 항공은 8무 정책을 위주로 한다.

- 「퍼스트 클래스가 없음」
- 「좌석 지정이 없다」
- 「기내식이 없다」
- 「항공권이 없음」
- 「VIP 라운지 없음」
- 「제복이 없다」
- 「청소원이 없다」
- 「사고가 없다」

다양한 서비스를 철저히 배제하고 가능한 한 비용을 줄이는 이 경영기법은 언뜻 보면 고객에게 제공하는 가치(서비스)까지 줄어드는 것처럼 느껴지지만 그러나 사우스웨스트 항공은 위와 같은 서비스가 아니라 직원의 친숙하고 정성껏 대접하는 환대에 의해 충분할 정도로 고객에게 만족감을 제공하고 있다. 이것이 항공사에서 "세계 최강의 LCC(로우 코스트 캐리어)"라고 평가되는 이유이다.

창업자인 고 헐버트 캘러허(Herbert D. Kelleher, 1931~2019년)인 종업원을 모욕하는 고객은 자사의 비행기에 탑재할 수 없다"고 공언할 정도로 "종업원 제일주의"를 철저히 한 것으로 유명하다.

7. 기업경영에서의 게릴라 마케팅

게릴라 마케팅(Guerrilla Marketing)은 일반적으로 후발기업이 시장 경쟁력 확보를 위하여 선두 기업들이 진입하지 않는 틈새시장을 공략하거나, 적은 마케팅 비용을 활용하여 고객에게 밀착형 마케팅을 전개하는 마케팅 방법이다. 게릴라 마케팅 저비용으로 관례에 얽매이지 않는 수단[낙서, 스티커 폭격, 플래시 몹(flash mob)][8]을 사용한 광고 전략이며, 제품이나 아이디어를 팔기 위해서 종종 국소적인 장소 혹은 인터넷상의 대규모 네트워크로 행해진다. 게릴라 마케팅이라고 하는 용어는 싸움에 대해 극한적인 환경 속에서 승리 등 목적을 달성하기 위해 형태에 굴하지 않는 전술로 싸우는 게릴라전에 유래한다.

이 마케팅의 개념은 거대한 마케팅 예산은 아니고 시간, 활력과 상상력에 의존하는 파격적인 선전 시스템으로서 고안되었다. 일반적 예 할 수 없으면 형태에 빠지지 않는 잠재적인 스타일이며, 소비자는 예기할 수 없는 장소에서 표적으로 된다.

게릴라 마케팅의 목적은 흥미를 일으켜, 결과적으로 바이러스 같은 전염성 홍보인 바이럴 마케팅(Viral Marketing)처럼 독특하고 매력적으로 시사가 풍부한 개념을 생성하는 것이다. 이 용어는 레빈슨(Jay Conrad Levinson)이 저술한 「Guerrilla Marketing」에 의해서 정의되어[9] 만들어 내진 이후 일반적으로 되어 마케팅에 관한 교과서에도 채용되게 되었다.

이 마케팅으로는 공공의 장소에서의 만남의 감시, 대로로의 상품 선물, PR스턴트라고 말한 비정상인 어프로치 혹은 최소한의 자원으로 최대의 결과를 얻기 위해서 계획된 임의의 형태에 붙잡히지 않는 마케팅이 필요하게 된다. 소비자를 견인해, 추억에 남는 브랜드 추억(경험)을 생성하기 위해, 이 마케팅에의 보다 혁신적인으로서 모바일 디지털 기술이 현재 활용되고 있다.[10]

게릴라 마케팅은 저비용의 마케팅 전략이 주목적이기 때문에, 기본적으로 필요한 것은 돈이 아니고, 시간과 활력과 상상력이다. 매출액보다는 이익을 내는 것이 성공에의 주요한 지표이며, 중점은 새로운 고객을 획득하는 것보다도 기존의 고객을 보관

---

8) 불특정 다수가 인터넷이나 이메일, 휴대폰을 통해 정해진 시간, 장소에 집결한 뒤 모버레이터(moberator : 지시서를 나눠주는 사람)들이 나눠준 지시서에 따라 특정행동을 하고 순식간에 사라지는 행위를 지칭하는 신조어다. 특정 사이트의 접속자가 급격히 증가하는 '플래쉬 크라우드(flash crowd)'와 뜻을 같이 하는 군중을 일컫는 '스마트 몹(smart mob)'의 합성어다

9) Jay Conrad Levinson, Guerrilla Marketing Excellence : The 50 Golden Rules for Small-business Success, Download iTunes eBook, 1993.

10) Kaplan Andreas M., Haenlein Michael (2011), Two hearts in three-quarter time : How to waltz the Social Media/viral marketing dance, Business Horizons, 54(3), 253-263.

유지하는 것에 있다.

게릴라 마케팅은 최근 시장특성, 산업구조, 경쟁자, 관련제품 및 고객의 특성 등의 다양한 변수들을 고려하여 대처할 수 있도록 스텔스 마케팅(Stealth Marketing), 래디컬 마케팅(Radical Marketing), 엠부즈 마케팅(Ambush Marketing), 미스치프 마케팅(Mischief marketing), 기발한 마케팅(Outrageous Marketing) 등의 다양한 전술적 방법들이 개발되어 게릴라 마케팅 전략으로 활용되고 있다.

제 2 절 전쟁과 사랑의 서사시 : 트로이전쟁

호메로스(Homeros)의 유명한 두 개의 서사시 중의 하나인 「일리아드(Iliad)」는 트로이의 멸망을 읊은 서사시로 당시의 그리스 세계를 잘 표현하고 있다. 「일리아드」는 본래 그리스의 영웅들이 바다를 건너가 트로이의 영웅들을 굴복시키는 장면들을 시로 표현한 것이다.

트로이전쟁(Trojan War)은 왕자와 왕비의 사랑 때문에 시작되었다.

오랫동안 적대관계에 있던 그리스와 트로이는 서로 화해를 시도한다. 화해 사절단으로 트로이의 왕자 헥토르와 파리스가 파견된다. 그리스 왕궁에서는 이들을 맞이하여 성대한 연회가 벌어진다. 그런데 연회장에서 메넬라오스의 왕비 헬레네와 트로이의 왕자 파리스는 첫눈에 그만 서로 사랑에 빠진다. 헬레네는 결국 귀국하는 파리스의 배에 올라타고 트로이로 도망친다.

트로이의 왕자 파리스와 스파르타의 메넬라오스의 왕비 헬레나의 사랑은 한 국가와 한 문명을 파괴시킬 정도의 거대한 전쟁이었다(기원전 1200년경). 메넬라오스는 왕비 헬레나를 빼앗겼다는 인식으로 심한 모욕감을 느꼈고 그의 친형이자 미케네의 왕인 아가멤논은 동생의 명예를 위해 트로이와의 전쟁선언을 하였다. 문학작품 속에서는 왕비와 왕자의 사랑과 연애가 전쟁의 원인이라고 기록되어 있지만 트로이 전쟁의 진짜 원인은 경제적인 이유로 보고 있다.

그리스는 올리브와 포도나무 외에는 농작물들을 기를 수 없었기 때문에 생활에 필요한 밀, 보리, 주석, 철 등은 해상무역을 통해서 얻어야 했는데 흑해로 가는 입구에 자리 잡은 트로이가 통행세를 징수하면서 전쟁이 불가피해졌다는 것이다. 이유야 어찌 되었든 당시 트로이 성은 그 어떤 군대도 공격할 수 없는 철벽의 요새였던 모양이다.

1. 철벽의 트로이성과 트로이 목마(Trojan Horse)

트로이의 목마(Trojan Horse)는 호메로스의 대서사시 「오디세이아」에 나오는 거대한 목마를 말한다. 그리스의 불세출의 영웅 오디세우스(율리시즈)가 견고한 트로이 성을 함락하기 위해 사용한 공격 전술이다.

트로이 전쟁이 시작된 이후 그리스는 트로이 점령을 위해 수많은 전투를 계속한다. 하지만 결판이 나지 않고 흐지부지되어 10년의 시간이 흐른다. 그 사이 아가멤논과 아킬레우스의 싸움으로 아킬레우스는 전쟁에 참여하지 않다가 자신의 친구가 죽자 아가멤논과 화해를 하고 다시 전쟁에 참여하게 된다. 결국, 트로이의 명장 헥토르가 아킬레우스와의 전투에서 죽고 아킬레우스도 파리스가 쏜 화살에 발뒤꿈치 즉 아킬레스건(Achilles tendon)[11)]을 맞아 죽는다.

한편, 전쟁이 결판은 나지 않고 세월만 흘러가자 전략가인 이타케 왕 오디세우스(Odysseus)가 속이 빈 목마를 만들게 하고 군사들을 그 안에 숨겨 침투시키자는 전략을 내놓는다. 그리스군이 목수 에페이오스가 만든 목마만 남기고 후퇴하자 트로이는 그 목마를 승리의 전리품이라 하여 성 안에 들여놓고 축제를 벌인다.

11) 아킬레스건은 장딴지근육을 발꿈치에 연결하는 발뒤꿈치 뒤에 있는 강한 힘줄로 발뒤꿈치힘줄[踵骨腱]이라고도 한다. 아킬레스건은 신체에서 가장 두껍고 튼튼한 힘줄이다. 이 힘줄이 끊어지면 달리거나 높이 뛸 때 다리를 사용하지 못한다. 아킬레스건이라는 이름은 아킬레우스의 어머니가 그의 발뒤꿈치를 잡은 채로 스틱스 강에 담갔기 때문에 아킬레우스의 몸에서 유일하게 상처를 입을 수 있는 곳이라는 데서 유래되었고, 이 고사에서 아킬레스건이 '약점'이라는 뜻으로 쓰이게 되었다.

오디세우스를 호메로스보다 덜 관대하게 평가했던 로마의 시인 베르길리우스(Publius Vergilius Maro)는 그리스 사람들이 거짓으로 트로이 함락을 포기하는 과정을 묘사했다.[12]

그들은 나무로 커다란 말을 만들고 그 안에 병사 50명을 숨긴 뒤에 성문 앞에 놓아두었다. 목마에는 다음과 같은 글이 적혀 있었다.

> 그리스 사람들이 고향으로 돌아가면서 아테네 여신에게 감사하는 마음으로 바치는 선물

트로이의 프리암 왕과 원로들은 이 목마를 어떻게 처리할까 고민했다. 매우 수상하므로 태워버리거나 쪼개서 안에 무엇이 있는지 확인하자는 것이었다. 그런데 오디세우스는 트로이 사람들을 설득하기 위해 거짓말의 달인이었던 스파이 시논이 종교적인 목적으로 만들어진 것으로 이 목마를 트로이 성안으로 들이면 트로이는 난공불락이 될지 모른다고 했다.

결국 목마를 성안으로 들이기로 결정하고 승리의 축제가 이루어졌다. 그리고 트로이의 주민들과 군사들이 술에 취해 모두 잠들었을 때 목마 안에 숨어 있던 오디세우스와 그리스 군사들이 나와서 성문을 열고 그리스 군대를 성 안으로 들인다. 이렇게 해서 트로이 성은 점령되고 대량살육이 벌어졌다.

2. 트로이의 목마 전략

트로이의 목마 전략은 외부에서 들어온 요인이 내부를 혼란케 하는 것을 말하며 상대로 하여금 그 속내를 알아차리지 못하게 한다는 점에서 일반적인 기만술 혹은 교란술과 비슷해 보인다.

트로이의 목마 전략은 특정 비즈니스나 관련 전문분야에서 현격한 우월적 지위나 역량 및 정보를 보유한 다국적기업이나 강대국 정부가, 정보체계도 허술하고 국력도

12) 로렌스 프리드먼 지음, 이경식 옮김, 전략의 역사 1, 비즈니스 북스, pp.81-83.

미약한 목표기업이나 약소국 정부를 상대로 매력적인 내용만을 앞세워 국정운영의 자치권의 심대한 침해 상황을 고의적으로 발생시키는 치명적 기만술을 말한다.

최근에는 트로이 목마(Trojan Horse)는 악성 루틴이 숨어 있는 프로그램으로, 겉보기에는 정상적인 프로그램으로 보이지만 실행하면 악성코드를 실행한다. 이 이름은 트로이 목마 이야기에서 따온 것으로, 겉보기에는 평범한 목마 안에 사람이 숨어 있었다는 것을 비유한 것이다.

▲ 도미니크 티에폴로의 작품(1773)

3. 신화 속의 트로이 전설을 실제로 만든 하인리히 슐리만

트로이(Troy)는 터키 서쪽에 위치했던 고대도시로 흑해와 에게 해 사이에 실제로 존재한 도시라고 한다. 스카만드로스 강과 시모이스 강이 흐르는 평야의 나지막한 언덕에 위치해 있었는데 바다에서 약 킬로미터 정도 떨어져 있어서 바다로부터의 습격 위험이 적을 수밖에 없었으므로 예로부터 대대로 번영을 누려 왔던 평온하고 풍요로운 고대도시였다. 하인리히 슐리만(Heinrich Schliemann)은 동화 속의 전설 같은 호메로스의 시를 진실로 믿고 발굴에 나섰고 결국 현실로 만든 사람이다. 모두가 아니다, 미친 짓이라고 했을 때 자신의 신념을 꺾지 않고 세계적인 문화유산인 트로이 문명을 발견해 낸 사람이다. 호메로스의 서사시 「일리아스」와 「오디세이아」 속의 전쟁과 전설 속의 이야기를 연 독일의 고고학자 하인리히 슐리만이 트로이의 발굴에 성공하였다. 신화가 실제로 되는 순간이라고 하겠다.

▲ 하인리히 슐리만

트로이의 목마는 호메로스의 서사시 「오디세이아」에 나오

▲ 미코노스의 꽃병

는 거대한 목마를 말하며 그리스의 불세출의 영웅 오디세우스가 견고한 트로이 성을 함락하기 위해 사용한 공격 전술이다. 그리스군이 거대한 목마 배 속에 용맹한 병사를 매복시켜 놓고 물러나자 트로이 성 시민들이 목마를 성 안으로 끌어들여, 전쟁의 승리를 자축하는 야음을 틈타 결국 목마의 배 속에 숨어 있던 그리스군이 성문을 열어 트로이 성을 최종적으로 격멸하고 10여 년에 걸친 함락 전쟁을 끝낸다는 이야기이다. 기원전 1184년경의 이야기이다. 이런 신화가 실제로 존재하는 것은 미코노스(mikonos)의 꽃병에도 존재하는 것으로 확인되었다.

1961년 그리스의 미코노스의 꽃병에서 발견된 트로이목마와 비슷한 형태의 말 안에서 숨어 있는 군사들을 보면 트로이의 목마가 신화 같은 전설이 된 것이며 중요한 전략에서의 감춰진 군사를 상징하는 것으로 확인되었다.

제 3 절 전쟁과 전략 : 마라톤

역사(historia)라는 어원을 만들어 낸 그리스의 역사가 헤로도토스의 그리스와 페르시아 전쟁의 『역사(Historia)』(『페르시아 전쟁사』)와 투키디데스가 쓴 세기에 일어난 아테네와 스파르타의 전쟁을 다룬 『펠로폰네소스 전쟁사(History of the Peloponnesian War)』[13]이었다는 사실이 그것을 시사한다.

이 전쟁은 고대 그리스의 도시국가의 정치, 역사 그리고 문화에 끼친 영향은 매우

13) 투키디데스는 이 전쟁을 그때까지 벌어진 전쟁 가운데 가장 중요한 전쟁으로 보았다. 펠로폰네소스 전쟁에 대한 투키디데스의 기록은 세계에서 가장 뛰어난 역사서의 하나로 꼽힌다.

주목할 만한 것으로 평가된다. 이 전쟁은 고대 그리스 세계의 정세를 뒤바꾸었다. 국제 관계 면에서 전쟁 전 그리스에서 가장 강대한 도시국가였던 아테네는 종속국에 가까운 상태로 전락하였으며, 반면 스파르타는 그리스의 주도국이 되었다. 전쟁에 따른 경제적 영향은 그리스 전역에 미쳐, 펠로폰네소스에서는 빈곤이 만연하였고, 아테네는 완전히 유린당하여 전쟁 전의 영화를 되찾지 못하였다

역사의 아버지로 불리는 헤로도토스(BC 484~425?)의 저서 『역사』에 필리피데스(Philippides)란 인물이 등장하는데 이는 마라톤 전투의 영웅으로 등장한다. 하계올림픽의 마지막을 장식하는 마라톤도 사실은 전쟁에서 나온 것이며 이를 기념하기 위해서 등장한 종목이란 것이다.

기원전 492년부터 479년까지 동방의 최강 페르시아제국의 다리우스 대왕과 그 아들 크세르크세스 대왕은 제3차에 걸쳐 서방 문명 중심지인 그리스, 그 중에서도 심장부인 아테네라는 도시국가를 침공하는 소위 페르시아전쟁을 일으켰다. 마라톤 전투는 그 중 제2차전에서 벌어진 전투인데 그리스가 페르시아의 침공을 막아내고 페르시아를 격퇴하게 된 결정적인 전투지였으며, 마라톤 평원은 아테네에서 동쪽으로 약 40km 정도 떨어져 있는 곳이다. 마라톤 평원에서의 아테네와 페르시아의 전쟁의 승전보를 전하고 시민 앞에서 쓰러져 죽었다는 충성스럽고 애절한 전령 필리피데스의 전설이 등장한다.

페르시아 전쟁은 페르시아 다리우스 1세가 에게 해까지 진출하여 아테네 및 폴리스 국가들을 압박해 나가자, 그리스 폴리스 국가들은 각종 해상활동과 경제활동에 심각한 타격을 받게 되었다. 아테네는 이를 극복하기 위해 기원전 499년 다리우스 지배에 반란을 일으킨 이오니아인들을 지원했고 이것이 그 후 20년 이상 지속된 폴리스 연합과 페르시아 제국 사이에 벌어졌던 페르시아 전쟁의 직접적인 계기가 되었다.

역사가 시작된 이래 사람은 한 번도 전쟁이 없는 세상을 누려보지 못했다. 지난 4,000년 동안 전 세계적으로 전쟁이 없었던 평화 시기는 겨우 265년에 불과했다고 하며, 세계의 화약고라고 불리는 이스라엘 땅에는 평균 44년마다 한 번씩 전쟁이 일어났다고 역사학자들은 진술하고 있다. 그리고 이 전쟁을 이기려고 '전략'이 등장하였다고 볼 수 있다.

1. 마라톤과 전쟁

페르시아군은 아테네 아크로폴리스에서 42킬로미터 떨어진 마라톤 평원까지 진격해 왔으며, 당시의 페르시아 군대의 위용은 하늘을 찌를 듯했고 항복을 권유했으며, 그 위세에 눌려 아테네 장군들조차도 항복이냐 전쟁이냐의 의견이 반반으로 나뉘어 있는 이때, 그리스 폴리스연합은 싸우자는 쪽으로 결론을 짓는다. BC 490년에 아케

▲ 말디아스의 흉상

메네스 왕조 페르시아 제국 다리우스 1세의 1차 그리스 원정군과 아테네-플라타이아이 연합군이 마라톤 평원에서 맞붙은 전투로 유명하며 그리스군이 최초로 페르시아군과 야전에서 싸워 이긴 전투라고 한다. 페르시아의 항복 권유를 뿌리친 아테네는 결사적 저항의 의지를 불태우며 스파르타에 도움을 요청하는 전령을 보낸다. 아테네에서 약 250킬로미터 떨어진 스파르타에 그 전령은 출발한 지 이틀 만에 도착하였다. 소식을 접한 스파르타도 아테네에 군사를 급파하기로 결정한다. 역사기록에 의하면 중무장한 군사들이 스파르타를 출발한 지 이틀 만에 아테네에 도착했다고 한다. 이때 스파르타 군은 도착이 늦어져 아테네가 독자적으로 싸워 이긴 것이 나중에 아테네의 발전과 융성의 근거가 되었다.

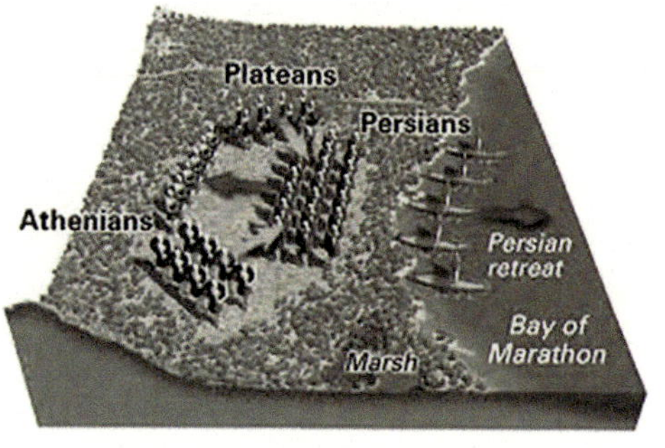

▲ 마라톤 전투: 청색이 그리스연합군, 적색이 페르시아군
자료: learwood7thgradegd.weebly.com 참조

아테네-플라타이아이 연합군(아테네 9000명, 플라타이아이 1000명)은 전선 중앙부에 비교적 약한 군을 배치하고 좌우로 강력한 부대를 포진하였다. 이런 작전에 말려들어 페르시아군은 앞뒤로 포위된 채 무력하게 무너져 버린다(마라톤 전투 그림 참조). 이리하여 그리스는 그 유명한 마라톤 전투에서 밀티아데스의 전략 아래 페르시아군을 처부수고 승리를 한다. 마라톤전쟁에서의 승전의 소식을 한시라도 빨리 아테네 시민들에게 전하기 위해 필리피데스가 아테네로 향했고, 그는 마라톤에서 아테네까지 쉬지 않고 달려 수만 명의 아테네 시민들에게 승전보를 전한 후 그 자리에서 숨을 거두고 만다.

▲ 필리피데스

역사가 헤로도토스는 이 전투에서 죽은 페르시아군 전사자가 6,400여 명에 이르렀다고 전한다. 마라톤은 지금부터 약 2,500년 전 제2차 페르시아 침공 때 마라톤 전쟁 이야기와 관련이 있다.

제 4 절 전쟁과 전략

1. 전략이란?

전략이란 전쟁 목적을 달성하기 위하여 한 나라의 군사와 경제 및 정치를 비롯한 모든 자원을 이용하는 기술을 말한다.

① 전쟁 목적을 이루려는 온갖 꾀와 방침

② 정치·경제 따위 사회적 활동이나 투쟁에 있어서의 기본 방침

이것은 근대에 확립된 개념으로, 오늘날의 전쟁에서는 군사 및 경제자원을 총동원할 필요가 있다는 것을 반영한다. 그러나 이 용어가 처음 쓰이기 시작한 18세기와 19세기 초에는 전투를 계획하고 지휘하는 기술과 전투부대를 이동하고 배치하는 기술을 뜻했다. 전략은 예로부터 다음과 같은 방식으로 전술과 구별되었다.

▲ 알렉산더 대왕

첫째, 전략은 전쟁의 전반적인 국면을 다루고 전쟁에서 이기기 위해 전투를 어떻게 이용할 것인가에 관심을 갖는 반면, 전술은 주로 전투에서 이기기 위해 병력과 장비를 어떻게 이용할 것인가에 관심을 갖는다.

둘째, 전술은 보이는 곳에서 전쟁터에서 병력을 다루는 문제와 관련되어 있는 반면, 전략은 전투의 준비행위로서 보이지 않는 곳에서 병력을 유리한 위치에 배치하는 문제를 다룬다.

▲ 카이사르

알렉산더 대왕과 한니발 및 율리우스 카이사르, 나폴레옹처럼 역사상 위대한 정복자들은 앞을 멀리 내다보고 신중하게 원정계획을 세웠다는 점에서 근대적 전략기술의 선구자로 손꼽혀 왔지만, 고대 전쟁기술의 토대는 전술과 전투였다.

2. 나폴레옹의 전쟁과 전투식량의 등장

나폴레옹이 세계 정복을 위해 전투를 하다 보니 전선이 넓었다. 이탈리아와 스페인, 프로이센과 오스트리아 등 유럽은 물론 이집트 원정까지 치르는 동안 최대 고민은 식료품 보급, 신선한 음식을 공급받지 못한 병사들은 영양실조나 괴혈병으로 죽어갔다. 전쟁이 한창이던 1795년 프랑스의 나폴레옹은 전시에 먹을 식량을 저장해 둘 수단으로 가공식품발명을 고심하면서 '영양이 풍부하고, 휴대에 편리한 식품'즉 전투식량을 고안하는 사람에게 거액의 상금을 내걸었다.

요리사였던 1795년 니콜라 아페르(Nicolas Appert)는 식품을 보존하는 방법을 연구하면서 1804년에 유리병에 음식을 넣고 코르크로 덮은 후 파리핀으로 밀봉하는 식품보존법을 고안했다.

이 병조림을 나폴레옹 전쟁이 한창이었던 프랑스군에서 야전용 음식 보존법 공모에 당첨되어 12,000프랑의 상금을 받아내었다. 이후에도 새로운 음식 보존법과 소독법을 끊임없이 연구해왔다.

▲ 니콜라 아페르

▲ 병조림

니콜라 아페르는 처음에 소독한 유리병에 식품을 넣고 입구를 코르크로 가볍게 막아 끓는 물에 살균한 다음 뚜껑을 완전히 막아 보관하였는데 이렇게 개발된 병조림은 당시 프랑스군에게 신선한 음식을 제공하여 엄청난 병력 증가의 요인이 되었다고 한다. 1812년에는 '인류의 은인'이라는 칭호를 받았다고 한다. 1812년 6월 나폴레옹은 러시아로 진격할 당시 45만 대군이었다고 한다. 이 병력을 오늘날로 치면 약 100만 명의 무장군인들이 수천 마일을 원정하는 것과 같다고 한다. 이 대군은 당시는 물론 현재의 경우에도 대단한 사건이다. 이 엄청난 규모의 보병을 징집하고 훈련하는 것도 대단하지만 이 많은 대군이 먹이고 많은 거리를 원정하기 위해서는 식량의 혁신이 필요했다.

나폴레옹이 이끄는 프랑스군은 1810년 니콜라 아페르(Nicholas Appert)가 개발한 병조림으로 식량을 보급하면서 2배 빠르게 신속하게 모스크바를 점령하였다. 물론, 당시의 러시아의 총사령관 미하일 쿠투조프(Mikhail Golenishchev-Kutuzov) 원수 도

▲ 나폴레옹의 러시아 입성

검토 결과 새로운 지원 병력으로 전력이 증강되기 전까지는 나폴레옹과 대결할 수 없다고 판단하고는 작전상 후퇴를 하여 모스크바를 방어하지 않기로 했다. 그래서 9월 14일, 러시아군은 수도를 통과하며 가져갈 수 있는 모든 것을 챙겨 동쪽으로 이동했다. 그날 저녁, 프랑스군은 모스크바에 입성했다. 물론 러시아원정은 나폴레옹의 몰락으로 이어졌다.

이처럼 대군이 신속하게 빠른 속도로 이동한 것은 전통적인 전쟁의 법칙을 무시한 혁명적 사고인 병조림의 등장 때문이었다. 징기스칸의 몽고기마병에는 몽골의 전투 식량인 보르츠가 있었으며 나폴레옹의 45만 대군에는 병조림이라는 당시에는 획기적인 식량의 혁신으로 대정복 전쟁을 일으킬 수 있었다.

3. 전략의 아버지 : 크세노폰(Xenophone)과 전략

▲ 크세노폰의 흉상

크세노폰(Xenophone, 기원전 431~기원전 350)은 그리스의 장군 및 역사가로, 저서로는 『소아시아 원정기(Anabasis)』, 『방법과 수단(war and means)』이 있다.

아테네의 유복한 집안에서 태어난 크세노폰은 아테네와 스파르타가 대규모 전쟁(기원전 431~기원전 404)을 벌이던 시절에 성장하여, 아테네 기병대의 정예부대에 복무했다. 그를 비롯하여 유복한 그의 동시대인들은 소크라테스의 제자가 되었고, 기원전 399년 소크라테스가 유죄판결을 받고 처형되자, 극단적 민주주의에 대한 그의 혐오감은 더욱 깊어졌다. 몇 년 뒤에는 그 자신도 반역자로 추방되었다.

소아시아에서 만난 스파르타 왕 아게실라오스 2세를 존경하여 크세노폰은 아게실라오스 2세의 참모로 활약했고, 아게실라오스가 아테네를 비롯한 그리스 국가들의 동맹군을 쳐부순 코로네아 전투에 참전했다. 아테네가 그를 반역자로 추방한 것은 이와 관계가 있다. 아테네와 스파르타가 테베에 대항하여 동맹을

맺었을 때 아테네는 그에 대한 추방령을 철회했고, 그는 기원전 365년경 아테네로 돌아왔다. 크세노폰은 기원전 355년 아테네와 그리스 도시국가들이 평화정책을 시행할 것을 주장하는 책 『방법과 수단』을 썼으며 전략이라는 단어를 처음으로 사용했다고 한다.

4. 크세노폰과 군주의 거울 키루스 2세

▲ 키루스 2세의 상징

소크라테스의 제자로 플라톤과 동문수학한 고대 그리스 철학자이자 역사가인 크세노폰은 키루스 2세를 "비길 자가 없는 가장 위대한 세계 정복자"라고 높이 평가했다. 그가 살았던 기원전 4세기의 그리스는 난세였다. 도시국가 간 빈번한 분쟁으로 빈민과 난민이 급증해 혼란스러웠다. 크세노폰은 철학자이기 이전에 장군이었다. 페르시아의 소키루스, 스파르타의 아게시라오스를 위해 전장을 누볐다.

장군으로서의 경력이 정점에 달한 그는 고향에서 키루스 2세(The Great Cyrus)의 생애와 리더십을 서술한 『키로파에디아(Cyropaedia)』를 집필했다. 역사적 사실에 그가 생각하는 이상적인 리더의 모습과 리더십의 정수를 투영해 '위대한 군주 키루스 2세'를 만들어냈다.

▲ 키루스 2세의 무덤

『키로파에디아』가 2400여 년간 서양 리더십 분야의 고전으로 불리고 있다. 현대 경영학의 창시자 피터 드러커는 이 책을 "리더십을 체계적으로 다룬 최초이자 최고의 저서"라고 극찬했다.

군주의 거울로 불려진 키루스(Cyrus)는 사람의 이기심과 인정받고 싶은 욕구에 호소하는 것이야말로 사람을 움직이는 데 매우 효과적인 방법임을 간파했다. 사냥터에서도 각자가 승리를 위해 경쟁하게 해 모든 사람이 자기 몫 이상을 하도록 했다. 여기에 그치지 않고 팀 단위의 경쟁을 성과에 연동하는 데 열심이었다. 팀을 잘 이끈 사람에게 승진을 보장했을 뿐 아니라 팀 전체에도 보상을 하는 데 인색하지 않았다.

사람을 중시하는 리더십도 주목할 만하다. 병사들을 헤아릴 때는 아버지 같았고, 위기가 닥칠 때는 앞장서서 희생했다. 무엇보다 그는 자신이 이끄는 백성과 국가의 수호자였다. 키루스(Cyrus)는 장교들의 이름을 모두 기억하며 이름을 불렀다. 명령을 받는 사람의 입장에서 생각하는 일도 게을리 하지 않았다. 부하들에게 정중한 말을 사용하여 친근감을 일으키게 했다. 키루스는 두려움을 느끼게 하면서 충성심을 불러일으킨 리더였다.

1) 키루스 실린더(Cyrus Cylinder)와 다국적, 다신앙 제국의 운영

기원전 539년, 고대 페르시아 최초의 왕, 키루스 대왕의 군단이 바빌론 도시를 점령했다. 그러나 키루스 2세가 다음에 취한 조치는 인류에게 큰 전진이 되는 것이었다. 키루스 2세는 노예를 해방하고 모든 인민에게는 종교를 선택할 권리가 있다고 선언하고 다양한 민족을 평등하게 다루기로 결정했기 때문이다. 이 선언은 쐐기 모양의 아카드어로 점토판의 원통에 기록되었다. 이것을 키루스 실린더 또는 키루스 원통이라고 한다. 키루스는 성경에 고레스라는 이름으로 등장하는 키루스 2세를 지칭한다.

이 키루스 실린더는 기원전 539년 신바빌로니아 제국이 키루스의 침략을 받아 페르시아 제국에 편입되었을 때, 키루스 왕의 명령을 바탕으로 제작, 공표되었다. 1879년에 호름즈드 라섬(Hormuzd Rassam)이 바빌론의 마르두크 신전을 발굴했을 때 발견한 단편으로, 35행으로 이루어진 아카드어의 각문이 기록되어 있었다.

▲ 키루스 실린더

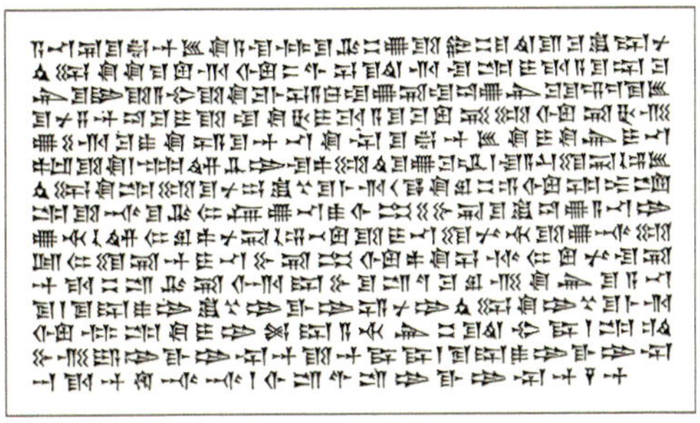

▲ 키루스실린더에 새겨진 글씨

현재는 키루스 실린더를 발견한 탐험대를 후원한 대영박물관이 소장하고 있다. 키루스 실린더는 키루스를 찬양하고, 그의 계보를 기록하고, 그를 왕 중의 왕으로 표현한다. 키루스에 의해 패배하고 퇴위한 바빌로니아 왕 나보니두스는 바빌로니아 사람들에게는 독재자로 비난 받고 있었다. 이 시기에 바빌로니아의 신 마르두크가 바빌로니아인들에게 평화와 질서를 회복하기 위해 키루스를 선택한 것으로 묘사되고 있다. 이 글은 바빌로니아 사람들에게 키루스가 그들의 새로운 통치자로 환영 받았고, 평화롭게 입성했다고 말하고 있다. 또한 바빌로니아 사람들은 키루스와 그의 아들 캄비세스 2세를 보호하고 도와달라고 마르두크에게 기원했다고 한다.

그리고 키루스를 그들의 삶을 향상시킨 바빌로니아 시민들의 보호자로 추앙하고, 포로된 사람들을 본국으로 송환하고, 메소포타미아 전역과 그 밖의 지역에 걸쳐 각 지역의 종교 시설 등을 복원했다고 기록한다. 그리고 키루스가 어떻게 바빌론의 성벽을 수리하였는지에 대한 설명으로 끝을 맺는다. 키루스 실린더의 노예 해방과 종교 자유에 대한 언급을 보면, 그 당시로 보면 굉장히 파격적인 내용이 아닐 수 없다.

> 바사왕 고레스 원년에 여호와께서 예레미야의 입으로 하신 말씀을 응하게 하시려고 바사왕 고레스의 마음을 감동시키시매 저가 온 나라에 공포도 하고 조서도 내려 가로되 바사왕 고레스는 말하노니 하늘의 신 여호와께서 세상 만국으로 내게 주셨고 나를 명하여 유다 예루살렘에 전을 건축하라 하셨나니 너희 중에 무릇 그 백성된 자는 다 올라갈지어다. 너희 하나님 여호와께서 함께하시기를 원하노라 하였더라. 〈역대하 36:22~23〉

그래서 성경을 믿는 사람들은 해당 내용이 이미 기록되어 있었고, 키루스 실린더에 그 내용이 증명된 것이라 주장하며, 성경이 사실이라는 입장을 증명하는데 키루스(성경명 고레스) 실린더를 주로 언급한다.

고레스 실린더가 발견되기 전부터 구약성경은 이미 고레스 칙령 내용과 유대 포로들의 송환 그리고 예루살렘 성전의 재건에 이르기까지도 기술하고 있다. 그러나 사람들이 이러한 성경내용을 믿기란 쉽지 않았다. 게다가 기원전 6세기경에 전쟁의 정복자가 포로들을 그대로 놓아주고 심지어 포로들의 신을 모실 신전을 건축하는 일을 도와준다는 내용은 당시로서는 전혀 상식 밖의 내용이었기 때문이다.

그러나 고레스 실린더가 대중 앞에 공개되자, 성경학자들은 성경의 내용들은 역사적으로 모두 사실로 밝혀졌다고 주장한다. 그러나 추방된 민족들의 송환은 언급하지만 예루살렘 또는 유대에 대해 언급하지 않기 때문이다. 그럼에도 불구하고, 그것은 문화적, 종교적 다양성에 대한 키루스의 상대적으로 계몽된 접근의 표시로 여겨져 왔다. 키루스 실린더는 "다국적과 다신앙을 가진 국가(제국)를 키루스 2세의 국정운영을 보여주는 모습이라고 평가하고 싶다.

키루스 실린더의 문장은, 키루스 2세를 찬양하는 문장이지만, 구약 성경의 역대 서(하) 36장, 에스라 1장 및 6장, 이사야 44장에 나타나는 문장 즉, 키루스가 바빌론 유수로 바빌론으로 이주된 사람들을 해방하고 성전의 재건을 허용한 기사를 뒷받침하는 것은 키르스 2세의 치적과 유대인의 바빌론유수가 사실로 받아들여지는 계기도 되었다고 생각한다. 그러나 무엇보다도 기원전 6세기경에 다국적 제국을 운영하는 군주로서 다신앙을 인정하는 모습은 제국의 군주다운 리더십의 하나로 인식하고 있다.

사 례 **징기스칸**

1995년 12월 31일 미국의 워싱턴 포스트는 지난 1,000년 동안 인류에게 가장 큰 영향을 준 인물로 징기스칸을 선정하여 보도했다. 1162년 몽골 초원 지대인 오논 강가에서 태어난 징기스칸(成吉思汗)은 1227년 눈을 감을 때까지 100만의 인구와 10만의 군대로 1억 명이 넘는 세계를 정복하였고, 태평양에서 동유럽까지, 시베리아에서 페르시아만까지 대제국을 건설하였다. 유라시아를 넘어 동양과 서양을 연결한 것이 높이 평가된 것이다. 징기스칸이 정복한 땅은 무려 777만 제곱킬로미터. 이는 알렉산더대왕, 나폴레옹, 히틀러가 차지한 땅을 모두 합친 것보다 넓다. 징기스칸이 정복한 지역은 그야말로 광대했다. 세계사에서 '정복자'로 이름을 남긴 알렉산더, 나폴레옹, 히틀러가 정복한 면적을 모두 합친 것보다 넓은 땅을 손아귀에 넣었다. 손자인 쿠빌라이칸이 세운 원나라까지 합치면 몽골제국의 최대 면적은 두 배 이상으로 늘어난다. 동쪽으로는 고려, 서쪽으로는 헝가리와 러시아, 남쪽으로는 인도 북부, 북쪽으로는 시베리아 남단에 이르기까지 유라시아 대륙에서 자신들의 말발굽이 닿는 곳은 모두 다 정복했다고 해도 과언이 아닐 정도다.

징기스칸

그는 '푸른 군대'로 불렸던 기마군단을 이끌고 유라시아 대륙을 종횡무진 누비며 자신의 군대와 전쟁을 치른 모든 국가들을 복속시켰다. 정말 놀라운 것은 징기스칸의 정복전쟁을 수행한 병력이 약 10~20만 명의 기마병이었다는 점이다. 그것도 모두 말타기와 활쏘기, 칼싸움에 능한 기마병이었다. 징기스칸의 정복군이 본토인 몽골고원으로부터 수천 킬로미터 떨어진 중앙아시아, 페르시아, 유럽을 공략할 수 있었던 것도 당시로서는 상상조차 할 수 없을 만큼 빠른 진군 속도를 자랑한 기마군단 덕분이었다.

그런데 10~20만 명의 대군의 식량을 어떻게 조달했을까 하는 문제가 등장한다. 육포, 샤부샤부, 유제품 등의 원형이 당시 최강의 기동력을 자랑하던 몽골군에서 나왔다.

샤브샤브의 기원에 대해서는 의견이 분분하지만 옛날 징기스칸이 이끄는 몽골 군대에서 유래했다고도 하지만 정확하지는 않다.

징기스칸이 이끄는 몽골 기동대가 유럽을 점령할 수 있었던 것은 말을 타면서 식사를 해결할 수 있었던 데 힘입은 바 크다. 몽골군의 전투식량은 육포였다. 몽골 전사는 달리는 말 위에서 육포를 씹으면서 끼니를 해결할 수 있다 보니 당연히 진격속도가 빨랐다. 기동부대의 특징인 전격전이 가능했던 것이다.

5. 현대의 징기스칸의 재조명

세계화, 정보화, 첨단기술, 무한경쟁이라는 단어들로 요약되는 세기의 환경 속에 놓여 있는 우리들에게 필요한 삶의 방식들을 유목민 출신의 징기스칸은 이미 1000년 전에 실천에 옮겼다.

징기스칸 군대가 외국과의 전쟁에서 승리했을 때 절대 죽이지 않은 사람들은 언어도 사상도 다르지만 높은 기술을 가진 기술자들이었다. 징기스칸은 신기술만이 타국을 정복할 때 필요하며 신기술을 지닌 자만이 세계를 정복할 수 있다고 생각했다. '대사(大使)'에 해당하는 '앰버서더(ambassador)'의 어원은 몽골어 '암방새동'이라고 한다.

몽골의 징기스칸은 세계 최초로 세계 최대의 영토를 다스리면서 수많은 대사들을 파견했다. 세계화를 몸소 실천한 것이었다.

몽골인들의 인사말은 “안녕하십니까?”가 아니라 “당신이 온 쪽에서 무슨 일이 있었습니까?”였다. 이처럼 정보가 생존수단이었던 그들은 정보를 가져다주는 외지인, 다시 말해 외부세계의 나그네를 환대했다. 즉 정보화에 민감했다. 세계를 지배한 몽골의 칭기즈칸은 ‘역참제’라는 글로벌 정보망을 구축해 거대 제국을 통제했다.

그리고 징기스칸의 기마병은 속도가 빠르기로 유명하다. 예를 들면, 유럽의 갑옷은 30~50Kg인데 몽골 병사의 갑옷은 6~7킬로그램이어서 가볍게 움직일 수 있었다고 한다. 또 몽골의 기마병은 1인당 말 3마리를 가지고 다녔는데 말을 바꾸어 타서 빠른 속도를 유지하였다고 한다. 징기스칸은 몽골군에게 육포와 같은 보르츠를 전투식량으로 주머니에 휴대하게 하고 며칠 동안 말 위에서 자며 행군할 수 있도록 훈련시켰다.

사례

맥도널드의 창조성과 레이크록

1954년 캘리포니아 샌 버나디노에 리스 맥도날드와 리차드 맥도날드 형제에 의해 만들어진 햄버거 가게에 52세의 세일즈맨이 찾아 왔다. 레이 크록(Ray Kroc, 1902-1984)이었다.

그 가게는 햄버거와 프렌치프라이와 밀크쉐이크만 판매하는 특이한 판매방식으로 모든 것이 미리 준비되어 있었고, 모든 것이 규격화되어 있었다.

크록은 햄버거를 사먹으려고 길게 줄을 선 사람들과 햄버거를 제공하는 식당의 간편한 서비스와 청결함에 깊은 인상을 받았다. 맥도날드 형제는 단돈 15센트에 규격화된 햄버거를 제공했고, 프렌치프라이는 뜨겁고 바삭했다. 이 시스템의 효율성과 단순성은 대형화와 프랜차이징을 하기에 충분하였다.

다음날, 크록은 맥도날드 형제에게 자신과 동업으로 맥도날드 식당을 여러 군데에서 열자고 제의했다. 크록이 여는 식당은 맥도날드 식으로 운영되고 총수입의 0.5퍼센트를 맥도날드 형제에게 로열티로 주기로 합의했다.

1955년 크록은 맥도날드의 첫 번째 지점을 시카고

의 데스 플레인에 열었다. 그의 나이 53세 때 일이었다. 5년 뒤인 1960년이 되자, 크록은 200개의 맥도날드 총판권을 판매했고 연 수익이 70만 달러에 달했다. 햄버거는 독일의 함부르그 지방에서 온 것이고 이를 맛있게 만들은 사람은 맥도널드 형제였지만 이를 상업화(프랜차이징화)하여 이를 표준화한 것은 레이크록의 기업가정신 때문이었다.14)

사례

라면을 만든 안도 모모후쿠

1958년 8월 여름, 안도 모모후쿠(安藤百福)는 48세에 오사카 이케다시에 있는 작은 주택가 마당에서 간편히 먹을 수 있는 인스턴트 라면을 탄생시켰다.

1910년 타이완에서 출생하여 어린 시절 부모를 여의고 섬유업을 하던 할아버지 밑에서 자란 뒤 22살에 일본으로 건너가 섬유산업, 군용기 납품 사업, 광학기기 제조업 등 다양한 사업을 확대하였으나 2차 대전의 공습으로 공장을 잃는 등 어려움도 따랐다.

중국계 일본인인 안도 모모후쿠는 중국에서 존재했던 라면스타일을 오사카의 작은 집에서 재기의 꿈을 키워 기름에 튀겨도 보고 쪄서 말려도 보기를 수십 수백 차례 거듭한 끝에 1958년 인스턴트 라면을 발명하였으며, 1971년에는 좀 더 쉽게 먹을 수 있는 컵라면을 발명하여 세계적으로 히트하여 재기에 성공하였다.

1971년 9월 18일 닛신 컵라면을 발매, 세계적으로 유명한 컵라면의 역사를 만들게 된다. 2006년 미국 타임지 11월 13일자에 60년간의 아시아 영웅으로 뽑히게 되었고, 일본에서는 100년간 워크맨, 트랜지스타 라디오와 함께 라면이 최고의 발명품으로 뽑히기도 하였다.

그리고 창조적인 아이디어를 결합 라면·컵라면을 창조하였다. 쌀을 주식으로 하던 일본에 인스턴트 라면을 만들었고 제조공정을 표준화, 그리고 위생을 청결하게 하여 대량생산을 가능하게 했던 점과 새로운 아이디어를 결합 컵라면을 만

14) Anderson, Robert(March 2009), "Ray Kroc How He Made McDonald's Sizzle," Success, Retrieved 2011-06-13.

들었던 점은 안도 모모후쿠를 위대한 창업가와 기업가로 만들고 있는 것이다.

즉 국수나 우동을 기름으로 튀겨 이를 즉석화 하는 창조성으로 즉석라면을 그리고 이를 다시 개발하여 뜨거운 물만 있으면 언제 어디서나 먹을 수 있는 컵라면을 발명하였다.

▲국 수

▲라 면

▲컵 라면

Chapter 06 이노베이션과 기술전략

제 1 절 이노베이션과 기술의 단절

1. 하이테크 기술의 중요성

1990년대 이후 미국 경제는 서브프라임모기지 사태, 글로벌펀드 약세 등으로 인해 최악의 불황에 빠져 있지만 하이테크산업이 다른 산업보다 높은 성장을 하여 긍정적 영향을 미치고 있는 것도 사실이다. 미국의 하이테크산업은 국내총생산(GDP)의 40% 이상을 차지하고 있는데, 2000년대 초 미국 인터넷산업의 10대기업의 매출액이 1,000억 달러를 넘어서 우리나라 전체의 상장기업과 맞먹는 수준이 되었다. 인터넷 정보혁명의 도래로 볼 수 있다. 이 불황을 타개하기 위해서 미국의 버락 오바마(Barack Hussein Obama) 대통령은 초고속 인터넷, 디지털 건강 보험, 재생 및 대체에너지 개발 회사 등의 CEO를 초청하여 7,890억 달러의 경기부양법을 발효하였다. 하이테크산업을 미국 경제의 성장 엔진으로 삼겠다는 구상에서이다.[1)]

세계는 하이테크 등의 새로운 기술에 의해 발전되었으며 새로운 기술을 돌파하는 뉴 벤처 비즈니스의 등장으로 기술의 혁신을 이루었다고 해도 과언이 아니다.

그러나 이러한 기술의 혁신은 기술혁신으로도 사용하는데 기술혁신은 기술과 혁신이 합쳐진 합성어이다. 여기에서의 기술에 대해 국립국어원의 표준국어대사전에서는 '과학 이론을 실제로 적용하여 자연의 사물을 인간 생활에 유용하도록 가공하는 수단'으로 정의하고 있으며 기술의 영역인 테크놀로지(technology)는 기본적으로 특정 분야에서 지식의 실용화, 과학적 지식을 개별 영역에서 실제적 목적을 위해 공학으로 적용하는 방법론이다.

---

1) New York Times, 2009년 2월 17일.

다음에 혁신(革新)은 한자어에서 나온 말인데 혁신(革新)은 가죽혁(革)과 새신(新)으로 구성되어져 있다. 풀이하자면, 가죽을 벗겨내고, 새살이 돋아나게 한다는 말이다. 즉, 잘못된 것, 부패한 것, 만족스럽지 못한 것 등을 고치는 것을 말한다. 즉, 묵은 관습, 조직, 방법 등을 적절하다고 생각하는 방법으로 새롭게 바꾸는 것도 포함한다. 그런데 혁신은 기존에 존재하지 않았던 새로운 가치를 더하는 행동으로 정의에 이미 가치를 창출한다는 부분을 포함하고 있다. 서비스 산업에서의 혁신은 이노베이션(innovation)이라고 한다. 혁신은 자주 기술혁신이라는 용어와 혼용되어 사용된다.

영어의 「innovation」은 동사 「innovate」(혁신·쇄신한다)에 명사어미 「-ation」이 붙은 것으로, 「innovate」는 라틴어의 동사 「innovare」(리뉴얼(renewal)하다)의 완료분사형 「innovatus」(기존의 것을, 새롭게 된 것)에서 유래했다고 한다.

덧붙여 「innovation」의 번역어로서 한글로 자주 사용되는 「기술혁신」은 잘못 오역된 것이라 할 수 있다. 보다 가까운 의미의 영어로 「technical innovation」 혹은 「technological innovation」이 있다.

이노베이션은 1911년 오스트리아 출신의 경제학자인 요제프 슘페터에 의해 처음으로 정의되었다. 슘페터는 혁신(innovation)이 자본주의를 이끄는 힘이라고 하였다. 즉 전반적인 경제적 진보(economic progress)를 이끄는 힘을 혁신이라 보았다. 그리고 혁신을 이끄는 주체를 기업가(entrepreneurs)라고 정의하였다.

다시 말하면 혁신은 "경제활동 속에서 생산수단과 자원, 노동력 등을 지금까지와는 다른 방식으로 신결합하는 것"이라고 정의했는데 슘페터의 정의를 빌리자면 이노베이션은 기존 기술의 한계와 새로운 기술의 가능성의 결합을 말한다. 그리고 기술의 창조적 파괴와 기술의 단절이 기술의 혁신을 이루었다는 의미를 내포한다. 여기에서 단절이란 마차가 자동차나 철도로, 범선이 기선으로 발전할 때 나타나는 기술의 단절을 말한다.

2. 이노베이션의 파도

학자들 사이에서는 과거 250년 동안 거의 50년 주기로 이노베이션의 파도가 정도의 차이는 있더라도 반복되어 밀려왔다는 설을 받아들이고 있다. 슘페터는 1790년부터 1840년까지를 제1의 파도 시기로 본다. 이 시기는 석탄과 증기의 잠재 능력을 활용한 직물공업의 신기술이 이노베이션의 중심이 되었다. 제2의 파도 시기는 1840년부터 1890년까지로 철도의 발달과 생산의 기계화 물결이 들이닥쳤다. 제3의 파도 시기는 1890년부터 1940년까지로 전력 및 화학의 진보와 내연기관의 발달이 주요 내용이다. 그리고 제4의 파도 시기는 1940년부터 1990년까지로 일렉트로닉스가 이노베이션의 기조가 되지만 지금까지의 3개의 파도와 달리 그 움직임이 단절되지는 않을 것으로 보고 있다.([그림 6-1] 참조)

[그림 6-1] 이노베이션 파도

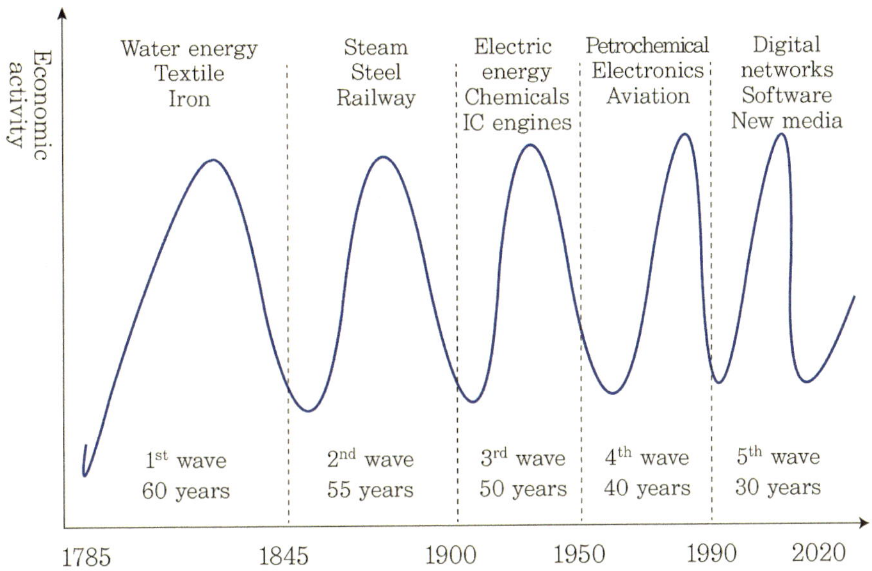

그러나 필자는 제5의 파도가 닥치고 있다고 느낀다. 제5의 파도 시기는 1990년부터 2040년까지로 디지털 네트워크와 바이오테크놀로지 인터넷과 같은 첨단 컴퓨터로 인한 정보화시대이다. 기술의 발전에 대한 시각차가 존재하는데, 기술이 경제를 혼란에 빠뜨려 환경 파괴와 빈부 격차 등을 초래한다는 비관론과 자연재해의 해방, 질병의 극복 등 우리에게 경제 발전에 의한 변혁과 변화의 세계로 이끈다는 낙관론이 있다. 어쨌든 오늘날 우리 경제와 기술은 불가분의 관계이고 삶의 방식까지 바꾸어 놓는 변화의 상징이다.

다니엘 벨(Daniel Bell)에 의하면 이러한 기술의 변천에는 하나의 원칙이 있는데, 이는 문화에 대한 원칙과는 다르다. 기술 변화의 원칙은 선형적인데, 즉 기술은 저렴하고 보다 좋게, 보다 효율적으로, 보다 원가를 절약할 수 있는 방향으로 나아간다는 것이다. 기술 변화는 이러한 원칙을 가지고 있기 때문에 타당성을 가지고 움직일 수 있다.[2]

2) 다니엘 벨, 한국전기통신공사 편(1991), 『제3의 기술혁명: 그에 따른 사회·경제적 변화』, 한국통신기업문화진흥회, p.69.

3. 기술의 개발과 사업화

일반적으로 경제학이나 경영학에서 기술 변화는 투입과 산출 간의 어떤 변화를 의미한다.

예를 들면 공장의 운영 방식에 관해 노동자들에게 발언권을 주는 등으로 권한을 부여하는 것이 품질 향상을 가져온다는 사실(따라서 그 공장은 감독자 고용을 줄일 수 있다는 사실)을 제조업자가 발견한다면 경제적 의미에서는 기술 향상이며, 감독자가 있으면 노동자의 생산성 향상이 가능하다는 것을 제조업자가 알면 기술개선이다.

기술에 경영자가 관심을 갖게 된 것은 불과 60년 전의 일이나 기술이 풍부해도 이익 얻기가 쉽지 않았다. 1960년대에 하버드 대학의 테어도어 레비트(Theodore Levitt) 교수는 자신의 논문 「근시안적 마케팅,Marketing Myopia」[3)]에서 고객의 욕구를 되찾아야 한다고 주장하며, 기술을 통할하는 제2의 시대가 도래해 마케팅이야말로 이것을 해결할 수 있다고 주장하였다. 레비트의 지적은 고객의 요구를 이해하면 회사만 경쟁력을 높일 수 있다는 근시안적 생각에 근거하여 제품 그 자체에만 집착하여 구체적 욕구(wants)에만 집중하고 제품 구매의 근원이 되는 본원적 욕구(needs)를 망각하였다고 지적하였다. 즉, 이 시기에는 시장 요구에 부응한 값싸고 좋은 제품을 개발하다 보니, 상업화와 수익성이 없는 기술은 도태되었고 본원적인 기술 존중의 사고도 없어지고 말았다. 그러나 IBM, 듀폰 등의 회사는 문제가 기술에 있는 것이 아니고 기술을 어떻게 통할하는가에 있음을 인지하고, 고객의 욕구도 중요하지만 경쟁력을 잃지 않으려면 기술의 개발과 사업화를 이루어야 한다고 주장하였다.

제 2 절 기업과 기술혁신

1. 기술의 정의

일반적으로 토지나 노동 및 자본 등과 같은 생산요소가 갖춰지면 기업은 운영된다. 그러나 기업이 이러한 생산요소를 합리적으로 활용하지 못한다면 성장하지 못한다. 이러한 성장 기능과 밀접한 관계가 있는 것이 기업가정신이라 하겠다. 요즈음 벤처 비즈니스, 하이테크 비즈니스 등의 등장으로 우리 기업이 새로운 활로를 찾고 있는

3) Theodore Levitt(1960), Marketing myopia, Harvard Business Review, 38, pp.45-56.

데, 그중에서도 가장 중요한 것이 기업의 기술과 관련된 부분이라 하겠다.

기술의 정의는 다양하다. 메릴(R. S. Merrill)은 기술을 “어떤 유용한 것을 만들고 사용하는 행위이자 수행하는 기법(skill), 지식 및 절차 등의 총합”으로 정의하고 있으며, 루트(F. R. Root)는 “제품 생산에 적용될 수 있고 신제품을 창출할 수 있는 지식의 총체”로 정의하고 있다.[4]

한편 국제연합무역개발회의(United Nations Conference on Trade and Development, UNCTAD)에 따르면 기술로 생산에 필수불가결한 투입물로서 기계와 중간재를 포함한 자본재, 숙련되고 전문화된 인력 및 관리상의 인적 노동 및 쉽게 이용 가능하고 자산적 권리가 따르는 기술과 상업상의 정보 등을 들고 있다.[5] 기술의 개념을 기계류, 공정, 제품, 서비스 등의 생산 기술에 한정하는 것이 아니라 엔지니어링, 관리 및 마케팅 등 지식이나 정보를 모두 포함한다고 보는 것이다.

2. 기술의 획득과 발달

그러면 기업은 기술을 어떻게 획득할까? 기업이 기술을 획득하는 데에는 자체 개발과 외국 기술 도입이라는 두 가지 방법이 있다. 그리고 외국 기술의 도입은 다시 완전히 개발된 기술의 구매와 각 개발 단계에서 필요한 기술을 개별적으로 도입하는 방법으로 나뉜다. 이 글은 기술 이노베이션과 관련이 있으므로 기술이전이나 도입보다는 자체 기술 개발에 필요한 요소 중 특히 기술의 혁신을 다룬다. 기술 혁신은 같은 제품을 생산하는 데 필요한 투입 요소의 결합이 변하거나 제품 자체의 변화를 지칭한다.

주지하는 바와 같이, 기술은 기업의 기본적 성격을 규정하는 것으로서 기업을 발전시키는 경제적 행위뿐만 아니라 기술의 기초적 요인과 관련되는 사회적 행위나 문화적 행위도 포함한다. 기업이 발달하기 위한 내생적 조건으로서 다음 5가지를 들 수 있다.

① 기술 수준

② 기술 인력

③ 기술과 관련된 연구개발비

④ 경영자의 기술 관련 태도

⑤ 국가의 기술적 환경

---

4) Perlmutter V. Howard and Tagi Sagafi-nejad(1981), International Technology Transfer, N.Y. : Pergamon Press, pp.5-6.

5) UNCTAD(1972), “Guidelines for the study of the Transfer of technology,” N.Y. : UN, p.5.

그러나 무엇보다도 필요한 것은 경영자의 기업가적 태도이다. 기업가적 태도가 기술을 태동시키고 발전시키는 중요한 요인임은 부정할 수 없으며, 이것은 이노베이션과 깊은 관계가 있다. 다음은 이노베이션의 발전 단계와 특질에 대해 알아보자.

3. 이노베이션의 단계

기술혁신의 주역은 기업이고, 기업은 제품이나 생산 공정의 이노베이션(innovation)을 통해서 우리의 경제생활에 영향을 준다. 이노베이션 개념의 창시자인 슘페터는 이노베이션에 대해 "그 체계의 균형점을 이동시키는 것이며, 더구나 새로운 균형점은 그 이전의 균형점으로부터 연속적인 걸음으로 도달할 수 없는 것"으로 정의한다. 즉, 시스템의 성질을 변화시켜야 해결할 수 있는 불균형을 만들어 내는 변화가 이노베이션이다. 예로 우편마차를 몇 대 연결해 보더라도 철도로 변하지 않는다. 새로운 기술의 개발은 슘페터가 말하는 불균형 즉 이노베이션의 원천을 만들어 내는 것이다.

현대의 기업은 생산 활동을 위해서만 자원을 투입하는 것은 아니며 생존전략으로서 많은 양의 자원을 기술 이노베이션에 사용하고 있다. 더욱이 자원 투입의 원리는 생산 활동에의 자원 투입의 원리와 중복되는 부분도 많지만 본질적으로 다른 점도 있다. 기술혁신 활동의 본질과 그것에 의해 생산되는 기술은 생산 활동의 본질 또는 그것에 의해 생산되는 재화, 서비스의 본질과 다른 면이 있기 때문이다. 따라서 기업의 기술혁신 활동의 분석은 생산 활동 분석의 단순한 응용 또는 확장만으로 이해하기 어렵다.

① 모방(Imitation)
② 발명(Invention)
③ 기술개발(Development)
④ 사업화(Commercialization, innovation)

물론 이상의 4단계가 객관적으로 엄연히 구별되지 않으며 한 기업이 모든 단계를 담당하는 것도 아니다. 그러나 기술혁신이라는 복잡한 활동을 이해하기 위해서는 이러한 단계들이 필요하다.

4. 이노베이션의 유형

일반적으로 기술혁신이라고 하면 발명이라든가 어느 정도 기술개발 활동을 포함해서 생각하지만 모방도 필요하다. 모방은 발명의 시초이고 모방을 통한 새로운 개량이야말로 발명이다. 비슷한 발명을 타인이 했을 경우에는 기초연구의 모방이라 하겠다. 이러한 단계를 반복한 기술개발을 통하여 사업화의 성공, 즉 이노베이션을 이룬다. 물론, 상술한 바와 같이 어느 기술에서는 모방 없이 완전한 발명을 통한 기술개발, 그리고 이노베이션으로 이어 지는 경우도 허다하다.

이노베이션의 스타일은 다음의 A스타일과 B스타일로 나눈다.

- A스타일(과정혁신) : ① 모방→ ② 발명→ ③ 기술개발→ ④ 사업화
- B스타일(제품혁신) : ① 발명→ ② 기술개발→ ③ 사업화

예를 들면 일본의 경우에는 처음에는 미국 등의 선진기술을 모방하고 기술개발 하여 새로운 발명으로 혁신을 이룩한 A스타일 이노베이션의 예가 많다. 일본 자동차회사 혼다나 토요타의 경우가 그렇다. 마쓰시타나 후지스의 경우도 마찬가지이다. 그러나 미국에서는 지금까지 존재하지 않았던 완전한 발명에서 기술개발, 그리고 사업화로 이어지는 B스타일 이노베이션의 경우가 많다. A스타일을 과정혁신(Process Innovation), B스타일을 제품혁신(Product Innovation)이라 한다.

A스타일의 이노베이션은 창조적 모방(Creative Immitation)[6]으로도 볼 수 있는데, 이는 일본의 시계회사 세이코가 세계시장을 제패한 전략이다.

5. 이노베이션의 사례

1) 일본의 시계산업의 선구자 – 세이코

기술혁신 활동을 알아볼 수 있는 것이 시계산업이며 그중 일본의 시계산업과 업체를 살펴볼 필요가 있다. 세이코는 1881년 동경의 긴자(銀座)4초메에 개점된 핫토리(服部) 시계점에서 시작되었으며, 1892년에는 세이코샤(精工舍: 정공사)라는 이름을 달고 시계를 제작했다. 1913년 일본 최초로 손목시계를 생산했고 일본시계업체의 상징적 존재이다.

1960년대 일본을 대표하는 시계회사였으나 1950년만 해도 세계 시계시장에서는 조그만 업체에 지나지 않았다. 〈표 6-1〉을 보면 알 수 있듯이 1950년 일본의 시계 수출은 약 14만5천 개로 약 3,354만 개를 수출한 스위스의 4% 정도에 지나지 않았다.

---

6) Peter F. Drucker(1986), Innovation and Entrepreneurship, Harper&Row publisher, p.220. 피터 드러커에 의하면 원래 창조적 모방이란 말은 하버드비즈니스스쿨의 레비트 교수가 처음 사용한 것이다.

〈표 6-1〉 시계 작동장치 및 완성품의 수출(1951~1980, 단위 : 1,000개)

연 도	일 본	스위스
1951	145	33,549
1955	4,860	33,742
1960	1,139	40,981
1970	1,701	71,437
1980*	6,830	50,986

▲ 세계 최초의 쿼츠 아나로그 손목시계

▲ 쿼츠 아나로그의 기기

일본 TV 개국일인 1953년 8월 28일에 세이코의 전신회사인 당시 세이코샤(精工舎)가 일본 최초의 TV CM인 정오 시보를 방영하여 화제를 일으켰다.

그러나 세이코는 글로벌리더가 되려는 열정으로 진동기술(quartaz, mechanical, tuning fork)에 관한 연구를 하였고, 커다란 모험을 하여 단순한 mechanica식에 석영(Quartz)식을 추가한 2개 작동식의 시계로 변신하였다. 쿼츠(Quartz) 시계는 종래의 태엽구동 대신 수정진동자, 즉 석영의 고유 성질을 이용해서 전지로 작동하는 전자식 시계를 말한다. 내부는 디지털 회로를 쓰지만 시각 표시 방식에 따라 아날로그시계와 디지털시계로 나뉜다. 압전소자인 쿼츠(석영)에 전압을 가하면 일정한 주파수로 진동하는데 IC칩이 이를 기준으로 1초를 계산해서 1초마다 모터를 움직이게 하는 원리이다.

1969년, 세이코 쿼츠의 등장으로 전 세계 시계 산업의 판도가 바뀌었다. 당시 일본의 세이코가 스위스가 고집한 기계식보다 300배 정확하고 저렴한 쿼츠 시계를 내놓으면서 스위스의 시계 산업이 몰락하기 시작한다.

일본의 세이코는 낮은 가격과 성능을 무기로 세계의 손목시계 시장을 차지하면서 그동안 귀족들과 부자들만 지닐 수 있었던 시계를 처음으로 일반시민들도 지니게 되면서 시계의 대중화에 앞섰다. 그런데도 스위스는 '장인 정신'만을 고집하며 여전히 태엽을 감아 사용하는 고가의 시계만을 생산했고, 1980년대에는 전 세계 시계 시장의 90%를 차지하는 손목시장에서 10%대만 점유하는 최악의 상황까지 치달았다.

세이코를 시작으로 일본 시계업계가 발전했고 스위스 시계산업은 15년 지난 1975

년에는 1,169개 제조업자, 종업원수도 6만2,567명으로 제조업자는 998개가 사라지고 종업원은 2만1,355명이 감소하였고 25년 지난 1985년에는 제조업자 600개, 종업원수 3만2,000명으로 감소한다. 즉 25년 사이에 1,567개의 제조업체가 사라지고 종업원수는 5만1,922명이 감소되어 제조업자는 72%가 사라지고 종업원은 61%가 감소되는 상황을 맞이한다.(〈표 6-2〉 참조)

〈표 6-2〉 스위스의 시계산업의 제조업자 수와 종업원수(1950~1985)

연 도	제조업자수	종업원수
1945	2,500	80,000
1950	1,863	60,239
1955	2,316	70,026
1960	2,167	74,216
1965	1,972	83,922
1970	1,618	89,448
1975	1,169	62,567
1976	1,083	55,182
1977	1,021	54,825
1978	979	52,669
1979	867	46,716
1980	861	46,998
1982	730	38,200
1985	600	32,000

70-80년대의 세계 시계산업의 리더는 세이코였다. 이것을 보면 창조적 모방의 과정혁신이 얼마나 중요한지를 알 수 있다. 그러나 일반적으로는 과정혁신보다 제품혁신의 경우가 새로운 단절과 사업화에 고심하게 된다.

2) 전자시계의 등장 – 카시오

세이코와 스위스 시계업체가 대중시계만 집중하고 있을 때 카시오에서 새로운 도전과 새로운 시계가 등장한다. 1981년에, 카시오(CASIO) 계산기의 이베 기쿠오(伊部

▲ G-SHOCK

▲ 이베 키쿠오

菊雄)의, 손목시계가 떨어지면서 깨진 것이 계기가 되어, 마스다 유이치(増田裕一)(상품 기획 담당)와 이베 키쿠오(설계 담당), 니카이도 다카시(二階堂隆)(디자인·담당)의 3명이 중심이 되어, 떨어뜨려도 고장나지 않는 「상식을 뒤집는 손목시계의 개발」이 개시된다. 당시 이 세 사람은 모두 20대였으며 개발팀은 'PROJECT TEAM Tough'로 명명되었다. 지금까지 전자계산기로 유명한 카시오(CASIO)는 1983년 4월에 떨어뜨려도 깨지지 않는 시계, 소위 전자시계인 "G-SHOCK" 1호인 'DW-5000C'를 시장에 내놓는다.

그리고 1980년에는 오늘날 카시오의 핵심 산업인 손목시계 제조업에 뛰어들기 시작하였다. 처음에는 아날로그시계를 발명하다가 세계 최초의 디지털 손목시계를 발명을 시작으로 세계 최초로 계산기를 탑재한 손목시계를 발명하면서 전자 손목시계를 잘 만드는 회사로 주목받게 되었다. 이후, 온도와 기압, 고도, GPS 기능이 탑재된 손목시계를 만들기 시작한다. 그리고 바늘이 없는 전자시계의 등장은 바늘시계를 전통으로 하는 세이코를 추월한다.

[그림 6-2] 일본시계 시장점유율

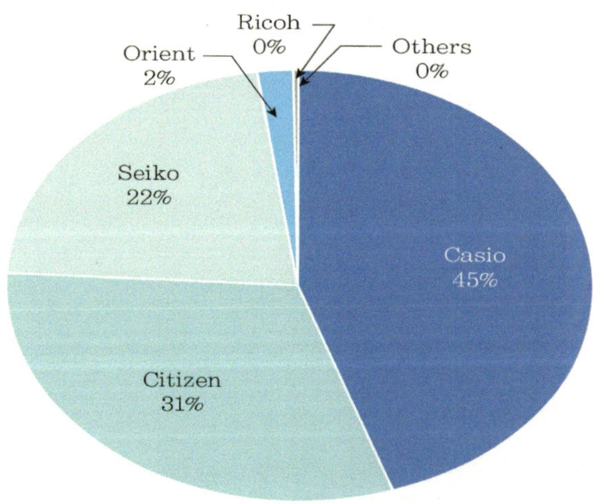

자료: 닛케이 상교 신문, 2016년 7월 25일 Nikkei Sangyo Shimbun newspaper.

2016년 7월 25일 닛케이 산교신문(Nikkei Sangyo Shimbun newspaper) 자료에 의하면 2015년 기준 생산자시장 점유율(%)이 카시오 45.2%로 1위, 시티즌이 30.6%로 2위를, 3위는 세이코가 22.2%, 오리엔트가 1.7%, 리코기 0.2%를 기록하여 전자시계의 카시오가 일본의 시계업계를 석권했으며 세이코는 3위로 밀려나게 된다.([그림 6-2] 참조)

3) 쿼츠 위기(Quartz crisis)와 스위스 시계의 부활

쿼츠 위기는 1970년대와 1980년대 초에 쿼츠 시계의 출현으로 인한 시계 제조 산업의 격변이었으며, 이는 전 세계의 기계식 시계를 대체했다. 전통적인 기계식 시계에 집중하기로 선택한 스위스 시계 제조 산업의 엄청난 쇠퇴를 초래했으며, 세계 시계 생산의 대부분은 새로운 전자 기술을 채택한 일본의 세이코(Seiko), 시티즌(Citizen) 및 카시오(Casio)와 같은 일본 회사로 이동했다.

쿼츠 위기는 1969년 12월 세이코가 도입한 세계 최초의 석영 시계인 아스트론(Astron)에서 시작되었다. 일반적으로 석영 시계는 기계식 시계보다 훨씬 정확하며 판매 가격이 훨씬 낮았다. 스위스 시계 사업의 1983년까지 위기는 임계점에 이르렀다. 1970년 1,600개의 시계업체를 보유한 스위스 시계 산업은 600개로 감소했다.[7] 1983년 3월, 스위스에서 가장 큰 두 개의 시계 그룹인 ASUAG(Allgemeine Schweizerische Uhrenindustrie AG)와 SSIH(Société Suisse pour l'Industrie Horlogère)가 합병되어 ASUAG/SSIH를 결성하여 나중에 SMH(Société de Microélectronique et d'Horlogerie)가 되었다. 이 조직은 스위스 시계 산업을 부활시키는 데 중요한 역할을 할 스와치그룹(Swatch Group)의 전신이었으며, 관련 브랜드에 새로운 건강 보험을 제공했으며, 1998년에는 세계에서 가장 큰 시계 제조업체인 Swatch Group으로 개명되었다.

▲ 스와치 플라스틱시계

▲ 고급품의 스와치 오메가

(1) 스와치그룹의 전략

① 저원가전략의 프라스틱제품

Swatch 제품은 플라스틱 케이스에 밀봉되어 수리 가능성이 거의 없는 일회용 상품으로 판매되었으며 기계식 시계(약 91)보다 움직이는 부품(51)이 적었다. 플라스틱으

7) Swiss News, April, 2005, by Elizabeth Meen.

로 시계를 만들어 원가를 낮추고, 시계를 패션 아이템으로 만들어 위기를 돌파하였다. 2년 이내에 2천500만개가 팔렸다.

② 고급품의 기계식시계 : 기계식 시계의 르네상스

기계식 시계는 정교한 장인 정신, 미적 매력 및 매력적인 디자인으로 점차 인정받는 사치품이 되었으며, 단순한 시간 유지 장치보다는 소유자의 사회적 지위와 관련이 있는 고급상품을 부활시켰다. Global Luxury Watch에 의하면 2025년의 스위스는 매년 전 세계에서 생산되는 1억2천개의 시계 중 2.4%만을 생산한다. 그러나 2.4%는 680 파운드 스털링(GBP) 이상의 비용이 드는 판매된 모든 시계의 95%를 나타낸다.

4) 스마트워치의 등장 – 애플과 삼성

2000년 중반에 들어서면서 세계적으로 스마트폰이 등장하여 시계의 중요성은 사라지고 건강중시 흐름으로 웨어러블 스마트워치(wearable smartwatch)가 등장하였다. 스마트워치는 휴대용 웨어러블 장치로 하루에 걸은 걸음수, 소모된 칼로리, 심박수 등 다양한 활동을 추적하는 데 사용된다.

웨어러블 기술(wearable technology)은 정보통신(IT) 기기를 사용자 손목, 팔, 머리 등 몸에 지니고 다닐 수 있는 기기로 만드는 기술로 착용기술이라고도 한다. 초소형 부품과 초박막형의 휘는(플렉서블) 디스플레이, 스마트센서, 저전력 무선통신, 모바일 운영체제 등 IT기술이 일상생활에서 사용되는 시계, 안경, 옷, 헬멧 등에 접목되어 사용자에게 언제 어디서나 컴퓨팅 환경을 제공한다.[8)]

삼성 갤럭시 기어(Samsung Galaxy Gear)는 2013년 9월 4일 삼성전자의 제품 소개 이벤트에서 공개하여, 2013년 9월 25일에 출시한 스마트워치다. 이에 대응한 애플은 시계형 웨러블 디바이스 'Apple Watch'를 2015년에 발매한다고 발표했다. 한국 시간 2014년 9월10일 오전 2시에 개최된 발표회에서는 가격은 349달러이다.

우선 런칭 제품으로는 화면 1.5인치 제품과 1.65인치 제품으로 나뉘고, 애플 워치(Apple Watch), 애플 워치 스포츠(Apple Watch SPORT) 애플 워치 에디션(Apple Watch EDITION)의 3 타입을 준비하고 있다고 발표하였다. 압력 감지형 Retina 디스플레이, 가속도 센서, 심박수를 읽고 운동 강도를 측정하는 독자 센서를 탑재하고 있다.

8) 착용(웨어러블)기술은 스마트워치와 같은 착용 컴퓨터(wearable computer), 스마트 의류(smart clothes), 헤드마운트 디스플레이(HMD, Head-mounted display)와 같은 가상현실(혼합현실) 체험기기, 피부에 이식하는 임플란트 등으로 응용되어 개인용뿐만 아니라 산업, 의료, 군사 등 모든 분야에 활용되며 디지털혁신과 관계가 있다

▲ 애플의 워치 3종류

삼성은 애플에 점유율과 1위 자리를 순순히 넘겨주었다. 삼성은 삼성 갤럭시 워치(Samsung Galaxy Watch)를 개발하여 스마트워치 시계업계에 다시 등장한다. 삼성 갤럭시 워치는 2018년 8월 9일에 출시되었다 갤럭시 워치는 2018년 8월 24일을 기점으로 미국에서 판매되었다.

시장조사업체 카운터포인트리서치(Counter point Research)는 2019년 1분기 전세계 스마트워치 판매량 조사 결과를 2019년 5월7일 공개했다. 이 기간 전세계 스마트워치 판매량은 지난해의 7.2%에서 같은 기간보다 48% 늘었다. 주축은 판매량을 127% 끌어올린 삼성전자다. 갤럭시 워치 시리즈를 앞세운 삼성전자는 판매량을 대폭 늘려 점유율 11.1%를 확보, 업계 2위에 올랐다. 배터리 수명을 늘리고 LTE 통신을 비롯한 혁신 기능을 선제 도입한 점에 효과를 거뒀다는 분석이 나온다.

카운터포인트 리서치(Counterpoint Technology Market Research)의 최근 발표된 글로벌 스마트워치 모델 트래커(Global Smartwatch Model Tracker)에 따르면 2021년 1분기 글로벌 스마트워치 출하량은 전년 대비 35% 증가했다고 한다. 애플은 새로운 시리즈 6 모델로 수요가 전년 대비 50% 증가함으로써 전반적인 시장 선두의 위치를 유지했다. 그 결과, 애플은 시장 점유율이 3%포인트 상승하여 33.5%를 기록하였다.

[그림 6-3] 글로벌 스마트워치 출하량

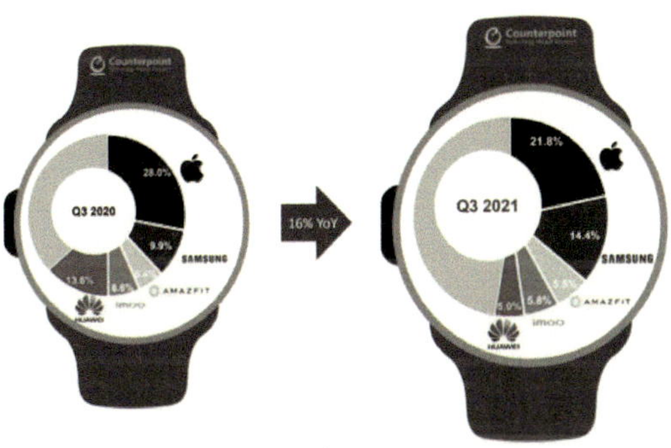

자료: 카운터포인트리서치

카운터포인트 리서치(Counterpoint Technology Market Research)의 최근 발표된 글로벌 스마트워치 모델 트래커(Global Smartwatch Model Tracker)에 따르면 2021년 3분기 글로벌 스마트워치 출하량은 애플은 2021년 3분기 스마트워치 시장에서 21.8%의 점유율로 1위를 차지했다. 2위는 삼성전자(14.4%)가 차지했다. 2020년 같은 기간에 비해 격차가 좁혀졌다. 2020년 3분기에는 애플이 28.0%, 삼성전자가 9.9%를 차지했었다.([그림 6-3] 참조)

스마트워치 시장 규모는 가트너(Gartner)의 2019년 조사에 의하면 2017년 92억 6,490만 달러에서 2025년까지 310억7,060만 달러로 성장이 예상되며 2018년에서 2025년까지 16.2%의 연평균성장률을 기록할 것으로 예상된다.

이 같은 세계의 시계산업의 흐름을 보면 이노베이션의 끝은 없다고 생각한다. 항상 고객의 요구와 세계적 흐름(트렌드)을 잊으면 그 업체는 흔들린다. 기술과 이노베이션을 방심하면 기업은 몰락하며 고객의 트렌드를 무시하면 기업은 사라진다.

듀폰 사가 나일론을 발명했을 때를 예로 들기로 하자. 합성섬유 나일론이 고분자의 화합에 의해 비단과 비슷한 특징을 갖는 섬유로 합성될 수 있다는 원리를 알게 된 것은 발명이다. 이러한 발명을 기반으로 공장에서 대량생산 가능한 기술을 갖추는 것이 기술개발이고, 이러한 기술의 가능성과 시장의 욕구를 감안한 다음 신기술을 도입하여 생산하는 것이 사업화(이노베이션)이다.

일반적으로 발명은 대학이나 연구소에서, 기술개발과 사업화는 기업에서 추진해야 할 단계라고 생각한다. 그러나 GE의 에디슨, 코닥의 이스트먼, 제록스의 윌슨 등의 기업가는 기술적 책임을 스스로 하였다.

6. 기술과 사업화

기술자로서 경쟁력을 갖지 않았다 해도 중요한 기술의 결정을 선두지휘하고 사업화하여 성공적으로 이끄는 것은 무엇보다 중요하다. 특히 사업화의 경우는 기업의 본질적 기능이라고까지 말할 수 있다. 이것을 어느 정도까지 행할지 결정하는 것이 기업가의 중요한 의사결정이다. 모방, 발명, 기술개발, 사업화 단계의 진전과 함께 자원 투입량은 급격한 속도로 증가하고 불확실성은 감소해 가는 것이 일반적이기 때문이다.

주지하는 바와 같이 나일론의 발명은 1928년에 캐러더스(W. Carothers)가 듀퐁사에 초빙되어 합성섬유의 기초연구를 시작한 것으로 볼 수 있다. 캐러더스를 중심으로 한 작은 그룹이 2년이 지나 나일론의 원리를 최초로 발견했을 때에는 5만 달러 정도의 연구 자금이 사용되었다. 그리고 1934년 실제로 나일론의 화합에 성공했을 때 그때까지 사용한 자금은 100만 달러에 이르렀다. 그러나 개발 단계에 이르면 투자는 점점 불어난다. 듀폰의 연구개발 부분에 대량생산의 프로세스가 개발되고 시험공장이 만들어져 섬유의 품질의 개량이 이루어져 감에 따라 필요한 투자액은 4,400만 달러를 넘었다. 최후의 사업화 단계에서는 더욱 많은 투자액이 필요했다. 나일론의 사업화에 이르기까지의 투자 금액의 곡선은 [그림 6-4]와 같다.

[그림 6-4] **나일론의 발명에서 사업화까지의 투자금액**

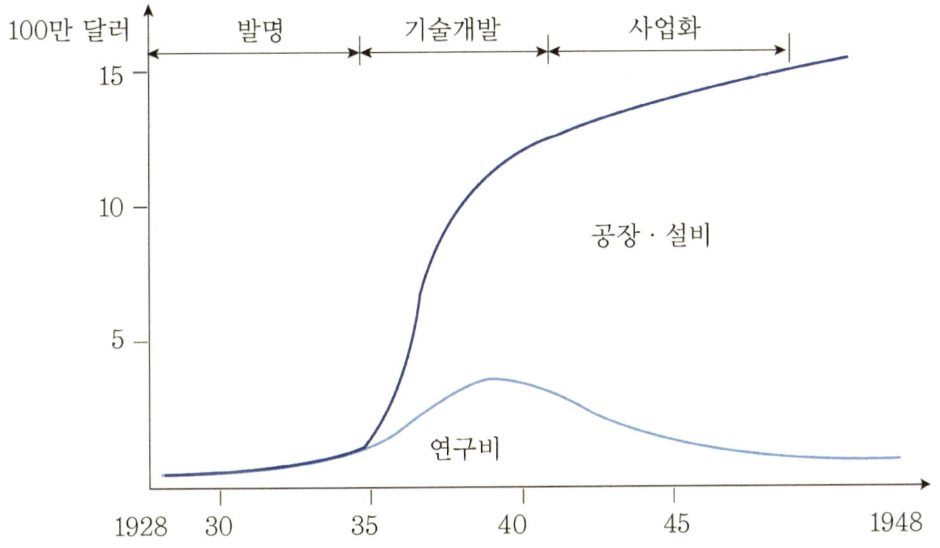

이러한 예를 보면 발명의 단계에서 필요한 것은 과학자의 재능이지 투자액은 별로 들지 않는다. 하지만 성과가 나타남에 따라 기술개발이 필요하고 불확실성은 감소하지만 인적 투자와 물적 투자의 필요성이 크게 증대된다. 최후의 사업화 단계에서는 시장이 받아들일 것인가 하는 불확실성이 무척 커진다.

그런데 흥미롭게도 이마이 겐이찌(今井賢一)[9]는 제품혁신과 과정혁신이라는 두 가지 개념이 이노베이션의 기업전략을 생각할 경우에는 유효하지만 생물공학의 경우에는 거기에다 증식(proliferation)이라는 기술적 특성을 덧붙여 고려해야 한다고 주장한다. 그리고 생물공학의 산업화는 ① 기존 제품을 대체할 신제품을 만들어 내는 기술로서의 제품혁신 ② 종래의 제조법을 효율화하여 변환시키는 기술로서의 과정혁신

9) 이마이 겐이찌, 김동열 옮김(1992), 『기술혁신과 기업조직』, 비봉출판사.

③ 목적물을 증식시키는 증식이라는 새로운 기술적 특성 등 3가지 축을 둘러싸고 전개된다고 주장한다.

제 3 절 이노베이션과 기술 진화

1. 이노베이션의 특징

이노베이션에 대한 정의는 여러 가지겠지만 여기에서는 기술혁신을 지칭하기로 한다. 이노베이션에는 다음과 같이 3가지 특징이 있다.

첫째, 이노베이션이 새롭게 만들어 내는 것이라는 특징으로서 기술이라는 정보의 생산을 예로 들 수 있다. 상술한 바와 같이 새로운 제품을 만들어 내는 제품혁신(product innovation)이나 제품은 변하지 않은 채 생산과정만 새롭게 하는 과정혁신(process innovation)이나 이노베이션 활동의 직접적 산출은 새로운 기술과 관련이 있으며, 그 기술은 정보와 관계가 있다.

[그림 6-5] 프로덕트 이노베이션과 프로세스 이노베이션

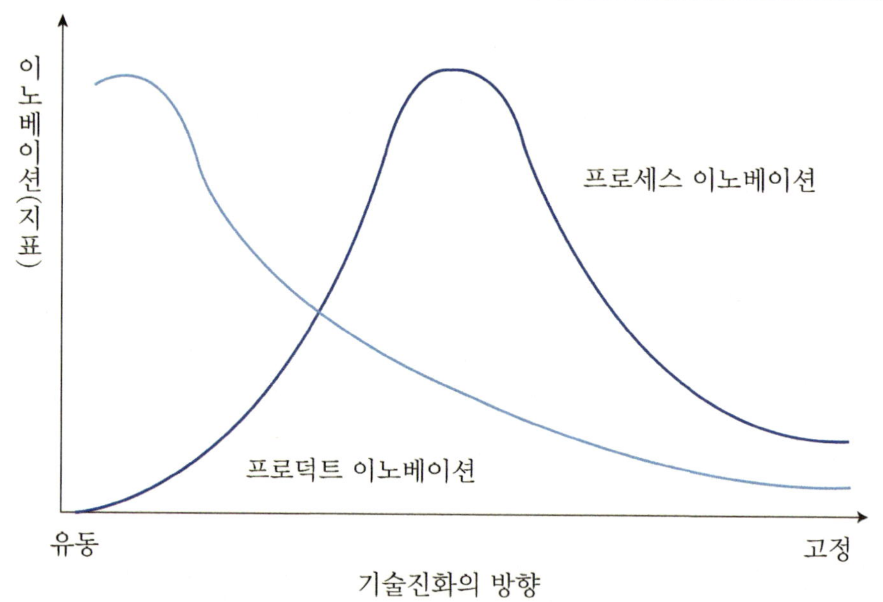

제품혁신의 의 어프로치에는, '기술 주도형 어프로치'로 불리는데 미국 실리콘 밸리의 기술 벤처 기업이나 바이오 벤처로 대표되는 독창적이고 높은 기술을 바탕으로 혁신적인 신제품을 개발하는 것을 발한다.

'과정혁신 어프로치' 란 제품 및 서비스 프로세스(제조공정도, 작업 과정 등)를 변화시킴으로써, 효율화에 의한 시간·원가 저감이나 품질을 높임 등으로 경쟁력을 높이는 것을 말하는데 주로 일본기업의 혁신중의 하나로 평가된다.

[그림 6-5]는 이노베이션을 통한 기술 진화의 흐름을 보여 준다. 그림에서 보면 프로덕트 이노베이션과 프로세스 이노베이션은 서로 다른 것이 아니라 이어져 있다고 할 수 있다. 다시 말해 제품혁신이 이루어지면 그 제품의 과정혁신이 일어나고 새로운 혁신이노베이션을 이끈다는 것이다.

둘째, 이노베이션의 본질로서 실험이 있다. 무엇인가 새로운 것을 실험해 보는 것인데, 이는 불확실성과 연관된다. 이노베이션이라는 실험행동에 자원을 투입하여도 어떠한 결과가 나타날지 성과는 불확실하다. 즉 자원을 투입하여 어느 정도의 산출을 낼 수 있는가 하는 기술적 불확실성만이 아니고, 그 결과 제품이 시장에서 받아들여질지에 대한 시장의 불확실성도 크다고 하겠다.

셋째, 이노베이션 결과 무엇인가 발생하는 것에 대한 특성으로서 창조적 파괴로 압축된다. 이노베이션을 통해 새로 만들어진 기술이 사업화되면 종래의 상태는 파괴되고 새로운 질서가 만들어진다. 신제품이 종래의 제품을 진부하게 해 새로운 생산 프로세스가 낡은 프로세스를 바꾼다. 어느 것이든지 현상의 창조적 파괴에 의해 신질서가 나타나는 것이다.

몇 년 전까지도 우리가 상상도 못했던 전자상거래는 세계적으로 발달했고, 그 규모는 1999년 200억 달러에서 2003년 1,450억 달러로 급증했으며 10년이 지난 글로벌 전자상거래 시장 규모는 2013년 1조2000억 달리로 기이급수적인 성장을 기록했으며 2018년에는 2조3000만 달러 2020년 4조 580억 달러에서 2023년 6조 5000억 달러로 급격히 성장하고 있다.

슘페터는 "끊임없이 옛것을 파괴하여 새로운 것을 창조하고 끊임없이 내부에서 경제구조를 혁명화 하는 산업상의 돌연변이라는 창조적 파괴의 과정이야말로 자본주의의 본질적 사실이다"라고 했다.[10] 말 그대로 새로운 것을 창조하는 것이야말로 이노베이션의 특징이다. 이상의 이노베이션의 특징은 생산 활동의 특징과 다르기 때문에 이노베이션을 더욱 어렵게 만들기도 한다. 한편 피터 드러커는 이노베이션을 사회적 혁신(social

10) J. Schumpeter(1950), Capitalism Socialism & Democracy, Harper & Row.

innovation)과 기술적 혁신(technical innovation)으로 나누고, 후발공업국 일본의 경제발전은 사회적 혁신에 의해 이루어졌고 이것이 기술적 혁신을 이끌었다고 설명한다.

2. 이노베이션의 유인

기업의 이노베이션 활동과 관련해 외적 유인(誘因)과 내적 유인의 2가지 측면에서 살펴보기로 한다. 즉 기업은 왜 이노베이션을 해야 하고, 어느 방향으로 이노베이션을 해 나가야 하는가에 대해 알아본다.

1) 이노베이션의 외적 유인

이노베이션의 외적 유인은 여러 요인이 있을 수 있으나 일반적으로는 아래의 4가지로 구분할 수 있다.

① 제품시장에서 나타나는 유인
② 투입요소시장에서 나타나는 유인
③ 기술 측면에서 기업의 외부로부터의 유인
④ 규제 등의 정치적 또는 경제 외적인 유인이 그것이다.

(1) 제품시장에서 나타나는 유인

제품시장에서 나타나는 이노베이션이란 한마디로 수요구조의 변화이다. 인구 동태의 변화, 생산구조의 변화 등에 의하여 수요자의 선호가 대체적으로 변화해 가는 것을 민감하게 관찰한 경영자가 그것에 대해 새로운 재화, 서비스를 제공하는 이노베이션에 의해 이윤기회를 얻는다. 이 유인에서 중요한 것은 TAT(Turn around Time, 전환의 소요 시간)인데, 이는 신제품의 수요를 알고 나서 대량 출하를 하기까지의 기간을 말한다. 마스시타 전기는 1980년대 후반까지 칼라 TV 생산에서 TAT의 신기록을 유지하고 있었다.

첨단컴퓨터 기술을 사용하면 자동차의 신형차 개발 주기를 25% 단축할 수 있다고 하는데, 이것은 18개월분(1년 6개월)의 절감에 해당된다. 첨단컴퓨터의 기술을 사용하면서 경쟁상대에 비해 압도적인 우위를 차지하게 된 것이다.[11] 이것은 신규 기업의 설립이나 기존 기업을 다각화하는 형태로 이루어진다.

---

11) Richard Foster, 이용진 옮김(1992), 『이노베이션』, 신세대, p.56.

(2) 투입요소시장에 나타나는 유인

투입요소시장에서는 2가지 타입의 이노베이션이 나타날 수 있다.

우선 기업의 외부적 이유에 의해 투입요소 가격이 상승하였기 때문에 그 요소의 상대적 사용량을 줄이기 위한 기술개발이 행해지는 케이스이다. 예를 들면 임금의 상승에 대한 노동 절약을 위해 기술개발이 행해지는 것을 들 수 있다. 투입요소시장에 나타나는 유인은 요소공급의 불확실성에 관련되어 발생하는 유인으로 볼 수 있다. 예를 들면, 한 요소의 공급이 불확실해지면 그것에 의해 기업의 생산 활동 전체가 불확실해지는 경우가 있다. 이러한 불확실성을 피하기 위해 경영진은 투입요소의 필요량을 감축하거나 또는 다른 요소로 대체할 수 있는 기술을 개발한다.

그리고 파업에 의해 노동공급이 불안정하게 되면 생산인력 감소를 설비투자 등 기업의 자본 투입으로 대체할 수 있는데, 이때 자본을 대신하여 노동절약에 필요한 기술개발에 박차를 가할 수 있다.

투입요소시장에 관련된 이노베이션은 어느 것이나 요소 대체를 가져다주는 것이 된다. 가격이 상승된 요소를 절약하기 위해서, 공급 불확실성을 낮추기 위해 이노베이션 활동의 방향이 정해지는 것이다. 물론 하나의 이노베이션 배후에는 요소공급 측면에서의 여러 요인이 동시에 움직인다. 일례로 1973년과 1979년 두 번에 걸친 오일쇼크 때에는 이렇게 여러 요인이 동시에 부각되어 에너지 절약 차원에서 요소 대체에너지를 줄여 자본설비를 증가시키는 혁신이 대규모로 일어났다. 참고로 시장에 근원을 갖는 이노베이션을 시장견인형 혁신(marᄇket pull innovation), 기술에 근원을 갖는 이노베이션을 기술압력형 혁신(technology push innovation)이라 한다.

(3) 기술 측면에서 기업 외부적 요인

물론 이윤기회의 유무는 다음 문제로, 이노베이션의 근본은 좀 더 나은 고차원적인 제품이나 생산 프로세스를 목표로 하는 기술적 탐구라고 하겠다. 이것을 일부에서는 우연과 필연으로 설명하기도 한다. 다시 말해 모든 이노베이션은 우연과 필연이 공존한다는 것이다. 어떤 의도를 지닌 계획적 실험과 뜻밖의 우연 및 자연현상 사이에서 사람들이 이노베이션의 노력을 계속하면 그 성과로서 신기술이 탄생된다는 뜻이다.

이러한 기술적 탐구에 불붙이는 것이 기업으로서는 외부적 요인이라 할 수 있는 과학상의 발견인 경우가 많다. 에디슨이 레코드를 만들었을 때에는 시장수요보다 이러한 기술적·과학적 탐구심이 근본을 이루었다고 하겠다. 이노베이션으로는 우선 신기술이 나타나며 이것이 요구하고 수요를 찾는다. 실제 우리의 생활 속에 대형 이노베이션 대부분이 이러한 것이라 하겠다. 20세기 후반의 최대의 발명 중의 하나로 꼽히는 광통신(光通信)의 기초가 되는 레저의 이노베이션이 전형적인 예이다.

(4) 정부규제 등 경제 외적 요인

정부에 의한 규제라는 경제 외적 요인에 의한 이노베이션의 예로는 공해규제에 의해서 공해방지기술 개발이 진전을 이룬 것을 들 수 있다. 1976년 미국에서 자동차공해 문제를 법으로 규정하는 머스키법(1975년까지 유해가스 배출량을 1971년의 1/10로 낮춰야 된다는 법률)이 통과되자 혼다나 도요타 등의 자동차 회사에서 저공해 CVCC(Compound Vortex Controlled Combustion engine) 엔진과 로타리 엔진 등의 기술이 개발되어 자동차산업의 발전에 커다란 역할을 하였다.[12] CVCC 엔진은 일본에서는 복합와류조속연소기관(複合渦流調整燃焼方式)으로 용어 그대로 해석하면 '복합', '와류조속', '연소기관'의 특징을 지닌다. 미국에서 최고로 많이 팔렸다는 혼다시빅에 장착된 CVCC 엔진은 미국의 강력한 배기가스 규제, 그것도 미국 업체들이 '내연기관 엔진의 종말'로 칭하던 규제인 머스키법(대기정화법개정안)을 단번에 통과하면서 세계 최초의 저공해 엔진이라는 타이틀을 얻었다.

부연소실과 주연소실을 따로 두고, 부연소실에서 기름 연소를 주로 맡기는 방식으로 설계해 공해물질을 최소화시키는 원리이다. 재미있는 일화가 있는데 혼다 소이치로(本田宗一郎) 회장이 CVCC가 세계적으로 주목을 받자 돈을 많이 벌 수 있다는 것에 기뻐했는데 CVCC엔진의 개발자 한명이 돈보다는 환경이 더 중요해서 개발했다고 지적하자 혼다의 창업자 혼다 소이치로가 반성했다고 한다.

▲ CVCC 엔진

▲ 혼다 소이치로

12) 이덕훈(1994), 「일본의 자동차산업발전과 기업가정신」, 〈국제경영연구〉 제5권, 한국국제경영학회, pp.17-18.

국제석유파동이 생기면서 연비효용성을 높힌 CVCC엔진 탑재 및 전륜구동 최초로 시빅을 탄생 하에 1972년부터 시판했다. 먼저 2도어 세단과 3도어 해치백[5]으로 시작하여 1974년부터 왜건형 밴, 1977년부터 5도어 해치백[6]까지 줄줄이 태어나는 등 소형차의 베스트셀러로 자리매김하고 내수와 수출을 모두 만족하면서 판매량을 자랑했다. 엔진의 경우 1.2L 사양이 먼저 출시되고 1973년 12월에 1.5L[7] 엔진 사양이 추가되었다. 변속기는 4단 수동변속기를 기본으로 장착하고 5단 수동 또는 혼다가 개발한 세미오토 변속기 옵션이 제공되기도 했다. 또한 1974년에 나온 1200RS 등 스포츠 모델도 라인업에 존재했다.

이러한 형태의 이노베이션은 규제에 의해 제품시장이나 투입요소시장의 상황이 크게 변화하며 수요구조나 공급구조가 변화함에 의해 생기는 이윤기회를 기업이 이용하는 경우에 일어난다.

이상으로 이노베이션의 외적 요인에 대해 알아보았다. 말할 것도 없이 기술혁신은 이러한 외적 유인의 이노베이션, 즉 외적인 변화에 의해 현재의 질서를 파괴할 수 있는 기회가 주어지는 것이라 할 수 있다. 물론 기회가 외적 유인에 의해 주어지더라도 그것을 실행하지 않는 기업은 이노베이션을 할 수 없다. 외적 요인만으로 이노베이션이 이루어지지 않기 때문에 외적 유인은 이노베이션의 충분조건은 아니다.

2) 이노베이션의 내적 유인

이노베이션의 내적 유인이라 할 경우에 내부는 기업의 내부는 물론이고 이노베이션의 프로세스 자체도 포함한다. 프로세스 자체의 내적 유인에는 다음의 2가지가 있다.

① 기술의 상호의존성과 불가분할성(不可分割性)에서 나타난다

이노베이션에 의해 출현한 신기술은 기존의 기술체계에 불균형을 일으키고 그 불균형을 시정할 새로운 기술을 촉발시킨다. 즉 하나의 기술이 기술적 불균형을 만들고 그것이 다음의 이노베이션의 내적 유인이 된다.

② 이노베이션 활동에서 기업의 입수하기 쉬운 정보의 외부경제에 의한다

정보에는 이노베이션이 성공한 경우 만들어 낸 신기술의 정보와 성공 여부와 관계없이 이노베이션 노력의 프로세스에 나타난 정보가 있다. 기술면의 정보도 있고 이노베이션 사업화 단계에 학습하는 시장에 관한 정보도 있다. 즉 혁신에 관한 학습정보(learning by innovating)이다.

지금까지 이노베이션의 프로세스 자체의 내적 유인에 관해 살펴보았다. 그러나 이러한 내적 유인만으로는 이노베이션이 나타나지 않는다. 덧붙여, 이노베이션이 발생하기 위해 필요한 경영 주체에 관련한 내적 요인에 대해 살펴보기로 한다.

아오키 마사히코(青木昌彦)는 이노베이션에 필요한 투입구성요소로서

① 정보 축적
② 벤차 캐피털
③ 기업가정신을 들었다.

그리고 기업가정신이 풍부한 개인이 중심이 되지 않고 기업이 중심이 된다고 하였다.13)

물론 이 논리가 일리 있다고 하겠으나, 그는 기업가에 대한 정의를 경제적으로 보는 한계가 있다고 하겠다. 기업을 움직이는 것은 경영 주체, 즉 기업가이기 때문에 기업가의 역할과 기업가정신을 무시해서는 안 된다.

3) 슘페터적 가설(Schumpeterian hypothesis)과 기업가

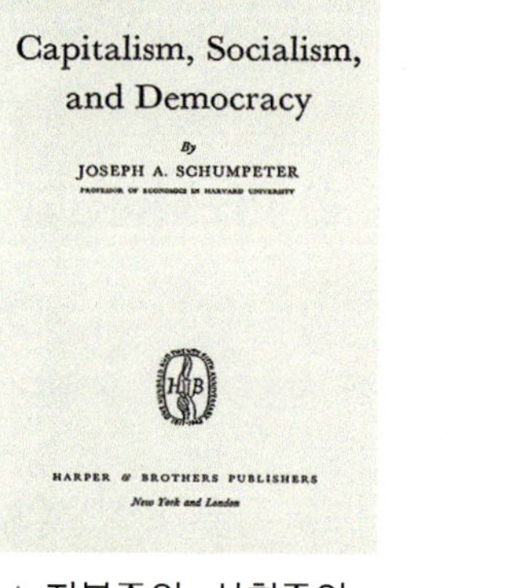

▲ 자본주의, 사회주의, 민주주의

슘페터는 창조적 파괴(creative destruction)라는 단어를 사용한 학자로 유명하다. 일반적으로 경제발전이란 새로운 효율적인 방법이 만들어지면 그와 동시에 낡은 비효율적인 방법은 구축되어 가는 그 일련의 신진대사를 가리킨다. 창조적 파괴는 자본주의에서의 경제 발전 자체이며, 이것이 일어나는 배경은 기본적으로는 외부 환경의 변화가 아니라 기업 내부의 혁신이라고 했다. 그리고 지속적인 경제발전을 위해서는 끊임없이 새로운 혁신으로 창조적 파괴를 하는 것이 중요하다고 슘페터는 주장했다.

▲ 슘페터

슘페터의 저서 『자본주의, 사회주의, 민주주의』14)에서 정립된 개념으로 창조적 파괴란 마르크스 경제학을 재해석한 것으로, 기술의 발전이 끝없이 기존의 기술체계를 부수고 새로운 체계를 쌓아가는 과정이라고 주장하고 있다. 레코드판에서 카세트테이프, 그리고 CD-ROM을 이어 스포티파이 등의

13) 즉, 기업의 위험부담 능력과 위험자본 조달의 한계를 들어 기업가를 중심으로 하지 않았다.
14) Joseph Schumpeter, Capitalism, Socialism and Democracy, New York: Harper & Row, 1942.

스트리밍 서비스로 이어지는 기술의 역사와 일반전화에서 삐삐로 그리고 PCS를 넘어 스마트폰으로 이어지는 기술진화의 역사 등을 살펴보면 새로운 기술은 옛날의 기술을 파괴하고 새로운 질서를 구축하는데, 이런 것이 바로 슘페터가 주장한 창조적 파괴의 예라고 할 수 있다.

슘페터는 경제 발전과 관련하여 혁신(innovation)의 중요성을 주장했으나 혁신을 이루기 위해서는 많은 자본이 필요하며, 이는 대기업에서 독점력을 가진 기업이 유리하다는 주장을 했다. 그리고 기업 규모가 크게 독점력을 가지고 있는 기업일수록, 연구 개발에의 인센티브가 커진다고 생각했다. 이것이 슘페터적 가설(Schumpeterian hypothesis)이라고 한다.

그러나 최근에는 대기업보다도 기업가정신아 왕성한 하이테크 벤처기업이 필요하며 2000년대에 들어와서는 인터넷을 중심으로 카카오뱅크, 쿠팡, 네이버 등의 벤처기업이 성장하여 기존의 재벌기업을 앞서고 시가총액으로는 삼성보다 앞서기도 하였다.

2000년대에 들어오면서 21세기의 석유로 불리는 인터넷을 무기로 디지털데이터로 성장을 계속해 온 Google, Amazon, Facebook, Apple 이들 4기업의 머리글자를 따서 'GAFA(가파)'라고 부른다. 전 세계에서 인터넷을 사용하는 수십억 명의 사람은 매일 GAFA의 제품이나 서비스를 이용하고 우리도 모르는 가운데 어느덧 이들 제품과 서비스는 생활의 필수 인프라가 되었다. 2018년 세계 시가 총액 순위에서 애플이 1위, 아마존이 2위, 알파벳(구글의 모회사)가 3위, 페이스 북이 다섯 번째로 시가 총액은 이하로 되어있다.

〈표 6-3〉 **2018년 세계 시가 총액 순위**

기 업	시가 총액
Apple	9,409억 달러
Amazon	8,800억 달러
Google(Alphabet)	8,336억 달러
Facebook	6,092억 달러

최근에는 IT 서비스의 점유율이 작아지면서 하드웨어에 강점이 있는 애플(Apple)을 제외하고 대신 동영상 서비스로 세계를 석권하고 있는 넷플릭스(Netflix)를 넣은 팽(FANG)으로 불리는 기업군도 주목 받고 있다.

여기에 필요한 것이 벤처캐피탈이다. 벤처 캐피탈은 또한 일자리 창출(미국 GDP의 2%를 차지함) 그리고 하이테그를 중심으로 한 지식 경제와 관련이 있으며 경제 부문이나 지리 분야의 혁신의 대리 척도로 사용된다.[15] 매년 미국에서는 거의 2백만 개의 기업이 창출되고 있으며 600-800개의 벤처 캐피탈 펀딩이 있다. 전미 벤처 캐피탈 협회(National Venture Capital Association)에 따르면[16] 민간 부문 일자리의 11%는 벤처 지원 기업에서 왔으며 벤처 지원 수익은 미국 GDP의 21%를 차지한다고 한다.

15) Venture Impact: The Economic Importance of Venture-Backed Companies to the U.S. Economy. National Venture Capital Association. Archived from the original on June 30, 2014. Retrieved May 18, 2012.

16) Venture Impact (5 ed.), IHS Global Insight, 2009, p.2, ISBN 978-0-9785015-7-0, Archived from the original on June 30, 2014.

Chapter 07

경영과 리더십

功基無備 出基不意
적이 준비하지 못한 곳을 공격하고 적이 생각하지 못했을 때 출격하라.
『손자병법, 시계편』

제 1 절 손자병법의 등장

2006년 4월 21일, 미국을 방문한 중국의 후진타오 국가주석이 미국의 조지 부시 대통령에게 부전이굴(不戰而屈)의 지혜가 담긴 『손자병법』을 선물하여 화제가 되고 있다.

▲ 후진타오 주석

▲ 조지 부시 대통령

부전이굴이란 백 번 싸워 백 번 이기는 것이 최선이 아니라 싸우지 않고 적을 굴복시키는 것이 최선이라는 의미이다. 손자병법의 「모공편」에 나오는 대목을 옮기면 이렇다.

百戰百勝 非善之善者也(백 번 싸워 백 번 이기는 것이 최상이 아니고)
不戰而屈之兵 善之善者也(싸우지 않고 적의 군대를 굴복시키는 것이 최상이다)

중국의 후진타오 국가주석은 부시 대통령에게 미국의 이라크 침공을 빗대어서 전쟁을 하지 않고 이기는 것이 대국다운 논리이지 않겠는가 하는 간접적인 해석을 건넨 것이다.

고금동서를 막론하고 전략을 논할 때면 『손자병법』을 가져왔고 세계적인 전략가 나폴레옹까지도 프랑스어로 번역된 이 병서를 읽었다고 할 정도이다. 중국의 역대 황제나 명장들은 『손자병법』은 물론이고 『오자』, 『육도』, 『삼략』 등을 읽고 논하기까지 하였다.

▲ 다케다 신겐(武田信玄)

2007년 일본에서는 NHK의 대하드라마 '풍림화산(風林火山)'이 인기리에 방영되었다. 대하드라마의 성격상 시대적 상황을 제대로 반영한다는 평을 얻었는데, 풍림화산이라는 제목은 상징적이며 전략적 분위기를 자아낸다. 일본 유학 중에도 '바람, 수풀, 불, 산'이 의미하는 것이 무엇인지 궁금했던 적이 있다. 그때는 일본의 전국 통일을 눈앞에 두고 병으로 죽은 비운의 명장 다케다 신겐(武田信玄)이 정말 멋있는 단어를 만들어 냈다고 생각했는데, 나중에 알아보니 이 풍림화산을 신겐에게 사용케 한 전략가가 야마모토 간스케(山本勘助)이며 이것 역시 『손자병법』의 「군쟁편」에 나온 말이었다.

▲ 야마모토 간스케(山本勘助)

풍림화산의 내용은 다음과 같다.

基疾如風(빠르기를 바람과 같이 하게 하고)
基徐如林(고요하기를 숲과 같이 하고)
侵掠如火(침략하기를 불같이 하고)
不動如山(움직이지 않기를 산같이 한다)

미국의 육군사관학교에 해당하는 웨스트포인트에서 인용하는 "적이 준비하지 못한 곳을 공격하고 적이 생각하지 못했을 때 출격하라"는 말도 『손자병법』의 「시계편」 "功基無備 出基不意(공기무비 출기불의)"에서 나온 말이다. 또한 이 말은 화교연구차 동남아를 방문했을 때 화교의 사무실이나 집에서 가장 많이 보았던 문구이기도 하다.

이쯤 되면 『손자병법』의 중요성을 알게 하며 몇 천 년 전에도 몇 백 년 전에도 전쟁은 있었으며 이기기 위해 노력하였음을 알 수 있다.

중국은 수많은 국가가 들어서고 통합하고 망하고 새로 등장하다 보니 『손자병법』 이외에 소위 '무경칠서(武經七書)'라고 하는 병법이 등장하였다. 무경칠서는 『손자병법』을 포함한 『오자병법』, 『육도』, 『삼략』, 『율요자』, 『사마병법』, 『이위공병법』 등이며 중국에서는 이를 응용한 전쟁이 많았고 현대 중국에서는 모택동도 『손자병법』을 읽고 국민당과의 싸움에서 이겼다고 할 정도이다.

근대에 이르러 서양에서는 프로이센의 클라우제비츠의 걸작 『전쟁론』이 나오면서부터 전쟁, 정치, 전략에 커다란 영향을 끼쳤다. 이 책은 특히 프로이센이 나폴레옹에게 전쟁에 지면서 프랑스의 위성국으로 전락하면서 겪었던 현역군인의 아픔이자 경험이며 희망을 표현한 작품이라고 하겠다. 또한 역설적으로 프랑스 대혁명이 성공하여 유럽을 강타한 프랑스의 에너지로부터 무언가를 배우고 싶었던 프로이센에서 인기가 있었고 1870년과 1871년 사이에 프랑스가 프로이센에게 굴욕적인 패배를 당한 후 프랑스에서 많은 독자가 생겼다. 손자가 다수의 경쟁자가 존재하는 전국시대에서의 상생의 전략이라면, 클라우제비츠는 일대일의 전쟁에서 적을 이기고 내가 살아야 하는 전투의 개념이라 하겠다.

제 2 절 손자병법과 경영자

1. 동서양에서 등장한 손자병법

병법 중의 병법으로 불려지는 『손자병법』은 고금동서를 통해 가장 오래되었으면서도 으뜸으로 인식되는 병법서이다. 지금부터 2500년 정도 전, 중국 춘추시대의 제나라에서 태어나 와신상담의 주인공인 오의 국왕 합려(闔閭)와 부차(夫差)를 섬긴 명장이며 책략가인 손무(孫武)가 저술했다고 한다.

손자는, 1. 시계 2. 작전 3. 모공 4. 군형 5. 병세 6. 허실 7. 군쟁 8. 구변 9. 행군 10. 지형 11. 구지 12. 화공 13. 용간으로 구성되어 있는 비교적 단문의 고전이다. 사마 천(司馬遷(기원전145-86)의 사기에도 손자병법이 등장하며 이미 이 시기에도 병법서로 널리 읽혀졌다는 설명이 있을 정도 이다.

삼국지로 유명한 위(魏)의 조조(曹操)가 이를 다시 3권 13편으로 정리하고 주석을 달아《손자약해》(孫子略解)를 저술했는데 보통《위무주손자》(魏武註孫子)로 알려져 있다. 조조는 스스로 손자의 주석 책을 쓸수록 손자를 사용하여 전쟁에서는 8할의 승률을 자랑했다고 전해진다. 이것을 보면 2000년 이상에 걸쳐 높은 평가를 얻은 것임은 틀림없다.

중화인민공화국의 초대주석으로 중국대륙을 통일했던 마오쩌둥(毛澤東)이 국민당과 싸울 때 사용했던 게릴라 전술, 즉 '16자(字) 전법'도 손자병법에서 유래했다고 한다.

16자 전법은 '적진아퇴(敵進我退) 적주아교(敵駐我攪) 적피아타(敵疲我打) 적퇴아추(敵退我追)'이다. 이를 한글로 더 풀어보면 적이 공격하면 아군은 후퇴(적진아퇴), 적이 멈추면 교란(적주아교), 적이 피로하면 (아군은) 공격(적피아타), 적이 후퇴하면 (아군은) 추격한다(적퇴아추)'는 것으로, 중국 공산당의 기본전략이다.

▲ 마오쩌둥의 16자 전법

마오쩌둥의 16자 전법의 바탕은 『손자병법』이다. "16자전법의 절묘함은 전진과 후퇴, 집결과 분산의 융통성과 상호 전환을 간결하게 묘사한 것"으로 유명하다.

그리고 마오쩌둥의 유격 전법은 군대와 민심을 묶으면서 정밀해진다. 『어수불능분리(魚水不能分離:홍군과 인민은 고기와 물의 관계로 분리될 수 없다)』

손무(孫武)가 〈손자병법〉을 펴낸 후 1000년이 조금 더 지나 8세기 무렵에 『손자병법』이 한국과 일본으로 전파됐다. 그 후 다시 1000년이 지나 1782년 프랑스 신부 잔 조셉 마리 아미오(Jean Joseph Marie Amiot)가 『손자병법』을 불어로 번역해 처음으로 유럽에 전파됐고 나폴레옹도 손자병법을 읽은 것으로 전해지고 있다. 그 후 지금까지 영어, 스페인어, 러시아어 등 30여 개 국의 언어로 번역돼 왔다.

일본에서는 전국시대에 카이의 다케다 신겐(武田信玄)이 『손자병법』의 한절에서 인용한 '풍림화산(風林火山)'의 깃발을 사용하고 있던 것으로 유명하다. 도쿠가와 이에야스(德川家康)도 손자병법을 숙지한 것으로 유명하다. 산요겐키츠(三要 元佶)에 의해 1606년 『손자(孫子)』가 출판되었으며, 1626년에 출판된 하야시라잔(林羅山)의 『손자 언해(孫子諺解)』가 출판되었다고 전해진다.

1750년에는 오규소라이(荻生徂徠)가 『손자국자해(孫子国字解)』를 출판하여 무사도를 강하게 하였다고 전해진다. 조선에서는 1452년에 수양대군이 중국의 병서인 무경칠서를 주해한 무경칠서주해가 유명하고 이순신 장군이 손자병법을 숙지한 것으로 유명하다.

이처럼 『손자(孫子)』는 중국과 일본, 한국의 동양뿐 아니라 서양에도 영향을 주고 있고, 나폴레옹이 손자를 애독하고 있던 것은 잘 알려져 있고, 근대에서는 미국의 펜타곤에서도 손자의 연구가 행해지는 등 서양, 동서, 시대를 넘어 군사와 조직통솔, 인간 통찰에서 참고서로 중용되어 왔다. 이것도 손자의 내용에 상응하는 가치가 있는 증거일 것이다.

2. 기업가들의 손자병법

조조, 다케다 신겐, 이순신, 나폴레옹, 마오쩌둥, 맥아더, 보응우옌잡 등의 각국의 유명한 장군이나 황제, 주석 등과 헨리 키신저, 트럼프 등의 정치가들도 손자병법을 읽었다고 전해지는 것은 당연하다. 그러나 최근에는 빌 게이츠, 손정의, 주커버그 등의 경영자가 손자병법을 애독하는 것은 무슨 이유 때문일까? 2500년도 전의 오래된 고전병법이 현대의 기업 경영에 어떻게 적용될 것인가? 많은 비판이 있는 것도 사실이다. 하지만 수많은 시대의 변화를 극복하고 전해져 온 손무의 지혜와 예지에는 배워야할 慧眼(혜안), 즉 사물을 꿰뚫어 보는 안목과 식견이 요구되고 있는 점이다.

나는 경영학자로서 기업경영에 손자병법을 응용하여 기업이 패하지 않도록 이 어려운 시대를 이겨내는 강한 기업체질, 경영체질을 만들어내는데 중요한 요인이 될 것으로 판단한다.

특히 기업경영자들은 손자병법의 군형(軍形)편에서 나오는 먼저 이겨놓고 싸운다는 선승구전(先勝求戰)의 구절을 좋아하는 것으로 유명하다.

▷ 승병선승이후구전(勝兵先勝 以後求戰)
승리하는 군대는 먼저 이길 수 있는 상황을 만들어 놓고 싸움을 하며
▷패병선전이후구승(敗兵先戰 以後求勝)
패하는 군대는 일단 싸워놓고 승리의 방법을 찾는 군대이다.

일본 소프트뱅크의 손정의(孫正義) 사장은 한국계 일본인인지라 일본에서는 손마사요시라 불린다. 손정의 사장은 손자병법을 중심으로 한 경영 전략을 짜서 움직인 것은 유명하다. 그는 동양인인지라 손자병법을 가까이 한 것은 어느 정도 이해가 가

나 마이크로소프트(MS)를 만든 빌 게이츠(Bill Gates)는 자서전에 "오늘날 나를 만든 것은 손자병법"이라고 밝힌 것에 놀라움을 금치 못한다.

그런데 페이스북 창업자인 마크 저커버그(Mark Zuckerberg)도 중요한 결정의 순간 손자병법을 찾는다고 하며, 트럼프 전 미국대통령도 손자병법을 좋아한다고 한다. 이처럼 세계의 많은 최고경영자(CEO)들이 많이 참고하는 것이 손자병법이다. 그렇다면 2500년 전에 쓰여진, 손자(孫子, Sun Tzu)의 전쟁 병법이 수천 년 전에 작성된 군사전략에 대한 병법이 현대 경영과 어떻게 관련이 있는 것인지 일부 경영학자들은 난색을 표명하기도 한다.

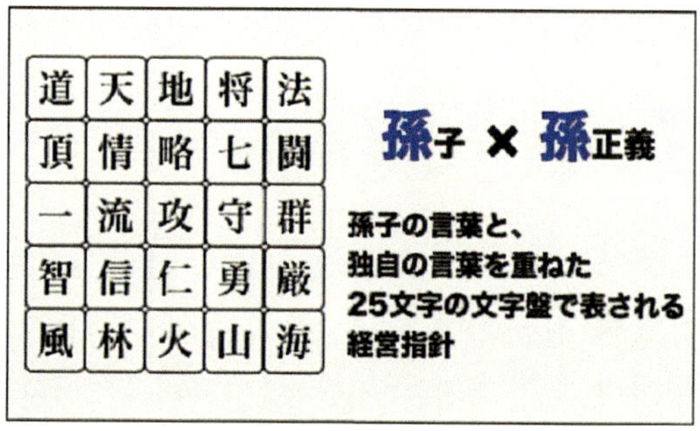

▲ 제곱병법

그런데 일본 소프트뱅크의 손정의(孫正義) 사장의 일본 소프트뱅크의 손정의(孫正義) 은 손자병법을 자신의 경영전략과 접목해 가로 5자, 세로 5자, 총 25자로 이루어진 '제곱(자승)병법'을 만들었다.

손정의 회장의 제곱병법의 도입은 손자 시계(始計)편 도천지장법(道天地將法)과 손 회장이 창작한 10문자다. 정정략칠투(頂情略七鬪). 일류공수군(一流攻守群) 지신인용엄(智信仁勇嚴) 그리고 풍림화산해(風林火山海) 이다. 손자병법은 풍림화산(風林火山) 인데 제곱법칙은 손 사장이 창작한 해(海)로 마무리된다. 해(海)는 바다인데 모든 것을 포함하는 바다처럼 패한 상대를 포용한다는 의미다.

▲ Think Like a Champion

미국의 트럼프(Donald Trump) 전 대통령은 2009년 저술한 '챔피언처럼 생각하라(Think Like a Champion)'라는 제목의 저서에서 손자병법을 "꼭 읽어야 하는 소중하고 가치 있는 책"이라고 했다. 특히 "사업과 경영 전략에 매우 유용한 책"이라고 말했다. 기업가 출신인 트럼프 대통령도 경영과 정치에 손자병법을 활용하고 있는 것이다. 우리나라에서는 (최선을 다한다 하지 말고) 『반드시 해내겠다 말하라』는 책으로 번역되었지만 일본에서는 『Think Like A Champion: An Informal Education in Business and Life』라는 저서를 『내일의 성공자들에게 – 승리를 부르는 불굴의 사고』라는 이름으로 번역되었다.

빌게이츠가 마이크로소프트(MS)가 인텔과 전략적 제휴를 한 것은 손자병법을 적극 활용한 대표적 사례로 유명하다. PC시장에서 마이크로소프트의 윈도와 인텔 프로세서가 결합한 '윈텔(Window+Intel) 동맹'은 두 회사가 PC시대를 이끌게 했다.

3. 빌 게이츠와 손자병법

MS는 인텔의 독점적 경쟁력을 인정하면서 인텔과의 독점적 제휴를 통해 어떤 적수도 넘볼 수 없는 업계 표준을 제시해 PC시대의 절대강자로 군림해 왔다. '외교적 네트워크를 이용해 싸우지 않고 이긴다.'는 손자병법의 핵심 전략으로, 빌 게이츠가 가장 좋아하는 대목으로 알려졌다.

빌 게이츠는 중국 시장을 공략할 때도 손자병법에서 전략을 빌려왔다. MS는 1990년대 초 중국 워드프로세스 분야 시장 진출에 애를 먹었다. 중국 본토 중소기업들은 가격경쟁력으로 MS에 저항했다. 빌 게이츠는 MS의 워드프로세서가 무단복제 돼 시장에 엄청나게 풀리고 있음에도 별다른 조처를 하지 않았다. 무려 10여 년을 방치했다.

빌 게이츠는 손자병법의 시계편에 나오는

▷ 능력이 있으면서도 능력이 없는 것처럼 위장한 능이시지불능(能而示之不能)

▷필요하면서도 필요치 않은 것처럼 위장을 한 용이시지불용(用而示之不用) 전략을 취해서 중국공략에 성공했다.

중국 본토 워드프로세서 기업들은 결국 무단복제된 MS의 워드프로세서에 모든 시장을 잃고 무릎을 꿇었다.

개인마다 손자를 좋아하는 이유는 다르지만 일반적으로 경영자들이,『손자』를 애독되는 이유는 다음과 같다고 생각한다.

첫째, 분석적·정량적·과학적 사고, 이른바 경영학적 사고에 치우쳐 있던 사람들에게는 정성적(定性的)이고 예술적인 판단에 의한 신속한 의사결정을 중시하고 지적 기동전(知的機動戰)을 전하는『손자』는 바둑으로 치면 復碁(복기)할 수 있는 자기반성을 위한 책이기 때문이다.

둘째, 분석중심의 분석가들과는 대조적으로 정성적·논리적·동양적 사고의 논리가 필요하며 전쟁에는 과학과 예술의 양면이 상호 보완적으로 필요하듯이 고객을 상대로 하는 비즈니스업계에서는 당연히 분석중심의 계속 싸워온 사람들에게도『손자』의 격언이 필요하기 때문이다.

제 3 절 경쟁자와 전략

세계적으로 전략에 대해 손자와 클라우제비츠만큼 알려진 인물도 없다고 하겠다. 그러나 두 사람의 논제는 현저하게 다르다. 손자는 다수의 경쟁자 가운데에 살아남는 것을 전제로 한 것에 비해, 클라우제비츠는 결투의 확대된 것으로 기술하고 있다. 결투의 확대개념은 일대일의 상황을 기본적으로 상정하고 있다는 것이다. 따라서 전투에서는 적의 주력을 파괴하는 것을 최고의 목표로 삼고 있다.

요즈음 전국에 많은 대형할인점과 편의점이 생기면서 백화점과 재래시장이 타격을 받고 있다. 특히 편의점은 체인점이기 때문에 경쟁이 심하다. 특히 소도시의 경우에는 경쟁사의 편의점 중 제일 매출액이 좋은 곳에(경쟁사의 편의점 앞) 출점하는 경우가 많다. 그러다 보니 경쟁사 편의점의 매출액은 떨어지고 경쟁사 편의점은 대응책으로 타 지역의 상대측 편의 점 중 가장 경쟁력이 좋은 곳에 출점하여 이전투구식의 경쟁을 한다.

이것은 클라우제비츠의 『전쟁론』에서 주장하는 상대의 전력이 가장 집중되어 있는 부분을 공격하라는 말과 일치한다. 요즈음 편의점이 많이 생겨서 소비자들은 좋지만 업계에서는 힘든 모양이다. 편의점 는 확실히 경쟁사 편의점 B의 제일 매출이 좋은 곳을 공격하면 상대의 이익이 악화되어 쪽이 유리하게 될 것은 말할 필요도 없다. 그러나 결과는 의외의 방향으로 흘러 신규 출점과 대응으로 힘을 쏟은 편의점은 결국 같이 망하게 된다. 일대일의 결투에서는 이것이 필요할지 모르지만 다수의 경쟁시대에는 제의 유명한 편의점이 새로운 아이템으로 등장하거나 원스톱 마케팅으로 더 효용이 큰 대형할인점한테 고객을 빼앗긴다.

▲ 당랑포선 황작재후

적은 눈앞에 있는 경쟁자만이 아니고 더욱 강력한 제자가 어부지리를 취하려고 호시탐탐노리고 있다는 것을 알아야 한다. 이러한 의미는 다음의 고사성어 "螳螂捕蟬 黃雀在後(당랑포선 황작재후)"[1]에 해당한다. 풀이하면, 이슬을 먹고사는 매미는 뒤에 사마귀가 자기를 노리고 있는 줄 모르고, 사마귀는 매미를 잡으려 하지만 뒤에 참새가 노리고 있는 줄 모르며, 참새는 사냥꾼이 자기를 노리고 있는 줄 모른다. 그 의미는 매미, 사마귀, 참새처럼 눈앞의 이익만 보지 말고 등 뒤의 적(근심)도 보아야 한다는 것이다. 현재는 기업이든 국가이든 경쟁자는 하나만이 아닌 다수이기 때문에 당랑포선 황작재후의 예와 비슷하게 설정되고 있다고 하겠다.

전통시장은 대형마트가 전통시장의 제일큰 방해물이라 생각해서 전통시장상인들은 대형마트 규제를 정부에게 요구하기도하고 대형마트 문제만 해결되면 전통시장은 문제가 없으리라 생각했지만, 그 사이에 인터넷 쇼핑몰과 SSM, 편의점, 식자재마트가 전통시장의 새로운 문제점으로 등장하였는데 이점은 당랑포선 황작재후와 비슷하다.

결투의 확대개념은 전술에는 해당되지만 전략에는 손자가 상정하는 다수의 경쟁자의 개념이 현대의 비즈니스와 국가에는 해당된다고 하겠다.

제 4 절 조직에서의 리더십의 등장

1. 전쟁의 리더십과 비즈니스의 리더십

제2차 세계대전의 영웅 아이젠하워와 패튼 장군도 클라우제비츠의 『전쟁론』 관심을 가졌다. 특히 제1차, 제2차 세계대전을 겪으면서 등장한 것이 리더십이다. 모(某) 부대는 장군의 특수한 카리스마에 의해 연전연승하는가 하면 반대로 모(某) 부대는 장군의 이상한 행동으로 패배하기도 한다는 것을 알게 되었다. 그래서 아군이나 적군이나 많은 군대를 통솔할 수 있는 장군들의 공통된 항목을 연구하여 이러한 분야가 리더십분야와 전략분야로 등장하게 되었다.

▲ 맥아더

특히 제2차 세계대전 후에는 아이젠하워와 히틀러, 처칠과 히틀러 등의 리더십과 전략 등을 비교하는 서적이 많이 등장하였다. 제2차 세계대전 후에는 한국전쟁의 맥아더의 인

1) 이 고사는 전한(前漢) 때 유향(劉向)이 지은 『설원(說苑)』 「정간(正諫)」에 나오는 것이다. 이와 유사한 이야기가 『한시외전(韓詩外傳)』과 『장자(莊子)』 「산목(山木)」 편에도 실려 있다. 여기서 당랑(螳螂)은 '사마귀'이고, 포(捕)는 '사로잡다', 선(蟬)은 '매미'를 뜻한다.

▲ 처칠

천상륙작전에서 성공담으로 그의 영웅주의가 등장하였다.

제2차 세계대전 후 전쟁의 영웅들의 리더십은 그들 밑에 있던 장교와 사병들이 각국의 산업발전의 산업의 주역으로 등장하면서 관리적 리더들이 되었다. "나쁜 병사는 없다. 오직 나쁜 지휘관이 있을 뿐이다"라고 한 영국의 슬림 장군의 말은 '나쁜 종업원은 없다. 오직 나쁜 경영자만이 있을 뿐이다.'라고 해석되어 경영자들의 리더십이 강조되기도 하였다.

나폴레옹, 히틀러, 맥아더 같은 리더들은 자기 자신을 통해 군대와 국가의 힘을 불어넣으려고 노력했다. 자신만의 힘과 에너지를 보여 주고 목표를 향한 행동에서 부하들이 따르고 발산할 수 있도록 하였다. 다시 말하면 부하들의 마음을 움직이는 힘으로 군대를 이끌었던 것이다. 기업도 마찬가지이다. 도산 직전의 기업을 경영자의 리더십으로 세계적인 기업으로 성장케 한 리더십은 이제 모두가 배우려고 한다.

1960, 70년대에 이르면서 전쟁 영웅들의 리더십, 전략 등이 필요한 부분이 나타났다. 경쟁이 심하며 전쟁같이 느껴지는 곳, 다름 아닌 비즈니스 분야에서의 리더십과 전략이다.

▲ 잭 웰치

GE를 성공시킨 잭 웰치(Jack Welch), 토요타자동차를 성공시킨 토요타 기이치로(豊田喜一郎)를 마이크로 소프트(MS)를 설립한 빌 게이츠 등은 새로운 전략과 기법으로 세계 제일의 자리를 지킨 것이다. 잭 웰치는 1980년과 90년대에 미국의 정리 해고 열풍을 불러일으킨 인물로 유명하다. 그의 경영 기법은 대규모 정리 해고를 통한 자본력 구조 조정과, 기업의 인수 합병(mergers and acquisitions) 및 국제화 추진에 있다. "세계 1위 또는 2위가 될 수없는 사업에서는 철수한다"는 경영 방식으로 GE(제너럴 일렉트릭)를 이끌어 나갔다.

도요타 기이치로는 1930년대 당시 세계 최고 수준의 자동차 회사인 GM(Genaral Motors)을 찾아가서 GM을 이길 수 있는 방법을 찾았다. 자동차 회사뿐만 아니라 미국의 슈퍼마켓을 벤치마킹하여 도요타사에 적용했다. 이와 같은 기이치로의 성공적인 기업신화는 복잡하고 분주한 형식에 얽매인 것이 아니라 창조적 모방을 통하여 리더십을 만들어 나간 것이다.

▲ 빌 게이츠

마이크로소프트의 빌 게이츠 회장은 하버드 대학을 다니다가 자퇴하고 폴 앨런과 함께 마이크로소프트(MS)를 공동 창립했다. 그는 당시 프로그래밍 언어인 베이직 해석프로그램과 앨테어용 프로그래밍 언어인 앨테어베이직을 개발하여 세계적 기업으로 성장하였다. 빌게이츠는 1990년대의 기업가로 일컬어지지만 『손자병법』의 애독자라고 해서 세간의 주목을 받았다. 윈도우와 각종 소프트웨어 사업으로 세계 최고의 갑부가 되었지만 시장독점과 특허침해문제로 회사가 끊임없는 소송 시비를 당하면서 난관을 극복하는 과정에서 『손자병법』이 큰 힘이 되었다고 한다. 최첨단의 회장과 몇 천 년 전의 고리타분한 병서로 취급받던 『손자병법』과의 만남은 우리에게 새로움을 준다. 이제 경영학분야 과목 중에서 전략과 리더십이 없는 학과가 없으면 이상할 정도로 일반화되었으며 전략 중에 등장하는 것이 『손자병법』인 것이다.

요즈음 기업을 필두로 학교 등의 공공단체나 교회들의 비영리단체에서까지도 전략이라는 말을 자주 사용한다. 그만큼 전략이란 말은 군대나 기업만의 용어가 아닌 우리 전체의 용어가 되었다고 할 수 있다. 영어로 전략을 뜻하는 'strategy'는 그리스어 'strategos'에서 나왔으며 군대를 의미하는 와 이끈다는 의미가 합쳐진 것이다. 군대를 이끄는 힘(art of general), 즉 장군의 예술, 장군의 기술이란 뜻이다. 다시 말하면 어느 한 장군에 의하여 승리를 계속하거나 패배를 하거나 하는 경우를 말하는데, 이는 말 그대로 리더의 기술 즉 리더의 능력을 표시한 예이고 그만큼 리더의 역할 곧 리더십을 중요하게 생각한 말이라고 하겠다.

2. 세계기업의 리더십 유형

최근 삼성경제연구소에서 전 세계 주요 기업의 를 고공행진형, 수직상승형, 기사회생형, 돌발추락형, 위기반복형의 다섯 가지 유형으로 나누고 사례를 들었다. 이것은 국내뿐 아니라 각 단체나 조직의 장들까지도 어느 유형에 들어가느냐 하는 것으로 관심을 불러일으켰다. 빌 게이츠(MS)와 루 거스너(IBM)는 단기간에 회사를 급성장시킨 수직상승형이며, 카를로스 곤(닛산)과 칼리 피오라나(HP) 등은 위기에 처한 기업을 살린 기사회생형 경영자이며 최선의 로 꼽혔다. 이와 반대로 부도덕성과 변화 거부로 기업을 몰락시킨 존 챔버스(시스코)와 샌퍼드웨일(시티그룹)은 돌발추락형으로, 이데이 노부유키(소니)와 위르겐 슈렘프(다임러크라이슬러)는 비변부재와 실수반복으로 성과 부침이 심한 위기반복형의 리더로 분류되었다. 그리고 오늘날 일본에서 신화로 꼽힐 정도로 토요타자동차를 안정시킨 후지오 초와 좋은 실적이 계속된 잭 웰치(GE)는 고공행진형으로 분류되었다.

최근 기업체는 물론이고 지자체, 학교 등도 조직의 핵심역량을 환경변화에 맞추어 업그레이드하는가 아니면 다운시키는가 등에 의해 리더의 역량이 중요시되고 있다. 2002년 한국 월드컵 4강 진출이라는 믿기 어려운 성과를 거둔 거스 히딩크 감독과 도중에서 물러난 전(前) 축구대표 코엘류 감독과의 차이는 말할 것도 없이 리더십의 실패라고 하겠다. 세계적인 석학 피터 드러커의 "리더십의 본질은 그 성과에 달려 있다"는 말을 실감나게 하는 경우이다.

리더십은 주지하는 바와 같이 인류의 역사만큼이나 오래된 주제이며 누구나 요구하는 바이다. 역사 속에서 우리는 바람직한 리더상에 대한 풍부한 사례를 찾아볼 수 있다. 예를 들면 몽골의 조그만 부족에서 세계 제일의 대제국을 이루어 낸 칭기즈칸과 맨주먹으로 프랑스를 제국으로 이끈 나폴레옹 등은 리더십의 예로 세계적으로 등장한다. 또한 아무것도 없는 조선의 수군으로 몇 배나 되는 일본 수군을 무찌른 이순신의 창조적 리더십, 일본의 7할 정도를 통일했다는 오다 노부나가의 리더십 등은 동양에서 전해지는 리더십의 한 예이다. 그러나 이러한 영웅들의 리더십도 본인이 죽거나 하면 조직(국가)이 사라지거나 흔들리거나 다른 사람한테 넘어가는 일을 종종 볼 수 있다. 적당한 후계자가 없는 조직이나 단체는 발전하지 못한다.

스텐포드 경영대학원의 제임스 마치 교수는 그의 조직행동론 강의에서 셰익스피어의 『리어왕』 같은 고전을 인용하여 리더십을 설명한다. 늙은 리어왕이 능력이나 자질보다는 아첨과 일시적 기분으로 첫째 딸 고너릴과 둘째 딸 리건에게 자기 영토를 반분하여 나누어 주었으나 핍박을 당해 가장 사랑하는 막내딸 코델리아와 리어왕이 죽는 비극으로 막을 내린다. 리어왕처럼 조직과 기업에서 나타나는 바람직하지 못한 후계자 계승, 명확하지 않은 분권화, 무분별한 권한위양 등과 같은 사실들에 대해 설명한다. 고전은 옛날 것이기 때문에 현재에는 맞지 않는다는 말은 지금도 후계자 양성에 실패한 기업이나 조직을 보면 신기하게도 경영의 현장에서 맞는다.

특히 요즈음은 리더십을 이야기할 때 군대와 국가 등을 논하는 경우도 있으나, 요즈음은 군대가 강한 국가보다도 기업이 강한 국가가 선진국으로 인정받기 때문에 기업을 성공시킨 세계적기업인의 리더십이 화제가 되기도 한다.

3. 리더의 책임과 이론

헤이만(F. S. Haiman)은 인간이 공동체 생활을 영위하는 원시시대부터 21세기의 현재까지 어느 시대에도 리더를 찾았으며 인간이 발달하는 한 리더가 있었다고 한다. 또한 동물의 세계에서도 리더는 위기시기에 책임을 다하는 것을 일본원숭이의 예로 들어 발표하기도 한다. 일본원숭이 다로는 다른 동물이 자기영역을 침범했을 때 연약한 동물들을 피난시키고 자기 자신은 제일 나중에 피하여 일본원숭이 집단으로부터 존경받는다는 사례는 일본경영학회에서 사례로까지 등장할 정도이다. 일본에서는 자기만 생각하고 무책임하고 무능한 리더를 빗대어 원숭이다 보다 못한 리더라고 할 정도이다.

리더의 솔선수범형과 특성추구이론에 맞는 고전적 스타일의 리더십이라고 하겠다. 리더의 특성추구이론과 비슷한 형태를 고대 이집트의 파라오에서 찾을 수 있다. 고대 이집트 역사를 연구하는 학자들에 따르면 왕인 파라오(parao)가 될 수 있는 조건이 다음과 같이 명문화되어 있다고 한다. "파라오의 입에는 단호한 권위가 있어야 하며 가슴에는 모든 것을 통찰할 수 있는 능력이 있어야 하며 혀에는 정의의 창고가 있어야 한다."는 이 말은 리더는 중요한 의사결정을 하기 때문에 냉철한 판단력과 책임 그리고 사리사욕보다는 정의에 따라 움직이라는 말일 것이다.

▲ 파라오

현대사회에 존재하는 모든 조직-기업, 국가, 군대, 학교, 교회 등에서는 한층 더 리더십의 중요성을 인식하고 있다. 리더가 없는 세계란 감독 없는 프로축구와 지휘자 없는 오케스트라와 마찬가지로 현재는 상상하기조차 어렵다.

리더십이란 구성원들에게 신뢰감을 불러일으키는 인격적인 힘으로 정의 되거나 주어진 상황에서 목표를 달성하기 위한 단체(개인 또는 집단)의 행동에 영향을 미치는 과정[L = f (L.F.S)]으로 해석되기도 한다.

리더십은 리더의 특성보다는 여러 상황에서 실제 이루어지는 행동으로 보자는 행동이론이 발달했고 성공적 리더와 비성공적 리더는 그들의 행동패턴으

로 구분하기도 한다.

리더의 유효성은 리더의 스타일보다는 리더십환경을 이루는 상황에 의해 결정된다는 상황이론도 발전하고 있다. 이보다 더 발전하여 전략적 리더십이 강조되고 "전략의 책정과 실행에 관련되어 다양한 노력을 통합하고 조정하기 위해 조직전체에 방향성과 목적성을 만들어 내는 일"로 정의하기도 한다.

이처럼 리더십에 대한 이론적 논의는 숱하게 이루어져 왔고 그에 관한 서적은 수백여 종에 이른다.

그런데 국가나 기업을 이끄는 지도자의 리더십의 입장에서는 딱딱한 교과서의 이론보다는 역사 속의 인물이 보여 주는 구체적이고 생동감 넘치는 일화가 더 많은 것을 느낄 것이다. 왜냐하면, 역사는 인류의 지혜가 집대성된 위대한 교과서이기 때문이다. 그러므로 성공과 실패를 거듭하면서도 역사의 발전을 이룩해 온 리더들의 모습은 오늘날과 같이 급변하는 대 경쟁시대에 조직과 국가, 기업이 생존하고 성장하기 위한 바람직한 리더의 자세가 무엇인지를 우리에게 깨닫게 한다.

이러한 전략을 이해하는 데는 군사적인 용어의 전략이 실제 조직경영이나 기업경영을 이하는 데 도움을 주기도 한다. 예를 들어, 우리는 전략과 전술의 차이를 구분해야 할 필요가 있다. 전략(strategy)이 기업이나 국가가 경쟁우위를 갖기 위하여 경영자원을 배분하는 전반적인 계획이라고 하면, 전술(tactics)은 특정한 행동을 위한 계획을 뜻한다. 즉, 전술이 소규모의 전투에서 승리하기 위한 작전이기 때문에 적을 보면서 이루어지는 것인 데 비해, 전략은 전투가 아닌 전쟁에서 승리하기 위한 계략, 즉 적을 보지 않고 적을 이길 수 있는 방안이라고도 볼 수 있다. 일반적으로 최고의 리더가 구상하는 것을 전략이라고 하고 중간이나 하급 레벨의 리더가 적과 전투하며 이루어지는 것을 전술이라 한다. 이러한 것으로 보면 전략은 전술보다는 상위단계에 있다.

전략에는 합리성과 논리성(이론성)이라는 측면 외에도 창조성이나 혁신성이라는 측면이 요구된다. 이 두 가지 상반된 요소는 리더십에 의해서만 통합된다.

제 5 절 전략과 창조성과 변혁

1. 전략수립에 요구되는 창조성과 혁신성

전략수립에 있어서는 전략이론을 적절히 활용하여 뛰어난 전략을 수립하여야 한다. 전략이 조직풍토·기업풍토나 자원 등의 조직 내 환경을 전제로 생각할 때 성립할 수 있는지 어떤지를 냉정히 판단하는 것이 필요하다. 이것을 '전략의 내부 적합성 요청'이라고 한다.

전략은 합리성과 이론성이 필요하지만 이 자체만으로는 부족하다. 예를 들면 뛰어난 이론을 숙지하고 있다고 해도 전략수립과정에 참가하는 자가 현실에 안주하면 아무런 도움도 되지 않는다. 리스크를 이유로 행동을 피한다거나 이에 대한 변명을 한다거나 이에 대한 변명을 한다거나 하면 조직은 전혀 변화되지 않는다. 즉 전략이 진정으로 유효하기 위해서는 합리성이나 논리성 외에도 창조성이나 혁신성이라는 요소를 포함하여야 한다.

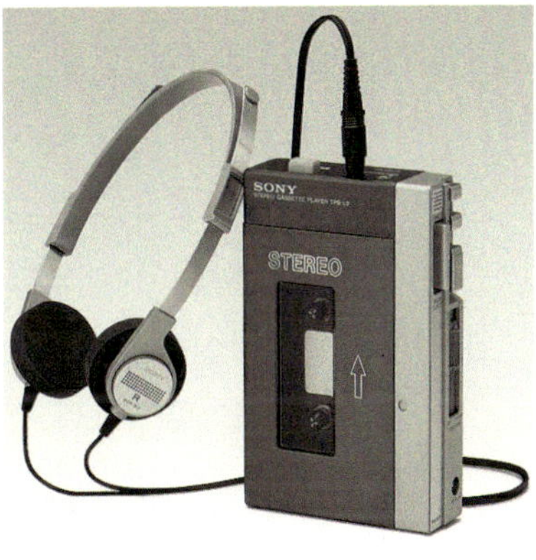

▲ 소니의 워크맨

창조성은 조직을 발전시키려는 그들만의 아이디어였다. 경영학에서는 세기의 테일러 시스템을 만들은 프레드릭 테일러와 대량생산의 기초를 만든 컨베이어 시스템의 포드 시스템 그리고 미국 자동차 시스템을 거부하고 JIT(Just in Time) 시스템에 맞추면서 생산성혁신에 이른 도요타 시스템 등은 초기에 저항도 있었지만 그들의 조직과 사회를 변혁시키면서 조직구성원들에게 존경심을 받았다.

▲ 이부카 마사루(왼쪽)과 모리타 아키오(오른쪽)

일본의 발명품 중 가장 뛰어나고 가장 많이 팔린 것이 소니(sony)의 워크맨이다. 1978년 가을 소니의 창업자이며 공동회장인 이부카 마사루는 미국출장이 잦았기 때문에 10시간 이상 걸리는 미국을 음악을 들으면서 다니길 원했지만 휴대용 녹음기와 헤드폰을 들고 다니기엔 불편했다. 시험작품으로 만든 기계를 보여 주면서 공동회장인 모리타 아키오에게 지나가는 말로 "소리는 좋은데 좀 더 걸으면서 들을 수 있는 스테레오 카세트테이프가 있었으면"하는 바람을 이야기 했고 모리타 아키오는 녹음기능이 필요 없고 헤드폰이 부착된 재생전용기가 필요하다고 생각되어 주위의 반대에도 불구하고 만들어 냈다. 그러나 녹음도 안 되고 혼자서 듣는 이상한 제품 워크맨에 냉랭한 반응이었다. 몇 달 지나면서 젊은이들에게 폭발적인 반응을 얻고 해외에서도 성공을 이루었다. 1979년 발매된 이래 2009년까지 3억8천5백만 개가 팔린 것으로 기록되고 있다. 일본에서는 20세기의 위대한 발명품 중 라면과 워크맨을 꼽을 정도로 대성공의 작품은 최고경영자의 창조성과 혁신성 없이는 만들 수 없었던 작품이었다.

2. 일본인에게 배워서 일본 소니를 이긴 삼성

삼성전자는 2020년 연간으로는 매출 236.81조원, 영업이익 35.99조원을 기록했고 2021년 연간으로는 매출 279.6조원, 영업이익 51.63조원을 기록했다. 2020년 대비 매출은 17.8%,영업이익은 43.3% 증가한 수치이다. 2018년 반도체 슈퍼사이클(장기호황) 당시 243조7714억 원보다 30조원 이상 많은 역대 최고 기록이다.

2021년의 연간 영업이익은 지난 2018년 세운 역대 최고치인 58조8,900억 원, 2017년 53조6,500억 원에 이어 역대 세 번째로 50조원을 돌파했다.

삼성전자는 불확실성이 지속된 가운데서도 차별화된 제품과 기술 경쟁력을 바탕으로 기록적인 매출을 달성했다. 코로나19로 전 세계적인 불황에도 불구하고 나름 선방한 성적표를 거뒀다는 평이다. 삼성전자의 2021년 3월 기준 시가총액이 전 세계 주식시장에 상장된 기업 가운데 15위를 기록했다. 삼성전자는 글로벌 회계업체 프라이스워터하우스쿠퍼스(PwC)가 최근 공개한 '2022년 글로벌 시가총액 100대 기업'에서 15위에 올랐다. 삼성전자는 한국기업 가운데 유일하게 100대 기업 명단에 포함됐다

▲ 2021년 글로벌 500대 브랜드 보고서

2020년 삼성의 브랜드 가치가 처음으로 1000억 달러를 넘어서면서 애플, 아마존, 구글 등에 이어 세계에서 몸값이 가장 비싼 기업 5위에 이름을 올렸다. 2021년 1월 26일 영국 브랜드 컨설팅 전

문업체 브랜드파이낸스가 발표한 '2021년 글로벌 500대 브랜드' 보고서에 따르면 삼성의 브랜드 가치는 1026억2,300만 달러(약 113조3676억 원)로 세계 5위를 기록했다. 브랜드 가치는 2020년보다 8.6% 증가했다.

1) 이병철의 반도체 도전과 일본인 조언

이처럼 세계적으로 알려진 삼성으로 발전된 배경에는 창업주인 고 이병철(李秉喆) 회장이 반도체사업을 일으킨 것에서 비롯됐다고 볼 수 있다. 이병철 회장의 자서전인 호암자전(湖巖自傳)을 보면, 이 회장은 72세인 1982년 반도체사업에 진출했다고 한다.

1980년 이병철은 도쿄에서 지인인 일본 후지(富士) 화학 회장인 이나바 히데죠(稻葉秀三) 박사와의 대담 중 나온 반도체에 관한 발언이 등장했는데 당시의 이나바 회장은 "일본 기업은 반도체·컴퓨터·신소재·광통신·유전공학·우주·해양공학 등 부가가치가 높은 첨단기술 분야로의 전환을 도모하고 있고, 특히 반도체 및 그 주변의 기계공업에 치중해 왔다. 일본정부도 이를 적극적으로 뒷받침하여 전략산업으로 육성했다. 그 결과 수출은 획기적으로 늘고 외화수입은 급증했다. 일본의 살길은 바로 경박단소(輕薄短小)의 첨단기술산업에 달려 있다."는 말을 했다고 한다. 이 소리를 듣고 깜짝 놀란 이병철은 사실확인차 미국의 반도체 산업 시찰에 나선다. 이 이야기가 당시 70살이었던 이병철의 마음을 흔들었다.

당시 삼성은 이미 세계 70여개국에 현지법인과 공장을 둔 거대기업의 기반을 갖고 있었다. 이 회장은 반도체사업 진출이 삼성의 세계기업화 촉진과 존속의 관건이라는 확신으로 반도체사업을 서둘렀던 것이다.

그러나 한국에서 반도체 사업을 하기엔 너무 이르다는 부정적 견해와 미국·일본을 어떻게 이길 수 있겠냐는 자조 섞인 푸념이 팽배했다. 세계적인 반도체 기업인 페어차일드가 인원을 감축하고, 인텔·내쇼날 등이 생산 시설을 축소할 정도로 반도체 사업 전망은 지극히 어두웠다.

▲ 이병철

▲ 이나바 히데죠

일본 미쓰비시 기업은 '한국이 반도체 사업을 할 수 없는 이유 5가지'를 열거하며 비아냥대기까지 했다.

▲작은 내수시장 ▲취약한 산업 ▲부족한 사회간접자본 ▲삼성전자의 열악한 규모 ▲빈약한 기술 등으로 인해 삼성전자의 반도체 사업은 절대로 성공할 수 없을 것이란 보고서였다.

1982년 이병철은 미국에 걸려 IBM이나 GE 등 각 산업분야의주요 기업을 방문해 경영진의 이야기를 듣거나 생산공장을 견학하여 1983년 2월, 이병철은 도쿄에서 최종적인 준비를 서두르고 최종 결단을 한다. 그리고 3월 15일에 삼성이 초LSI에 진출한다는 사실을 회사 안팎에 선언한다. 이병철이 삼성을 27세로 창업해 46년째 73세의 고령이었다.

중앙일보 독자서비스(2022년6월7일)에 "이분 아니면 한국의 반도체 없었다" 삼성 출신 양향자 의원의 사연을 들어보면 하마다 시게타카(濱田成高, 98세) 박사는 고 이병철 회장과 가장 가까웠던 분으로 대한민국이 반도체 산업을 시작하게 해 준, 실로 역사적 인물로 증언한다. 당시 이병철 회장은 '일본인이 했다면 한국인도 무조건 할 수 있다'는 말씀을 하마다 박사에게 자주 했다고 한다. 이후 이병철 회장은 하마다 박사를 기술 자문으로 모셨고 하마다 박사는 이병철 회장의 기술 멘토 역을 한 것으로 평가된다. 양향자 의원은 이런 이유로 하마다 박사를 우리나라 '반도체 산업의 씨앗을 심은 분, 반도체 산업의 길라잡이'라고 평가하고 있다.

이병철은 수많은 반도체 전문가를 만났던 것 같다. 그만큼 신중했던 것이다.

2) 글로벌삼성으로 도전한 이건희

삼성 라이징(Samsung Rising)의 저자인 제프리 케인(Geoffrey Cain)도 삼성이 오너의 신화를 폄하할 필요는 없다며 창업자의 아들이었지만 이건희 회장은 냉전 이후의 시장 변화에 대해 미리 내다본 몇 안 되는 경영자였으며 그가 없었다면 오늘날의 글로벌 삼성은 없었다고 평했다.

▲ 이건희의 신경영선언

1993년 6월 4일 이건희 회장은 일본 도쿄에서 삼

성의 경영 현장을 지도해 온 일본인 고문들과 삼성이 지닌 문제점들에 대해 회의를 가졌다. 새벽까지 이어진 회의에서 이건희 회장은 디자인 수준을 어떻게 올려야 할지에 대한 고민을 털어 놓았다 삼성전자 정보통신부문 디자인부서를 지도했던 후쿠타 다미오(福田民郎) 고문은 삼성전자에서 4년간 근무하면서 보고 느낀 점을 이야기했다. 1989년 후쿠다 보고서는 당시 삼성전자의 고문이었던 일본인 후쿠타 다미오(福田民郎)가 작성한 '삼성의 미래는 없다'라는 보고서이다. 1989년 삼성전자 디자인 고문으로 영입된 그는 1993년 삼성의 문제점과 개선 방향을 담은 이른바 '후쿠다 보고서'를 이건희 삼성전자 회장에게 제출했다.[2)]

▲ 후쿠다 다미오와 후쿠다 리포트

삼성이 지닌 문제점을 파헤치는 회의는 새벽까지 이어졌고 이 회장은 디자인 수준을 어떻게 올려야 할지에 대한 고민을 털어 놓았다. 일류상품은 디자인만으로는 안 되고 상품기획과 생산기술 등이 일체화 되어야 하는데, 삼성은 상품기획이 약하다. 개발을 해도 시간이 오래 걸리고, 시장에 물건을 내놓는 타이밍도 놓치고 있다는 것이 주요 내용이었다. 후쿠다 고문의 지적은 당시로서는 뼈아팠다는 지적이었으며 엄청난 수술이 필요한 상황이었다.[3)]

이건희 삼성전자 회장은 1993년 6월 7일 독일 프랑크푸르트에서 신경영 선언을 선포하며 한 말이다. "국제화 시대에 변하지 않으면 영원히 2류나 2.5류가 될 것입니다. 지금처럼 잘해봐야 1.5류입니다. 마누라와 자식 빼고 다 바꿉시다." 질 위주로 가기 위한 삼성의 뼈를 깎는 의지를 보여 준 사례가 1995년 3월에 있었던 불량 무선전화기 화형식이다.

▲ 애니콜 불량품 화형식

1995년 3월 9일 삼성전자 구미사업장. '품질은 나의 인격이오! 자존심!'이라고 내걸린 현수막 앞에 임직원 2,000여 명이 모였다. 그들을 기다리고 있던 것은 불량으로 판명 난 휴대폰과 무선전화기 팩시밀리 등 15만대, 가격으로 따지면 약 150억 원어치에 달한다. 제조를 담당한 여직원들은 서로 부둥켜안고 흐느끼기

2) 한국일보, "삼성제품 디자인부재", 「후쿠다보고서」, 큰 파문, 1993년 8월 3일.
3) 日本経済新聞, 元サムスン顧問·福田民郎氏に聞く-会長の号令で一斉に改革, 2014年1月26日.

시작했다. 자신의 손으로 만든 제품이 불타오르는 모습을 견딜 수 없었던 것이다.

이건희 회장의 지시로 진행된 '애니콜 화형식'은 '애니콜 신화'의 밑그림이 됐다. 애니콜 화형식' 이듬해인 1996년에는 아날로그 방식을 벗어나 디지털 방식의 휴대폰을 독자 개발하겠다는 과감한 결단을 내린다. 1997년부터 삼성전자는 휴대폰 수출에 나섰다. 통상 수출을 처음 시도할 때 저가 전략으로 나서는 기업들과 달리, 삼성전자는 처음부터 '프리미엄 전략'을 고수했다. 그만큼 고가제품에 걸맞는 품질 개선과 기술 혁신에 매달렸다. 실제로 삼성전자는 세계 최초로 TV폰(1999년), 1000만 화소 카메라폰(2006년)을 내놓는 등 혁신을 이끌어왔다. 삼성이 세계적 기업으로 성장한 것은 이건희의 신경영선언 없이는 어려웠다고 보는 것이 세계적 판단이다.

3. 리더십과 성공적인 전략수행

합리성과 논리성은 어떤 의미에서는 창조성과 혁신성의 기폭제가 될 수 있지만 역으로 변혁과 도전에 찬물을 끼얹을 가능성도 있다. 그렇다면 양자를 높은 차원으로 융합시켜 성공을 끌어 낼 수 있는 것은 과연 무엇일까? 이에 대한 대답은 아주 평범하다. 전략적 리더십과 강력한 추진력이다. 불가능하다고 보였던 전투를 이겼던 영웅들의 리더십과 다 쓰러져 가는 기업을 조직변신을 성공적으로 수행한 예에서 볼 수 있는 것은 예외 없이 훌륭한 전략이론과 전략비전제시 그리고 이들을 움직일 수 있는 리더가 있었다는 것이다.

부하들을 움직이며 성공시키는 동기유발의 리더십은 과거의 카리스마로 독단적인 리더십보다도 공통의 과업을 성공시키는 것으로 나타난다. 집단에 활력을 불어넣고 좋은 결과를 보여 주는 그 힘이야말로 리더십의 최고봉으로 불린다.

1) 상대방을 정확히 아는 요적

리더십에 의해 전략수립과 실행이 성공할 때 전략이라는 것은 매우 역동적인 것이 될 것이다. 그러나 필요한 것은 경쟁자를 정확히 파악하고 대응하는 것이다. 『오자병법』의 '料敵'이 이에 해당된다. 요적이라 함은 '料'가 '헤아림, 살핌, 가늠하다'의 뜻이므로 전쟁에 이기기 위해서는 먼저 상대를 정확히 알아야 한다는 뜻이다.

다시 말하면 전쟁은 외형전력뿐 아니라 여러 가지 변수에 의해 결정된다는 말이기도 하다. 오자의 주장은 적에 대한 경계심을 늦추지 말 것, 평소 적의 장단점을 면밀히 분석할 것, 유사시에는 적의 강점을 회피하고 허점을 노릴 것 등 세 가지로 요약된다. 『손자병법』「모공편」의 “적을 알고 나를 알면 백 번 싸워도 위태롭지 않다(知彼知己 百戰不殆)”와도 비슷하게 인용된다. 그러나 오자의 요적은 좀 더 정확성을 지니고 있다고 하겠다.

교만하게 적을 과소평가하여 패배한 사례가 적지 않은 것을 보면 적이 얼마나 중요한가를 알려주기도 한다.

경영자의 역할 중 가장 중요하다고 생각하는 것이 의사결정이다. 의사결정을 남에게 미루고 모든 참모의 의견을 종합하여 결정하는 경영자는 과거에는 높이 평가하기도 했지만 현재처럼 급격히 변화하는 환경에서는 경영자의 냉철하고 신속한 의사결정이 중요하다고 하겠다. 『손자병법』에서도 전쟁에서는 속전속결이 중요하다. 장기전은 피하여야 한다고 주장한다. 즉, 승리를 귀하게 여기되 오래 끄는 것을 귀하게 여기지 않는다.(兵貴勝, 不貴久 : 『손자병법』의 「작전편」)

기업에서는 사업영역을 결정하는 것이 가장 중요하다. 즉, 우리 기업이 반도체산업으로 진출하여야 하는가 아니면 자동차산업으로 진출하여야 하는가 그것도 아니면 IT산업으로 가여야 하는가 하는 것을 결정하는 자는 최고경영자이다. 의사결정이 늦다보면 우왕좌왕하다가 경쟁기업에서 먼저 선점을 하게 되어 상당한 손해를 보게 된다.

제 6 절 기업경영에서의 전략계획의 등장

전략이 군사학의 영역에서 확장되어 전개되었지만 그중에서도 세기 중간에 등장한 크라우제비츠는 군사전략의 개념을 통일하려고 했다는 점에 주목할 수 있다. 클라우제비츠는 전술은 전투에 있어서의 무력의 사용방법을 말하지만 전략은 전쟁의 목적을 달성하기 위한 전투의 사용방법이라고 정의하고 있다. 전략이 기업경영부문에 응용되기 시작한 것은 세기 19세기후반부터 20세기에 걸쳐 본격화된 산업혁명 시기라고 하겠다. 제1차 산업혁명 시기에는 전략적 사고와 전략적 행동에 관한 개념은 태어나지 못했다. 제2차 산업혁명이 시작된 것은 19세기 후반의 미국이지만 이 시기에도 시장의 힘을 만들기 위한 경쟁 환경에 영향을 주기위한 방법으로서 전략이 등장했다. 다시 말하면 규모의 경제와 범위의 경제에 대규모적인 투자활동이 필요했던 시기였다는 것이다. 최초로 전략적 사고의 필요성을 확실하게 인식한 것은 1930년이다.

그러나 기업을 위한 경영전략으로서 현대경영학의 중요한 일부분이 된 것은 1950

년대와 1960년대를 통해서 미국의 다각화기업들이 거대해진 기업을 어떻게 효율적으로 운영할 것인가 하는 현실적인 문제에 직면하면서부터이다. 특히 이즈음 앤소프가 등장하여 기업에서도 전략이라는 단어를 사용케 되었다. 1950년대 초기에는 경쟁 환경에 있어서의 기업전략의 적합도의 타당성을 주장하였으나 1960년대에는 기업의 내적능력과 환경과의 적합에 주목하여 강점, 약점, 위협기회 등을 분석하는 SWOT 분석 등이 등장하였다.(월마트 등 기업에서는 1990년대에도 분석을 사용하였다)

1970년대가 되면서 기업의 다각화와 기술혁신에 움직임을 같이하여 기업은 전략책정을 위한 표준적인 접근방법이 필요했다. 그러나 1970년대 후반에 들어서부터 두 차례의 오일 쇼크는 경기순환을 예측하는 것 자체를 불가능하게 하였다.

1970년대에는 제품 포트폴리오매트릭스(PPM)가 전략분석의 가장 주요한 분석도구로 사용되었다. 그 당시 다각화된 대기업이 직면한 가장 큰 문제점은 경영자원, 특히 투자자금을 각각의 사업부에 어떻게 할당할 것인가 이였다. 5년 또는 그 이상의 중장기 전략계획 역시 세계경제의 기복이 심해짐에 따라서 그 유용성이 의심받기 시작하였다. 따라서 최고경영자들은 유용성이 없어진 중장기 전략계획보다는 전략적인 분석과 사고능력을 키워 주는 경영전략에 더 큰 매력을 느끼게 되었다.

1980년대에는 장기전략계획이 쇠퇴하면서 하버드 경영대학원의 포터(M. Porter) 교수를 필두로 산업구조와 경쟁전략에 대한 분석방법이 대두되었다. 포터는 산업경제학을 경영전략분야로 도입하는데 큰 공헌을 하였다.

포터는 어떻게 하면 기업이 처해 있는 외부환경을 이해하도록 전략적 사고를 배양할 것인가에 초점을 두고 있었다. 그리고 경쟁기업에 대해 경쟁우위를 갖기 위해서는 각 산업 특성에 따라 원가우위이나 차별화우위를 가져야 한다고 제시하였다. 그는 기업의 전략수립에 도움을 주는 외부환경을 분석하는 기법을 제시하였지만 환경에 대해 어떻게 대응하여야 하는가의 구체적인 실천방향을 제시하지는 못하였다. 기업의 경쟁우위는 산업 내의 자리 잡기보다는 오히려 그 기업이 보유하고 있는 경영자원이나 핵심역량에서 비롯된다는 사고가 확산되기 시작했다.

1990년대 이후 경영전략의 최신 경향은 기업을 경영자원의 결집체로 보는 경영자원론(RBV)이 풍미하고 있으며 그중에서도 기업의 핵심역량(core competence)을 기업에게 경쟁우위를 가져오는 가장 주요한 원천으로 파악하는 관점이 주류를 이루고 있다.

제 7 절 전쟁과 기업과의 관계

새로운 환경의 변화로 기업은 위협을 받으면서 새로운 기회도 찾는다. 새로운 환경에 대응하기 위해서 기업에서의 전략수립의 중요성은 더욱 커진다. 즉, 기술 및 경제, 사회 등 환경 전반에 걸쳐 급격한 변화가 진행되고 있는 경영의 국제적 상황을 고려하여 볼 때, 기업이 도태되지 않고 생존하고 성장할 수 있는 전략이 필요하다. 특히 글로벌화와 정보화가 패러다임을 변화시키면서 국내기업이 세계기업으로 가기 위해서는 전쟁과 같은 분위기로 가야 할 때가 많다. 물론, 전쟁과는 전혀 다르지만 전략을 수립 시에는 비슷하게 움식여야 한다.

표준화와 차별화, 원가우위와 차별화 등 여러 전략이 있지만 여기에서는 전쟁 분위기와 비슷한 전략을 살펴보기로 한다.

1. 선점전략

선점전략(preemptive strategy)은 초기 진입자의 이점을 획득하기 위해 경쟁기업보다 앞서 세계의 주요시장에 진입하는 것을 의미한다. 선점전략을 채택하면 기업은 시장에서 확고한 위치를 구축할 수 있다. 『손자병법』에서도 적과 병영을 대치하고 주둔함에 있어서 적보다 유리한 위치를 차지하기 위하여 적과 경쟁하는 것보다 더 어려운 것이 없다(交和而舍 莫難於軍爭 : 『손자병법』「군쟁편」)고 주장한다.

비즈니스 측면에서도 먼저 지배적인 영업망을 구축하여 외국 다국적기업들의 진입을 방해하거나 현지경쟁자의 출현을 사전에 예방할 수 있다. 예를 들면 세계적인 다국적기업인 월마트와 카르푸가 한국에서는 성공하지 못하고 철수를 결정했는데 그 이유는 한국 의 월마트 등 유통업체들이 한국 사람에 맞는 좋은 장소를 미리 선점했기 때문이고 원스톱서비스 등 새로운 한국적인 서비스를 선점했기 때문이다.

2. 전략의 구축과 3의 법칙

올림픽이든 아시안게임이든 금, 은, 동메달을 목표로 하고 4위 입상한 사람은 별로 주목을 받지 못한다. 그러나 이러한 현상은 체육계만 해당되는 것이 아니고 산업계, 경제계에서도 이러한 현상이 일어나 주목을 받고 있다.

다름 아닌 최근 경영학계에서 주목받고 있는 '3의 법칙(The Rule of Three)'이 이에 해당된다. 3의 법칙을 주창한 세스와 시소다(Jagdish Sheth & Rajendra Sisodia) 교수는 산업계에 제너럴리스트와 스페셜리스트의 두 기둥이 존재한다고 역설한다. 규모에 중점을 두는 제너럴리스트 기업은 결국 3자가 정립하는 시장구도를 형성하게 된다는 것이다. 성숙한 경쟁시장에서 빅3 구도는 효율성을 극대화한다는 이론이다. 또 고수익에 무게중심을 두는 스페셜리스트 기업은 기존 시장 공략보다는 틈새(niche) 시장을 창조, 생존을 도모한다고 주장한다.

미국에서 빅3로 불리며 3의 법칙에 해당되는 것이 자동차산업이다. 예를 들면, 포드, 클라이슬러가 이에 해당된다. 또한 요즈음에 3의 법칙에 해당되는 것이 햄버거 시장이다. 미국의 햄버거 시장은 맥도날드, 버거킹, 웬디스 등 3개 기업이 장악하고 있다.

1위 맥도날드는 지구촌 121개국에서 3만 개에 가까운 점포를 운영, 지난해 406억 달러(약 48조 7,200억 원), 2위 버거킹은 지난해 58개국 1만 5,000여 개 점포에서 114억 달러(약 13조 6,800억 원), 3위 웬디스는 5,500여 개 점포에서 71억 달러(약 8조 5,200억 원)의 매출을 올렸다. 이들 빅3의 미국 햄버거 시장 점유율은 대략 70% 안팎이다. 후발주자 웬디스가 빅3에 합류한 것은 혁신적인 영업전략 덕분이다. 햄버거 패티(빵 가운데 들어가는 고기)용으로 냉동육이 아닌 신선한 냉장육을 사용, 뒤처지는 인지도를 품질로 만회했다. 이들의 틈새를 뚫고 1980년대 후반 랠리스(Rally's) 체커스(Checker's) 등 '드라이브 스루(Driver Through)' 햄버거 업체들이 등장했다.

요즈음 우리나라에도 가전업체에서의 현대, 삼성, SK의 빅3와 현대, 롯데, 신세계의 백화점 업계에서도 틈새시장을 노린 기업이나 백화점 업체 등은 살아남았지만 특색 없는 기업이나 지방 백화점 등은 살아남지 못하고 사라져 버렸다. 요즈음도 3의 법칙에 해당되지 않는 조직들은 틈새시장을 노려 스페셜리스트로서의 성공을 꾀하고 있음은 의외로 우리의 현실에 맞고 있다.

구축전략(build-up strategy)은 주요 경쟁자들이 진입하지 않은 비교적 규모가 작고 매력도가 낮은 시장에 진입하는 것이다. 구축전략을 통해 빅3에 해당되는 기업은 정정당당하게 도전을 하고 그 밖의 기업은 주요 경쟁자와의 직접경쟁을 피할 수 있다. 우리나라에는 삼성, 등 유명한 전자업체가 있지만 아남전자, 맥슨전자 등이 나름대로 세계적으로 유명한 브랜드를 구축하고 있는 것은 틈새시장으로 성공하고 있다는 점이다.

전략이란 말이 군대에서 시작된 말인 만큼 군사적인 것과 관련된 말이 많겠으나 이를 경영의 관점에서 볼 때는 '최고경영자의 관점에서 작성하는 의지'라는 뜻으로 체계적인 수립과정을 거친다. 예를 들자면 신제품개발전략, 세계화전략 등이 있다. 그리고 원가우위전략, 차별화전략 등이 이에 속한다. 그렇다면 '경영전략'은 '희소한 경영자원을 배분하여 기업에게 경쟁우위를 창출하고 유지시켜 줄 수 있는 주요한 의사결정'이라고 정의 내릴 수 있겠다. 또 '환경에 대처하는 방식'이라는 뜻으로 경영의지를 나타내기도 한다. 세계적인 노키아가 어떻게 발전하였으며 어떻게 몰락하게 되었는가는 CEO의 경영의지와 의사결정이 중요한 역할을 한다는 것을 보여주고 있다.

사례

노키아의 몰락과 CEO의 느린 의사결정

핀란드에서 1871년 설립되어 제지업으로 출발한 노키아는 세계 최초의 스마트폰을 출시한 기업이자 가장 튼튼한 휴대폰을 만드는 것으로 유명했다. 이후 휴대전화 사업 매출이 핀란드 국가예산을 뛰어넘을 정도로 크게 성장하였다. 피처 폰 시장에서의 노키아의 영향력은 가히 전 세계적이었는데, 특히 유럽과 아프리카, 아시아에서 높은 시장 점유율을 차지하고 있었다. 노키아는 이 휴대폰 부분에서의 1위 자리를 무려 13년 동안이나 유지하였다. 이때의 영광은 2000년 시가총액이 무려 2,230억 유로에 달했던 것으로 알 수 있다. 순자산 이익율은 2001년의 16%에서 2004년의 137%까지 성장하였다.

2011년까지 휴대 전화 분야에서 시장 점유율이 1위였지만, 스마트 폰과 태블릿 PC 등 모바일 중심으로 흘러가는 휴대전화 시장을 제대로 파악하지 못해 삼성전자에 1위 자리를 내주었으며 애플과 LG전자에 추격당하고 있는 상황이다. 점유율이 종래의 40%대에서 23%까지 떨어졌으며, 영업 이익이 2009년 3분기 기준 4억 2,600만 유로의 적자를 기록하고 매출이 1조 유로 아래로 내려갔다. 2012년 시장 점유율이 23.9%에서 19.2%로 떨어지며 삼성의 갤럭시 시리즈에게 1위 자리를 내준 것을 시작으로 23억 4000만 유로의 적자를 기록했다. 노키아는 경영난으로 2012년 12월 4일 에스포의 본사 사옥을 1억 7,000만 유로(약 2,408억 원)에 매각하기로 했다.[4] 2013년 9월 2일, 결국 노키아는 휴대전화 사업 부문을 미국의 마이크로소프트에 54억 4,000만 유로(약 7조 8,654억 원)에 매각하게 되었다.[5]

세계 최초의 스마트 폰인 노키아 9000 커뮤니케이터의 모습. 그러나 아이러니하게도 노키아는 스마트 폰 시장에서의 오판으로 치명적인 타격을 입게 된다.

한때 핀란드국가예산보다 많은 매출을 기록했던 노키아가 무너진 것은 근본적으로 혁신에 실패했기 때문이다. 노키아는 자체 OS인 심비안을 오랫동안 고수하였다. 그러나 심비안에 대한 소비자들의 불편함이 누적됨에도 불구하고 심비안이 시장에서 표준이었다는 이유로 계속 고수하였다. 결국 불편한 OS에 질린 소비자들이 이탈하면서 위기가 닥쳐왔다.

이때 새로운 OS를 개발하든지, 아니면 기존의 다른 OS로 전환하여야 했으나, 1조원에 가까운 개발비 탓에 쉽게 선택하지 못했다. 결국 굼뜬 혁신이 노키아에게 몰락을 가져온 것이다.

여기에서 등장하는 것이 현재에 안주하는 노키아의 최고경영자의 의사결정과 삼성의 CEO의 빠른 의사결정이다. 삼성은 기존에 사용하던 OS인 윈도우의 전망이 향후 불투명하다고 판단하자마자 재빠르게 구글의 OS인 안드로이드로 전환하였다. 더불어 경쟁사들의 제품들을 철저히 벤치마킹하는 등 자기혁신을 게을리 하지 않았다. 이러한 차이가 삼성을 세계 굴지의 기업으로 만들었고, 노키아를 역사 속으로 사라지게 만든 것이다.

---

4) David Goldman (2012년 4월 27일), "Samsung takes cell phone market lead from Nokia", CNN Money.
5) 마이크로소프트, 노키아 새주인 된다 … 휴대전화 사업 인수 - 매일경제, 2013년 9월 13일.

3. 전쟁과 기업의 유사점

일부에서는 전쟁과 기업이 같을 수 있느냐 하고 질문할 수 있겠지만 기업은 2등을 해도 생존할 수 있지만 전쟁에 2등은 없다. 또한 연애에도 2등이 없다는 말을 하는 사람도 있는데 실연(失戀) 시에는 가슴이 아파서 고생하기도 하지만 나중에는 더욱 멋지게 결혼한 사람도 많은 것을 보면 그 말이 꼭 맞지는 않는다. 그러나 화교 사이에서는 사업과 연애는 어떤 수단도 용서받는다고 하여 어떻게든지 이기는 것이 중요하다고 하였으나 최근에는 기업에도 기업윤리가 있고 연애도 사기나 나쁜 행위를 해서 파트너를 차지한다고 해도 결코 행복해지기 어렵다.

그러나 전쟁과 기업을 동일시하는 견해가 어느 정도 이해받고 있는 이유는 많은 인원을 동원하여 승리할 경우 많은 이익을 차지하게 된다는 점에서 비슷하게 생각할 수도 있다. 그리고 군대를 살펴보면 전쟁과 기업 간의 경쟁을 동일시하기는 어렵지만 다음과 같은 점에서 상당히 유사한 점이 많다.

① 인력, 자본, 장비, 기술을 보유하고 경쟁에 임한다.
② 경쟁기업이나 경쟁국가의 행동에 대해 민감하게 대응한다.
③ 전면공격, 수비전략, 정면돌파전략, 적을 기만하는 전략 등 군대의 전략과 비슷한 양상으로 기업들이 경쟁을 하고 있다.
④ 전쟁과 기업의 전략에서는 2등은 존경받지 못한다.
⑤ 부하의 힘없이 혼자서는 싸우기가 불가능하다. 부하들을 이끄는 리더십이 필요하다.
⑥ 성공한 자는 그만큼의 보수와 명예를, 실패한 자는 명예실추뿐 아니라 모든 것을 잃을 수 있다.

전쟁은 정치와 외교를 대신하여 상대를 이쪽의 의지로 강제적으로 복종하게 하기 위한 수단이다. 전쟁의 본질은 제로섬게임이며 전쟁에서는 새로운 가치나 창조는 생기지 않는다. 기업경영은 각각의 기업이 고객을 통하여 사회에 공헌하여 스스로의 존재의의를 실현하는 것이 목적이다. 경쟁상대를 쓰러뜨리는 것이 목적이 아니고 어떻게 해서 타사보다 뛰어난 독특한 존재의의를 실현할 수 있는가 하는 것이 기업의 경쟁이다. 기업의 활동은 창조적인 활동이며 경쟁이다. 프리드맨(Mike Freedman)은 전략적 리더십의 해결하기 위해 로드맵을 설정하는데 5단계로 분석하였다.[6]

6) Mike Freedman, The Art and Discipline of Strategic Leadership, McGraw Hill, 2003, pp.25-31.

제1단계는 전략에 관한 정보의 수집과 데이터를 분석하고
제2단계는 전략의 책정,
제3단계는 전략의 프로젝트계획을 하고
제4단계는 전략실시,
제5단계는 전략모니터를 청취하고 다시 갱신하는 과정이다.

제 8 절 전쟁과 스포츠

1. 우열과 승패의 스포츠

일반적으로 전쟁과 연애는 이기기 위한 어떠한 수단도 공정하다는 말이 있지만 스포츠는 다르다. 그럼에도 불구하고 스포츠를 전쟁과 비교하는 사람들도 있다. 스포츠도 경쟁이 필요하지만 일반적으로 두 종류로 나뉜다. 첫 번째는 육상경기, 수영, 체조처럼 시간, 연기 등의 우열을 다투는 스포츠인데 이 범위의 스포츠의 경쟁은 상대를 직접 쓰러뜨리는 것이 아니고 속도와 연기 등의 절대수준의 향상을 목표로 한다. 두 번째의 카테고리는 복싱, 레슬링, 1등의 격투기와 야구, 축구 등의 단체경기이다. 이들은 상대를 이겨야 승패가 결정 난다. 그러나 야구, 축구 등의 단체경기는 개인의 기록의 향상이라는 범위도 포함한다.

기업경영은 첫 번째의 범위에 해당한다. 기업의 우세를 판단하는 것은 고객이고 사회이다. 전쟁은 상대를 쓰러뜨려야 하기 때문에 스포츠로 분류하자면 두 번째의 카테고리에 해당된다. 전쟁에는 룰이 없지만 스포츠에는 각 경기마다 룰이 있고 규칙이 있다. 룰과 규칙 하에 전략과 전술을 통하여 훌륭한 팀으로 이어지는 것은 감독의 능력이고 이 감독의 능력 하에 전쟁을 방불케 할 만큼의 열광과 흥분을 가져다주고 2등은 기억하지 못하고 1등만 승자의 혜택을 받기 때문에 전쟁과 스포츠가 비슷하다고 하는 것은 이러한 이유에 기인한다. 3천, 4천 년 전의 전쟁이라 할지라도 그 본질에 있어서는 현재와 조금도 다른 점이 없다. 즉, 전쟁터에 닿을 때까지는 보급이 그 다음부터는 지휘관의 능력에 따라 군사들의 사기를 어떻게 하는가에 의해 승패가 좌우된다는 역사적 교훈이 있기 때문이다. "용감한 장군 밑에 나약한 부하가 없다."라든가 "1마리 사자의 지휘를 받는 100마리의 양이, 1마리 양의 지휘를 받는 100마리의 사자 무리를 이긴다."는 말은 리더의 중요성과 리더십을 강조한 격언이라고 하겠다.

▲ 박지성(왼쪽)과 히딩크(오른쪽)

2002년 한·일 월드컵에서 우리 축구 대표팀이 16강에 들어가기 위해서는 포르투갈을 이겨야하는데 박지성은 세계강호 포르투갈에 대해 강슛을 골인시키면서 감독인 히딩크한테 달려갔다. 히딩크의 새로운 역사가 시작되었다. 8강에서는 이탈리아를, 4강에서는 스페인을 격파하여 당시의 축구선수들은 평소와는 다른 강한 에너지로 뛰는 듯한 느낌을 국민들은 받았다. 운동을 할 때나 사업을 할 때에도 에너지가 용솟음치면 성공에의 확신으로 변화된다. 장군들은 이러한 강한 에너지를 주는 것을 상황을 꿰뚫는 힘으로 부르는데, 이것은 모든 사람에게 있는 것이 아니고 특별한 어떤 사람에게 갖춰진 능력이며 직관이라고도 한다.

2. 리더의 능력

전쟁론의 선구자 클라우제비츠는 "이 세상에 존재하는 어떤 것이든 성공하기 위해서는 사물을 이해하는 특수한 능력과 정신이 필요하다."라고 말했다. 당시에는 리더십이라는 단어가 없었기에 클라우제비츠는 사용하지는 않았다. 그러나 아마도 성공한 자의 '특수한 능력'이 조직이나 단체에서 '비범한 업적'으로 나타날 때, 우리는 그러한 능력을 리더십으로 부르고 그 분야의 영웅이라고 부른다.

그렇다면 전쟁의 영웅이란 도대체 어떤 능력을 갖춘 사람을 말하는 것일까?

영국의 육군 원수 웨벨(1883~1950)은 뛰어난 리더의 가장 중요한 자질로 '전쟁의 충격을 견뎌내는 힘, 늠름함'이라고 주장했다. 나폴레옹도 같은 이야기를 했다. "지휘관에게 우선적으로 필요한 것은 냉정한 머리이다. 냉정을 유지하면, 관점을 흩트리지 않고 올바른 판단을 내릴 수 있다." 1805년 나폴레옹의 울름 전투에서 러시아와 오스트리아 연합군을 반 정도의 군대로 제압했던 것은 전략과 그의 리더십의 성공이었다. 적군이 세 배가 넘는 군대로 쳐들어온다 하더라도 리더는 마음에 불꽃을 피워 경쟁심을 불태우고 기필코 승리하고야 말겠다는 의욕을 간직해야 한다.

전쟁에 있어서 작전은 전략과 전술이 있는데 이때 뛰어난 전술가가 꼭 뛰어난 전략가는 아니다. 반대의 경우도 그렇다. 그래서 명장은 이 세 가지 초점 중 어느 것으로 보느냐에 따라 달라진다. 세계적인 최고의 전략가는 칭기즈칸이라고 생각한다. 민족을 구별하지 않고 인재를 받아들였고(다국적인 재배치), 소수의 기마병으로 몇 배에 달하는 금, 송, 호라즘, 유럽군을 격파했다. 그가 최고의 전략가인 이유는 적재적소에 병력과 인재를 배치했고 후환을 남기지 않으며 전쟁 전에 준비를 끝내고(정보, 보급, 후방 등), 주위상황을 최대한 이용하여(금을 치기 위해 송과 연합), 서역정벌(호라즘, 서하 등) 때 종교의 자유를 선포하여 피해를 줄였다. 몽골군이 무적은 아니었다. 아프리카, 인도, 일본에서는 패했다. 그럼에도 그가 세계적인 리더십으로 손꼽히는 이유는 세계적으로 최고로 넓은 영토를 정복했다고 해서 그런 것이 아니고 오히려 짧은 기간에 어떻게 그러한 비전이 나왔는가 하는 점이 있다고 하겠다.

그리고 아시아 최고의 전략가는 이순신이라고 본다. 역대 어느 누구도 바다의 전투에서 이순신만큼 적은 병력으로 승리를 하지는 못했다. 새로운 전투방법을 고안하고 새로운 전략으로 적은군사로 많은 적을 이겼다. 병사들만이 아니라 일반백성도 그를 따랐고 일개 장군으로 전쟁의 판도를 완전히 뒤집었으며 적국인 일본에서까지 존경받았으며 그를 바다의 수호신으로 생각할 정도였다.

또한 아시아 최대전략가이면서 혁신가는 오다 노부나가이다. 한국에서는 그다지 잘 알려지지 않았지만 칼과 활의 전투에서 조총의 새로운 혁신방법으로 전쟁을 하는 그야말로 새로운 리더십이다. 우리나라를 침범함 도요토미 히데요시의 상관이고 도쿠가와 이에야스를 이끈 혁신가, 창조가 그리고 전략가이다.

08 Chapter 전략 책정과 논리적 사고

제 1 절 전략 책정과 논리적 사고의 등장

1. 전략 책정에 필요한 논리적 사고의 기술

논리적 사고(Logical Thinking)는 논리적으로 개념적 수단 특히, 언어를 사용하는 논리 법칙에 적합한 사고의 방식으로 그 중에서도 추론(推論)적 사고방식을 말한다. 추론적 사고방식이란 실제 행동하기보다는 우선 머리로 과정과 순서를 생각하여 유추하는 것이다.

논리적 사고란 결론과 근거의 관계를 객관적이고 합리적으로 명확히 하기 위한 사고로서 사물을 정리하기위한 사고법이며 전략을 책정할 때 기초가 되는 기술의 하나이다. 전략책정에 필요한 논리적 사고의 기술은 논리전개, 인과 관계파악, 구조화의 세 가지로 구분할 수 있다.

1) 논리전개

논리전개는 사물과 사물의 관계에 논리를 전개하는 기술로서 환경을 분석하기 할 때에 자신의 생각을 종합하여 타자에게 전달 할 경우에 기초가 되는 방법으로 연역법(演繹法)과 귀납법(歸納法)이 있다.

(1) 연역법(演繹法, deductive method)

연역에 따른 추리의 방법이다. 일반적 사실이나 원리를 전제로 하여 개별적인 특수한 사실이나 원리를 결론으로 이끌어 내는 추리 방법을 이른다. 경험에 의하지 않고 논리상 필연적인 결론을 내게 하는 것으로, 삼단 논법이 그 대표적인 형식이다. 연역은 결론의 내용이 이미 전제 속에 포함되어 있다는 점에서 진리보존적(truth-preserving) 성격을 지닌다. 연역은 전제에 없었던 새로운 사실적 지식의 확장을 가져다주지는 못하며, 이미 전제 속에 포함되어 있는 정보를 명확하고 새롭게 도출해낼 뿐이다.

하지만 연역적 추리(deductive inference)는 논리적 일관성과 체계성을 가져다준다. 때문에 일상생활에서도 널리 적용되어 나타난다. 어떤 행위가 옳은 것인지 아닌지를 따지는 윤리적 판단들은 대부분 연역적 방법에 기초해 나타난다. 개별 행위의 유형을 포괄하는 보편적 규범에 기초해 옳고 그름을 판단하기 때문이다.

연역적 추리의 방법은 하나의 전제에서 결론이 도출되는 직접추리와 2개 이상의 전제에서 결론이 나타나는 간접추리로 나뉜다. '대전제→소전제→결론'의 형식으로 나타나는 삼단논법이 간접추리의 전형적 형식이다. 이 때 결론의 주어 개념을 '소개념', 결론의 술어 개념을 '대개념', 대전제와 소전제에 공통으로 포함되어 두 전제를 연결하는 개념을 '매개념'이라고 한다.

모든 인간은 죽는다. A → B (대전제)
소크라테스는 인간이다. C → A (소전제)
소크라테스는 죽는다. C → B이다. (결론)

(2) 귀납법(歸納法, inductive method)

개별적인 특수한 사실이나 원리를 전제로 하여 일반적인 사실이나 원리로서의 결론을 이끌어 내는 연구 방법을 이른다. 특히 인과 관계를 확정하는 데에 사용된다.

소크라테스는 죽었다.
세종대왕도 죽었다.
링컨도 죽었다. 등등
그러므로 모든 인간은 죽는다.

A사의 영업사원은 언제나 예의바르고 친절하다.
A사에 전화하면 언제나 예의 바르고 친절하다.
A사의 영업부장을 처음 만났지만 정말로 예의 바르고 친절했다.
A사의 사원은 예의 바르고 친절하다.

제 2 절 논리적 사고(Logic thinking)의 구성

논리적 사고(Logic thinking)는 제로베이스적사고, 프레임워크사고, 옵션사고 등으로 구분되고 있는데 그 내용은 [그림 8-1]과 같다.

[그림 8-1] 논리적 사고의 3가지 사고법

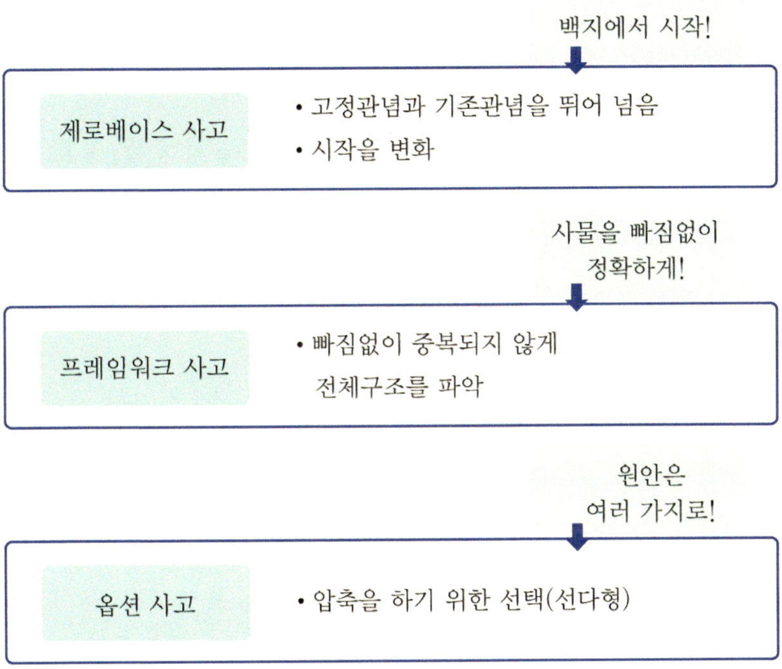

1. 제로베이스적 사고(Zero-based thinking, ZBT)

제로베이스적 사고(Zero-based thinking, ZBT)의 목적은 기존개념이나 생각을 버리고 모든 것을 백지 상태에 두고 처음(Zero)부터 다시 생각하는 방법으로 문제해결에 필요한 새로운 시각을 도입하고 참신한 아이디어를 도출하려고 할 경우에 이 방법을 활용한다.

제로베이스적 사고(Zero-based thinking, ZBT)의 문제 도출방법은 다음과 같다.

① 제로베이스 사고는 기존의 틀에서 벗어나 완전한 백지상태에서 생각하고 사고하는 법으로
② 제로베이스 사고에 방해가 되는 것은 '기존 관념'(그 중에서도 가장 방해가 되는 것은 자기 자신)
③ 종래의 틀 이외의 가능성에 도전하는 제로베이스 사고는 적극적 정신(Positive Mentality)과 상통함

과거부터 현재까지 축적된 자료나 산출물들을 인정하지 않는다는 점에서 새로운 발상을 장려하는 창의적 사고와 유사하다. 원인분석에 대한 객관적인 접근이 용이한 장점을 가지고 있으며 점진적 개선이 아니라 파격적 혁신이나 새로운 아이디어가 필요한 상황에 적합하다.

제로베이스적 사고가 필요한 경우는 다음과 같다.

① 조직이 매너리즘에 빠져서 새로운 아이디어가 나오지 않을 경우
② 예상하지 못한 큰 실패를 했을 경우
③ 환경이 급격하게 변하고 있는 시기에 조직이 어떻게 움직이지 못할 경우
④ 새로운 시장에 진출하려고 해도 전략이 나오지 않을 경우
⑤ 경쟁자가 강력하게 추적해 오는 경우
⑥ 수년간 적자를 거듭하는 고질적인 문제를 안고 있는 기업의 경우

과거에 성공했던 제품, 프로세스, 조직이 파멸의 원인이 되는 경우가 많다. 미래에 살아남기 위해서는 과거의 성공을 가장 위험한 요소로 받아들여야 한다고 주장한 앨빈 토플러(Toffler)처럼 모든 것을 제로베이스적사고로 출발하는 것이 좋다.

2. 프레임워크 사고(framework thinking)

프레임워크 사고란 사고를 돕는 툴인데, 서류 등을 정리하는 상자가 있듯이, 사고나 아이디어를 정리하는 상자라고 생각한다고 알기 쉽다. 프레임워크 사고는, 생각을 정리하는 것으로써, 새로운 생각이나 의미를 재촉하기 위해서 이용된다. 또, 정리하는 상자에는 목적에 따라 여러 가지 종류가 있듯이, 프레임워크 사고도 용도에 의해서 여러 가지 종류가 있다.

프레임워크 사고란, 프레임워크를 이용하는 사고법을 가리킨다. 사물을 일정한 틀(경험이나 감에 의지하고 착상으로 생각해 가면)로 보면, 중요점을 간과하거나 사상

의 상관성, 전체상을 잡을 수 없기 때문에 일정한 틀로 보지 않고 중복되지 않게 정리하는 사고의 방법이다.

3. 옵션 사고(option thinking)

옵션 사고란 여러 가지 선택사항을 생각하면서 문제 해결에 해당하려는 생각, 원인을 1개에 특정하지 않고, 모든 가능성을 고려하면서 문제에 해당하는 생각, 압축을 하기 위한 선택[선다형 즉, 복수의 대체안(옵션)]을 내어 기준을 마련해 좁혀가는 사고법이다.

제 3 절 비즈니스에서의 프레임워크 사고

프레임워크 사고란 사고를 돕는 툴이며 사고나 아이디어를 정리하는 방법이며 일반적으로는 새로운 아이디어와 분석을 효율화하는 도구를 가리키는 것이 일반적이다. 일반적인 의미 framework란 beliefs(프레임워크 내에서 올바른 것으로 믿고 있는 사물), ideas(개념, 프레임워크 내의 용어의 정의), rules(규칙이나 법칙, 프레임워크 내에서 유효한 순서나 메소드)의 세트로, 그것을 사용하면, 대상으로 하는 범위에서, 문제해결이나 의사결정을 하기 쉽게 하는 도구이다. 그런데 비즈니스에 있어서, 프레임워크적 사고는「경영을 실현하기 위한 효율적인 사고방식」을 의미하는 언어로서 보급되고 있다. 비즈니스 현장에서는 지금도 수많은 프레임워크가 사용되고 있으며, 경영전략, 업무개선, 문제해결 등에 도움이 되는 분석 도구와 사고의 틀이 많이 있는 것도 사실이다.

1. PEST 분석과 PESTLE 분석

PEST 분석(PEST analysis)이란 정치적(Political), 경제적(Economic), 사회문화적(Socio-cultural), 기술적(Technological)의 이니셜을 취한 것으로, 경영 전략론에서 환경 스캐닝에 사용될 때 가장 많이 사용되고 있는 매크로 환경 요인의 프레임 워크이다. PEST는 전략적 분석 또는 시장 조사를 수행할 때의 외부 환경 분석의 일부이며 기업이나 조직이 고려해야 할 다양한 매크로 환경 요인의 개요를 나타낸다. 기업에서의 PEST

는 간단히 말하면 시장의 성장 또는 쇠퇴, 사업 포지셔닝의 가능성과 방향성을 이해하는 전략적 도구이다. 자사를 둘러싼 업계가 어떠한 상황에 있는지 파악·통찰하는데 도움이 되며 PEST 분석을 통해 3~5년 후의 세상의 변화를 예측하면서 부족한 필요한 요소를 채우는데 중요하다.

1) PEST 분석

PEST 분석이란, 매크로 환경 분석의 체제의 하나이며 PEST란, 정치적 환경요인(Politics), 경제적 환경요인(Economic), 사회적 환경요인(Social), 기술적 환경요인(Technological)의 머리글자를 취한 것이다.[1)]

(1) 정치적 환경요인(Political)

회사 경영을 둘러싸는 법률·세제, 각종 규제 등을 분석하는데 업계에 따라서는 TPP 교섭 등, 외교의 영향도 받는다.

경제잡지 등에는 각종 법률 등의 개정 동향 등의 해설문을 볼 기회가 있다고 생각하지만, 보다 빨리 정보를 수집하려면 국회에서 심의중의 법안의 요지 등이 국회의원 등의 홈 페이지에서 공개되고 있기 때문에, 확인해 보면 좋다.

근래에는 부가가치세, 소비세 증세 등 각종 세금의 영향이, 폭넓은 업종에 보인다.

(2) 경제적 환경요인(Economic)

경제 동향을 대상으로 하기 때문에, GDP 성장률, 물가 동향, 환율 동향, 금리 동향, 소비 동향, 원유가격 등을 분석한다.

경제지표는 기획재정부 고용노동부, 국토교통부 등 6개 경제관련 부처에서 정보 공개하고 있고, 민간의 싱크탱크의 홈페이지에서도 확인할 수 있다.

GDP 성장률과 회사 경영의 관계성을 느끼기 어려울지도 모르지만, 단순화하면 GDP 성장률이 2% 때에, 회사의 매출액가 전년대비 2% 증가였다고 해도, 그것은 자연 증가로 파악해야 하기 때문이다. GDP 성장률 이상으로 회사를 성장시키는 것이, 경영 노력의 성과라고 생각하면, 버블 경제의 무렵 실적을 올린 회사는 반드시 경영 노력의 결과라고만은 볼 수 없다. 한편, 최근 불황 에서도 실적을 올린 회사는, 대단한 경영 노력의 결과라고 할 수 있다.

---

1) PEST analysis method and examples, Businessballs.com

(3) 사회적 환경요인

인구의 변화, 라이프스타일의 변화, 교육이나 문화 등을 분석 대상으로 하는데 인구 변화는 국내로 한정하면, 무엇보다도 저출산과 고령화이다. 이에 따라 일하는 여성의 증가, 외국인의 증가 등이 전망되고 있어 사회가 변화해 갈 것으로 보고 있다. 또 라이프스타일은 건강을 중시하는 의식과 환경보호의 의식 등이 대표적이다. 해외로 눈을 돌리면, 인구 폭발, 식량 위기, 물 부족, 환경 파괴 등 우리와는 다른 요인이 등장한다.

(4) 기술적 환경요인

정보기술이나 신소재, 특허 등을 분석 대상으로 하는데 정보기술에 관해서는 해마다 진보하고 있어, 스마트 폰의 보급이나 클라우드 기술의 발전 등을 들 수 있다. 5년 전과 비교해보더라도 몰라보도록 진보하고 있기 때문에, 5년 후에 어떠한 정보기술이 보급되어야 할까 회사로서는 중요한 의사결정이 필요하다.

또 세일가스 혁명으로 의해 원유가격 시장은 크게 영향을 받았다. 구미에서는 자동차 업계에서는 전기 자동차가 일반 판매되었지만, 우리는 어떻게 대응하여야 하는가가 과제로 등장한다.

한국이나 일본, 미국, 아랍 등의 문화, 가치관, 관습, 전통 등의 차이가 국가마다 각기 다른 경영관리시스템의 차이가 나타나 사회·문화적 환경요인은 국제 비교경영에서 중요한 요인으로 등장하고 있다. 이상과 같이 간접적 환경요인들을 살펴보았다. 자동차회사와 마크로 환경에 대해 구체적으로 설명하였다. 〈표 8-1〉에 나타나 있다.

〈표 8-1〉 외부적 환경요인

환 경	구성요소	자동차 회사(예)
경제적 환경	경제체제, 경기변동, 경제정책, 공급업자, 투자자소비자, 경쟁업자	생산원가, 고객요구의 다양화
정치적 환경	사회의 일반적인 정치 분위기, 정부의 규제와 보호, 법률	외국 정부 규제 및 허가, 수출문제
사회 문화적 환경	사회 문화적 변화	공해, 소음문제, 하도급 문제
기술적 환경	에너지부족과 기술	하이브리드카

그런데 나는 최근의 상황을 보면 법적 요인(Legal factors)과 환경적 요인(Environmental factors)을 추가한 PESTLE 분석이 더 효과적이라 생각한다.[2] 법적 요인(Legal factors)에는 소비자법, 독점금지법, 고용법, 건강 및 안전법이 포함되며 이러한 요소는 회사 운영 방식, 비용 및 제품 수요에 영향을 줄 수 있기 때문이다. 환경적 요인(Environmental factors)에는 지구온난화로 인한 날씨 및 기후 변동과 같은 생태 및 환경 측면이 포함되며 특히 관광, 농업 및 보험과 같은 산업에 영향을 줄 수 있다. 또한 기후 변화의 잠재적 영향에 대한 인식이 높아짐에 따라 기업의 운영 방식과 제공하는 제품에 영향을 미치며 새로운 시장을 창출하고 기존 시장을 축소 또는 파괴하고 있다.

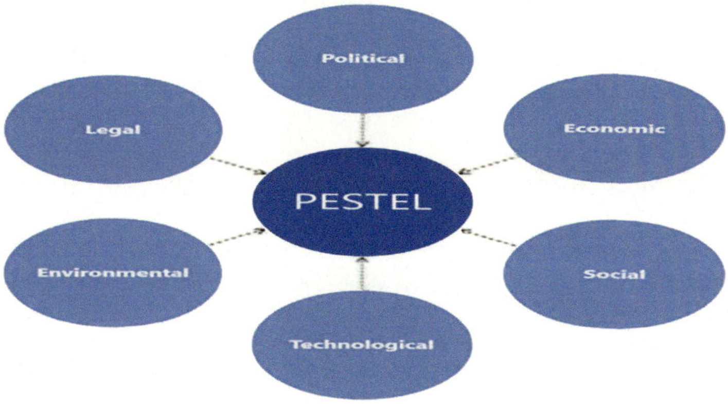

2) 미씨(MECE)적 사고

MECE(Mutually Exclusive and Collectively Exhaustive)의 약자, 상호배제와 전체포괄)는 항목들이 상호 배타적이면서도 모였을 때는 완전히 전체를 이루는 것을 의미한다. 이를테면 '겹치지 않으면서 빠짐없이 나눈 것'이라 할 수 있다.

예 남성, 여성, 대학생-겹침/베이붐 세대, 소학생-빠짐
베이붐 세대/회사원-겹치미 남성기혼, 여성기혼, 남성미혼, 여성미혼-MECE

2) Felix Adamu Nandonde, (9 April 2019), "A PESTLE analysis of international retailing in the East African Community," Global Business and Organizational Excellence, 38 (4) : 54–61.

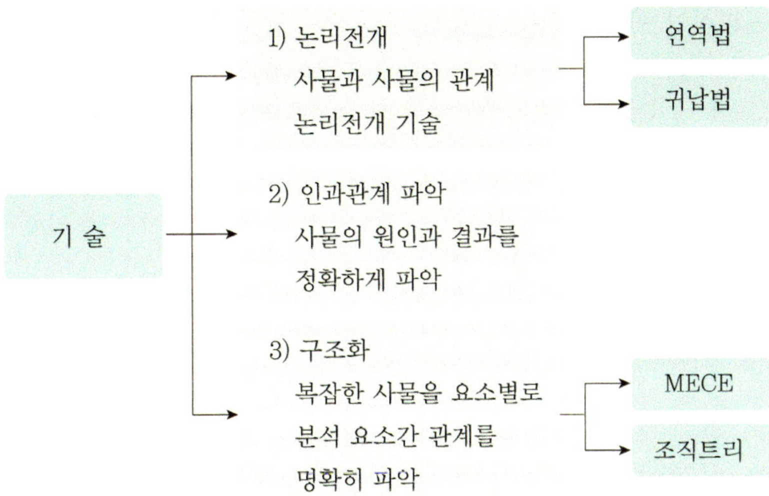

3) 논리적 나무

Logic Tree(로직 트리) Issue Tree

로직 트리는 '논리의 나무' 또는 문제의 나무라는 뜻으로, 어떤 주제나 문제를 나뭇가지 형태로 세분화하고 정리할 때 사용하는 툴이다. 세계적인 컨설팅 회사 '맥킨지 'McKinsey & Company가 자랑하는 최고의 기법이기도 하다. 전략 교수 Arnaud Chevallier에 따르면, 맥킨지 & 컴퍼니에서 사용되는 접근 방식이다. 로직 트리에는 두 가지 유형이 있다.

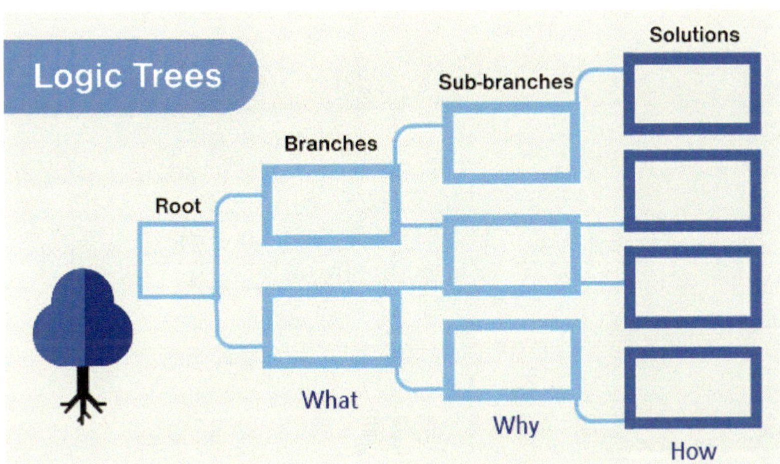

문제의 근본적인 원인을 찾아 문제를 해결하는 논리적인 기법으로 현황을 파악하는 왓트리(What tree), 원인을 분석하는 와이트리(Why tree), 방법을 찾아내는 하우트리(How tree)가 있으며, 이 순서대로 생각을 정리하면 논리정연하게 문제를 해결해나갈 수 있다.

문제를 잘 해결하고 싶다면 3단계의 로직 트리가 있다.

① 문제가 무엇인지 인식하고 - What
② 문제가 왜 발생했는지를 분석해서 - Why
③ 어떻게 해야 할지를 생각해서 – How

예를 들어, 한 음식점에서 고객으로부터 클레임을 받았다고 하면 '클레임의 원인은 무엇인가? 그리고 왜 발생했는가? 그리고 어떻게 하면 해결될 것인가?'로 이어지면서 해결책이 나오면 음식점의 전 직원에 대한 공유 사항 등으로 이어진다. 따라서 이러한 특정 사건에 대해 다음에 수행해야 할 행동과 사고를 정리할 때 사용하는 것이 좋다.

2. 5 Forces분석 : Five Forces Analysis

5 Forces분석이란, 업계의 수익성을 결정하는 5개의 경쟁 요인으로부터, 업계의 구조 분석을 행하는 수법으로, 마이클 포터(Porter, M. E.)의 저서 『경쟁의 전략』으로 넓게 학회나 비즈니스계에 널리 알려졌다.

[그림 8-2] 산업경쟁을 일으키는 요인

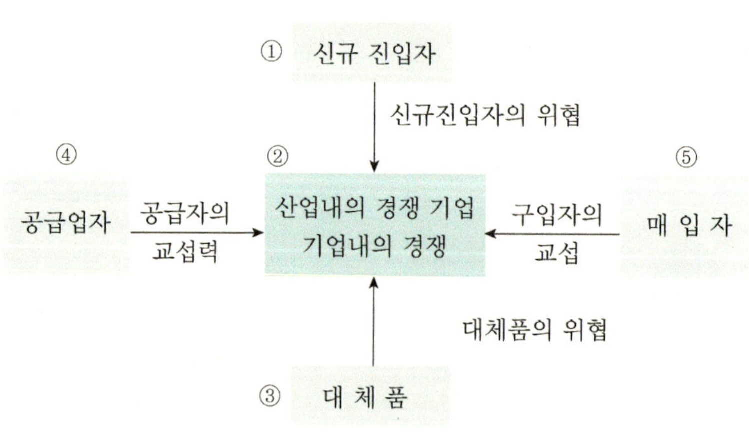

자료 : M. E. Porter, Competitive Strategy, The Free Press, 1980, p.4.

「공급 기업의 교섭력」, 「구매자의 교섭력」, 「경쟁 기업 간의 적대 관계」라고 하는 3개의 내적 요인과 「신규 참가 업자의 위협」, 「대체품의 위협」의 2개의 외적 요인, 합계 5개의 요인으로부터 업계 전체의 매력도를 측정한다.

[그림 8-2]에 나타나듯이 신규진입자의 위협, 대체품의 위협, 공급업자의 교섭력, 매입자의 교섭력도 강한 경쟁력으로 된다.

어느 것이 가장 강한 영향을 주는가는 산업마다 다르다. 경영전략책정의 입장에서 생각하면 가장 큰 영향을 주는 힘이 중요한 요인으로 된다. 그래서 먼저 마이클 포터의 다섯 요인에 대해 검토하기로 한다.

1) 신규 진입자의 위협

어떤 산업에 새로운 진입자가 있다는 것은 산업내의 생산능력이 커진다는 것을 의미한다. 따라서 가격경쟁이 심해지며 수익구조가 악화되어 기존기업은 진입장벽을 높이는 전략을 취하게 된다.

신규 진입자를 저지하는 장벽은 규모의 경제성, 브랜드의 확보, 제품차별화, 등의 전략이 고려되고 신규진입을 위해 자본금을 높이는 방책도 있을 수 있다.

2) 기존경쟁기업간의 강한 경쟁 관계

기존기업간의 경쟁 관계는, 유리한 시장지위를 확보하려고 가격경쟁, 광고경쟁, 신제품도입, 고객서비스, 보증조건의 확대 등의 전술로 행해진다. 대부분 산업에 있어서, 한 회사의 경쟁행동은 타기업에 알려져, 그것에 대한 대응 정책이 나타난다.

3) 대체품의 위협

어느 산업에 속한 기업은 모두 대체품을 생산하는 타 산업의 기업과 넓은 의미에서 경쟁을 하고 있다. 어느 제품의 가치/가격이 대체품의 가치/가격보다 작지 않으면 대체품으로 바뀌게 된다. 가치는 주관적이므로 어떤 종류의 분위기에서 대체품으로 바꾸어 가는 일도 있다.

주류 중에서, 소주가 위스키로 바뀌는 현상은 그 하나의 예이다. 또 리싸이클이 쉬운 면에서 알미늄캔이 철캔으로 바뀌어 간다는 것도 우리들이 흔히 볼 수 있는 일이다.

4) 구매자의 교섭력

일반 구매자에게 힘이 있는 경우는 가격저하를 강요하거나 높은 질이나 서비스를 요구하거나 판매자 끼리를 결합시키거나 하는 태도를 취할 수가 있다. 이와 같은 행동을 구매자가 취하면 산업계는 수익성을 저하시키게 된다. 무시할 수 없는 사태이다. 중요한 고객인 구매자 그룹이 어느 정도의 힘을 갖는가는 시장의 상황에 따라 변해온다.

5) 판매자의 교섭력

공급업자는 구매자에 대해 가격인상, 품질을 내리는 일로 교섭력을 행사한다. 판매자의 힘이 강한 경우, 구매자는 그 요구에 응하지 않을 수 없다. 제1차 오일쇼크 당시의 OPEC의 태도는 그 전형적인 예이다.

공급업자의 힘을 높이게 하는 조건은 구매자의 교섭력을 생각한 경우와 비슷하다.

이러한 5개의 요인이 업계의 경쟁을 좌우하기 때문에, 이들 요인을 분석하여 자사의 강점, 약점을 명백히 하여 기업이 취하여야 할 전략의 검토를 하여야 한다고 포터는 주장하고 있다. 포터는 업계구조의 분석에서 나타난 것처럼 기업으로서는 전략구축을 위해 업계의 수익성에 영향을 주는 많은 요인에 대해 분석함과 동시에 자사의 기존의 능력과 잠재적인 능력의 분석이 필요하다고 주장하고 있다.

제 4 절 전략적 경영환경과 변화에 적응

혁신적인 기업은 기업 환경 변화에 특별히 기민하게 대처하기 위해 환경이 변화할 때 그들의 기업 또한 변화한다. 예를 들면 소비자들의 욕구가 변화함에 따라 경쟁기업의 기술도 개선되어진다. 또한 고객들의 분위기는 쉽게 변하고 국제무역의 흐름도 재편성 되어가고 있다.

그리고 정부규제도 완화되어가고 있어 회사는 끊임없는 변화에 적응하여 개혁이나 변화를 한다. 기업과 사회, 그리고 재무 사이의 관계를 토론하게 되면서 전략경영자는 대외환경으로부터 그들의 기업을 적응 하기위해 노력한다. 우리는 전략변화에 있어서 다음과 같은 관리경영자의 역할을 고려해야 한다. 과연 관리경영자들이 차별화를 할 수 있는 능력이 있으며 그들이 기업을 변화하는 환경에 효과적으로 적응시킬 수 있을까 하는 문제가 등장한다.

1. STP 분석

STP 전략(STP 분석)은 시장 세분화(Segmentation), 표적 시장 선정(Targeting), 제품의 위치선정(Positioning)의 첫 자를 딴 마케팅 전략중 하나이다. 제품 범주와 소비자 욕구에 근거하여 동질적인 여러 고객집단을 나누고 경쟁 상황과 여러 자원을 고려하여 가장 자신 있는 시장을 선정한다는 것이 주요 내용이다. 특정 잠재고객의 니즈에 맞춘 상품을 제공(개발)하기 위한 마케팅 기법이기도 하며 기존 상품을 효율적으로 마케팅하기 위해 필요한 기법이기도 하다.

1) 시장 세분화(Segmentation)

시장세분화는 시장을 소비자의 공통적인 수요와 구매행동을 가진 그룹으로 나누어 그 그룹의 욕구와 필요에 맞추어 마케팅을 전개하는 것을 말한다. 시장세분화의 기준에는 인구학적, 지역적, 사회적, 심리적 방법 등으로 나뉘어진다. 시장세분화의 결과는 상호간에는 이질성이 극대화되어야 하고, 세분시장 내에서는 동질성이 극대화 되어야 바람직하다.

2) 표적시장 선정(Targeting)

세분화를 통하여 나뉜 시장 또는 그룹 중 잠재고객을 위해 우리 회사는 어떤 곳에 집중할 것인지를 선정하는 것이다. 선정한 곳에서 경쟁우위를 확보할 수 있다는 판단하에 선택할 수도 있지만, 시장 또는 그룹에 대한 평가에 의해 선택하고 그곳에 적절하게 경쟁우위를 개발할 수도 있다.

3) 위치 선정(Positioning)

고객에게 인식되고자 하는 기업의 제품과 이미지가 인식되도록 설계하는 마케팅의 과정이다.

[그림 8-3] STP 전략

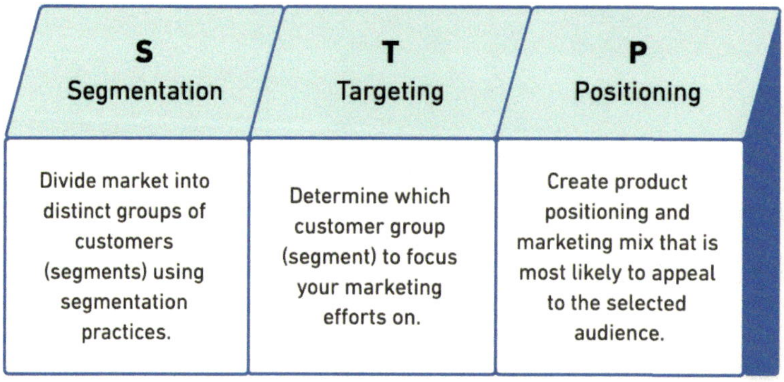

STP 전략은 시장을 지역별, 그룹별로 분석해 고객층을 파악한 후, 진출할 시장(표적시장)을 선정하여 분석하고, 제품을 분석하여 어느 시장에 어떻게 어필한 것인가를 정하는 단계, 즉 제품의 위치선정을 정하는 것이다. 이는 자사의 경쟁브랜드와 차별성을 가질 수 있으며 충성고객을 확보하는데 용이하다.

2. PDCA 분석

PDCA는 「Plan」「Do」「Check」「Action」의 앞글자로 각각 「계획」「실행」「평가」「개선」을 의미하며 PDCA의 핵심원리는 행동과 행동의 결과인 피드백을 통해 이를 수정해 나감으로서 목표에 접근하는 방식으로 이해해볼 수 있는데 이는 Do(실행)과 Check(확인)라는 시행착오를 통한 업무 개선 과정에 과학적 방법을 적용한 사례의 기반을 제공하였다고 할 수 있다.

제2차 세계대전 후 일본에서 통계적 품질관리를 월터슈하트(Walter A. Shewhart)의 제자 에드워즈 데밍(Edwards Deming)이 일본 과학기술연맹(일과기련)에서 강연했다. 이 강연을 들은 일과 기련의 간부가 데밍의 강연을 정리하여 PDCA를 제창했다고 주장한다.

PDCA를 제창했다고 하는 데밍(William Edwards Deming)은, Check는 Hold Back이라고 하는 정지를 의미하기 때문에 바람직하지 않다고 만년까지 주장하고 있었다. PDCA는 슈하트 사이클(Shewhart Cycle) 또는 데밍 휠(Deming Wheel)과는 관계가 없다고 증언하고 있다. 몰년에는 Check를 Study(연구)로 대체한 PDSA 사이클이어야 한다고 주장했다.

2018년 출간된 미키 다케노부(三木 雄信)의 손사장의 무리한 요구를 전부 해결해 온 PDCA(孫社長のむちゃぶりをすべて解決してきた すごいPDCA)란 책[3]에서 소프트뱅크의 '초고석 성장의 조건의 비결을 'PCDA'란 개념으로 정리하고 있다. 먼저 P는 PLAN(계획)으로, 목표나 방침을 명확히 하고 실현 가능한 실행 계획으로 구체화 한다는 원칙이다. 다음 D는 Do(실행)으로, 계획에 따라 실행하면서 진척 상태를 측정하는 것이다. C는 Check(검증)으로, 성과의 달성도나 방식을 검증하고 성공 또는 실패의 원인을 분석하는 순서다. 마지막 A는 Act(개선)으로, 계획에 따라 실행되지 못한 부분을 개선해 다음 계획에 피드백 하는 방법이다. 책의 저자는 "이것이 초고속 성장을 한 소프트뱅크의 조직운영의 핵심원리"라고 설명한다.

미키 다케노부는 "그동안 '일본 기업은 혁신을 일으키지 못한다.'라는 평가를 받아왔다"며 그 이유는 일본인의 완벽주의 때문이다. 시장에 출시될 때까지 완벽하게 품질을 개선하다 보면 이미 시장의 수요가 변화돼 판매가 어렵다"고 그간의 원인을 분석했다. 그런데 그 예상을 뒤엎고 초고속 성장을 한 일본 기업인 '소프트뱅크'가 등장한 것이다. 이 책은 일본 기업의 한계를 극복하고 초고속으로 성장할 수밖에 없었던 소프트뱅크의 순발력 있는 조직 운영 방식을 위의 'PDCA'로 명확히 정리했다.

PCDA를 적용한 소프트뱅크의 3원칙은 '머릿속에 떠오른 계획을 가능한 한 전부 동시에 실행한다', '하루 단위로 목표를 정한 다음 결과를 날마다 검토하고 개선한다', '목표와 결과 모두 숫자로 관리한다'이다. 이것이 초고속 PCDA를 가능케 한다. 제1원칙인 '머릿속에 떠오른 계획을 가능한 전부 동시에 실행한다'에 대해 책은 "이것저것 시험해 보고 결과에 입각해 궁리하는 편이 정확하고 빠르다"며 "굳이 시간을 들여 방대한 사례를 조사하거나 과거 사례에 대해 토론할 필요가 없어 속도가 가장 빠르다"고 효과성을 설명한다.

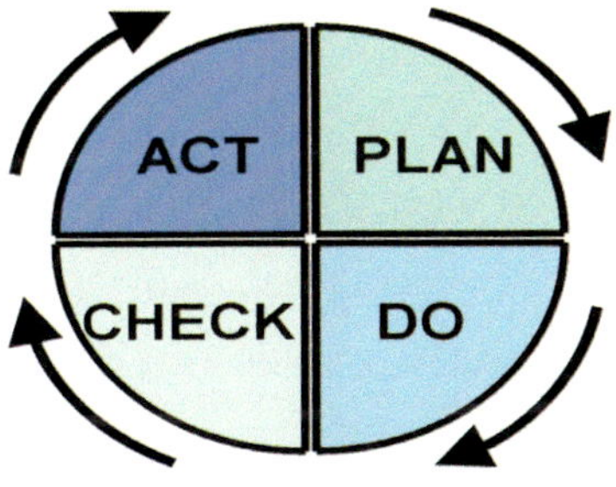

▲ PDCA

▲ PDSA

3) 三木雄信, 孫社長のむちゃぶりをすべて解決してきた すごいPDCA———終わらない仕事がすっきり片づく超スピード仕事術, ダイヤモンド, 2018年.

3. AIDMA에서 AISAS로의 이동

소비자의 심리적 단계에 대한 법칙을 얘기한 전통적인 소비자 행동모델로 초기에 등장한 것이 AIDMA이다. 즉, 사람이 행동하기까지 주의(attention), 흥미(interest), 욕망(desire), 기억(memory), 행동(action)의 순서가 있다는 것이다. 1920년대에 미국의 사무엘 롤렌드 홀(Samuel Rolland Hall)이라는 경제학자가 제창했다. 광고나 판매에 있어 먼저 소비자의 시선(주의)을 끌고, 흥미가 생기게 하고, 더 알고 싶은 욕망을 일으키고, 그 대상을 기억하게 하고, 구매 등의 행동으로 이끈다는 것이다.

이에 일본의 광고대행사 덴츠는 2005년에 AISAS라는 새로운 구매행동이론을 만들었다. AISAS 모델에서 소비자는 Attention → Interest → Search → Action → Share의 단계를 거친다고 주장한다.

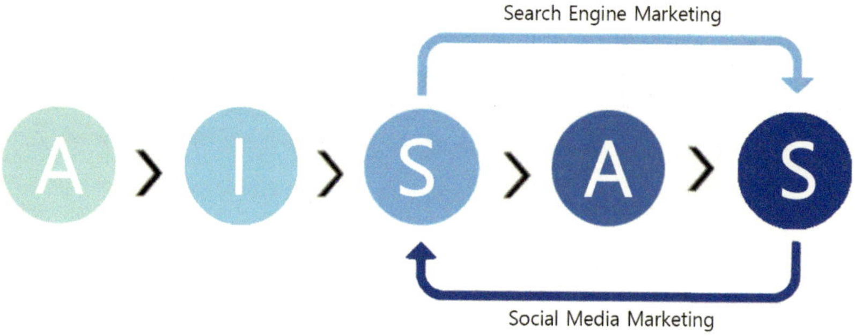

즉, 심리적 변화 과정(A→I→D→M)이 축소되고, 정보 환경의 이러한 변화에 기초하여, 덴츠는 이제 AISAS(주의, 관심, 검색, 행동, 공유)라는 새로운 소비 행동 모델을 주장한다. 그리고 모델은 다음과 같은 가해진다. 소비자들은 이제 구매를 하기 위해서 인지(주의), 관심, 검색, 행동, 공유의 순서를 거친다는 것이다. 이전의 전통적인 경로에서는 없었던 인터넷에서 검색과 공유가 추가 되었다. 다시 말하면, 이제는 구매를 하기 전에 다른 사람들의 후기나 가격 비교 등의 객관적인 데이터부터 확인부터 시작한다는 것이다.

4. 기업경영과 란체스터 법칙

1) 21세기에 더욱 빛나는 란체스터 법칙(Lanchester's laws)[4]

(1) 무기의 발달과 싸움 형태의 변화

창과 방패를 들고 싸우는 재래식 전쟁이라면 근접거리에서 적을 직접 마주하여 1:1로 싸울 수밖에 없었으나 기관총 등 확률무기가 등장하면서부터는 무기의 사정권만큼 떨어져 싸울 수 있게 되었으며, 비행기와 미사일이 등장하면서 훨씬 더 원거리에서 싸우는 형태로 바뀐다. 이 경우, 재래식 무기에 의한 근접전과 확률무기에 의한 원격전의 가장 큰 차이는 초기 투입 전력의 승수효과에서 나타난다. 창과 방패를 들고 1:1로 거루는 재래식 진투에서의 총전력은 투입전력과 일치하지만 기관총 등 확률무기로 원거리에서 싸우는 집단 전부에서의 총전력은 투입전력의 제곱에 비례한다는 것이다. 이것을 전력의 승수효과(multiplier effect)라고 부른다. 승수효과를 처음 발견한 사람은 란체스터(F. W. Lanchester)이다.

(2) 란체스터의 발견

▲ 란체스터(F. W. Lanchester)

란체스터의 법칙(Lanchester's Laws)은 싸움의 규모와 방법이 바뀌면 본질도 바뀐다는 법칙을 말한다. 제1차 세계 대전 후반기에는 항공기의 비중이 높아지면서 편대 비행의 개념이 나타나기 시작해 공중전도 단체전, 그룹전으로 바뀌었다. 영국 왕립 과학 대학을 졸업한 과학자인 프레드릭 란체스터(Frederick W. Lanchester, 1868~1946)는 공중전 결과들을 자료로 수집했는데 예상치 못한 결과를 발견했다.

1차 세계대전은 항공기가 처음 등장한 전쟁이었으며 란체스터 자신이 항공기 엔진 설계에 참여했으므로 공중전의 결과에 지대한 관심을 가지고 몰두하였다.

그의 관심은 피아의 손실과 생존율이었다. 공중전 사례들을 연구하던 중 그는 아주 특이한 사실 하나를 발견했다. 바로 잔존전략의 문제였다. 1차 세계대전 동안에 있었던 공중전의 결과는 전혀 그렇지 않았다. 처음에는 조종사 개개인의 전투능력이나 전

4) 이영직, 강자와 싸워 이기는 란체스터 경영전략, 청년정신, 2014.

투기 성능의 차이에 의한 결과가 아닐까 생각하기도 했으나 그렇게 단정하기에는 너무나 많은 사례들이 상식에서 벗어나 있었다. A국 전투기 5대와 B국 전투기 3대가 맞붙었다고 가정할 때, 란체스터는 전투기의 성능이 비슷하다면 A국 전투기 2대가 살아남을 것이라고 예상했다. 그러나 살아남는 A국의 전투기는 2대가 아니라 거의 4대에 근접했다. 그는 연구를 통해 그룹전에서는 뺄셈의 법칙이 아니라 승수(제곱)의 법칙이 적용된다는 사실을 알아냈다. 아군과 적군의 전력을 수치로 비교해 볼 수 없을까 하는 문제를 생각해 절대적인 전력은 화기의 사정거리나 발사속도, 정확도 등으로 측정해야겠지만, 상대적인 나의 전력은 상대방의 피해율로 가늠할 수 있다. 즉 상대의 피해는 나의 전력일 것이고, 나의 피해는 상대의 전력이라고 가정하면 A와 B의 총전력 대비는 피해율의 역비인 25:9로 나타낼 수 있을 것이다.

A:B의 총전역비 = 25:9

A와 B의 총전력 비율인 25:9는 A와 B의 초기 전력인 5:3의 제곱임을 알 수 있다. 싸움의 형태가 확률무기에 의한 원격전, 그룹전으로 전개되면 총전력은 투입전력의 제곱에 비례하게 된다. 이것이 재래식 싸움과 확률무기에 의한 현대전의 결정적인 차이가 된다.

2) 란체스터가 던지는 메시지

마케팅의 형태도 창과 방패를 들고 싸우는 재래식 국지지전에서 전투기와 미사일이 동원되는 원격적, 광역전으로 형태가 바뀌었다. 창과 방패를 들고 1:1로 맞서던 방식 그대로이다.

그러던 것이 교통·통신의 발달과 유통 혁신, 상품의 브랜드화, 매스미디어를 통한 광고, 홍보가 등장하면서 원격전, 광역전 형태로 바뀌었다. 특정 소비자를 겨냥하는 것이 아니기 때문에 확률적이라고 하는 것이다.

물론 현대에도 재래식 마케팅이 사라진 것은 아니다. 불특정 다수를 상대로 한 설명이 불가능한 분야는 여전히 제1법칙의 지배를 받는 영역이다. 전문적인 기술이나 지식을 필요로 하는 상품이라면 상표를 붙여 로고 광고를 해서 될 일은 아니다. 이런 상품은 수요자를 찾아다니면서 상품의 기능과 작동원리를 설명해야 한다. 특정 개인을 위한 맞춤 서비스 또한 국지전에 속하는 것으로 보아야 한다.

농수산물이나 상표를 부착할 수 없는 몇몇 분야를 제외하고는 대부분 확률무기에 의한 광역전으로 바뀌었다. 이제는 농수산물에도 브랜드 부착률이 증가하고 있다. 브랜드를 부착한다는 것은 란체스터 제2법칙이 적용되는 시장으로 바뀌어 가고 있다는 의미이다.

란체스터의 이론에 의하면 초기 투입 전력이다. 총 전력은 초기 투입 전력은 시장 점유율에 해당된다. 초기 시장 점유율, 즉 먼저 시장을 차지한 자가 더 나은 상품을 가진 자보다 유리하다는 의미이다.

3) 란체스터가 정립한 두 개의 방정식

(1) 재래식 전투

A, B가 재래식 무기에 의한 국지전을 벌인다고 할 때, 적군의 사상자 수는 아군의 무기효율을 나타내는 바로미터로 볼 수 있을 것이다. 아군의 무기성능이 우수하면 할수록 적군의 사상자 수 또한 늘어날 것이기 때문이다. 반대로 아군의 사상자 수 역시 적군의 무기효율을 나타내는 바로미터이다. 그렇다면 피아의 무기효율은 피아의 사상자 수의 역비로 표시할 수 있을 것이다.

A의 초기 병력을 Ax, A의 잔존병력을 Ay라 하면 A의 사상자수는 $(Ax - Ay)$, B의 초기병력을 Bx, B의 잔존병력을 By라 하면 B의 사상자수는 $(Bx - By)$가 된다. 따라서 A:B의 무기효율 대비율은 $(Bx - By) : (Ax - Ay)$가 된다. 이 방정식은 A군 1명의 희생으로 B군 몇 명을 희생시킬 수 있느냐 하는 교환비의 의미를 담고 있다. 여기서 교환비의 개념을 'E'라고 한다.

$$E=\frac{(Bx - By)}{(Ax - Ay)}$$ (란체스터의 제1방정식)

(2) 확률 무기에 의한 광역전, 그룹전

확률무기에 의한 광역전이 되면 총전력은 투입 병력의 제곱이 되므로 A의 총전력은 Ax의 제곱이 되고, B의 총전역은 Bx의 제곱이 된다.

$$E=\frac{(Bx\text{제곱} - By\text{제곱})}{(Ax\text{제곱} - Ay\text{제곱})}$$ (란체스터의 제2방정식)

4) 무기성능과 초기병력의 우선순의

싸움은 실제의 싸움이든 마케팅 싸움이든 무기효율과 투입 병력의 수가 승패를 좌우하는 핵심적인 요소가 된다. 우선 무기를 보면, 전쟁에서 혁신 무기 하나로 싸움을 뒤집은 사례가 적지 않다. 창과 방패를 든 싸움터에 소총이 등장하면 혁신무기였을 것이고, 소총을 든 싸움에 기관총이 등장하는 것 역시 혁신무기였을 것이다.

마케팅 싸움에서도 혁신적인 신제품 하나가 시장 판도를 뒤집은 사례가 적지 않다. 제록스는 건식 복사기술의 특허로 이 시장을 100% 장악했지만 특허 기간이 종료되고 최첨단 전자 기술로 무장한 캐논 등이 등장하면서 시장에서 밀리고 말았다. 무기 혁신에 의한 시장 역전의 사례이다.

그러나 반대의 경우도 적지 않다. 선발이 먼저 차지라고 있는 시장에 더 나은 무기로 무장한 후발이 뛰어들어도 이기지 못하는 경우가 많다. 여기서 제기되는 문제의 핵심은 마케팅 싸움에서 무기의 성능이 더 중요한지 아니면 시장의 선점이 더 중요한지로 요약된다.

(1) 무기성능이 열세일 때

양측의 잔존 병력 모두가 제로가 된다는 것은 Ay, By가 모두 제로가 된다는 의미이다. 이때 양측의 전략은 정확히 균형을 이룬다. A의 무기성능이 B의 1/2이므로, $E = 1/2$, Ay, By에 모두 제로를 대입하면 식은 다음과 같다.

$$\frac{1}{2} = \frac{Bx}{Ax} \quad 2Bx = Ax$$

즉 무기성능이 1/2로 열세인 싸움에서 A는 초기 병력을 B의 2배로 해야 균형을 이룬다. 즉 B가 10명의 병력을 투입한다면 A는 20명을 투입하면 균형을 이룰 수 있고, 21명을 투입한다면 이기는 싸움이 된다. 그러나 확률무기에 의한 광역전이 되면 결과는 달라진다.

(2) 병력이 1/2로 열세일 때

재래식 무기에 의한 국지전에서는 무기성능이 1/2이면 병력을 2배로, 병력이 1/2이면 무기성능을 2배로 올리면 균형을 이룰 수 있다. 그러나 확률무기를 사용하는 광역전에서는 무기성능이 1/2이라면 병력을 1.414배 증가하면 균형을 이루지만, 병력이

1/2인 경우에는 화력을 4배로 높여야만 균형을 이룰 수 있다.

광역전이 되면 무기의 효능보다는 투입하는 초기 병력의 숫자, 즉 병력의 집중이 절대적으로 중요하다는 사실이다.

위의 란체스터의 법칙을 경영에 응용하면

① 우세기업의 사장 : 광역 전, 간격 전을 펼칠 수 있는 상품선택, 광역 전 간격 전을 펼칠 수 있는 영업방법 선택, 따라서 이용자 수가 많은 대도시를 영업의 주요기반으로 삼는다. 새로 시작하는 회사는 대부분 위와 같이 풍족한 경우는 없으므로 다음과 같은 전략을 세워야 한다.

② 열세기업의 사장 : 1:1로 싸울 수 있는 특별한 영업지역을 택한다.

이렇듯 전략은 군사학이나 병법에 근원을 둔 학문이다. 중국의 손빈이 손자병법을 썼던 것과 같이 서양에서도 시저나 알렉산더 대왕이 자신의 병법이론을 서술하였다. 손자병법에서는 전략의 다섯 가지 필수요소를 道, 天, 地, 將, 法이라 하였다. 道란 국민과 지도자가 함께 추구하는 목적을 의미하며 현대 기업경영에서는 조직구성원들이 고유하고 있는 기업의 목표와 비전을 추구한다.

Chapter 09 경영전략과 경쟁우위 전략과 발전

제 1 절 경영전략의 정의와 흐름

1. 경영전략의 정의?

경영전략이라고 하는 용어는 여러 가지 의미와 사용방법을 갖는, 경영용어의 하나이다. 사업 전략(business strategy), 전사 전략(corporate strategy) 등 복수의 개념을 정리하고 경영전략이라고 부르기 때문에 있다. 용어가 이용되는 문맥에 따라서 의미가 다른 경우가 있으므로, 주의가 필요하다. 연구자에 의한 정의에는, 다음과 같은 것이 있다.

(1) 지속적 경쟁 우위를 달성하기 위한 포지셔닝을 구축하는 것(De Kluyver and Pearce, 2002)[1)]
(2) 기업이 생각한 경쟁에 성공하기 위한 학설(Barney, 1996)[2)]
(3) 기업의 장래상과 그것을 달성하기 위한 길(青島矢一, 加藤俊彦, 2003)[3)]

이들의 정의를 정리하여 필자가 내린 정의는 "기업이 그 목표를 달성하기 위한 시장에서 생존하기 위한 경영의 나침반이며 장기적인 기본 설계도"로 정의한다.

---

1) Cornelis A. De Kluyver and John A. Pearce, Strategy : A View from the Top, Prentice Hall College Div, Aug. 2002.
2) Jay B. Barney, Gaining and sustaining competitive advantage, Addison-Wesley Pub, May/1996.
3) 青島矢一, 加藤俊彦, 競争戦略論, 東洋経済新報社, 2003, p.17.

2. 기업경영의 나침반이며 설계도인 경영전략의 분류

경영전략은 경영전략을 책정하는 계층이나 목적에 따라 분류된다.

1) 사업 전략, 전사 전략

기업이 복수의 사업을 보유하고 있거나 복수 지역에서 사업을 전개하고 있거나 하는 경우, 전략을 책정·실행하는 계층에 따라서 구별된다. 다만, 기업이 하나의 사업만으로 조업하고 있는 경우, 구별이 이루어지지 않는 경우도 있다.

개개의 사업 단위로 어떻게 우위성을 구축하고 유지하는가에 관련되는 전략을, 사업 전략(business strategy) 또는 경쟁 전략(competitive strategy)이라고 부른다.

사업의 취사선택이나 복수 사업 간에 있어서의 자원 배분 등, 기업 전체·기업 그룹 전체에 관련되는 기업 전략을, 전사 전략(corporate strategy)이라고 부른다.

2) 기능별 전략

각각의 기능(생산, 마케팅, 재무, 인사 등) 별로 전략이 책정되는 경우도 있다. 이것을 기능별 전략(functional strategy)이라고 부른다. 예를 들면 마케팅 전략, 재무 전략, 인사 전략, 영업 전략 등이다.

3. 전략 경영

경영전략의 책정·수행·평가의 프로세스를, 전략 경영(strategic management : 전략적 경영)이라고 부른다. 전략 경영은, 다음과 같은 프로세스로 나타난다.[4)]

1) 전략의 책정

(1) 자사나 경쟁 상대의 내적 요인(능력이나 자원 등), 자사나 경쟁 상대를 둘러싸는 외적 요인을 분석·평가한다.

(2) 위의 평가에 근거하여, 목표를 설정한다. 목표는, 레벨에 따라 장기적인 것부터 단기적인 것까지 있을 수 있다.

---

4) Lamb, Robert, Boyden, 「Competitive strategic management」, Englewood Cliffs, NJ : Prentice-Hall, 1984.

(3) 이러한 목표를 달성하기 위해서 필요한 계획이나 수단을 정하는, 전략을 책정 한다.

2) 전략의 실행

(1) 전략의 실행에 필요한 자원을 배분한다.
(2) 명령 계통(계층 구조) 혹은 거기에 대신하는 어떠한 구조(예를 들면 프로젝트·팀)를 확립한다.
(3) 권한과 책임을 조직 내의 그룹이나 멤버에게 할당한다.
(4) 프로세스 수행을 관리한다. 필요에 따라서 추가적으로 자원을 배분하거나 프로세스를 변경하거나 해 나간다.

3) 전략의 평가

(1) 균형성과표(Balanced Scorecard)나 SWOT 분석 등을 통해서, 전략의 유효성(합리성, 실행 가능성, 정당성 등)을 평가한다.
(2) 전략이 유효하지 않은지, 상황의 변화 등이 생겼을 경우에는, 필요에 따라서 전략을 변경·재책정 한다.

4. 경영전략의 학문적 지위

기업 내부의 자원의 중요성을 지적한 경영학자 바니(Jay B. Barney)는, 경영전략론은 경영학에 대해 가장 미숙한 영역의 하나라고 평가하고 있다.[5] 바니에 의하면, 경영전략론은 학제적인 성질을 갖기 때문에, 재무·회계·조직 행동학·마케팅·경영관리 등의 영역이 엄격한 이론을 성립될 때까지, 발전하기 위한 기반을 얻을 수 없었다고 한다. 그렇지만 바니는 그러한 영역이 학문으로서 성숙하는 것에 따라 경영전략론도 조금씩 그 지위를 향상시키고 있어 특히 마이클 포터의 Competitive Strategy(1980)[6]과 리처드 룸메르트의 Strategy, Structure, and Economic Performance(1974)[7]는, 경영전략론의 학술적 지위의 향상에 크게 공헌한 상징적인 저서라고 평가하고 있다.

---

5) Barney, J. B., Gaining and Sustaining Competitive Advantage(2nd Edition). Prentice Hall, 2001.
6) Porter, M., Competitive Strategy, Free Press, New York, 1980.
7) Rumelt, R., "Strategy, Structure, and Economic Performance," Harvard University Press, 1974.

제 2 절 기업에서의 경영전략의 필요성

IBM, GM, KODAK 등의 유명회사의 공통점은 복수의 사업을 갖고 있는 다각화기업이며 지금까지는 업계 평균이상의 이익을 내고 있다는 점이다. 또한 이들 기업의 공통점은 많다. 기업의 시장가치(주식의 시장가치 총액)의 저하와 최고경영자(chief executive officer : CEO)가 해임된 점이 있다는 공통점을 갖고 있다. 이들 CEO의 해임의 원인은 결과로서 경영전략의 실패로 결론지을 수 있다. 즉, 변화하는 경쟁 환경에 대해 적절하게 대처하는 경영전략, 다시 말하면 자사가 다수의 사업을 갖고 얻을 수 있는 잠재적 이익을 이용하는 경영전략을 구축하지 못했기 때문이다.

1. CEO의 경영전략의 무관심과 시장가치

1980년대 전에는 최고경영자는 기업전략에 별로 관심을 갖지 않았다. 조사에 의하면[8] CEO들은 이노베이션 관리나 조직변혁이 경영전략보다 중요하다고 생각하고 있다는 것이다. 그 이유로서 하나는 경영자의 대부분이 유효한 전략을 적절히 책정하고 있다는 착각과 두 번째는 전략을 실행한 후 좋지 않은 결과가 나오더라도 그 책임을 추급하지 않았기 때문이다.

〈표 9-1〉에서 나타나는 것처럼 1990년대에는 경영전략에 대한 CEO의 무관심 때문에 업적이 악화된 기업도 있다. 과거에는 기업업적이 낮은 경우에도 CEO의 입장에는 별로 영향이 없었지만 1980년대에 커다란 변화가 일어나 지금에는 주식시장이 기업이 조정에 영향력을 갖게 되었다. 해임은 경영전략을 실행하지 못하는 경영자에 대한 위협의 하나에 지나지 않는다.

경영자에 위협을 주는 것보다는 극단적 수단으로써 기업매수를 들 수 있다. 1980년부터 1987년에 걸쳐 기업매수가 빈번히 이루어져 미국제조업의 총 자산의 20%가 매수에 의해 타회사로 이전하였다.[9] 1980년대 말에는 사업포토폴리오의 치료법으로써 LBO(Leverage Buyout)가 등장하였다.

---

8) C. Gopinath and R. C. Hoffman, Research for Strategic Management : The CEO's Perspective, Working paper, University of Delaware, 1992.

9) M. GRukstadt, RJR Nabisco and Leveraged Buyouts, Harvard Business School Case No 9-390-077, 1990.

〈표 9-1〉 미국 주요기업의 시장가치의 변화

	1983	1993
IBM	745	367
웨스팅하우스 엘렉트릭	48	46
타임와나	60	145
D.E.C	41	30
G.M	234	387
KODAK	130	154
테네코	57	81
아메리칸익스프레스	70	133
합계	1385	1343
S&P500 Index	1649	4602

1990년대 초에는 LBO[10]에 의해 매수된 기업의 생산고는 미국 기업의 생산고의 7%를 차지할 정도였다.

2. 경영전략의 구분

경영전략에는 다수의 정의가 존재한다. 원래 이 말은 기업목표를 결정하고 목표를 달성하기 위한 주요한 방책을 입안하고 추구할 만한 사업의 범위를 결정하는 의사결정의 패턴을 나타내는 것[11]으로 표현하지만 한편 정의대로 해석하면 경영전략은 기업이 직면하는 전략적인 문제 전부를 취급하는 것으로 모토로라의 휴대전화 사업 참여부터 레스토랑의 뷔페바이킹 도입의 의사결정까지를 대상으로 한다.

10) LBO : 기업매수자금의 대부분을 매수대상기업의 자산을 담보로 한 차입금으로 충당하여 매수하는 것을 말한다. 다른 사람의 돈을 빌려 기업을 매수하는 수단으로 적은 자본으로도 기업매수가 가능하지만 거액의 차입을 수반하기 때문에 기업매수 후에는 차기자본비율 저하로 사용 위험 증대.

11) K. R Andrews, The Concept of Corporate Strategy, BURR Ridge, IL IRWIN, 1971.

경영전략은 개개의 시장에 대한 지속가능한 경쟁우위를 어떻게 구축하는가하는 사업전략(business-level strategy)과 다각화기업을 위해 전사적인 계획인 기업(회사) 전략(corporate-level strategy)으로 구분되어 정의되어 왔다.

3. 경쟁우위와 전략

일반적으로 완전경쟁시장에서 기업이 성장할 수 있는 이익의 크기는 제한되어 있다. 그러나 현실적으로 기업은 완전경쟁시장에서 얻을 수 있는 이익수준, 즉 정상이윤을 넘어서는 초과이익을 얻을 수 있다. 이는 첫째로 기업이 사업영역으로 차별화를 이루거나, 둘째로 경쟁기업보다 뛰어난 저원가 가격을 확보함으로써 가능하다고 하겠다. 그런데 초과이익을 획득할 수 있는 이상의 두 가지 대안 중에서 경쟁우위의 확보를 위해 초과이익을 획득하는 대안의 중요성이 최근에 와서 더욱 증가하고 있다. 이는 글로벌화에 따르는 경쟁이라는 측면과 산업의 동태적 성장과정에 수반되는 자연적인 현상으로 하겠다.

먼저 전 세계적으로 진행되고 있는 글로벌화(globalization)라는 관점에서 볼 때, 세계 모든 기업이 국내에서 동일한 경쟁조건하에서 국내기업과 경쟁할 수 있게 되었다. 다국적 기업의 활동영역이 확산됨에 따라 이익기회가 예상되는 사업영역은 국경을 초월하여 전 세계 기업의 경쟁의 장소가 되고 있다.

따라서 과거 어느 때보다 사업영역을 독점적으로 확보하는 것이 쉽지 않다고 하겠다.

한편, 산업의 동태적 어프로치에서 보더라도 지속적 경쟁우위를 확보해야 하는 중요성은 증대되고 있다. 산업의 초기에는 다른 경쟁기업이 진입하기 어렵기 때문에 독점적 이익을 누릴 수 있다고 하더라도, 시간이 지남에 따라 모방과 대체품, 그 산업에 진입하기 위한 경쟁기업의 노력은 증대될 것이므로 그 산업은 곧 치열한 경쟁에 당면하게 될 것이다. 이상과 같은 측면에서 볼 때 경쟁기업에 비해 우월한 경쟁우위를 어떻게 확보하고 지속시킬 것인가 하는 문제가 경영전략에 있어서 주요한 과제로 대두되었다고 하겠다.

이상에서 살펴 본 국제화 그리고 산업의 동태적 성장이라는 두 가지 요인을 고려해 볼 때, 전략의 핵심은 지속적 경쟁우위를 누리는 것이라고 할 수 있다.

제 3 절 경영전략론의 발전

1. 경영전략론의 탄생

군사학에 있어서의 전략(戰略, strategy)이라고 하는 개념이 경영학에 도입되어 기업의 경영전략이 본격적으로 논해지게 된 것은, 1950년대 말과 1960년대 초에 들어오면 서 라고 할 수 있다. 경영전략론의 여명기에 해당하는 이 시기의 대표적인 연구자는, 알프레드 챈들러, 필립 셀즈닉크(Philip Selznick), 이고르 앤소프, 피터 드러커 등이다.

▲ 피터 드러커

「조직은 전략에 따른다」의 명제로 유명한 알프레드 챈들러는, 미래를 응시한 장기적인 관점의 중요성을 강조했다. 즉, 개개의 직능이나 부서를 개별적으로 생각해가는 것이 아니라, 전략이라고 하는 장기적 관점아래에서 직능간·부서간을 포괄적으로 조정하는 것이 중요하다고 주장했던 것이다[12)]

▲ 필립 셀즈니크

셀즈닉크는 조직과 그것을 둘러싸는 환경의 적합성이 중요하다고 말하는 아이디어를 밝힌다.[13)] 이 생각은 후에, SWOT 분석에 기회와 위협이라고 하는 새로운 통찰을 가져오게 되었다.

앤소프는 챈들러의 연구를 기초에 경영전략을 분류했다. 시장 침투 전략, 제품 개발 전략, 시장 개발 전략, 수평통합·수직통합, 다각화 등의 전략을 이용하는 것으로, 기업은 장래의 기회와 도전을 위해 체계적으로 갖출 수 있다고 생각했다. 1965년에 저술한 Corporate Strategy 중(안)에서, 그는 「기업의 현재장소」와 「기업이 있어야 할 모습」의 차이를 이해해, 그 갭을 감축하듯이 행동해야

12) Chandler, Alfred Strategy and Structure : Chapters in the history of industrial enterprise, Doubleday, New York, 1962.

13) Selznick, Philip Leadership in Administration : A Sociological Interpretation, Row, Peterson, Evanston Il. 1957.

하는 갭 분석이라고 하는, 현재에도 경영분석 수법으로서 이용되는 체제를 개발한다.[14)]

드러커는 경영에 관한 수많은 서적을 현재에 남기고 있지만, 경영전략론이라고 하는 영역에 있어 특히 두 개의 공헌을 이루었다. 제일의 공헌은, 「명확한 목표가 없는 조직은, 키가 없는 배 같다」라고, 목표의 중요성을 지적하여[15)] 목표관리 이론을 도출한 점이다. 제2의 공헌은, 현재의 우리가 말하는 지적재산의 중요성을 일찍부터 예견하고 있던 점이다. 그는 지식 노동자(knowledge worker)의 증가를 예측해, 지식노동자 관리의 중요성을 지적했다. 왜냐하면 지식노동은 비계층적이기 때문에, 어떠한 과제(업무)는 그 과제에 가장 정통하는 인간이 임시의 리더가 되어 수행되게 될 것이라고 하고 있다.

Ellen-Earle Chaffee(1985)는, 1970년대의 경영전략론(전략 경영)을 다음과 같이 정리하였다.[16)]

(1) 전략 경영은, 「조직을 비즈니스 환경으로 적응시키는 것」이 주요한 테마이다.
(2) 전략 경영은, 유동적 이며 복잡하다. 변화는, 비구조적 한편 비반복적인 반응을 조직이 필요로 하는, 환경요인의 새로운 연결을 낳는다.
(3) 전략 경영은, 방향성을 나타내는 것으로 조직 전체에 영향을 미친다.
(4) 전략 경영은, 전략 형성(내용)과 전략 수행(수행 과정)으로부터 구성된다.

2. 경영전략과 포트폴리오

1970년대의 경영전략론의 상당수는, 규모·성장·포트폴리오 이론을 대상으로 하고 있었다.

프로덕트·포트폴리오·매니지먼트(PPM)란, 1970년대 초에 보스턴 컨설팅 그룹(BCG)이 제창한 것으로, 복수의 상품을 판매하고 있는 기업이, 전략적 관점으로부터 사업자금을 어떻게 배분할 것인가를 결정하기 위한 경영·관리 수법으로 「상대적 시장점유율」과 「시장 성장률」을 축으로, 이하의 4개의 카테고리로 분류된다. 시장성장률과 상대적 시장점유율이 높은 부분을 별(star)이라고 하는데 이는 제품 수명주기 상으로 보면 성장기에 속하는 제품이다. 이 부문은 비즈니스적인 측면에서 가장 중요하므로 적극적인 마케팅전략을 수립하여야 한다.

상대적시장점유율은 크지만 시장성장률이 낮은 부문을 '현금젖소(cash cow)'라고

14) Ansoff, Igor Corporate Strategy McGraw Hill, New York, 1965.
15) Drucker, Peter The Practice of Management, Harper and Row, New York, 1954.
16) Chaffee, E., "Three models of strategy", Academy of Management Review, vol.10, no.1, 1985.

하는데 이들은 제품 수명주기상 성숙기에 속하는 제품이다. 매출은 그다지 늘고 있지는 않지만 상대적인 시장점유율이 큰 부문은 장기간 어느 정도의 이익을 전망할 수 있다. 따라서 '현금젖소' 부문에는 전력을 다한 지원보다는 일정한 상대적 시장점유율을 유지하기 위한 마케팅전략이 필요하다.

시장점유율과 시장성장률이 모두 낮은 분야를 '개(dog)'라고 한다. 이는 제품수명주기상 쇠퇴기에 속하는 제품이다. 이 부분은 제품의 수명주기 즉 도입기-성장기-성숙기-쇠퇴기를 거치를 것이 보통이지만 소비자의 외면을 받은 신제품의 경우 도입기에서 바로 쇠퇴기의 길로 가는 경우도 있다. 회사제품 중 '개(dog)' 부문이라고 판단되면 가능한 빨리 정리하는 것이 바람직하다.

시장점유율은 낮지만 시장성장률이 높은 분야를 '문제아(problem children)'이라고 한다. 시장에 차지하는 비율이 작지만 매출이 늘어날 가능성이 있는 부문이다. 제품수명주기상 도입기라고 보면 되는데 비즈니스에도 문제아 부문을 잘 성장시키면 '별'이 되어 회사에 많은 이득이 될 수 있고 성장에 실패하게 되면 '개(dog)'가 되어 골칫거리가 된다.

다각화에 있어서는 시장점유율과 수익성이 중시되어 사업 간의 시너지 효과 등은 그만큼 중시되지 않았다. 사업 포트폴리오 이론의 영향력은 강하고, 개개의 사업을 뿔뿔이 흩어지게 소유하는 것보다도 시너지 효과를 추구하는 것이 효율적이다고 인식되기 시작하는 1980년대까지, 기업은 다각화 계속하게 되었다

1960년부터 19년간에 걸쳐서 계속된 PIMS 연구는, 시장 전략이 시장점유율에게 주는 영향을 탐색하는 시도이다. 제너럴 일렉트릭으로 개시된 이 연구는, 1970년대 초에 하버드 대학에, 1970년대 후반에 전략 계획 연구소(Strategic Planning Institute)로 이관되면서 계속되어 현재는 수익성과 전략의 관계에 대해 대량의 정보를 축적하고 있다. PIMS 연구가 개시된 초기의 무렵은, 「시장점유율이 커지면, 수익율도 커진다」라고 하는 막연한 결과 밖에 얻지 못하고 있었다. 이 결과는, 「시장점유율이 높은 기업은, 규모의 경제와 학습 곡선 효과를 얻을 수 있고, 그것이 수익율의 향상에 연결된다」라고 해석된다.[17] 높은 시장점유율이 수익율의 향상에 연결된다고 하는 명제는 기업의 확대·성장 전략에 주목을 끌어 수평통합, 수직통합, 다각화, 프랜차이즈, M&A, 조인트·벤처, 유기적 성장 등에 대해서 활발히 논의가 주고받아졌다.

1980년대가 되면, 높은 시장점유율과 낮은 시장점유율의 쌍방이 높은 수익성에 관련해, 그 중간적인 시장점유율은 낮은 수익성을 나타낸다고 하는, 모순을 지적한 결론을 얻을 수 있게 되었다. 「hole in the middle(어느 쪽에도 붙지 않는)」라고 불리는

---

17) Ries, Al & Trout, J., 'Positioning : The Battle for Your Mind,' McGraw-Hill : United States of America, 1981.

문제이다. 이 이상성이 초래되는 메커니즘은, 후에 마이클·포터에 의해서 설명되게 된다. PIMS 연구 외에도, 낮은 시장점유율이 높은 수익성과 관계가 있는 것을 시사하는 연구는 많다, 시장점유율의 낮은 니치(Niche)기업이 높은 수익을 올리고 있는 것을 시사하고 있다.

복수 사업을 안는 다각화 기업의 경영에게는, 새로운 사고법이 필요하게 된다. 단일 사업으로 조업하는 기업으로는 생기지 않는, 사업을 초월 하는 레벨의 의사결정이나 사업 간의 조정 활동이 필요하기 때문이다. 다각화 기업에 특유의 이 문제에 최초로 주목한 것은, GM의 CEO인 알프레드 슬론(Alfred Pritchard Sloan, Jr)이다. GM은, 반자율적인 전략적 사업단위(SBU)에 권한을 위양 하는 것과 동시에, 지원 기능은 중앙에 집중해 관리하고 있었다.

다각화 기업의 경영전략에 대해 가장 가치가 있는 이론의 하나는, 포트폴리오 이론이다.

제 4 절 전략과 시장(market)

1. 성장과 시장지향

1970년대는 시장 지향성이 높은 기업이 대두했던 시기이기도 했다.

자본주의가 성립했을 무렵으로부터, 비즈니스 성공의 열쇠는 제품의 질에 있다고 생각할 수 있어 왔다. 즉, 고품질로 튼튼한 제품을 만들기만 하면 그것을 파는 것은 어려운 것은 아니라고 하는, 제품 지향으로 불리는 생각이 지배적인 시대였다. 유복한 중산계급이 계속 확대하는 20세기 전반에 있어서는, 제품 지향은 대개 올바른 생각이었다. 말하자면, 「좋은 물건을 만들면, 손님이 밀려들어 온다」.[18]

하지만 제2차 세계대전에 의해서 시장의 확대가 포화되면서, 물건을 파는 것은 점점 어려워졌기 때문에, 판매에 숭섬이 놓여지는 시대가 도래 했다. 1950~1960년대는 판매 지향으로 불리는 생각이 지배적인 판매의 시대(sales era)로서 알려져 있다. 좋은 물건을 만들기 위해서 노력하는 시대로부터, 물건을 팔기 위해서 노력하는 시대로 변화했던 것이다.

하지만 1970년대 초가 되면서 레비트(Theodore Levitt)를 시작으로 하는 하버드 대

18) 에머슨(Ralph Waldo Emerson)의 말(Build a better mousetrap and the world will beat a path to your door.)

학의 연구자들이, 판매 지향은 시대착오라고 논했다. 그들은 「제품을 만들고, 그것을 판다라기보다는, 「고객이 원하는 것을 알고 만들어야」 한다고 주장했다. 즉 「고객이 모든 전략적 의지결정을 결정 한다」라고 하는 생각이다. 이 시장 지향이라고 하는 사고는, 고객 지향(customer orientation), 마케팅 철학(marketing philosophy), 고객과의 친밀성(customer intimacy), 고객 지향(customer focus), 고객 중심(customer driven), 시장 지향(market focused)등 여러 가지 명칭 아래에서 연구가 축적되었다.

2. 경쟁우위론의 등장

1980년대부터 1990년대 초두에 걸쳐, 어떻게 하면 이길 수 있을까를 논한 대량의 이론이 등장하였다. 일본과 구미의 매니지먼트 수법이나 비즈니스의 비교에 의해서, 구미의 비즈니스계는 일본 기업에 이길 수 있다는 자신이 깊어져 갔다.

하멜(Gary Hamel)과 프라할라드(C. K. Prahalad)는, 전략은 「탁상공론이 아니고, 보다 활동적이며 또한 쌍방향적이어야 된다」고 논했다. 그들은 「전략적 의도(strategic intent)」,[19] 「전략적 아키텍쳐(strategic architecture)」[20]라는 개념을 제시했지만, 그중에서도 특히 유명한 개념은 핵심역량(Core competence)이다. 이들은 기업에 있어서 중요한 능력(즉 핵심역량)을 이해하는 것이 중요하다고 주장하였다.[21]

활동적인 전략은, 활동적인 정보 수집과 활동적인 문제 해결이 필요하다. 휴렛패커드사(Hewlett-Packard Company를 창업한 윌리엄 휴렛(William Reddington Hewlett)과 데이빗 패커드(David Packard)는 「현장경영(현장순회관리)(Management By Walking Around)」을 고안했다. 최고경영자가, 자신의 책상에 있는 것보다도, 종업원이나 고객이나 공급자를 방문해 도는 것을 추천하는 경영 양식이다. 많은 사람들과의 직접적인 커뮤니케이션은, 탁상공론으로 끝나지 않고, 실행 가능한 전략을 구축할 때의 확고한 기초가 되었다. 이 수법은 1985년에 톰 피터즈(Thomas J. Peters)와 낸시 오스틴(Nancy Austin)의 출판한 서적에 의해 유명하게 된다.[22] 이시기에 일본의 혼다도 3現주의(현장, 현물, 현실)로 대표되는, 비슷한 경영 방식을 채용하고 있었다.

---

19) Hamel, G. & Prahalad, C. K. "Strategic Intent", Harvard Business Review, May-June, 1989.
20) Hamel, G. & Prahalad, C. K. Competing for the Future, Harvard Business School Press, Boston, 1994.
21) Hamel, G. & Prahalad, C. K. "The Core Competence of the Corporation", Harvard Business Review, May-June, 1990.
22) Peters, T. and Austin, N. A Passion for Excellence, Random House, New York, 1985(also Warner Books, New York.

4. 산업구조론의 등장

경영전략론에서 가장 저명한 연구자의 한 사람으로 있는 마이클 포터(Michael Eugene Porter)가, 현재에도 이용되는 몇 개의 사고나 분석 수법을 제시했던 것도 이 시기이다. 5 Force 분석, 3개의 기본적 전략(코스트 리더쉽 전략, 차별화 전략, 시장 집중 전략), 클러스터, 가치사슬이론 등이 그렇다. 포터는, 챈들러의 「조직은 전략에 따른다」라고 하는 명제를, 「조직은 전략에 따른다. 전략은 산업구조에 따른다」라고 개변한 것으로도 알려져 있다. 그는, 가치사슬이라고 하는 관점으로부터 산업을 파악하려고 하였다.[23)]

▲ 마이클 포터

1993年 케이(John Kay)는 게리 하멜 등의 아이디어를 기초로, 「가치를 부가하는 것이, 비즈니스의 주목적」이라고 주장했다. 부가가치란 상품의 시장가치와 자본을 포함한 인풋의 비용의 차이를, 기업의 순산출량으로 나눈 값이라고 정의하였다. 그는 「경영전략의 역할은 핵심역량을 특정하고 부가가치를 높이는 자산을 모아 경쟁 우위를 쌓아 올리는 것」이라고 주장했다. 핵심역량, 이노베이션·평판·조직 구조의 3종류의 능력을 제창했다.

1980년대는 포터를 대표로 포지셔닝 이론이 유행했던 시대이기도 했다. 이 이론의 기원은 트라우트(Jack Trout)가 저술한 1969년의 논문까지 거슬러 올라가지만,[24)] 트라우트가 알 라이즈(Al Ries)가 Positioning : The Battle For Your Mind(1981)를 저술할 때까지, 보급되지 않았다.[25)] 기본적인 주장은, 전략은 기업 내부의 시점만으로는 판단하지 못하고, 소비자가 경쟁 상대와 비교해 어떻게 인식할까에 의해서 정해진다고 하는 것이다. 전략의 책정과 수행에는 소비자의 마인드에 기업의 포지션을 만들 필요가 있다.

▲ 게리하멜

포지셔닝 이론에는 몇 개의 새로운 기법도 적용되었지만, 대부분은 다른 영역으로부터의 전용이다. 예를 들

23) Porter, M. E., Competitive Advantage, The Free Press, New York, 1985.

24) Trout, J. ""Positioning" is a game people play in today's me-too market place," Industrial Marketing, Vol.54, No.6, (June), pp.51-55, 1969.

25) Ries, Al & Trout, J., 'Positioning : The Battle for Your Mind,' McGraw-Hill : United States of America. 1981.

면 인지 맵은, 포지션간의 관계를 시각적으로 나타내 보이는 수법이다. 다차원척도구성법(MDS : Multi Dimensional Scaling), 판별분석(discriminant analysis), 인자분석(Factor analysis), 기호의 회귀분석[Preference regression (in marketing)], 클러스터 분석 등의 수학적인 수법이 이용된다.

5. 기업내부와 자원 준거론의 등장

▲ 제이바니

한편, 기업의 내적인 자원에 주위를 기울이는 사람도 있었다. 예를 들면 자원준거이론(Resource-based view)을 제창한 제이 바니(Jay Barney)이다. 그는 전략을 「자원을 모아 그것을 모방이 어렵게 지속 가능한 형태로 조합하는 것」이라고 파악하였다.26)

마이클 햄머와 제임스 챔피(Hammer, M. and Champy, J.)는 자원은 재구축 될 필요가 있다고 생각하였다.27) 비즈니스 프로세스 리엔지니어링(Business Process Re-engineering, BPR)과 그들이 주장한 이 프로세스는, 기업의 전프로세스에 관련되는 자산의 최적화를 주장하고 있다.

▲ 마이클 햄머

1989년, 리처드 레스터Richard Lester)와 MIT 산업 퍼포먼스 센터의 연구자 등은, 코스트·품질·서비스·제품 이노베이션을 동시에 지속적으로 개선하는 것, 글로벌 규모의 시점을 가질 것, 기업 내의 부문 간의 장벽을 부수는 것 등 7개의 최고의 실행요인을 특정해, 기업은 저비용 표준품의 대량생산으로부터 신속하게 손을 잡아 당겨야 된다고 논하였다.28)

이러한 탐색은 벤치마킹(Benchmarking)이라고도 불리고 있다.29) 이것은 개선이 필요한 영역을 찾아내면, 그 영역에서 세계 최고의 기업을 모델로 선정해, 그 기업의

26) Barney, J.(1991), "Firm Resources and Sustainable Competitive Advantage," Journal of Management, Vol.17, No.1, 1991.
27) Hammer, M. and Champy, J. Reengineering the Corporation, Harper Business, New York, 1993.
28) Lester, R. Made in America, MIT Commission on Industrial Productivity, Boston, 1989.
29) Camp, R. Benchmarking : The search for industry best practices that lead to superior performance, American Society for Quality Control, Quality Press, Milwaukee, Wis., 1989.

장점과 전략을 배우는 프로세스를 말한다.

한편 많은 연구자가, 서양의 비즈니스에 가장 빠져 있는 것은 제품의 품질이라고 생각하고 있었다. 예를 들면 W. 에드워즈 데밍,[30] 죠셉 쥬란,[31] A. T. 커니,[32] 아만드 파이겐바움[33] 등은 품질관리를 위한 기법으로서 Total Quality Management, 카이젠, 린생산 방식, 식스·시그마 등을 제창했다.

품질과 함께, 많은 연구자가 고객 서비스에도 문제가 있다고 생각하고 있었다. 예를 들어 James Heskett(1988), Earl Sasser(1995), William Davidow(1990), Len Schlesinger (1991), A. Paraurgman(1988), Len Berry(1995), Jane Kingman-Brundage(1993) 등이 특성 요인도, 서비스 차트, 토털 고객 서비스(Total Customer Service), 서비스 수익 체인, 서비스 갭 분석, 서비스 인카운터, 전략적 서비스 비전(strategic service vision), 서비스 매핑(service mapping), 서비스 팀(service teams) 등의 수법이나 개념을 제창했다. 이러한 이론의 근저를 이루는 전제는, 고객을 만족시키는 것 이상으로 경쟁 우위의 원천이 되는 것은 존재하지 않는다고 하는 생각이었다.

비즈니스 프로세스 관리(Business Process Management, BPM)는 품질관리와 고객 서비스 관리의 쌍방의 기법을 이용하는 것이다. 비즈니스를 연속적인 프로세스라고 파악해 프로세스안의 비효율 부위를 특정해, 프로세스 전체의 효율화를 실현하기 위한 기법이다. 기본적인 개념은 테일러(F. Taylor)까지 거슬러 올라갈 수 있는 낡은 기법이지만, 그 목적으로 하는 범위는 보다 넓은 것으로, 기업의 모든 측면이 프로세스 개선에 통한다고 하는 전제를 두고 있다. 이 기법은 광범위한 영역에 적용할 수 있으므로, 경쟁 우위의 원천이 될 수 있는 것이다.

6. 고객유지와 신고객 창조

또, 비즈니스는 기존 고객의 유지가 아니고 신고객의 획득이라고 생각하는 사람도 있었다. 칼 시웰(Carl Sewell),[34] 프레드릭 라이헬트(Frederick F. Reichheld),[35] 그뢴

30) Deming, W. E. Quality, Productivity, and Competitive Position, MIT Center for Advanced Engineering, Cambridge Mass., 1982.
31) Juran, J. M. Juran on Quality, Free Press, New York, 1992.
32) Kearney, A. T., Total Quality Management : A business process perspective, Kearney Pree Inc, 1992.
33) Feignbaum, A. Total Quality Control, 3rd edition, McGraw Hill, Maidenhead, 1990.
34) Sewell, C. and Brown, P. Customers for Life, Doubleday Currency, New York, 1990.
35) Reichheld, F. The Loyalty Effect, Harvard Business School Press, Boston, 1996.

루스(C. Gronroos),[36] 아르 셋서(Earl Sasser)[37] 등은 고객이 지속적으로 고객으로 계속 되는 것을 보증하는 것이 경쟁 우위이라고 논했다.

이것은 고객 로열티로 알려진 개념이다. 라이헬트는 이 개념을 종업원 로열티, 써플라이어 로열티, 디스트리뷰터 로열티, 주주 로열티로 확대했다. 그들은 충성심이 높은 고객(로열 고객, a loyal customer)의 고객 생애 가치를 계산하는 기법도 발전시켰다. 이러한 흐름을 받고, 판매 마케팅의 여러 가지 기법이, 고객과의 장기적·지속적인 관계를 구축하기 위해서 전용되게 되었다. 이런 종류의 기법은 고객 관계 관리(CRM, customer relationship management)로 불리고 있고, 몇 개의 기법이 발전했다.

길모아와 파인(James Gilmore과 Joseph Pine)은, 대량맞춤생산으로 알려진 매스 커스터마제이션(mass customization)으로 경쟁 우위의 원천을 찾아내었다.[38] 이것은 유연한 제조 기술이 규모의 경제의 장점을 해치는 일 없이, 개개의 고객에게의 개별 대응을 가능하게 한다고 하는 생각이다. 이 생각은 제품뿐만 아니라 서비스에 대해서도 설명하고 있다. 서비스도 개개의 고객으로 대량 맞춤생산 된다면, 그것도 경험으로서 축적된다고 그들은 논하고 있다. 베른트 슈미트(Bernd Schmitt)의 실적에 근거하는 그들의 저서 『The Experience Economy』[39]에 의하면, 서비스는 극장과 같은 것이라고 한다. 이 학파는 자주 고객 경험 관리(customer experience management)의 중요성에 대해 언급하고 있다.

콜린스(James Collins)와 포라스(Jerry Porrass)는, 무엇이 위대한 기업을 만드는지를 분명히 하기 위해, 수년을 소비해 실증 연구를 실시했다. 19개의 성공한 기업을 6년에 걸쳐 조사한 결과 밝혀진 것은, 기업을 기르는 「코어 이데올로기(core ideology)」의 존재이다. 전략이나 전술이 계속 변화한다 해도, 핵심적인 가치관은 유지되고 있었던 것이다. 핵심적인 가치관은, 조직의 존속을 향해서 종업원을 방향 짓는 역할을 이루고 있었다. 그들의 저서 『Built To Last(1994)』[40]에서는, 단기적인 수익 목표·비용 삭감·리스트럭처링으로는 헌신적인 종업원이 기업을 존속하게 하기 위해서 자극을 줄 수 없다고 논하고 있다. 콜린스는 2000년에는 실리콘밸리에 대해 장기적인 시

---

36) Gronroos, C. "From marketing mix to relationship marketing : towards a paradigm shift in marketing", Management Decision, Vol.32, No.2, pp.4-32, 1994.

37) Reichheld, F. and Sasser, E. "Zero defects : Quality comes to services", Harvard Business Review, Septemper/October, 1990.

38) Pine, J. and Gilmore, J. "The Four Faces of Mass Customization", Harvard Business Review, Vol.75, No.1, Jan-Feb, 1997.

39) Pine, J. and Gilmore, J.(1999), The Experience Economy, Harvard Business School Press, Boston, 1999.

40) Collins, James and Porras, Jerry Built to Last, Harper Books, New York, 1994.

야가 생기기 어려운 상황을 나타내는 말로서 "built to flip"을 고안했다. 그는 또, BHAG(사운을 건 대담한 목표, Big Hairy Audacious Goal)이라고 하는 표현도 유명하게 하고 있다.

아리 드 호우스(Arie de Geus)도 같은 조사를 실시해, 비슷한 결론을 얻고 있다.[41] 그는 50년 이상 존속하고 있는 기업에 공통되는 4개의 특징을 명명히 했다.

(1) 비즈니스 환경에의 민감함 : 학습과 적응의 능력
(2) 응집성과 아이덴티티 : 특징과 비전과 목적이 있는 커뮤니티를 만드는 능력
(3) 너그러움과 분권화 : 관계를 구축하는 능력
(4) 보수적인 재무

이것들 4개의 특징을 갖춘 기업을, 그는 살아있는 기업(리빙 컴퍼니, living company)라고 불렀다. 재무보다 지식을 우선해 스스로를 현재 진행형의 인간 커뮤니티라고 인식하는 기업은, 몇 십 년에 걸쳐 존속할 수 있는 가능성이 있다고 호우스는 논했다. 그러한 조직은 학습하는 능력과 독자적인 프로세스·목표·페르소나(가면)를 창조할 수 있는, 유기적인 실체이다. 그는 그것을 학습하는 조직이라고 불렀다.

제 5 절 기업의 목적과 고객창조, 시장창조

1. 기업의 목적

기업의 목적을 논하려면 여러 가지 정의가 있겠지만 피터 드러커(Peter Drucker)의 기업의 목적에 대해 알아보기로 한다. 우선 기업이란 무엇인가를 이해하려면, 기업의 목적부터 생각하여야 한다. 기업의 목적은 각각의 기업의 밖에 있다. 기업은 사회의 기관이며, 목적은 사회에 있다. 따라서 기업의 목적으로서 유효한 정의는 하나 밖에 없다. 기업의 목적은 고객의 창조이다.(The purpose of the business is to create customers.)[42]

「고객의 창조」라고 하면 어려운 느낌이 드는데, 기업은 요컨대, 스스로가 무엇을 팔 것인가가 아니고, 고객이 무엇을 요구하고 있는가를 생각하는 것이라고 한다. 고객을 창조하는 것의 의미는, 고객수를 증대하는 것이라고 생각하지만 「고객의 잠재

41) Arie de Geus, The Living Company, Harvard Business School Press, Boston, MA, 1997.
42) Peter Drucker 「マネジメント」(1973年), 上田惇生訳 `ダイヤモンド社. p.73.

욕구를 유효수요로 바꾸는 것」이라고 드러커는 말한다.[43]

또 하버드 대학 명예 교수 레비트(Theodore Levitt) 박사는 「이익은 회사의 목적을 정확하게 표현하는 것은 아니고, 거기로부터 행동이 만들어지는 것도 아니다. 이익은 활동의 성과, 즉 소산에 지나지 않는다. 음식이 인간 생활의 필수품이듯이, 이익은 회사가 존속하기 위한 필수품이다. 그것 없이는 회사의 생명을 유지할 수 없는 음식이다. 이익이 목표라고 말하는 것은, 인생의 목표가 먹는 것이라고 하는 것과 같은 정도로 어리석은 일이다. 행동 가능한 말로 회사의 목적을 정의하면, 그것은 고객의 창조와 유지라는 것이 된다.」[44]

다만 주의하여야 할 것은, 고객이 요구하고 있는 것은 반드시 눈에 보이는 것뿐만이 아니라는 것이다. 벌써 눈에 보이고 있는 수요에 대해서 무엇인가를 제공하는 것만 으로는 본래의 의미인 고객의 요망에 응하고 있는 것은 아니고, 고객이 잠재적 수요로서 갖고 있는 것에 대해서, 구체적인 상품이나 서비스 등의 「형태」로 제공함으로써, 처음으로 고객이 요구하고 있는 것에 응하고 있다고 말할 수 있다

2. 기업은 고객의 잠재적 욕구를 유효수요로

최근에는 고객의 잠재 욕구를 유효수요로 바꾸기 위해서는 기업은 무엇을 해야 하는 것인가가 이슈로 많이 등장하는데 이것을 생각하는 것이 기업 전략이며 마케팅전략이기도 하다. 일반적으로 마케팅에는, 시장 조사를 실시해 신제품의 요구를 수집한다거나 또 제품을 팔기 위한 기획을 실시하며, 가격을 설정하거나 유통 채널을 검토하거나 효과적인 광고 선전이나 시기를 파악한 판매촉진정책을 실시하는 것 등이 포함된다. 이에 대해, 「고객에서의 효용, 고객에게 있어서의 가격, 고객에게 있어서의 사정, 고객에게 있어서의 가치로부터 스타트하는 것은, 마케팅의 전부이다.」[45]라고 드러커는 주장하였다. 드러커가 생각하는 마케팅은 기업 전략과 같은 것이었다. 즉 고객 창조를 하기 위해서는 마케팅의 시점, 즉 고객으로부터 출발해 기업 전략을 입안하는 것이라고 말했던 것이다.

---

43) Peter Drucker, 「マネジメント」(1973年), p.73.

44) Theodore Levitt, Creativity Is Not Enough, Harvard Business Review, 2002, May.

45) Peter Drucker, 「イノベーションと企業家精神」(1985年), p.307.

3. 고객의 창조, 시장의 창조

「비즈니스의 목적」, 즉 기업의 목적은 고객을 창조하는 것이며, 이익창출만은 아니다. 그러나 「기업의 목적」은 ①사람을 행복하게 하여 ②사회에 공헌하는 것, 그 때문에 ③이익을 내는 것이다. 다시 말해 기업은 수단이다. 기업은 경영이념을 실현하기 위한 수단으로서 기업이 있어, 그 기업(회사)을 계속하기 위한 수단으로서 이익이 필요하게 된다.

기업은 개인 것이 아니고 사회의 공기(公器)이다

「기업은 사회의 공기」라고, 마쓰시타 고노스케(松下幸之助) 씨도 드러커도 말하고 있다. 기업은 고객의 욕구를 만족시키거나 욕구 그 자체를 낳는 상품 서비스를 제공한다. 그리고 그 욕구를 수요로 바꾸는 것이 고객의 창조 그리고 새로운 시장의 창조이다.

기업이 사회의 일부라는 것, 고객에 의해서 그 가치를 결정될 수 있음을 나타낸다.

이것은 사회가 있어서 그 일부로서 기업이 있으니, 기업이 무엇인가를 만들 경우 기업의 내부에서 결정하는 것이 아니라, 그 외측에서 보지 않으면 답이 나오지 않는다는 것이다. 따라서 외부적 환경도 중요시하여야 한다는 것이다.

1) 산업구조와 포지셔닝

이러한 외부환경 중시는 기업의 성공을 결정짓는 외부환경, 특히 산업구조를 형성하는 외부환경이며 이에 의해 등장하는 압력 제약이 특정의 전략을 만든다고 생각하였다. 이러한 초점은 적절한 포지셔닝에 의해 경제가치의 획득이며 직무상의 기회분석으로는 경쟁상대 분석, 세분화, 포지셔닝, 전략계획이 중요한 수법으로 등장하였다.[46)]

2) 자원기초이론

글로벌 환경과 기술혁신에 의해 중대한 환경요인이 급속히 진화하면서 경쟁 환경이 급속히 변화하면서 산업경제모델의 가설이 흔들리기 시작하였다.

경쟁 환경은 전략 입안을 제약하는 것인가? 전략은 진실로 경쟁조건을 형성하는 어프로치인가? 특정산업의 경쟁 시 필요한 전략적 자원은 거의 기업이 컨트롤 하여야 하는가? 특정의 경영자원이나 핵심역량에서 얻어진 우위성은 지속가능한 것인가?

---

46) Citation : Bartlett, Christopher A., and Sumantra Ghoshal, "Building Competitive Advantage Through People," MIT Sloan Management Review 43, No.2(winter 2002), pp.34-41.

이러한 의문에 직면한 전략연구자들은 산업경제에서 자원기초로 전략적 사고를 이동시켰다. 이러한 새로운 패러다임은 경제적 가치를 획득하는 것에서 자원과 조직능력의 개발, 육성에 의해 가치를 창조하는 것으로 변화되었다.

또한 경쟁우위를 확립하기 위해서는 각 사업 간의 잠재적 시너지를 활용하지 않고 기존의 경영원이나 제품시장에의 적응이 중요하다고 여겨졌다.[47]

4. 기업과 사회, 사회적 책임

미국에서는 1990년대의 후반부터 기업은 이익을 추구할 뿐만 아니라, 법률의 준수, 환경에의 배려, 지역사회에의 공헌 등이 요구되어 기업의 사회적 책임(CSR)이 등장하게 되었다. 2000년대가 되면서 기업 개혁 갱생법이라고도 할 수 있는 서벤스 옥스레이법(Sarbanes Oxley Act. : SOX법, 정식으로는 상장기업 회계 개혁 및 투자가 보호법)[48]이 성립되어 가는 등, 기업에 대한 사회적 책임을 법률로 정해져가는 법적 정비·구속 등이 진행되어 가게 되었다.

또 이러한 법적 정비와 기업의 사회 환경이 정돈되어 변해가는 것과 동시에, 노동자의 인권의 보호에 관해서도 국제적으로 관심이 높아지게 되었다. 그 배경에는 기업활동이 글로벌화 되면서, 선진국의 다국적기업이 개발도상국의 노동자를 고용하는 케이스가 증가하여 여러 가지 문제가 발생했기 때문이다. 이 때문에 미국 정부는 기업이 일으키는 이러한 여러 문제에 대응해 나가기 위해, 여러 가지 대책을 강구하였다.

미국 기업에서는, 기업이 주주의 것이라는 생각이 철저하여 일반 시민도 많은 주주에의 설명 책임이라고 하는 관점으로부터, 기업의 사회적 책임(CSR)의 이해와 인식은 긴 역사를 갖고 있다. 하지만, 월드컴(Worldcom), 엔론(Enron Corp) 등의 사건에 볼 수 있듯이, 종종 기업의 사회적 책임에 대한 생각은 기업수익과 기업 가치의 향상(주식 총액의 향상)에의 지향에 의해서 왜곡되어버리는 경우도 많다.

이 때문에 미국에서는 미국 기업 개혁법 등을 통해서, 기업경영자에게 스테이크 홀더에 대한 설명 책임의 철저를 요구해 미국 증권거래위원회(SEC) 등이 이 실현에 주목하게 되었다.

---

47) Collis, David J., and Cynthia A. Montgomery, Corporate Strategy : A Resource-Based Approach, 2nd ed., Boston : McGraw-Hill/Irwin, 2005, p.17.

48) SOX법은 정식명칭 「상장기업 회계 개혁 및 투자가 보호법(Public Company Accounting Reform and Investor Protection Act of 2002)」이라고 하는 법률이다. 이것을, 법안을 기안한 미국 상원의원 폴 서벤스(Paul Sarbanes)와 하원의원 마이클 G. 옥스레이(Michael G. Oxley)의 이름을 조합하여, 통칭 「서벤스 옥스레이법」이라고 하였으며, 더 줄여서 그 머리글자를 취해 SOX법이라고 부르고 있다.

제 6 절 스테이크 홀더의 등장

「스테이크 홀더(stakeholder)란, 기업·행정·NPO 등의 이해와 행동에 직접·간접적인 이해관계를 가지는 사람을 가리키며 이해관계자(利害関係者)라고 한다. 구체적으로는 소비자(고객), 종업원, 주주, 채권자, 구입처, 거래처, 지역사회, 행정기관 등을 지칭한다.

1980년대가 되고 나서 에드워드 프리 맨(R. Edward Freeman)에 의해서 전개되어 주창되게 되었다.[49] 이후 비즈니스의 실천에 대해서도, 또 경영전략, 기업 지배(사업 목적, 기업의 사회적 책임의 이론화에 대해서도 넓게 받아들여지게 되었다.

1. 스테이크 홀더의 어원

영어로는 stakeholder는 stake와 holder의 합성어이다. stake는 돈 내기, 지분, 노름 밑천, 현상금, 이해관계 등의 의미가 있다. holder는 소유자(보유자)이다. stakeholder의 어원은 신대륙에의 이주민이 자기가 소유하는 토지의 주위에 말뚝을 쳐서 자기의 토지소유를 제3자에게 주장한 것에 유래한다고 한다.

stakeholder라는 영어는 shareholder(미국)와 stockholder(영어)처럼 이해 관계자와 주주(stakeholder vs. stockholder)를 대립 축으로 취급한 것으로 판단된다. 스테이크 홀더의 개념은, 1963년에 미국 스탠포드 연구소(Stanford Research Institute : SRI)의 내부의 메모로 사용되었던 것이 용어의 시작이라고 할 수 있다. 그러나 스테이크 홀더를 명확한 형태로 포괄적으로 최초로 사용한 것은, 1984년의 프리맨(R. Edward Freeman)의 저서 『strategic management : a stakeholder approach』였다. 프리맨은 스테이크 홀더의 세계적인 석학이다.

2. 스테이크 홀더의 정의

스테이크 홀더는 기업과 그룹이 서로 의존하고 있는 그룹(Rhenman, 1964)부터 시작하여 조직과 관계를 갖는 그룹(Thompson, 1991)이나 조직에 영향을 주거나 영향을 줄

49) Freeman, R. Edward; Reed, David L., Stockholders and Stakeholders : A new perspective on Corporate Governance, California Management Review, Spring1983, Vol.25, Issue 3, pp.88-10.

수 있는 그룹(Starik, 1994), 기업에 영향을 주는 그룹의 분위기를 주는 정의부터 이해관계자의 흐름을 나타낸 개념으로 기업에 대해 이해를 갖는 그룹(Carroll, 1993), 조직체의 존속 및 성공에 의해 불가결한 그룹(Freeman, 2001) 등으로 변했다.(〈표 9-2〉 참조)

[표 9-2] Mitchell(1997)과 Freeman(2001)에 의한 스테이크 홀더의 정의 및 분류

1. 관계의 존재에 의한 정의	
Thompson et al.(1991)	조직과 관계를 갖는 그룹
Starik(1994)	조직에 영향을 주거나 영향을 줄 수 있는 그룹
2. 파워의존의 정의	
Stanford memo(1963)	이 그룹의 조직에의 지지가 없으면 조직존재가 어려운 그룹
Freeman & Reed(1983)	조직의 계속적인 생존을 위하여 의존 그룹
Langtry(1994)	기업이 이들 그룹의 복지에 중요한 책임을 갖는 그룹
3. 상호의존적 정의	
Rhenman(1964)	기업과 그룹이 서로 의존하고 있는 그룹
4. 관계의 정당성의 정의	
Freeman & Evan(1990)	계약관계
Evan & Freeman(1988)	기업과 이해관계
Clarkson(1994)	기업 활동에 리스크를 갖는 관계
Evan & Freeman(1988)	기업행동에 의해 은혜나 피해를 받는 그룹
5. 이해관계로의 정의	
Carroll(1993)	기업에 대해 이해를 갖는 그룹
Freeman(2001)	조직체의 존속 및 성공에 의해 불가결한 그룹

자료 : R. Mitchell, B. Agle and D. Wood (1997), Towards a theory of stakeholder identification : defining the principle of who and what really counts. Academy of Management Review, 22(4) 및 R. Edward Freeman, (2001) Stakeholder Theory of the Modern Corporation, Perspectives in Business Ethics Sie, Volume 3, p.144.

기업경영자는 스테이크 홀더에 어떻게 대응하는 것이 중요한 것이며 이에 의해 기업은 좋은 이미지를 얻을 것인가가 정해진다. 또한 스테이크 홀더끼리의 이해가 손익관계가 되기도 하며 기업도 동일의 가치를 공유하지도 않는다. 서로 다른 입장에서 상호이해를 하는 것이 한층 요구되는 시대가 되었다. 타협조정의 원리가 경영자의 또 하나의 중요한 역할이 되었음은 말할 필요조차 없으며 앞으로는 경영자가 전략경영의 과제로서 스테이크 홀더(이해관계자)를 생각하여야 된다.

그리고 일본에서는 「환경에 배려하는 경영」의 시점으로부터 스테이크 홀더를 보고 있지만,[50] 한국에서의 기업의 이해관계자의 범위는 아직 일정한 정의가 확립하고 있

지 않지만 일반적으로는 다음과 같이 많은 분야의 계층이 포함된다.[51]

① 투자가
② 채권자
③ 고객(소비자)
④ 거래처
⑤ 종업원(사원)
⑥ 경쟁기업
⑦ 지역사회
⑧ 정부·행정·국민

사회가 점점 발달되면서 스테이크 홀더는 점점 더 많아지고 기업이 대기업으로 성장하면서 스테이크 홀더의 범위도 한층 더 확대되어진다고 하겠다.

3. 지속가능한 사회적 책임과 기업의 의사결정

기업의 사회적 책임(corporate social responsibility, CSR)이란 기업이 이익을 추구할 뿐만 아니라 조직 활동이 사회에 주는 영향에 책임을 져, 모든 스테이크 홀더(이해관계자 : 소비자, 투자가등, 및 사회 전체)로부터의 요구에 대해서 적절한 의사결정을 하는 것을 가리킨다. 일부에서는 이익을 목적으로 하지 않는 자선사업(이른바 기부, 필랜트로피, 메세나)과 오해·오역되기도 한다.

기업의 경제활동에는 이해관계자에 대해서 설명 책임이 필요하게 되어, 설명할 수 없으면 사회적 용인을 얻지 못해, 신뢰가 없는 기업으로 인식되어 기업경영은 지속할 수 없다고 여겨진다. 지속 가능한 사회를 목표로 하기 위해서는, 기업의 의사결정을 판단하는 이해관계자 측인 소비자의 사회적 책임(consumer social responsibility), 시민의 사회적 책임(citizen social responsibility)이 필요 불가결하다고 보고 있다.[52] 국제 표준화 기구(ISO)는 대상이 기업(corporate)에 한정되지 않는다고 하는 견지에서, 사회적 책임(social responsibility, SR)의 호칭으로 국제 규격 ISO 26000을 책정했다.(2010년 11월 발행)

---

50) JIS Q 14031 (環境マネジメントに関する規格)을 참고 하였음.

51) R. Edward Freeman, Alexander Moutchnik (2013), Stakeholder management and CSR : questions and answers, In : Umwelt Wirtschafts Forum, Springer Verlag, Vol.21, Nr.1.

52) Freeman, Edward; Moutchnik, Alexander (2013), Stakeholder management and CSR : questions and answers, In : Umwelt Wirtschafts Forum, Springer Verlag, Bd.21, Nr.1.

제 7 절 확장된 CSR : 전략으로서의 공유가치창출

1. CSR에서 CSV

기업의 경쟁 전략론으로 유명한 하버드 대학의 마이클 E. 포터교수 등에 의해, 2006년 미 하버드 비즈니스 리뷰의 12월호에 「Strategy and Society」라는 타이틀 하에 「경쟁 우위의 CSR 전략」[53]이 발표되어 그 해의 매킨저 상을 수상했다. 이 논문은 비즈니스 전략의 본류에 CSR이 자리매김 되는 큰 이정표가 되었다. 처음으로 경영전략의 체제로, 기업에 의한 경제 이익 활동과 사회적 가치의 창출(=사회 과제의 해결)을 양립시키면서 그것을 위한 경영전략의 체제를 확립하였다. 그로부터 5년 후, 발표된 논문에서는 「전략적 CSR」의 일환으로서 접할 수 있고 있던 Creating Shared Value(이하 CSV : 공유 가치 창출)가 CSR에 대신하는 새로운 개념으로서 등장하고 있다.

2011년에 발표된 「Creating Shared Value : 경제적 가치와 사회적 가치를 동시 실현되는 공통 가치의 전략」에서는, 종래의 협의의 CSR에 대해, 이익의 최대화와는 별개로 좋은 행동에 가치를 둔 CSR이라 비판하여, 앞으로는 이익의 최대화에 불가결한 요소가 되어, 원가와 비교한 경제적 편익과 사회적 편익의 양면에 가치를 두는 것으로서의 공유가치창출(CSV)을 주장하고 있다. 그리고 CSV가 리만쇼크를 거쳐 위기에 직면하고 있는 자본주의로부터 사회 목적에 따르는, 진화한 자본주의의 실현에 기여한다고 보고 있다.[54]

지금까지의 기업은 기업 활동으로 사회에게 준 영향에 대응한다는 생각을 근거로, 환경 대책이나 법령 준수의 이행이라는 CSR에 임해 온 배경이 있다. 그러나 본질적으로 이윤의 추구를 목적으로 하는 기업과 기부나 사회공헌 활동을 통해서 사회적인 문제의 해결을 목표로 하는 종래형의 CSR과는 큰 격차가 있다. 요즈음으로는, CSR 활동이 매너리즘화 하는 등의 「한계」도 볼 수 있게 되어 있다.

이러한 현상을 받아 기업에 의한 자선 활동적인 사회공헌만으로, 새로운 가치 창조나 사회 변혁을 일으킬 수 없다고 포터는 말한다.

포터가 말하는 CSV란, 선행적인 사회공헌이라고 하는 종래의 CSR이 안은 한계를

53) Michael E. Porter, Mark Kramer, Strategy & Society : The Link between Competitive Advantage and Corporate Social Responsibility, Harvard Business Review, December 2006.

54) Porter, Michael E., and M. R. Kramer (2011), "The Big Idea : Creating Shared Value," Harvard Business Review, Jan.-Feb., 2011, pp.1-17.

밝은 다음, 사회적인 과제의 해결과 기업의 경쟁력 향상을 동시에 실현된다고 하는 의미, 「기업 전략의 시점에서 본 CSR」라고 바꾸어 말해도 괜찮다고 생각한다.

2. 공유가치의 창출방법

포터와 클래머는 종래의 경제적 요구뿐만 아니라, 사회적 요구에 의해서 시장이 정의되어 경제적 가치와 사회적 가치를 전체적으로 확대하는 것을 주장하고 있다.

이 사회적 가치를 창조하는 것으로 경제적 가치를 창조하는 방법으로서 다음의 세 개를 들 수 있다.

① 제품과 시장의 재검토

② 밸류 체인의 생산성을 재정의

③ 기업이 거점을 두는 지역을 지원하는 산업 클러스터를 창조

「제품과 시장을 재검토」의 포인트로서 사회적 요구를 항상 찾아 요구하는 것으로, 기존 시장의 차별화와 리포지셔닝의 찬스를 찾아내어 지금까지 놓치고 있던 신시장의 가능성을 찾아낼 수 있다. 이 시장에 있어서의 차별화나 전략적 포지셔닝에 대해서는, 초기의 포터 논문·저서로 취급된 중심적인 테마이며, 얼마나 경쟁에 대하고 전략을 가지고 대응해 나가는가 하는 점으로 연결되어 있다.

「가치사슬의 생산성을 재정의」의 핵심으로서는, 기업의 가치사슬이 사회에게 주어지는 영향(천연자원이나 수리, 안전 위생, 노동 조건, 직장에서의 균등 처우 등)에는 경제적 비용을 발생시킬 가능성이 있어, 거기에 공유 가치를 창조할 찬스가 있다고 주장한다. 가치사슬에 이노베이션을 반입하는 것으로, 경제 비용을 삭감하는 새로운 경제 가치를 발견할 수 있는 것이 중요해진다. 이 경제 가치를 발견하는 방법을 생각하는데 있어서, 경쟁 우위를 획득하는데 있어서 가치사슬의 생각을 받아들인 「경쟁 우위의 전략」(1985)은 참고가 된다.

그리고 「기업이 거점을 두는 지역을 지원하는 산업 클러스터의 창조」에 대해서는, 기업이 다양한 거점을 두고 있는 지역이 생산성이나 이노베이션에 막대한 영향을 간과하고 있다고 하는 전제 인식에 근거해, 「자사의 생산성을 높이기 위해서 클러스터를 형성하는 한편 클러스터를 구성하는 조건의 결함이나 갭을 해소하는 것으로, 공유 가치를 창출할 수 있다」고 하고 있다.

3. 글로벌 트랜드로서의 CSV 모델

글로벌 금융위기 등으로 자본주의 위기가 거론되는 가운데 위기에 빠진 자본주의를 구할 방안으로 등장한 '공유 가치 창출(CSV)'은 기업이 경제적 가치와 사회적 편익을 동시에 창출하는 '공유 가치'로 새로운 경영 목표를 세워야 한다는 것이다. 쉽게 말해서 CSV는 단순히 부가가치의 일부를 떼어내 지역사회에 공헌하는 것이 아니라 새로운 사업 기회를 발굴하는 창조적 방향의 사회적 책임 실행을 의미하고 있다.

CSV(Creating Shared Value) 모델은 2011년부터 글로벌 트렌드로 자리 잡아 기업의 사회적 역할(CSR) 개념보다 상위에 위치하여 이미 제너럴일렉트릭(GE), 구글, IBM, 인텔, 네슬레, 유니레버, 월마트 등 세계적인 기업들이 CSV에 주력하고 있을 정도 이다. 예를 들면 토요타자동차가 하이브리드 자동차를 개발하면서 연료 소비를 줄여 환경보호라는 사회적 가치를 창출하면서 수익도 높인 사례를 들 수 있다. 또한 식품업체인 네슬레가 '좋은 음식, 좋은 삶'이란 슬로건을 내걸고 저개발국 농민을 돕거나 수자원을 보호하는 투자에 열성적인 것도 사회적 편익과 경제적 가치를 동시에 창출하였다.

제 8 절 현대기업을 둘러싼 환경

1. 대경쟁(메가 컴페티션)의 시대

현대기업을 둘러싼 환경은 급격하게 변화하고 있고 그 경향이 강하면 강할수록 전략의 중요성도 증가하고 있다. 환경변화에서 큰 특징의 하나는 현대가 '대경쟁의 시대'라는 점이다.

가와노(河野, 1999)는 메가 컴페티션 시대의 특징으로서 3가지를 열거하고 있다.[55)]

① 각국의 규제완화에 의해 또는 글로벌화에 의해 경쟁이 세계적 규모로 되었다.

② 경쟁의 룰이 바뀌어졌다.

③ 진입장벽의 변화에 의해 업계의 벽을 넘는 경쟁자가 등장하였다.

55) 河野豊弘, 新 現代の經營戰略, ダエヤモンド社, 1999.

2. 공생(共生)의 시대

현대기업을 둘러싼 환경의 또 하나의 특징은 "공생의 시대"라는 점이다.

20세기를 통해 기업은 대량생산, 대량소비라는 고도성장사회를 배경으로 소비자에게 "좋은 물건을 더 싸게" 제공하였으며 자기이익의 극대화를 꾀하여 왔다.

기업으로서 기업내부의 이해관계와(주주, 고객, 종업원, 지역사회 등)로서도 경제기능으로서 최고의 시스템이며 영속적인 것으로 믿어왔다.

그러나 기업은 시장에서의 경제적 효율성을 추구하면서 사회성을 경시하게 되어 기업의 반사회적 행동이 사회문제의 하나로서 취급되어 지면서 기업의 사회적 책임(corporate social responsibility)의 목소리가 커지면서 비사회적 반사회적인 행동을 시정하려는 움직임이 등장하였다.

현대의 기업의 기능은 주주의 만족도도 중요하지만 사회전체의 만족도를 높이는 것의 이행이 중시되어 왔다. 기업은 혼자만으로 살 수 없고 공생이 요구되기 때문이다.

공생의 구체적 예로서 life cycle assesment의 활용이 등장한다. 라이프사이클 어세스맨트는 제품 및 서비스에 대해 제조, 사용, 폐기 또는 제이용 되기까지 모든 단계에서 사회, 환경에 영향을 종합적으로 평가하는 것을 말한다.

현대의 기업은 원료나 생산방법에서 포장 재료나 폐기처분 법까지 고려하고 분석하여 사회나 환경에 좋은 상품(제품&서비스)을 고안해내야 되기 때문이다.

하트(Hart, L. Sturt)는 라이프사이클 중시의 지속가능성 비전에 기초한 경영전략의 하나로써 제록스의 자산리스크 관리(ARM ; Asset Recycling Management) 프로그램을 예로 들고 있다. 제록스는 DFG(Design For Environment : 환경을 고려한 설계, 회수, 리사이클 하기 쉬운 제품을 제조하기 위한 방침)의 흐름 속에 ARM을 만들었다.[56)]

56) Hart L. Sturt, Beyond Greening : Strategies for a Sustainable world, Harvard Business Review, 1997, pp.1-2.)

Chapter 10 기업의 사회적 책임과 ESG 전략

제1절 기업과 사회의 갈등

D그룹과 서울특별시의 관리 소홀로 인해 1994년 10월 21일에 사망 32명, 부상 17명의 사고를 발생한 성수대교 붕괴 문제와 다음 해인 1995년 6월 29일에 발생하여 사망 502명, 실종 30명, 부상 937명의 삼풍백화점 붕괴는 국내뿐 아니라 세계적으로도 떠들썩한 큰 사건이었다.

성수대교 붕괴사고와 함께 삼풍백화점 붕괴 사고는 20세기 말 가장 충격적이고도 비극적으로 우리나라 사람들에게 안전에 대한 의식을 심어준 사고라 할 수 있다.

또한 2007년 12월 7일 발생한 삼성중공업의 삼성 1호와 중국 국적의 허베이 스피릿호가 충돌하면서 유조선 탱크에 있던 총 12,547킬로리터(78,918 배럴)의 원유가 태안 인근 해역으로 유출한 사고는 자연 파괴는 물론, 태안 주민의 생계까지 위협받고 있는 실정이다.

이러한 사건들을 보고 법은 어느 정도까지 기업의 행동을 용서할 수 있으며 법만 어기지 않으면 기업의 행동은 정당화되는 것인가? 또한 문제기업의 책임이 어느 정도까지 필요하며 기업의 행동은 어느 정도까지 용서받을 수 있는 것일까?

이러한 큰 사건은 아니지만 기업이 이익을 내기 위해 퇴폐적 문화 조장, 과대광고, 공해배출 등의 행위는 용서되는 것일까? 이처럼 기업의 사회적 책임과 사회반응에 대한 요구는 우리 실생활에 접근하고 있다.

1. 기업과 사회의 연구 상황

현대에 있어서의 기업과 사회의 연구의 지적 원류는 미국이다. 존스(Jones)에 의하면 "기업과 사회"의 연구 분야는 통일적 테마도 표준이 될 이론이나 교과서 등도 경제학 등과 비교해 보면 많지 않다.[1] 기업과 사회의 관계에 대해서는 미국에서는 1973년에 발생한 워터게이트 사건[2]까지는 각각 개별적으로 연구되어 왔지만 점차적으로 과학적인 것이 되고 교과서도 출판되어 학과목까지도 되고 있을 정도이다.

기업과 사회에 관한 패러다임의 분류를 처음 행한 사람은 프레스톤(L. E. Preston)이라 하겠다. 그는 기업과 사회의 연구는 ①제도학파(Institutionals) ②조직학파(Organizationals) ③철학학파(Philosophicals)로 분류하였다.[3]

1) 제도학파

제도학파는 자본주의의 역사적 기반과 혼합경제와의 관련에서 기업을 취급한다. 기업은 제도학파에서는 중요한 관심사의 하나에 불과하다. 기업과 사회의 영역 중 사회의 부분에서 시작되듯이 이제는 학리의 학문적 선구자는 막스 웨버, 베블렌, 슘페터 등이라 하겠다. 물론 이러한 제도학파는 기업 이외의 조직을 의식적으로 강조하지 않은 점, 기업이나 재계를 내부 의견의 대립이 없는 하나의 조직으로 보고 있는 점, 기업을 포함한 여러 사회 구성단위가 독자의 혁신 등으로 여러 사태에 대응하고 있는 점을 무시하고 있다는 모순을 가지고 있다.[4]

2) 조직학파

조직학파는 제도학파와는 달리 기업과 사회의 스펙트럼을 기업 측에서 관찰한다.

그리고 마크로의 관점에서 실증적으로 실제의 기업이 어떻게 행동하는가, 또는 조직과 환경과의 상호작용은 어떠한 것인가를 연구하고 있다. 조직학파는 카네키 어프

---

1) E. Jones, An Intergrating Framework for Research in Business & Society, A setup to ward Elusive paradigm?, AMR, 1983.

2) 워터게이트(Watergate) 사건이란 1972년 6월 미국의 대선에서 닉슨 대통령의 측근이 닉슨의 재선을 위한 공작의 일환으로, 워싱턴의 워터게이트 빌딩에 있는 민주당 본부에 침입하여 도청 장치를 하려 했다가 들킨 미국 역사상 최대의 정치 스캔들이다.

3) Lee, E. Preston, Social Issues and Public Policy in Business and Management, Retrospect and Prospect, University of Maryland, 1986.

4) 小林俊治, 經營環境論研究, 成文堂, 1990.

로치와 하버드 어프로치로 분류한다.

① 카네기 어프로치란 조직 내부에서 연구 출발하여 조직과 시장 환경과의 연구관계를 연구한 사이몬, 코웬과 마치 윌림암슨 등을 지칭한다.

② 하버드 어프로치는 코올(cole)의 "사회 상황에 있어서의 기업" 아래 연구되어 최초의 단계로서는 환경변화를 분석하고 다음에 변화에 대응하는 기업의 정책 및 전략 결정을 분석한다. 그리고 마지막 단계로서는 조직 내부의 구조변화 및 전략실시에 따른 행동 변용을 분석한다.

3) 철학학파

제도학파, 조직학파와는 달리 규범적 어프로치를 한다. 즉 제도학파나 조직학파가 자유스러운 이데올로기의 경향을 갖고 있는 것에 비해 철학학파는 보수적 경향을 취한다. 철학학파는 2개의 그룹으로 나누어지는데, 하나는 근본주의자이고 또 하나는 제도학파 및 조직학파의 연구성과에 기초를 둔 경영관리의 윤리적·도덕적 측면을 주장하는 현실주의자이다.

프리드먼은 기업의 사회적 책임은 이익의 증대에 있다고 단언할 정도로 사회에 있어서의 기업의 역할을 한정시키고 있다. 기업은 사회의 토털시스템 가운데 경제적 서브시스템의 기능을 담당하면 좋다는 사고이다. 또 현실주의자의 사고는 록펠러처럼 사회의 기대에 맞는 경영철학을 행하는 것이다.

이상으로 기업과 사회의 각파에 대해 살펴보았다. 중요한 것은 기업과 사회의 각각의 복수의 목표가 어떻게 조화되며, 조합이 어떠한 업적을 달성하는가를 고찰할 필요가 있다는 점이다. 또한 지금까지의 사회업적의 기준은 GNP였으나 지금은 다른 척도가 중요시되고 있다는 점이다. 사회란 인간이 형성한 집합체를 지칭하며 인간의 생활목적이 전제되어야 한다.

2. 글로벌기업과 사회의 관계

따라서 사회의 가장 기본적인 목적은 사회의 존속, 즉 사회구성원인 인간의 생활의 존속·발전이라 하겠다. 여기에서 말하는 사회란 시스템으로서의 기업에 대해 보다 상위의 체계로서의 조직화(organizing)가 크게 진전되어 있는 조직체를 말하며 ①일정한 지역성 ②종의 재생산 ③포괄적 문화 ④생활의 자급성[5]의 특성을 가진 것을 말한다. 인간은 생활의 존속·발전을 위해 여러 가지의 재생산 활동을 필요로 하는데,

이 재생산 기능은 다음의 4가지가 있다.

① 물질의 재생산 : 물건이나 서비스를 만들거나 변환한다.
② 조직의 재생산 : 인간과 더불어 사회를 형성한다.
③ 정신의 재생산 : 지적·정신적인 세계를 창조하거나 변환한다.
④ 생명의 재생산 : 육체적 에너지 즉 내일의 활동인 생명을 창조한다.[6)]

특히 첫 번째 물질의 재생산은 기업의 목적인 경제적 생산과 관계가 있는 것으로, 기업은 복잡한 산업사회의 기능적 명령의 하나로 물질의 역할을 보답하고 있다. 기업과 사회의 input-output 관계는 우선 사회가 기업에 대해 공급하는 기업의 산출물과 관계가 있다. 그러기 위해 기업의 종업원은 기업이라는 조직을 통해서 이루어지고 제품도 창조적이고 지적인 것을 생산하거나 신약으로 생명의 재생산도 이루어낸다.

일반적으로 인간의 역사란 변화의 과정이며 사회는 그 변화 속에서 발전하였다.

이러한 사회의 발전단계를 여러 학자가 단계적으로 구분하였는데, 여기에서는 경제와 사회의 변천과정을 살펴보기로 하자.

3. 사회의 변천 과정

1) 로스토우(Walt Whitman Rostow)

① 전통적 사회(Traditional Society)
② 이륙 준비기(Pre-Take off Stage)
③ 이륙기(Take off)
④ 성숙기(Drive To Maturity)
⑤ 고도의 대중사회(High Mass Consumption)

로스토우(Walt W. Rostow)의 경제발전 단계설은 경제발전과정을 연속적인 과정으로 이해하는 대표적인 사례로 유명하다. 연속되어 있는 변화과정을 그는 구간별 특징에 따라 구간을 정하여 경제발전의 과정을 설명하려 한 것이다.

이러한 시각에 따라 구미선진국들을 비롯한 일본, 캐나다 등 여러 나라의 경제발전과정을 분석한 그는 전통적사회(The Traditional Society), 이륙준비기(The Precondition for Take-off), 이륙(도약)기(The Take-off), 성숙기(The Drive to Maturity), 고도의 대

5) 監原勉·松原治郎, 社會學の基礎知識, 1969.
6) 田中靖政, 知識社會の構想, 1975.

중사회(The Age of High Mass-Consumption) 등 5개의 단계로 구분하여 모든 나라는 획일적으로 이러한 단계를 거치고 있다고 주장한다.

'1961년 한국경제에 관해 제출한 보고서에서는 "한국경제가 수백 년에 걸쳐 쌓여온 고집적이고 동양적인 문제 때문에 절망적인 상태에 있다"고 결론지어 한국정계의 분열과 부정은 교정할 수 없는 풍토병과 같은 것이고, 독자 노선에 의한 공업화의 추구 등 말도 되지 않는다고 했지만, 그로부터 30년 후에 한국을 방문했을 때 자신의 실수를 인정하면서 「도대체 이 민족에 자신도 모르는 어떤 문명적인 저력이 있었는가?」라고 질문했다고 한다.[7]

또한 로스토우(Rowtow)는 사회는 상호작용적인 유기체라는 인식을 받아들여, 경제적 변동이 정치적 및 사회적인 귀결을 가져온다는 것이 사실이라고 했다.

2) 벨(Daniel Bell)

① 전 공업화사회(pre industrial society)
② 공업화사회(industrial society)
③ 탈공업화사회(post-industrial society)

1973년도에 쓰여진 다니엘 벨의 탈산업사회의 도래(The Coming of the Post-Industrial Society)》에서 새로운 종류의 사회, 즉 후기 산업 사회의 개요를 설명했다. 다니엘 벨은 산업사회 이후의 모습을 예견하며 "탈공업화사회(Post-Industrial Society)"가 올 것이라고 주장하였다. 그는 후기 산업주의가 정보 주도적이고 서비스 지향적일 것이라고 주장했다. 벨은 또한 산업사회가 지배적인 시스템으로서 산업사회를 대체할 것이라고 주장했다.

벨에 따르면 포스트 산업 사회에는 세 가지 요소가 있다고 주장 한다. 첫째, 제조업에서 서비스업으로의 전환 둘째, 과학에 기반을 둔 새로운 산업의 중심점 셋째, 새로운 기술 엘리트들의 부상과 새로운 계층화 원칙의 출현 등이다.

다니엘 벨이 '탈산업사회'라는 용어를 쓴 이유는, 서구사회가 제2차 세계대전 이후 과학과 기술의 급속한 발전에 의해 19세기에 형성된 산업사회의 종언을 고하고 새로운 사회로 이행하기 시작했는데, 그 새로운 사회의 형태가 무엇인지 분명하지 않았기 때문에 과도기적이란 의미에서 탈(post-)라는 접두어를 붙였다고 설명하고 있다.

---

7) 李榮薰, 『大韓民国の物語』, 文藝春秋, 2009年 2月, 315-316頁.

3) 토플러(Alvin Toffler)

① 제1의 물결 : 농업사회(Agricultural society)
② 제2의 물결 : 공업화사회(Industrial society)
③ 제3의 물결 : 정보화사회(Information society)

후진국 단계의 경우에는 이륙기, 공업화사회, 도시공업사회라는 말을 자주 인용하나 선진국 단계에 이르면 고도의 대중사회, 탈공업화사회, 정보화사회로 구분된다. 이럴 경우 급속한 산업화에 의해 기업의 새로운 사회문제가 대두된다.

특히 토플러의 세 번째 물결, 즉 "제3의 물결"은 후기 산업화 사회이며 정보화 사회를 말한다. 1950년대 후반부터 산업 사회에서 정보 사회로의 변혁이 일어나기 시작했는데 탈대량화, 다양화, 지식기반 생산과 변화의 가속이 있을 것이라고 토플러는 예측했으며 "변화는 탈선형화 되어 있으며 거꾸로도, 앞으로도 그리고 옆으로도 발전이 가능하다."라고 주장하고 있다. 20세기 후반과 21세기의 다가오는 정보혁명과 정보사회를 예견한 것으로 유명하다.

정보화사회의 정보(情報)라는 개념과 유사어가 많은데 멀티미디어 사회, 디지털 사회, 지식 사회, 네트워크 사회, 고도 정보화 사회, 정보 네트워크 사회, 글로벌 네트워크 사회 등이 있다.

또한 「정보」, 「네트워크」, 「미디어」 등의 단어를 포함하지 않는 「탈공업 사회」, 「포스트 모더니티」(탈근대), 「포스트 포디즘」, 「후기 자본주의」 등의 개념과 용어도, 내용적으로 관련이 있다. 이러한 개념은 정보나 정보기술을 계기로 한 사회나 경제의 질적 변환, 혹은 비약적 발전 등을 가리키기 위해서 사용될 수 있다.

4) 일본 총무성의 Society 5.0으로서의 디지털사회

① 수렵사회(Society 1.0)
② 농경사회(Society 2.0)
③ 공업사회(Society 3.0)
④ 정보사회(Society 4.0)
⑤ 디지털사회(Society 5.0)

앞에서 주장한 개념과 조금 다르지만 일본 총무성의 정보통신백서에 의하면 디지털경제에 앞서 디지털사회가 등장하고 있다. 여기에서 나타나는 디지털사회(Society

5.0)는[8] 정보사회(Society 4.0) 다음에 도래하는 사회이며 사이버공간과 현실세계를 고도로 융합시킨 시스템에 의해 경제발전과 사회적 과제의 해결을 양립하는 인간 중심의 사회라고 정의 하고 있다.

디지털 경제의 진화의 앞에는, 이 Society 5.0이 있다. 그리고 Society 5.0이 실현되어 그 진가를 발휘한다.

이와 함께 등장한 디지털 사회(digital society)의 개념은 가정, 직장, 교육 및 레크리에이션에서 정보 통신 기술을 채택하고 통합하는 현대 사회의 결과를 반영하고 있는데 정보 네트워크와도 깊은 관계가 있다.

디지털 혁신은 우리 사회, 경제 및 산업을 이전과는 다른 규모로 재구성하고 있을 정도이다. 모바일 및 클라우드 기술, 빅 데이터 및 사물 인터넷은 보건 서비스, 운송, 에너지, 농업, 제조, 소매 및 공공 행정을 포함한 많은 분야에서 성장을 주도하고 시민의 삶의 개선과 효율성을 상상할 수 없는 기회를 제공하고 있다. 또한 정책 입안자들이 더 나은 의사 결정을 내리고 시민을 참여시킬 수 있도록 지원함으로써 관리 프로세스를 개선할 수 있다. 인터넷은 조금만 예의를 지키고 자제한다면 표현의 자유와 정보의 자유와 같은 민주주의, 문화적 다양성 및 인권을 증진할 상당한 잠재력을 가지고 있다.

5) 성숙된 사회문제의 대두

상술한 바와 같이 사회란 인간의 생활 목적이 전제로 되어야 하고, 사회의 기본적인 목적은 사회의 존속, 즉 사회구성원인 인간의 생활의 유지 발전에 있다고 하겠다.

이러한 사회의 기본적인 목적은 인간생활의 향상(존속, 발전)이며 생활복지의 바탕은 인간 생존의 존속이 그 전제가 된다.[9]

인간의 생존의 보장을 요구하는 권리인 생존권은 바이마르헌법 이후 20세기 헌법의 기본 이념이 되고 있다. 인간의 생활복지는 자본주의의 발달에 따라 개인의 능력이나 여건에 따라 불행 등이 확대되어 개인의 생존권의 보장이 위태롭게 됨에 따라 부수적으로 사회문제로 나타나게 되었다.

(1) 노동문제

노동문제가 발생하는 근원은 노동자가 생존권을 획득하기 위해 자신의 노동력을

---

8) 일본의 令和元年(2019년)版, 情報通信白書 第1部.

9) 監原勉·松原治郞, 전개서, p.427.

제공하는 대가로 임금을 받는 노동력의 교환(매매) 과정에서 이루어진다. 임금과 노동력의 부적절한 교환, 노동조건의 악화 및 노동력의 공급과잉 등으로 나타나는 실업문제와 관계가 있다고 하겠다.

(2) 빈곤문제

미국은, 갤브레이스의 말에 의하면, 그 어느 시대에도 누리지 못했다. 풍요함(affluence)을 누리는 '풍요한 사회'라고 한다. 그러나 이러한 풍요한 사회에도 두 가지 유형의 빈곤이 나타난다.

① 개인적 빈곤 : 개인 또는 가족이 가진 특수한 제 조건(정신박약, 비건강, 극단적 인다산, 알코올중독 등)에 의해 생겨난다.

② 절대적 빈곤 : 특정 지역의 모든 또는 거의 모든 사람들의 빈곤을 뜻한다.

종래빈곤은 저소득 수준과 동일시되어 이와 관련되는 실업 개념이 중심 개념이 되어왔다. 따라서 고전적 빈곤론에서는 소득수준의 평준화와 실업 해소가 중심과제로 제기되었는데, 이것이 복지국가론의 기축이 되어 왔다. 그러나 현대의 빈곤은 이와는 다른, 다음과 같은 2가지 측면을 가지고 있다.

첫째는 사회적 공동소비재의 부족이다. 여기서 말하는 사회적 공동소비재란 일종의 사회재(social goods) 내지 공공재(public goods)의 특징을 가져 개인적소비가 상대적으로 제약되는 재화나 서비스로서 공동주택, 상하수도, 청소시설, 공원, 도시교통수단, 보통교육시설, 탁아소, 병원, 운동장, 녹지대(greenbelt), 방송시설, 전신·전화, 전기·가스 및 공동냉난방 등이 있다.

둘째는 현대사회에서 파생되는 사회적 손실로서 주택난, 교통재해, 교통체증, 공해, 자연재해 등이 있다. 이러한 요인도 살기 좋은 사회의 한 요인으로 포함되고 있다.

(3) 실업문제

노동인구의 상대적 과잉에 의해 사회적으로 노동이 거절되는 경우가 실업인데, 이러한 실업을 비자발적 실업이라 한다. 그러나 현재는 자발적 실업이 늘고 있다. 이것은 사회보장문제와도 관계가 있어 선진사회 복지문제의 큰 과제라 하겠다. 또한 고령화 사회를 맞이하여 한참 일할 나이인데도 불구하고 정년을 하는 사례가 늘어 노동의 재공급이 요구되고 있다. 또한 한국의 경우 20대가 대학을 졸업하고도 취직이 되지 않아 '이태백(20대 태반이 백수)'이 등장하고 40대가 명예퇴직을 당해 '사오정(45세 정년)'이란 단어가 나타나 실업이 심각한 사회적 문제로 등장하고 있음을 시사하고 있다. 특히 청년실업(15~29세)율이 높아 사회적 문제로 등장하고 있다.

(4) 의료문제

노동자의 질병 발생은 취업을 불가능케 하고 임금을 상실케 할 뿐만 아니라 지출을 증대시킨다. 성인병 등 사회의 발생하는 병도 문제이지만 노동 중 발생하는 노동재해도 큰 문제가 되고 있다. 특히 사무직에서 40대의 과로사 문제와 현장의 노동재해는 노동자로서는 심각한 문제라 하겠으며 사회에서도 한참 일할 40대를 잃거나 노동력을 휴지시키는 일은 커다란 손실이라 아니할 수 없다.

한국타이어의 집단돌연사가 사회적 문제로 등장하고 있다. 한국산업인력관리공단에 따르면 한국타이어에 재직했거나 재직 중인 직원들 가운데 1992년부터 2006년까지 사망자가 무려 93명, 이 가운데 양성 또는 악성 종양으로 숨진 사람이 30명, 순환기 질환으로 숨진 사람이 18명이나 된다. 한국타이어 의문사 대책위원회는 대전지방노동청 자료를 인용해 암 질환 및 중증환자가 108명, 유기화합물 중독 및 증증질환 추정환자가 650명에 이른다고 주장하고 있다.[10] 한편 한국타이어 '집단 돌연사사건'은 지난 2008년 이후에도 이어져 한국타이어 공장에서 고용노동부가 지난 2016년 '한국타이어 사망자 현황' 자료에 따르면 지난 2008년부터 2016년 1월까지 사망한 이는 46명에 이른다. 그 이후에는 8명의 사망자가 추가로 확인됐다.

1996년부터 2007년까지 사망자수 93명을 더하면 지난 20여 년간 129명이 산업재해로 사망한 것이다. 더구나 기관 통계에 잡히지 않는 사망건수를 고려하면, 실제로는 그 이상으로 추정이 가능하다.[11] 물론 이는 좀 더 과학적인 연구가 필요한 사항이긴 하지만 기업(한국타이어)이 좀 더 적극적으로 대응할 필요가 있다.

이와 비슷한 현상으로 등장한 것이 과로사(過勞死)인데 산업 재해의 한 종류로, 근로자가 일을 지나치게 하거나 무리해서 그 피로로 갑자기 사망하는 것을 말한다. 육체적 부담으로 뇌출혈, 심장 마비 등으로 돌연사하는 것이다.

영어 표현으로는 원래 work oneself to death이였지만, 일본에서 과로사가 많아지자 서양 과로사의 일본식 발음인 "Karoshi"로 번역되고 있다. 일본어의 카로시(過勞死)가 그대로 사용되는 것은 일본에서의 특이한 현상이라는 인식이 있으며, Karoshi라는 표현은 영어 사전 및 다른 언어 사전에도 수록되어 있다. 따라서 일본의 봉건적인 노동 상황을 상징하는 단어로 인식되게 되었다.

10) 미디어 오늘, 2010.5.6.
11) 2017년 2월 15일, 시사포코스, 한국타이어, 대전공장 근로자 돌연사.

사 례 **국제적 작업표준인 SA 8000**

사회적 책임·국제기구인 SAI(Social Accountability International)에 따르면 취업환경(노동고용) 평가의 국제 표준인 SA 8000이 있는데 이는 1989년에 경제 최우선 협의회(CEP, Council on Economic Priorities) 산하 기관인 사회적 책임 국제기구(SAI, Social Accountability International)에 의하여 개발되었으며, 세계적으로 가장 인정받고 있는 독립적인 작업장 표준으로 간주되고 있으며 전 세계 모든 규모의 회사에 적용될 수 있다.

우선 SA 8000(국제적) 사회적 책임 인증이 필요하다. 최근에는 글로벌화로 인하여 세계적으로 기업의 정책과 활동에 대해 모든 사회 규범적 영향을 고려하도록 요구하는 경우가 등장하고 있다. 특히, 개발도상국을 대상으로 제품이 생산되는 장소와 같은 작업 환경에 대한 관심이 더욱 높아지고 있다. 작업 환경이 기업의 이미지 및 브랜드에서 차지하는 비중이 높아짐에 따라, 글로벌소비자들도 이러한 사회적 문제에 대한 인식이 더욱 높아지고 있기 때문이다. 작업환경의 윤리 위반과 이를 관리하는 책임의 결여는 기업의 브랜드 평판의 훼손은 물론 매출의 부진을 초래할 수 있기 때문에 SA 8000의 인증이 다시 새삼스럽게 요구된다.

SA 8000 인증은 강제 및 아동 노동, 직장 내 건강 및 안전, 집회의 자유 및 단체 협상, 차별, 징계 관행, 업무 시간, 상여 및 경영 시스템을 비롯한 제반 문제를 다루기 때문이다.

또한 SA 8000은 전 세계적으로 작업장 표준을 세울 뿐만 아니라 국제 노동 기구, 세계 인권 선언 및 유엔 아동 권리 협약을 포함한 기존 국제 협정을 포괄적인 의무이기도 하다.

4. 기업의 사회문제

1) 기업문제의 사회문제화

현대에서 발생하는 기업의 사회문제는 3가지 측면에서 파악할 수 있다. 첫 번째는 기업의 사회문제화이다. 기업은 경제적·통치적·사회적 기능을 기업의 존속과 번영을 위한 필수 요인으로 간주하지만 그 수행과정에 기업 내의 종업원이나 사회일반대중 이익과 집단에 대해 여러 가지 사회적 영향을 주고 있다. 따라서 이것이 거꾸로 기업의 존속과 번영을 위협하는 문제로 발생할 수 있다.

기업 활동은 진공 상태에서 행해지는 것이 아니고 각 이해자 집단이나 대항세력을 포함한 사회와 상호작용의 과정이라 하겠다. 따라서 기업의 문제는 기업과 사회의 상호작용 과정에서 발생하기 때문에 이러한 의미에서는 기업의 문제는 기업의 사회문제라 하겠다. 예를 들면 기업의 경제적 효율화나 지배력을 원하는 행동은

① 소비자로서는 불이익을 주는 공급독점에 의한 가격조작이나 독점가격
② 본질적으로 경제적 단위인 기업의 정치권력화에 의한 시민생활의 지배
③ 기업의 내부 기구의 비인간화에 의한 노동자의 인격적 발전의 저해 등의 반사회적이며 비민주적인 귀결을 가져다준다.

이런 것이 기업의 비판이 되어 기업으로서는 대응을 하지 않으면 안 될 중요한 문제로 등장한다.

2) 기업행동의 기업문제화

기업행동의 문제화는 기업행동이 사회에 주는 영향의 기업문제라 하겠다. 예를 들면 기업이 경제적 실현을 첫 번째로 “종업원 감축 합리화”를 행하기 위해 공장을 오토메이션화(automation)하여 로봇이나 기계를 도입한 결과 실업문제가 발생하였다고 하자.

실업자의 존재는 기업으로서는 합리화 면으로 보면 유리하다고 하겠지만 국가의 경제정책, 사회노동정책의 관점으로 보면 방치할 수 없는 문제라 하겠다. 또한 이것은 노동운동의 대상이 된다. 국가는 기업에 대해 실업자의 고용촉진을 요구하여 정책적으로 압력을 가한다. 기업은 국가나 노동조합의 비판이나 운동을 회피하기 위해서 새로운 대응의 필요성에 직면한다. 두 번째로는 기술혁신, 노동밀도의 강화, 능력주의 관리의 도입은 노동력의 스크랩화를 가속하여 고령 노동자의 배제를 촉진한다.

이러한 상황이 사회적으로 진행되어 누적되면 기업은 이 문제에 새로운 대응을 필요로 하게 된다. 노동자 재교육을 기초로 한 배치전환, 고령자에 적합한 직종개발, 고령자 재고용, 무승급 조건의 정년연장이라 하겠다.

3) 기업 비판에의 대응

강대한 경제적·통치적·사회적 영향력을 행사하는 기업에 대하여 이해자 집단이나 대항세력의 요구나 비판에 대한 기업의 대응이다. 예를 들면 다음과 같다.

① 노동자에 대한 경제적 지배력이나 통치적 권위를 행사하여 저임금의 노동조건과 기업 임의의 해고 등이 이루어진다면 노동조합은 노동자의 인간으로서의 생활이나 신조를 위해 기업민주화 투쟁을 전개할 것이다. 이것에 대해 기업은 행동과학적 관리방안을 채용하여 노동자의 자주적·창조적 활동의 확대와 통치적 기구의 부분적 참가, 기업에 복지제도의 충실과 노동소외 현상을 제거하기 위한 제도적 방안을 채용하기 위해 대처한다.

② 기업이 경제력을 갖고 시장을 독점하여 시민생활을 실질적으로 지배하면 소비자는 "소비자 주권"을 요구, 단결하여 기업에 대응한다. 즉 가격할인 운동을 전개하고 허위광고, 선전의 배제와 공개, 나아가서 소비자 피해의 보상과 소비자 보호에 대해 정부, 기업에 요구한다. 정부 자치제는 소비자 보호의 입법화와 행정을 추진하여 기업에 행정지도를 한다. 기업은 법을 준수하기 위해서는 소셜 마케팅(social marketing)의 이념과 기법을 채용한다.

③ 기업이 특정 지역에 입지, 생산적 활동, 개발활동을 행하면 그 지역의 자연환경의 파괴, 오염, 사회적 생활환경의 악화가 나타난다. 환경·공해 문제에 직면한 지역 주민은 공해방지, 환경보전, 생활환경 유지를 목표로 단결, 반사회적인 기업 활동을 비판·고발하는 운동을 전개한다. 이러한 주민 운동은 국가, 지방자치단체의 환경입법화를 촉진시켜 주민 조직 또는 지방자치제와 기업의 환경보전 협력 등을 추진한다. 기업은 지역사회, 지역주민, 주민 운동의 동향을 무시해서는 기업 활동을 할 수 없는 상황에 이른다. 따라서 기업은 지역에 유의하여 지역 여론을 파악, 지역주민의 행사에 적극 참가가 요구된다.

고전파 경제학에 의해 자유경제의 전제조건, 즉 다수의 기업에 의한 자유경쟁의 조건은 자유경제 발전에 의해 깨지기 시작하였다. 즉 기업의 대규모화 경향에 의해시장에서의 기업 간의 경쟁은 대기업 간의 과점적·독립적 시장구조로 변하기 시작하였다.

자본주의 경제하의 이 단계에서는 기업, 특히 대기업은 투자가들의 사적인 소유가 아닌 사회화된 제도로서 객관적 존재가 되었다. 기업의 대규모화의 사회적 영향은 광범위하다 하겠다. 대기업의 존재와 성쇠는 투자가, 종업원, 소비자, 지역사회 등 기업의 이해관계자에 영향을 끼치기에 이르렀다. 예를 들면 대기업의 노사 간의 긴장은 지역사회와 소비자의 이해관계까지 확대되어 그 영향도 크다고 하지 않을 수 없다. 기업의 사회적 책임은 그 범위도 확대되어 가고 있다. 이러한 의미에서 기업의 행동은 이제 사적인 이윤동기 중심에서 국민경제의 일환으로서 행동하지 않으면 안 되게 되었다.

5) 경영이념으로서의 기업의 사회성

기업의 사회성에 대해서는 각각 표현의 규범은 다르지만 경영자나 학자에 의해 강조되고 있다. 예를 들면 포드자동차 회사의 설립자 헨리 포드는 1920년대에 포디즘을 주장했다. 포디즘의 중심적 사고는 기업은 "사회에 대한 봉사기관(Instrument Of Service)"이며 봉사주의야말로 기업의 존립과 번영을 위해서 준수해야 할 객관적인 기업의 법칙이라는 것이다.

포디즘이 주장하는 Service는 구체적으로는 공중의 생활수준의 향상이며 9할 이상을 차지하는 노동자의 생활수준의 향상을 말한다. 봉사주의는 종래의 "고가격과 저임금"에 의한 영리제일주의의 시장을 축소하며 기업을 자멸시키는 것으로 부정한다. 기업의 목적은 이익에 있는 것이 아니고 공중의 생활수준의 향상에 있기 때문에 첫째는 제품의 저가격, 둘째는 노동자의 고임금을 실현하는 것으로써 공중의 구매력을 높인다. 그리고 이익은 기업이 서비스를 어떻게 유효하게 하였는가의 성과의 판정 결과로써 생기는 것이다. 소비자에게 저렴한 가격을, 노동자에게는 고임금을, 기업가에는 고이익을 실현시킨다는 삼위일체적인 사고는 대량생산 방식 하에 코스트 삭감에 의해 가능하다는 것이 포디즘의 사고의 핵심이라 하겠다.

또한 드러커(P. F. Drucker)도 기업의 목적을 고객의 창조로 규정했는데, 바꾸어 말하면 고객의 창조는 시장의 창조라고 해도 좋은 것이다. 드러커는 기업의 목적을 "최대 이윤의 추구"라는 사상을 부정하고 기업의 목적을 기업 자신의 밖, 즉 기업이 구성요인인 사회에서 찾았고 "고객의 창조"라는 표현을 사용하였다. 포드와 드러커의 노동자와 소비자, 고객중심의 사고는 지금에도 높은 평가를 받고 있다.

5. 사회적 책임의 등장과 의의

사회 속에서의 기업의 활동은 기업의 사회적 책임과 깊은 관계가 있고 기업경영에서 등장하는 경영자의 사회적 책임은 기업 환경의 변화와 시대에 따라 그 내용이나 성격이 동태적으로 변하는 것이 일반적이다. 경영자의 사회적 책임이 발생하는 근거는 기업이 사회적 존재로서 이윤을 지향하면서도 다른 한편으로는 사회적 역할을 다하는 제도적 존재이기 때문이다.

경영자 혹은 기업의 사회적 책임(social responsibility)[12]이란 기업이 이해자 집단의

---

12) The attempt of a business to balance its commitments to groups and individuals in its environment, including customers, other businesses, employees, and investors. : Business Essentials, Ronald, J.

기대에 대하여 반응(responsiveness)하는 것이다. 그것은 다시 말해서 기업과 사회 상호간에 유익을 주는 방법으로 자신의 활동과 정책을 사회적 환경에 연관시키는 기업의 능력을 의미한다.

그러기 위해서는 무엇보다도 기업은 사회구성요소인 경제기구로서 소비대중이 필요로 하는 제품과 서비스를 제공함으로써 그들의 물질적 생활수준을 향상시키는 경제적 책임(economic responsibility)의 수행을 다해야 한다. 이러한 경제적 책임을 수행하는 과정에서 모든 이해자 집단에서 미치게 될 의사결정 과정의 영향력을 고려하고, 그들에게 최선의 결과가 주어질 수 있는 의사결정을 내릴 수 있도록 하기 위한 노력이 있어야 한다.

이상과 같은 사회적 책임은 자본과 경영이 분리된 근대 기업이 지배하는 경제체제에 있어서는 무엇보다도 이해자 집단과 공동이익이 되는 방향으로 조정하는 책임이 가장 중요한 것이다.

1) 사회적 책임에 대한 몇 가지 정의

사회적 책임이 증대되고 있는 가운데 사회적 책임에 관해 논의되고 있는 정의는 다음과 같다.[13)]

① 사회적 책임은 기업의 사회에 대한 경제적 및 법률적 의무뿐만 아니라, 이러한 의무를 넘어서 전체 사회에 대한 책임까지를 의미한다.(McGuire, 1963)

② 사회적 책임은 주어진 특정 시점에서 사회가 기업에 대하여 가지고 있는 경제적, 법률적, 윤리적 및 재량적 기대를 모두 포함한다.(Carroll, 1982)

③ 사회적 책임은 경제적, 법률적인 필요요건을 넘어서 사회로부터 정당성을 인정받을 수 있는 기업활 동을 의미한다.(Murray & Montanari, 1986)

이처럼 많은 사회적 책임의 정의 중 아직까지는 통합적인 견해로 나타나지는 못하였다. 왜냐하면 사회적 책임이라는 그 말이 그 현상을 분석하는 학자에 따라 그 의미가 다르다고 할 수 있다. 그러나 분명한 것은 기업이 사회적 책임에 기초하는 활동에 관여할 것인가 어떤 것인가가 아니고 오히려 기업이 사회적 책임에 기초한 활동에 어떻게 깊게 관여할 것인가의 문제이다.[14)]

Ebert & Ricky, W. Griffin, p.52, 1995.

13) 신유근, 현대의 기업과 사회, 경문사, p.47.

14) Jerry w. Anderson Jr., Corporate Social Responsibility, 1989.

6. 사회적 책임론의 대두배경

기업의 사회적 책임이라는 개념은 선발공업국, 특히 20세기에 들어와 세계경제를 주도했던 미국을 배경으로 대두하였다. 물론 미국보다 산업화의 역사가 빨랐던 유럽에서도, 예를 들어 올리버 셸돈(O. Sheldon)의 기업 사상처럼 사회적 책임과 유사한 개념이 제기되기도 하였다. 그러나 본격적인 사회적 책임 개념의 체계화와 발전은 거대기업화의 사회·경제적 영향을 일찍부터 경험한 미국에서부터 이루어졌다.

미국에서 사회적 책임이라는 개념은 20세기 초반에 형성되기 시작하였다. 당시만 하더라도 미국기업은 매우 크고 강력했으며 트러스트나 카르텔을 통해 자유로운 경쟁을 부당하게 제한하여 사회적 비난의 대상이 되었다. 여기에 복지국가 자본주의의 개념이 등장함으로써 정부역할이 확대되어 반독점법과 다른 정부규제들을 통해서 기업의 힘을 억제하기 위한 노력들이 기울여졌다. 그러나 기업의 사회적 책임이 더욱 본격적인 사회적 유의성을 지니기 시작한 것은 사회 환경 및 사회가치의 현저한 변화가 일기 시작한 1960년대 베트남전쟁 이후라 할 수 있을 것이다. 이러한 변화들이 점점 더 많은 사회일반인들과 기업인들에게 받아들여졌으며, 결국은 기업의 사회적 책임이라는 개념으로 발전하게 되었다.[15)]

학문적으로도 기업의 사회적 책임은 1953년 보웬(H. R. Bowen)의 『기업가의 사회적 책임(Social Responsibilities of the Businessman)』이라는 책이 출간된 이후 본격적인 논의가 이루어졌다. 최근에 들어와서는 전통적인 사회적 책임의 개념을 넘어선 사회적 반응이라는 새로운 개념으로 변화, 발전해 오고 있다.[16)]

사회적 책임론이 본격적으로 논의된 곳이 선진산업국인 미국이지만, 한국의 경우에도 1980년대 중반 이후 학술적으로나 사회적으로 사회적 책임론에 대한 관심이 높아지기 시작했다. 즉, 주로 재벌기업의 부정적인 사회적 영향력에 대한 학계, 언론계, 관련 이해관계자들의 관심이 높아지면서 재벌기업들이 더욱 책임 있고 성숙한 기업행동을 보여 주어야 한다는 사회적 기대가 확산되고 있는 것이다. 그러나 기업의 현실이 기업에 대한 사회적 기대를 충족시키지 못해 그 갭(Gap)은 더욱 벌어지고 있다고 하겠다.([그림 10-1] 참조)

---

15) Frderick, Davis & Post, 1988, 26-28 참조.

16) 사회적 책임(CSR : Corporate Social Responsibility)의 개념은 최근 사회적 반응(CSR : Corporate Social Responsiveness)의 개념으로 발전되어 논의되고 있다.

[그림 10-1] 시간별 흐름에 따른 사회적 책임

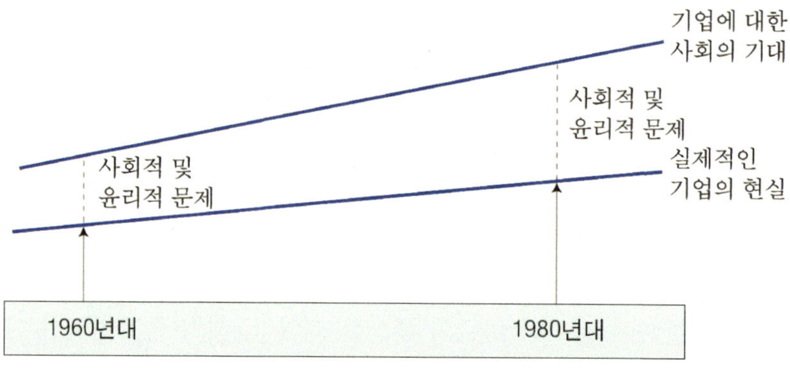

자료 : Archie B. Carroll, Business & Society, South-Western Publishing Co., 1993, p.14.

7. 사회적 책임에 대한 긍정과 부정

기업이 사회에서 수행하는 기능과 역할을 어떻게 보느냐에 따라 긍정과 부정론으로 경영자의 사회적 책임에 대해서 논할 때 이에 대한 찬반론이 대립되고 있다. 이는 생각하는 사람들로 나누어져 있다. 그러나 현대 기업에 있어 사회적 책임측면을 긍정적으로 생각하는 사람들이 다수임에는 틀림없는 사실이다.

1) 사회적 책임의 부정론

기업은 그 본래의 사회적 기능인 생산적 행동범위, 즉 경제활동에 한정시키고 그 이상의 과업환경주체의 요청은 정부나 기타의 제도에 맡겨야 된다는 견해이다. 기업의 사회적 책임에 반대하는 대표적인 학자는 프리드만(M. Friedman)[17]이며, 그들의 주요한 논거를 종합해 보면 다음과 같다.

① 이윤극대화의 한계 : 기업이 이윤극대화를 위해 능률향상과 원가절감에 노력할 때 시장 기구를 통해 사회에 최대의 이익을 가져다준다. 이윤극대화를 방해하는 행동을 해서는 안 되며 이는 타 제도에 맡겨야 한다.

② 비용의 증대 : 사회적 문제에 관여하는 기업은 궁극적으로 많은 비용(기업비용과

17) 1969년 말 "기업 책임을 위한 프로젝트"로 불리는 단체가 GM을 목표로 "제너럴 모터스의 책임을 묻는 캠페인", 속칭 "캠페인 GM"을 전개하였으며, 프리드만은 1970년 9월 기업의 사회적 책임은 이윤을 증가 시키는데 있다는 논문을 발표하였다.

사회비용)을 부담시키기 때문에 비용절감을 위해 종업원이 해고될 가능성이 있으며, 투자자원의 부족으로 투자를 하지 못하는 경우가 발생한다.

③ **사회기술의 부족**: 기업에는 사회적 문제들을 해결할 수 있는 기술이 부족하다.

④ **기업의 목표달성을 방해**: 사회적 책임을 수행함으로써 기업의 생산 활동에 지장을 주는 경우가 발생한다. 그러므로 이러한 이유 때문에 경제적 목표와 사회적 목표 중 어느 쪽도 달성하지 못할 수가 있다.[18]

2) 사회적 책임의 긍정론[19]

사회적 책임을 찬성하는 사람들은 기업의 책임수행이 장기적인 이익과 관계가 있다고 보고 있다. 즉 보다 좋은 사회가 기업에게 보다 좋은 환경을 제공해줌으로써 기업의 장기적 이익극대화를 가능케 하여 사회개선 프로그램을 위한 비용지출은 장기적 이익을 위한 투자로 보는 견해이다. 즉 이익의 개념을, 계몽된 사적 이익(enlightened self-interest)[20]의 관점에서 보고 있다.[21]

다시 말해 기업이 적극적·자발적으로 과업환경주체(이해자 집단)의 요청을 받아들여 이에 대응하는 것이 기업 자체의 존속·성장에 있어 필요하다는 견해이다. 대표적인 학자는 데이비스(K. Davis)와 블룸스트롬(R. L. Blomstrom)이다. 그들의 주요한 근거로서 다음과 같은 점을 들 수 있다.

① **기업에 대한 공공기대**: 기업은 사회적 욕구를 만족시키기 위해서 존속하며, 사회적으로 지원하고 관여하는 것을 일반대중들이 기대하고 있다.

② **대중의 이미지**: 기업은 사회목표를 수행함으로써 좋은 이미지를 향상시킨다. 그 결과 좋은 이미지는 경제적 업적에도 기여한다.

③ **책임과 권력의 균형**: 기업은 많은 사회적 권력을 가지고 있으며 생태, 사회적 약자, 기타의 문제에 영향력을 가지고 있다. 따라서 이에 상응한 사회적 책임도 부과되어야 한다.

④ **기업의 자원보유**: 기업이 갖는 관리적·전문적·직능적·자본적 자원은 사회문제에 적용되어 그 해결에 공헌한다.

---

18) 이덕훈, 기업과 환경, 학문사, 1996, pp.80-81.

19) Levit The Ordore, The Danger of Social Responsibility, Harvard Business Review, sep-oct., 1958, pp.941-49.

20) 계몽된 사적 이익이란 주주의 이익 기대와 사회적·환경적 이유에 관련된 집단들의 욕구와 기대를 균형시키는 접근법으로 기업이 지속적으로 생존 발전시키기 위한 논거가 되고 있다.

21) 이덕훈, 기업과 환경, 학문사, 1996, p.81.

⑤ **예방은 치유보다 낫다** : 기업이 현재 사회문제의 처리를 지연시키면 사회의 비난·공격의 표적이 된다. 따라서 경영자는 사회문제에 관심을 갖고, 시간을 할애하여 이러한 사회문제에 충당함으로써 기업 환경도 개선된다.

3) 긍정론과 부정론의 비교

경영자의 사회적 책임에 대한 긍정론과 부정론을 비교하면 다음과 같다.

① **상위점** : 자발성의 존재여부에서 양 입장은 크게 대립한다. 자발성은 사회적 책임의 본질이다. 따라서 자발성과 자율성을 잃은 사회적 책임은 벌써 그 본질을 잃었기에 진실한 사회적 책임이 아니다. 사회적 책임의 부정론은 사회적 책임의 자발성과 자율성을 거부하고, 그것을 제도조건으로 하는데 비해, 사회적 책임의 긍정론은 그것을 전제로 하고 있다.

② **공통점** : 이상 양론이 다 같이 자유기업 체제를 인정하고 있고, 또한 양쪽입장 모두 정부활동의 증대, 기업자유의 축소방향으로 나아갈 가능성을 인정하고 있다.

여기에 문제가 되는 것은 기업의 자주성·자율성·주체성의 요구와 정부의 기업에 대한 제약, 통제, 간섭, 제재와 역설(paradox)이다. 이러한 역설을 해소하기 위해서는 정부와 기업의 상호존중의 협력관계의 수립이 중요하다.

8. 사회적 책임의 내용

기업과 기타조직들에 적용되는 사회적 책임은 환경, 에너지, 소비자 운동, 사회 활동, 정부관계, 사회의 소수집단에 대한 역할, 노사관계, 주주와의 관계, 기업의 자선활동, 경제활동 등 주요 분야별로 정리해 보면 다음 〈표 10-1〉과 같다.

기업의 사회적 책임은 기업의 내외를 둘러싸고 있는 환경 제 주체(이해자 집단)에 대하여 다하는 책임이라고 볼 수 있다.

이러한 경영자의 사회적 책임 가운데서도 특히 구체적으로 중요하다고 생각되는 것은 ①기업의 유지 및 발전에 대한 책임 ②종업원의 복지향상에 대한 책임 ③이해자 집단의 이해조정 책임 ④산업공해 발생 방지에 대한 책임 ⑤기술개발에 대한 책임 ⑥후계자 육성에 대한 책임 ⑦지역사회에 대한 책임 ⑧고객에 대한 극대 만족의 실현 ⑨정부에 대한 책임 이행의 충실 ⑩채권자, 기타 원료공급자에 대한 책임 등으로 요약된다.

〈표 10-1〉 활동분야별 기업 사회적 책임 내용

활동분야	구체적 내용
환경	환경공해의 예방과 처리문제, 자연자원의 보존
에너지	생산에 있어서의 에너지 보존, 제품의 에너지 능률증대 노력, 기타 에너지 절약 계획
소비자 운동	진실을 밝힐 책임, 제품보증과 애프터 서비스, 유해제품의 통제
사회활동	지역문제에 대한 협조, 보전시설 및 교육문제, 자원봉사자들에 대한 지원
정부관계	국회활동에 대한 제한, 정치적 활동에 대한 통제
사회의 소수집단에 대한 역할	실업자교육, 평등한 취업기회의 보장, 미개발지역에 공장설치
노사관계	종업원의 안전과 건강관리, 탁아소의 설치
주주와의 관계	이사 선임, 재무상태의 개선
기업의 자선활동	문화예술에 대한 재정적인 지원, 연구 및 교육을 위한 지원, 기타 자선행위를 위한 지원
경제활동	기업합병의 통제, 거대산업의 분산, 특허권 사용에 대한 제안

1) 기업의 유지 및 개발에 대한 책임

기업은 사적 소유물이 아니라 많은 주주가 출자하고 그 기업에서 생활을 영위하고 있는 많은 종업원이 있으며 또한 고객을 가진 사회적 공기관이다. 이러한 공공성을 갖는 기업으로서의 역할이 제대로 수행되려면 우선 기업이 계속기업(going concern)으로서 건전한 유지·존속이 선행되어야만 한다. 따라서 경영자는 기업을 유지 및 발전시켜 국민경제의 발전에 있어서 경제성장의 핵으로서의 기능을 수행할 수 있어야 한다. 그러기 위해서는 기업존속을 위한 적정이윤의 확보에 노력하여 이를 적정하게 재분배하는 것이 기업존립의 전제조건을 구축해 나가는 경영자의 사회적 책임이다. 이 책임을 '본원적 사회적 책임'이라고도 한다.

2) 종업원의 복지향상에 대한 책임

경영자는 기업의 인적자원관리인 종업원의 협력태세를 확보하지 못하면 경영성과의 달성을 기대할 수 없다. 따라서 종업원들에게 인간적·사회적·심리적·경제적 만족감을 주고 사기를 높여 자주적 협력을 끌어내도록 적절한 리더십이 요망된다.

이들 종업원들에게 경영참가나 복지후생제도를 도입 활용함으로써 경영사회의 안정화와 산업평화를 가져다주는데 극히 중요하다.

3) 이해자 집단의 이해조정에 대한 책임

이해자 집단이란 기업 환경을 형성하는 환경요인으로서 경영자는 주주에게 일정한 이익배당을 보장하며, 노동자에게 적정한 임금을 지급하고 고용의 안정과 양호한 노동조건의 확보를 보장하며, 소비자에게는 소비지향적인 기업운영을 통해 보다 좋은 상품을 보다 낮은 가격으로 공급하며, 지역사회에 대한 협력 등을 통하여 사회적 책임을 충실히 이행하여야 한다.

그러나 이러한 이해관계는 그 하나를 극대화하면 다른 것을 희생해야 한다는 이율배반적인 경우가 있으므로 그 사이의 조정을 도모하여 균형을 유지하는 것이 현대 경영자의 중요한 사회적 책임의 과제가 된다. 이상의 이해자 집단 외에도 정부, 거래처, 금융기관, 채권자, 원료공급처, 일반 공중 등에 대한 이해관계도 동시에 충분히 조정하지 않으면 안 된다.

4) 산업공해 발생 방지에 대한 책임

기업 활동으로 인해 발생하는 환경오염의 피해자는 언제나 지역사회의 주민이다. 그러므로 경영자는 피해가 생길 경우 이에 대한 보상과 더불어 이를 방지하기 위하여 적극적인 노력을 하지 않으면 안 된다. 따라서 충분한 사회비용의 투입과 공해 발생 원인인 노후시설의 대체에 항상 노력해야 할뿐만 아니라 그린라운드(GR)에 적극적으로 대응하기 위해서라도 환경경영활동에 노력을 하지 않으면 안 된다.

1963년 미국의 대통령이었던 케네디(J. F. Knnedy)는 의회에서 소비자 권리헌장[22]을 선포하게 되었는데, 그 내용은 첫째, 안전에 대한 권리(right to safety), 둘째, 정보를 받을 권리(right to be informed), 셋째, 선택할 권리(right to choose), 넷째, 보상을

---

22) Business Essentials, Ronald J. Ebert & Ricky W. Griffin, pp.58-59, 1995.

받을 권리(right to be heard)이다. 여기에 두 가지 권리[23])가 첨가되어야 한다는 여론이 형성되었는데 그 중 하나가 '깨끗하고 건강한 환경을 즐길 권리'이다. 공해는 기술진보 시대에 높은 생활수준의 부산물로 심각한 문제로 나타나고 있다. 기업은 공해가 심한 제품에 대해 소비자들이 적게 사용하도록 해야 한다. 효율 우선주의적인 대량생산 기술의 부산물로 환경문제가 발생, 전 세계적으로 환경을 지탱할 수 있는 경제성장에 관심을 가지게 됨에 따라 우리나라 기업들도 지구 환경문제에 대응한 산업구조로의 전환을 빠르게 서둘러야 할 당위성이 나타나고 있다.

5) 기술개발에 대한 책임

오늘날 기술의 진보, 소비자 요구의 다양성, 그리고 기업 간의 경쟁격화는 기업에 있어서 기술혁신에 의한 신제품개발의 필요성을 가속화시키고 있다. 따라서 신제품개발의 가능성은 부단한 연구개발(R&D) 관리의 확충에서 비롯되며, 이는 생산성 향상에 의해 사회적 이익이 증대되는 방향으로 전개되어야 할 것이다.

기술의 개발과 연구는 우리 기업의 생존과 발전에 있어서 필수불가결하다고 하겠다. 더욱이 선진국은 기술보호의 장벽을 높이고 국제기술질서('기술라운드'라는 TR)의 형성이 가시화되고 있는 실정이므로 경영자는 기술혁신에 많은 시간과 노력 및 투자를 집중해야만 한다.

6) 후계자 육성에 대한 책임

현대경영자의 사회적 책임의 하나로서 기업을 유지 및 발전시키기 위해서는 유능한 후계자를 양성하여 기업의 미래 발전을 도모해야 할 것이다. 이는 내일을 위한 유능한 경영자의 양성 없이는 기업성장을 기대할 수 없기 때문이다. 따라서 후계자 육성은 오늘날의 경영자가 가지게 되는 중요한 사회적 책임이 되는 것이다.

전문경영자를 개발하고 육성하기 위해서는 무엇보다도 사전준비에 의한 경영자 교육이 철저해야 하며, 이러한 경영자 교육 없이는 경영의 탄력성을 키울 수 없다.

---

23) James F. Engel, Roger D. Blackwell, and Paul W. Minard, Consumer Behavior, 7th ed. The Dryden Press, 1993, p.759.

7) 지역사회에 대한 책임

오늘날 경영자의 사회적 책임의 또 하나의 두드러진 현상은 지역사회에 대한 책임이다. 종업원의 고용이나 복지의 향상을 통해 지역사회의 발전에 기여함은 물론이고 산업입지 상 지역사회에 미치는 여러 가지의 산업공해, 예컨대 소음이나 대기오염, 농작물피해, 하천오염 등과 같은 피해가 생길 경우, 이에 대한 보상과 더불어 이를 방지하기 위하여 적극적인 노력을 하지 않으면 안 된다.

오늘날 기업이 대규모화 되어감에 따라 그러한 대규모 기업이 배출하는 오염물질의 양이 자연의 정화능력을 초월해서 차츰 인간의 생활환경을 오염시키고 있으며, 이와 같은 현상은 점점 인간의 생존을 위협하기 시작함으로써 공해문제가 새로운 사회적 책임의 하나로 등장하게 된 것이다. 이러한 공해대책은 인도주의적인 입장에서도 강구되어야 함은 물론이다.

기업의 지역사회에 대한 책임은 지역경제의 공동개발에 보다 적극적으로 참여함으로써 지역주민의 고용을 증대시키고 소득수준을 향상시키며, 기업에서 얻게 된 성과를 지역에 재투자함으로써 지역의 발전을 도모해야 한다. 뿐만 아니라 지역의 문화시설에 대한 보다 적극적인 투자를 통해서 그것이 소속하고 있는 지역사회의 문화적 수준을 향상시킬 수 있어야 한다.

8) 고객에 대한 극대만족의 실현

기업이 존재하는 가장 큰 이유는 사회에 대해서 재화와 용역을 제공하는데 있다. 보다 훌륭한 재화와 용역을 생산해서 공여함으로써 고객의 극대만족을 실현시켜 주고, 이를 통해서 그들의 생활의 질을 높여 줄 수 있을 때 기업이 갖는 소비자집단에 대한 책임이 보다 잘 이행되는 것이다.

판매 없는 사업은 존속할 수가 없고 고객 없는 기업은 생각할 수 없기 때문에, 현대의 경영자는 기술혁신을 중심으로 한 염가, 양질의 제품생산과 이의 제공 그리고 보다 유효한 마케팅기능을 수행함으로써 고객에게 서비스를 충실히 제공하여야 한다.

9) 정부에 대한 책임 이행의 충실

현대경영은 국가의 모든 법규나 규제의 영역에서 벗어나지 않는 경영활동을 전개하여야 한다. 정부를 의식한다는 것은 곧 국민을 의식한다는 것이며 이것은 기업 활동의 대전제이기도 하다. 거래관계와 연계된 일체의 법규, 즉 기업법을 보다 잘 준수하고 정부가 행하는 일에 보다 적극적으로 협력할 수 있을 때 기업의 국민적 도리도 다하는 셈이 된다.

10) 채권자, 기타 원료공급자에 대한 책임

채권자나 원료공급자는 기업이 관계하는 가장 중요한 대집단의 하나가 아닐 수 없다. 채권자에게 채무를 불이행한다든지 계약을 준수치 않는 행위, 원료공급자에게 대금지급을 실행하지 않는 불법행위를 자행할 때 기업이 갖는 법률적, 윤리적 책임은 땅에 떨어지게 되고, 이에 신용을 상실하게 되어 당해 기업이 설 수 있는 땅을 잃게 된다.

9. 사회적 책임의 과제

이상의 사회적 책임의 내용들을 수행하기 위해 기업경영자는 먼저 사회적 책임을 다한다는 긍정적인 의식에 입각하여 경영이념으로서 자각하고 경영목표로서 제시하여야만 한다. 그러나 경영자와 그 환경 제 주체와의 사이에는 신념, 가치관, 철학, 이데올로기 등의 상위성이 존재하며, 더욱이 이들은 시간의 흐름 속에서 변화하고 구체화하는 요청도 변화한다. 따라서 사회적 책임의 실시 항목은 사회적 책임의 수행에 관한 경영전략으로서 개별기업의 상황에 따라 달라진다. 결국은 결과의 측정과 평가의 문제가 야기된다. 이것은 기업 사회감사(corporate social audit) 내지 책임회계(social responsibility accounting)의 문제가 된다. 즉 기업이 스스로의 사회적 책임의 수행 상황, 이른바 사회업적(social performance)을 측정·평가하여 정보화하는 문제이다.

기업의 사회적 감사내용은 ①기업의 정상적 활동, ②소비자 보호, ③지역사회에 대한 서비스, ④환경, ⑤공평한 교육, ⑥사회적 업적을 위해 기업에 부과된 책임 등에 대한 감사이다. 감사결과는 경영자가 기업의 사회적 책임을 수행하기 위한 정보로서 제공되거나 외부환경 주체에 대한 기업의 의사결정 정보로서 활용할 수 있어야 한다. 이러한 큰 의미를 갖기 때문에 보고공시지향적 기업의 사회감사라고도 한다.

제 2 절 기업의 사회적 책임과 경영자의 과제

기업의 자체목적과 사회적 책임을 수행하기 위해 기업의 경영자는 다음과 같은 직능과 역할을 수행해야 한다.

1. 사회감사제도

1) 감사결과의 용도

감사결과의 용도에 대한 견해로는 두 가지가 있다. 보웬 이래의 하나의 흐름을 형성한 것으로 경영자가 사회적 책임을 수행하기 위한 정보로서 도움이 되도록 이용하자는 것이다. 이것을 의사결정 지향적 기업의 사회감사라고도 한다. 다른 하나는 1950년 고이더(E. Goyder)의 주장에서 비롯되는 것으로 외부환경 주체에 대하여 그것이 해당기업에 관한 의사결정을 행하는 정보로서 제공되어야 한다는 것이다. 이것을 보고공시지향적 기업의 사회감사라고도 한다.

2) 기업의 사회감사 방법

기업의 사회감사방법은 에브트 방식과 리노우즈의 방식으로 나눌 수 있는데 전자는 사회대차대조표를 이용하는 방식이며, 후자는 사회경제활동을 통해 평가하는 것이다.

① 에브트 방식 : 이 방식은 재래의 회계 시스템을 발전시켜 사회대차대조표와 사회손익계산서의 형식으로 기업의 사회적 업적을 집약하여 표시하려는 것이다. 사회대차대조표는 인간과 조직을 중심으로 한 자산을 차변에, 계약, 공해 등의 채무와 사회지분을 대변에 계상한다. 사회손익계산서는 환경주체에 대한 사회적 편익과 원가의 배분상황을 나타낸다. 그러나 자산, 부채의 손익, 비용에의 전환과 같은 대차대조표에서 손익계산서에의 통상 회계흐름(accounting flow)에 상당하는 기법은 에브트(Abt) 방식에서는 아직 완성되지 않고 있다. 이 방식의 최대의 결점은 사회의 기준이 불명확한 데 있다.

② 리노우즈와 사회경제활동표 : 리노우즈(David F. Linowes)가 제창한 사회경제활동표(socioeconomic operating statement : SEOS)에는 그 기준을 다음과 같이 설명

하고 있다.[24)]

- 법이나 규제에 의한 사회적 편익활동을 실시하더라도 SEOS에 계상되지 않는다.
- 법에 의하여 요구되고 있는 사회적 편익활동 중 무시된 것은 당기의 손실로 계상된다. 허가를 얻어 연기한 것도 같이 처리된다.
- 사회적 조직에 협력한 종업원의 급여상당분의 관련비용, 현금 및 제품의 기부, 조합이나 정부의 요구 없이 자발적으로 건물이나 제품의 안전장치를 설치하기 위한 지출, 종업원을 위하여 운동장이나 보육학교 등을 자발적으로 설립하는 비용 및 그 이후 매년 각 시설의 운영비용, 법에 의하여 요구되지 않는 활동을 하는 데 드는 비용, 건강이나 안전을 위한 시설을 설계하여 건설하는 데 드는 초과 비용 등은 SEOS에 계상된다. 이들 기준은 다음과 같은 기업의 사회적 책임의 내용에 잘 정리되어 있다.

제 3 절 사회적 책임의 4가지 정의

우리는 제1절에서 사회적 책임에 대한 학자들의 여러 가지 정의에 대해 살펴보았다. 각 정의들은 기업의 사회적 책임에 대해서 의미를 모두 가지고 있다. 여기서는 사회적 책임의 4가지 타입에 초점을 맞추어 나타내고자 한다. 이 4가지 타입은 사회적으로 더욱 더 관련적인 관점에서 기업의 경제적·법적 기대(Economic and Legal Expectation)를 표현할 것이다.[25)] 사회적으로 관련이 있다는 말은 윤리적 책임과 필란트로피적 책임을 포함한다.

1. 경제적 책임(Economic Responsibilities)

기업의 사회적 책임에 대해 경제적 책임이라고 부르는 것은 좀 이상하게 보일지 모르지만 이는 사회적 책임이 경제적 책임, 바로 그 자체인 것이다. 왜냐하면 사회적 시스템에서 기업의 입장은 경제적 기구(economic institution)로서 인정되고 있기 때

---

24) Linowes, David F.(1972), "An Approach to Socioeconomic Accounting", Conference Board Record, November. Maali, Bassam, Casson, Peter.

25) Archie B. Carroll, "A Three-Dimensional Conceptual Model of Corporate Social Performance", Academy of Management Review(October, 1979), pp.497-505.

문이다. 즉 기업은 사회에 필요한 재화와 용역을 공정한 가격에 생산하고, 판매하는 기능을 가지고 있다는 것이다. 여기서 가격이란 사회적으로 고려되는 계속기업(A going concern)의 관점에서, 성장의 관점에서, 그리고 투자가에 대한 보상의 관점에서, 적절한 수익을 가지는 기업이 재화와 용역의 가치(Value)를 형성하는 가격이라고 볼 수 있다.

2. 법적 책임(Legal Responsibilities)

사회는 사회적 계약의 부분적 이행으로써 생산에 대해 일정한 규칙이 있는 경제적 시스템에 속하는 기업에게 법률의 재제규정을 설정해 왔다. 즉 이것은 기업이 法 아래에서 활동하기를 기대한다는 의미를 가지고 있으며, 이는 법적 책임이 "성문화된 윤리(codified ethics)"를 반영한다고 할 수 있다. 즉 기업의 사회적 책임은 법을 따른다는 것이다. 만약 기업이 성문화되었고, 또는 성문화 될 법을 따르지 않는다면, 사회는 정치적 과정을 통한 메케니즘을 사용할 것이다.

3. 윤리적 책임(Ethical Responsibilities)

윤리적 책임은 법이 성문화되지 않았다 하더라도 사회 구성원에 의해 기대되고 또는 금지된 기업 활동을 받아들여야 하는 것을 말하며, 공정하고 당당한 것에 관해 소비자, 노동자, 주주와 지역사회의 이해관계자들의 윤리적 권리를 존중 또는 보호하는 것에 관련성을 반영하는 넓은 규범과 표준, 그리고 기대를 체화(embody)하고 있다.[26)]

단적으로 윤리와 가치의 변화는 법의 제정을 선행하는데, 이는 법 또는 조례의 제정을 통해 강력한 추진력을 가지게 되기 때문이다. 예로 시민 권리, 환경 그리고 소비자 운동은 사회적 가치의 기본적 대안을 반영했고, 그래서 미래의 법을 예시하고 이끄는 윤리적 선도자로서 보여 지고 있다. 또 다른 면에서 윤리적 책임은 사회가 현행법에서 요구하는 것보다 고도의 표준적 성과를 반영한다 하더라도 기업이 직면하는 새로운 가치와 규범을 채택하고 반영하는 것을 보아왔다. 이 점에서 윤리적 책임은 공적인 배려 아래 좋지 않게 규정되거나 또는 계속적이게 되며, 합법성에 대해 논쟁하게 되고, 기업을 다루는데 어려움을 가지게 된다.

사회적 또는 이해관계자로부터 나오는 윤리적 기대에 놓여진 2중 구조는 정당성,

26) Archie B. Carroll, "The Pyramid of Corporate Social Responsibility : Toward the Moral Management of Organizational Stakeholders", Business Horizons(July-August, 1991), pp.39-48.

권리 그리고 공리주의와 같은 윤리적 철학의 윤리적 원칙의 고려성에 의한 함축된 윤리적 성과가 있게 된다.[27)]

4. 필란트로피적 책임(Philanthropic Responsibilities)

'필란트로피'라고 할 때, 이를 책임이라고 부르는 것은 애매한 면이 있기는 하다. 왜냐하면, 이것은 기업의 차별적 능력에 따라 선택하든지, 요구하는 수준이기 때문이다. 이 활동은 순수하게 자발적이고 요구를 강제하지 않는 사회적 활동에 기여하는 기업의 열망에 의한 수준이다. 이것은 지역사회에 대한 정부의 보조 프로그램, 자선적인 사업, 일하는 어머니에 대한 아이의 일일보호 센터, 초등학교 지원 프로그램 그리고 마약 남용자에 대한 재활센터 등을 포함하고 있다.

윤리적 책임과 필란트로피 사이의 특징은, 필란트로피는 윤리적인 면에서 기대되지는 않는다는 것이다. 지역사회는 기업이 돈, 시설, 인도적인 고용에 대해서 기여하기를 바라지만, 만약 기업이 바라던 수준을 준비하지 않는다고 하여 비윤리적으로 기업을 보지는 않는다. 그러므로 책임은 준비된 사회적 기대가 항상 있다고 하더라고, 기업의 활동에 있어서는 자유재량적이고, 자발적이다. 책임의 이 범주는 "기업시민"으로서 간주되는 것이다.(그러므로 기업에 대해서는 사회가 차별적인 기대를 하는 것이다)

[그림 10-2] 기업의 사회적 책임에 대한 4가지 모델

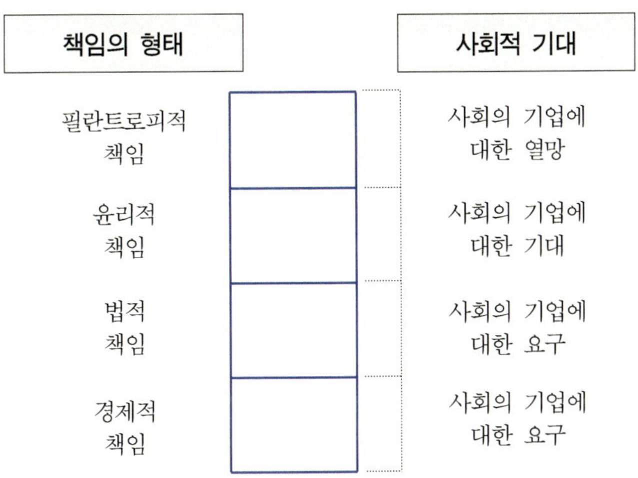

자료 : Archie B. Carroll, BUSINESS & Society, 1993, South-Western Publishing, p. 35.

27) Ibid.

이제까지 우리는 기업의 사회적 책임에 대해서 논의해 왔다. 이는 크게 두 가지 형태에 대해서 논의된 것이다. 앞서 기업의 사회적 책임에 대해 긍·부정론에 대해서 논의했는데, 여기서도 이와 유사한 기업의 경제적 입장과 사회적 입장에서 논의되는 것이다. 다만, 이를 우리는 위 4가지 기업의 사회적 책임에 대해 구체화해서 모델화하는 것이라 볼 수 있다.([그림 10-2] 참조)

다시 이를 요약하면, 기업의 사회적 책임은 경제적, 법적, 윤리적, 필란트로피적 책임을 동시에 표현한다고 할 수 있다. 이를 등식화하면, 기업의 사회적 책임 = 경제적 책임 + 법적 책임 + 윤리적 책임 + 필란트로피적 책임으로 표현할 수 있다.

여기서 한 가지 짚고 넘어가야 할 것은 실용적이고, 경영적인 기업의 경우, 수익을 위해 더욱 적극적이며, 법을 준수하고, 윤리적이며, 좋은 "기업시민"이 되는 것이다. 이를 위해서는 기업의 사회적 책임은 기본적인 앞의 모델에 상호 이해적인 공식화된 형태를 갖는 것으로 보아야 한다.([그림 10-3] 참조)

[그림 10-3] 기업의 사회적 책임 피라미드

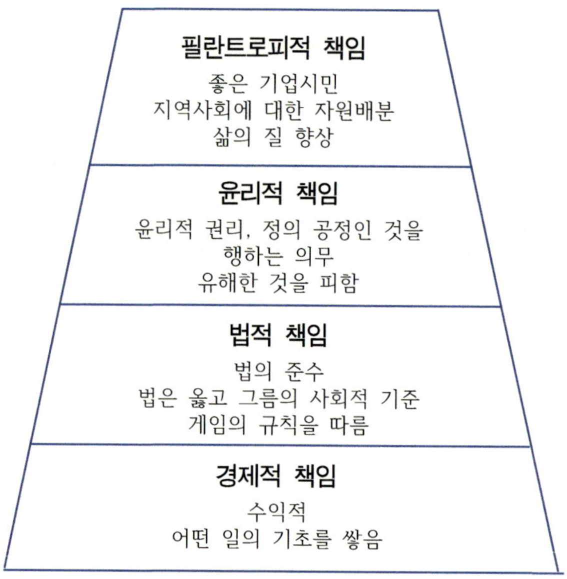

자료 : Archie B. Carroll, "The Pyramid of Corporate Social Responsibility : Toward the Moral Management of Organizational Stakeholders", Business Horizons(July-August, 1991).

5. 기업의 사회적 책임과 메세나 활동

민간의 문화예술후원활동을 활성화하기 위한 법적·제도적 근거를 마련되어 2014년 7월 29일부터 본격 시행된다. 문화체육관광부에 따르면 '문화예술후원 활성화에 관한 법률('14. 1. 28. 공포)'과 법 시행령('14. 7. 15. 국무회의 통과) 및 시행규칙('14. 7. 23. 법제처 심사 완료) 등이 마련되어 7월 29일부터 기업메세나 활동에 관한 법적인 조세감면 근거 등이 마련된 것이다.

'문화예술후원 활성화에 관한 법률'은 ▲문화예술후원을 활성화하기 위한 국가와 지방자치단체의 책무 ▲'문화예술후원매개단체'의 인증 및 육성·지원 ▲문화예술후원을 장려하기 위한 조세감면 근거 ▲문화예술후원자의 포상 ▲기업 등 '문화예술후원우수기관'의 인증 등을 주요 내용으로 하고 있다.

특히 이 법에 따라, 문화체육관광부 장관은 문화예술후원을 매개하거나 지원하는 등, 문화예술후원 관련 업무를 수행하는 비영리법인 또는 단체가 일정요건을 갖춘 경우 신청 및 심사절차를 거쳐 '문화예술후원매개단체'로 인증하여 문화예술후원자와 예술단체 간 후원활동을 매개하고 촉진할 수 있는 여건이 마련된다. 소위 기업의 메세나 활동으로 불린다. 메세나 기업은 문화, 예술, 스포츠 등에 대한 원조 및 사회적, 인도적 입장에서 공익사업 등에 지원하는 기업들을 뜻한다. 로마제국의 정치가 메세나스(Maecenas)가 베르길리우스나 호라티우스 같은 문화예술가들을 지원해 준 것에서 그 유래를 찾을 수 있다.

예술·문화·과학·스포츠에 대한 지원뿐 아니라 사회적·인도적 차원에서 이루어지는 공익사업에 대한 지원 등을 행하는 기업을 뜻한다.

베르길리우스(Publius Vergilius Maro), 호라티우스(Quintus Horatius Flaccus) 등 문화예술가들에게 지원을 아끼지 않은 로마제국의 정치가 메세나스(Gaius Clinius Maecenas)에서 유래되었으며, 1967년 미국에서 기업예술후원회가 발족하면서 이 용어를 처음 쓴 이후, 각국의 기업인들이 메세나협의회를 설립하면서 메세나는 기업인들의 각종 지원 및 후원 활동을 통틀어 일컫는 말로 쓰이게 되었다

현대중공업은 이런 활발한 문화·예술 후원활동으로 한국메세나협회가 2014년 7월 28일 발표한 '기업의 문화예술 지원 현황 조사'에서 '지난해 문화예술 지원 기업 1위'(금액 기준)에 올랐다. 2011년부터 3년 연속 1위다. KT&G가 2위, 홈플러스가 3위, 롯데백화점이 4위를 차지했다.

기업 문화재단의 문화예술 지원 순위는 삼성 1위, LG 2위, 금호아시아나 3위, 두산 4위, GS칼텍스 5위로 전년과 같았다. 메세나협회는 매년 매출 상위 500대 기업과 기업

출연 문화재단, 협회 회원사 등을 대상으로 문화예술 지원 현황을 조사해 발표한다.

지난해 기업의 문화예술 지원금액은 총 1753억 원으로 전년 대비 9.4% 증가했다. 경기침체에도 불구하고 KT&G의 '상상마당 춘천' 개관 등 기업들의 자체 문화 인프라 투자 및 운영비 투입이 972억 원으로 13.5% 늘어났고, 기업들이 문화예술위원회에 기탁한 기부금 금액이 105억 원으로 89.6% 증가한 덕분이다. 기업 문화재단의 지원 총액도 714억 원(전체의 40.7%)으로 전년보다 9.8% 증가했다.

제 4 절 기업 윤리

1. 기업윤리의 개념

영리기업이건 정부, 대학 또는 기타 조직체에 종사하건 간에 모든 사람들은 윤리에 관련되어 있다. 윤리(ethics)란 "선과 악, 그리고 도덕적 책임과 의무에 관계된 규율"이라고 정의된다. 또는 사회제도로서의 기업의 일상적 기업 활동에 있어 인륜적 조직행동을 규제하는 규범적 원리로 이해하고자 한다.

따라서 기업윤리(business ethics)는 경영자의 행동이나 결정의 판단기준과 원칙이 된다. 이는 진리와 정의에 관련된 것이며, 해외에서 뿐만 아니라 국내에서의 사회의 기대, 공정한 경쟁, 광고, 대중관계, 사회적 책임, 소비자의 자율권 및 기업행동 등과 같은 다양한 측면을 가지고 있다.

이와 같이 다양한 성격을 띠고 있는 기업윤리의 특징은 ①간략하게 설명하거나 정의하기가 어렵고, ②강제성을 띠고 있지 않으며, 일반적인 사회윤리를 기업에 적용한 것에 불과하고, ③사회가 용납하고 기대하는 기업행동에 관한 불문율에 불과하다는 점에 특징이 있다. 또 다른 특징은 ④명시적(explicit)이기보다는 암시적(implicit)인 성격을 띠고 있다는 점이다. 그러므로 기업행동에 대해 판단할 수 있는 구체적인 기준 내지 지점을 제공하지 못하고, 다만 일반적인 기준·규칙·규범만을 제공할 뿐이다.

기업윤리는 기본적으로 기업의 궁극적 목적(finality)의 정립에 반영되어야 하며 전략형성의 기초를 이루며 그의 실천을 통해 기업문화에 정착되어야 한다. 기업윤리의 정립을 위한 방법론으로 윤리이론의 체계적 응용(목표론, 의무론, 담화론 등)과 윤리코드의 제정(윤리강령, 윤리헌장 등)에 대한 연구가 선행되어야 한다. 이들은 기업의 윤리적 의사결정의 기준이 되며 기업의 궁극적 목적의 정립에 도움이 된다.

오늘날 우리 사회에서 기업윤리의 제정을 강요하거나 압력을 가하는 데는 실행적인 차원에서 문제점이 없을 수 없다. 그런데도 기업계는 그런 방향으로 노력하지 않을 수 없는 것이 오늘의 현실이다.

2. 기업윤리에 영향을 미치는 요인

경영자의 윤리수준에 영향을 미치는 요인들은 크게 나누어 세 가지 차원으로 구분할 수 있다.

① 개인적 차원 : 경영자 가족의 영향, 종교적인 배경 그리고 개인적인 욕구수준이나 가치관 등의 요인

② 조직 차원 : 회사의 정책, 감독 상관의 행동 그리고 직장 동료들 행동 등의 요인

③ 외부환경 : 정부의 규제활동, 사회의 규범 그리고 경쟁업체들의 윤리 수준 등의 요인

이러한 요인들은 다음 [그림 10-4]와 같이 정리할 수 있다.

[그림 10-4] 경영자의 윤리에 영향을 미치는 요인들

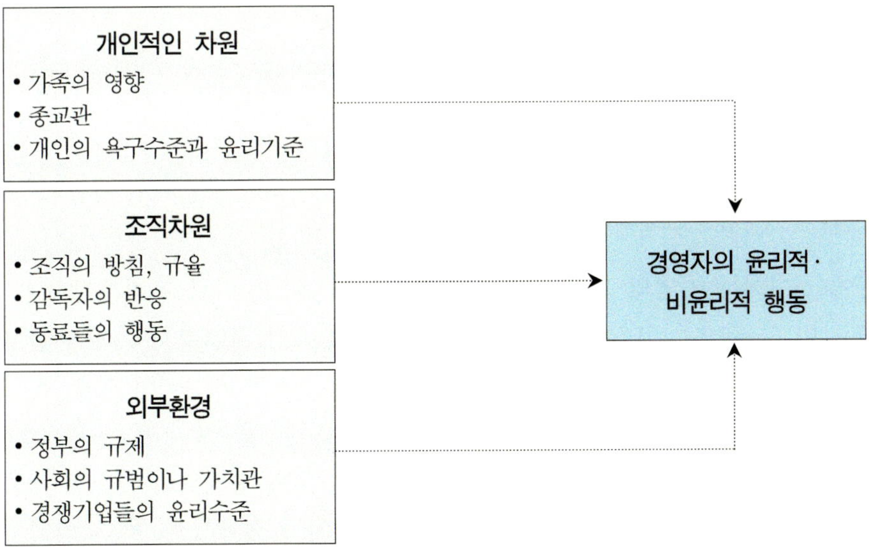

자료 : 서성무·이지우, 경영학 원론, 형설출판사, 1993, p. 350.

"또 하나의 약속"은 2014년 개봉한 우리나라의 영화이지만 기업의 사회적 책임을 느끼게 하는 영화로서 보는 이로 하여금 가슴 찡하게 만든 작품이라고 하겠다.

실제 사건을 소재로 한 작품이다. "또 하나의 약속"이라는 영화는 '진성 반도체'라는 이름으로 바꿔서 등장하고 실제 기업과는 무관하다는 문구를 포함하고는 있지만 이 영화를 보면 누구나 '삼성 반도체'에 대한 이야기임을 알고 있다.

삼성전자 반도체 사업장에서 근무하는 노동자들의 백혈병 발병과 관련하여 삼성전자가 미온적으로 대처하는 것에 대해 대중문화를 통해 문제 삼은 의의가 있다

사회적으로 큰 이슈가 되기도 했던 이야기인데 대한민국은 'X성공화국'이라고 불릴 만큼 대기업의 영향력이 막강한데도 불구하고 이 엄청난 대기업을 상대로 '속초의 택시기사 황상기'는 다윗과 골리앗의 싸움이라고 불릴 투쟁이 시작된다. 황유미는 아버지 황상기가 모는 택시 뒷자리에 앉은 채 2007년 사망하게 된다. 황상기는 삼성전자를 대상으로 산업재해 인정 법적 투쟁을 벌였다.

영화 "또 하나의 약속"에서는 대기업이 돈과 권력으로 딸의 죽음에 혼자서 진실을 향해 투쟁하는 과정 그리고 아버지 상기를 이해하지 못했던 가족들도 상기를 이해하고 응원하는 과정, 결정적인 순간 진성 반도체의 내부 고발자가 나와 진술을 하는 장면 등은 기업의 사회적 책임을 느끼게 하는 영화였다. 이 영화의 배경이 된 재판은 2심에서 근로복지공단이 대법원 상고를 포기하게 되면서 2심에서 마무리되었고 실제 황유미는 산업재해 피해자임을 최종적으로 확정 받았다. 세계적인 삼성이 조금 더 적극적으로 대응하였으면 하는 아쉬움이 남는 영화였다.

3. 사회적 책임의 확대로서의 사회적 투자

1) 사회적 투자(Social Investment)

최근에 들어서는 기업의 '경제적 성과'와 '사회적 성과'를 따로 분리시키지 않고, 두 가지를 같이 다루어야 한다는 논의가 지배적이다. 따라서 기업이 사회에 대한 책임을 가지고 있다는 사실은 인정하되 그렇다면 어떻게 책임져야 하는가에 대한 논의를 활발히 진행하고 있다. 즉, 종업원이나 지역사회 같은 이해관계자의 요구에 충실하면서 동시에 주주들의 이익을 극대화시킬 수 있는 새로운 의미의 기업의 사회적 책임은 무엇인가에 대한 논의이다. 이 시각에 따르면, 장기적인 관점에서 볼 때 기업의 주주들에게 이익이 되는 것은 동시에 이해관계자들에게도 이익이 된다. 따라서 주주도 이해관계자에 포함되기 때문에 장기적인 관점에서 보면 이들 두 집단이 가지는 이해관계

는 궁극적으로 하나로 수렴된다는 것이다.

따라서 기업의 목표는 이익 추구이지만 그것이 기존의 단기적인 이익 추구와는 구별되는 장기적인 이익의 극대화에 초점을 맞추어야 한다는 것이다. 즉, 사회적으로 책임 있는 기업이 장기적으로는 주주에게도 더 많은 이익을 가져다준다는 것이다. 이러한 수렴론은 기업의 '심층적 사회적 책임'(meta-social responsibility)[28] 또는 '사회적 책임투자'(socially responsibility investment)[29]라고 불리며, 기업의 자선 활동은 이타주의적 시각이나 이익 추구적 시각과 같은 일방적인 관점에서만 바라볼 수 없다는 주장이다. 이 시각에 따른다면 이익(profits)과 사회적 책임은 별개의 사안이 아니다. 오히려 사회적 검열(social screen)의 이미지가 강하지만 구미에서는 사회적인 과제에 몰두하는 사업에 자금을 제공하는 움직임도 사회적으로 책임 있는 투자로 보고 있다.

사회적 책임투자(SRI : Socially Responsible Investment)라는 말도 생겨났는데, 사회적 책임을 지고 있는 기업에 투자하는 것을 의미한다. 타이슨과 커벳이라는(Luther Tyson and Jack Corbett) 미국의 감리교 목사들이 만든 '팍스월드펀드'[30]가 그 효시로 종교적 신념에 반하는 기업, 환경 분쟁의 소지를 안고 있는 기업, 지배구조상 문제를 일으키고 있는 기업들을 투자대상에서 제외시키고 있다. 북미 유럽 등 구미선진국에서는 지난 2005년 기준으로 북미 2천1백조 원, 유럽 1천2백조 원 규모로 성장했다. SRI 펀드는 미국 전체 펀드투자액 중 나날이 그 비중을 높여가고 있다. 팍스월드 펀드는 군수산업 담배산업 도박 산업 등 감리교 종교적 신념에 반하는 기업에는 투자하지 않았다. 초기 사회책임투자는 윤리나 도덕성에 근거한 투자 결정이 주를 이뤘다. 특정 기준에 벗어나는 기업에는 투자를 하지 않는 네거티브 방식이었다.

상술한 바와 같이 사회적 책임의 찬반논쟁의 차이에도 불구하고 현대에서는 기업의 사회적 책임이 확대되고 있다는 전체적인 흐름에 있어서는 이의가 없다고 하겠다. 즉 데이비스 등이 주장하는 책임철칙의 법칙(the iron law of responsibility)은 실제로 권력과 책임에 관련된 보다 일반적인 법칙의 특수한 적용인데 이는 대기업이 확대됨에 따라 사회적 권력을 갖게 되었고 사회적 권력은 사회적 책임을 동반한다는 것으로 권력과 책임의 크기는 같다는 논지이다.

또한 드러커(P. F. Drucker)도 기업의 기능에는 경제적, 사회적, 정치적 기능이 존재하는데 그중 사회적 기능이 가장 중요하다고 주장하였으며, 기업은 사회로부터 사

---

28) Reich, Robert B. (1998), '*The New Meaning of Corporate Social Responsibility*', California Management Review, 40/2 (Winter 1998) : pp. 8-17.

29) R. Sparkes, *Socially Responsible Investment* : A Global Revolution (London : John Wiley and Sons, 2002.

30) www.paxworld.com

회적부(자산)를 변화될 수 있는 자원을 위탁받는 사회적 기관이라 하였다.

2) 사회적 책임 투자운동

그러나 이러한 사회적 책임보다도 한걸음 더 확대된 것이 사회적 책임투자(Socially Responsible Investment)이다. 사회적 책임투자는 사회책임투자운동(Social Responsible Investing)으로 시작되었으며 시발점은 1969년 미군이 캄보디아를 침략하자 이 전쟁에 무기를 제조 공급하는 기업에 투자했던 이들이 자신의 순수한 투자행위가 파괴를 위해 악용되고 있음을 반성하면서 시작됐다. 그리고 1970년에 미국 환경 운동가들을 중심으로 기업의 환경관련 성과를 면밀히 조사했던 감시활동이 사회책임투자운동으로 확산되는 계기가 됐다. 이런 활동이 알려지면서 캐나다에서는 1975년 당시 남아프리카의 인종차별정책과 같은 사회적 이슈들을 효과적으로 해결하기 위해 종교적 신념에 따른 투자활동을 만드는 운동을 일으키기도 했다. 현재 미국 호주 영국 캐나다를 비롯한 영미권 선진국을 중심으로 활발하게 이뤄지고 있는 사회책임투자운동은 가톨릭과 개신교를 비롯한 각 종교 관계자들과 단체들이 종파를 초월해 연대하는 것이 특징이다. 지난 30년간 전 세계의 사회책임투자운동을 이끌어온 미국의 대표적 기관인 기업의 책임에 관한 범종교 센터(Interfaith Center on Corporate Responsibility, ICCR)이다.[31)]

사회책임투자운동(Social Responsible Investing)은 소극적 운동이었으나 기독교 종교단체가 개입하면서 점점 확대되어 이제는 사회적 책임투자(Socially Responsible Investment)로 세계적으로 자리매김하게 되었다. 오늘날 기업의 사회활동과 사회의 공익을 동시에 추구하는 CSR(Corporate Social Responsibility) 활동은 기업경영의 필수 요소로 자리 잡고 있다.

최근 우리경제는 일찍이 경험하지 못했던 구조적인 대변혁을 겪고 있다.

---

31) 가톨릭, 개신교, 유대교 계통의 각 단체와 기구 275개가 참여하고 있는 방대한 조직을 갖고 기업의 인종차별·노동착취·환경 문제 등을 지적해 시정하도록 촉구하는 운동을 벌이고 있다.

제 5 절 기업의 사회적 책임

1. 기업의 사회적 책임의 강조와 논쟁

기업의 사회적 책임(social responsibility)[32]이란 기업이 이해자 집단의 기대에 대하여 반응(responsiveness)하는 것이다. 그것은 다시 말해서 기업과 사회 상호간에 유익을 주는 방법으로 자신의 활동과 정책을 사회적 환경에 연관시키는 기업의 능력을 의미한다.

사회적 책임은 자본과 경영이 분리된 근대 기업이 지배하는 경제체제에 있어서는 무엇보다도 이해자 집단과 공동이익이 되는 방향으로 조정하는 책임이 가장 중요한 것이다.

사회적 책임이 증대되고 있는 가운데 사회적 책임에 관해 논의되고 있는 정의는 학자의 견해에 따라 그 의견을 달리하고 있다. 사회적 책임은 기업의 활동으로 인해 발생하는 문제의 관점 및 기업과 사회의 관계를 지배하는 윤리원칙의 관점에서 생각될 수 있으며, 이러한 문제의 해결과 윤리의 준수로 보는 견해[33]와 기업의 사회에 대한 경제적 및 법률적 의무뿐만 아니라, 이러한 의무를 넘어서서 전체사회에 대한 책임으로 보는 견해[34] 등의 소극적 책임론과 주어진 특정 시점에서 사회가 기업에 대하여 가지고 있는 경제적·법률적·윤리적 및 재량적 기대를 모두 포함하는 견해[35]와 경제적·법률적인 필요요건을 넘어서 사회로부터 정당성을 인정받을 수 있는 기업 활동을 의미하는 견해[36]의 적극적 책임론으로 나뉘어진다.

이처럼 많은 사회적 책임의 정의 중 아직까지는 통합적인 견해로 나타나지는 못하였다. 왜냐하면 사회적 책임이라는 그 말이 그 현상을 분석하는 학자에 따라 그 의미가 다르다고 할 수 있다.[37]

---

32) *The attempt of a business to balance its commitments to groups and individuals in its environment, including customers, other businesses, employees, and investors.* : Business Essentials, Ronald J. Ebert & Ricky W. Griffin, p.52, 1995.

33) Eells & Walton, *Conceptual Foundation of Business, Homewood* : Richard D. Irwin, Inc, 1961.

34) McGuire, *Business and Society,* (McGraw-Hill, 1963).

35) Carroll A. B., A *Three-dimension Conceptual Model of Corporate Performance,* (*Academy of Management Review,* Vol.4, No.4 1982).

36) Murray K. B. & Montanari J. R., *Strategic Management of the Socially Responsible Firm : Integrating Management and Marketing Theory, Academy of Management Review,* (Vol.11, No.4, 1986), pp.815-827.

처음에는 보이지 않는 손(Invisible hand)에 의해 사회전체의 균형이 이루어져 자본가 이익의 극대화라는 목적이 정당성을 부여받았다. 그러나 20세기에 들어오면서 기업의 대규모화, 합병, 카르텔 등의 기업집중 등으로 인하여 더 이상 자유경쟁에 의한 동태적 경제발전은 기대하기 어려웠고 그 대책은 정부의 개입이었다. 또한 기업 이해관계자들도 자신의 권리에 대해 자각하게 되었으며, 기업목적을 위해 자신들의 희생을 강요하는 기업행위에 적극적이고 비판적인 입장을 취하기 시작하였다.

또한 기업으로서도 이윤추구의 조직체로서가 아니고 사회적 기관(Social Institution)으로서 인식되어 단순히 사적 이익의 추구만이 아니라 사회적 책임을 고려한 행동이 요구되었는데 이러한 요청이 사회적 책임론을 발전시켰던 것이다.[38]

특히 이러한 비판적 태도가 개인적인 차원에서 집단적 차원으로 변화됨으로써 기업의 의사결정에까지 큰 영향력을 행사하고 있는 실정이다. 예를 들면 소비자운동과 노동조합 그리고 환경보호운동 등을 들 수 있다. 기업의 이해관계자들이 전개하는 이러한 운동은 기업이 오로지 자본가의 영리만을 추구하고 다른 이해관계자들의 사회적 욕구를 인식하지 못한 데서 비롯된 것이다.

따라서 오늘날에 있어서는 기업의 자유방임적 이윤추구행위는 그 정당성을 잃어가고 있으며 대신 기업을 둘러싸고 있는 사회와 기업의 이해관계자에 대해 경제적, 사회적 및 윤리적 책임을 수행해야 한다는 적극적인 사회적 책임론이 강하게 대두되고 있다.

데이비스(K. Davis)는 기업에 대한 사회적 책임이 강조되게 된 이유로서 다음 6가지[39] ①사회의 복잡화와 그 부문들의 상호의존성의 증대 ②사회의 부와 문화의 증대 및 그 유지를 위한 사회의 요구 ③기업 외부의 사회시스템에의 기업의 영향에 대한 새로운 지식을 사회과학에 의해 제공한 점 ④정부권력의 증대와 기업에의 정부간섭의 가능성 ⑤사회이념의 변화와 사업가들에 대한 그 이념의 공유 ⑥소유와 지배의 분리 및 경영자의 전문화 등을 들고 있다.

리어간(M. D. Reagan)은 대기업의 영향력을 경제적인 것과 사회적인 것으로 나누어 대기업의 미치는 영향력의 비중이 더욱 커감에 따라 권력이 커지는 형태로 사회적 책임론을 강조하였다. 즉 그는 ①부와 자산의 지배 ②기업에의 여러 관계자와의 의존 ③복합 기업적인 합병과 독과점 ④규모의 거대성과 그 자체 ⑤자금의 자력조달 가능

37) Jerry w. Anderson Jr, *Corporate Social Responsibility,* 1989.
38) 김원수, 「경영윤리론」, 서울대 출판부, 1995, p.28.
39) Keith Davis, *Can Business Afford to Ignore Social Responsibilities?*, California Management Review, Spring 1960, p.70.

성 ⑥사회의 공업화 ⑦사회에 대한 사업가의 발언중시 ⑧정부와 기업과의 관계 등을 들고 있다.[40]

2. 사회적 책임에 대한 논쟁

경영자의 사회적 책임에 대해서 논할 때 이에 대한 찬반론이 대립되고 있다. 이는 기업이 사회에서 수행하는 기능과 역할을 어떻게 보느냐에 따라, 긍정과 부정론으로 생각하는 사람들로 나누어져 있다. 그러나 현대 기업에 있어 사회적 책임 측면을 긍정적으로 생각하는 사람들이 다수임에는 틀림없는 사실이다.

1) 부정론

기업은 그 본래의 사회적 기능인 생산적 행동범위, 즉 경제활동에 한정시키고 그 이상의 과업환경주체의 요청은 정부나 기타의 제도에 맡겨야 된다는 견해이다. 이러한 부정론자의 사상적 근거에 도움을 준 학자는 엘스(Eells)이다. 그는 기업경영의 목적을 이윤추구로 간주하고 주주이익에 봉사로 한정하고 이것으로부터 일탈하는 것은 주주이익을 경시, 제한하는 것이라고 주장하였다.[41] 이러한 논지를 이어받은 대표적인 학자는 프리드만(Friedman)[42]이다. 그의 주요한 논거를 종합해 보면 다음과 같다.

① 기업이 이윤극대화를 위해 능률향상과 원가절감에 노력할 때 시장 기구를 통해 사회에 최대의 이익을 가져다준다. 사회적 책임은 이윤극대화를 방해하며 이는 타제도 에 맡겨야 한다.

② 사회적 문제에 관여하는 기업은 궁극적으로 많은 비용(기업비용과 사회비용)을 부담시키기 때문에 비용절감을 위해 종업원이 해고될 가능성이 있으며, 투자자원의 부족으로 투자를 하지 못하는 경우가 발생 한다.

즉, 기업이 사회적 책임을 준수하다 보면 이윤극대화의 한계와 비용의 증대로 인하여 기업의 생산 활동에 지장을 주는 경우가 발생한다. 그러므로 이러한 이유 때문에 경제적 목표와 사회적 목표 중 어느 쪽도 달성하지 못할 수가 있다고 주장한다.

---

40) Michael D. Reagan, *The Managed Economy*, 1963, pp.981-983.

41) Eells Richard, *The Meaning of Modern Business*, 1960.

42) 1969년 말 "기업 책임을 위한 프로젝트"로 불리는 단체가 GM을 목표로 "제너럴 모터스의 책임을 묻는 캠페인," 속칭 "캠페인 GM"을 전개하였으며, 프리드만은 1970년 9월 기업의 사회적 책임은 이윤을 감소시킨다는 논문을 발표하며 이 캠페인을 엄하게 비판하였다.

한편 레비트(Levit)도 대기업 경영자가 사회적 책임을 스스로의 신념(사명)으로 이해하여 행동하면 위험하다고 경고한다. 즉, 그 위험이라는 것은 다원화사회(A Pluralistic Society)에서 단원사회(A Monopolistic Society)에의 전락이며 새로운 봉건주의(A New Feudalism)의 발생이라고 경고하고 있다. 즉 레비트에 의하면 다원사회의 붕괴, 단원 사회의 출현이라는 변화의 주체는 기업가이므로 만약 기업이 사회적 부당, 종업원 복지, 정치적 활동에 과도하게 개입하면 결국은 단원적 영향을 끼치는 것이라고 하였다.[43]

즉 레비트는 개별의 기능(separate functions)이라는 표현을 사용하였는데, 기업은 사회가 요구하는 모든 것을 담당해야하는 것이 아니고, 자기 기능에만 한정해야 한다고 주장한다.

복지사회는 기업의 임무가 아니다(Welfare and society are not the corporation's business). 노조의 관심사는 빵과 버터와 직무상의 권리이다. 정부의 일은 복지이다. "정부의 직무는 기업적 활동이 아니고, 기업의 직무는 정부적 활동이 아니다."(Government's job is not Business, and Business's job is not government)고 주장하였다. 이것이 다원사회의 사고방식이다.

레비트는 기업이 사회적 책임의 이름하에 활동영역을 넓히어 가면 기업에 힘의 집중되면 위험한 힘이 되어 다원사회를 붕괴시키므로 이윤추구의 원칙을 고수하여야 하며 이윤추구야말로 현대 자본주의의 핵심이라 하였다.

2) 긍정론

사회적 책임을 찬성하는 사람들은 기업의 책임수행이 장기적인 이익과 관계가 있다고 보고 있다. 재코비(Jacoby)는 기업목표를 장기적 이윤극대화(Long-run Profit Maximization)로 규정하고 계몽된 사적이익(enlightened self-interest)[44]을 기초로 사회적 책임론을 일종의 수단론으로 전개하고 있다[45]. 즉 보다 좋은 사회가 기업에게 보다 좋은 환경을 제공해줌으로써 기업의 장기적 이익극대화를 가능케 하여 사회개선 프로그램을 위한 비용지출은 장기적 이익을 위한 투자로 보는 견해이다.

다시 말하면 기업이 적극적·자발적으로 과업환경주체(이해자 집단)의 요청을 받아들여 이에 대응하는 것이 기업 자체의 존속·성장에 있어 필요하다는 견해이다. 대표

43) Levit Theordore, *The Danger of Social Responsibility*, (Harvard Business Review. sep-oct. 1958), pp.941-949.

44) 계몽된 사적 이익이란 주주의 이익 기대와 사회적·환경적 이유에 관련된 집단들의 욕구와 기대를 균형시키는 접근법으로 기업이 지속적으로 생존발전 시키기 위한 논거가 되고 있다.

45) Jacoby, Neil H., *Corporate Power and Social Responsibility,* 1973.

적인 학자는 데이비스(K. Davis)와 블룸스톰(R. L. Blomstrom)이다. 그들의 주요한 근거로서 ①기업에 대한 공공기대 ②대중의 이미지 ③책임과 권력의 균형 등을 들었다.

즉 기업은 많은 사회적 권력을 가지고 있으며 생태, 사회적 약자, 기타의 문제에 영향력을 가지고 있다. 따라서 이에 상응한 사회적 책임도 부과되어야 한다는 것이다.

3) 수렴론 : 사회적 투자(Social Investment)

최근에 들어서는 기업의 '경제적 성과'와 '사회적 성과'를 따로 분리시키지 않고, 두 가지를 같이 다루어야 한다는 논의가 지배적이다. 따라서 기업이 사회에 대한 책임을 가지고 있다는 사실은 인정하되 그렇다면 어떻게 책임져야 하는가에 대한 논의를 활발히 진행하고 있다. 즉, 종업원이나 지역사회 같은 이해관계자의 요구에 충실하면서 동시에 주주들의 이익을 극대화시킬 수 있는 새로운 의미의 기업의 사회적 책임은 무엇인가에 대한 논의이다. 이 시각에 따르면, 장기적인 관점에서 볼 때 기업의 주주들에게 이익이 되는 것은 동시에 이해관계자들에게도 이익이 된다. 따라서 주주도 이해관계자에 포함되기 때문에 장기적인 관점에서 보면 이들 두 집단이 가지는 이해관계는 궁극적으로 하나로 수렴된다는 것이다.

따라서 기업의 목표는 이익 추구이지만 그것이 기존의 단기적인 이익 추구와는 구별되는 장기적인 이익의 극대화에 초점을 맞추어야 한다는 것이다. 즉, 사회적으로 책임 있는 기업이 장기적으로는 주주에게도 더 많은 이익을 가져다준다는 것이다. 이러한 수렴론은 기업의 또는 '심층적 사회적 책임'(meta-social responsibility)[46] 사회적 책임투자(socially responsibility investment)[47]이라고 불리며, 기업의 자선 활동은 이타주의적 시각이나 이익 추구적 시각과 같은 일방적인 관점에서만 바라볼 수 없다는 주장이다. 이 시각에 따른다면 이익(profits)과 사회적 책임은 별개의 사안이 아니다. 오히려 사회적 검열(social screen)의 이미지가 강하지만 구미에서는 사회적인 과제에 몰두하는 사업에 자금을 제공하는 움직임도 사회적으로 책임 있는 투자로 보고 있다.

사회적 책임투자(SRI : Socially Responsible Investment)라는 말도 생겨났는데, 사회적 책임을 지고 있는 기업에 투자하는 것을 의미한다. 타이슨과 커벳이라는(Luther Tyson and Jack Corbett) 미국의 감리교 목사들이 만든 '팍스월드펀드'[48]가 그 효시로

---

46) Reich, Robert B.(1998), '*The New Meaning of Corporate Social Responsibility,*' California Management Review, 40/2(Winter 1998) : pp.8-17.

47) R. Sparkes, *Socially Responsible Investment :* A Global Revolution(London : John Wiley and Sons, 2002.

48) www.paxworld.com

종교적 신념에 반하는 기업, 환경 분쟁의 소지를 안고 있는 기업, 지배구조상 문제를 일으키고 있는 기업들을 투자대상에서 제외시키고 있다. 북미 유럽 등 구미선진국에서는 지난 2005년 기준으로 북미 2천1백조 원, 유럽 1천2백조 원 규모로 성장했다.

SRI 펀드는 미국 전체 펀드투자액 중 나날이 그 비중을 높여가고 있다. 팍스월드 펀드는 군수산업 담배산업 도박 산업 등 감리교 종교적 신념에 반하는 기업에는 투자하지 않았다. 초기 사회책임투자는 윤리나 도덕성에 근거한 투자 결정이 주를 이뤘다. 특정 기준에 벗어나는 기업에는 투자를 하지 않는 네거티브 방식이었다.

상술한 바와 같이 사회적 책임의 찬반논쟁의 차이에도 불구하고 현대에서는 기업의 사회적 책임이 확대되고 있다는 전체적인 흐름에 있어서는 이의가 없다고 하겠다. 즉 데이비스 등이 주장하는 책임철칙의 법칙(the iron law of responsibility)은 실제로 권력과 책임에 관련된 보다 일반적인 법칙의 특수한 적용인데 이는 대기업이 확대됨에 따라 사회적 권력을 갖게 되었고 사회적 권력은 사회적 책임을 동반한다는 것으로 권력과 책임의 크기는 같다는 논지이다.

또한 드러커(P. F. Drucker)도 기업의 기능에는 경제적, 사회적, 정치적 기능이 존재하는데 그중 사회적 기능이 가장 중요하다고 주장하였으며, 기업은 사회로부터 사회적부를 변화될 수 있는 자원을 위탁받는 사회적 기관이라 하였다.

3. 기업의 사회평가와 윤리적 개입

1) 아동노동과 나이키

1996년 6월호 라이프(Life)에 게재된 12살의 파키스탄 소년이 'JUST DO IT' 슬로건으로 유명한 나이키로고가 선명한 축구공을 꿰매고 있는 사진을 보고 세계인들은 충격을 받았고 아동노동을 사용하는 비윤리적인 다국적기업의 행동이 사회적인 문제로 대두되었다.

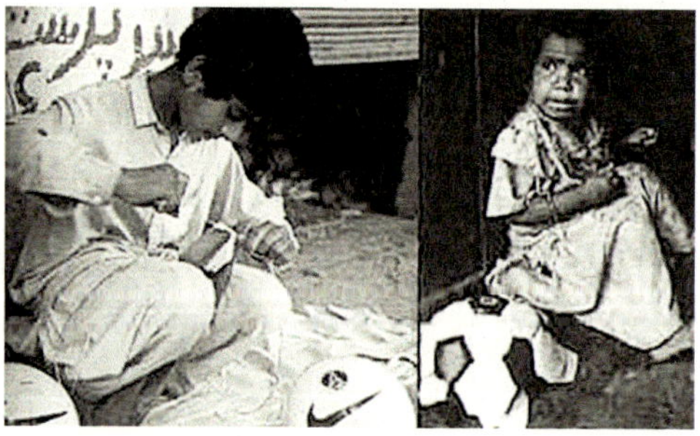

그리고 축구공 하나 만드는데 10살 전후의 어린이들이 바느질을 1,200번하여야 하는데 당시의 일당은 200-300원이라는 소식이 전해지자 곧바로 인권단체들은 미국의 대표기업 중 하나인 나이키가 국제적으로 금지되어 있는 '아동노동(child labor)'을 이용해 돈을 벌어 왔다는 점을 부각시켰고, 대대적인 불매운동에 나섰다. 당시 사건을

계기로 나이키의 1997년 영업이익은 37% 하락했고 1998년 대규모 적자와 구조조정 및 주가하락이 일어났다. 이후 1997년 11월 나이키의 하청업체인 한국 태광실업 베트남 공장에서 기준치의 177배나 되는 유독물질 톨루엔이 검출됐고, 그 결과 미국 소비자 단체들과 시민단체는 나이키 제품 불매운동을 벌였다. 아시아에 집중되어 있던 나이키의 아웃소싱 공장은 인권과 작업환경, 그리고 환경오염 측면에서 모두 낙제점을 받고 있음도 속속 밝혀졌다. 경쟁력의 비결이 아동노동착취로 확인되면서 나이키의 매출은 반 가까이 감소했다. 더 큰 타격은 기업의 이미지에 치명적인 손상을 입은 것이다.[49)]

결국 나이키 경영진은 사회책임경영전문가를 부사장으로 임명해 노동 및 환경관련 업무를 위한 기업책임부를 신설했고, 생산기준을 만드는 등 이미지 개선을 위해 마케팅 비용과 하청업체 관리에 막대한 자금을 쏟아부어야했다.

2) 스타벅스와 CSR

커피문화를 변화시켰다고 알려진 스타벅스(Starbucks)도 이와 비슷한 유사한 위기를 맞이한 바 있다. 2000년 '글로벌 익스체인지(Global Exchange)'라는 NGO로부터 "원두를 헐값에 매입하는 등 커피농부들을 착취했다"는 공격을 받았다. 스타벅스의 CEO인 오린 스미스(Orin Smith)는 '적극대응'을 약속하고 자신들을 공격하는 NGO들과 협력 방안을 모색했다. 2000년 4월 우스타벅스(Starbucks) 커피 회사는 소규모 농장주로부터 공정한 가격(fair trade)으로 커피 원료를 구입하는 수입업자와 거래를 지속시키겠다고 선언하였으며, 그 이후로 스타벅스는 곧바로 커피공정거래, 소규모 커피농가 보호, 커피농부 대출단체에 대규모 자금투자 등을 실행에 옮겼다. 즉 제3세계에 있는 농장에 대해 정당한 가격을 지불하는 수입업자로부터 구입한 커피를 세계의 스타벅스 커피 전 매장에서 판매하겠다고 밝힌 것이다.

이처럼 NGO를 전략적 파트너로 만든 스타벅스는 2010년 포춘이 선정하는 '존경받는 기업'의 사회적 책임항목에서 2위를 차지했다. 2001년 37위에 그쳤던 것과 비교하면 놀라운 상승이 아닐 수 없다. 물론 매출 증가는 부수적으로 따라 왔다. 나이키와 스타벅스가 학습한 것을 정리해 보면 현대에서는 기업의 사회책임경영(CSR : Corporate Social Responsibility)을 무시하면 기업경영이 어렵다는 것을 알게 해준 사례라고 하겠다.

---

49) 브래들리 K. 구긴스 저, 강주현 역, 「세계 최고 기업들의 기업시민활동」, (FKI, 2008), p.110.

3) 노동착취공장(Sweatshop)의 등장

특히 '노동착취공장(Sweatshop)'으로 번역되어 왔는데 사실 노동 착취(勞動 搾取, exploitation of labour)란 산업사회 이전의 계급 사회에서 하위 계급의 노동자에 의해 만들어진 생산물을 상위 계급이 정당한 대가를 지불하지 않고 취득하는 것을 말한다.

노동착취공장(Sweatshop)은 저임금에 장시간 노동을 강요하며 섬유, 장난감, 전자기기 등 선진국 소비자들을 위한 제품을 생산하는 후진국들의 작업장을 말한다. 주로 아시아와 아메리카 등지에 산재해 있는데, 아동들을 고용해 노동착취를 하는 탓에 악명이 높기에 노동착취공장으로 불리기도 한다.

노동착취공장(Sweatshop)은 현재에는 노동자의 기본적 인권이 존중되지 못하는 열악한 작업장 환경과 동의어로 인식되고 있다. 여기에서 등장하는 전형적인 문제는 안전하지 않거나 건강하지 못한 작업장, 아동 노동, 성별, 종교, 또는 신념에 따른 차별, 최저임금 무시, 야근강요, 조합 탄압, 단체교섭 거부 및 정신적 또는 신체적 학대를 들 수 있다.

무엇보다 너무나 낮은 노동비용, 열악한 노동 및 환경기준, 그리고 취약한 시행 제도를 가진 개발도상국으로서의 외주(아웃소싱)의 증대는 노동착취공장을 존재하게 한 다국적기업의 문제이기도 하다.[50)]

노동착취 공장은 사회적으로 용인하기 어려운 저임금과 불법적인 노동 조건의 작업장에 사용되는 용어로 최근에는 스웨트 숍(Sweatshop)이라고 표기되는 경우도 있다. 우리나라는 노동착취공장으로, 일본에서 말하는 '블랙 기업'으로 표현하고 있지만 대개의 경우에는 스웨트 숍(Sweatshop)이라고 한다.

노동 착취공장의 종업원은 잔업수당이나 최저임금과 관계없이 저임금으로 장시간 일하는 경우가 있으며, 특히 최근에는 사회적으로 문제화되고 있는 아동노동의 법률에도 저촉하고 있는 경우가 많다.

일반적으로 구미의 대학, 시민사회단체로 비영리단체인 공정노동협회(Fair Labor Association, FLA)는 국제 및 국가 노동법에 준수를 촉진하여 1999년에 설립되어서 저임금과 열악한 노동, 그리고 이동노동의 노동준수를 감시하고 있다.

미국 노동성(The Department of Labor)의 '2016 Findings on the Worst Forms of Child Labor(아동 노동의 최악의 형태에 관한 2016년 결과 보고)'에서는 "18개국이 적정한

---

50) Andreas Georg Scherer, *Why MNEs Should Take Responsibility for the Improvement of World-Wide Social and Environmental Conditions,* Management International Review / Oct, 2000.

감사에 대해 국제노동기관의 권고를 충족하지 못했다"고 밝혔을 정도로 아직은 좀 더 사회적으로 국제적으로 풀어야할 과제이다.

1996년 6월 나이키의 아동노동을 하고 있다고 보도되었다. 사태를 타개하는 대처에도 불구하고, 나이키의 이미지는 지난 20년간 이 문제의 영향을 받고 있다. 여기에는 아동노동보다도 노동착취공장 의 이미지도 같이 있기 때문이다.

1996년 나이키는 노동자의 생활 개선을 목적으로 하는 독립 부문을 설립했다. 1999년에 공정노동협회(FLA)로 개명되어 기업, 인권단체, 노동조합의 대표자를 포함한 비정부 조직으로서 노동권의 감시와 관리에 임하고 있다. 비윤리적이고 부도덕적이라는 브랜드 이미지를 개선하기 위해 나이키는 2001년부터 지속가능 비즈니스 보고서를 연 1회 발표하고, 2005년부터는 기업의 사회적 책임 보고서(이것도 연 1회 지속적)와 기준, 감사를 발표한다.

▲ 라나 플라자 붕괴사고

지난 2013년 방글라데시에서 일어난 8층 상업용 건물인 '라나 플라자(Rana Plaza) 붕괴 사고'는 노동착취공장의 전형적인 모습을 보여주어 세계를 놀라게 하였다.[51)]

사망자 1,127명, 행방불명자 500명, 부상자 2,500명 이상이 발생한 라나 플라자에는 은행이나 여러 상점이 있었으나 희생자의 대부분은 망고(Mango), 마타랜(Matalan), 베네통(Benetton) 등 27개의 패션 브랜드 의류 공장에서 67달러의 월급으로 일하고 있던 젊은 여성들이었다.

국가 조사관의 초기 조사에 따르면, 상층에 설치된 4개의 대형 발전기의 진동과 수천대의 재봉틀의 진동으로 붕괴가 발생했다고 전해진다.

방글라데시 역사상 최악의 산업재해였으며, 이는 노동착취공장의 사고였다. 전 세계적으로 확대되고 있는 유럽, 미국, 일본의 패스트패션이 방글라데시의 열악한 근무환경과 저렴한 노동력에 의존하여 경영 수익을 창출하는 것으로 논란이 되었다.

의류 공장의 운영은 전형적인 스웨트숍(Sweatshop, 착취공장)이었음이 밝혀졌다.

---

51) The Guardian, (July 18, 2016), Rana Plaza collapse : 38 charged with murder over garment factory disaster.

글로벌 패션 브랜드들이 노동자를 저임금과 열악한 환경에서 일을 시켰고, 노동조합의 결성도 허용되지 않았었다.

노동환경 개선을 요구하는 민간단체 '클린 클로즈 캠페인(Clean Clothes Campaign)'에 따르면 초기 '어코드'에 합의한 220개사 중 175개사가 협정 연장에 서명했다고 한다.

'라나 플라자 붕괴 사고'의 실상이 밝혀지면서 윤리적 패션에 대한 사회적 관심이 높아졌고, 패스트 패션업체뿐만 아니라 유명 패션 브랜드도 윤리적 패션의 추구에 동참하고 있다.

4) 사회적 책임 투자운동

그러나 이러한 사회적 책임보다도 한걸음 더 확대된 것이 사회적 책임투자(Socially Responsible Investment)이다. 사회적 책임투자는 사회책임투자운동(Social Responsible Investing)으로 시작되었으며 시발점은 1969년 미군이 캄보디아를 침략하자 이 전쟁에 무기를 제조 공급하는 기업에 투자했던 이들이 자신의 순수한 투자행위가 파괴를 위해 악용되고 있음을 반성하면서 시작됐다. 그리고 1970년에 미국 환경 운동가들을 중심으로 기업의 환경관련 성과를 면밀히 조사했던 감시활동이 사회책임투자운동으로 확산되는 계기가 됐다. 이런 활동이 알려지면서 캐나다에서는 1975년 당시 남아프리카의 인종차별정책과 같은 사회적 이슈들을 효과적으로 해결하기 위해 종교적 신념에 따른 투자활동을 만드는 운동을 일으키기도 했다. 현재 미국 호주 영국 캐나다를 비롯한 영미권 선진국을 중심으로 활발하게 이뤄지고 있는 사회책임투자운동은 가톨릭과 개신교를 비롯한 각 종교 관계자들과 단체들이 종파를 초월해 연대하는 것이 특징이다. 지난 30년간 전 세계의 사회책임투자운동을 이끌어온 미국의 대표적 기관인 기업의 책임에 관한 범종교 센터(Interfaith Center on Cororate Responsibility ICCR)이다.[52)]

사회책임투자운동(Social Responsible Investing)은 소극적 운동이었으나 기독교 종교단체가 개입하면서 점점 확대되어 이제는 사회적 책임투자(Socially Responsible Investment)로 세계적으로 자리매김하게 되었다. 오늘날 기업의 사회활동과 사회의 공익을 동시에 추구하는 CSR(Corporate Social Responsibility) 활동은 기업경영의 필수 요소로 자리 잡고 있다.

---

52) 가톨릭 개신교 유다교 계통의 각 단체와 기구 275개가 참여하고 있는 방대한 조직을 갖고 기업의 인종차별·노동착취·환경 문제 등을 지적해 시정하도록 촉구하는 운동을 벌이고 있다.

4. 기업의 사회적 책임 확대와 따뜻한 자본주의

2010년에 개최된 G20 서울 비즈니스 서미트의 4대 의제에서도 '기업의 사회적 책임'이 포함되었을 정도로 CSR은 국내뿐만 아니라 국제적으로도 그 중요성이 강조되고 있음을 알 수 있다. 이러한 세계적 흐름에서 마이클 샌델은 우리에게 새로운 이미지로 다가왔다. 그가 주장하는 정의(Justice)는 극단적 이윤 추구(신자유주의)에서 벗어나 개인이나 기업의 책임을 다하면서 돈벌이가 되는 사회, 즉 정의와 책임이 밥 먹여주는 시대로 나아가야 한다는 '지속가능경영', '사회책임투자'의 연장선상에 있다는 것을 알아야 한다. 자본주의 4.0은 영국의 아나톨 칼레츠키(Anatole Kaletsky)가 저술한 책이다.

자본주의 2.0시대는 정부가 중심이었고, 3.0시대는 시장이 중심이다. 여기에 앞으로 도래할 4.0시대는 시장의 자율적 기능을 강조하되 시장 참여자의 사회적 책임이 요구되는 시대로 정의했다. 한 마디로 서로가 서로를 보살피는 '따뜻한 자본주의'의 의미로 받아들여진다. 따뜻한 자본주의를 표방하는 4.0시대에도 기업에는 많은 이익을 올려야 한다. 단 '+'가 있어야 한다. 그것은 나눔과 배려, 사회적 책임을 실천하는 모습으로 공동체(사회) 구성원들을 감동시켜야 되고 그래야 지속가능한 사회가 된다. 구미선진기업들의 전통적 기업모델은 이익극대화다. 단 경영의 투명성하에서의 '주주이익의 극대화를 추구하되, 지역사회에 대한 지원에 아낌없는 투자를 하는 기업'이다. 하지만 우리나라는 경영성과, 즉 이익 극대화 부문만을 주목했을 뿐, 그들이 그 경영성과의 과실을 어떻게 사회와 함께 나누는지에 대해서는 별 관심이 없었던 것이 사실이다. '돈을 많이 버는 방법'도 중요하지만 '돈을 값지게 쓰는 방법' 또한 간과되어서는 곤란하기 때문이다.

1) 사회적 투자(Social Investment)

최근에 들어서는 기업의 '경제적 성과'와 '사회적 성과'를 따로 분리시키지 않고, 두 가지를 같이 다루어야 한다는 논의가 지배적이다. 따라서 기업이 사회에 대한 책임을 가지고 있다는 사실은 인정하되 그렇다면 어떻게 책임져야 하는가에 대한 논의를 활발히 진행하고 있다. 즉, 종업원이나 지역사회 같은 이해관계자의 요구에 충실하면서 동시에 주주들의 이익을 극대화시킬 수 있는 새로운 의미의 기업의 사회적 책임은 무엇인가에 대한 논의이다. 이 시각에 따르면, 장기적인 관점에서 볼 때 기업의 주주들에게 이익이 되는 것은 동시에 이해관계자들에게도 이익이 된다. 따라서 주주도 이해관계자에 포함되기 때문에 장기적인 관점에서 보면 이들 두 집단이 가지는 이해관계는 궁극적으로 하나로 수렴된다는 것이다.

따라서 기업의 목표는 이익 추구이지만 그것이 기존의 단기적인 이익 추구와는 구별되는 장기적인 이익의 극대화에 초점을 맞추어야 한다는 것이다. 즉, 사회적으로 책임 있는 기업이 장기적으로는 주주에게도 더 많은 이익을 가져다준다는 것이다. 이러한 수렴론은 기업의 '심층적 사회적 책임(meta-social responsibility)'[53] 또는 '사회적 책임투자(socially responsibility investment)[54]라고 불리며, 기업의 자선 활동은 이타주의적 시각이나 이익 추구적 시각과 같은 일방적인 관점에서만 바라볼 수 없다는 주장이다. 이 시각에 따른다면 이익(profits)과 사회적 책임은 별개의 사안이 아니다. 오히려 사회적 검열(social screen)의 이미지가 강하지만 구미에서는 사회적인 과제에 몰두하는 사업에 자금을 제공하는 움직임도 사회적으로 책임 있는 투자로 보고 있다.

사회적 책임투자(SRI : Socially Responsible Investment)라는 말도 생겨났는데, 사회적 책임을 지고 있는 기업에 투자하는 것을 의미한다. 타이슨과 커벳이라는(Luther Tyson and Jack Corbett) 미국의 감리교 목사들이 만든 '팍스월드펀드'[55]가 그 효시로 종교적 신념에 반하는 기업, 환경 분쟁의 소지를 안고 있는 기업, 지배구조상 문제를 일으키고 있는 기업들을 투자대상에서 제외시키고 있다. 사회적 책임투자(SRI)를 시작하였다고 일컬어지는 파그워르펀드는 이렇게 탄생하였다.

1971년 8월, 엘리엇 잭 코베트(Jack Corbett) 목사와 동료 연합 감리교 목사 인 루터 타이슨(Luther Tyson) 박사는 투자 결정에 윤리적, 금융 스크린을 사용하기 위해 광범위하게 다양하고 공개적으로 사용할 수 있는 뮤추얼 펀드 인 팍스 월드 펀드(Pax World Fund)를 창립하였다. 이 기금은 전쟁의 단순한 회피를 훨씬 뛰어넘는 평화에 대한 혁신적인 비전을 모델로 하여서 주목을 받았다. 팍스 월드 펀드는 전쟁과 관련된 무기 사업을 배제했을 뿐만 아니라 식품, 주거 및 의료와 같은 생명 증진 상품과 서비스를 제공하는 회사를 찾아내기도 하였다. 이 기금의 "사회적 책임 투자"라는 개념은 환경 관리 및 공정한 고용 관행을 포괄하여 사회적으로 새로운 인식을 심어 주었다. 1980년대 들어서면서 사회적 책임투자에 대한 관심은 유럽으로 확산되고, 당시 체르노빌 사고와 관련하여 환경문제에 대한 관심이 증대되었으며 남아프리카 공화국 정부 (이하, 남아프리카)의 아파르트헤이트 정책이 되었다. 미국에서는 남아프리카에

53) Reich, Robert B. (1998), '*The New Meaning of Corporate Social Responsibility*', California Management Review, 40/2 (Winter 1998) : pp. 8-17.

54) R. Sparkes, *Socially Responsible Investment* : A Global Revolution (London : John Wiley and Sons, 2002.

55) www.paxworld.com

서 사업을 전개하는 기업을 배제하고 반아파르트 헤이트를 목표로 하는 SRI 펀드가 많이 설정되었다.(Sparkes, 2002, p.91)

또한 미국에서는 기독교 교회, 대학, 연금기금 등 투자자들이 남아프리카에서 사업을 전개, 기업의 주식을 매각하는 자본 인양(Divestment)을 강화했다. 1985년 이러한 자본 철수에 의해, 남아프리카는 대외채무 불이행을 일으킨다. 이를 계기로 서구의 주요 금융 기관은 SRI의 존재를 강하게 인식하게 되었다(Sparkes, 2002, p.56). 영국에서도 기독교 교회에 의한 남아프리카 관련 기업에 대한 주주 행동이 활발해지고 남아프리카 관련 기업의 주식을 매각하는 움직임도 보였다.(Sparkes, 2002, p.55)[56)]

1990년대에는 사회책임투자에 대한 관심의 증대와 높은 수익률을 낼 수 있다는 통계적 결과가 나오며 SRI펀드가 급격히 성장하게 된다. 그리고 2000년대 들어 사회책임투자는 경영에도 적극적으로 참여하면서 지역사회 공헌 요소도 고려하는 투자방식으로 발달하고 있다.

2003년까지 팍스월드 펀드(Pax World Fund, 현재는 명칭이 Pax World Balanced Fund로 변했음)는 10억 달러 이상의 자산을 가지고 있었으며, 거의 200개의 펀드가 팍스월드와 행동을 같이 하였다. 이 행동은 세계적 흐름이 되어 사회를 바꾸는 큰 흐름이 되었다.

북미 유럽 등 구미선진국에서는 지난 2005년 기준으로 북미 2천1백조 원, 유럽 1천2백조 원 규모로 성장했을 정도이다. SRI 펀드는 미국 전체 펀드투자액 중 나날이 그 비중을 높여가고 있다. 팍스월드 펀드는 군수산업 담배산업 도박 산업 등 감리교 종교적 신념에 반하는 기업에는 투자하지 않고 있다. 초기 사회책임투자는 윤리나 도덕성에 근거한 투자 결정이 주를 이뤘다. 특정 기준에 벗어나는 기업에는 투자를 하지 않는 네거티브 방식이었다.

이제는 네커티브 방식에서 환경, 사회 및 거버넌스(ESG) 기준으로 변화되면서 비재무적인 요소인 ESG 요소 - 환경적(Environment), 사회적(Social), 지배구조(Governance)적 요소와 같은 기업의 지속가능성에 영향을 미치는 요소와 병행하면서 발달하고 있다.

사회적 책임투자(SRI)는 투자의 한 방법으로 전통적인 투자와 달리 재무 요인뿐만 아니라 윤리적 요소를 포함한 비재무 요인에 대해서도 고려하는 투자라고 할 수 있다. 이러한 SRI(사회적 책임투자)는 ESG로 이어져서 2006년 유엔(UN)이 제정한 '유엔 책임투자원칙(Principles for Responsible Investment : PRI)'을 통해서였다. 당시 코피 아타 아난(Kofi Atta Annan) 유엔 사무총장은 책임투자원칙 안에서 투자 판단을 할

56) Sparkes, R (2002), Socially Responsible Investment : A Global Revolution, Chichester, UK, John Wiley & Sons.

때의 관점으로서 ESG를 제창했다.

ESG는 환경(environment)과 사회(Social), 지배 구조(Governance)의 앞 글자를 딴 말로, 기업의 비재무적인 성과를 평가하는 틀이다. ESG와 관련한 개념으로는 기업의 사회적 책임(Corporate Social Responsibility, CSR), 지속가능성(Sustainability), 공유가치창출(Created Social Value), 기업 시민의식(Corporate Citizenship), 지속가능한 발전(Sustainable Development), Triple Bottom Line 등 다양하게 존재한다. ESG는 기업의 사회적 책임(CSR) 차원을 넘어 하나의 중요한 평가 및 투자 기준으로 고려되고 있다는 점에서 사회 공헌 활동과 분명히 구별된다. 기업들에 있어 ESG는 새로운 표준이자 생존 전략으로 자리 잡았다. CSR이 이미지 개선을 위한 '선택'이었다면 ESG는 '필수'로 등장하게 되었다.

2018년 모건스탠리 설문조사 결과에 따르면 밀레니엄 세대의 86%는 시장 평균 정도의 수익률을 목표로 한다면 ESG를 추구하는 자산에 투자하겠다는 의사를 밝혔고, 75%는 자신들의 투자가 환경에 영향을 줄 수 있다고 생각하는 것으로 조사됐다. 실제로 ESG의 급부상은 숫자로도 확인할 수 있다. 글로벌지속가능투자연합(GSIA)에 따르면 올해 기관투자가가 투자의사 결정에 ESG를 고려하는 자금 규모는 지난해 말 45조 달러(약 5경 원)에 달한 것으로 추정된다. 2016년 22.8조 달러, 2018년 31조 달러에서 매년 늘어나고 있다. 이 가운데 주식, 채권을 제외한 대체투자시장 비중은 13~15% 수준인 것으로 알려졌다. 한국의 명목 국내총생산(약 1,900조 원)의 세 배가 넘는 6,000조 원에 달하는 자금이 ESG를 주제로 대체투자시장에 흐르고 있는 셈이다.[57]

한편 세계적으로 상장된 ESG ETF및 ETF의 자산은 2020년 2월 말 4.93% 증가하여 6,799억 달러의 신기록을 세웠다.[58] 이는 전적으로 팍스월드 펀드에 기인한 것으로 나타났다.

57) LIFE IN 사회적 경제미디어, 2021.12 22, ESG, 선택이 아닌 필수적인 생존전략.
58) etfgi.com, 2020, March 20.

Chapter 11 리더십과 전략

제 1 절 리더십 연구의 변화

1. 리더(Leader)의 역할과 리더십(Leadership)

리더십의 질(leadership qualities)을 결정하는 리더의 자질로는 다음의 예를 들 수 있다.

손무의 『손자』 제1편 시계(始計)편에 나오는 말인데 여기서의 시계란 계책을 시작함에 있어 지켜야할 철칙이다. 손자는 전쟁의 승패는 장수(將帥)에서 결정된다고 보고 있다. 전쟁을 결정하기 전에는 지도자(장수)의 역할이 가장 중요하며, 내정이나 외교를 통해 전쟁을 근원적으로 없도록 해야 한다. 전쟁은 될수록 피해야 되지만 그러나 세상사에서 전쟁이 없을 수는 없는 법이다. 따라서 전쟁이 불가피할 경우에는 마지막으로 군주의 역할은 장수를 잘 고르는 일이다.

손자는 "장수(將帥)될 자는 지신인용엄(智信仁勇嚴)을 갖춰야 된다(將者智, 信, 仁, 勇, 嚴也)."고 하였다. 장수를 고를 때에는 이 5가지 기준이 중요한데 지, 신, 인, 용, 엄의 순서대로 그 중요함이 있다고 말했다. 그런데 사람을 이끄는 장수(리더)는 지(단순한 지식을 말하는 것이 아니라 선견지명, 통찰력, 판단력 등 고차원의 정보 처리 능력도 의미)와 사람으로부터 신뢰받는 것, 인간미가 있는 것, 용기, 엄격함이라는 5개의 덕성을 갖추어야 한다는 의미이다. 이것은 전쟁에서뿐만 아니라 정치와 기업에서도 리더에게 필요한 요소이다. 치열한 정치세계와 비즈니스 전쟁을 이기기 위해서는 리더의 자질이 중요하다는 것이다. 클라우제비츠는 지휘관의 재능으로서 '지성과 열정을 겸하는 고도의 정신', '위험을 고민하지 않고 자신의 행동에 책임을 지는 용기', '불확실한 사태에 있어서의 통찰력', '통찰에 근거한 구체적인 행동하는 결단력' 등을 꼽았다.

조직의 리더십으로 유명한 학자 존 아데아(John E. Adair)에 따르면, 뛰어난 리더임을 증명하는 자질로서 성실함, '열의', '배려', '냉정함', '엄격한 공정'을 일례로 하고 있지만, 리더는 자신의 팀에 기대되고 있는 자질(특성)을 구체적으로 나타내야 한다고 한다. 그리고 모든 지도자의 자질은, 정도의 차이는 있어, 훈련과 경험으로 늘릴 수 있고, 그 프로세스는 평생 이어진다고 주장하고 있다.[1)]

지금까지의 리더십 연구는 크게 5개의 흐름으로 나눌 수 있다.

① 특성이론

② 행동이론

③ 조건적합이론

④ 변혁형 리더십 이론

⑤ 진성 리더십(영적 리더십) 이론

어텐틱 리더십(Authentic leadership)은 한국어로 번역하면 「진정한 리더십」이며, 진성 리더십으로도 번역되어 되고 있다. 예를 들어 진정한 리더십(Authentic leadership)의 정의를 아볼리오(Avolio)를 중심으로 가드너(Gardner, Avolio, Luthans & Walumbra, 2004) 등은 자신이 어떻게 생각 행동하는지에 대해 깊이 깨달아, 지도자 자신과 다른 사람들의 가치관(모랄적 관점, 지식)을 깨닫고 다른 사람들이 인식하는 사람들의 가치관으로 정의하였다.[2)] 샤마어(Shamir and Eilam, 2005) 등은 모든 정의가 자의적이기 때문에 글자 그대로 진정한 리더십으로 정의하였다.[3)] 피터 드러커는 리더십을 다음과 같이 표현하였다. 즉 그는 리더십은 '신뢰의 성취(Leadership is an achievement of trust)'라고 하였으며 체머스는 리더십(Leader ship)은 공동의 일을 달성하려고 한 사람이 다른 사람들에게 지지와 도움을 얻는 사회상의 영향 과정[4)]으로 표현한다.

미국의 정치학자 제임스 번즈(James Burns)는 미국을 변화시킨 여러 리더를 분석한 후 이들이 지닌 가장 중요한 공통점은 좀 더 나은 미래를 위해 자신이 가진 비전을 구성원과 공유하려 했고, 조직에 대한 자부심과 사명감을 바탕으로 구성원의 개인적 가치를 변화해 조직의 가치와 일관되게 만들려고 노력했다는 사실을 발견했다. 그리

---

1) John Eric Adair, NOT BOSSES BUT LEADERS, Kogan Page Publisher, 1987.

2) Avolio, B. J., Gardner, W. L., Walumbwa, F. O., Luthans, F., and D. R. May(2004), Unlocking the mask: a look at the process by which authentic leaders impact follower attitudes and behaviors. Leadership Quarterly, 15, p.4.

3) Shamir, B., & Eilam, G.(2005), "What's your story?" a life-stories approach to authentic leadership development, Leadership Quarterly 16, 395-417.

4) Chemers, M. M.(2002), Meta-cognitive, social, and emotional intelligence of transformational leadership: Efficacy and Effectiveness, In R. E. Riggio, S. E. Murphy, F. J. Pirozzolo (Eds.), Multiple Intelligences and Leadership.

고 이런 변화와 미래지향적인 리더십을 변혁적 리더십이라고 칭했다.[5)]

리더십으로 유명한 버나드 배스(Bernadrd Bass)는 "지도자란 책임과 과업의 완수에 대한 강한 동기, 목표를 추구하는 맹렬함과 끈질김, 문제 해결에 대한 모험심과 창의성, 자신감, 결과에 대한 승복, 스트레스·절망·지체에 대한 인내심이라는 특징을 보인다."고 결론을 내렸다.[6)] 미국 스탠퍼드 공과대학 경영과학 로버트 서튼(Robert I. Sutton)교수는 2,500개 기업 10만 명을 대상으로 리더십에 대한 설문조사를 실시한 후, 그 결과를 저서 『Good Boss Bad Boss』에 발표했다. 책의 골자는 직원들이 조직을 떠나는 이유가 조직이 싫어서 떠나는 것이 아니라 리더가 싫어서라는 것이다. 이 말은 현실에 나쁜 리더가 꽤 많이 존재하고 있다는 것을 의미한다.

리더십을 우리말로는 지도력 또는 조직장악력이라고도 하나 의미상 약간 다르다고 하겠다. 최근에는 리더십을 변화하는 환경에 맞춰 비전을 어떻게 만들어 나갈 것인가를 판단하는 선견력(foresight)으로 표현하기도 하나 워렌 베니스(Warren Gamaliel Bennis는 리더십은 비전을 현실로 변환할 수 있는 능력[7)]이라고 했다.

1) 리더십 연구의 변화

리더십 연구는 역사가 오래되어 기원전으로 거슬러 올라갈 수 있다. 나라를 이끄는 정치가나 군인 등 이른바 위인이라고 불리는 사람들에게 공통되는 자질(특질)에 대해 사상가나 철학자가 자신의 견해를 말한 것이 그 최초라고 할 수 있다.

주류를 차지하고 있던 것은 "뛰어난 리더에게는 공통된 생생한 특성이 있다"는 생각이다. 예를 들어, 플라톤의 국가론에서는, 나라를 이끄는 철인왕(philosopher king)은 모두가 될 수 있는 것이 아니라, 가장 사물을 알고, 지혜 있는 사람만이 선한 통치자일 수 있다고 하고, 공자는 「논어」에서 '태어나면서 덕성을 갖춘 자가 이상적인 군주일 수 있다'고 논하고 있다.

19세기의 유명한 철학자 토머스 칼라일(Thomas Carlyle)은, '영웅 숭배론(On heroes, hero-worship, and the heroic in history)'[8)]에서 예전의 영웅들을 예로 들면서, 지도자가 될 수 있는 인물이란, 다른 사람에 비해 뛰어나 뛰어난 특성을 갖고 있는 인물이라고 정리하고 있다. 리더십은 학자와 시대, 그리고 국가의 상황에 따라 리더십은 다

---

5) James MacGregor Burns, Leadership, Harper and Row, 1978.

6) Bernard Morris Bass, Leadership and Performance, Beyond Expectations, Free Press, New York, 1985, p.1113.

7) Warren G. Bennis, On Becoming a Leader - 4th Edition, Basic Books, 2009.

8) Thomas Carlyle, On Heroes, Hero-Worship, and The Heroic in History, James Fraser, London, 1841.

르게 분류될 수 있다. 막스 베버의 방식으로는 크게 세 가지인데[9] 리더와 구성원간의 이해득실을 바탕으로 한 거래적 리더십(transactional leadership), 리더의 인간적인 매력에 의존하는 카리스마 리더십(Charisma leadership), 부하들의 가치와 신념, 욕구 차원에서 변화가 일어나는 변혁적 리더십(transformational leadership)이다.[10]

리더심리학에서는 여기에서 카리스마 리더십을 빼고 부하들을 인간적으로 지지하고 도와줘서 상호신뢰를 형성하는데 역점을 두는 서번트 리더십(servant leadership)을 추가한 3개 리더십을 중점으로 연구하기도 한다. 이중 변혁적 리더십과 서번트 리더십이 거래적 리더십에 비해 효과가 좋지만, 처음 조직을 형성하기 위해서는 거래적 리더십이 꼭 필요하다. 또한 공식적 리더십과 비공식적 리더십, 명시적 리더십과 암묵적 리더십 등의 분류도 가능하다. 한편 가장 범용적인 분류 중 하나로서 관리 그리드(Managerial Grid)라는 관점에서는 1) 직원에 대한 관심과 2) 업무에 대한 관심의 두 축으로 리더십을 분류하기도 하였다.

변혁형 리더십이라는 개념을 제창한 것은 정치학자인 제임스 번스(James MacGregor Burns)[11]로, 간디나 존 F. 케네디 등 정치 리더의 행동을 연구하는 가운데, 리더십을 「거래형 리더십(transactional leadership)」과 「변혁형 리더십(transforming leadership)」으로 구분했다. 즉, 번스의 주장에 의하면 기존의 리더십 이론들은 '거래적 리더십'에 해당된다는 것인데 '거래'라는 명칭에서 나타나듯이 기존의 리더십 이론들은 리더와 부하 간의 관계를 마치 '경제적 교환 관계'로 인식하려는 특성을 지닌다고 본 것으로 거래형 리더십을 교환형 리더십이라고도 한다.

기존의 행태이론이나 상황이론 등은 리더가 조직의 목표를 달성하기 위해 부하에게 목표와 역할을 명확하게 제시하여 조직의 목표를 달성할 수 있도록 이끌어내고 동기부여를 시키는 것에 초점을 맞추고 있다. 즉, 쉽게 말해서 리더의 보상(인센티브)과 부하들의 성과가 교환되는 것이라고 이해하는 것이다. 기존의 행태이론이나 상황이론 등은 리더가 조직의 목표를 달성하기 위해 부하에게 목표와 역할을 명확하게 제시하여 조직의 목표를 달성할 수 있도록 이끌어 내고 동기부여를 시키는 것에 초점을 맞추고 있다. 즉, 쉽게 말해서 리더의 보상(인센티브)과 부하들의 성과가 교환되는 것이라고 이해하는 것이다.[12]

제임스 스컬러(James Scouller) 는 3가지 레벨의 리더십 즉 3P를 주장하여 각조직의 리더십의 차이를 설명하였다.[13]

9) Joosse, Paul. 2014. Becoming a God: Max Weber and the Social Construction of Charisma, Journal of Classical Sociology 14(3) 266-283.
10) M. Weber, The theory of social and economic organization, Free Press, New York, 1947.
11) James MacGregor Burns, Leadership, Harper & Row, 1978.
12) James MacGregor Burns, Transforming Leadership: A New Pursuit of Happiness, Grove Press, 2003.

- 퍼블릭 리더십(Public Leadership) : 그룹활동(미팅 등)이나 조직 전체에 영향을 주려는 리더의 행동
- 프라이빗 리더십(Private Leadership) : 리더의 멤버에 대한 1대 1의 대응
- 퍼스널 리더십(Personal Leadership) : 지도자의 기술적·심리적·도덕적인 성장과 리더로서의 존재감·노하우·스킬·행동에 미치는 영향, 이것은 지도자의 감정적 지성, 영향력, 기술, 판단력, 통찰력으로 나타난다.

2) 리더십 대체이론

리더십 대체이론(Leadership replacement theory)은 리더의 통솔이나 지도행위가 없더라도 조식 구성원들의 역할과 임무를 명확하게 하여 팔로워(Follower)들의 행동을 통제하고 조직의 목표를 달성할 수 있다는 이론이다. 그중 최근에 등장한 이론 리더-구성원 교환 이론(LMX 이론, Leader-Member Exchange Theory)이다. 데니시와 라이덴(Dienesch & Liden, 1986) 등에 의해 제시된 것으로 리더와 멤버 간의 관계에 주목한 이론으로 리더와 멤버(구성원)를 다양한 거래 관계로 구성한다고 생각한다. 따라서 리더가 멤버와 원하는 관계를 발전시키는 형태로 리더십이 발휘된다고 주장한다.[14]

지금까지의 이론에서는 리더는 구성원 전원을 균등하게 취급하는 것이 전제가 되어 있었지만, 현실에는 리더는 일부 구성원을 내집단(in-group), 그 외를 외집단(out-group)로 취급하는 점에 주목하고 있다. 구성원과 리더와의 관계는 조직의 규정에 근거한 상하 관계만의 관계라고 생각하는 경우, 이 멤버는 외집단에 소속한다고 위치한다. 한편 구성원이 리더와의 관계를 단순한 상하 관계 이상의 것이며, 특히 리더를 위해 원하고 직책 이상의 일을 이루려고 생각하는 경우에는 이 멤버는 내 집단에 소속된다고 생각한다. 따라서 리더십을 발휘하기 위해서는 리더는 멤버를 더 많이 내집단에 소속하도록 멤버와의 관계를 구축시켜 나가는 것이 요구되고 있다.

또한 그라엔과 단세로(Graen, Dansereau)의 수직-쌍방 연결이론(VDL 이론, Vertical Dyad Linkage Theory)도 LMX 이론과 이론적 전개가 유사하고 리더는 한 사람 한 명의 구성원 사이에 밀도가 다른 일대일의 상하 관계를 가지고 있다고 가정하는 이론을 전개하고 있다.[15]

---

13) James Scouller, The Three Levels of Leadership: How to Develop Your Leadership Presence, Knowhow and Skill, Management Books 2000, 2011.

14) Dienesch, Richard M. ve Liden, Robert C.(1986), "Leader-Member Exchange Model of Leadership: A Critique and Further Development", Academy of Management Review, 11(3), pp.618-634.

15) Dansereau, F., G. B., Graen & W. Haga(1975), "A Vertical Dyad Linkage Approach to Leadership

리더-구성원 교환 이론(Leader Member Exchange Theory: LMX)은 리더와 멤버 간의 관계에 주목한 이론인데 리더와 멤버를 다양한 거래 관계로 구성한다고 생각한다. 따라서 리더가 멤버와 원하는 관계를 발전시키는 형태로 리더십이 발휘된다고 본다. 그렇다면 리더와 멤버 간의 관계를 어떻게 평가할 수 있을까? 리더와 구성원이 서로의 책임을 어떻게 수행하며 책임을 어떻게 나눌 것인지도 문제로 등장하고 있다. 그라엔(Graen & Uh-Bien, 1995) 등에 따르면 리더-구성원의 교환(LMX)의 질이 높으면 멤버의 이직률을 억제하고 높은 성과를 가져온다. 반면에 LMX의 품질이 낮으면 결과가 낮아진다고 하였다.[16)]

이제는 리더십의 상대 개념으로 '팔로워십(followership)'이 있다. 상대개념이라는 것은 반대개념이 아니라 리더와 조화를 이루는 능력인데 팔로워십은 조직이 효과적으로 목표를 달성하기 위해서는 지도력뿐만 아니라 리더를 뒷받침하는 부하나 구성원의 역량이 중요하다는 의미를 담고 있다.[17)] 리더를 보좌하는 능력으로 평가하기도 한다.

3) 리더십의 개념과 필요성

헤이만(F. S. Haiman)은 인간이 공동체 생활을 영유하는 한 원시시대부터 20세기의 국가사회에 이르기까지 어느 시대에서도 리더를 찾았으며 인간이 발달하는 한 그곳에서 리더가 있었다고 한다.[18)] 현대 사회에 존재하는 모든 조직 - 기업, 국가, 군사조직, 학교 등 - 에서는 한층 더 리더십의 중요성을 인식하고 있다. 리더가 없는 세계란 감독 없는 프로축구나 지휘자가 없는 오케스트라와 같아서 상상하기조차 어렵다. 이처럼 리더가 필요하게 된 것은 급격한 환경의 변화에 적응하기 위한 조직관리와 함께 다양한 인간관계 기술을 사용하여 자신들에게 주어진 과업을 효율적이며 효과적으로 수행해야 하는 경영자를 어느 조직에서든지 필요로 하고 있기 때문이다.

같은 조직이라 하더라도 리더에 의해 조직이 달라지며 목표와 업적도 달라지며 부하들의 사기도 달라진다. 따라서 리더십은 현재와 같이 급격히 변화하는 사회에서는 지대한 관심사로 등장하는 것이다.

---

in Formal Organizations", Organizational Behavior and Human Performance, Vol.13, pp.46-78.

16) George B. Graen and Mary Uhl-Bien(1995), Relationship-Based Approach to Leadership: Development of Leader-Member Exchange(LMX) Theory of Leadership over 25 Years: Applying a Multi-Level Multi-Domain Perspective, Leadership Quarterly 6(2): 219-247.

17) Riggio, R. E., Chaleff I., & Blumen-Lipman, J.(2008), The art of followership: How great followers create great leaders and organizations, San Francisco, CA: Jossey-Bass.

18) F. S. Haiman, Group Leadership and Democratic Action, 1951, pp.3-4.

4) 리더십의 정의

현대는 조직의 시대이다. 인간생활의 모든 영역에 조직이 침투하고 있다. 이러한 상황에서 어느 조직이던 뛰어난 조직 리더를 필요로 하고 있으며 이러한 리더십이 급격히 요구되고 있다. 인간의 리더십이란 어떤 조직의 구성원을 하나의 목적을 위해 단결시키는 능력과 의지이며, 구성원들에게 신뢰감을 불러일으키는 인격적인 힘이라고 정의할 수 있다.[19] 또한 리더십은 리더만의 단일 행동이 아니며, 개인과 집단 활동에게 지시하고 복종하게 하는 영향력을 행사하는 것을 뜻한다.

이같이 조직관리에서 중요한 의미를 지니는 리더십의 개념을 올바르게 이해하기 위해서는 리더십의 다른 정의[20]들도 살펴볼 필요가 있다.

① 리더십이란 주어진 상황에서 목표를 달성하기 위한 개인 또는 집난의 행동에 영향을 미치는 과정[L = f(L, F, S)]이다.[21]

② 리더십이란 사람들에게 그들의 노력을 어떤 특정한 목표 또는 몇 개의 목적을 안내하기 위해 그들에게 영향을 미치는 과정이다.[22]
오스왈드 샌더스(Oswald Sanders)는 리더십은 영향력이라고 주장한다. 게리 윌스(Garry Wills)는 리더십을 타인들을 리더와 추종자들이 공유하는 목표로 직접적으로 향하게 하는 것(Barna, 2009)[23]으로 정의한다.

이들 정의들은 공통 요소들을 포함하고 있는데 ① 리더십은 부하와 같은 다른 사람들을 포함한다. ② 리더십은 리더와 집단 구성원간의 불공평한 배분을 포함한다. ③ 부하에 대한 영향력을 포함한다. 따라서 위와 같이 리더십의 정의를 참고하여 다음과 같이 리더십의 정의를 내릴 수 있다. 즉 조직의 목표 달성 과정에 있어서 구성원 상호간에 미치는 영향력으로 표현한다.

5) 섬김의 리더십(Servant Leadership)

'서번트 리더십(Servant Leadership)'이 주목받고 있다. 리더는 '권력(power)'이나 '권위(authority)'에 기초한 리더십이 아닌 섬김의 리더십을 발휘해야 한다는 것이다. 즉

---

19) 지도자의 전략과 리더십, 이대웅. 1992.
20) C. I. Barnard, The Function of Executive, Harvard University Press, 1938.
리더십이란 기술적인 숙달과 도덕적 복잡성에 대한 비교적 높은 개인적 능력에 주어진 명칭이다.
21) P. Hersey, K. H. Blanchard, Management of Organizational Behavior, Prentice-Hall, 1988, 5th, p.86.
22) R. M. Hodgetts, D. F. Kuratko, Management, Harcourt & Brace, 1991, 3rd, p.476.
23) Barna G. (2009), Leaders on Leadership (F. Hendrati, Ed.; 2nd ed.), Gandum Mas.

진정한 리더는 타인을 위해 자원을 관리하고 봉사하며, 약자의 작은 목소리까지도 경청하고, 타인의 감정을 이해하고 공감해야 하며, 타인의 성장을 위한 자기 헌신적 노력을 통해 더불어 사는 공동체 형성에 기여해야 한다는 이론이다.

미국 학자 로버트 그린리프(Robert K. Greenleaf)[24]가 1970년대에 처음 주장한 이론으로 '다른 사람의 요구에 귀를 기울이는 하인이 결국은 모두를 이끄는 리더가 된다'는 것이 이론의 핵심이다.

인간존중을 바탕으로, 구성원들이 잠재력을 발휘할 수 있도록 앞에서 이끌어주는 리더십이다. 경청(Listening), 공감(Empathy), 치유(Healing), 스튜어드십(Stewardship), 성장(Growth of People), 공동체 형성(Building Community)의 6가지를 제시하고 있다.

대표적 섬김의 리더십으로 꼽히는 예수는 33세에 죽었지만 그의 사상은 전 세계를 뒤엎을 정도로 큰 영향을 주고 있으나 역사상 가장 위대한 지도자로 꼽히는 알렉산더 대왕, 그는 20세에 왕위에 올라 13년 만에 그리스, 페르시아, 인도에 이르는 대제국을 건설했다. 그는 모든 전투에서 선봉에 서며 리더십을 발휘했다. 그는 군대의 사기를 높이고 전투력을 증강시켰지만 제국을 오래 지속하게 하는 데는 실패했다. 결국 알렉산더도 33세에 생을 마감했고 후계자를 지명하지 못해 제국 건설의 꿈도 접게 됐다.

한국에서의 섬김의 리더십으로 대표적인 분은 故 김수환 추기경이다.

(1) 서번트 리더십을 실천하는 미국 기업

미국에서는 스타벅스, 사우스웨스트 항공, 페더럴 익스프레스, 월마트, TDI 등 뛰어난 기업(포춘 100 베스트 기업, 말콤 보르드리지 국가 품질상 수상 기업, 시민 찬양 베스트 기업 등)의 대부분이 서번트 리더십을 기업 활동의 기본 철학을 채택하고 모든 직원이 서번트 리더십을 실천하고 성과를 올리고 있습니다.

(2) 서번트 리더의 실천 철학(이타의 마음으로 실천)

"리더는 멤버를 위해 존재하고 멤버에게 최선을 다한다."

"우선 봉사한다"(Serve First.)

"상대에 봉사하고 싶다"(Desire to Serve.)

"자신보다 상대를 중시"(Focus on Others.)

"상대를 통제하기보다 봉사(모두)해 지도한다"(Service rather than Control)

---

24) Robert K. Greenleaf : A life of servant-leadership(Servant-Leadership, Berrett-Koehler Publishers, 1970.

서번트 리더는 먼저 상대방의 요구를 파악하고 대응하기, 또 상대방을 사랑하거나 돕는 것으로 인생의 의의와 만족을 얻는다. 자신보다 상대에게 봉사한다. 봉사(尽くす)하는 것은 경청, 지원, 상대의 성장(Listen, Help, Develop)이다. 상대는 고객, 멤버, 커뮤니티, 이해관계자이다. 서번트 리더십과 단지 부드러운 리더는 큰 차이가 있다. 예를 들면 누군가가 실수를 저질렀을 경우, 지도자가 혼자 해결하는 것은 다른 회원의 성장을 방해하는 요인이기도 하다. 혼자서 실패를 끌어들이는 것이 아니라 다른 회원들과 공유하면 지도자와 팀원 모두 성장할 수 있기 때문이다. 서번트 리더십이 소중히 하고 있는 "멤버에게 봉사한다"는 것은, "부드럽게 대한다"는 것과는 전혀 다르다. 일반적으로는 부드럽고 예의바른 리더를 서번트 리더라고는 하지 않는다.

'멤버에 대한 봉사'는 팀원들에게 적극적으로 참여하고 한 사람 한 사람의 의견을 듣고 이해를 공유하는 것을 의미한다. 서번트 리더십은 상대방의 미래성과 가능성을 이끌어내는 동시에 조직 전체의 성장으로 이어지는 리더십이기도 하다.

(3) 서번트 문화를 구축: 스타벅스

거대한 커피 체인의 스타벅스도 서번트 리더십을 채용하고 있는 기업의 하나이다. 스타벅스 인터내셔널 전 사장 하워드 비하(Howard Behar)는 "'서번트적 문화인을 소중히 하는 문화'를 원동력으로 스타벅스를 세계적인 커피숍으로 만들었다"고 말했다. 또 리더십을 인재에게는「자신이나 사회에 보다 좋은 변화를 가져오기 위해, 자신감을 높여, 사람과 사람과의 연결을 만들어내면서, 용기를 가지고 행동한다」를 요구, 지원하고 있다.

6) 변혁형 리더십

변혁형 리더십이라는 개념을 제창한 것은 정치학자인 번스(James MacGregor Burns, 1978)[25]로, 간디나 존 F. 케네디 등 정치 리더의 행동을 연구하는 가운데, 리더십을 '거래형 리더십(transactional leadership)'과 '변혁형 리더십(transforming leadership)'으로 구분했다. 즉, 번스의 주장에 의하면 기존의 리더십 이론들은 '거래적 리더십'에 해당된다는 것인데 '거래'라는 명칭에서 나타나듯이 기존의 리더십 이론들은 리더와 부하 간의 관계를 마치 '경제적 교환 관계'로 인식하려는 특성을 지닌다고 본 것으로 거래형 리더십을 교환형 리더십이라고도 한다. 기존의 행태이론이나 상황이론 등은 리더가 조직의 목표를 달성하기 위해 부하에게 목표와 역할을 명확하게 제시하여 조직의 목표를 달성할 수 있도록 이끌어 내고 동기부여를 시키는 것에 초점을 맞추고 있다. 즉, 쉽게 말해서

25) James MacGregor Burns, Leadership, Harper & Row, 1978.

리더의 보상(인센티브)과 부하들의 성과가 교환되는 것이라고 이해하는 것이다.[26)]

반면 변혁적 리더십(Transformational Leadership)은 거래적 리더십처럼 어떠한 상호적 교환 관계에서만 머무르는 것이 아니라 이를 초월하여 한 단계 더 전진한 것이라고 볼 수 있다. 즉, 거래적 리더십은 거래를 통해 부하의 동기를 부여시키는 것이었다면, 변혁적 리더십은 그 명명된 '변혁'에서 알 수 있듯이 부하 자체의 '변화'를 통해서 동기를 부여하고자 하는 것으로 동기부여뿐만 아니라 부하의 도덕적 수준을 향상시키는 과정으로 비전, 영감, 지적 자극 등을 주어 외재적 동기가 아니라 내재적인 동기 그리고 부하의 근본적인 가치와 신념 태도의 변화들을 이끌어 내려는 리더십을 말한다. 한편 연구에 따르면 남자 리더는 거래적 리더십을, 여자는 변혁적 리더십을 사용하는 경향이 있다.[27)] 사이먼 시넥은 자신의 저서 '리더가 마지막으로 먹는다'에서 안전한 직장의 기초로서 지도자의 정직, 성실성, 신뢰의 중요성을 중시한다.

2. 리더십 이론

1) 리더십 연구 및 접근방법

조직성장과 조직성과를 중시하게 되어 등장하게 된 리더십에 대한 연구는 그 개념의 중요성, 복합성, 다차원성 등으로 인하여 여러 가지 방향에서 다양하게 이루어져 왔다. 전통적인 리더십 이론은 크게 세 가지로 구분될 수 있는데 ①리더십 특성이론 ②리더십 행동이론 ③리더십 상황이론이다. 리더십 특성이론은 효과적인 리더는 타고난 남다른 특성이 있을 것으로 믿고 그 특성이 무엇인지를 찾고자 노력한 것이다. 이 이론은 리더의 효과적인 특징이나 자질을 밝혀낸 성과도 있지만 그러한 특성이 반드시 성공적 리더에게서만 발견되는 것이 아니란 한계에 부딪히게 되었다. 따라서 특성추구에 실패한 리더십 연구는 이번에는 밖으로 드러나는 리더의 행위를 관찰하는 방향으로 진행되었다.

리더십 행동이론은 리더의 남다른 행동적 특성에 주목하는 연구라 할 수 있다. 이 이론은 리더는 선천적으로 타고나는 특성이 있다는 점을 부정하며 리더의 지속적인 행동양식과 리더십 성과간의 관계를 규명하는데 중점을 둔다. 이 이론은 리더의 개발 가능한 효과적인 행동특성이 무엇인지를 밝혀내는 성과를 거두었지만 그 행동이 모

26) Transforming Leadership : A New Pursuit of Happiness, Transforming Leadership. : James MacGregor Burns, Grove Press, 2003.

27) Eagly A. H., Johannesen-Schmidt M. C., & Van Engen M. L. (2003), Transformational, transactional, and laissez-faire leadership styles : a meta-analysis comparing women and men, Psychological bulletin, 129(4), 569.

든 상황에서 항상 효과적이지 만은 아니란 한계에 부딪치게 되었다.

리더십 상황이론은 리더의 특성이나 행동이 주변의 상황적 요인과 적절히 적합성을 이룰 때 리더십 성과가 높다는 것이 핵심을 이룬다. 이 이론에 따르면 상황이 리더를 만드는 것이어서 가장 효과적인 리더란 상황의 요구에 가장 부합되는 사람을 이른다는 것이다. 즉 리더십 성과는 상황의 산물이라고 할 수 있는 것이다. 여기서 상황이란 조직구조, 직무특성, 부하특성 등 다양한 요소들이 포함될 수 있다. 비교적 최근까지도 리더십 상황이론은 다양하게 조직연구에 적용되고 있는 편이다.

이상에서 설명한 세 가지 이론을 시대적으로 비교·요약하면 다음과 같다.

〈표 11-1〉 리더십 이론

접근법 \ 내용	연구모형	강조점
특성추구이론 (1930년대~1950년대)	개인적 특성 (효과적인 리더의 특성 탐색)	리더와 리더가 아닌 사람을 구별할 수 있는 특징이나 특성이 분명히 존재한다.
행위이론 (1950년대~1960년대)	리더행위 ⟶ 성과 종업원유대	리더십의 가장 중요한 측면은 리더의 특성이 아니라 리더가 여러 상황에서 실재하는 행위이다. 성공적 리더와 비공식적 리더는 그들의 리더십 스타일에 의해 구별된다.
상황이론 (1970년대 이후)	리더행위 ⟶ ⟶ 성과 만족 ↑ 상황요인 : 과업(종업원 유대) 퍼스낼리티 ⟶ 기타 이 기준 집단성격에 관련된 변수 등	리더의 유효성은 그의 스타일뿐만 아니라 리더십 환경을 이루는 상황에 의해서도 결정된다. 상황에는 리더나 하급자들의 특성, 과업의 성격, 집단의 구조, 강화의 유형 등이 있다.
변혁형 리더십 이론 1990-2000년대	조직 수준에서 변화 및 영향 결과	기존의 조직-뛰어난 더는 구성원을 끌어들이는 매력-조직에 변화-사회의 변화와 불확실성에 대응
진정한 리더십 2000년 이후	진정적 리더십	지도자 자신과 다른 사람들의 가치관(모랄적 관점, 지식)을 깨닫고 다른 사람들이 인식하는 사람들의 가치관

자료 : 지도자의 전략과 리더십, 이대웅, p. 22, 필자의 자료정리.

3. 리더십 특성이론

1949년 이전의 리더십에 대한 연구는 리더가 소유하고 있는 개인적 특성을 찾아내는데 초점을 두었다. 리더십의 특성이론은 일찍이 유럽에서 '위대한 사람 이론(great man theory)'이라고 불리는 영웅들이 가지고 있는 독특한 자질(the unique qualities of heroes)이 무엇인가에 관한 연구에서 비롯되었다.

그러나 그 후에 많은 학자에 의하여 다양한 리더들이 지닌 육체적·정신적·인격적 특성을 알아내기 위한 노력이 이루어지면서, 위대한 사람 이론은 사람들의 육체적 특성이나 건강 이외의 다른 특성은 타고나는 것이 아니라는 행동주의자들의 주장으로 많은 지지기반을 잃게 되었다.

1) 리더십 특성이론의 성격

리더십 특성이론(traits theory)은 리더의 개인적 자질과 특성이 리더십의 역량과 기능에 영향을 준다고 보고, 그 특성을 해명하려는 이론이다. 즉, 리더십은 개인이 소유하는 질적 요소인 자질 또는 특성에 달려있다는 가정이다.

특성이론은 고대 그리스와 로마인들의 사고에서 비롯된 '위대한 사람이론'에서 출발했는데, 리더는 선천적으로 타고나는 것이지 후천적으로 만들어지지 않는다고 믿고 있으며, 특히 한 사회의 리더는 원래 태어날 때부터 잠재적 자질을 보유하고 있다는 것이다. 이러한 시대적 출현인 영웅적 인물은 신체구조나 용모가 보통사람보다 특별히 구별될 수 있으며, 신분·지능지수·성격 등도 다른 사람들보다 뛰어나다고 보는 것이다.

2) 리더의 주요 특성

스톡딜(R. M. Stogdill)은 1949년부터 1970년 사이에 163편의 연구를 통하여 리더의 특성에 대한 조사를 실시한 결과 리더의 특정 자질은 리더십 유효성을 증진시킬 수 있다고 보고 있다. 또한 테드는 리더가 갖추어야 할 특성으로 육체 및 정신적 에너지와 목적의식과 지시능력, 정열, 친근감과 우호심, 품성, 기술적 우월성, 과단성, 지능, 교수능력, 신념의 10가지를 들고 있다. 버나드는 지도자의 특성을 크게 두 가지 측면에서 파악했다. 첫째는 체력·기능·기술·지각력·지식·기억력·상상력 등의 기술적 측면에서 개인적인 우월성을 가져야 하고, 둘째는 결단력·지구력·인내력·용기와 같은 정신적인 측면에서 우월성을 가져야 한다는 것이다.

〈표 11-2〉 리더의 주요 특성분류

신체적 특성	사회적 배경	지 능	퍼스낼러티	과업관련 특성	사회적 특성
연령 체중 신장 외모	교 육 이동성 사회적 지위	판단력 결단력 언 변	독립심 자 신 지배성 공격성	성취욕구 주도성 끈질김 책임욕구 안전욕구	감독능력 협동성 인간관계 능력 통합력 권력욕구

자료 : B. M. Bass, op. cit. (1990), pp. 80-81.

3) 비판

리더의 남다른 특성과 자질을 밝혀내고자 했던 리더십 특성이론은 관리자의 기준과 역량을 파악하는데 있어 중요한 이론적 토대를 제공한 면이 있다. 그러나 리더십 특성이론은 다음과 같은 비판을 피하기 어려운 면이 있다.

첫째, 성공적 리더의 핵심적 특성으로 밝혀진 것들이 비성공적 리더 혹은 심지어 일반인들과 비교해서 의미 있는 차이를 발견하기 어렵다는 점이다. 또한 리더의 특성으로 밝혀진 것들이 연구들에 따라서 매우 다양하여 과연 무엇인 진정 리더의 특성인지를 알기 어렵다. 예컨대, 성공적 리더일수록 신체가 건강하고 지능이 뛰어나다는 것이 리더십 특성이론가들이 밝혀낸 리더의 특성이다. 그런데 현실세계에서 보면 성공한 리더들 중에 키가 작은 리더들도 많이 포함되어 있다.

둘째, 리더십 특성이론은 상황요인을 간과한 면이 있다. 예컨대 사무실에서 지도자가 되는데 필수적인 특성이 현장에서는 효과적 지도자가 되는데 맞지 않을 수도 있다. 따라서 상황이 다르게 되면 다른 지도자의 특성이 요구된다고 볼 수 있다. 이 점을 특성추구이론에서는 미처 깨닫지 못하였다. 그래서 최근에 '스톡딜'은 이러한 문제점을 고려하여 상황마다 중요한 특성을 달리하는 특성이론의 수정판을 내놓고 있다.

셋째, 리더십 특성이론은 개인의 특성에만 초점을 맞춤으로써 개인이 리더십 상황에서 실제로 어떻게 하는가를 밝혀주지 못하고 있기 때문이다. 이 이론은 누가 리더인가를 확인해 주기는 하나 리더가 어떻게 해서 하급자들에게 영향력을 행사하는지를 제시해 주지 못하고 있다. 즉, 특성이론은 하급자들과 그들이 리더십에 미치는 효과를 무시하고 있다. 영향력이라는 것이 두 사람 이상의 사람간의 관계임을 감안할 때 누가 가장 적당한 지도자가 될 것인가를 찾는 특성추구이론은 리더십 과정을 완벽하게 파악하지 못하고 있다고 볼 수 있다.

그러나 이러한 결점들이 있다고 해서 특성이론이 전혀 의미가 없다고 말할 수는 없다. 왜냐하면, 리더는 고유한 특성이나 자질을 갖고 있다는 주장을 전적으로 무시하기가 어렵기 때문이다.

4. 리더십 행동이론

리더십 행동이론은 특성이론의 문제와 한계를 극복하기 위해서 리더의 개인 특성보다는 리더의 실제행동에 초점을 두고 접근한 이론으로서, 리더십의 효과는 리더가 부하들에게 보여주는 행동에 따라 결정된다고 보고 리더의 효율적인 행동유형을 규명하려는 연구이다.

리더십의 효율성은 리더가 집단에서 어떻게 행동하느냐에 따라서 결정된다는 가정하에 리더의 실제행동을 연구하는 것이 리더십의 행동이론이다. 다시 말해서 효율적인 리더가 어떤 사람이었느냐가 아니라, 그들은 어떻게 과업을 위양하고, 부하들과 의사소통하며, 어떠한 방식으로 부하들을 동기유발 시키고, 그리고 어떻게 과업을 수행 하는가 등에 초점을 두고 있다.

1) 아이오와대학의 연구

르윈(K. Lewin)의 지도하에 립피트와 화이트(R. Lippitt and R. K. White)가 10대 소년들로 구성된 한 클럽을 대상으로 리더십스타일의 변화에 따른 소년들의 행동반응을 실험하였다. 먼저, 그들은 리더십 유형을 전제형 리더십(autocratic leadership style), 민주형 리더십(democratic leadership style), 그리고 방임형 리더십(laissez faire style)으로 구분했다.[28] 각 유형별 특성을 간략히 요약하면 다음과 같다.

(1) 전제형 리더십

리더가 과업성취에 역점을 두고 조직이나 집단의 모든 계획과 정책에 관하여 의사결정하고 부하들에게 명령이나 지시를 하는 리더십 유형이다. 따라서 전제형 리더십하에서는 리더가 모든 구성원 위에 군림하게 되어 지배적인 위치에 서게 되고, 부하의 관리는 공포와 처벌로써 일관하게 된다.

---

28) Lippit, R., An Experimental Study of Effect of Democratic and Authoritarian Group Atmospheres, Univ. of Iowa Studies in Child Welfare, Vol.16, No.3 (1940).

(2) 민주형 리더십

리더가 구성원의 만족에 역점을 두고 목표설정이나 의사결정에 참여하도록 하는 자율적 리더십 유형이다. 참여제도를 바탕으로 구성원의 자발적인 목표지향적 행동을 유도하고 그들의 욕구를 충족시켜줌으로써 팀워크(team work)의 효과를 증대시키게 된다. 따라서 커뮤니케이션은 하향적으로 뿐만 아니라 상향적·수평적으로 이루어진다.

(3) 방임형 리더십

리더가 구성원들에게 정보나 자원을 제공해 주고 조직의 계획이나 운영에 관한 의사결정에 관여하지 않으며 모든 일을 방임하는 리더십 유형이다. 즉, 부하의 최대 자유를 보장함으로써 리더십 기능이 발휘되지 않는 상태라고도 할 수 있다.

이들이 구분한 리더십 유형은 지금까지도 다양한 연구들에서 리더의 유형을 구분하는데 있어서 활용되고 있다. 지금까지 실증적 연구들을 통해 밝혀진 이들 리더십 유형별 리더십 유효성에 관한 연구들을 간략히 요약하면 다음의 〈표 11-3〉과 같다. 연구결과를 보면, 기업의 생산성 또는 성과 면에서는 자유방임적 스타일이 최악의 상태를 보인다는 점에서 대부분의 연구가 일치하고 있다. 그러나 생산성의 효과성에서 민주적 스타일이 전제적 스타일보다 나을 것이라는 우리의 예상과는 달리 그 우위를 결정하기 힘든 것으로 보여진다. 어떤 연구는 민주적 리더십이 더 생산적이라고 밝히고 있으며, 또 어떤 연구는 위기 상황에서는 전제적 스타일 하에서 생산성이 더욱 높고 심지어 사기까지도 높다는 연구 결과를 보여주고 있다.

〈표 11-3〉 리더십 스타일과 유효성

유효변경수 / 스타일	민주적 스타일	전제적 스타일	자유방임적 스타일
리더와 집단과의 관계	호의적이다.	• 수동적이다 • 주의 환기를 요한다.	리더에 무관심하다.
집단 행위의 특성	응집력이 크다.	• 노동 이동이 많다. • 냉담·공격적이 된다.	냉담하거나 초조하다.
리더 부재 시의 구성원의 태도	계속 작업을 유지한다.	좌절감을 갖는다.	불변(불만족)이다.
성과(생산성)	우회를 결정하기 힘들다.		최악이다.

2) 오하이오대학의 연구

오하이오대학의 리더십연구에서는 리더행동을 측정하는 설문지를 개발하여 민간인과 군인들을 대상으로 그들의 감독자의 행동을 기술하게 하였다. 설문지의 분석결과 응답자들은 리더의 행동을 두 가지 행동범주로 응답하였는데, 연구자들은 이 두 가지 리더십을 각각 배려형 리더십스타일(considerate leadership style)과 구조주도형 리더십스타일(initiating structure leadership style)이라고 명명하였다.

(1) 배려형 리더십스타일

배려형 리더십스타일은 하위자를 깊이 생각해주는 리더의 지원적·우호적 행동, 하위자와의 상담 및 이해관계의 대변, 하위자와의 개방적인 의사소통, 하위자의 공헌에 대한 인정 등의 행동과 관련이 있다. 이러한 리더십은 하위자들과 원만한 관계를 맺고 유지하려는 관계지향적(relationship oriented) 리더행동을 말한다.

(2) 구조주도형 리더십스타일

구조주도형 리더십스타일은 하위자의 행동을 지시하고, 역할을 명확히 규정해 주며 직무성과가 신통치 않은 하위자를 꾸짖고, 성과를 높이도록 독려하는 행동 등에 관련된다. 이러한 과업지향적(task-oriented) 행동들은 인력과 자원을 효율적으로 활용하여 조직의 목표를 달성하는 수단이 된다.

그러나 오하이오대학의 연구는 아이오와대학의 연구와 달리 리더의 행동을 단일선상이 아닌 두 개의 축으로 구분하여 구조주도와 배려라고 하는 서로 독립적인 차원에서 이해했다. 다시 말하면 리더의 행동은 두 가지 차원의 배합으로써 구조주도와 배려를 동시에 높게 나타낼 수도 있고, 그 중 어느 한 가지만을 높게 나타낼 수도 있으며, 또 두 가지를 모두 낮게 나타낼 수도 있도록 한 것이다. 이와 같이 두 가지 차원에서 리더십행동 유형의 배합을 보여주기 위하여 오하이오대학의 연구팀은 [그림 11-1]과 같이 사분위도(four quadrants)를 개발하였다. 즉, 배려적-구조주도적 행동경향이 높고 낮음에 따라 네 가지의 리더행동 스타일로 구분하여 유형화한 것이다.

오하이오 대학의 리더십 연구를 통해 나온 결과들을 요약하면 다음과 같다.

① 구조주도는 종업원의 성과와 적극적인 관련이 있으며, 동시에 결근율이나 고충과 같은 부정적 결과와도 관련성은 갖고 있다.

② 배려형은 결근율이나 고충이 낮은 것과 관련성을 맺고 있으나 성과와는 거의 관련성이 없는 것으로 나타나고 있다.

③ 배려형과 구조주도가 둘 다 높을 때는 생산성과 만족이 둘 다 높은 경향이 있다. 그러나 어떤 경우에는 높은 생산성에 결근율과 고충의 문제가 수반되기도 한다.

오하이오주립대학의 연구는 이와 같은 실증연구에도 불구하고 어느 특정한 리더행동의 범주와 하위자와의 일관된 관계를 나타내지 못하고 있다는 결점이 있다. 즉, 일반적으로 높은 구조주도형과 높은 배려형의 리더행동이 높은 집단성과와 높은 만족감을 가져오는 결과를 보였으나, 또 일부 연구결과에서는 높은 구조주도형과 배려형의 리더행동이 높은 결근율과 고충처리율 등의 역기능적 효과도 나타내고 있었다.

그 뿐만 아니라 연구를 계속할수록 리더의 구조주도 또는 배려의 행동과 더불어 조직의 상황적 요소들이 리더십 효과에 매우 중요한 요인으로 작용하고 있다는 것이 나타나게 되었다.

[그림 11-1] 오하이오 대학의 리더 행동(리더십) 유형

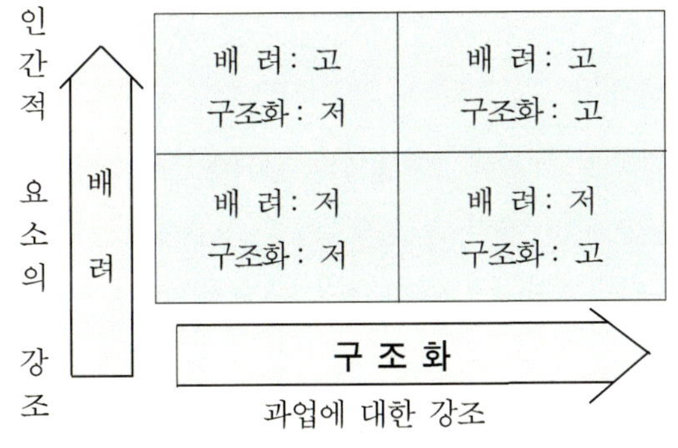

자료 : Rensis Likert, New Patterns of Management, New York : McGraw-Hill, 1961.

3) PM이론

일본에서는 미스미 주지(三隅 二不二)가 오하이오 대학 연구의 개념을 이용하여, 리더십의 기능을 성과 기능(P)와 유지 기능(M)으로 구성된 것으로 보는 PM이론을 개발하였다.[29] 그에 의하면 P기능이란 집단에서 목표 달성이나 과업 해결을 지향하는

29) 三隅二不二, 新しいリーダーシップ一集団指導の行動科学, ダイヤモンド社, 1966, pp.122-127.

기능이고, P기능은 집단의 자기 보존 내지 집단의 과정 그 자체를 유지, 강화하려는 기능이다. 여기서 P기능은 '성과지향기능(Performance-oriented)'을 말하며 집단에서 목표달성이나 과제해결을 지향하는 기능이고, M기능이란 '유지지향기능(Maintenance-oriented)'이란 집단의 자기보존 또는 집단의 과정 그 자체를 유지, 강화하는 기능이다. 여기서 성과지향기능을 실현시키는 리더의 행위를 리더십 P행동, 유지지향기능을 구현시키려는 행위를 리더십 M행동이라고 한다.

미스미는 요인 분석의 결과를 종합하여 P행동과 M행동의 내용을 다음과 같이 설명하고 있다.

[그림 11-2] PM이론의 4분면

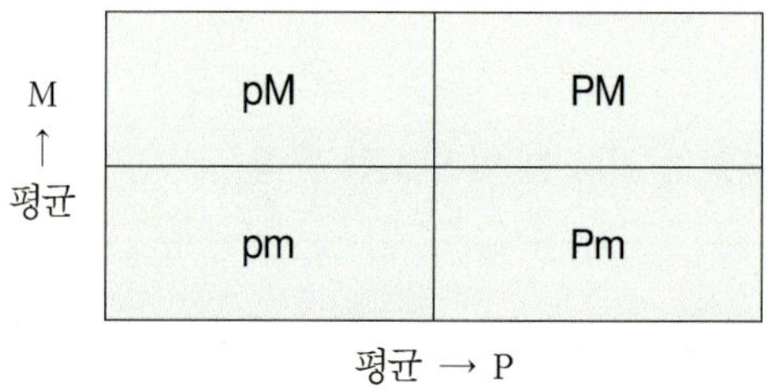

자료 : 三隅二不二, 新しいり- ダ“-ツップ” 集團指導の行動科學, ダ“イヤモソト” 社, 1966.

이 두 요인에 따라 리더십의 유형을 위의 그림과 같이 4분면으로 분류할 수가 있다. 어느 지도자가 어느 유형에 속하는가는 P차원과 M차원에 관한 질문서를 통해 하급자로 하여금 그들의 지도자의 행위를 평가하도록 하여 그 결과 지도자의 P점수와 M점수를 구한다. 그리고 조사 대상이 된 모든 지도자의 점수 평균을 P와 M의 각각에 대하여 구한 후 그 평균보다 높은 점수는 대문자로, 평균 이하의 점수는 소문자로 나타낸다. 이에 따라 PM, Pm, pM, pm의 네 유형이 만들어지고 여기에 모든 지도자가 속하게 된다.

이들 각 유형별 리더의 유효성을 실증 연구에 따라 살펴보면 사기, 팀웍, 정신위행, 커뮤니케이션, 성과 등의 면에서 PM형의 지도자가 이끄는 집단이 가장 높고, 그 다음이 pM과 Pm형, 다음이 pm형의 순인 것으로 나타나고 있다. 이러한 실증 연구 결과에 따라 미쓰비시 등은 각 차원을 4단계로 세분하여 16유형의 리더십 유형을 설정한 후, 이를 각 조직에 적용하여 그 타당성을 입증하고 있다.

4) 관리 그리드 모델

앞의 연구들은 조직의 유효성에 있어서 리더십이 얼마만큼 중요한 것인가를 시사해 주고는 있지만, 어떤 방향에서 리더의 행위를 개발하는 것이 가장 효과적인가 하는 것에 대하여 뚜렷하고 체계적인 결론을 내리지는 못하고 있었다. 이 점에 착안하여 블레이크와 모우튼은 리더십을 두 차원으로 생각한 '관리 그리드(managerial grid)'의 개념을 정립하였다. 이들은 오하이오 대학에서 비롯된 리더십 연구에 자극을 받아 오늘날 산업에서 경영자 개발 계획에 널리 적용되는 '관리 그리드' 이론을 주장하게 된 것이다.

[그림 11-3] 매너지리얼 그리드

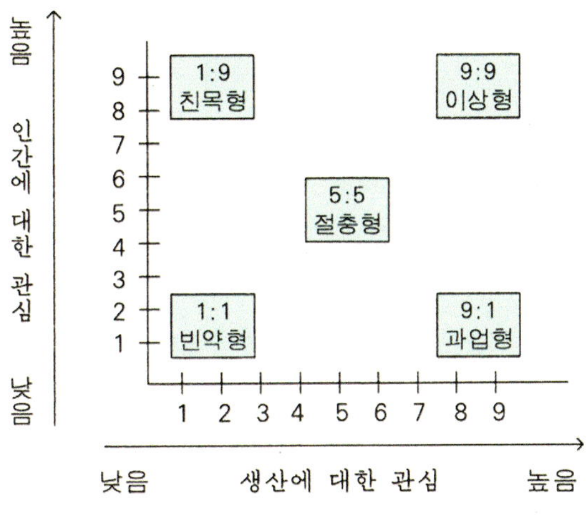

자료 : Robert R. Black and J. S. Mouton, The managerial Grid, Houston : Gulf Publishing Co., 1964, p.10.

블레이크와 모우튼은 [그림 11-3]과 같이 '관리 그리드'를 만들어서 리더가 지향할 수 있는 방향을 두 차원으로 구분하였다. 횡축에는 생산에 대한 관심-과업의 정도를 파악할 수 있도록 9등급으로 나누고, 또 종축에도 인간에 대한 관심-관계의 정도를 파악할 수 있도록 역시 9등급으로 나누고 있다.

따라서 이론적으로는 81가지의 리더 유형이 있는 것으로 이해할 수 있다. 이 중에서 기본적 형태로서 (1.1)형, (9.1)형, (1.9)형, (5.5)형, (9.9)형을 들 수 있다.

① (1.1)형 : 이는 무관심형으로서, 과업 달성 및 인간관계 유지에 모두 관심을 보이지 않는 유형이다.

② (9.1)형 : 이는 과업형으로서, 인간관계 유지에는 적은 관심을 보이지만 생산에 대해서는 지대한 관심을 보이는 유형이다.

③ (1.9)형 : 이는 컨트리클럽형으로서, 생산에 대한 관심은 낮으나 인간관계에 대해서는 지대한 관심을 보이는 유형이다.

④ (5.5)형 : 이는 중간형으로서, 생산과 관계의 유지에 모두 적당한 정도의 관심을 보이는 유형이다.

⑤ (9.9)형 : 이는 팀형으로서, 생산과 관계의 유지에 모두 지대한 관심을 보이는 유형으로서 종업원의 자아실현의 욕구를 만족시켜 주고 신뢰와 지원의 분위기를 이루며 한편으로 과업 달성을 이룩하기를 강조하는 유형이다.

이 이론이 실무에 적용되는 것을 보면 다음과 같다.

우선 그들이 개발한 설문지에 의해 현재 한 집단의 리더십이 예컨대 3.8로 나타났다면, 이 집단의 지도자는 생산에 대한 관심이 부족한 것으로 지적될 수 있다. 이런 지도자에게는 생산에 대한 관심을 늘려줄 수 있는 여러 가지 훈련 기법들을 동원하여 이상적인 9.9형에 접근하게 만든다는 것이 이 이론의 기본적인 발상이다. 실제로 블레이크와 모우튼은 '매너지리얼 그리드' 훈련을 거친 조직에서는 보다 협동적인 작업 관계를 가질 수 있게끔 종업원의 행위가 변화하고 생산성이 증가한다는 주장을 하고 있다.

블레이크와 모우튼(Robert R. Blake and Jane Mouton)의 관리그리드(Managerial Grid)[30] 모델은 전통적 리더십 이론이 취하는 양극적 리더십패턴을 포기하고 이들을 조화시키려는 데서 비롯된다. 따라서 그들은 리더십의 이상형을 9+1이나 1+9형이 아닌 9+9형에서 찾으려 하고 있다. 9+9형은 팀 관리에 의존하는 리더십패턴이며, 그것은 오하이오대학의 리더십 모형 중 높은 구조주도와 높은 배려를 동시에 중요시하는 특성과 같다.

5. 리더십 상황이론

리더십 행동이론의 초기 연구들은 가장 이상적인 유일최선의 리더십 유형을 발견하는데 집중하였다. 그러나 리더십 행동이론의 한계가 인식됨에 따라 리더십 과정에서 작용하는 여러 가지 상황을 연구하는 상황이론(situational theory)이 전개되기 시작했다. 따라서 효과적인 리더십 유형은 상황에 따라 결정되어야 한다는 것이다.

리더십 상황이론(contingency leadership)은 어떤 상황에서나 효율적인 유일최선의 리더십 유형을 부정하고 리더의 행동이 구체적인 상황에 가장 잘 부합할 때 리더십이

30) Blake, Robert R., and Mouton, Jane S., 1964, Managerial Grid, Gulf Publishing.

효과적이라는 이론이다. 즉, 가장 효율적인 경영관리 행동은 상황에 따라 달라져야 한다고 시사하는 리더십 접근방법이다. 구체적으로 말해서 경영자가 부하들에 대해서 상황에 따라 적합하게 행동할 때 직무는 가장 잘 성취될 수 있다는 것이다.

1) 피들러의 상황적합이론

피들러(F. E. Fiedler)[31]는 환경적응론적 리더십 모형(Contingency Lesdership Model)을 통해서 리더십 효과는 리더의 행동과 어떤 특정한 상황적 요소와의 상호작용에 의존한다는 주장을 하고 있다. 즉, 가장 효과적인 리더십 유형은 상황의 본질에 달려 있다고 보는 것이다. 따라서 지도자가 처해 있는 상황의 호의성을 높일 수 있을 때 리더십은 촉진된다. 이러한 맥락에서 연구가 심층적으로 행해진 섯이 바로 리더십 유효성의 상황모형이다. 이 모형은 특성 추구 이론과 상황 이론의 양 이론을 결합한 것이라고 할 수 있다. 피들러에 따르면 리더십의 유효성은 지도자와 집단 성원의 상호작용 스타일과 상황의 호의성에 따라 결정된다는 것이다. 피들러는 리더십 특성과 상황을 대응시키기 위해 다음과 같이 상황과 리더를 분류하고 있다.

(1) 상황의 분류

상황 모형에 따르면 지도자에게 호의적인가의 여부를 결정하는 리더십 상황은 다음의 요소로 구성된다.

① 지도자와 구성원과의 관계 : 지도자가 집단의 다른 사람들과 좋은 관계를 갖느냐, 나쁜 관계를 갖느냐 하는 것이, 상황이 지도자에게 호의적이냐의 여부를 결정하는 주요 요소가 된다. 여기서 지도자와 성원간의 관계는 소시오메트릭(socio metric) 구조와 집단 분위기의 척도를 통해 측정된다.

② 과업구조 : 이는 과업의 복잡성 정도, 목표의 명백성 정도, 업무수행 방법 표준화 정도를 의미하며 크게 구조적-비구조적 유형으로 분류할 수 있다. 과업구조가 구조적인 경우 지도자에게 유리하며 비구조적인 경우는 불리하다.

③ 지도자의 직위 권한 : 이는 지도자의 직위가 집단 성원들로 하여금 명령을 받아들이게끔 만들 수 있는 정도를 말한다. 따라서 권위와 보상 권한 등을 가질 수 있는 공식적인 역할을 가진 직위가 상황에 제일 호의적이다. 지도자의 직위 권한은 지도자의 합법적 권력, 보상적 권력 등에 관한 항목의 측정을 통해 이루어진다.

---

31) Fiedler, F. E., 1967, A Theory of Leadership Effectiveness, McGraw-Hill.

이상의 조합이 지도자에 대한 상황의 호의성을 결정하게 된다.

피들러는 상황의 호의성이라는 것을 그 상황이 리더로 하여금 자기 집단에 대해 그의 영향력을 행사할 수 있게 하는 정도라고 정의하고 있다. 이 모형에서는 요소의 결합 방법에 따라 상황이 리더에게 가장 호의적인 데서부터 가장 비호의적인 데까지 여덟 가지의 조합이 나올 수 있다.

즉 지도자-성원 관계에 있어서 양호한 것과 그렇지 못한 것의 두 가지, 과업 구조가 높을 때와 낮을 때의 두 가지, 직위 권한이 강할 때와 약할 때의 두 가지가 있을 수 있으므로, 전체로 8가지가 나올 수 있다.

이 여덟 가지 중 지도자에게 가장 호의적인 상황은 그 집단의 성원들이 모두 그 지도자를 좋아하는 '양호한 리더성원 관계', 명확하게 정의된 직무를 지시할 수 있는 '높은 과업 구조', 또 지도자가 강력한 직위를 차지하고 있는 '강력한 직위 권한' 상황이다.

(2) 리더의 분류

지도자 자신의 특성은 지도자에게 '가장 싫어하는 동료 작업자(Least Preferred Co-worker : LPC)'에 대해 물어 봄으로써 측정한다. LPC점수는 8가지 기본 질문에 대한 20개의 설문항에 대한 점수를 집약하여 산출해 낸다.

구체적으로는 지도자에게 그가 가장 같이 일하기 어려운 사람을 생각하게 한다. 그가 현재 같이 일하는 사람이건 과거에 알았던 사람이건 상관없다. 또 그는 제일 감정적으로 싫은 사람일 필요는 없고, 단지 일을 하기에 가장 애로를 느끼는 사람이다. 그 사람이 지도자에게 어떻게 보이는가를 측정하기 위해 다음 그림과 같은 척도를 이용하게 되는데 이것이 LPC점수가 된다.

[그림 11-4] LPC 척도의 보기

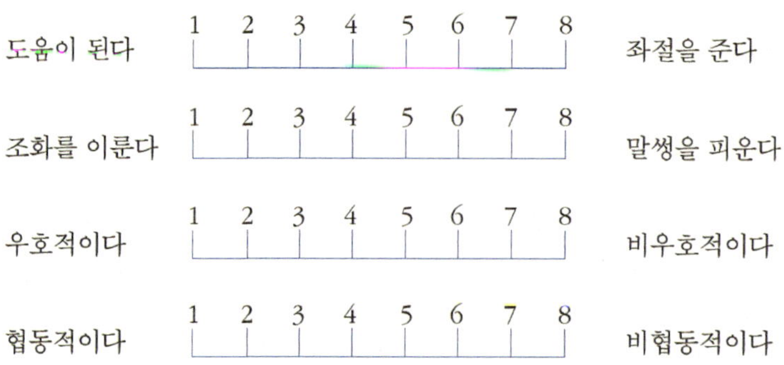

피들러에 따르면 LPC점수가 낮은 것-비호의적 평가-은 지도자가 자기와 같이 일할 수 없는 사람은 거부할 태세가 되어 있는 정도를 보여주는 것이다. 그러므로 LPC점수가 낮을수록 리더가 과업 지향적일 가능성이 크다. 반면에 높은 LPC점수-호의적인 평가-는 최악의 동료 작업자라도 어떤 긍정적 속성을 지니고 있는 것으로 평가할 의사가 있다는 것을 표시해 주는 것이다. 그러므로 LPC점수가 높을수록 리더가 종업원 지향적이 될 경향이 많아진다.

동기부여의 관점에 볼 때 LPC점수가 높은 지도자는 자기 하급자와 호의적으로 원만하게 관계를 유지하려는 기본적 목표를 지니고 있다. 만일 지도자가 이 목표를 달성하면 그는 지위와 존경과 같은 2차적 목표를 달성할 수 있을 것이다. 그러나 LPC점수가 낮은 지도자는 과업 달성이라는 하나의 목표를 지니고 있다. 존경과 지위에 대한 욕구 등은 직접 하급자와의 관계를 통해서 획득되는 것이 아니라 과업 달성을 통해 얻어진다. 이는 LPC점수가 낮은 지도자가 하급자에 대해 호의적이 아니라는 것을 의미하는 것이 아니라 과업 달성이 위협받을 때에는 원만한 인간관계란 2차적인 중요성만이 주어진다는 것을 뜻하는 것이다. 즉, LPC 척도는 과거 또는 현재의 '가장 함께 일하기 싫은 동료'를 생각하면서 동료의 등급을 매기는 것으로, 합산된 점수에 따라 리더의 특성을 과업지향적(task motivated) 리더와 관계지향적(relationship motivated) 리더로 분류한다.

(3) 지도자와 상황의 적합 관계

피들러는 이와 같이 상황과 지도자를 분류한 후에 각 상황에 적합한 효과적인 리더십을 발견해 내려고 하였다. 그 연구 결과가 다음 그림에 나타나 있다.

이 그림에서 볼 수 있듯이 피들러의 연구 결과 중에 대표적인 것은 다음의 두 가지 결론이라 할 수 있다.

첫째, LPC점수가 낮은 지도자, 즉 과업 지향적인 지도자는 그림에서 Ⅰ, Ⅱ, Ⅲ과 같이 집단 상황이 그에게 매우 호의적이든가, 아니면 Ⅷ과 같이 아주 비호의적인 상황에서 가장 일을 잘하는 경향이 있다.

둘째, LPC 점수가 높은 지도자, 즉 관계 지향적인 지도자는 Ⅳ, Ⅴ와 같이 호의성이 중간인 상황에서 가장 훌륭히 일을 수행하는 경향이 있다. 여기서 호의성이 중간 정도라는 것은 ① 과업이 구조화되어 있으나 성원이 지도자를 싫어함으로 성원의 감정을 중시하지 않으면 안 되는 상황이나, ② 성원이 지도자를 좋아하기는 하나 과업이 구조화되어 있지 않으므로 성원의 창의성과 참여를 구해야만 하는 상황을 말한다.

이러한 지도자와 상황의 적합 관계를 예를 들어 설명하면, 우선 대학이나 전문가들의 단체에서는 관계 지향적인 지도자가 보다 효과적인 기능을 수행하게 된다. 대학에서 가르치는 일은 대부분 구조화가 잘 안 되어 있고 교수들은 지극히 개성이 강하며 특별한 사유가 없는 한 교수직은 학문적 자유를 보장받는다. 이런 상황에서 관리직을 가진 사람들은 교수들과 행정 문제를 다룰 때 극히 기술적이어야 하며 관계 지향적이어야 한다. 그들의 협조를 얻기 위해서는 교수들의 욕구에 민감해야 하는 것이다.

반면 군대 조직에서는 과업 지향적인 지도자가 관계 지향적인 지도자보다 낫다고 볼 수 있다. 왜냐하면 상황이 극히 호의적이든가 아니면 극히 비호의적이든가 하기 때문이다. 평화 시에는 군대는 극히 구조화되어 있고 정형화된 일을 하며 상관은 강력한 권한을 가지고 있고 하급자들은 그들에게 복종해야 한다.

반면 전시에는 상황이 극히 비호의적이라 할 수 있다. 과업은 정의가 잘 안 되어 있고 때로 혼돈스러울 때도 있다. 하급자들은 명령에 불복종하기도 한다.

이러한 비호의적 상황에서는 과업 지향적인 지도자가 추종자들의 행위를 통제하기 위해 지시를 내리고 공식적 권한을 잘 행사한다.

상황 모형의 타당성을 검증하는 많은 연구들이 이루어져 왔다.

이 모형을 지지해주는 연구들도 물론 많지만 반면에 타당성에 의문을 제시하는 연구들도 특히 LPC점수의 측정이 중심적인 문제점으로 제기되고 있다. 과연 LPC점수가 지도자를 분류할 수 있는 기준이 될 수 있느냐가 논란의 대상이 되고 있는 것이다. 즉 LPC점수의 부당성과 신뢰성의 문제가 있다. 이 외에도 상황의 분류가 지나치게 단순하다든가 변수의 의미가 분명하지 못하다든가 하는 문제들이 덧붙여 제기되고 있다.

[그림 11-5] 이상적인 상황적합적 리더십의 모형

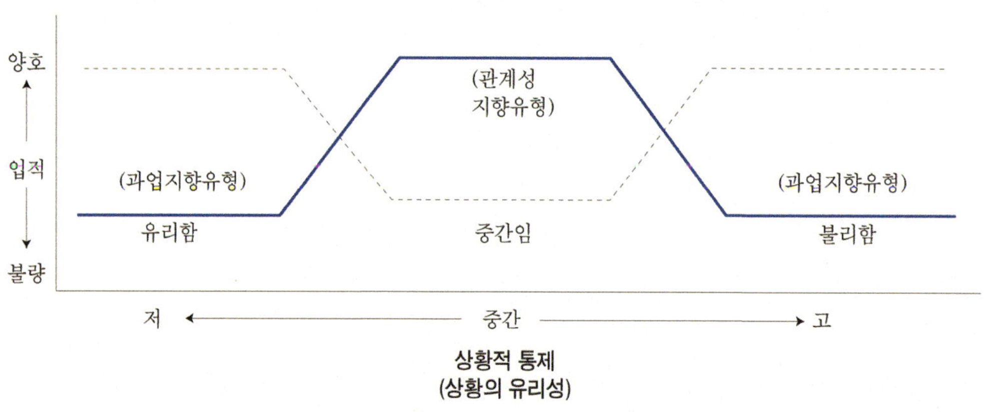

자료 : F. E. Fiedler, "Leadership Effectiveness," American Behavioral Scientist(1981, May-June), p. 625. 및 F. E. Fiedler / J. E. Garcia, op. cit.(1987), p. 83.

그러나 이러한 비판에도 불구하고 피들러의 상황 모형은 이론과 실무의 양측 면에서 리더십 연구에 크게 기여를 하고 있다. 우선 이론 면에서는 최초로 상황 변수를 본격적으로 도입하였으며 기업 조직에서 리더십과 리더십의 유효성에 영향을 미치는 변수들을 이해할 수 있게 해주었다.

그리고 실무 면에서는 지도자와 상황과의 적합 관계가 리더십 유효성에 가장 중요함을 밝혀주어 리더십 개발의 방향을 제시해 준 의의가 있다. 즉 지도자나 상황간의 적합 관계를 개선하는 데 있어 지도자의 변경은 현실적으로 어렵지만 상황의 변경을 통해 리더십 유효성의 제고가 가능하다는 시사를 해주고 있는 것이다.

실제로 피들러와 그의 동료들은 지도자와 상황이 부합되게끔 지도자가 상황을 수정하는데 이용할 수 있는 기법들을 가르치는 훈련 프로그램을 개발하여 성과를 거둔 바 있다. 요컨대 피들러의 상황 모형은 리더십 연구의 새로운 장을 열어 준 이론이며 적절하게 수정만 이루어지면 장래도 유망한 이론이라고 할 수 있다.

[그림 11-6] 리더의 유형과 성과 예측

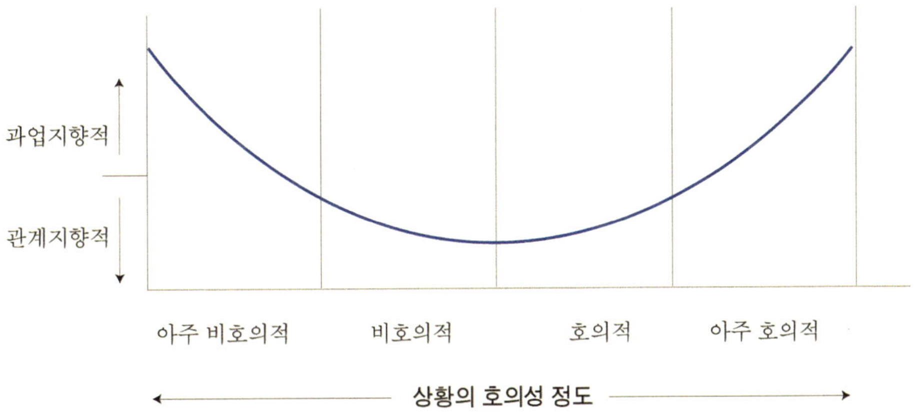

자료 : F. Luthans Organizational Behavior, 3rd ed(Tokyo : McGraw-Hill Kogakusha Company, Ltd, 1981), p. 423.

2) 브룸과 예튼의 리더십 상황이론

조직에서 지도자가 상황에 따라 하급자들을 의사 결정 과정에 참여시키는 것이 필요하다는 것을 인식할 때 리더십의 유효성은 높아진다. 이러한 흐름을 대표해 주는 리더십 상황 이론이 바로 브룸과 예튼이 제시한 리더십의 규범 이론이다. 이는 지도자가 의사 결정을 함에 있어 하급자들을 어느 정도까지 참여시켜야 할 것인가를 상황에 따라 구명한 이론이다. 따라서 이를 의사 결정의 이론으로 보아야 할지 아니면 리더십 이론으로 간주해야 할는지는 결정하기가 곤란하다. 그러나 지도자가 해야 할 일 중에 중요한 것이 의사 결정이고 또 이 이론이 지도자가 의사 결정 과정에서 어떻게 해야 할 것인가를 설명한 이론이므로 리더십 이론이라고 보아도 무방할 것이다.

브룸과 예튼[32]은 지도자가 하급자들을 의사 결정에 어느 정도 참여시켜야 할 것인가 하는데 관하여 규범적인 해답을 제시하고자 하였다. 그러나 규범적이라고 해서 모든 상황에 일률적으로 적용 가능한 하나의 최적 전략을 주장한 것이 아니라, 상황에 따라 참여의 정도가 다른 전략이 적당하다는 입장을 택하고 있다.

그리하여 이 이론은 지도자가 최적 전략을 택하는데 있어 어떤 상황 요인들이 중요하며 이러한 상황 요인들을 어떻게 이용하여 적절한 전략을 선택할 것인가를 중점적으로 해명하고 있다. 그리고 지도자는 이러한 선택적 전략에 맞춰 그에 맞는 의사 결정 방식, 즉 리더십 스타일을 사용해야 한다. 지도자가 상황에 맞춰 자기 스타일을 적응시켜 나갈 수 있다고 가정한 점은 앞서 설명한 피들러 이론과는 대조적이라 할 수 있다.

(1) 의사 결정의 유효성

우선 브룸과 예튼이 '무엇'을 리더십이 잘 발휘되고 있는 것으로 보는 가부터 살펴보기로 하자. 피들러는 한 리더가 효과적이냐의 여부를 평가하는 기준으로 집단성과를 채택한 반면 그들은 의사 결정의 유효성을 기준으로 이용하고 있다. 의사 결정의 유효성은 다음의 세 요소로 구성된다.

① 결정의 질 : 이는 고려 대상이 되고 있는 결정이 집단성과를 촉진하는데 있어서 중요한 정도를 가리킨다. 예컨대 공장에 식수대를 어디에 설치하느냐 하는 결정은 질이 낮아도 상관없지만 작업 할당이나 성과 목표에 대한 결정은 질이 높아야 할 것이다.

② 결정의 수용도 : 이는 하급자들이 결정 사항을 자기 것으로 받아들이는 정도를 가리킨다.

③ 결정의 적시성 : 이는 의사 결정이 지연 없이 적시에 이루어져야 하는 것을 가리키는 것이다.

결국 한 의사 결정은 그것이 위의 세 요소를 충족시키는 정도만큼 효과적이라 할 수 있다.

---

32) Victor Vroom, Philip W. Yetton(1973), Leadership and decision-making. Pittsburg: University of, Pittsburg Press.

(2) 지도자의 의사 결정 유형

다음은 지도자가 택할 수 있는 의사 결정의 스타일에 대해 살펴본다. 이 이론에서는 다음 표에서 볼 수 있는 것처럼 다섯 가지 스타일을 제시하고 있다. 이는 리더가 혼자서 결정을 하는 전제적 A스타일에서부터 자문 C를 거쳐 완전 참여 G에 이르는 다섯 등급으로 구성되어 있다.

이 유형들은 각각 나름대로의 장·단점을 지니고 있다. 참여적인 방법들은 하급자들의 수용과 지지를 얻을 수 있다. 이에 반해 지도자가 혼자서 내리는 결정은 보다 신속하고 효율적으로 이루어질 수 있다. 따라서 지도자는 잠재적으로 이득을 극대화할 수 있는 선에서 구체적인 의사 결정의 전략을 선택해야 한다.

〈표 11-4〉 의사 결정의 스타일

의사 결정의 스타일	정의
독재 유형 1(A Ⅰ)	경영자 혼자서 문제를 해결하고 의사 결정을 한다.
독재 유형 2(A Ⅱ)	경영자는 하급자들에게 정보를 요청하지만 의사 결정은 혼자 한다. 하급자에게는 문제가 무엇인지를 알려줄 수도 있고 알려주지 않을 수도 있다.
자문 유형 1(C Ⅰ)	경영자는 하급자와 문제를 함께 공유하며 정보와 평가를 그들에게 요청한다. 회합은 집단으로서 이루어지지 않고 1:1로 이루어진다. 그 다음 경영자 혼자서 의사 결정을 한다.
자문 유형 2(C Ⅱ)	경영자와 하급자들은 문제를 토론하기 위해서 하나의 집단으로서 모인다. 그러나 경영자가 최종적인 의사 결정을 한다.
그룹 기반 유형 2 (G Ⅱ)	경영자와 하급자는 문제를 토론하기 위해서 집단으로서 만난다. 그리고 전체로서의 집단이 의사 결정을 한다.

(3) 전략 선택을 위한 진단 절차

브룸과 예튼은 적절한 전략 선택은 상황, 즉 의사 결정 문제의 성격에 좌우되는 것이므로 이를 위해서 지도자는 문제의 성격에 대한 진단을 먼저 실시해야 한다고 한다. 그리고 상황을 진단하는데 이용될 수 있는 일곱 가지 규칙을 제시하고 있다. 일곱 가지 규칙 중 앞의 셋은 결정의 질을 확보하려는 규칙이고 나머지 넷은 결정의 수용도를 보호하려는 규칙들이다.

① 지도자-정보 규칙 : 만일 의사 결정의 질이 중요한데 지도자가 혼자 문제를 해

결할 수 있을 정도의 충분한 정보를 가지고 있지 못하면 가능한 전략 중에서 AⅠ을 제외시켜야 한다. 왜냐하면 AⅠ을 사용할 경우 질 낮은 결정이 이루어질 위험이 있기 때문이다.

② 목표 합치 규격 : 만일 의사 결정의 질이 중요한데 하급자들이 조직 목표에 합치되게 문제를 해결할 것을 확신하지 못한다면 GⅡ스타일을 고려에서 제외시켜야 한다. 즉 집단에 의사 결정을 전적으로 맡길 수는 없다.

③ 비구조화된 문제 규칙 : 만일 의사 결정의 질이 중요하고 지도자가 충분히 정보를 갖고 있지 못한 경우, 문제도 구조화되어 있지 않다면 고려 대상에서 AⅠ, AⅡ, CⅠ을 제외시켜야 한다. 이런 상황에서는 지도자와 하급자간에 문제와 해결안을 찾으려는 상호작용이 필요하다.

④ 수용 규칙 : 하급자들이 결정을 받아들이는 것이 효과적인 시행에 필수적인 경우 지도자에 의한 전제적인 결정이 하급자들의 수용을 확보할 확신이 없다면 AⅠ, AⅡ를 고려 대상에서 제외시켜야 한다.

⑤ 갈등 규칙 : 의사 결정에 대한 수용이 중요하고 전체적인 결정이 수용될는지가 불분명한데 하급자들 간에 적절한 해결안에 대해 갈등 가능성이 있는 경우에는 가능한 전략들 중에서 AⅠ, AⅡ 그리고 CⅠ을 제외시켜야 한다. 구성원들 간의 상호교환과 보다 큰 참여를 통해 갈등이 해결될 수 있다.

⑥ 공평성 규칙 : 의사 결정의 질은 중요하지 않으나 수용이 중요한데 전제적 결정을 가지고는 이것이 보장 안 될 때는 AⅠ, AⅡ, CⅠ, CⅡ를 제외시켜야 한다. 여기서는 집단의 수용만 고려하면 되므로 GⅡ스타일이 가장 효과적이 될 것이다.

⑦ 수용 우선 규칙 : 만일 수용이 절대적으로 중요한데 전제적 결정으로는 이것이 확보되지 않고 하급자들이 조직 목표를 추구하도록 동기부여가 되고 있을 때는 결정 과정에 모든 하급자들을 동등하게 참여시키는 방법이 결정의 질을 훼손하지 않으면서 보다 큰 수용을 낳게 할 수 있을 것이다. 이 때문에 고려 대상에서 AⅠ, AⅡ, CⅠ, CⅡ 그리고 GⅡ를 제거해야 한다.

이러한 규칙들을 이용하여 상황을 진단하고 적절한 전략을 선택하는 과정을 브룸과 예튼은 다음에 나와 있는 의사 결정수의 형태로 간편하게 제시하고 있다. 지도자는 하단에 나와 있는 일련의 일곱 가지 질문에 '예', '아니오'로 대답하면서 앞으로 나아가다 보면 특정 상황에 알맞은 최적의 전략에 도달하게 된다. 예컨대 질이 중요한 것은 아닌 반면 -A : 아니오-수용은 중요한데-D : 예-혼자서 내리는 결정으로는 수용이 안 될 때-E : 아니오-는 GⅡ, 즉 완전 참여만이 유일하게 가능한 전략이 된다.

[그림 11-7] 가능한 대체 방안을 보여 주는 의사결정 모형

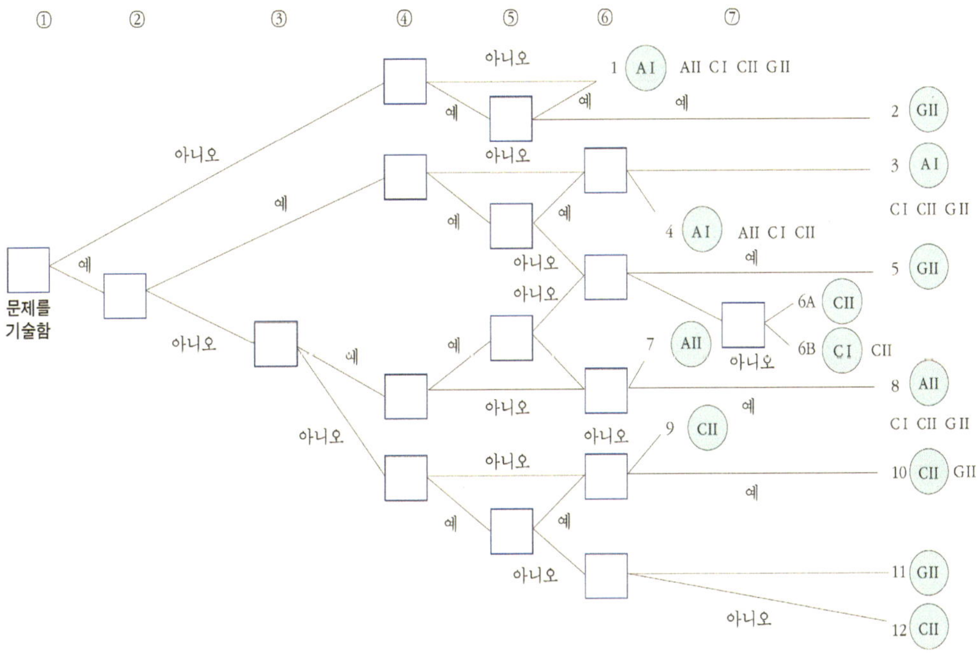

자료 : V. H. Vroom, "New Look at managerial Decision Making" Organizational Dynamics (1973, summer) 및 J. A. F. Stoner/R. E. Freeman, op. cit.(1989), p.478.

그러나 그림에서 볼 수 있는 것처럼 의사결정수를 따라갔을 때 여러 대안이 있는 경우는 어떻게 할 것인가? 이에 대해 브룸과 예튼은 여러 가지 전략이 있을 수 있다고 말한다. 예컨대 능률을 강조한다면 시간이 제일 적게 드는 전략을 선택할 수도 있고, 반면에 하급자들의 의사 결정 능력을 키우는데 초점을 두면 참여적 전략을 선택할 수도 있다.

따라서 여러 가능한 대안들 중에서 어느 하나를 선택해야만 할 때 최선의 유일한 기법은 없고 조직의 목표에 따라 폭넓게 선택하게 된다.

브룸 등의 이론에 대한 타당성을 입증해 주는 연구가 아직 그렇게 많은 것은 아니나 상당히 고무적인 연구 결과가 나오고 있다. 즉 관리자들은 실제로 이 이론이 제시하는 것처럼 탄력성 있게 의사 결정을 한다는 것이다. 그리고 적절한 참여 수준을 결정하고 상황을 진단하는 훈련을 받은 관리자들은 그런 훈련을 못 받은 관리자보다 유효성이 높다는 것이다. 결론적으로 브룸과 예튼의 규범 이론은 관리자들이 실제 의사 결정을 어떻게 하는가를 이해하게 해주었다는 점과 적시에 질 높은 의사 결정하기 위해서는 관리자들을 어떻게 훈련시켜야 할 것인가 하는 방향을 제시했다는 점에서 큰 진전을 이룩한 이론이라 할 수 있다.

3) 하우스의 경로-목표이론

조직에서 지도자는 하급자(부하)들이 추구하는 목표에 길잡이가 될 수 있을 때 효과적인 지도자라 할 수 있다. 이러한 흐름을 대표하고 있는 리더십의 상황 이론이 로버트 하우스(Robert House)에 의해 발전된 경로-목표 이론(path-goal theory of leadership)이다.[33]

이 경로-목표 이론은 하급자들이 열심히 일하게끔 동기 유발을 시킬 수 있는 지도자의 행위를 연구하는 이론으로서, 동기부여 이론의 하나인 기대 이론에 기반을 두고 있다. 이 이론은 다음과 같은 기본 전제 위에서 출발하고 있다.

즉 집단의 성과란 하급자들에 의해 달성되는 것이다. 그러므로 성과를 낼 수 있는 효과적인 지도자란 하급자들이 열심히 일하게끔 영향력을 잘 행사할 수 있는 사람이다. 그런데 하급자들은 아무것도 바라는 것 없이 일하는 것이 아니고 직무상 행위를 통하여 무엇인가 구체적인 목표를 추구하고 있다. 때문에 하급자 편에서는 그들이 추구하는 목표에 도움을 준다고 생각되는 지도자의 영향력을 잘 받아들이게 된다. 즉 하급자들의 눈에 지도자의 행동이, 상황이 제공 못하는 어떤 것을 제공함으로써 그들이 추구하는 목표에 도움을 주고 있는 것으로 비칠수록 지도자는 하급자들에게 영향력을 행사할 수 있고 또 그들에게 호의적으로 받아들여진다. 이러한 경로-목표 이론의 핵심을 정리하면 다음 그림과 같다.

그러면 어떻게 해야 지도자가 이러한 기능을 잘 수행할 것인가? 다시 말해 어떤 리더의 행동이나 리더십 유형이 하급자들에게 도움이 되는 것으로 비칠 것인가?

대부분의 상황 이론이 그렇듯이 경로-목표 이론에서도 이는 상황에 좌우된다고 본다. 즉 상황에 부합되는 리더십 유형이 종업원들의 만족과 성과를 유발한다는 상황 이론의 기본적 골격은 여기서도 그대로 적용되고 있다. 다만 다른 이론과의 차이점은 상황에 부합되는 리더십이 어떻게 만족과 성과를 내는가 하는 과정에 대한 설명이 있다는 것이다. 경로-목표 이론의 보다 구체적인 개요가 다음 그림에 나와 있다. 이를 좀 더 자세하게 설명하면 다음과 같다.

33) House, R. (1971), A path-goal theory of leader effectiveness, Administrative Science Quarterly, 2, 321-339.

[그림 11-8] 경로-목표 이론의 핵심

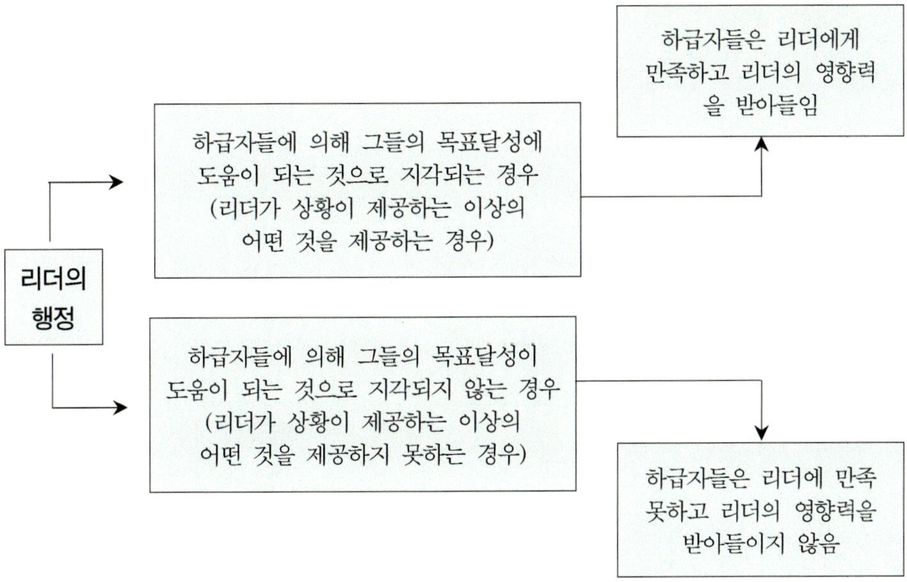

자료 : R. A. Baron, Behavior in Organization : Understanding and Managing the Human Side of Work (Boston : Allyn and Bacon, Inc, 1983), p. 482.

(1) 리더십 유형

경로-목표 이론에 의하면 지도자가 취할 수 있는 행위, 즉 리더십 유형에는 다음의 네 가지가 있다.34)

① 지시적 리더십 : 이는 도구적 리더십이라고도 하며, 계획·조직·통제와 같은 공식적 활동을 강조하는 유형이다. 즉 이 스타일은 구체적 지침과 표준·작업 스케줄을 제공하고 규정을 마련하여 하급자들로 하여금 그들에게 기대되는 것을 알게 해준다.

② 후원적 리더십 : 이는 하급자들의 복지와 안락에 관심을 쓰며 후원적 분위기 조성에 노력한다. 그리고 구성원들 간에 상호 만족스러운 인간관계 발전을 강조한다.

---

34) Hersey, P. & Blanchard, K. H. (1969), "Life cycle theory of leadership", Training and Development Journal, 23 (5) : 26-34.
Hersey, P. and Blanchard, K. H. (1977), Management of Organizational Behavior 3rd Edition-Utilizing Human Resources, New Jersey/Prentice Hall.

③ 참여적 리더십 : 이는 하급자들에게 자문을 구하고 그들의 제안을 끌어내어 이를 진지하게 고려하며, 하급자들과 정보를 공유하는 스타일이다.

④ 성취 지향적 리더십 : 이는 인도적인 작업 목표를 설정하고 성과 개선을 강조하며 하급자들의 능력 발휘에 대해 높은 기대를 성정하는 스타일이다.

[그림 11-9] 경로-목표 이론의 개요

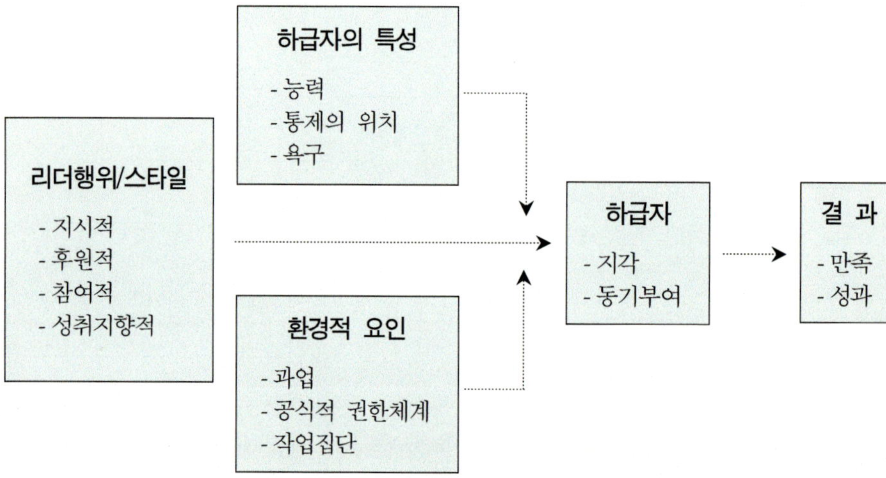

경로-목표 이론에서는 지도자가 이러한 네 가지 유형 중에서 자유로이 어느 하나를 선택할 수 있다고 본다. 이 점은 리더십을 비교적 고정적으로 본 피들러 이론과 대조적이다.

(2) 상황 요인

그러면 이 네 가지 유형 중 어느 것이 가장 효과적인가? 경로-목표 이론에서는 앞서도 언급한 것처럼 이것은 상황에 좌우된다고 본다. 즉 효과적인 리더십은 지도자와 상황 요인의 상호작용의 함수라고 가정한다. 이 이론에서 고려되는 상황 요인에는 하급자의 특성과 환경적 요인의 두 가지가 있다.

① 하급자의 특성 : 리더십 유형의 선택에 영향을 미치는 하급자의 특성 중에는 능력, 통제의 위치, 욕구 등을 대표적으로 들 수 있다. 즉, 능력이 있다고 생각하는 하급자들은 지시적 유형에 대해서는 이를 불필요하다고 생각할 것이고 오히려 성취 지향적 유형을 선호할 것이다. 통제의 위치에 있어서는 내재론자들은

참여적 유형에 만족하는 반면 외재론자들은 지시적 리더십에 만족한다. 욕구도 영향을 미치는데 예컨대 친교 욕구가 강한 하급자들은 후원적 리더십 유형이나 참여적 리더십 유형에 대해 호의적일 것이다. 성취 욕구가 강할 때는 성취 지향적 지도자 밑에서 가장 일을 잘 할 것이다.

② 환경적 요인 : 리더십 유형의 선택에 영향을 미치는 환경적 요인에는 과업, 공식적 권한 체계, 작업 집단 등이 있다.

그 중에서 과업의 성격에 대한 연구가 가장 많이 되어 있는데, 구조화가 안 되어 있는 과업의 경우에는 지시적 리더십에 대해 하급자들은 호의적 반응을 보인다. 이는 지시적 리더십이 그들의 목표 달성을 위한 경로를 분명히 해주기 때문이다. 반면 구조화된 과업의 경우에는 지시적 리더십은 불필요하게 엄격한 통제의 인상을 주므로 오히려 후원적 리더십이 과업의 일상성의 결과로 발행하는 좌절을 감소시켜 줄 수 있는 바람직한 역할을 한다.

경로-목표 이론은 제기된 역사가 그리 길지 못하므로 이의 타당성 여부를 확인한 연구가 그리 많지는 않다. 그리고 타당성 연구도 대개는 이론의 완전한 검증이 아니고 과업의 성격과 관련된 부분적인 검증들이다. 이러한 연구에서는 비교적 이 이론의 타당성에 대한 지지를 받고 있다.

(3) 비판

경로-목표이론을 검증하기 위해 시행된 연구결과들을 살펴보면 결론이 서로 일치하지 않고 있는데, 주요 비판내용을 열거하면 다음과 같다.

첫째, 경로-목표이론은 기대이론을 많이 포용하고 있는데, 기대이론은 너무 복잡하고 비현실적이며, 기대이론의 연구가 개인의 의식적인 기대와 유인, 개인의 노력수준과 만족간의 관계를 적절히 설명해 주지 못하고 있다.

둘째, 경로-목표이론은 그 자체가 복잡하고 난해하며 또 여러 변수들 간의 인과관계를 명확하게 규명하지 못하고 있다.

셋째, 서로 다른 상황적 조절변수간의 상호작용 가능성을 배제하고 있으며, 각 상황변수의 다른 측면이 리더행동의 결과변수에 다르게 작용할 수 있다는 점을 명백하게 밝히지 못하고 있다.

넷째, 이 이론은 리더의 동기유발기능에 초점을 맞추고 리더가 부하의 과업수행에 영향을 미치는 다른 방법들(훈련, 조정, 조직화, 인적자원 및 설비의 효과적인 활용 등)을 소홀히 다루고 있다는 점이다.

이상에서 살펴본 것처럼 여러 가지 비판을 받고 있음에도 불구하고 이 이론은 개념적인 틀을 제시하여 중요한 상황적 조절변수들을 확인하게 함으로써 리더십 연구에 많은 공헌을 하고 있다.

사 례

23전 23승의 이순신의 리더십

이순신 장군은 세계 해군사에 23전 23승이란 불멸의 기록을 세웠다. 막연하게 영웅이라면 어떤 전쟁에서도 이길 수 있다는 생각을 하며 자랐던 것 같다. 하지만 이제 와서 현실을 놓고 다시 생각해 보면 정말 대단하다, 기적이라는 말밖에 할 수 없을 것 같다.

특히 장군의 가장 극적인 전투였던 명량대첩을 보면 기적은 노력 위에 기적이 나온다는 것을 알 수 있다. 칠천량에서 원군이 이끄는 수군이 일본군에게 완패한 상황에서 배도 병사도 무기도 없이 삼도수군통제사의 교지를 받은 이순신, 그는 어떻게 빈손으로 출발해 어떻게 명량대첩의 개과를 일궈냈을까? 그는 재기를 위한 뜨거운 열정과 용기, 백성과 군사들로부터 쌓아둔 신뢰감을 바탕으로 초심으로 돌아가 처음부터 다시 시작한다. '신에게는 아직 12척의 배가 있다'는 무한긍정의 마음에서 배를 모으고, 민심을 수습하고, 무기를 모으고, 死則生 必生則死(필사즉생 필생즉사)으로 군기를 세워가는 그의 모습은 시대를 뛰어넘은 영웅이라 할 수 있다.

▲ 충무공 이순신 장군

1. 必死則生 必生則死(필사즉생 필생즉사)
   죽기를 각오하면 살 것이요 비겁하게 살려고 하면 반드시 죽을 것이다.
2. 신상필벌(信賞必罰 : 상벌을 공정히 하는 일)
   장군은 전쟁에서 상과 벌을 공정하게 주는 공정한 불평등(equal inequality)을 실시한다.
3. 현장(백성)의 정보를 신뢰하라
   장군은 현장의 백성들이 제공해주는 정보를 활용하였다. 탐후인(探候人)으로 부산의 허내은만(許內隱萬), 한산해전의 김천손(金千孫), 부산포 해전의 어부 정 끝돌

(丁末石), 일본군 협조자였던 김억(金億)과 일본군 항복자들의 정보도 이용하였다.

4. 솔선수범(率先垂範)
장군은 항상 부하들보다 먼저 행동으로 모범을 보였다. 예나 지금이나 상사는 속일 수 있어도 부하의 눈은 못 속이는 법이다. 솔선수범이 중요한 이유다.

6. 전략적 리더십

1) 전략적 리더십의 정의

책정된 전략이 효과적으로 실행되기 위해서는 실행과정을 지휘하고 관리하는 리더가 중요한 역할을 해내고 있다. 전략을 수행하는 리더는 대부분의 다른 역할을 해내지 않으면 안 된다. 기업가적인 역할, 경영자의 역할, 위기의 해결자로서의 역할, 일의 지휘자, 자원의 배분자, 교보자, 모치베라 어드바이져, 착상자, 합의형성자, 정책입안자로서의 역할 등이다.

글랜 로위는 전략적 리더십[35]은 다른 사람들이 단기간의 재무 안정성을 유지하면서 조직의 장기적인 생존 가능성을 향상시키는 일상적인 결정을 자발적으로 내릴 수 있도록 영향을 미치는 능력으로 정의하고 있다.

톰슨과 스트릭랜드[36]는 이와 같은 리더의 전략적인 역할을 전략적 리더십이라 생각하여 "아주 근접한 상황을 진단하고 그것을 잘 처리하는 방법을 선택할 것"이라고 생각하고 있다.

또, 호스머(Tone Hosmer)는 타인의 태도나 의견에 영향을 줄 수 있는 조직 내의 개인이 리더라고 정의하고 리더의 역할은 전략의 책정, 전략의 실행, 조직성과, 차기의 전략책정이라는 전략적인 관리과정의 전반에 대해 책임을 지는 일이라고 생각하고 그런고로 전략적인 리더십이란 전략의 책정과 실행에 관련되어 다양한 노력을 통합하고 조정하기 위해 조직전체에 걸친 방향성과 목적을 만들어 내는 일이라고 주장한다.[37]

35) W. Glenn Rowe, Creating wealth in organizations: The role of strategic leadership, Academy of Management Executive, 2001, Vol.15, No.1.
36) Arthur A. Thompson, A. J. Strickland, Strategic Management: Concepts and Cases Edition, 12, McGraw-Hill/Irvin, 2001.

호스머는 어떤 조직 요인에 의해 조직 멤버의 인지가 영향 받는가, 그리고 그 인지가 어떻게 개개인의 방향이나 목적을 만들어 내어 전략정책과 실행과 조화한 노력으로서 결부되는가에 대해 다음과 같이 기술하고 있다. 그것에 의하면, 조직 내의 멤버는 각각의 지위에 있어서 사업 활동의 성과와 시장에서의 포지션에서 판단하여 조직이 어떻게 행동해야할 것에 대한 생각(Concept)을 갖고 있다. 그것은 도표에 있어서 보여져 있는 바대로 조직전략에 대한 개개인의 인지라 생각되어 조직의 미션(사명), 전사적인 성과와 포지션, 관리자의 가치와 태도, 기업에 오픈 되어 있는 전략적인 대안의 범위, 환경 내에 있어서 기회와 리스크, 회사의 강점과 약점 등에 의해 영향 받는다.

[그림 11-10] 전략적 리더십

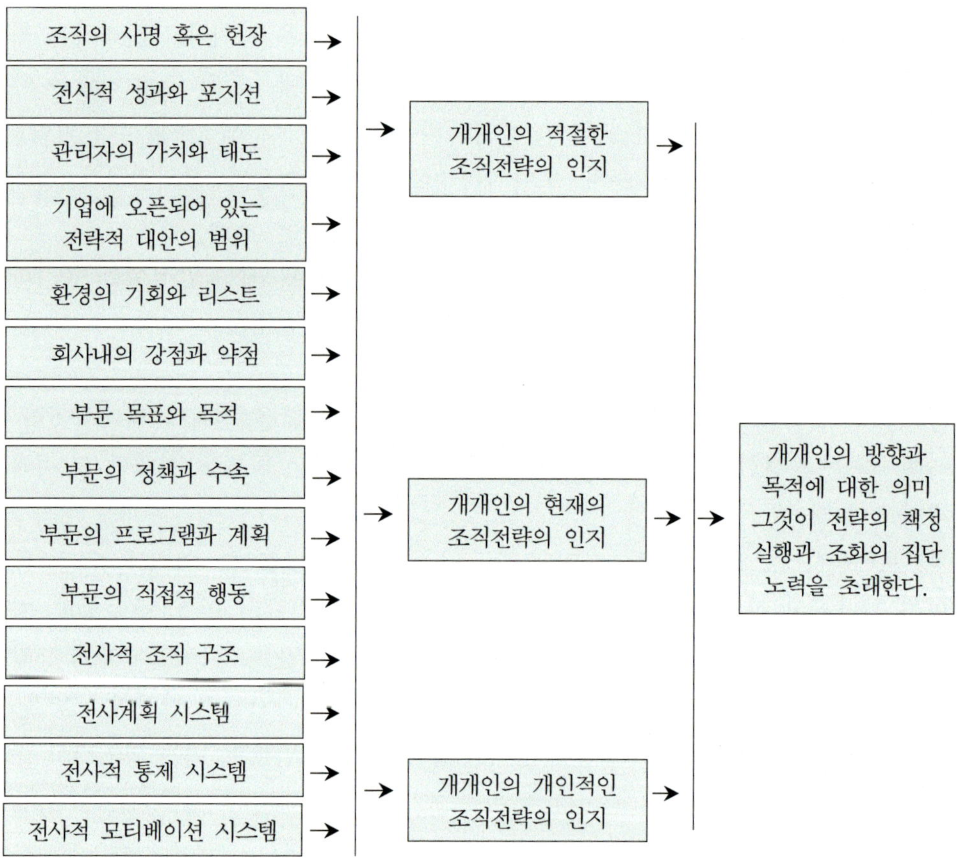

37) Tone Hosmer, L.(1982), "THE IMPORTANCE OF STRATEGIC LEADERSHIP", Journal of Business Strategy, Vol.3, No.2, pp.47-57.

또, 조직의 전략에 대한 개개인의 인지는 부문의 목적과 목표, 부문의 정책과 수속, 부문의 프로그램과 계획, 부문의 직접적인 행동에 의해 구성된다.

그리고 개인의 방향과 목적을 결정하는 다른 하나의 인지에 개개인의 조직전략에 대한 인지가 있다. 조직의 구조나 관리시스템은 성과를 달성하기 위해 어떻게 해야 할 것인가에 대해 멤버에 전달하는 역할을 갖고 있으나, 이와 같은 멤버의 개인적인 인지는 전체의 조직구조, 전사적인 계획시스템, 전사적인 통제시스템, 전사적인 모티베이션 시스템에 의해 영향 받는다고 생각되고 있다.

그리고 이들의 적절한 조직전략에 대한 인지와 현재의 조직전략에 대한 인지와 개인적인조직전략에 대한 인지가 조직멤버의 방향이나 목적에 대해 의미를 주고 그것에 의해 전략의 책정과 실행과 조화한 노력이 되어 나타나는 것이다.

이와 같이 전략적인 리더십이란 집단이나 레벨의 리더십에 대해 서술한 것이 아닌 조직의 전략적인 성장방향, 조직의 장기목표의 달성 등의 조직전체에 걸친 전략레벨의 문제와 깊이 관련된 통제 활동이라고 생각할 수 있다.

2) 전략적 리더십의 유형

전략적인 리더십은 전략의 책정과 실행에 걸린 조직전체의 방향성, 조직구조, 조직과정을 대상으로 하여 전략경영활동을 통제하는 행동이므로 그것을 실행하는 리더의 역할은 크다.

(1) Visionary 리더십

웨스레이와 민즈버그는 전략적 리더십을 비저너리 리더십(Visionary Leadership)이라는 말로하고 있다.[38] 리더십 비전(Leadership vision) 혹은 비저닝(visioning)이라는 말은 다음의 3가지 다른 단계로 분석 가능하다고 서술하고 있다.

① 조직의 바람직한 장래의 상태를 그려내는 일
② 그것을 효과적으로 부하에게 의사 전달하는 일
③ 조직멤버를 비전을 향해 분발시키는 일

---

38) Frances Westly and Henry Mintzberg(1989), Visionary Leadership and Strategic Management, Strategic Management Journal, 10, pp.17-18.

그리고 Visionary Leadership의 스타일을 창조자(Creator), 전향자(Proselytizer), 이상주의자(Idealist), 불의의 습격자(Bricoleur), 예언자(Diviner)의 5종류로 분류하고 현저한 능력, 내용, 과정, 조직의 내용, 제품/시장의 배경, 타겟트가 되는 집단의 각각의 항목에 대해 다음 표와 같이 정리하고 있다.(〈표 11-5〉 참조)

코터(John P. Kotter)는 리더십을 사람들에게 동기를 부여하여 비전과 전략을 통한 방향으로 변화에 부응하는 역할로 정의[39]를 하였는데 이것이야말로 비전을 갖고 변화에 대응하는 비저너리 리더십과 변화에 부응하는 변혁적 리더를 합한 전략적 리더십이라고도 할 수 있다.

〈표 11-5〉 리더십 스타일의 종류

상징적 스타일	현저한 능력	내용	과정	조직의 내용	제품/시장의 배경	목표가 되는 그룹
창조자	• 인스피레션 • 선견성 • 이미지 • 네이션	제품에 초점	• 급격 • 전체적 • 내성적신중	• 스타트업 • 기업가적	• 발명과 혁신 • 유형제품 • 니치시장	• 독립의 소비자 • 과학적 커뮤니티
전향자	• 이미지네이션 • 선견성	시장에 초점	• 급격 • 초점의 이동 • 상호작용 • 전체적	• 스타트업 • 기업가적	• 유형제품 • 적응 • 대량시장	• 집단시장 • 경쟁자 • 인프라구조
이상주의자	• 이미지네이션	이상에 초점	• 신중 • 연역적 • 내성점진적	• 런어라운드 • 공적 • 관료제	• 정치적 • 콘셉트 • 제로섬 시장	• 일반적 인구 50% 쉐아
불의의 피습자	• 선견성 • 통찰	제품/조직에 초점	• 긴급 • 귀납적 • 상호작용 • 점진적	• 재생 • 런어라운드 • 공적·사적 관료제	• 유형제품 세분화된 과점시장	• 정부 • 노조 • 소비자
예언자	• 통찰 • 민감 • 인스피레션	서비스에 초점	• 점진적 • 급격결정 • 상호작용	• 재생 • 관료제	• 서비스개발과 혁신, 대량의 과점시장	• 종업원

자료 : Westley F. and H. Minzberg, "Visionary leadership and strategic management", Strategic Management Journal, Vol.10, p. 23.

39) Kotter, John P.(1990), "What Leaders Really Do," Harvard Business Review, May-June, pp.103-111.

(2) 카리스마형의 리더십

내들러와 타슈만(Nadler &Tushman)[40]은 전략적인 조직변혁을 효과적으로 수행하는 리더십의 유형을 카리스마형의 리더십이라 규정하고 이 리더십의 특징을 다음과 같이 요약하고 있다.

① 마음에 그릴 것(Envisioning) : 장래의 구도를 창조하는 일이며 바람직한 장래의 상태를 제시하고 흥분을 일으키는 듯한 역할을 해내는 것이다. 그를 위해 명확하며 드라마틱한 말로 움직이게 하지 않고서는 있을 수 없는 비전이 필요하다.

② 활기 있을 것(Energizing) : 조직멤버 사이에 행동하려는 동기부여를 일으켜, 에너지를 생성시키는 일이다. 그를 위해서는 조직 내에 여러 사람들과의 접촉을 통하여 개인적인 흥분과 에너지를 표현할 것, 혹은 장래 구도의 실현에 대한 능력에 신뢰를 두는 것이 필요하다.

③ 가능하게 할 것(Enabling) : 인간이 목표에 대해 도전하는 행동을 심리적으로 기대하는 역할이다. 미래 비전이 제시되어, 그 실현을 향해 동기부여가 이루어짐과 동시에 그것을 수행하는 인간을 기대하고 지원하지 않으면 안 된다. 그리고 그것을 효과적으로 수행하는 사람들의 능력을 신뢰하는 일이다.

3) 전략적사고의 변형과 통합적사고

최근의 '전략'에 대한 접근은 2000년까지는 사업(business)에서 경영(management)으로 진로를 옮겼다. 탈공업화 사회에서 경쟁 우위의 전통적인 원천에 의존하는 사업수준의 전략은 사실상 사라졌다. 1990년대 까지는 기업의 규모를 매우 중요시 했다. 그러나 2020년 현재는 기업이 자본이나 세계시장에의 용이한 접근을 보면 아이디어와 기술만 좋으면 규모의 실현은 어렵지 않다. 이제는 말 그대로, 규모자체를 '빌리는 것'마저 가능한 시대가 도래 했다.

전략적 사고는 회사 또는 조직의 경쟁 우위를 창출하기 위한 기회에 고유한 비즈니스 통찰력을 창출하고 적용하는 것을 포함한다. 그것은 조직의 전략과 가치 제안의 기초가 되는 가정에 도전하는 것을 포함한다.

민츠버그(Henry Mintzberg)는 전략적 사고를 1994년에 본인의 논문에서 '점 찾기의 분석보다는 점 연결의 의미인 합성에 관한 것'으로 정의하기도 했다. 그것은 '경영자

40) David Nadler, Michael Tushman(1997), Competing by design: The power of organizational architecture, New York, Oxford University Press.

가 자신의 조직에서 배운 경험과 통찰력을 포착한 다음 그 학습을 비즈니스(사업)가 추구하는 방향에 대한 비전으로 종합하는 것을 전략적 사고'라 명명 하였다. 민츠버그는 전략적 사고가 전략 계획 연습보다 전략 수립의 중요한 부분이라고 주장했다.[41]

전략가로도 유명한 앙드레 보프레(André Beaufre) 장군은 전략적 사고는 "추상적이고 합리적인 정신적 과정이며, 심리적, 물질적 데이터를 모두 합성할 수 있어야 한다. 전략가는 분석과 합성 모두에 대한 큰 능력을 가져야 한다."[42]고 주장한 것을 보면 전략적 사고는 분석과 이것을 통합할 수 있는 능력이라고 생각한다.

---

41) Henry Mintzberg, The Fall and Rise of Strategic Planning, Harvard Business Review, January–February 1994.

42) Beaufre, Andre, An Introduction to Strategy, Trans. R. H. Barry, New York, 1965.

Chapter 12 시장과 제품, 다각화전략

■ 다시 등장하는 다각화 전략

[미국의 다각화 전략과 일본의 사업전환으로 보는 다각화의 의미]

다각화는 미국의 대기업에서 시작된 것으로 미국의 다각화전략은 경영·관리 속에서 경영전략 또는 전략적 결정이 이론적으로도 실천적으로도 중시되게 된 것은 1960년대 이후이며, 특히 70년대에 들어서 활발해졌고 1980, 90년대에는 거의 다각화전략이 중시되었으나 2000년대에 들어오면서 쇠퇴하는 분위기이다. 그러나 일본에서는 미국과는 달리 2000년대에 들어오면서 다각화를 일본의 환경에 맞게 「(1) 기업 환경에서의(존속과 성장의) 기회, (존속·성장을 위태롭게 하는) 위협의 식별, (2) 자기의 상대적 강점·약점의 자기 점검(기술·상품 기획·개발·마케팅 등의 힘을 타기업과 비교했을 경우의 상대적 우위·열위), 타기업과의 상대적 우위를 늘리고 타기업과의 상대적 열위를 개선 또는 폐지하는 방향의 모색, (3) 기업 환경과 기업과의 바람직한 상호작용의 장 = 기업의 바람직한 행동영역의 설정, (4) 바람직한 행동영역 내부의 여러 사업에 대한 중점평가와 그에 대응한 기업자원(인물, 돈)의 중점적 개발과 중점배분 등과 같은 과정」으로 설명한다.[1] 일본에서는 다각화 전략이 새롭게 재평가되고 있다.

제 1 절 다시 보는 앤소프의 다각화 전략

1. 이고르 앤소프의 등장과 전략경영

이고르 앤소프는 전략 경영론의 창시자이자 전략적 계획 입안 자체가 경영 활동의 하

1) 出典 | 株式会社平凡社世界大百科事典 第2版, 「多角化」, の解説.

나로 성립하는데 기여했다. 1965년에 발행된 그의 획기적 저서 『기업전략론(Corporate Strategy)』은 전략론을 목표로 한 첫 번째의 저서로 여기에 나타난 개념은 약간 복잡하지만, 경영문헌의 고전의 하나로서 현재에도 사랑받고 있다. 전략론의 아버지로 불리는 이고르 앤소프에 대해 알아보기로 한다.

1) 러시아 혁명의 난기류에 휘말린 앤소프 일가

이고르 앤소프(H. Igor Ansoff)는 기업이 미래에 직면하는 비즈니스 환경의 복잡성에서 다양한 변화의 불확실성을 '난기류(turbulence)'라고 부르며, 난기류가 초래하는 경영 과제에 대한 체계적인 전략 계획의 필요성을 주장하여 '전략경영의 창시자'로 불렸다. 앤소프는 1918년 12월 러시아의 블라디보스토크에서 태어났다. 어린 시절의 앤소프의 삶의 궤적은 바로 난기류 그 자체였다. 앤소프가 태어난 전년인 1917년은 제1차 세계대전이 종전을 맞이한 해이다. 러시아에서는 1917년 10월에 블라디미르 레닌의 지도 아래 볼셰비키들이 이룬 혁명에 의해 볼셰비키 주도의 정권이 탄생했고, 1917년 7월에는 로마노프 왕조(Romanov dynasty)의 황제인 니콜라이 2세와 그 가족이 처형되었다. 이 시기에 미국 대사관에 근무하고 있던 앤소프의 아버지는, 미국 적십자사의 의뢰로 블라디보스토크에 파견되고 있었지만, 1919년에 미국 대사관은 폐쇄되어 1924년까지 모스크바로 돌아오지 못했다. 혁명 후의 러시아에서는 식량난으로 인해 기아와 스탈린에 의한 대숙청의 폭풍이 불어났다.

1933년에 미국 대사관이 재개되었지만, 반혁명파로 간주되면서 불편한 생활이 이어지자 미국 대사관에 근무하는 아버지는 미국이주를 결심하여 1936년 9월 미국으로 이주하게 된다, 이 때 앤소프 나이는 16세였다. 17세 때에 러시아정교의 신부의 소개로 고등학교에 입학하지만 앤소프는 고등학교를 1년 만에 졸업하고 뉴저지주의 스티븐 공과대학(Stevens Institute of Technology)에 입학했다. 그는 1941년에 수학과 물리학의 석사 학위를 습득했다. 전시중의 5년간은 해군에서 근무해, 1946년 로드 아일랜드주의 브라운 대학Brown University의 박사 과정에 들어가, 1948년 응용 수학의 박사(Ph.D)를 받고 캘리포니아주 산타모니카의 싱크탱크(think tank)로 알려진 랜드 연구소(RAND Corporation)에 취직이 결정된다. 랜드 연구소에서 8년간 근무하며 그 동안 공군이나 NATO군의 취약성을 연구하는 프로젝트 리더를 맡았지만, 앤소프가 랜드 연구소에서 배운 것은 장기적인 위험에 대해 예민해야 할 군사 조직에서 선견성과 창조력이 부족한 '조직의 근시안(organizational myopia)'의 현실이었다.

2) 앤소프의 다각화의 등장

앤소프는 1956년에 랜드 연구소를 퇴직해 캘리포니아주 버뱅크에 있는 록히드 항공회사(Lockheed Aircraft Corporation)에 입사했다. 당시 많은 항공기 제조 기업들은 전시 중에 축적된 기술을 활용한 다각화 전략을 모색하고 있었다.([그림 12-1] 참조)

[그림 12-1] **다각화를 위한 전략**

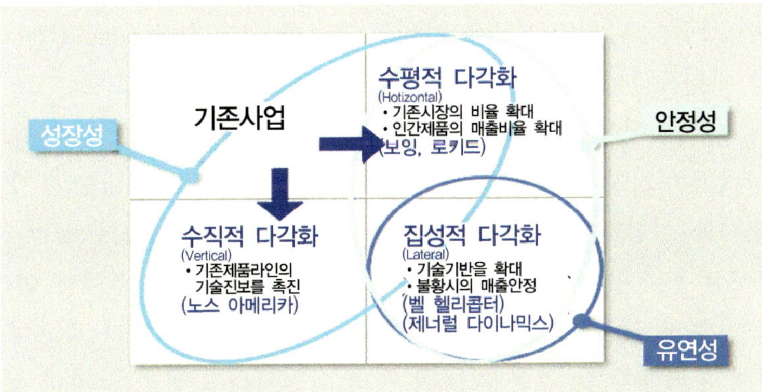

앤소프의 첫 논문은 1957년 발간된 하버드 비즈니스리뷰의 "다각화를 위한 전략"[2]이며, 이 주제는 그 후의 기업 경영론이나 전략 경영론의 원점이라고도 할 수 있는 획기적인 논문이었다.

[그림 12-2] **앤소프 매트릭스**

MARKETS / PROUCT LINE	μ_0	μ_1	μ_2	…………………	μ_m
Π_0	MARKETS Penetration	MARKETS DEVELOPMENT			
Π_1	PRODUCT DEVELOPMENT				
Π_2		DIVERSIFICATION			
⋮					
Π_m					

자료 : Ansoff, H. I. (1957), Strategies for Diversification. Harvard Business Review, 35(5) : 113-24, p.114.

2) H. Igor Ansoff (1957), "Strategies for Diversification," HBR, 35(5) : pp.113-24, September-October.

이 논문에서는 다각화 전략을 정의하기 위해 "사업 성장을 위한 제품 - 시장 전략"([그림 12-2])이 그려져 있었지만, 그것은 "안조프 매트릭스", 또한 "성장 벡터"로 이름을 떠나게 되었다. 이 논문에서 앤소프는 경제 용어로 사용되지 않았던 군사 용어인 'Mission 미션'이라는 용어를 사용하여 기업의 미션으로 제품에 맡긴 편익을 '제품-시장'으로 정의하고 제품-시장 전략을 시장 침투 전략, 시장 개척 전략, 제품 개발 전략, 다각화 전략으로 분류하고 다각화 전략이 기업의 성장에 빠질 수 없는 전략임을 호소하고 싶었다.

1950년 관련 산업 내 수평적, 수직적 기업 합병을 규제한 셀러 키포스법(클레이튼법 제7조 수정)이 성립하고, 기업은 내부 자원을 활용한 내부 성장(organic growth)이 요구되고 있었다. 록히드사는 다각화를 검토하는 부문이 있었고, 안조프는 그 전문가로서의 입사였다. 록히드 에어크래프트사는 사업의 수평 방향으로 다각화를 진행하기 위해 자회사로서 지상정비기기 및 항공관제용 컴퓨터를 개발하여 사업화를 추진하는 록히드 일렉트로닉스사를 설립하여 앤소프는 그 계획 담당 VP(Vice President)가 되었다.

앤소프는 성장 전략을 선택하기 위해 매출의 불확실한 장기 추세를 여러 유형으로 분류하고 그에 따라 제품-시장 전략의 방향성을 결정하는 것이 중요하다고 했다.

이 논문에서 주목해야 할 것은 최초의 경영 실천서라고 불리는 피터 드러커의 『경영의 실제(1954)』를[3] 참고문헌으로 들고 있다는 것이다. 드래커가 시장의 잠재적인 추세, 둘째로 경제의 발전, 유행과 취향의 변화, 경쟁의 변동에 의한 시장의 변화 등, 경영자는 장기적인 시장과 기술의 변화를 주시해야 한다는 사항을 참고하여 앤소프는 경영전략의 창시자이며 아버지라고도 불리는 계기를 만들었다.

같은 시기에 알프레드 챈들러가 『전략과 구조(1962)』[4]가 출판되었다. 앤소프에게 전략은 의사결정을 하는 경영의 자질, 조직의 경영자원과 조직문화에 의해 결정되기 때문에 챈들러가 주창한 "조직은 전략에 따른다"가 아니라 오히려 "전략은 조직에 따른다"고 주장했으며, 그리고 전략의 실효성을 높이기 위해서는 계획 시스템으로서의 「전략 프로그래밍」이 필요하다고 생각했다 .

2. 전략경영의 아버지 앤소프

앤소프(H. Igor Ansoff)가 활동했던 1960-1970년대 사회는 동서냉전의 심화, 베트남 전쟁 등과 서비스산업과 정보산업 등의 지식정보를 주도하는 업계가 등장하는 사회 전체로 이전 변화하던 시기였다. 따라서 이 시기에는 '전략이란 무엇인가?'에 대한 의문점이 계속 제기되곤 했었다. 물론 1930년대 후반, 버나드는 '조직을 유지하기 위해

3) Peter Drucker, "The Practice of Management", Harper & Row, 1954.
4) Alfred D. Chandle, Strategy and Structure, MIT Press, 1962.

서는 외부와 내부, 즉 환경과 조직의 균형이 필요하다'는 이론을 내놓았고, 1937년에 오스트리아의 빈에서 미국으로 건너온 피터 드러커는 1950년대에 '기업을 경영할 때에는 사업의 목표를 결정하는 것이 중요하다'는 이론을 내놓았다. 이미 이 두 사람의 이론 속에는 전략이란 무엇인가에 대한 질문이 내재해 있었던 것이었다. 그리고 이 질문에 답을 내 놓은 것이 앤소프였다. 앤소프는 이러한 예측할 수 없는 사회변동을 '난기류(turbulence)'라고 칭하며 안정적인 난기류, 난기류의 전화, 난기류의 완만한 이행 등으로 나누었으며 안정적, 반응적, 선행적, 탐구적, 창조적 등의 5단계로 나누었다.

여기에서 안정적 수준이 가장 평온한 환경을 나타내고 거꾸로 창조적 수준이 "중요한 기술의 비약적인 발전 또는 사회적, 정치적인 경변에 의해 특징지어진 환경을 나타낸다. 특히 20세기의 난기류는 변화의 특이성, 환경의 강도, 환경변화의 속도, 환경의 복잡성 등 4개 특성의 증대라는 경향을 갖는다고 했다. 이처럼 난기류로 둘러싸인 환경 속에 기업은 때로는 그것과 저항하거나 때로는 그것과 순응하면서 환경을 잘 이용하면서 발전하여야 한다. 앤소프는 기업의 이러한 목표달성, 성장, 생존하기 위한 전략에 대한 총체적이고 분석적인 접근을 생각해 냈다. 그것이 1965년의 저술에서 나타난 기업전략(Corporate Strategy)이다.5)

▲ H. Igor Ansoff

또한 앤소프는 전사적인 전략(계획)뿐만 아니라 극심한 난기류환경에 대한 조직의 적응프로세스를 명확하게 하려고 했다. 즉 계획한 전략을 잘 실행하고 난기류 속에 살아남기 위한 조직의 존재, 그리고 경영의 방법을 명백히 하였다. 그것이 전략경영(strategic Management)6)이다. 즉, 전략을 실행하는 조직의 존재로 챈들러와 비슷한 명제이다.

경영전략론을 논할 때, 앤소프의 사상을 아는 것은 극히 중요한 것이다.

왜냐하면 앤소프 이전의 경영전략에 관한 논술, 예를 들어 챈들러의 명제는, 어디까지나 역사 연구나 경험법칙이며, 경영전략 이론의 체계화와 정밀화를 추구하지는 않았다. 앤소프가 현대의 전략 경영이나 기업 전략의 큰 범위를 만들어, 그 후의 경영전략론에 크게 영향을 준 인물이다. 전략론의 테마를 취급할 때, 많은 경우, 앤소프 이후의 전략론의 흐름을 가리키고 있어 그 이전의 것과 구별하고 있다. 이 때문에 앤소프에 가장 엄격하게 비평을 한 민츠버그(Henry Mintzberg)조차 앤소프를 「전략 경영의 아

5) Ansoff, H. I. (1965), Corporate Strategy : An Analytic Approach to Business Policy for Growth and Expansion, New York, NY : McGraw Hill, Inc., 1965.
6) Ansoff, H. I. (1979), Strategic Management, London, UK : MacMillan Publisher LTD.

버지(the Father of Strategic Management)」라고 경의를 가지고 명명하였을 정도이다.[7)]

앤소프의 저작과 논문은 결코 부담 없이 읽을 수 있는 종류의 것이 아니고, 그 내용은 독자를 집단 따돌림하고 있다고 생각될 정도의 전문성이 철저해, 전략론의 발전사에 대해 확실한 지위를 차지하고 있다. 앤소프는 경영전략, 전략 계획, 전략 경영이라고 하는 영역에서 선구적인 연구를 계속적으로 행하여, 「제품·시장 성장매트릭스(Product-Market Growth Matrix)」라고 하는 전략 분석의 틀을 개발하거나 「난기류(turbulence)」나 「시너지(synergy) 효과」 등의 새로운 단어를 경영 용어집에 추가하여, 다각화 경영이나 전략적 의사결정 등의 학문 영역에서 획기적인 공헌을 완수했다.

또 포터(Michael Porter)의 「경쟁 우위(competitive advantage)」, 하멜 & 프라할라드(Gary Hamel & C. K. Prahalad)의 「핵심역량(core competence)」, 피터즈(Tom Peters)의 「기축으로부터 멀어지지 않는(sticking to your knitting)」 등의 개념은 모두 앤소프의 아이디어를 발전시킨 것이다. 앤소프가 남긴 연구 실적에 의심의 여지가 없고, 게다가 그 이론적인 체계가 너무 장대하기 때문에, 「전략 경영의 앤소프 산맥(the Ansoff Mountains)」이라고 표현하는 경우도 있을 정도이다.

1) 앤소프의 전략

앤소프는 의사결정의 규칙이나 지침을 전략이라고 하며 구체적으로 전략은 다음 3가지 특징을 지닌다.

① 기업의 사업 활동에 대해서의 광범위한 개념을 제공하고

② 기업이 새로운 기회를 탐구하기 위한 개별적인 지침을 설정하고

③ 기업의 선택의 과정을 가장 매력적인 기회만으로 의사결정 규칙에 의해 기업의 목표의 역할을 보충한다.

그리고 이 전략에 관한 의사결정을 '전략적 의사결정'이라고 한다. 앤소프는 전략에 관한 의사결정을 전략적 의사결정, 관리적 의사결정, 업무적 의사결정 등으로 나누고 그 내용과 상정하는 계층도 달리하였다. 앤소프가 주장한 전략적 의사결정은 ① 어떤 종류의 사업에 진출할 것인가? ② 설비 신규 투자를 할 것인가? 인수합병을 할 것인가? 등의 의사결정으로 이것은 최고경영자가 결정할 의사결정을 말하며 그러기 위해서는 기업 자금과 인력의 최적 배분을 하라는 것이다.

업무적 의사결정은 효율과 수익성의 극대화를 목적으로 행하는 의사결정이다. 이 의사결정으로 결정되는 것은 가격설정과 마케팅 전략의 설정, 생산에 관한 일정계획

---

7) Antoniou, P. H. & Sullivan, P. A. (eds.) (2006), The Igor Ansoff Anthology, Book Surge, LLC. pp.325-381.

재고량 등 업무에 관한 비용의 결정 등이다. 다음의 관리적 의사결정은 최대의 업적능력을 살리기 위해 기업의 자원을 조직화하는 의사결정이다. 이 의사결정으로 정해지는 것은 조직구조에 관한 권한과 책임의 관계, 업무와 정보의 흐름, 유통경로, 제설정의 입지 등에 관한 것과 자원의 조달과 개발 등의 의사결정이다.

〈표 12-1〉 **전략에 관한 의사결정의 3종류**

	전략적	관리적	업무적
문제	• 기업의 자본수익력을 발휘 • 최척도 선택	• 최척도 업적을 기업 자원을 조직화함	• 자본수익력을 최척도에 발휘 • 주요한 기능분야에 자원을 예산의 형태로 할당함
문제의 성격	• 총자원을 제품시장 제 기회에 할당함	• 하원 조직화, 조당, 개발	• 자원 적용과 현황을 일정적으로 계획함, 감독 통제함
중요한 결정사항	• 제 목표 및 최종목차 • 다각화전략 • 확대화전략 • 재무, 관리 면기 • 성장방식 • 성장타이밍	• 조직구조: 정보, 권한 직책 조직화 • 제사월 입지 유통시스템 • 조달 개발 자금 • 조달 시설 및 설비 인재 원재료	• 업무상 제 목표 최종목표 관리가격 아웃풋 • 양적수준(생산고) • 업무증제수준: 생산 일정계획, 재고량 • 적납 마케팅 방침과 전략 • 연구개발 방침과 전략통제
특성	• 집적적인 행한 것의 부분적 문지의 상태 • 비반복적 • 비자연재생적	• 전략업무 사이의 갈등 • 개인목표 조직목표와의 경제적변수와 사회적 변수와 강한 결속 • 전략적 문제나 업무적 문제에 끝을 발생	• 분권적으로 이행하는 것의 리스크와 불확실성을 유지 • 반복적·다량적 • 복잡하기 때문에 최적화가 자연재생적

[그림 12-3] **전략을 형성하기 위한 의사결정 흐름의 개략**

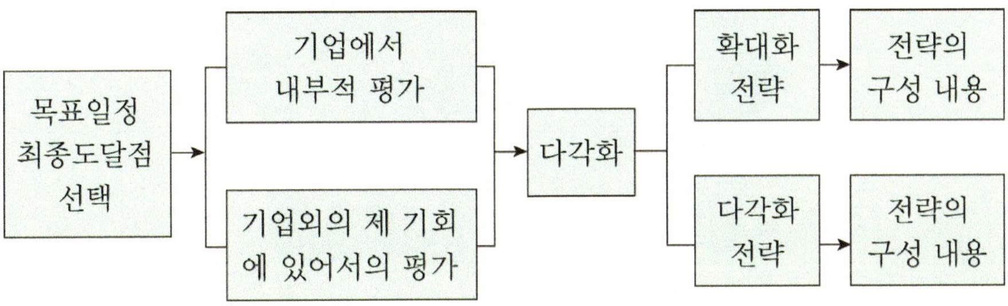

다음으로 앤소프의 주제인 '전략적 의사결정'은 기업의 내부보다도 오히려 외부, 구체적으로는 기업이 생산하려고 하는 제품 믹스와 판매하려고 하는 시장의 선택에 관한 것이다. 즉, 전략적 의사결정은 제품-시장 믹스의 선택(다각화, 확대화, 철회)이며, 이것은 앤소프 전략론의 핵이라고 할 수 있다.([그림 12-3] 참조)

또한 기업목표의 설정은 전략적의사결정의 최초의 프로세스 단계이며 여기에서 장기, 단기, 유연성이라는 3개의 목표를 설정해야 한다. 이 결정은 최고경영자에 의해서 행해진다.

전략(Strategy)의 위치선정에 관해서, MOST라는 표현이 잘 알려져 있다. 즉, Mission(기업 사명) → Objective(기업 목표) → Strategy(기업 전략) → Tactics(기업전술)이라고 하는 일련의 과정 안에, 전략이 자리매김하고 있다. 이렇게 하여, 경영전략의 내용과 방향성을 결정하는 것은 기업 목표이지만, 그 기업 목표로 대해서, 공기업을 대상으로 한 경우에 공공성(국민 후생과 사회 복지, 즉 편리성, 안전성, 보급률 등)이 강조되어 사기업의 경우에 수익성(자본이익율, 주가 수익률, 매상 이익률 등)이 강조되고 있다.

또한 비교 경영학으로는, 공기업과 개인기업의 목표가 머지않아 서로 접근해 나간다고 하는 수렴 가설을 원칙으로 성장성의 지표(매출액 신장율이나 시장점유율 성장률 등)이 가장 중요시된다. 앤소프의 기본적인 생각은, 의도하지 않고 라고는 해도, 그 비교 경영학의 시점에 일치하고 있어 성장성을 기업 목표로 파악하고 있다. 그리고 기업의 성장이라고 하는 목표를 실현하기 위해, 기업 제품과 고객 시장이 다른 조합에 의해서 시장과 제품메트릭스(Product market Matrix)로 불리는 제품/시장 성장 매트릭스는 앤소프의 시장-제품 매트릭스라고도 말한다.

[그림 12-4] MOST

앤소프의 시장-제품 매트릭스는 기업의 성장에 관한 가장 대표적인 성장 모형이다. 기업의 입장에서 자신의 속한 분야에서 경쟁자들을 파악하여서 자신들에게 가장 좋은 마케팅 전략을 짤 수 있도록 도와주는 효율적인 수단이 된다. 기존시장-새로운 시장, 기존제품 - 신제품의 크로스 되는 영역부분에 일치되는 경쟁사 제품을 찾아 경쟁자를 효율적으로 판단할 수 있고, 자신의 제품이 속하는 영역을 일치해 효과적으로 분석할 수 있다. 즉, 시장이 새로운 시장이냐 기존시장이냐, 제품이 신제품이냐 기존제품이냐에 따라 어떤 전략을 사용해야 하는지를 행렬로 정리한 것이다.

[그림 12-5] The Ansoff Matrix

		Products	
		Existing	New
Markets	Existing	Market Penetration (시장침투 전략)	Product Development 제품개발 전략 (관련다각화 전략)
	New	Market Development 시장개발 전략 (확장 전략)	Diversification 비관련다각화 전략

자료 : Ansoff, H. I. (1965), Corporate Strategy : An Analytic Approach to Business Policy for Growth and Expansion, New York, NY : McGraw Hill, Inc, p.99.

2) 기업의 성장의 방향성을 생각할 때

(1) 시장 침투 전략(market penetration strategy)

기존의 시장에서 기존의 제품으로 승부한다.

① 마케팅 전문가들이 집계한 시장 침투 전략의 평균 성공률은 약 75% 정도인 것으로 알려져 있다. 일반적으로 시장 침투의 목적은 기존의 시장에서 추가적인 매출을 올리는 데 있으며 가장 보수적인 성장 전략이라고 할 수 있다.

② 이 방법은 단기 또는 중기적으로 볼 때, 가장 안정적이고 수익률이 높은 대안이기는 하지만 끊임없이 변화하는 소비자의 욕구를 고려하여 반드시 지속적인 '혁신 노력'이 따라야 성공할 수 있다.

(2) 제품 개발 전략(market development strategy)

새로운 제품을 기존의 시장에서 판매한다.

① 이 전략의 대안은 정보통신 등의 하이테크 산업에서 기업의 미래를 결정하는 핵심적인 생존 공식이다. 신제품 개발 전략의 평균 성장률은 대개 약 45% 정도로 알려져 있지만 산업별로 편차가 심한 편이다.

② 대부분 신제품들은 제품 개발의 초기 단계 즉 개념 테스팅, 프로토타입 개발, 테스트 마케팅 등에서 실패하여 사라져 간다.

(3) 시장 개척 전략(product development strategy)

기존의 제품을 새로운 시장에서 판다.

① 1990년대 이후 맥도날드의 성장은 대부분 기존의 햄버거 제품을 중국, 러시아, 한국 등 새로운 시장을 개척하면서 이루어졌다.

② 여기서 중요한 것은 새로운 시장 진출은 같은 회사라 하더라도 어떤 지역으로 진출하느냐에 따라 사업의 성패의 확률이 달라지며, 같은 진출국에서도 진출 시기에 따라서 제품의 성공 확률이 다양하게 나타날 수 있다. 시장 개발 전략의 성공 확률은 약 35% 수준인 것으로 알려져 있다.

(4) 다각화 전략(diversification strategy)

새로운 제품을 개발해 새로운 시장에 투입한다.

① 다각화는 4가지의 대안 가운데서 가장 리스크가 높은 방법이지만 특정 기간에 특정 회사에는 가장 적합하고 가장 논리적인 성장 전략이 될 수 도 있다. 마케팅 학자들의 통계에 따르면, 다각화는 신제품으로 새로운 시장에 진출하여 기존 조직이 새로운 시장에 진출하는 조직 다각화의 25% 정도의 성공률을, 현지 시장에 있는 기존 조직을 활용하는 다각화의 경우 35% 정도의 성공률을 가지고 있는 것으로 평가된다.

- 수평적 다각화 : 서로 관련이 없는 새로운 제품들을 활용하여 기존 시장에서의 점유율을 높이는 전략. 승용차업체가 트럭을 제조한다거나 청량음료수업체가 소주를 만들어서 큰 카테고리에서는 같은 분야에 적용되는 다각화로 기존 사업과의 시너지 효과가 높은 전략이다.
- 수직적 다각화 : 기존 공급선의 영역, 혹은 고객의 영역으로 침투해 들어가는 전략, 원료나 반제품의 안정적인 공급, 혹은 최종제품의 안정적인 판매를 도

모할 수 있다.

- 집중적 다각화 : 기존 제품들을 근간으로 하여 새로운 제품들을 개발하여 새로운 시장을 개척하는 전략이다.
- 복합적(집성적) 다각화 : 기존 제품들과 관련이 없는 전혀 새로운 유형의 제품들을 통해 새로운 시장을 개척하는 전략이다.

② 이렇게 4가지가 있을 수 있는데, (4)를 좁은 의미의 다각화, (2)(3)(4)를 넓은 의미의 다각화라고 부른다. 이 가운데 (4)는 물론 리스크가 매우 크다. 그러나 앤소프는 '리스크가 크니 하지 마라'라고는 말하지 않았다. 그런 리스크를 충분히 감안한 다음 시도하고, 시도했으면 최대한 시너지를 발휘하도록 노력하라고 말했다.

다각화는 성경에도 언급되어 있다. 약 기원전 935년경에 쓰여진 전도서인데 그 내용은 다음과 같다.

> But divide your investments among many places, for you do not know what risks might lie ahead.(Ecclesiastes 11 :2)
> 이 세상에서 네가 무슨 재난을 만날지 모르니, 투자할 때에는 일곱이나 여덟으로 나누어 하여라.(전도서 11장 2절)

제 2 절 다각화 전략의 장점

다각화에 의한 장점으로서 지금까지의 연구에서는 (1) 범위의 경제성, (2) 내부 시장의 활용, 그리고 (3) 정보 우위성의 획득의 3개가 지적되고 있다.

첫 번째 범위의 경제성은 전통적으로 다각화에 의해 얻어지는 경제적 이익으로 논의되어 왔으며, 이른바 시너지 효과(또는 시너지 효과)라고 불리는 것이다. 미국에서 1960년대의 다각화 붐은 범위의 경제성을 즐길 수 있다고 보는 학자도 있다.[8)]

그러나 60년대의 앤소프는 시너지효과의 획득과 취득을 중요시하였다. 시너지효과

8) Servaes, H., (1996), "The Value of Diversification During the Conglomerate Merger Wave," The Journal of Finance, Vol.51, pp.1201-1225.

와 범위의 경제성은 조금 다른 것이 있지만 다각화의 동기와 비교하면, 범위의 경제성은 자원 기반에 의한 다각화 행동의 결과로서 생기는 귀결이라고도 할 수 있다.

두 번째 내부시장의 활용은 내부자본시장과 내부노동시장의 활용으로 나뉜다. 내부자본시장의 활용은 내부자본을 사업 간에 배분함으로써 효율적인 투자를 달성하는 것이다. 또한 정보의 비대칭성 등에 의해 외부 자금 조달 비용이 높은 경우에는 내부자본 시장을 활용함으로써 자금 조달을 효율화하는 것이 가능해진다. 내부노동시장의 활용은 다테와 양(Tate and Yang, 2015)의 연구에서 발견된 다각화의 장점으로 인적자원의 효율적인 배분이 사업 간에 가능해진다는 것이다.[9)]

그리고 세 번째 정보 우위성의 획득에 대해서도 최근의 실증 연구에 의해 발견된 다각화의 장점이다.[10)]

이것은 복수의 사업을 실시함으로써 각 사업의 정보(특히 수치화할 수 없는 소프트한 정보)가 기업 내에 축적되어 연구개발 활동에 있어서 우위성을 확보할 수 있다는 것이다.

1. 시너지 효과의 획득

시너지 효과(synergy effect)란, 「기업의 자원으로부터, 그 부분적인 물건의 총계보다도 큰 일종의 결합 이익을 낳을 수 있는 효과(This effect which can produce a combined return on the firm's resources greater than the sum of its parts)」이다.[11)]

일반적으로, 이 효과를 「2 + 2 = 5」(이)라고 표현 한다. 한편, 상승효과(joint effects) 라고도 불려 「2 + 4 =6」이 아니고 「2 × 4 = 8」 정도의 상승효과로 표현하는 것이 더 적절할 수도 있다. 다각화 전략의 실시에 따라, 신규 진출 분야와 기존의 사업 분야와의 사이에 어떠한 시너지 효과가 나타난다고 하여 앤소프 자신은 이것들을 다음 4종류로 분류한다.[12)]

① 판매 시너지(sales synergy) : 공통 유통경로, 공통 판매 조직, 공통 광고, 공통 상표, 공통 창고 등에 의해서 나타나는 장점

---

9) Tate, G., and Yang, L., (2015), "The Bright Side of Corporate Diversification : Evidence from Internal Labor Markets," The Review of Financial Studies.

10) Anjos, F., and Fracassi, C., (2015), "Shopping for Information? Diversification and the Network of Industries," Management Science, Vol.61, pp.161-183.

11) Ansoff, H. I. (1965), Corporate Strategy : An Analytic Approach to Business Policy for Growth and Expansion, New York, NY : McGraw Hill, Inc Ansoff (1965), p.75.

12) Ansoff (1965), pp.75-76.

② 조업 시너지(operation synergy) : 시설과 인원의 적극적 활용, 간접비의 분산, 공통의 학습 곡선, 일괄적으로 대량 구매 등으로 나타나는 장점
③ 투자 시너지(investment synergy) : 생산설비의 공동 사용, 원재료의 공동보관, 기계설비의 공동 사용, 연구 개발 성과의 타제품에의 이전, 공통의 기술 기반, 공통의 재료 구매, 공통의 투자 기회 등에 의해서 태어나는 장점
④ 관리시너지(management synergy) : 업무 현장을 관리하는 수법, 사업운영의 노하우, 경영진의 능력과 경험 등의 이전 가능성에 의해서 나타나는 장점

요약하면 사업의 다각화를 진행하면서 여러 가지 시너지 효과가 나타나 기업내부에 축적되어 있는 자산, 기술, 인재, 지식과 경험 등의 모든 경영 자원을 최대한으로 이용하여, 경영 자원의 잉여(slack)를 최소한으로 억제하는 것이 가능해진다는 것이다.

2. 범위의 경제성[13)]

이것은 하나의 기업이 복수의 사업(제품)을 동시에 다루는 것이, 복수의 기업이 각각 의 사업(제품)을 1개씩 개별적으로 다루는 것보다도, 비용이 싸서 든다고 하는 효과이다.

범위의 경제성(economy of scope)의 원천은, 복수 사업 간으로의 「공유할 수 있는 준공공재적인 투입물(sharable "quasi-public" input)」의 존재에 요구되어진다. 게다가 그 공유할 수 있는 자원은, 다음과 같은 원인으로 태어난다.

1) 자원의 비분할성

1개의 사업을 수행할 경우에, 항상 필요 최소한의 자원만이 투입된다고는 할 수 없다. 섬세한 단위로 분할할 수 없는 자원의 경우, 기존 사업을 행하는데 필요점인 양을 넘어 투입 하지 않을 수 없다. 예를 들어 총무나 인사 등의 본사 기능, 토지, 건물건, 제조 설비, 운송 기계, 에너지 공급 등의 생산 능력은 과잉으로 투입되는 것이 많다.

2) 부산물의 활용

다른 사업 분야에 이용 가능한 자원이, 기존 사업의 부산물로서 태어나는 경우가

13) 浅羽茂(2004), 『経営戦略の経済学』, 日本 評論社, pp.21-24.

있다. 예를 들면 코크스를 만드는 과정에서 발생하는 콜타르로부터, 탄소섬유의 원료가 되는 피치를 제조할 수 있으므로, 철강 메이커가 탄소섬유 산업에 진출하는 사례가 볼 수 있다.

3) 정보재의 활용

기술이나 브랜드 등에 관련되는 정보재에는, 결합 소비 가능이라고 하는 독특한 성질이 있다. 즉 정보재는, 복수의 용도에 동시에 투입할 수 있다. 예를 들면 일렉트로닉스 기술이라는 정보재는, 텔레비전 등의 가전 사업에 투입됨과 동시에, 복사기 등의 OA사업에도 투입할 수 있다.

또 1개의 사업 분야에서 확립되었던 브랜드명을 다른 사업 분야의 신제품에 붙이면, 신제품의 브랜드력을 독자적으로 새롭게 구축 하는 것보다도, 그 노력과 고생은 꽤 경감할 수 있다. 이렇게 하여, 다른 사업 범위를 걸치는 복수의 제품에 기업의 통일 브랜드를 붙인다고 하는 방식은 브랜드의 확장(brand extension) 또는 브랜드의 우산(umbrella branding)으로 불려 교과서적인 마케팅 수법으로서 널리 알려지고 있다.[14)]

다만, 이 브랜드의 확장 또는 브랜드의 우산은 반드시 범위의 경제성을 낳는다고는 할 수 없지 않고, 적절히 운용하지 않으면 반대로 기존의 브랜드를 흠집 내는 브랜드의 감소화 내지 브랜드의 훼손이라는 최악의 사태로 연결되는 일도 있을 수 있다.

3. 내부시장의 활용

사업이 다각화되면 기업 내에서 내부 시장(Internal market)이 형성된다. 기업 금융의 관점에서는 내부 자본 시장 (Internal capital market)의 활용이 다각화의 장점으로 꼽힌다. 내부자본시장은 기업 내에서 창출한 자금이나 외부에서 조달한 자금을 사업 간에 이전을 실시하는 내부 자금 조달 시스템이다. 이를 통해 보다 우수한 투자 기회에 자금을 배분(성장 기회가 부족한 사업에서 성장 기회의 풍부한 사업으로의 배분 등)할 수 있어 투자의 효율성을 높일 수 있다.(Stein, 1997; Khanna and Tice, 2001)

스테인(Stein)은 경영자가 투자 프로젝트에 대한 내부 정보(Insider information)를 갖는 상황을 상정하고, 경영자가 내부 자본 시장을 활용함으로써 효율적인 자원 배분이 가능해진다는 것을 지적했다.[15)] 또 후비드와 패리이(Hubbard and Palia)는 정보의

14) Kotler, P. & Armstrong, G. (2001), Principles of Marketing, (9th edition) Upper Saddle River, NJ : Prentice-Hall, Inc., p.308.

비대칭성이 심각하고, 외부로부터의 자금 조달이 곤란하거나 혹은 조달에 높은 비용을 지불하여야 하는 경우에는, 내부 자본 시장을 활용하는 것에 의해, 자금 조달 코스트를 효율화할 수도 있다고 하였으며 또한, 자본 시장이 미성숙하고 자금 조달에 높은 거래 비용이 걸리는 경우에는 내부 자본 시장의 역할이 중요해진다고 생각된다고 주장하였다.[16)]

최근의 연구에서는 다각화의 이점으로서 내부 노동 시장의 활용이 지적되고 있다. 다테와 양(Tate and Yang)은 미국의 국세조사 데이터를 이용해 다각화 기업은 전업 기업에 비해 노동 생산성이 높다는 것을 발견하고 있다.[17)] 또한 다각화 기업 내에서는 고용자의 배치전환이 보다 효율적으로 이루어지고 있어 급여의 저하가 작은 것을 발견하고 있다. 그들의 연구는 기업 가치와의 직접적인 관계를 분석하지 않았지만 이러한 결과는 내부 노동 시장이 기업 가치에 긍정적 인 영향을 미칠 가능성을 시사하고 있다.

4. 정보 우위성 획득

앤조스와 프래카시(Anjos and Fracacssi)는 다각화 전략의 새로운 측면으로서 정보 우위성의 획득을 지적하고 있다.[18)] 이들은 정보의 우위성을 참가하고 있는 사업의 산업 네트워크에 있어서의 중심도(Centrality)라고 정의하고 미국의 데이터를 이용하여 검증하고 있다. 그 결과 다각화 기업 자체는 기업가치에 부정적인 영향(즉, 다각화 할인)이 있지만 중심도(Centrality)가 높은 경우에는 기업가치에 대해 긍정적인 효과가 있음을 발견 했다. 또한 이 효과는 증권 분석가의 범위가 증가함에 따라 감소하고 정보 유의성을 상실하고 있음을 시사한다. 이 밖에도 중요한 발견으로서 중심도가 높은 다각화 기업에 있어서는, 혁신을 보다 효율적으로 실시할 수 있다고 하는 결과를 보고하고 있다. 다각화 기업은 효과적으로 정보 수집을 실시하고 있기 때문에 기술 개발에 있어서 우위성을 확보하고 있다고 해석할 수 있다. 앤조스와 프래카시(Anjos and Fracacssi, 2015)가 지적하고 있는 정보 우위성은 당해 사업에 진입하지 않으면

---

15) Stein J. C., (1997), "Internal Capital Markets and the Competition for Corporate Control," The Journal of Finance, Vol.52, pp.111-133.

16) Hubbard R. G., and Palia D., (1999), "A re-examination of the conglomerate merger wave in the 1960s : An internal capital market view," The Journal of Finance, Vol.54, pp.113-125.

17) Tate G., and Yang L., (2015), "The Bright Side of Corporate Diversification : Evidence from Internal Labor Markets," The Review of Financial Studies.

18) Anjos F., and Fracassi C., (2015), "Shopping for Information? Diversification and the Network of Industries," Management Science, Vol.61, pp.161-183.

정확하게 평가할 수 없는 소프트한 정보에 있어서의 우위성을 말한다. 소프트한 정보는 수치화가 불가능하고 전달이 어려운 정보이므로, 취득이 가능하면 경쟁 우위의 획득을 가능하게 한다.

즉 다각화는 기술개발에서 소프트정보를 획득하므로, 기술개발상의 경쟁우위성을 부여하고, 효율적인 혁신의 창출에 의해 기업 가치를 높일 것으로 생각한다.

5. 전략적경영의 과정

앤소프에 의하면, 전사 경영에게는 2개의 모드가 있어, 그 두개는 서로 서로 보충함과 동시에, 사내 자원의 획득에 대해 경합하는 것이다. 우선 하나는 기존 시장과 기존 상품을 전제로 하는 경쟁 경영(competitive management)으로, 이익(profit)의 획득을 목적으로 한다.

이에 대해서, 또 하나는 시장 혹은 상품의 어느 쪽인지 또 양쪽 모두가 신규의 것이 되는 것을 전제로 하는 전략적 경영(strategic management)으로, 단기 이익(near term profits)과 잠재 이익(profit potential)의 양쪽 모두의 획득을 목적으로 한다.[19] 경쟁 경영은 예부터 일반적으로 알려져 있는데, 전략적 경영은 1960년대 이후에 드러커(1954),[20] 챈들러(1962),[21] 앤소프(1979),[22]라고 하는 일련의 연구 결과로부터 서서히 형성된 조직 분석의 수법이다. 그 기본적인 내용은 「갭 분석(gap analysis)」 혹은 「갭 감소 행동(gap reducing actions)」이 중심이 되어, 「우리는 지금 어디에 있는가?(Where are we now?)」, 「어디로 가야만 하는가?(Where do we want to be?)」, 「어떻게 해서 그곳(목표)에 갈 수 있을까?(How do we get there?)」 등의 3단계의 형태로 나타내진다. 요컨대, 경영환경과 조직 목표의 실태에 맞추어 조직 행동을 일으키는 것이 요구되고 있다.

6. 전략적 성공의 가설과 패러다임

전략적 경영이라고 하는 개념에 근거해, 앤소프는 기업의 수익성이 최고로 되는 것

19) Antoniou & Sullivan (eds.) (2006), p.164.

20) Drucker P. F. (1954), The Practice of Management, New York, NY : Harper & Row, Publishers.

21) Chandler A. D. Jr. (1962), Strategy and Structure : Chapters in the History of the Industrial Enterprise, ambridge, MA : MIT Press.

22) Ansoff H. I. (1979), Strategic Management, London, UK : MacMillan Publisher LTD.

을 의미한다고 주장한다. 앤소프는 전략적 성공(strategic success)이라고 하는 개념을 밝혀, 그 구조에 대한 연구를 진행하였다.

우선 기업이 장래의 환경 하에서 새로운 성공을 거두기 위해서, 자사의 전략과 능력이 도전해야 할 과제를 결정할 필요가 있어, 이런 종류의 어프로치를 전략적 진단(strategic diagnosis)이라고 부른다. 또 이 전략적 진단에 앞서, 전략적 성공의 가설(strategic success hypothesis)을 세울 필요가 있다. 그리고 전략적 성공을 실현하기 위한 앤소프의 가설은, 아래와 같이 정리하고 있다.[23)]

① 기업의 전략 행동의 적극성이, 그 기업의 환경의 난기류 수준에 일치한다.(Aggressiveness of the firm's strategic behavior matches the turbulence of its environment)

② 기업 능력의 대응성이, 그 전략의 적극성에 일치한다.(Responsiveness of the firm's capability matches the aggressiveness of its strategy)

③ 기업 능력의 구성요소는, 상호지원적이어야 한다(The components of the firm's capability must be supportive of one another). 즉 전략적 성공을 실현하기 위해서 ①환경 난기류(environmental turbulence), ②전략 적극성(strategic aggressiveness), ③조직 대응 능력(organizational responsiveness)라고 하는 3개의 요인이 가장 중요하다.

이 3개의 요인을 적절히 조합할 수 있을 때, 기업의 업적이 최고로 나타나든지, 전략적 성공이 실현된다. 게다가 앤소프 이론의 연구자는 전략적 성공의 패러다임의 구축을 시도해 그 중핵요소를 이하 5개로 정리하고 있다.[24)] 명백하게 이 전략적 성공 패러다임(strategic success paradigm)은 컨틴젠시 이론에 근거해 구축된 것이다.

① 어느 기업에도 적합할 수 있는 1개의 성공 방정식은 존재하지 않는다.

② 기업의 성공으로 이끄는 행동 선택사항은 다수 있어, 1개의 전략의 집합을 이루고 있다.

③ 전략의 집합으로부터 어느 대체 안을 선택할까는, 기업이 놓여진 환경 난기류의 수준에 의해서 결정 된다.

④ 관리자의 복합시스템(complex system) 대응능력 등을 포함하는 기업능력이 환경 난기류의 수준에 적합하지 않으면 기업은 성공할 수 없다.

기업의 성공을 가져오기 위해서, 인지론, 심리학, 사회학, 정치학, 인류학 등의 학

23) Ansoff H. I. (1984), Implanting Strategic Management, Prentice Hall International (UK), pp.30-31.

24) Crainer S. (1998), Key Management Ideas : Thinkers That Changed the Management World (3rd edition), Harlow, England : Pearson Education, p.72.

제적 영역의 문제를 관리할 필요가 있어, 그 관리능력은 기업능력 핵심 부분의 하나로 인정하고 있다.

7. 기업내 기업가의 능력과 직무내용

앤소프를 지지하는 앤소프그룹의 견해로서 난기류 레벨이 매우 높은 시대에 있고, 전략적 성공을 거두기 위해서는 최고경영자의 리더쉽은 매우 중요하다고 판단된다. 또한 최고경영자는 본인의 역할 수행에 머무르지 않고, 기업 내부의 중간 관리직이 각각의 능력을 살리도록, 기업가적인 역할을 적극적으로 완수하는 것이 객관적으로 요구되고 있다. 앤소프그룹은 이런 종류의 중간 관리직을 기업 내 기업가(intrapreneur)로 명명하여 그 중요성을 강조했다. 그리고 30개사 이상의 사례 연구를 거듭한 뒤, 성공하는 기업 내 기업가에게는 이하 3개의 능력이 필요하다고 지적하였다.[25]

① 새로운 전략을 창조적으로 구축 하는 기업가적인 능력(an entrepreneur's ability to creatively visualize new strategies)

② 변화 탐구의 내부능력을 디자인하는 조직 건축가적인 기능(an organizational architect's skill in designing change - seeking internal capabilities)

③ 조직 저항을 극복해 조직 전환기의 제 변화를 주도하는 카리스마·리더적인 재능(a charismatic leader's talent for piloting changes through resistance - laden organizations)

그리고 기업 내 기업가의 직무내용은 이하 3개의 스텝으로 나눌 수 있다.[26]

① 환경 변화의 감지(sensing the environment) : 환경의 변화에 유의해, 새로운 위협 또는 기회의 약한 신호를 적극적으로 탐구한다.

② 전략의 구축(planning strategy) : 계획의 작성에 참가해, 리스크의 평가와 경감을 의사결정의 전제에 넣어 전문가 지식과 장래 요소를 조직 계층에 횡단적으로 집어넣는다. 조지내이부조화를 정중하게 대응하고 이견 일치를 요구하면서, 최종적인 의사결정을 개인 책임 그리고 행한다.

③ 전략의 실시{(implementing) : 전략의 실시를 하여 감독한다. 실시내용의 상세를 부하에게 위양하고 관리통제를 한다.

---

25) Antoniou & Sullivan (eds.) (2006), p.303.
26) Antoniou & Sullivan (eds.) (2006), p.319.

제 3 절 다각화의 전개 방법

다각화의 리스크를 최소한으로 억제하기 위해서는, 효과적인 전개 방법을 책정해, 그 전개 방법이 합리적으로 기능하기 위한 조직을 편성할 필요가 있다.[27)]

다음에 그 전개 방법과 바람직한 조직의 형태를 나타낸다.

1. 자사의 경영 자원만을 활용하는 전개 방법

1) 프로젝트 팀의 편성

사내의 각 부문으로부터 적임자를 횡단적으로 선출해, 신규사업을 대상으로 한 프로젝트 팀을 편성한다. 이 프로젝트 팀으로는, 독자적으로 팀 리더를 선임해, 기존의 부문이나 업무와는 권한·책임의 면에서 완전하게 독립하고 있는 것이 전제가 된다.

2) 사내벤처

자사 내에 가상, 또는 실제의 회사를 만들어, 다각화에 임하는 형태를 말한다. 프로젝트 팀과 다른 것은, 이익 책임이 생기게 된다.

3) 사업부제

각 사업 부문별로 독립한 조직을 형성해, 각각에 이익 책임을 지게 한다.

일반적인 방법이지만, 과도의 분파주의가 간접 부문이나 투자 자금의 중복을 일으켜, 「역 시너지 효과」가 기능하여 다각화에는 별로 관심두지 않았다.

2. 사외의 경영 자원을 활용하는 전개 방법

1) 아웃소싱, OEM

사업의 일과정도를, 타사에 위탁하는(외주 한다) 전개 방법이다.

---

27) Berger, P. G., Ofek, E., (1995), Diversification's effect on firm value, Journal of Financial Economics 37, 39-65.

예 • 어느 사업의 제조 과정을 타사에 위탁
• 어느 사업의 판매 과정을 타사에 위탁

2) 사업 제휴

그 사업에 대해 실적이 있는 것 외의 기업과 사업 제휴를 하는 전개 방법이다. 이것에 의해, 다각화에 수반하는 투자의 리스크를 경감하는 것이 가능해진다.

3) M&A

진출하려고 하고 있는 사업 분야에 있고, 벌써 실적이 있는 기업을 흡수 합병하는 방법이다. 효율적으로 사업 노하우도 축적되지만, 방대한 자금 수요가 생기기 위해, 다각화의 리스크가 높아지는 측면도 있다.

3. 다각화 경영의 조정

다각화 경영을 전개함으로써, 경영 전체의 균형이 매우 어려워진다.

각 사업의 성장성이나 수익성, 건전성, 또 다른 사업과의 균형을 항상 관리해, 다음과 같이 적절한 컨트롤(통제 활동)을 행할 필요가 있다.

1) 경영 자원의 효율적 배분

한정된 경영 자원은, 성장성이 있는 사업에 대해서 효율적으로 배분한다.

2) 기존 사업의 활성화

기존의 사업에 대해 성장력이나 수익력이 저하되고 있는 경우, 그 원인을 분석해 새로운 활성화 시책한다.

3) 시너지의 측정

시너지 효과가 충분하지 않은 경우는, 제조 라인으로 공유화할 수 있는 부분은 없는지, 같은 유통경로를 이용 성과인 가 등, 시너지를 발휘할 수 있는 방법을 모색한다.

4) 철퇴 전략

채산성에 한계가 생겨 어떤 활성화책도 시너지 효과도 없어졌을 경우는 철퇴를 결단한다.

4. 다각화전략과 조작구조의 변화

미국의 기업가치연구에서 오랫동안 주목을 끌어온 개념에 다각화 디스카운트(할인)이 있다. 베거와 오팩(Berger and Ofek, 1995)[28]을 비롯한 연구자들은 다각화 기업의 기업 가치(= 주식 시가 총액 + 부채 부가)와 이들 기업의 사업 세그먼트에서 활동하는 대표적인 전업 기업의 포트폴리오 가치를 비교하여 평균적으로 전자가 10~20% 정도 낮게 평가되고 있다.

다각화의 경제 합리성은 소위 시너지에 있다. 즉, 복수의 사업을 같은 기업 안에 묶는 것으로, 이들 사업이 독립적으로 활동했을 때에 만들어낼 것보다 큰 가치를 기업 전체가 만들어낸다는 것이다. 다각화 할인은 시너지가 본래 기대되는 플러스가 아니라 마이너스에 작용하기 쉽다는 것을 시사한다. 그렇다면 '선택과 집중(사업분야 좁히기)'에 의해 기업 가치를 높일 수 있을 것이다.

기업의 다각화 전략은 조직 구조의 변화를 수반하는 경우가 많다. 일반적으로 다각화 기업은 전업(한 업종) 기업에 비해 복잡한 조직 구조를 갖는 경우가 많다. 그러나 조직의 복잡화는, 사업의 다각화에 대해서만 발생하는 것은 아니다. 클레인과 세이덴버그(Klein and Saidenberg, 2010)[29]와 산자르(Sanzhar, 2006)[30]가 지적하듯이, 다각화 디스카운트(할인)는 다각화 그 자체보다, 조직의 복잡함이라고 하는 것보다 일반적인 요인의 반영일 가능성이 있다. 이 문제에 대처하기 위해서, 연결과 단독의 재무제표로부터 각사의 분사화 정도를 계측해, 조직 구조의 컨트롤에 이용했다.

분사화(分社化)는 다각화 안에서 추진되는 것이 많지만, 다각화에 고유한 현상은 아니다. 이 때문에, 분사화를 컨트롤 하는 것은, 조직 구조가 다각화 디스카운트에 가져오는 교란[31] 효과를 저감시키는 기능을 가지는 것이라고 생각할 수 있다. 분사화의

---

28) Berger, P. G., Ofek, E., (1995), Diversification's effect on firm value, Journal of Financial Economics 37, 39-65.

29) Klein, P. G., Saidenberg, M. R., (2010), Organizational structure and the diversification discount : evidence from commercial banking, Journal of Industrial Economics 58, 127-158.

30) Sanzhar, S. V., (2006), Discounted but not diversified : Organizational structure and conglomerate discount, Working Paper, University of North Carolina at Chapel Hill.

기업 가치에의 영향은, 그 자체로서 흥미로운 문제이기도 하다.

분석의 결과, 이하의 여러 가지 점이 분명해졌다.

첫 번째, 다각화 한 기업은 같은 특징을 가지는 전업 기업에 비해, 일반적으로 시장으로부터 낮게 평가되고 있다. 추계된 디스카운트는, 미국 기업에 대한 전형적인 추계치보다 작지만, 높은 수준으로 통계적으로 의미가 있고, 내생성의 문제에 대해서는 보다 강건하다. 예를 들어, 성향 스코어(Propensity Score, PS)의 분석방법에 의하면 지금까지 다각화하지 않았던 기업이 다각화 하면, 동일한 다각화 확률을 가지는 전업 기업에 비해, 6% 정도의 기업 가치의 저하가 생긴다. 반대로, 지금까지 다각화하고 있던 기업이 다각화를 멈추어 전업 기업으로 회귀하면, 동일한 회귀 확률을 가지는 다각화 기업에 비해, 6% 정도의 기업 가치의 상승이 생긴다.

두 번째, 분사화는 기업 가치의 저하를 가져온다. 성향 스코어(Propensity Score, PS) 통계에 의하면, 조직 재편을 위해서 순수 지주회사로 이행 한 기업의 가치는, 동일한 이행 확률을 가지는 비지주 회사에 비해 9% 정도 저하한다. 비지주 회사에 있어도, 자회사로의 활동의 비중을 올리는 것(분사화를 진행시키는 것)이 기업 가치의 저하를 가져오는 강한 경향이 나타난다. 이러한 분사화의 효과를 고려하면, 다각화 디스카운트의 크기는 약간 작아진다. 하지만, 디스카운트 자체가 사라질 것은 없다. 이것은 다각화와 조직 구조의 쌍방이, 기업 가치의 기본적인 규정 요인인 것을 시사하고 있다.

상술한 연구는 어디까지나 하나의 통계이며, 앞으로는 데이터나 수법을 바꾼 추가 실험의 필요는 말할 필요도 없다. 하지만 다각화와 분사화 할인(디스카운트)의 존재를 일단 받아들인다면, 금후 분명하게 중요해지는 연구과제는 그것들이 생기는 메커니즘의 해명이다.

---

31) 통계 모델안의 종속변수와 독립변수의 양쪽 모두에(긍정적 또는 부정적으로) 상관하는 외부 변수가 존재하는 것이다. 그러한 외부 변수를 교란변수(confounding variable), 교란인자(confounding factor, confounder), 잠복 변수(lurking variable) 등이라고 부른다. 따라서 과학적 연구로는, 제1종 과오(종속변수가 독립변수와의 인과관계에 있다고 하는 가짜 양성의 결론)로 불리는 이러한 요인을 피하도록 제어할 필요가 있다. 2개의 관측된 변수의 그러한 관계를 의사 상관이라고 한다. 즉 교란이 존재하는 경우, 관측된 현상의 진정한 원인은 교란변수인 것에도 불구하고, 독립변수를 원인이라고 추론해 버린다.

제 4 절 다각화경영의 성공기업

기업이 성장할 경우는 다각화경영이 높이 평가받지만 만약 실패하면, 단일적 경영보다 다각적 경영이 비난을 받기 쉽다. 복수의 사업을 실시하는 것은, 한 개의 사업에 전념하는 것보다 위험이 크다고 생각되고 있지만, 적절히 경영하면 훌륭한 수익을 얻을 수 있기 때문이다. 케니 그래함(Kenny Graham)은 다각화전략이라는 저서에서 다각화의 성공사례와 성공하기위한 스템 등을 소개하고 있다.[32)]

1. 다각화성공 : 4개의 사례연구

다른 기업보다 「다각 경영」에 분명하게 뛰어난 기업이 존재한다. 다름 아닌, GE(제너럴 일렉트닉, ITC, 웨스파마즈(Wesfarmers), 그리고 비드베스트(Bidvest)의 4개 사이다. 이 4개사는 사업 범위가 넓고, 특히 모방가치가 있는 기업이라고 할 수 있다.

다각화에는 엄격한 어프로치를 취하고 있어 잘 모르는 사업에는 손을 뻗는 것은 하지 않는다. 조사에 의하면, 이 4개의 다각적 다국적기업은, 적어도 2006년까지의 10년간, 연 14% 이상의 연간 주주자본 이익율(ROE)을 일관해서 얻고 있다. 기업의 경제력을 측정하는데 있어서 가장 좋은 측정 기준 ROE, 혹은 주주자본으로 나눈 연간 순이익이다. 왜냐하면, 주가의 불안정한 가격변동의 영향을 받지 않기 때문이다.

1988년에 창설된 비드 베스트(Bidvest)는 4개 회사 중 가장 역사가 짧은 회사이다. 일련의 매수에 의해서 성장과 다각화의 길을 밟으며 2006년까지 비드 베스트는, 수송수배, 업무용 청소 서비스, 경비, 금융 서비스, 자동차 판매, 식품사 등 복수의 사업을 안게 되었다. 또, 지리적으로도 다각화로, 오스트레일리아, 유럽, 뉴질랜드에도 진출하였다.

1910년에 합병한 임페리얼·타바코·컴퍼니(imperial tabaco company)는, 흡연자에

32) Kenny Graham , Diversification Strategy : How to Grow a Business by Diversifying Successfully, Kogan Page, 2009.

게 담배를 제공하는 것만으로는 만족하지 않았고 ITC로 불리게 된 이 회사는, 호텔 경영, 소매업, IT판매, 지제품 제조, 농업 생산, 가공 식품 유통 등 광범위하게 건너 사업을 전개하고 있다.

1892년, 에디슨제너럴전기회사는 1878년 토머스 앨바 에디슨이 백열등과 그 후의 여러 발명품을 생산·판매하기 위해 에디슨전광회사로 설립한 것이다. 에디슨은 또한 제너럴일렉트릭사와 특허관계를 맺는 한편 자문역할을 하면서 관계를 유지했다. 토머스 에디슨이 만든 제너랄 일렉트로닉 컴퍼니와 톰슨-휴스턴 일렉트릭 컴퍼니가 합병해, 복합 기업으로서 제네랄 일렉트로닉(GE)이 탄생했다. GE는 그 후, 미국의 기업 아이콘이 되었다. 다국적 콩글로메리트인 GE는 제트 엔진, 철도용 기기, 화상 진단 시스템으로부터, 냉장고, 냉동고, 세탁기, 드라이어까지 다양한 제품을 판매하고 있습니다. 그 외에도, 자동차 론이나 자사 브랜드의 신용카드 등의 금융 서비스도 취급하고 있어 NBC 유니버설의 주식을 보유하고 있는 것부터 TV프로도 방송하고 있다.

1914년 농업 경영자의 그룹에 의해서 웨스파마즈(Wesfarmers)는 창설되었다. 이 회사는 서오스트레일리아주의 농촌 지구에 사는 주민에 대해 상품이나 서비스를 제공하는 공동 사업으로 2006년까지, 주가에 근거한 랭킹으로 오스트레일리아에 본사를 두는 기업 중 가장 큰 기업 20사 중의 1개 회사로 선택되었다. 또 광범위하게 사업을 전개하고 있어, 슈퍼마켓으로부터 석탄 광업, 화학 약품이나 비료, 보험 상품이나 공업용 안전제품의 판매 등 5개의 부문을 갖고 있다.

상술한 바와 같이 다각 경영에 의해서 대성공한 4개의 기업은 어느 기업도 단일 경영으로 이야기할 수 없는 큰 실적을 내고 있다. 이것은 단순하게 이익보다도 각 사업간의 긍정적 플러스의 상호작용을 가져온 결과가 이러한 일을 이끌어내고 있는 것은 아닐까?

2. 다각화를 성공시키기 위한 7개의 단계

상기의 기업의 성공은, 사업의 다각화가 가지는 잠재 능력을 증명하고 있다. 4개의 기업은 모두 비슷한 수단으로 비즈니스 포트폴리오를 만들어, 사업을 다각화하는 가운데 공통되어 발생하는 문제를 관리하기 위한 7개의 중요한 단계를 지켰다. 실제, 만약 4개사 중 1개 회사에서도 장래 재무 실적이 악화되는 일이 있으면, 아마 그 7개의 단계중 하나라도 제대로 따르게 하지 않았던 것이 원인이라고 생각되고 있다.

① Step 1 : 지원을 해주는 중앙 본부를 설치한다.

각 사업에 대해 상세한 경영 지시를 내리는 일 없이, 사업의 가치를 높일 수 있는 본부 스탭을 배치한다. 본부는 주로, 법규제의 준수, 기업 통치, 경리, 영업 보고 등의 기본적인 서포트를 제공하고 이러한 기능에 가세해 본부의 일부에서 경영계획, 인사, 투자가용 홍보 활동도 취급한다.

② Step 2 : 능력이 있는 디비전 매니저를 선택한다.

비드 베스트는, 마치 그 사업의 오너같이 일을 하는 사람을 디비전 매니저로서 채용 하는 정책을 갖고 있다. 또, 웨스파마즈의 마이클 체니 전 CEO는, 기술적 능력뿐만이 아니라 「감정적 지성」을 가지고 있는 인간을 디비전 매니저로서 고용했다. 게다가 GE의 잭 웰치 전 CEO는 디비전 매니저를 고용할 때, 품위, 지성, 그리고 성숙을 요구했고 실제보다 능력이 있는 것처럼 가장하는 인간을 고용하지 않는 다짐을 받고 있다.

③ Step 3 : 적절한 실적 측정 기준을 도입한다.

다각 경영 기업은 일반적으로 ROE나 그것과 동등의 재무 실적 기준을 사용해, 각 사업의 실적을 측정하고 있다. 예를 들면, GE는 ROE와 「총자본 이익율」의 양쪽 모두, 혹은 「세금제외전 이익과 이자를 주주자본으로 나누어, 거기에 장기 차입금을 더한 수치」를 사용해 각 사업의 경영을 평가하고 있다. 또, 사용총자본 이익율은, 웨스파마즈가 사용하고 있는 실적 측정 기준의 하나이며 비드 베스트는 사용 자금 이익율이라고도 한다. 거의 비슷한 계산방법을 사용하고 있다고 볼 수 있다.

④ Step 4 : 효과적인 인센티브를 설치한다.

상급 관리자나 디비전 매니저에의 보수는, 그들의 연봉을 웃도는 보너스 상여 지불을 포함해야 한다. 기업이 매니저에 대해 지불하는 보수는, 매니저에 단기적 및 장기적 기업 판단의 밸런스를 받게 하도록 해야 한다. 예를 들면, 주식으로 해서 장기적으로 인센티브를 지불하는 것으로 지속적인 사업의 다각화를 촉진해, 커다란 손실을 볼 수 있다.

⑤ Step 5 : 기업 문화를 유지시킨다.

다각 경영 기업의 기업 및 사업 레벨의 문화는, 사업 확대, 사업 자치, 기업의 품위, 투자 수익률 등의 점에 대해 공통의 우선순위에 따라야 된다. 다각 경영 기업의 리더는 각 사업마다의 문화의 차이를 존중하는 것과 동시에, 각 사업과 본부의 문화가 잘

맞물리고 있는 것을 확인하여야 된다.

⑥ Step 6 : 경쟁력을 유지한다.

성공하고 있는 다각 경영 기업은, 주주나 그 외의 관계자에 대한 서비스를 기본으로 전략을 세우는 것으로 경쟁을 억제하고 있다. 예를 들면, GE와 웨스파마즈의 두 회사는, 주주뿐만이 아니라 종업원이나 고객 등의 이해관계자를 만족시키는 것에 전략적 초점을 맞추고 있다. 기업 레벨로의 운용 전략(예를 들면, 생산 능력 이용, 제품의 브랜드화 등의 내부 비즈니스 기능)은, 효과가 낮고, 기업의 경쟁력을 향상시키는 것에 연결되기 어렵기 때문이다.

⑦ Step 7 : 영리하게 매수 합병한다.

비드 베스트, GE, ITC 그리고 웨스파마즈는, 모두 기업 매수에 있어서의 「뛰어난 구매자」이기도 하다. 이들 기업은 리스크를 계산해, 너무 비싸게 매수하지 않도록 매수를 완료시키기 전에 합병에 하는 문제에 대처한다. 이 4개 회사는 리스크를 피하기 위해서가 아니고, 비즈니스의 찬스를 손에 넣기 위해서 다각화 하고 있다. 웨스파마즈의 전 CEO 체니는, 기업은 「무엇인가로 세계 1의 회사」가 되어야 한다는 좁은 경영 목표는 가져서는 안 된다고 생각하고 있다.

13
Chapter

시장분석과 사업의 다각화전략

제 1 절 PPM의 등장

1. 브루스 헨더슨(Bruce D. Henderson)의 경험곡선

1) 헨더슨과 BCG(Boston Consulting Group,BCG)

브루스 헨더슨(1915년 4월 30일 - 1992년 7월 20일)은 미국 사업가 및 경영 전문가였습니다. 그는 1963년 매사추세츠주 보스턴에서 보스턴 컨설팅 그룹(Boston Consulting Group, BCG)을 설립했으며 1980년까지 사장 겸 CEO로 회사를 이끌었다. 그는 1985년까지 BCG 회장을 계속 맡았다.

1960년대 보스턴 컨설팅 그룹(BCG)의 창립자인 브루스 D. 헨더슨(Bruce D. Henderson)은 경험곡선(Experience Curve)을 주장했다. 이 경험 곡선의 전신이 된 개념으로서 학습 곡선(Learning Curve)이 등장한다. 이는 과제를 반복하여 이뤄진 횟수(투입된 시간)가 늘어날수록 매회 필요로 하는 근로시간이 감소하는 것을 나타낸다. 즉, 동일한 업무를 반복적으로 수행함에 따라 숙련도가 증가되어 단위당 작업시간이 감소하여 단위당 원가가 감소하는 현상을 말한다.

▲ 헨더슨

▲ 기업전략

학습 곡선의 시작은 항공기 생산을 거듭할수록 생산원가가 감소함을 발견한 라이트(Wright)로부터 유래된 것으로, 1936년 항공기 생산대수가 두 배가 되면 항공 기대수당 작업시간이 10-15% 감소한다는 경험칙으로 발견되었다.[1] 이는 항공기 부문 이외의 분야에서도 유사한 현상이 관찰되어 보편적인 현상으로 받아들여지게 되었다. 이 경험 법칙은 즉, 생산된 물품의 수가 증가함에 따라 생산 비용이 예측 가능한 속도로 감소한다는 것을 의미하기도 했다.[2]

경험곡선은 학습 곡선이 매력적인 설명을 형성했다는 것을 인정하면서도 그는 "두 곡선은 관련이 있지만 매우 다르다"는 것을 시사하면서 이름을 경험 곡선이라고 하여 사용했다. 1968년 헨더슨과 BCG는 전략에 대한 경험 곡선의 의미를 강조하기 시작했다. 1960년대와 70년대 BCG의 연구는 10%에서 25%에 이르는 다양한 산업에 대한 경험 곡선 효과가 나타났다.

경험 곡선은 학습 곡선보다 넓은 개념이며, 그 대상은 단순히 노동 시간에 머무르지 않는다. 경험 곡선 효과는 특정 업무가 더 자주 수행되면 비용이 감소한다는 것을 나타내고 있다. 이것은 어떠한 상품이나 서비스에도 적용할 수 있다. 누계 생산 횟수가 두 배가 될 때마다 생산 횟수 당 총 비용(생산, 관리, 마케팅, 판매 포함)은 일정하고 예측 가능한 속도로 감소하는 것을 의미했다. 이러한 효과는 1960년대 후반, 보스톤 컨설팅(Boston Consulting Group, BCG)사의 헨더슨(Henderson)에 의해 제창되었다.[3] 1970년대에 BCG사가 실시한 조사에 의해, 이 효과는 다양한 산업에서 확인되었다. 헨더슨은 BCG의 초기 작업에는 경쟁에 대한 일반 이론을 개발하려는 시도가 포함되어 있었다고 말한다. BCG는 1966년에 경험곡선 개념을 처음으로 도입했다. 누적된 총 경험이 2배로 늘어날 때마다 부가가치의 비용은 25%에서 30%까지 떨어지는 특징이 있다.

이 곡선은 누적된 현금 투입을 누적된 최종 제품 산출로 나눔으로써 도출된다. 비용은 이 비율의 변화율로 하락한다. 게다가 지배적인 요소는 경험이 아니다. 오히려 양이 지배적인 역할을 맡고 있으며, 이러한 양적 성장률은 누적된 경험의 증가율과 대단히 유사하다. 그리고 전체로서의 산업 경험을 고려할 때 시장 점유율의 차이가 이 비용 차이를 충실하게 반영한다고 추정하는 것은 잘못이다.(비용 차이는 일반적으로 시장 점유율 차이에 함축되어 있는 수치의 대략 절반 수준을 유지한다.)

---

1) Wright, T. P., Factors Affecting the Cost of Airplanes, Journal of Aeronautical Sciences, 3(4) (1936) : 122-128.

2) Chase, Richard B. (2001), Operations management for competitive advantage, ninth edition, International edition : McGraw Hill.

3) Hax, Arnoldo C.; Majluf, Nicolas S. (October 1982), "Competitive cost dynamics : the experience curve", Interfaces, 12 (5) : 50–61, "The Experience Curve", Boston Consulting Group.

2) 헨더슨의 경쟁

헨더슨이 주장하는 경쟁은 삶 그 자체와 함께 시작된다고 한다. 그는 생존은 유사한 자원을 가진 경쟁자들보다 특정 종에게 우위를 제공하는, 유기체의 환경에 대한 적응이라는 특이성에 의존했다. 누군가가 여러 대안적인 행동의 가능한 결과를 상상하고 평가할 능력을 갖게 되었을 때(필요하지만 충분치는 않은) 전략적 경쟁이 발생할 조건이 마련된다는 것이다. 눈에 보이는 충돌들은 경쟁자(적대자)들 간에 존재하는 역동적인 균형을 관리하기 위한 지속적인 노력의 간헐적인 증상에 불과하다.

헨더슨은 전쟁이란 탈선, 즉 경쟁자들 간의 관계가 불안정해진 결과라고 생각한다. (희소 자원을 차지하기 위한) 경쟁은 늘 존재하며 앞으로도 늘 그럴 것이다. 역동적인 균형 시스템이라고 인식할 수 있는 어떤 일반 이론이 필요해진다.

헨더슨은 사회생물학이라는 새로운 과학이 군사학과 경제학이 이루지 못한 일들을 이뤄낼 것이라고 믿는다. 이것은 사회생물학이 집단생물학, 동물학, 유전공학, 행동과학을 포괄함으로써 사회적 행동으로 생존에 성공한 종들의 연구에서 생겨나고 있는 개념적 프레임워크를 제공하기 때문이다.

헨더슨은 비즈니스 환경에서의 자연적 경쟁은 진화적인 것은 물론 점증적이고, 위험성이 낮으며 발견된 학습적이라고 본다. 반면에 전략적 경쟁은 상대적으로 짧은 기간 안에 급격한 변화가 일어나게 된다는 점에서 혁명적이라고 하며 헨더슨은 이를 시간압축(Time Compression)이라고 불렀다.

헨더슨은 사회생물학의 연구 성과를 일부 받아들이고, 종을 사업이나 기업으로 대체해도 무방할 것이라고 가정하면서 일단의 가설을 내세운 다음, 전략적 경쟁의 기초요소라고 생각하는 것들을 이 가설로부터 끌어낸다. 경쟁의 상호작용을 경쟁자, 고객, 화폐, 사람, 자원 간의 상호작용을 포함하는 완전한 역동적인 시스템으로 보고 이를 이해할 수 있는 능력을 전략으로 보고 있다는 점이다.

2. 헨더슨과 PPM

헨더슨(Bruce Doolin Henderson)은 웨스팅하우스 일렉트릭사에서 사업부장을 역임한 후 아더 리틀 경영컨설턴트 회사에 이적하여 부사장에 취임한다. 그리고 사업부장, 컨설턴트로서의 경력을 살려 상술한 바와 같이 1963년에 BCG(Boston Consulting Group)를 창업하기에 이른다.

그는 창업 이후 「전망(Perspective)」이라는 짧은 에세이를 고객인 기업과 장래 고객들에게 보냈으며 그 에세이 중 뛰어난 것들을 모은 것이 헨더슨의『기업전략(Henderson on corporate strategy)』이다.[4] 이 시기에 등장한 것이 PPM(Product Portfolio Managemen : 제품 포트폴리오 관리)이다. 헨더슨은 PPM을 돈이 생기는 사업을 찾아, 돈이 필요한 사업을 찾아 돈의 균형을 잡는 것(재분배)을 목적으로 나타난 경영기법이라고 하였다.

PPM 분석이 등장한 1970년경에는 대기업 경영자가 다각화한 사업을 어떻게 취급해야 하는지 고민했던 시대였다. 다시 말하면, 어떤 사업을 계속하여야 하고 어떤 사업에서는 철수해야 하는가? 이런 고민을 하는 경영자가 많이 있었던 시기 이다. 거기에 혜성과 같이 등장한 것이, 모든 사업이나 제품을 버블 차트에서 조감할 수 있는 「BCG Growth-share Matrix(BCG 성장 쉐어 매트릭스, 이하 BCG 매트릭스)」였다.

헨더슨의 BCG가 PPM을 제정한 1970년대의 미국은 스태그플레이션을 겪으면서 경제침체기에 직면한다. 호경기 시절에 다각화했던 기업이 비대화된 조직을 축소하기 위한 노력이 필요했던 시기이다. 즉 다각화와 함께 각 사업부의 독립채산성을 중요시 여겼던 사업부의 프로핏 센터(profit center)가 을 조장시키게 된다. 각 사업부가 ROI(투자수익률) 중심으로만 움직인 결과 미국기업은 부분 최적화의 덫에 빠지고 만다. 이런 사태를 우려한 헨더슨 등은 프로핏 센터의 색채가 강한 사업부제 조직을 비판하고 각 사업부의 조합을 이루어 기업 전체의 최적화를 만드는 PPM의 중요성을 역설하게 된다.

PPM은 기업 전체의 사업영역을 어떻게 설정하며 거기에서 사업의 신규참여와 철회를 결정하는 판단기준을 제공하면서 기업의 분석전략으로서 위치지어진다.

GE의 개혁을 담당했던 잭 웰치(Jack welch)는 의 필요성을 느껴 그 사업영역에서 넘버 원 또는 넘버 투가 되지 않는 사업에서 빨리 철회하는 단순명쾌한 논리로 받아들인다.

PPM은 장래에 필요한 사업에 경영자원을 전략적으로 배분하고 효율적인 경영을 하게 하는 도표를 제시함으로써 다각화의 효율적인 경영을 하게 하는 도표를 제시하고 다각화의 필요성을 언급한 것이다.

단, 어느 정도 당해기업의 내부환경과 외부환경을 의도적으로는 합리적으로 분석한 노력도 의도치 않는 결과가 나타난다. 단기적으로는 채산이 많지 않는 사업도 서서히 사업영역을 침투해 가면서 간판사업으로 된 경우가 적지 않다.

---

4) Bruce Doolin Henderson, Henderson on corporate strategy, Abt Books, 1979.

3. EBD(Evidence based Decision, 근거를 기초로 한 의사결정)로서의 전략

PPM의 이론적 공헌의 첫 번째로 등장하는 것이 기업은 왜 다각화를 해야 하는가에 대한 대답에 제품의 라이프사이클이라는 문제의식을 갖고 기업전략이라는 시정에서 본 것이다.

앤소프가 기업이 성장하기 위한 시장과 제품이라는 그 요소에 신규라는 다각화전략의 중요성을 지적했다. 즉 앤소프는 성장전략으로서 시너지라는 개념을 사용하면서 다각화의 의의를 강조했지만 다각화가 기업에 왜 필요한 것인가에 대해서는 설명하지 않았다. 모든 삼라만상은 진부화 되는 것처럼 기업이 산출하는 제품(서비스)도 고객으로 보면 진부화를 느낀다. 이 진부화 현상을 전제로 기업전략으로서의 다각화의 유효성을 논한 것이 PPM의 이론적 공헌이라고 하겠다.

두 번째는 기업의 시장전체의 성장률과 시장점유율이라는 환경분석을 통해 객관적 근거를 기초로(EBD : Evidence based Decision, 근거를 기초로 한 의사결정) 사업의 다각화와 철회에 관한 의사결정의 틀을 제시한 것이다. 특히 컨설턴트의 업무에서 얻은 실증적 데이터를 기초로 누적생산량과 비용의 상관관계를 얻은 것은 그 후의 선행자 이익에 관한 논의에 큰 영향을 주었다고 하겠다.

4. 이론적 틀 : 경험곡선과 PPM

PPM은 당해기업의 외부환경과 내부환경의 관계를 분석하면서 현재의 산업 활동이 필요한 현금의 흐름(cash flow)을 보면서 사업의 스크린을 결정하기 위한 의사결정의 틀이다. 여기에서 고려되는 변수가 경험곡선, 시장성장률 그리고 상대적 시장점유율이다.

1) PLC와 EC(경험곡선)

프로덕트 라이프사이클은 [그림 13-1]처럼 종축에는 프로덕트(제품과 서비스)가 성장에서 쇠퇴의 4가지 측면을 거쳐서 시장에서 도태되는 일련의 과정을 나타낸다.

한 상품이 시장에서 소멸되는 이유에는 이노베이션에 의해 같은 기능을 담당하는 새로운 대체적 상품이 시장에 등장하거나 또는 단순하게 소비자로부터 상품 자체가 팔리지 않는 등의 원인이 있다. 물론 기호성이 강한 상품은 틈새시장이 유지하기 위해 꼭 과거의 상품이 완전 소멸되지는 않는다. 예를 들면 오디오나 카메라 등은 프로덕트 이노베이션에 의해 중요한 고객은 아날로그에서 디지털로 이전하지만 카메라는 디지털도 중요하지만 과거의 수제품인 카메라도 지금까지 존재한다. 그렇지만 일반적으로는 옛날 상품은 시장에서 언젠가는 도태되어 신상품으로 바뀌는 것이 세상의 법칙이다. 이러한 사실을 중심으로 한 기업이 특정상품에 고집하면 언젠가는 그 상품의 쇠퇴와 기업자체의 쇠퇴가 오는 것이 상식이다. 따라서 시장점유율이 높은 상품에서 성숙기에 얻은 높은 수익을 장래 성장이 보이는 상품을 육성하는 자금으로 활용해야 한다는 기본원리가 PPM에 존재한다.

PPM의 존재에는 경험곡선(experience curve)이라는 단 하나의 열쇠가 존재한다. 이것은 당해기업의 시장점유율이 높은 상품에서 높은 수익성이 성숙기에 확보된다는 가설과 관련이 깊다. 헨더슨 등은 반도체 산업을 시작으로 그 후 수천에 이르는 상품에 대해 검증함으로써 한 상품의 누적생산량이 2배 증가함에 따라 생산비용은 20~30% 감소한다는 사실을 알아냈다.

[그림 13-1]에 나타난 것처럼 생산량과 비용과의 상관관계를 경험곡선이라고 부른다. 그리고 장기간에 걸쳐 시장점유율의 최고를 유지해 온 리딩컴퍼니(최고기업)는 이 경험곡선의 효과가 크게 작용한 것으로 시장에서 가장 수익성이 높은 비용구조를 향수해 왔고 그리고 당해 시장에서 리딩컴퍼니를 유지할 수 있었다고 하겠다.

[그림 13-1] 누적생산량과 비용과의 관계

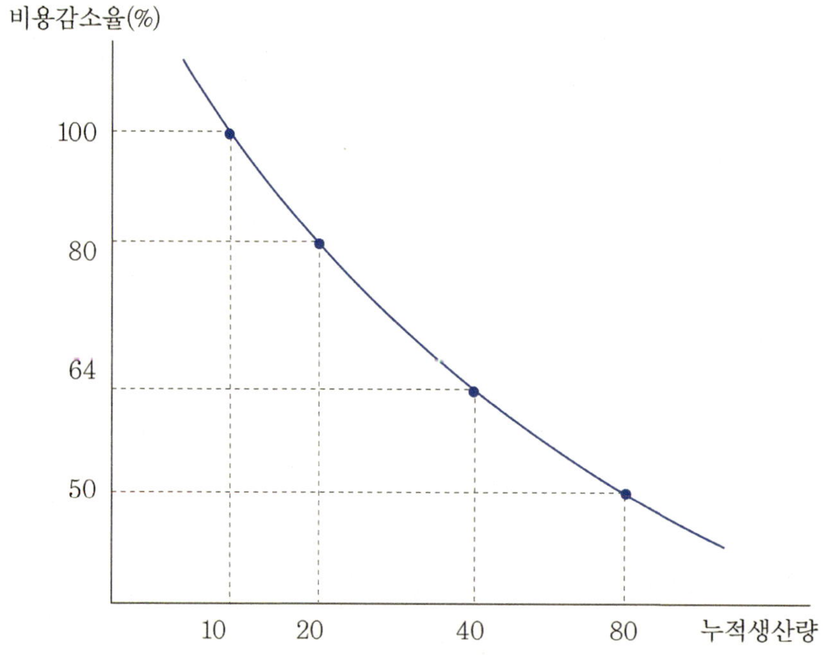

[그림 13-2] **경험곡선과 가격결정**

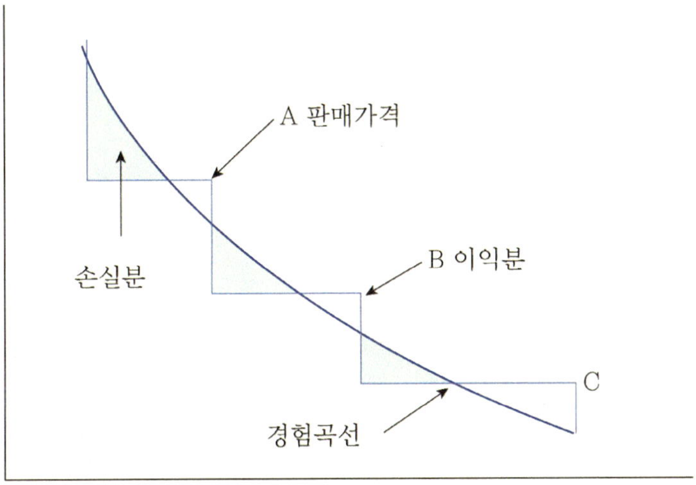

[그림 13-2]에서처럼 어느 기업이 A에서 B로, B에서 C로 일정비율로 가격을 내렸다고 하면 경험곡선 효과가 작용함과 함께 사선의 손실면적도 점점 감소한다.

따라서 쫓아오는 기업이 같은 가격으로의 동질화하려 해도 선행기업은 코스트(비용) 내구력이 증가함으로써 더욱 저가격으로 판매할 수가 있어 도전해 오는 기업을 가격 면에서 한층 더 거리를 둘 수 있다는 것이다. 경험곡선의 효과가 나타나는 이유는 누적생산양의 증가 즉 생산시간을 중복함으로써 그사이에 노동자의 작업 숙련도가 향상되거나 새로운 생산설비의 도입에 의한 작업공정의 합리화가 실현되거나 또는 업무의 흐름전체의 개선이 나타나거나 한다.

제 2 절 PPM의 매트릭스

1. 시장성장률과 시장점유율

PPM(프로덕트 포트폴리오 매니지먼트, Product Portfolio Management)은 경영 자원을 최적으로 배분하는 것을 목적으로, 보스턴 컨설팅 그룹이 1970년대에 제창한 매니지먼트 수법이다. 제품 라이프 사이클(PLC : product life cycle)과 제품 제조 현장에 있어서의 경험 곡선 효과(EC : experience curve)의 개념을 바탕으로 한 경영 이론으로 GE사의 매니지먼트 스크린은 이것을 응용해 개발된 것이다.

일반적인 방법으로서는 도표의 세로축에 시장 성장률을, 횡축에 상대적 시장 점유율을 두고, 현재의 자사의 사업이나 상품·서비스가 그림의 어디에 위치할까를 분석하고, 그 결과를 기본으로, 각 사업마다의 방향성과 경영 자원 배분의 중심부를 행한다.

PPM은 경험곡선 효과와 함께 동일 제품의 가격 격차는 평준화된다고 가정하기 때문에 시장점유율의 높고 낮음이 이익률에 크게 영향을 준다고 간주한다. 따라서 당해 시장에서 자사의 시장점유율은 톱 기업의 점유율과 상대적인 비교를 갖고 행하여진다고 주장한다. 이것을 상대적 시장점유율이라고 한다. 예를 들면 기업 A의 시장점유율이 30%에 업계 2위이고 업계 톱의 기업의 시장점유율이 45%라면 30 ÷ 45 = 1.5가 된다. 그리고 시장전체의 성장률을 기축으로 그 가운데 자사의 상대적 시장점유율을 기축으로서 자사가 포함하는 사업을 [그림 12-3]처럼 4개의 형태로 나누어서 전사적인 전략을 생각하는 것이 PPM의 이론적 기반이다.

PPM에 따라 사장을 움직이는 제품은 크게 4가지로 나뉜다.

(1) 고성장 / 고점유율의 인기 제품(Star Product Preformer), 즉 '스타' 제품이다.
(2) 저성장 / 고점유율의 제품(Cash Cow), 일명 '현금(황금)젖소'이다.
(3) 고성장 / 저점유율의 제품(Question Mark), 일명 '문제아'이다.
(4) 저성장 / 저점유율의 제품(Dog), 일명 '개(도망치는 개)'이다.

문제아는 PPM의 도입기에서 성장기 전반에 해당되는 시기이며 시장 자체의 성장률은 높지만 시장에 대한 자사의 시장점유율이 낮은 사업이다. PPM에서는 시장점유율의 획득을 경쟁우위의 원천으로 보기 때문에 설비, 판매 등의 적극적인 투자를 행하여 자사의 시장점유율을 높이는 노력을 필요로 한다. 들어오는 이익보다 나가는 비용이 더 크기 때문에 문제아인 것이다.

스타사업은 PLC의 성장기 후반에서 성숙기 전반에 해당되는 시장성장률과 자사의 시장점유율이 함께 높은 사업으로 업계는 물론 기업으로도 말 그대로 스타(star)이다. 그러나 시장점유율이 높다는 것은 당해시장에 신규 진입하려는 기업이 많이 존재하여 경쟁이 심화되어 적극적인 투자를 필요로 한다. 박리다매의 시기이다.

황금젖소는 PLC의 성숙기 후반에서 쇠퇴기에 들어가면서 시장성장률은 낮지만 자사의 시장점유율은 높은 사업이다. 상술한 스타사업처럼 격렬한 경쟁을 거쳐 많은 진출기업이 등장하면서 살아남은 기업만이 현금(황금)젖소가 되어 사업을 향유하게 된다.

[그림 13-3] **제품시장 매트릭스**

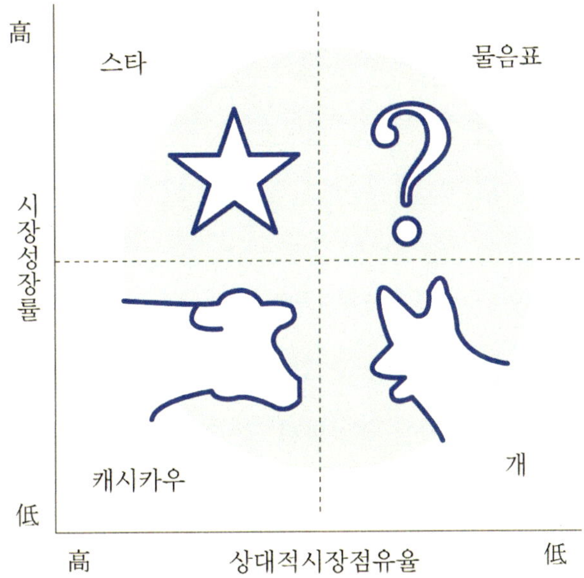

따라서 신규진입 기업으로서는 당해시장에서 견인기업이 압도적인 시장점유율을 자랑하면서 낮은 시장점유율에서 매력적인 시장은 없다. 이러한 진입장벽을 거쳐 현금젖소를 포함하는 기업으로서는 현금흐름을 상회하는 황금상자가 된다.

dog(개)는 시장성장률도 낮고 시장점유율도 낮은 사업이며 이러한 사업에서는 즉각 철회해야 한다고 PPM은 주장한다. PLC에서는 쇠퇴기에 해당하며 소비자에서는 인기가 없으며 대체품의 출현 등으로 시장이 급속해 수축되는 시기이다.

PPM의 기본 명제는 현재 현금젖소에서 얻은 이익을 문제아로 투자하여 장래의 스타산업으로 육성한다. 이러한 사업 간의 순환적인 현금 사이클은 창조하는 것이 PPM의 기본적 사고이다. 그러나 이러한 소극적인 사고는 시장성장률과 자사의 점유율에 거리가 있다고 하더라도 그 벽을 극복하면서 얻는 수익을 놓치는 결과가 된다. 즉 경영자를 단기 지향의 늪으로 빠지게 하는 경향이 있다.

PPM의 실행을 위해서는 우선 제1단계로 기업을 구성하는 중요사업을 식별하여 그것을 SBU(Strategic Businese Unit)라는 전략적 사업단위에 재편성하는 것이다. 즉 SBU는 PPM의 분석단위에 해당된다. 전략적 견지에서 같은 사업부에 속한다 하더라도 다른 단위(Unit)로 하는 경우가 좋을 때, 또는 서로 다른 사업부에 속하더라도 하나의 단위로 할 경우가 있다.

〈표 13-1〉 PPM에서 4가지 형태의 특징

	지출	수입	현금흐름	전략과제
스타	다	다	○	점유율확대 유지
현금젖소	소	다	+	수확
문제아	다	소	-	장래성의 판단과 선택, 집중
도그(dog)	소	소	-	철퇴 검토

자료 : UN 2000년.

제2단계는 SBU를 성장성과 수익성의 면에서 하나씩 평가하여 각 SBU에 어느 정도 경영자원(자금)을 배분할 것인가를 결정한다. 즉 현금젖소에서 충분한 자금을 투입하여 문제아를 스타로 육성하는 것이다.

2. PPM의 한계

포트폴리오는 수명 주기와 시장 점유율을 유일한 평가 요소로 하고 있으며 단순히 정량화할 수 있는 반면에 분명한 한계도 있다.

우선 시장 성장률이 떨어졌다고 하더라도 그것으로 시장이 성숙했다고 판단하기가 어렵고, 반대로 성숙했다고 보는 생각이 사업을 혁신하려는 의욕을 상실하게 할 우려도 있다.

예를 들면 라디오의 경우를 보아도 원형이 만들어진 이후 오랜 시일을 경과하는 동안 소형화나 다기능화, 다른 상품과의 결합 등을 통해서 라디오 시장은 여러 차례 재성장한 일이 있다.

또한 시장 점유율이 높을수록 경험 효과나 규모의 경제성에 의해 수익성이 높다는 견해는 통계상으로는 올바르다고 하더라도 개별적으로 보면 단순화한 것에 지나지 않는다. '개(싸움에 진 개)'에 해당되는 사업으로 정의될 수 있는 사업일지라도 현금을 만들어내고 있는 예도 많다. 규모의 비용 측면만을 중시하고 차별화 등의 전략 가능성을 경시하고 있다고 말할 수도 있다.

마지막으로 정량화와 단순화의 결점도 있다. 즉 이 틀에서는 대답이 하나밖에 없고 전략 수립 과정에서 논의를 유발하고 조직을 변화시키기 위해서는 사용하기 어렵다. 동시에 사내의 위치 부여에서 '싸움에서 진 개'라고 분류되었던 사업부는 어떻게 하여 사기를 유지하면 좋은 것일까?

선택과 집중을 진정으로 행할 생각이 없다면 사내에 쓸데없이 파문을 일으킬 필요는 없다.

3. PPM의 단순함

사업 분야를 성장률과 점유율의 2축으로 4개의 어느 쪽인가에 분류하는 것은 알기 쉬운 반면, 사업 전략으로서는 너무나 단순화해서, 다음과 같은 과제가 남는다.

각 사업 분야는 서로 관련하는 예가 많아, PPM 이외에도 고려해야 할 요인이 다수 존재한다.

예를 들면 「dog」나 「question mark」로 분류되는 분야에서 만나도, 「star」이나 「cash cow」의 점유율 유지에 공헌하는 분야도 있으므로, 단순하게 구별할 수 없다. 예를 들면 보완재 등을 들 수 있다.

투자를 억제해야 할 「cash cow」도 자동차 산업과 같이, HV나 EV 등의 이노베이션으로 경쟁 조건이 변경되거나 시장 성장률이 한층 더 높아질 가능성도 있다.

「dog」로 분류된 사업 분야에 있어서의 사원의 모티베이션이 저하하는 문제도 존재한다.

4. 비즈니스 스크린(GE's Business screen)의 등장

PPM의 종축과 횡축에 관한 문제점을 극복하기 위해 GE와 맥킨지사는 비즈니스 스크린(GE's Business screen)을 개발했다. 비즈니스 스크린(GE의 비즈니스 스크린, GE Nine Cell Planning Grid / GE's Business Screen)은 자사의 각 사업에의 자원 배분을 검토할 때에 이용한다.

「업계의 매력도」와 「자사의 강점(사업 단위의 지위)」의 2축을 설정해 각 3단계에서 평가를 실시한다. 각 사업을 평가해, 9개의 매트릭스 상에 표시하여 해 자원 배분의 검토를 실시한다.

각 축으로는 여러 가지 요소를 포함시킬 수 있어 상황에 따른 검토를 할 수 있다.

① 업계의 매력도 : 시장규모·성장률, 경쟁의 정도, 산업의 수익성, 매크로 환경의 변화 등

② 자사강점(사업 단위의 지위) : 상대적 점유율, 품질·기술·코스트, 매출액, 수익성 등

5. PIMS(Profit Impact of Marketing Strategy)의 등장

1) 등장배경

시장전략을 위한 이익효과로 불리는 PIMS(Profit Impact of Marketing Strategy) 프로젝트는 원래 GE(제너럴 일렉트릭)의 고위 경영진에 의해 요구되었으며, 일부 사업부가 다른 사업부보다 수익성이 높은 이유를 경영적으로 알고 싶은 욕구에 의해 등장한 것이다. GE의 목적에 상응한 시드니 스코플러(Sidney Schoeffler) 교수의 지시에 따라 PIMS 프로젝트는 1960년대에 내부 경험적 연구로 시작되었다고 한다. 목표는 GE의 다양한 전략적 사업부(SB)를 비교할 수 있도록 하는 것이었다.

GE의 사업은 당시 매우 다양했기 때문에 제품과 관계없이 경제적 성공에 영향을 미칠 주요 요인을 모색했다. 특히 투자수익(ROI)은 자본단위당 이익으로 성공을 거두었다.

1972년 이 프로젝트는 마케팅 과학 연구소(당시 하버드 경영대학원의 날개 아래)로 이전되어 다른 회사로 확장되었습니다. 1976년 매사추세츠 주 케임브리지에 있는 미국 전략 기획 연구소가 이 프로젝트를 담당했습니다.

1970년에서 1983년 사이에 약 200개 기업의 약 2,600개의 전략 사업부(SBUS)가 설문조사에 참여하여 이 프로젝트의 핵심 수치를 제공했다고 한다. PIMS 프로젝트는 각 SBU가 직면한 옵션, 문제, 자원배분 및 기회를 식별하기 위해 수집한 데이터를 분석했다. 각 업종의 다양한 산업이 확산되면서 같은 산업에서 다른 비즈니스를 제공하기 위해서 어떤 전략이 수익성 향상으로 이어질지에 대한 경험적 증거로 높이 평가받고 있다. PIMS 프로젝트데이터베이스는 오늘날 학계와 기업에 의해 계속 업데이트되고 그려지고 있다.

2) PIMS 프로그램

PIMS 프로그램은 각 사업단위가 세출한 전략이 수익성에 미치는 영향을 평가하기 위한 수단으로 GE가 구축한 내부 데이터베이스에서 출발하였다. 1972년에 전략과 성과 간의 관계를 보다 잘 이해하기 위해 하버드 경영대학으로 이전되어 이 프로그램에 참여하기를 원하는 다른 기업의 자료를 포함하여 데이터베이스를 확대하였다.

그 뒤 PIMS 프로그램의 독립적 운영을 위해 전략계획연구소(Strategic Planning Institute)가 별도로 설립되었는데, 이 연구소는 연구를 통해 나타난 결과를 참여기업들에게 조언해 주고 있다.

[그림 13-4] PIMS 데이터베이스의 자료

시장구조의 매력도 : 성장률, 차별화정도 · 자본집약도, 구매량 · 노조결정, 진입순서

사업의 경쟁지위 : 상대적 품질, 시장점유율, 자본집약도, 원가지위

↓

전략의 특징 : 시장 및 R&D지출, 가격책정, 신제품수, 제품라인의 길이, 유통채널의 선택, 수직통합의 정도

↓

성과 측정 : ROI, ROS, 현금흐름, 성장률 주주가치

PIMS 프로그램에 전략적 행동의 결과를 측정하기 위해 100여 개의 변수들에 대해 수천 개 사업단위의 계량적 측정치를 사용하는 수학적 모형이라고 할 수 있다.

PIMS데이터베이스에 포함되는 변수들을 다음과 같은 세 가지 유형의 변수들이다.

① 산업변수(사업의 경쟁지위와 산업구조의 매력도)
시장성장률, 수명주기단계, 노조 결성여부, 고객, 집중도 등

② 전략변수
시장점유율, 제품품질, 신제품도입, 마케팅, 연구개발비용 등

③ 수익성변수
매출액 대비 세전영업이익(ROS), 투자자본 대비 세전영업 이익(ROI) 등

성장성-점유율 매트릭스와 산업매력도-사업강점 매트릭스는 산업의 매력도와 사업의 경제 지위를 평가함으로써 투자전략과 경쟁전략에 대해 이론적 제언을 제시해 주는 데 그 목적이 있다.

이에 비해 PIMS프로그램은 각각 다른 시장환경과 경쟁환경에 속한 다양한 사업단위들의 경험자료를 분석함으로써 전략의 일반적 원칙을 발견하는데 그 목적이 있다. 이를 위해 PIMS프로그램은 [그림 13-4]에서 알 수 있듯이 시장구조, 경쟁지위, 사업전략에 관한 실제 자료를 사용하여 이들이 재무적 성과에 미치는 영향을 실증적으로 분석한다.

〈표 13-2〉 PIMS의 다중회귀 분석의 예[5)]

영향변수	투자수익률(ROI)	매출액순이익율(ROS)
실질시장성장률	0.18	0,04
가격인상율	0.22	0.08
노조결성율	-0.07	-0.03
시장점유율	0.34	0.14
상대적품질	0.11	0.05
신제품도입율	-0.12	-0.05
매출액 대비 마케팅 비용	-0.52	-0.32
매출액 대비 연구 개발비	-0.36	-0.22
매출액 대비 재고	-0.49	-0.09
고정자본 집중도	-0.55	-0.10
조업도	0.31	0.10
노동생산성	0.13	0.06
수직적통합	0.26	0.18
R^2(F값)	0.39(58.3)	0.31(45.1)
표본수	2,314	2,314

자료 : R. D. Buzzel and B. T. Gale, the PIMS Principles, Free, New York(1987), p.274.

PIMS프로그램은 다중회귀분석을 통해 이들 산업변수와 전략변수가 기업의 성과에 미치는 영향을 분석한다. 수익성에 영향을 주는 다양한 산업변수와 전략변수를 사용하여 다중회귀분석을 한 결과에서 주요 변수를 선택하여 예시한 것이다. 이러한 PIMS프로그램의 전략적 응용에는 ①전략적 사업단위(SBU)의 성과목표설정 ②사업단위의 전략의 수립 ③사업단위들 간의 투자자금 배분 등이 있다.

5) 결과를 해석하는 데 있어서 실질시장성장률을 예를 들면, 실제 시장성장률이 1% 증가하면 투자수익율(ROI)이 0.18% 증가한다는 것을 말해 준다.

제 3 절 기업과 다각화의 배경

1. 왜 기업은 다각화를 하는가?

기업이 다각화를 하는 이유는 수없이 많지만 기업내부의 이유의 경우에도 기업외부의 경우도 있다. 팬로즈(Edith Penrose)는 이것을 외적성장유인과 내적성장유인으로 명명하였다.6)

1) 외적성장유인(external inducement)

외적성장유인은 기업을 새로운 사업에 진입시키는 외부환경의 환경조건과 기회를 말한다. 이들 요인들은 예를 들면 신문사가 정보를 온라인으로 제공하는 사업에 진입하는 경우처럼 어느 기존사업을 갖고 있는 기업으로서 매력적이라고 할 수 있다. 또한 기업의 주요시장의 수요가 저하함으로서 다른 시장에서 이익을 획득하여만 할 경우 에도 위협도 외적유인도 될 수 있다. 최근, 바위산업체의 군인들이 민간부분의 사업 쪽으로 배치전환 하는 것도 수요 측의 변화를 반영하고 있다. 이러한 것이 보여지듯이, 외적유인은 공격적 또는 방어적인 성격을 갖으며 확대된다.

2) 내적성장유인(internal inducement)

내적성장유인은 기업을 다각화 방향으로 이동하게 하는 기업내부의 환경조건의 변화이다. 펜 로즈(Edith Penrose)는 경제학자이지만, 신고전파 경제학과 같이 기업을 수급 함수상의 「점」으로 간주하는 것이 아니라, 그 안쪽에 주목해, 인재를 포함한 경영자원이 기업의 성장을 규정한다고 생각했다. 또 자원을 동학적으로 파악하여, 학습, 지식, 경험, 계승 등 시간축을 가지고 이해되는 개념을 중시했다. 오늘 자원을 중시하는 전략론은 RBV(Resource Based View : 자원근거이론)라고 해 전략론의 유력한 학파의 하나가 되고 있지만, 펜 로즈는 이러한 RBV의 기초가 되는 원리를 제창했다고 하는 의미에서도 이름을 남기게 되었다.

펜 로즈는 경영 자원 중에서, 특히 경영자 자원(정확히는 경영자 자원이 낳는 서비스)에 주목해, 이것에 의해 기업의 성장이나 성장의 제약, 다각화, M&A 등을 설명해

6) Edith Penrose, The Theory of the Growth of the Firm, Oxford Univ. Press, 1959.

나간다.[7] 그 수법에는 독창성이 있고, 또 논리로서 일관되어(유감스럽지만 균형론적, 정학문적인 신고전파 경제학 사이드로부터의 평가는 반드시 높지 않았지만), 사례 연구법으로부터 이를 추출하는 귀납적 수법과 거기로부터 논리를 전개하는 연역적 수법의 훌륭한 융합이라고도 할 수 있을 것이다. 최근의 경우는 펜 로즈는 경제학자라고 하는 것보다는 경영학자로서 높게 평가되고도 있다.

2. 기업의 성장과 경영자 서비스

펜 로즈의 주장을 한마디로 하면, 기업의 성장은 내부의 미이용의 생산적 서비스, 특히 경영자가 업무를 수행하거나 감독하거나 하는 「경영자 서비스」(managerial service)의 이용의 결과로서 생겨난다.([그림 13-5] 참조)

경영자 서비스에는, 이른바 경영자뿐 아니라 넓게 관리자에 의해 제공되는 서비스가 포함된다. 약간 경제학적으로 말한다면 기업의 성장은, 미이용의 생산적 서비스, 경영자 서비스가 생산 프로세스에의 인풋으로서 투입되는 결과적으로 발생하는 것이 된다. 여기서 펜 로즈의 설명을 이해하는데 있어서 중요하다고 생각되는, 서비스와 자원의 차이에 대해 논하려고 한다.

[그림 13-5] 기업의 성정요인

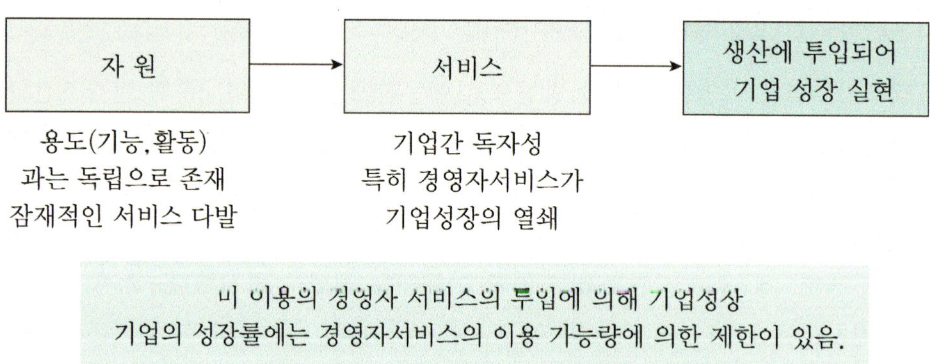

7) 野伸一, 織経営の古典的著作を読む (IV)~エディス・ペンローズ,『企業成長の理論』, 経済のプリズム, No.119, 2013.10, p.19.

서비스는 자원으로부터 만들어지는 것이지만, 자원과는 다른 특징을 가지고 있다. 즉 생산적 서비스나 경영자 서비스는 개개의 기업에 고유의 특징을 가져, 이질성을 갖는 것으로 표현하고 있다. 서비스는 자원으로부터 만들어지는 것이지만, 같은 타입의 자원으로부터 다른 서비스가 산출된다는 것이 펜 로즈의 생각이다.

펜 로즈는 자원 중시파라는 것이 일반적인 인식이지만, 생산에 투입되는 것은, 단순한 자원이 아니고, 자원으로부터 산출되는 서비스라는 생각은 접어두어야 할 중요한 포인트이다. 펜 로즈에 의하면 일반적으로 자원은 용도(기능, 활동)와는 독립으로 존재하고 있기 때문에 기업 간의 차이, 독자성을 설명할 수 없다. 자원이 구체적인 기능, 활동(즉 서비스)의 형태를 취해 생산에 투입 되어서 처음으로 기업의 성장이 실현된다.

펜 로즈는 또 「자원은 잠재적인 서비스의 다발이다」, 또는 「하나의 자원은, 실현 가능성이 있는 서비스의 다발로 간주할 수 있다」고도 말하고 있다. 자원이라고 하는 것은 잠재력이며, 이대로는 차별화된 투입은 되지 않는다. 차별화된 인풋이 되는 것이 서비스라는 것이 펜 로즈의 생각이다. 이러한 의미로는, 펜 로즈가 중시하고 있는 지식, 학습, 경험, 계승 등도, 그것이 인풋이 된다고 하면, 본래적으로 차별화되었다.

개개의 기업에 고유한 것이라고 생각하여야만 된다. 하지만 어쨌든 여기에서는, 펜 로즈는 단순한 자원 중시파라고 하기보다는, 개개의 기업의 특징을 만들어 성장을 실현하는 차별화된 생산적 서비스 중시파라고 해야 할 존재라는 것을 잊으면 안 된다는 점이다.

3. 기업가적 서비스

팬로즈가 경영자 서비스와 함께 중시하고 있는 것이 「기업가적 서비스」(entrepreneurial services)이다.[8] 펜로즈에 의하면 기업가 서비스는 「기업의 이익에 이바지하기 위한 제품, 입지, 기술상의 중요한 변화 등에 관한 새로운 아이디어의 도입과 승인, 새로운 경영 관리자의 획득, 기업의 관리 조직의 근본적인 재편, 자본조달, 확장의 방법의 선택도 포함한 확장의 계획의 입안 등에 관련하는 기업의 업무를 완수하는 공헌」이며, 단적으로 말하면, 이노베이션이나 기업의 확장을 제안해, 결정하는 서비스라고 할 수 있다.

이것은 기업가적인 아이디어, 제안을 수행해, 기존의 업무를 감독하는 경영자 서비스

8) Hans Landström and Franz T. Lohrke, Intellectual roots of entrepreneurship research, pp.593-892.

와는 대조를 이루는 것이다. 예를 들면, 성장을 위한 사업 기회(productive opportunity)를 찾는 것은 기업가 서비스이며, 성장을 초래하는 기업가 서비스가 필요하다.[9] 구체적으로는, 가변성의 높은 재능(상상력, 센스, 직감), 자금 조달의 재능, 제품·기술에의 야심 등을 들 수 있다. 사업 기회가 한정되면 성장도 한정되기 때문에, 펜 로즈는, 사업 기회의 탐색을 중요한 서비스(인풋)라고 자리매김을 하고 있다. 게다가 펜 로즈에 의하면, 사업 기회를 탐색하는 의사결정은, 기업가 정신(기업)이 풍부한 의사결정이다. 성장하고 있는 기업에는 기업가 정신이 갖춰지고 있기 때문에, 기업가 정신이 결여되면, 성장을 방해할 수 있거나 현저하게 늦출 수 있게 된다. 또 펜 로즈는 기업가 정신이 풍부한 기업가는, 때때로 수요를 여건으로 간주하지 않고, 기업가가 움직이는 것으로 파악하고 있다고 지적하고 있다.

수요라는 것은 자사의 기존자원으로부터 시사를 받은 기업가가 만들어 가는 것이라는 것이 펜 로즈의 발상이다. 이것은 확실히 오늘, 생존을 위해 싸우고 있는 많은 기업이 실천하고 있는 전략이라고도 말할 수 있을 것이다. 덧붙여서 이러한 펜 로즈의 사상은 기업가적인 아이디어를 실현하기 위해 기업이 성립한다고 하는 생각도 성립된다.

왜냐하면 이러한 아이디어는 암묵지와 같은 것(tacit)이며, 시장에 전달하는 것이 어렵고, 또 전달하면 아이디어를 빼앗겨 버릴 우려도 있으므로, 하나의 관리 하에 있는 기업을 필요로 하게 되기 때문이다.

게다가 펜 로즈는 이노베이션에 대해서도, 기존 자원으로부터 시사를 받은 기업가가 실현되어 가는 것이어서 결코 불연속인 것, 기존 자원과 무관계의 것은 아니라고 말해, 일례로서 알루미늄 대기업의 알 코어(ALCOA : Aluminum Company of America)가 좀처럼 수긍하지 않고 침투하지 않았던 알루미늄 제품의 수요를 고생하면서 창조한 사례를 들고 있다. 어쨌든 외부 환경·수요와 내부 자원·기업가와의 쌍방 교환의 중요성에 주목하고 있는 것이 펜 로즈의 특징의 하나이며, 현재도 통용되는 새로움을 느끼고 있을 정도이다.

4. 팬로즈와 환경

팬로즈는 같은 환경이라도 기업에 의해서 대응은 차이가 나는 것이며, 「객관적인 환경」이든 「환경 그 자체」 따위는 존재하지 않고, 한 기업에 있어서의 환경 밖에 없

9) Edith T. Penrose (1959), 'The Firm in Theory' and 'The Productive Opportunity of the Firmand the "Entrepreneur".

다고 주장한다. 요점은 환경이라는 것은 기업가의 마음에 비쳐진 「이미지」이며, 기업이 외계에 무엇을 「볼까」는, 기업이 갖는 경험이나 지식 등에 의해서 결정지어진다는 것이 펜 로즈의 견해이다. 그렇기 때문에 펜 로즈는 내부 자원에 관심을 가졌다. 환경이 기업마다 다른 이유는 무엇일까를 설명하기 위해서는, 내부 자원에 관심을 갖는 자원 어프로치가 필요불가결이라고 생각했던 것이다. 따라서 펜 로즈는 환경을 중시하고 있지 않다고 하는 견해가 있다고 하면 그것은 적절하다고 볼 수 없을 것이다. 오히려 기업 성장에 대해 환경이 완수하는 역할의 중요성을 알고 있었기 때문에, 어떻게 하면 환경을 기업의 성장에 연결할 수 있을까의 해명에 심혈을 기울였다. 그 결과 기업의 내부 자원으로부터 눈을 딴 데로 돌릴 수는 없고, 우위인 자원을 가지는 것으로, 스스로 환경을 파악해 또 환경에 제의해 기업의 성장에 묶을 수 있게 되는 것이라고 이해한다.

5. 다각화의 의의

1) 다각화와 경영자 서비스

펜 로즈에 의하면, 성장하는 기업은 스스로 다각화 해 나간다. 혹은 다각화하는 것으로 기업은 성장해 간다. 즉, 기업은, 하나의 시장, 특정의 제품만을 대상으로 하고 있어서는, 성장이 해당 시장의 성장에 묶여 스스로 성장에 한계가 발생하게 된다. 기업으로서 하나의 시장, 특정의 제품에만 구애할 이유는 없고, 구애하지 않기 때문에 성장이 나타난다.

여기서 열쇠는, 역시 기업의 생산적 서비스, 특히 미이용(未利用)의 경영자 서비스이다. 즉, 기업은 하나의 시장에서의 성장에 필요한 미이용의 경영자 서비스를 웃도는 미이용의 경영자 서비스가 존재한다면, 이것을 다각화에 이용하는 것으로써 성장할 수 있다. 혹은 다각화는 이러한 미이용 서비스가 존재할 경우에 재촉 받는다고도 말할 수 있다.

또 펜 로즈는 여러 가지 기업의 사례 연구법을 근거로 해 다각화의 방향성은, 대부분 기업의 기존 자원에 의해서 결정되는 것이며 실제로 가지는 전문성이나 기술 등을 기초로서 행해진다고 말하고 있다.

예를 들면, 미국의 GM는 대량생산을 위한 엔지니어링이라고 하는 전문성을 기초로 가전, 항공기, 라디오, 디젤(엔진, 기관차) 등 다양한 제품이나 산업에 다각화하고 있다.

▲ 제너럴 모터스 로고 ▲ 제너럴 밀스 로고

또 식품 대기업의 제너럴 밀스(General Mills)는 원래 소맥분, 사료, 관련곡물 제품의 기업이었지만 전통적으로 연구 개발을 중시하고 있어, 기존의 전문화영역을 근거로 해 영양(식품, 비타민 제품, 한층 더 기계 부문, 기름이나 폴리아미드 수지)으로 전개하며 갔다.

이상과 같은 다각화는 전문성에 근거하는 다각화라고 할 수 있지만, 펜 로즈는 이것을 긍정적으로 평가하고 있다. 즉 펜 로즈는, 경영 자원에 한정해하지만 있는 가운데는, 외부 경쟁에 이기기 위해서는 전문성이 필요하고, 이것은 다각화할 경우에서도 같다, 실제로도, 다각화해도 전문성을 가지는 기업이 많은 것을 지적하고 있다. 그리고 기업은, 다각화 하는 경우에서도, 간단하게 무너질 리 없는, 전문성이 있는 기반(베이스), 기본적인 지위(베이직·포지션)을 확립하는 것이 필요하다고 말하고 있다. 기업은 단순한 여러 가지 잡다한 자원의 집합이 되어 버려서는 안 된다는 것이 펜 로즈의 지적으로 있다.

부언하면, 펜 로즈는 리스크나 불확실성의 대비책을 위해 다각화가 행해진다고 하는 생각에 대해서도 이해를 나타내고 있다. 그러나 무엇보다도 다각화는 위에서 설명한 바와 같이, 기존의 시장이 기업이 이용할 수 있는 생산적 서비스, 경영자 서비스를 완전하게 사용할 정도로는 충분하게 빨리 성장되지 않는다는 것이 펜 로즈의 사고이다.

6. 스테이너(G. A. Steiner)의 다각화 사고

스테이너(G. A. Steiner)는 다각화란 새로운 제품계열, 공업, 서비스 또는 시장에 진출하는 것을 뜻하며, 미국의 표준산업분류방식(Standard Industrial Classification Manual)의 Code의 개별업종(89 주요그룹 : 소위 2숫자 분류)에 비추어 볼 때, 다각화란 일개회사가 이 업종분류상 2개 또는 그 이상에 걸쳐 영업하는 것을 지칭한다. 새로운 제품계열이란 수평적다각화를 말하고 새로운 공업과 서비스란 수직적 다각화를 지칭한다.

스테이너는 다각화라는 것은 신제품 또는 서비스를 생산하여 신시장에 진출하는 것으로부터 현재의 제품, 서비스 또는 시장개척까지도 포함한다고 정의하고 있다. 이와 같은 다각화의 정의는 한 기업 내에서의 연구개발을 하고 신제품을 생산하는 경우를 내부성장(internal growth)이라 하고, 또 합병, 인수에 의해서 다각화가 이루어질 수 있는데 이를 외부성장(external growth)이라고 주장하고 있다.[10] 스테이너의 다각화는 1960년대의 산업화시기에 제조업과 서비스업이 성장하며 나타나는 경우를 보고 시장개척과 기업합병을 보고 정의한 것으로 보고 있다.

제 4 절 다각화와 기업자원과 수익성

1. 자원과 수익성

다각화와 기업의 업적이 연속적인 선형태의 변수로 측정한 경우, 마이너스의 관계가 있다고 보는 것이 일반적이다.[11] 다른 요인이 전부 일정하다고 한다면 기업이 다각화를 추진함으로써 평균수익성은 저하된다고 한다는 것을 의미한다. 기업은 사업다각화를 추진하는 경로에서 어떠한 경우에 기존의 사업에서 최근 다각화와 수익성의 관계가 주목받고 있다.([그림 13-6] 참조)

[그림 13-6] 자원, 사업기회와 수익성의 관계

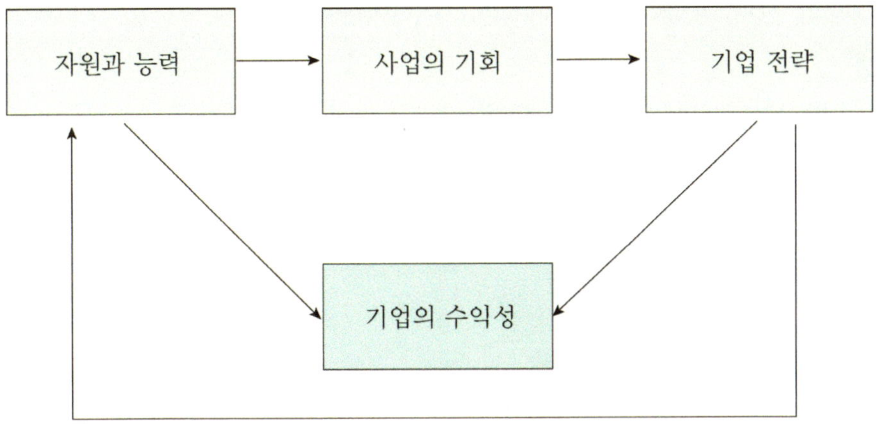

10) George A. Steiner (1969), Top Management Planning, The Macmillan Company, pp.629-630.
11) Comment, R. and G. Jarrell (1995), "Corporate focus and stock returns", Journal of Financial Economics 37, pp.67-87.

상술한 바와 같이 자원과 능역이 갖추어지면 경영자는 새로운 기업전략으로 다른 사업의 기회를 찾으며 기업의 수익성을 올리려고 하지만 다각화가 이익으로 연결된다거나 손실로 이어지는 것인가의 문제는 기업전략이 결정짓고 이는 CEO의 의사결정이 중요하게 작용된다는 점이다.[12] 다각화의 요인인 시장기회가 어떻게 새로운 능력개발을 촉진하는가는 많은 학자들의 연구가 이루어졌지만 보는 관점에 따라 그 논의가 달라졌지만 자원기반이론에 근거한 사업다각화의 경우에는 자원과 기업의 능력만으로는 자원과 시장기회, 기업의 수익성을 논하는 것은 자원의 개발과 그 균형을 찾는 것이 중요하다.

2. 다각화와 시장기회와 전략

1970년대 오일 쇼크 등 글로벌 경제 위기의 대두로 인해 지속 가능한 경제 실현을 고민하던 일본 정부는 미래 먹거리로 반도체를 선정하였고 정부 주도 아래 일본 반도체 업계는 반도체 제조 - 설비 - 소재 및 웨이퍼 업체 등으로 체계적인 수직 계열화를 이룰 수 있었고 이로 인해 일본의 반도체 제조업은 융성하기 시작하였다.

1985년에는 세계 시장을 양분하고 있었던 미국의 반도체 제조업을 누르고 점유율을 역전하기 시작하더니 어느 순간에는 미국의 반도체 산업을 직접적으로 위협할 정도로 강력한 산업 경쟁력을 갖추게 되었던 것이다.

[그림 13-7] 1980년-90년대의 세계시장에서의 일본의 반도체 산업

순위	1985	국적	매출액 (십억달러)	1990	국적	매출액 (십억달러)
1	NEC		2.1	NEC		4.8
2	Texas Instruments		1.8	Toshiba		4.8
3	Motorola		1.8	Hitachi		3.9
4	Hitachi		1.7	Intel		3.7
5	Toshiba		1.5	Motorola		3.0
6	Fujitsu		1.1	Fujitsu		2.8
7	Philips		1.0	Mitsubishi		2.6
8	Intel		1.0	Texas Instruments		2.5
9	National		1.0	Philips		1.9
10	Matsushita		0.9	Matsushita		1.8

12) Philip G. Berger & Eli. Ofek, Diversification's effect on firm value, Journal of Financial Economics 37, pp.39-65.

[그림 13-7]은 수십 년에 걸쳐 발전한 일본의 전자산업의 계획적인 진화를 나타내고 있다. 1970년대 일본의 통상산업성(현 : 경제산업성)은 전자산업을 일본의 경제성장의 견인력으로 하는 계획을 세웠다. 그러나 당시의 일본의 전자기술과 전자제품의 제조에서 서구제국보다 10년에서 15년 정도 뒤떨어져 있었다.[13)]

베너펠트(Birger Wernerfelt)는 시장기회가 어떻게 새로운 능력개발의 촉진하는가를 일본의 반도체산업을 예로 들어 〈표 13-3〉과 같이 설명하고 있다.[14)]

[표 13-3] 시장기회와 능력개발 모델

시장 \ 자원	대량조립	소비자 지향 마케팅	엘렉트랙 기술
반도체	X		X
가전제품	X	X	
컴퓨터			X

자료 : Birger Wernerfelt (1984), A Resource-based View of the Firm, Strategic Management Journal 5 : 171-180.

컴퓨터와 같은 고도의 기술을 동반한 시장을 경쟁할만한 기술이 일본에서는 없었기 때문에 일본통산성은 우선 가전제품을 만들고, 이것을 좀 더 발전시킨 고도의 자원(능력)개발을 결정하였다. 이 전략을 추진하기 위해 반도체산업이 중요한 역할을 하게 되었다.

베너펠트는 제품 포트폴리오 매니지먼트(PPM : Product Portfolio Management)처럼 기업 경영과 전략을 제품 시장의 성장률과 상대적 시장 점유율만으로 분석하는 것이 아니라 기술 스킬이나 제조 설비 등 기업이 선행적으로 획득한 자원에 기반한 관점을 가져야 한다고 주장했다. 이 논문 내에서는 경쟁 우위를 쌓고 있던 일본 반도체 산업이 컴퓨터 산업으로 발전해 나가는 사례를 바탕으로 '자원과 제품 매트릭스(resource-product matrix)'를 주장하였다.

그리고 일본의 반도체 산업은 단순하게 가전제품업체에서 하청업체로서의 제품을 공급한 것이 아니고 반도체산업은 급속히 확대하는 가전산업에 수요가 지탱되면서

13) Businesee week, December 14, 1981, p.53.
14) Birger Wernerfelt (1984), A Resource-based View of the Firm, Strategic Management Journal 5 : 171-180.

육성되었던 것이다. 이러한 공생관계로서의 반도체산업은 동 산업이 좀 더 고도의 응용기술에 몰두하기 위해 필요한 자금과 기술지식이 요구되었다.15) 이러한 전자산업의 자원개발은 일본의 4대 전자업체인 NEC, 히다치, 토시바, 후지츠의 발전에 기여하였다.

사 례 반도체산업에서 사리지는 일본의 반도체 산업

1985년부터 1990년대까지는 매출액기준으로 보면 세계반도체산업의 랭킹 10위권 중 6개가 일본의 반도체기업이었다. 10대 기업 순위에서도 NEC(1위), 도시바(2위), 히타치제작소(3위), 후지쓰(6위), 미츠비시(7위), 마츠시타(10위) 등이 상위권을 독식했다.

그러나 20년이 지난 2007년에는 도시바 르네사스 소니가 나름대로 명맥을 유지 했지만 2019년 자료를 보면 도시바만 남아있고, 나머지 기업은 사라졌으며 그 자리를 한국의 삼성과 SK하이닉스와 대만의 TSMC가 차지하였다.

도대체 어떤 요인이 일본의 반도체산업이 세계의 반도체산업에서 밀려나게 되었을까?

세계 반도체 시장에서 존재감 사라지는 일본 기업

※매출액 기준 ■ :일본 기업

순위	1987년	97	2007	2019년
❶	NEC	인텔	인텔	인텔
❷	도시바	NEC	삼성전자	삼성전자
❸	히타치	모토로라	TI	TSMC
❹	모토로라	도시바	도시바	SK하이닉스
❺	TI	히타치	ST마이크로 일렉트로닉스	마이크론
❻	후지츠	TI	하이닉스	브로드컴
❼	필립스	삼성전자	르네사스	퀄컴
❽	내셔널 세미컨덕터	후지츠	AMD	TI
❾	미츠비시	필립스	소니	도시바
❿	인텔	미츠비시	NXP	엔비디아

자료:가트너

▲ 세계반도체시장에서 사라지는 일본기업

1980년대 일본 반도체산업 절정기의 견인차 역할을 했던 것은 DRAM(Dynamic Ramdom Access Memory)으로 산업용 대형 컴퓨터에 대량으로 사용됐다. 그러나 1990년대 PC 보급이 폭발함에 따라 반도체의 중심은 CPU(Central processing unit)로 전환됐고 2000년대로 들어오며 스마트폰용 반도체가 산업의 성장을 이끌었으나, 일본 기업들은 변화에 대응하지 못했다.

2019년 일본 기업들의 세계 반도체 시장 점유율은 6%에 불과했다. 한국과 대만의 약진에 밀려 적자를 기록하는 일본 반도체 기업들이 속출하자 일본 정부가 꺼내든 대책은 기업 합병이었다. 예를 들면 NEC, 히타치, 미쓰비시가 공동 설립한 엘피다메모리는 합병으로 인해 경쟁력이 약화되는 결과를 초래해 2012년 파산

15) G. S. Yip, Gateways to entry, Harvard Business Review 60(5), 85-92.

했다. 도시바는 2018년 반도체사업부문을 매각했다. 파나소닉(마츠시타)도 2019년 반도체사업을 대만의 누보톤테크놀로지에 넘기고 완전 철수했다. 니혼게이자이신문은 "이미지센서를 생산하는 소니 정도만이 일본의 반도체 명맥을 유지하고 있다"고 진단했다.

일본의 반도체 산업의 침체요인은 여러 요인이 존재하지만 나는 최고경영자의 세계시장보다는 안이하게 일본시장만 보는 전략의 부재와 과감한 투자결정의 지연으로 보고 있다. 이러한 늦은 의사결정의 결과 한국·대만 등의 추격에 밀려 주도권을 빼앗겼다.

포터와 다케구치 사카키바라가 공저한 일본의 경쟁 전략(Can Japan Compete)에 의하면 1970년대부터 1980년대에 걸쳐, 전사적 생산 관리(TQC), 저스트 인 타임 재고관리, 린 생산, 사이클 타임의 단축 등의 오퍼레이션 효율에 있어서의 혁신에 의해, 오토바이 메이커나 VTR(비디오 기기) 메이커를 중심으로 한 일본 기업은 업무 효과가 한계에 도달할 때까지 저비용과 차별화(기본 전략)의 동시 추구를 실현하여 생산성 올렸다.[16)]

그러나 1990년대에 이르러 이러한 업무효과는 지속적인 경쟁우위로 이어지지 않고 경쟁사가 모방함으로써 운영효율의 격차가 축소되기 시작했다. 포터 [2000]에 따르면, 이러한 일본 기업의 침체에 대해서는, 업무 효과가 한계에 도달하고 있음에도 불구하고, 일본 기업이, 경쟁사와는 다른 방법을 실시하는 포지셔닝에 의해, 「무엇을 하고 무엇을 하지 않는가」를 선택하기 위한 전략, 즉 고객에게 가치를 제공하기 위한 트레이드오프를 하지 않았던 것이 큰 요인이라고 지적하고 있다.[17)] 포터는 일본 기업은 품질을 축으로 한 경쟁이 아닌 전략과 이노베이션(혁신)을 축으로 한 경쟁으로 전환하여 업무 효과의 점진적인 개선뿐만 아니라 진정한 이노베이션도 필요하다고 주장하는 것이다.

---

16) Michael E. Porter, Hirotaka Takeuchi, and Mariko Sakakibara [2000], Can Japan Compete? Basingstone, Macmillan, pp.117-123.

17) Poter, M. E., Takeuchi, H. and Sakakibara, M. [2000], Ibid., p.139.

Chapter 14 자원중심의 경영 전략

제 1 절 기업전략의 필요성

IBM, GM, KODAK 등의 유명회사의 공통점은 복수의 사업을 갖고 있는 다각화기업이며 지금까지는 업계평균 이상의 이익을 내고 있다는 점이다. 또한 이들 기업의 공통점은 많다. 기업의 시장가치(주식의 시장가치 총액)의 저하와 CEO가 해임된 점이 있다는 공통점을 갖고 있다. 이들 CEO의 해임의 원인은 결과로서 기업전략의 실패로 결론지을 수 있다. 즉 변화하는 경쟁 환경에 대해 적절하게 대처하는 전략, 다시 말하면 자사가 다수의 사업을 갖고 얻을 수 있는 잠재적 이익을 이용하는 전략을 구축하지 못했기 때문이다.

1. 기업전략과 변화

과거에는 최고경영자는 기업전략에 별로 관심을 갖지 않았다. 조사에 의하면[1] CEO들은 이노베이션 관리나 조직변혁이 기업전략보다 중요하다고 생각하고 있다는 것이다. 그 이유로서 하나는 경영자의 대부분이 유효한 전략을 적절히 책정하고 있다는 착각과 두 번째는 전략을 실행한 후 좋지 않은 결과가 나오더라도 그 책임을 추급하지 않았기 때문이다.

---

1) C. Gopinath and R. C. Hoffman, Research for Strategic Management : The CEO's Perspective, Working paper, University of Delaware, 1992.

[표 14-1] 미국의 최근 20년간 기업 변동 순위(매출액, 포춘 500 선정)

순위	1992년	2002	2012
1	General Motors	Wal-Mart Stores	Exxon Mobil
2	Exxon Mobil	Exxon Mobil	Wal-Mart Stores
3	Ford Motor	General Motors	Chevron
4	Intl. Business Machines	Ford Motor	Conoco Phillips
5	General Electric	Enron	General Motors
6	Mobil	General Electric	General Electric
7	Altria Group	Citigroup	Berkshire Hathaway
8	DuPont	Chevron Texaco	Fannie Mae
9	Texaco	Intl. Business Machines	Ford Motor
10	Chevron Texaco	Altria Group	Hewlett-Packard
11	Chrysler	Verizon Communications	AT&T
12	Boeing	American Intl. Group	Valero Energy
13	Procter &Gamble	American Electric Power	Bank of America Corp.
14	Amoco	Duke Energy	McKesson
15	Shell Oil	AT&T	Verizon Communications
16	United Technologies	Boeing	J.P. Morgan Chase &Co.
17	PepsiCo	El Paso	Apple
18	Eastman Kodak	Home Depot	CVS Caremark
19	ConAgra Foods	Bank of America Corp.	International Business Machines
20	Dow Chemical	Fannie Mae	Citigroup

자료 : 〈포춘〉.

1980년부터 1987년에 걸쳐 기업매수가 빈번히 이루어져 미국제조업의 총 자산의 20%가 매수에 의해 타 회사로 이전하였다.[2] 1980년대 말에는 사업포트폴리오의 치료

2) M. GRukstadt, RJR Nabisco and Leveraged Buyouts, Harvard Business School Case No 9-390-077, 1990.

법으로써 LBO(Leverage Buyout)가 등장하였다. 과거에는 기업업적이 낮은 경우에도 CEO의 입장에는 별로 영향이 없었지만 1990년대에 커다란 변화가 일어나 지금에는 주식시장이 기업이 조정에 영향력을 갖게 되었다. 〈표 14-1〉에서 나타나는 것처럼 기업전략에 대한 CEO의 무관심 때문에 업적이 악화된 기업도 있다. 1992년 IBM은 매출액 4위를 기록했지만 202년에는 9위, 2012년에는 19위로 하락하였다. 2002년에는 매출액 7위를 기록한 시티그룹이 2012년에는 20위로 하락하였다. 상술한 IBM과 시티그룹은 단순한 환경변화 때문인가? 아니면 전략부재 때문인가? CEO의 해고가 끊임없이 기업전략을 실행하지 못하는 경영자에 대한 위협의 하나로 등장한다.

2. 기업전략은 무엇인가?

기업전략에는 다수의 정의가 존재한다. 원래 이 말은 기업목표를 결정하고 목표를 달성하기 위한 주요한 방책을 입안하고 추구할만한 사업의 범위를 결정하는 의사결정의 패턴을 나타내는 것[3)]으로 표현하지만 한편 정의대로 해석하면 기업전략은 기업이 직면하는 전략적인 문제 전부를 취급하는 것으로 모토로라의 휴대전화 사업 참여부터 레스토랑의 뷔페바이킹 도입의 의사결정까지를 대상으로 한다. 기업전략은 개개의 시장에 대한 지속가능한 경쟁우위를 어떻게 구축하는가 하는 사업전략(business-level strategy)과 다각화기업을 위해 전사적인 계획인 기업(회사) 전략(corporate-level strategy)으로 구분되어 정의되어 왔다.

사례 모토로라의 몰락

1928년 창업된 모토로라는 무선 통신과 관련된 제품군에서의 거의 모든 부문에서 최초 타이틀을 가지고 있을 정도로 기술력을 갖춘 기업이었다. 최초의 무전기, 삐삐, 무선 텔레비전, 휴대폰 등을 출시하였는데, 특히 휴대폰의 경우 각종 첨단기술을 제일 먼저 상용화한 시장의 리더 격인 기업이었다. 마이크로 텍 시리즈나 폴더형 휴대폰이 대표적인 예이다.

이러한 모토로라의 성공을 이끌었던 가장 상징적인 제품은 바로 레이저 시리즈이다. 면도날을 뜻

MOTOROLA

3) K. R Andrews, The Concept of Corporate Strategy, BURR Ridge, IL IRWIN, 1971.

하는 레이저는 기존 시장 제품들보다 3분의 1밖에 되지 않는 얇은 것이 가장 큰 특징이며, 한때 시장에서 유행하던 슬림형 제품의 유행을 이끈 시초가 되었다. 레이저는 출시 이후 삼성, 노키아 등의 제품을 밀어내며 압도적인 인기를 끌었다.

▲ 모토로라의 레이저. 모토로라에 큰 성공을 가져왔던 신화적인 제품이다.

이때의 인기의 영향으로 레이저 시리즈는 피처 폰을 넘어 스마트 폰 시리즈에서도 계속 브랜드를 유지하였다. 레이저 후속모델의 실패는 모토로라를 3위로 끌어내렸다. 시장조사기관인 로아(ROA)그룹은 모토로라의 몰락에 대해 "클래식(전통)에 집착하다 시장의 흐름을 따라잡지 못했다. '레이저'의 성공이 모토로라의 발목을 잡은 것"이라며 혹독한 평가를 내렸다.

역시, 모토로라의 영광은 그리 오래가지 못했다. 2011년 7월에 2,300만 달러의 적자를 발표하였는데, 이는 1분기의 3,600만 달러 적자를 연이은 것이었다. 결국 모토로라는 2011년 8월 15일에 구글에 인수되었다. 그러나 이마저도 모토로라가 보유한 엄청난 특허들에 대한 방어차원에서 인수한 것일 뿐이었다. 모토로라는 이후 중국 기업인 레노보에 인수되었는데, 특허는 구글이 갖고 껍데기만 레노보가 인수하는 형식으로 이루어졌다. 다만 모토로라의 브랜드나 제품군은 그대로 유지되는 중이다.

휴대폰의 대명사로 자리한 스타택(StarTAC)과 그 디자인을 답습한 레이저, 두 브랜드는 모토로라의 것이자 휴대폰의 대명사가 됐다. 하지만 이 같은 고전에서 탈피하지 못하면서, 모토로라는 2007년 이후 휴대폰 시장의 최대 키워드인 '고객의 욕구변화'에 적절하게 대응하지 못했다는 게 시장전문가들의 분석이다. 소비자들은 매 순간마다 새로운 것을 원하는데, 나오는 후속모델 모두가 레이저와 비슷한 '미투'(Me, too) 제품이었다.

선택과 집중전략에서도 실패했다. 모토로라는 세상에 존재하는 모든 모바일 운영체제(OS)를 두루 섭렵하면서 막대한 R&D 투자를 단행했으나 소비자는 알 리가 없었다. 소비자들에게 영향을 미칠 만큼의 결과물을 만들어 내지 못했으니까. 로아그룹은 이에 대해 "소비자들은 느끼지 못하는 것을 너무나 많이 하려고 했던 모토로라"라는 씁쓸한 분석을 내놨다.[4)]

삼성이 갤럭시 시리즈만 집중하여 개발, 출시하는 것과는 달리 모토로라는 각 지역별, 국가별로 연구개발과 OS지원이 다르게 이루어졌다. 이는 효율성에서 엄청난 저해요소로 작용했을 뿐만 아니라, 심각한 경영자원의 낭비로 이어졌다. 결국 이러한 이유로 모토로라는 삼성 등을 비롯한 국내기업과의 경쟁에서 패배하여 시장에서 철수하였을 뿐만 아니라 다른 기업의 이해관계 속에서 매각되는 처지가 되었다.

3. 경쟁우위와 전략

일반적으로 완전경쟁시장에서 기업이 성장할 수 있는 이익의 크기는 제한되어 있다. 그러나 현실적으로 기업은 완전경쟁시장에서 얻을 수 있는 이익수준, 즉 정상이윤을 넘어서는 초과이익을 얻을 수 있다. 이는 첫째로 기업이 사업영역으로 차별화를 이루거나, 둘째로 경쟁기업보다 뛰어난 저원가 가격을 확보함으로써 가능하다고 하겠다. 그런데 초과이익을 획득할 수 있는 이상의 두 가지 대안 중에서 경쟁우위의 확보를 위해 초과이익을 획득하는 대안의 중요성이 최근에 와서 더욱 증가하고 있다. 이는 글로벌화에 따르는 경쟁이라는 측면과 산업의 동태적 성장과정에 수반되는 자연적인 현상으로 하겠다.

먼저 전 세계적으로 진행되고 있는 글로벌화(globalization)라는 관점에서 볼 때, 세계 모든 기업이 국내에서 동일한 경쟁조건 하에서 국내기업과 경쟁할 수 있게 되었다. 다국적 기업의 활동영역이 확산됨에 따라 이익기회가 예상되는 사업영역은 국경을 초월하여 전 세계 기업의 경쟁의 장소가 되고 있다. 따라서 과거 어느 때보다 사업영역을 독점적으로 확보하는 것이 쉽지 않다고 하겠다.

한편, 산업의 동태적 어프로치에서 보더라도 지속적 경쟁우위를 확보해야 하는 중요성은 증대되고 있다. 산업의 초기에는 다른 경쟁기업이 진입하기 어렵기 때문에 독점적 이익을 누릴 수 있다고 하더라도, 시간이 지남에 따라 모방과 대체품, 그 산업에 진입하기 위한 경쟁기업의 노력은 증대될 것이므로 그 산업은 곧 치열한 경쟁에 당면하게 될 것이다. 이상과 같은 측면에서 볼 때 경쟁기업에 비해 우월한 경쟁우위를 어떻게 확보하고 지속시킬 것인가 하는 문제가 경영전략에 있어서 주요한 과제로 대두되었다고 하겠다.

---

4) 2008.05.09 디지털타임스.

이상에서 살펴 본 국제화 그리고 산업의 동태적 성장이라는 두 가지 요인을 고려해 볼 때, 전략의 핵심은 지속적 경쟁우위를 누리는 것이라고 할 수 있다.

제 2 절 자원으로서의 환경

일반적으로 기업의 수명은 30년이라고 한다. 하지만 그 중에서도 우량기업은 계속 성장한다. 그렇다면 기업이 뛰어난 성과를 지속시킬 수 있는 이유는 무엇인가? 이는 외부환경(기회)에 순응하였기 때문인가, 아니면 내부자원(강점)을 잘 활용하였기 때문인가? 기업이 누리는 초과이익을 설명하는 연구는 크게 세 부분으로 나누어 진행되어 왔다. 첫째, 기업의 외부환경을 중심으로 기회와 위협에 중점을 두어 연구(외부환경과 전략 간의 적합성)하거나(Outside in) 둘째, 기업의 내부자원 즉 강점과 약점에 중점을 두어 연구(내부자원과 전략 간의 적합성)하거나(Inside out) 셋째, 외부환경과 내부자원을 절충적으로 고려하여 연구(외부환경-내부자원-전략 간의 적합성)하는 것이다.

전략경영분야의 기존 연구는 첫 번째 연구, 즉 기업의 외부환경에 중점을 두는 연구가 대부분이었다. 기업의 외부환경에 중점을 두는 연구는 주로 산업조직론의 주요 개념과 이론을 이용하여 기업이 높은 성과를 달성하는 데 영향을 주는 외부환경요인, 특히 산업의 구조적 특징을 분석하는데 중점을 두고 있다. 포터의 산업구조분석모형도 자유로운 시장경쟁을 제한하는 외부경쟁요인(competitive forces)을 제시하고, 이를 통해 기업이 초과이익을 얻을 수 있는 가능성(산업의 매력도)에 대해서 설명하고 있다.[5] 이와 같이 외부환경에 중점을 두는 연구는 기업의 내부 특성이 경쟁지위에 미치는 영향에 대해 큰 관심을 두고 있지 않다.

환경론적 접근은 우선 내부 환경은 조직에 대해서 포괄적인 힘으로 등장한다. 조직은 이러한 것에 대응하여야 한다. 그래서 리더십은 환경을 파악하고 조직이 이것에 정확하게 순응하고 있는 것을 보증하기 위한 기본요소가 된다. 고전적 환경이론은 조건적응이론이라고도 한다. 즉 조직의 규모, 기술, 상황의 안정성, 외적인 적대 행위 등에 의한 것이다.

---

5) 또한 포터의 『경쟁우위(Competitive Advantage, 1985)』라는 연구에서는 경쟁전략분석을 확대하여, 산업 환경에 적합한 포지셔닝을 통해 시장지위를 구축함으로써 지속적 경쟁우위를 달성하는 방법에 대해서 설명하고 있다.

이는 변혁 프로세스(configuration process)로서 발전한다. 즉, 리스크에 대응하는 기업가는 동적인 환경에 관련지어지고 수많은 도전과 기회를 제공하는 환경에 대해서 전략은 더욱 포괄적이고 다면적이 된다는 것이다.[6)]

이에 비해 볼 때 기업의 내부자원에 관한 연구는 상대적으로 덜 이루어졌다. 그동안에 이루어진 내부자원에 관한 대부분의 연구도 전략의 실행문제에 중점을 두었다. 이에 따라 관심의 대상이 되었던 내부자원들은 주로 조직구조, 통제 및 유인제도, 최고경영층의 리더십과 스타일 등과 같이 전략실행과 관련된 변수들이다. 그 결과 성과달성에 영향을 주는 이들 특성들이 기업이 활용 가능한 내부자산으로 간주되기보다는 전략선택을 제한하는 제약변수로 간주되거나, 아니면 수립된 전략을 실행하는 단계에서 고려해야 할 변수로 취급되었다.

이러한 맥락에서 기업의 내부자원에 중점을 둠으로써 기업의 성과를 설명하려는 시각이 등장하게 되었다. 이를 자원준거이론 또는 자원기준이론(a resource-based view)이라고 한다. 이 관점은 기업이 얻는 초과이익을 독점적 시장지위에 따르는 시장지배력의 결과로 보는 것이 아니라 독특한 자원의 결합에 대한 렌트(rent)로 인식함으로써, 기업이 보유하고 있는 특화되고 모방하기 어려운 자원의 중요성을 강조하고 있다. 이러한 자원을 창출하는 것이 최고경영자가 수행해야 할 기업가적 행동이라고 보고 있다.

제 3 절 전략으로서의 자원준거(기반)이론

기업의 뛰어난 성공을 설명하는 이론적 관점에는 다음의 두 가지가 있다. 첫 번째는 산업조직론의 연구방법에 의존하는 것이다. 전통적인 산업조직론은 진입장벽으로 대표되는 구조적 장벽을 강조하고, 기업이 속한 산업의 특성에 의한 산업효과(industry effect)가 지속적 초과이익을 설명한다고 하는 포터를 중심으로 하는 포지셔닝 이론(Positioning School)이다.[7)]

두 번째로 기업의 뛰어난 성과를 설명하는 최근의 관점은 개별기업의 특이성(idosyncracy)에 중점을 두고 있는 자원준거이론이다. 자원준거이론을 간단히 설명할

6) Miller D., Strategy, Structure and Environment : Context Influence upon some Birariate Association, Journal of management Studies, 1979, Oct. 16, pp.294-316.

7) 여기에 관한 실증연구의 결과도 산업 내 경쟁요인을 제약하는 구조적 변수들이 존재하기 때문에 특정 산업이 더욱 매력적이 되어 기업이 지속적 경쟁우위를 누린다는 것을 뒷받침하고 있다.

수 있는 일관성 있는 이론이 아직은 체계화되어 있지 않다. 자원준거이론의 이론적 핵심은 기업을 유형자원과 무형자원의 독특한 집합체(unique bundle)로 파악하는 것이다. 기업은 장기간에 걸쳐 자원과 능력의 독특한 결합(unique combinations of resource and capabilities)을 구축하고 있는데, 이들 자원과 능력의 차별적 역량에 근거하여 경쟁우위를 얻을 수 있다는 것이다. 특히 자원준거이론은 기존 연구들이 상대적으로 등한시 하였던 조직능력, 핵심역량, 기업문화, 경영자의 능력 등과 같은 무형자산을 중요하게 다루고 있다.[8)]

이처럼 자원을 통합하는 능력을 기업가적 접근이라 불리는데 우선 이들의 접근은 전략은 리더의 마음(mind)에 있다는데 기초를 두고 있다는 점이다. 이것은 미래 지향성이고 장기적인 방향성에 대한 감각이고 조직의 장래성이기도 하다. 이 접근은 리더의 경험과 직관에 기초를 두고 비전을 설정하고 추진하면서 수정한다. 이러한 접근은 기업가적 전략이고 계획적이고 창발적이기도 하다.

스티븐슨과 검퍼트(Stevenson & Gumpert)는 기업가는 전략적 상황판단에서 자원을 전부 사용하려는 위협에서 그것을 지키고 방어적 수단으로 나서는 것으로 표현한다.[9)]

이런 점에서 볼 때 산업조직론에 근거를 둔 외부환경모형이 제품시장의 구조적 특징을 통해 전략을 파악하는 데 비해, 자원준거이론은 기업의 내부자원에 초점을 맞추고 있다. 특히 이들 자원이 요소시장에서 획득되거나, 아니면 자체 개발되어 축적되는 과정을 밝힘으로써 지속적 경쟁우위의 원천을 설명한다는 데 자원준거이론의 독창성이 있다.

이상의 두 가정은 외부환경이 기업성과에 미치는 영향을 명확하게 이해하는 데 도움을 주는 것임에 틀림없다. 예컨대 우수한 경영능력이나 자원을 시장에서 구입 가능하다고 가정함으로써 기업의 내부조건을 동일하게 만든 후, 참가 기업들의 초기조건(산업구조, 전략적 지위, 행동반경 등)의 차이로 인하여 발생하는 성과 차이를 연역적으로 도출할 수 있다. 따라서 산업구조모형은 제품시장(산업)마다 다른 외부경쟁요인과 진입장벽을 분석함으로써 산업에 참가하는 기업의 수익성을 평가하는 데 있어서도 필수적으로 사용하여야 할 분석수단이다.

이에 따라 기업 간의 성과차이를 설명하는 데 있어서도 두 접근법이 서로 다르다. 산업구조모형에 따르면 시장지배력(진입장벽의 구축 등)을 가진 기업이 산출물을 의

---

8) 이러한 자산은 대부분 무형적이며 암묵적(intangible and tacit)이므로 경쟁기업이 모방하기가 어렵다. 따라서 기업의 경쟁우위가 다른 기업이 쉽게 구입하거나, 훔치거나, 모방하거나, 대체할 수 없는 전유적 자산(appropriatary assets)에 의해서 뒷받침될 때 경쟁우위는 지속된다.

9) Stevenson H. & Gumpert D., The Heart of Entrepreneurship, Harvard Business Review March-April, 1985. pp.85-94.

도적으로 제한함으로써 제품시장(product market)의 불완전을 초래하고, 이를 통해 초과이익(독점이익)을 얻게 된다. 그러나 자원준거관점에서 볼 때 기업이 얻는 초과이익은 공급이 제한된 우월한 자원에 대한 렌트를 의미한다. 즉 요소시장(factor market)의 불완전으로 인한 공급의 부족, 또는 자원의 본질적 희소성에 의해서 초과이익이 발생한다고 본다.

제 4 절 내부 자원으로서의 핵심역량

자원준거이론은 기업이 갖고 있는 내부 자원에 중점을 두어 기업을 특정 시점에서 그 기업이 보유한 유형자원과 무형자원의 독특한 집합체로 파악한다. 특정 시점에서 축적된 자원의 집합체로서의 기업을 설명할 수 있다는 것은 기업의 역사, 과거전략, 과거조직이 상호 결합하여 기업이 현재 보유하고 있는 자원의 독특한 집합체를 창출하였다는 것을 의미한다.

따라서 자원준거이론을 이해하기 위해서는 자원준거이론에서 보는 내부 자원의 개념과 종류에 대해 이해하는 것이 필수적이다. 자원준거이론에서 중요시되는 자원으로는 핵심역량, 조직능력, 관리적 유산을 들 수 있다. Collis(콜리스)는 그 중에서도 핵심능력을 중요 요인으로 간주한다.[10)]

핵심역량(core competence)은 다른 경쟁기업에 비해 특별히 뛰어난 자원이나 능력을 의미한다. 따라서 핵심역량을 독자능력(distinctive competence)으로 표현하기도 한다. 차별화된 기술적 능력, 뛰어난 학습능력, 보완적 자산 등을 그 예로 들 수 있다. 어떤 자원이 전략의 실행에 중요하다고 해도, 그것이 기업의 제품이나 사업의 운영을 특정 짓는 독자적인 것이 아니라면 그 자원은 경쟁우위의 원천은 될 수 없다. 자원이 제품시장에서 경쟁우위에 공헌한 경우에만 그 자원은 가치가 있다고 하겠다.

또한 기업이 소유한 자원의 분석을 행하기 위해서는 어떤 활동을 어떻게 결정할 것인가 하는 것은 기업 내부의 평가만으로는 불충분하다. 어떻게 해서 기업의 자원 보유를 경쟁우위를 나타내는 구체적인 척도에 변환할 것인가를 나타내는 것이 필요하다. 예를 들면 [그림 14-1]은 경쟁회사와 비교한 1984년 당시의 월마트의 자원획득의

---

10) Collis, D. J., "Research note : How valuable are organizational capabilities?", Strategic Management Journal, Vol.15(1994), pp.143-152.

우위를 나타낸 것이다.

각 자원의 옆에 표시되어 있는 것은 그 자원이 제품시장에서 경쟁우위의 획득에 어느 정도 공헌하고 있는가를 수치로서 나타낸 것이다.

유형자산에서 보면 경제우위는 0.3으로 약 1억 5천만 달러의 우위를 갖고 있는데, 이는 점포의 입지를 나타내는 것으로 타회사보다 점포의 랜탈 비용으로 우위를 갖고 있다는 점이다. 무형자산도 브랜드, 급여 등으로 3%로 약 15억 달러를 절약하여 그 우위를 보여 주고 있다. 역량에서도 사내 물류비용이 타회사보다도 7억 달러를 절약하는 우위를 가져 월마트는 말 그대로 세계 1위의 회사가 되었던 것이다.([그림 14-1] 참조)

[그림 14-1] 월마트의 자원기준우위(1984년 시점)

	자 원	경쟁우위 산업평균비용–월마트의 비용 (매출액에 대한 비율)
유형자산	점포의 입지	0.3 (점포의 렌탈비용)
무형자산	브랜드의 평판 종업원의 충성심	1.2 (광고비용) 1.1 (급여) 0.7 (사원에 의한 에누리)
역 량	사내물류	1.2 (물류비용)
		↓ 우위의 합계 : 4.5%

☆ 1%의 우위는 월마트로서는 연간 5억 달러의 소득증감을 의미함.
자료 : P. Ghemawat, "Wal- Mart store's Discount operation", Harvard Business school care, No.9, 387-018.

프라할라드와 하멜은 물질적 자산의 중요성보다는 무형적인 자산의 중요성을 강조하여, 핵심능력을 조직의 집단학습(collective learning), 특히 다양한 생산기량(production skills)을 어떻게 조정하고, 복수의 기술흐름(streams of technologies)을 어떻게 통합할 것인가에 관한 학습이라고 정의하였다. 이들은 집단학습이 뛰어난 기업은 학습을 통해 조직 전체의 기술과 생산기법을 통합하여 개별사업단위가 변화하는 기회에 신속하게 적응할 수 있는 능력을 창출해 준다고 보았다. 따라서 핵심역량은 기업의 자산투자에 대한 요약표라고 할 수 있으며, 종합적으로 기업의 전략적 지위를 결정하는 주요 결정요소라고 하였다.

제 5 절 경쟁우위로서의 핵심역량

최근 기업이 보유하는 경쟁력의 원천으로 강조되고 있는 것이 핵심역량이다. 프라할라드와 하멜은[11] 핵심역량은 기업의 핵이 되는 기술의 조합으로서 신제품과 새로운 사업을 개발하는 능력이라고 하였다. 그리고 1970년과 1980년대에 걸쳐 미국 기업이 일본 기업에 비해 시장에서의 성공이 상대적으로 적은 것은 핵심역량이 부족하기 때문이라고 한다. 더구나 미국 기업이 일본 기업에 비해 전반적인 기술능력, 인적 자원, 자본축적 면에서 상당한 우위에 있음에도 불구하고, 핵심역량을 개발하기 위한 의지와 조직구조가 뒷받침되지 않음으로써 장기적으로 시장에서의 경쟁적 지위를 구축하는 데 실패한 것으로 설명되고 있어 핵심역량의 중요성이 더욱 강조되고 있다.

핵심역량의 예로는 소니(Sony)의 소형화 능력을 들 수가 있다. 소니가 보유한 핵심역량 중의 하나가 소형화(miniaturization)이다. 제품을 소형화하기 위해서 소니 사는 기술자, 엔지니어, 마케팅담당자들이 고객의 욕구와 기술적 가능성에 대해 공유된 이해를 갖도록 하여야 한다.

이러한 핵심역량은 사용할수록 감소하는 것이 아니라 여러 곳에 응용하여 사용할수록, 또한 기업 전체가 공유할수록 오히려 향상된다. 핵심역량은 현재의 사업 단위들을 연결시켜 주는 역할을 하게 되며, 새로운 사업을 개발하는 데 있어서 원동력이 된다. 기업이 보유하고 있는 핵심역량의 유형에 의해 다각화의 방향과 새로운 시장으로의 진입여부가 결정된다. 따라서 경쟁기업의 핵심역량을 보면 잠재적인 시장진입의 방향을 예측해 볼 수 있을 것이다.

핵심역량을 더 잘 이해하기 위해서는 핵심제품이라는 개념에 대한 이해가 필요하

11) Prahalad, C. K. and G. Hamel, "The core competence of the corporation," Harvard Business Review(May-June 1990), pp.79-91.

다. 핵심제품(core product)이란 기업의 뛰어난 핵심역량을 물리적으로 체화하고 있는 것(physical embodiment)이다. 시장에서 소비자를 대상으로 판매되는 제품이 최종제품(end product)이라고 한다면, 핵심제품은 최종제품의 가치증대에 실질적으로 기여하는 부품이나 중간재를 의미한다. 세계적으로 유명한 자동차회사 혼다의 자동차 엔진이 이러한 핵심제품의 좋은 예라고 하겠다.

특정분야의 핵심역량에서 세계적 지위를 유지하기 위해서는 핵심제품의 전 세계적 시장점유율을 높이기 위해 노력하여야 한다. 이에 따라 최종제품의 시장점유율과 핵심제품의 시장점유율이 차이가 날 수 있다.[12] 미쓰비씨는 에어컨의 컴프레셔(핵심제품)에 있어서 전 세계시장의 40% 정도를 점하고 있으나, 에어컨과 냉장고 산업(최종제품)에 있어서의 시장점유율은 아주 적다. 이와 반대로 최종제품의 시장점유율이 핵심제품의 시장점유율보다 높은 경우도 있다. 중간재나 부품을 원재료나 임금이 저렴한 외국기업에서 조달하여 최종제품을 조립생산하는 기업이 여기에 해당된다. 이러한 기업이 성장하기 위해서는 지식집약형 산업으로 전환하여야 한다.

또한 자사의 경쟁력을 평가할 경우 최종제품에 중점을 두어, 최종제품의 가격 대비 성능을 다른 경쟁기업과 비교하여 평가한다면 핵심역량의 배양이라는 측면에 위배되는 결과를 초래할 수도 있다. 예컨대 기업이 비용측면을 중시한 나머지, 핵심부품을 자체적으로 생산하기 위해 필요한 내부투자를 등한시하고 외부공급업자들에게 의존할 경우(OEM방식) 기업의 핵심역량이 쇠퇴할 가능성이 높다. 외부에서 부품을 조달할 경우 경쟁시장에 신속하게 진입할 수 있으며, 단기적으로 비용면에서 유리한 입장에 설 수도 있다. 그러나 다음 세대의 경쟁력 있는 제품을 개발하는 데 필요한 기술(핵심역량)은 핵심부품을 외부에서 조달하거나 OEM 방식을 통해서 빌려올 수 있는 성질의 것이 아니다. 최종제품에 있어서 세계적 선도기업이 되는 데 필요한 사람에 체화된 기술(people-embodied skills)을 축적할 수가 없으며, 새로운 핵심역량을 개발하는 기회를 상실하게 될 위험이 있다. 이러한 교훈은 많은 미국 기업의 예에서 얻을 수 있다. 기술을 무시한 감량경영의 디베스티쳐(divestiture) 등은 후에 크게 빚으로 다가온다는 점이다.

1970~1980년에 GE, GTE, 모토롤라 등 미국과 유럽 기업들은 컬러텔레비전 산업이 성숙기에 접어든 것으로 판단하고 이들 산업에서 철수하였다. 비디오와 관련한 핵심역량을 개선시키고 응용할 수 있는 기회가 소진되었다는 관점에서 본다면 컬러텔레비전 산업이 성숙기였다고 할 수 있었다. 그러나 실제로는 이들 기업이 컬러텔레비전

12) 캐논은 데스크탑용 레이저 프린터의 엔진(핵심제품)에 있어서 전 세계시장의 84%를 점하고 있으나, 캐논의 레이저 프린터(최종제품)의 세계시장점유율은 그야말로 미미한 정도이다.

산업에서 철수함으로써 비디오 관련 핵심역량에 의존하는 미래의 이익기회에 등을 돌리는 결과가 되었다. 이에 따라 1970년대에 매력적이지 못하다고 생각했던 텔레비전 산업에서의 철수가 현재 매년 수백억 달러에 달할 것으로 예상되는 HDTV(고화질 TV) 시장의 이익기회를 추구하는 데 제약조건이 되고 있다.

1. 핵심역량

오늘날 기업들은 국내외를 막론하고 그 어느 때보다 글로벌화와 정보화의 치열한 경쟁에 직면하고 있다. 이렇게 절박한 상황에서 생존하려면 각 기업은 기업 나름대로 독특하고 모방하기 힘든 차별화된 경쟁우위요소를 확보하고 있어야만 한다.

프라할라드와 하멜(Prahalad와 Hamel)[13]은 기업의 이러한 경쟁우위요소를 핵심경쟁역량(core competence)이라 칭하고, 그 실례로 1980년대 정보통신산업에서의 GTE(General Telephone & Electronics Corporation)와 NEC(일본전기, Nippon Electronics Corporation) 간 대결을 들었다.

1980년대 초반만 하더라도 GTE는 정보통신, 컴퓨터 TV 사업과 같은 여러 분야에서 경쟁력을 가지고 있었다. 그러나 자신만의 핵심역량 개발을 등한시한 채, 자사의 핵심역량과는 무관한 사업으로 인수합병을 통한 확장을 추진한 결과 자사의 주요 사업 분야에서도 경쟁력을 잃는 결과를 낳았다. 1980년대 말에 이르러서는 NEC의 매출액은 70년대 38억 달러에서 80년대 말에는 210억 달러로 급성장하여 GTE를 누르고 반도체를 비롯한 정보통신 분야에서 세계적인 선도업체 중 하나로 자리매김하기에 이르렀다.

프라할라드와 하멜(Prahalad와 Hamel)은 이렇게 전세가 역전된 가장 큰 이유를 NEC는 핵심역량의 관점에서 기업을 운영하였지만 GTE는 그렇지 못했다고 주장하고 있다. 다시 말하자면, NEC는 핵심역량에 치중한 반면에, GTE는 사업 확장에 치중했던 것이다. 단기적으로는 기업의 경쟁력이 현재 생산하고 있는 제품의 가격이나 성과에 의존할 수도 있다. 하지만, 장기적으로 볼 때 기업의 경쟁력은 경쟁기업들보다 저원가와 차별화로부터 나온다고 하겠다. 결국, 보다 장기적인 관점에서 핵심역량의 포트폴리오에 전념한 NEC가 GTE와의 경쟁에서 이길 수 있었던 것이다. 여기서 말하는 핵심역량은 기업이 보유하고 있는 내부역량, 다시 말하자면 경쟁기업이 모방하기 힘든 기업특유의 자원, 능력을 말한다.

---

13) Prahalad, C. K. & Hamel, G., "The Core competence of the corporation," *Harvard Business Review,* May-June : 79-91, 1990.

2. GTE

(1) 1918년 존 오코넬, 시거드 오드가드, 존 플랫이 설립하였다.
(2) 전신전화사업으로 출발하여 통신기, 가전기기 제품이 주종을 이루었고, 전화회사로서는 AT&T에 이어 제2위이긴 하나 규모로는1/10에 불과함 제조부문의 중핵은 1959년에 흡수한 유력한 통신기 제조회사 실베이니어의 사업으로, 텔레비전, 라디오, 조명기구 등을 생산하였다.
(3) 2000년 벨애틀랜틱(Bell Atlantic Corporation)과 합병하여 버라이존 커뮤니케이션스(Verizon Communications)로 사명을 개명하였다.
(4) 2007년도 매출액 / 직원 수 : $93.5 billion / 235,000명이다.

[그림 14-2] **핵심경쟁역량**

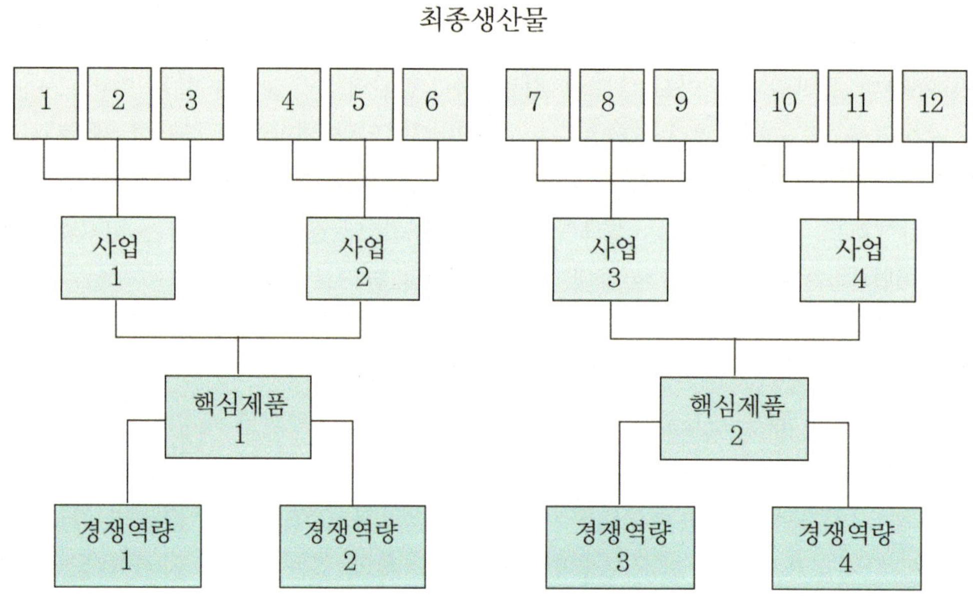

3. 역할

프라할라드와 하멜(Prahalad와 Hamel)은 핵심역량의 역할에 대해서 [그림 14-2]에서 보는 바와 같이 설명하고 있다. 즉, 기업은 자사의 핵심역량을 발휘하여 핵심제품을 고안하고, 이 핵심제품에 기초하여 각 사업부별로 최종생산물을 만들어낸다는 것이다. 예를 들면, Honda의 핵심경쟁역량은 우수한 엔진을 만들 수 있는 능력이고, 이 능력을 활용해서 우수한 엔진이라는 핵심제품을 만들 수 있었으며, 결국 Honda가 자동차, 오토바이, 잔디 깎는 기계, 발전기 등의 사업에서 차별화우위를 가질 수 있는 계기를 마련하였다. 1980년대에는 제록스가 복사기에 관한 대부분의 특허를 보유하였으나 캐논은 라이벌 기업인 니콘과 제록스를 압도할 수 있었다. 캐논은 사무자동화 시장, 즉 전자계산기, 복사기, 컴퓨터 주변기기 등에 속속 진출해 안정적인 이익을 내고 있는 반면에 니콘은 측량기, 안경 등 민간수요 전환에 성공을 거둔 기존사업에만 머물러 성장에 한계가 있었다. 2003년 들어 캐논은 매출액 면에서 니콘의 5배, 경상이익에서 니콘의 8배를 웃돌 정도로 멀찌감치 앞서 니콘을 따돌렸다. 니콘은 그나마 디지털 카메라 분야에서 간신히 선전하고 있을 뿐이다.

또한, 복사기 분야에서도 캐논은 제록스에 소위 역전승을 거두었다. 구체적으로, 캐논은 복사기 시장의 제왕이었던 제록스의 특허기술을 파악하고 그 기술을 따라잡기 위해 우선 R&D 부분에 과감히 투자하였다. 그리하여 광학, 화상, 중앙처리제어 분야에서의 핵심역량을 가지고 복사기, 레이저프린터, 카메라 산업에 경쟁우위를 확보하여 상대적으로 제록스의 입지가 약했던 유럽 등지를 파고들어 시장 확보에 나서는 등 캐논 특유의 단계적 접근 전략을 최대한 활용하였다

4. 캐논

캐논은 1937년 정밀과학연구소로 출발하였고, 1945년 미타라이 후지오(御手洗冨士夫, 캐논 8대 사장)가 이를 인수하여 1947년 "캐논 카메라"로 사명을 변경하면서 본격적인 카메라 사업에 뛰어들었다. 1950년대까지 카메라 생산에 치중하던 캐논은 1960년대 들어 사무자동화라는 전망 밝은 틈새시장을 발견하고 본격적으로 이 분야에 진출하게 된다. 그리하여 1964년 전자탁상계산기와 1966년 복사기 사업을 필두로, 1970년대 이후에는 컴퓨터 주변기기 생산에 착수하여 매출의 절반 이상을 컴퓨터 주변기기가 차지하기에 이르렀다. 또 1990년대부터는 반도체 제조장치 사업에 참여하여 2000년 매출 2조 8,000억 엔을 달성하는 등 성공적으로 사업을 전개하고 있다. 창업초기 자본금 300만 엔과 수십 명의 종업원을 가진 소규모 공장에 불과했지만, 1990년대까지 성공적인 사업다각화를 통해서 세계 초일류기업으로 변신하게 된 것이다.

오늘날의 캐논은 개인 소비자용 카메라보다는 B2B 분야에 특화되어 있다. 촬영·영상기기 분야에서도 Personal 용도가 아니라 산업용 네트워크 카메라, 영화나 방송 촬영용 전문장비 같은 고수익 시장에 집중하고 있다. 영상기기뿐만 아니라 복합기·프린

터로 대표되는 사무용 기기 시장에서도 세계 수위권을 다투고 있고, 디스플레이 장비에서는 독점적인 지위를 누리고 있으며, 대표적인 고부가가치 품목인 의료기기 시장에서도 주로 활동하고 있다. 2019년 기준 3조6,000억 엔의 매출과 2,300억 엔의 영업이익을 기록했다. 사업부별 매출은 비중은 사무기기 53%, 이미지 시스템 32%, 산업 및 제분야 17% 순서이다. 동종 경쟁업체로는 리코, 교세라, 코니카미놀타 정도가 꼽힌다.

이러한 시스템은 하나의 큰 나무에 비유할 수 있다. 그 나무의 몸통은 핵심제품이고, 작은 나뭇가지는 사업단위이며, 잎, 꽃, 과일 등은 최종생산물이다. 그리고 뿌리는 이 모든 것들을 안정적으로 지탱하고 자양분을 공급하는 핵심경쟁역량으로 볼 수 있다. 만일 나무의 잎들만 본다면 나무 자체의 강인함을 알 수 없듯이, 경쟁기업의 최종생산물에만 주목한다면 그 기업의 저력을 간과하기 쉽다.

제 6 절 조직능력과 경쟁우위

경영전략분야에서 이루어진 지난 40여 년간의 연구를 집약한다면, 기업이 경쟁우위를 달성하는 규범적 방법의 제시가 그 중심이 되었다고 할 수 있다. 이에 따라 분석수준도 처음에는 현실적으로 관찰되는 기업 간의 수익성 차이를 설명하기 위해 노력하였으나, 차츰 같은 산업에 속한 기업 간에 발생하는 이익의 지속적 차이를 설명하는 기업 내부의 이질성을 설명하는 데 중점을 두게 되었다. 최근에는 기업 간의 이질성을 창출하는 동태적 일상성(dynamic routines)을 분석하는 데 중점을 두고 있다. 이러한 분석수준의 변화는 접근방법의 변화를 가져왔는데, 처음에는 경쟁우위를 확보하게 하는 포터의 포지셔닝 접근(positioning approach)에서 출발하여, 자원준거이론(resource-based view)의 등장과 함께 경쟁우위의 지속성을 설명하는 조건을 파악하는 데 중점을 두었다. 그리고 최근에는 자원준거이론을 통해 조직능력(corporate capability)의 중요성을 강조하는 측면으로 나아가게 되었다.

포터의 포지셔닝 접근법에 따르면 차별화를 통해 누리는 기업의 경쟁우위는 제품이나 서비스의 독특성이 그 원천이 된다. 그런데 자원준거이론에서 본다면 제품이나 서비스의 독특한 특성을 경쟁기업이 모방한다면 이러한 경쟁우위는 일시적이다.

따라서 자원준거이론은 제품의 독특성을 즉각적으로 또는 비용부담 없이 모방할 수 없게 하는 내부자원의 특성이나 조건을 파악하는 데 중점을 두고 있으며, 현재 기업이 구축한 시장지위와 자원스톡에 중점을 두기보다는 보다 동태적인 시각을 가지고 있다.

그리고 경쟁우위는 제품의 유용한 특징들을 경쟁기업보다 먼저, 그리고 지속적으로 창출하는 능력에 근거한 것으로 본다. 이러한 능력은 기업의 암묵적인 집단적 지식(a tacit collective knowledge)에 내재되어 있어서 인과관계가 모호하고(causally ambiguous), 경로의존적(path dependent)이므로 쉽게 모방되지 않는다. 이런 점에서 자원준거이론은 효과적인 제품혁신을 창출하는 조직능력에 대해 관심을 가지게 되었다.

1. 조직능력의 개념

뛰어난 회사의 조직은 그렇지 못한 회사의 조직보다 생산성과 효율성이 뛰어나다고 한다. 그렇다면 조직능력의 본질과 원천은 무엇인가? 조직능력이란 상호보완적으로 작용하는 자원들의 결합체이다. 따라서 하나의 조직능력이 발휘되기 위해서는 몇 가지의 자원들이 결합되고 상호보완적으로 작용하여야 한다. 그런데 조직능력은 학자들에 따라 의견이 달라 통일된 정의가 내려져 있지 않다. 그 동안의 정의를 분류해 보면 대체로 다음의 세 가지 견해로 나눌 수 있다.

첫 번째 견해는 기업활동의 동태적 개선(dynamic improvement)에 관한 것이라는 공통점을 가지고 있다. 조직능력을 공정과 제품의 지속적 혁신, 제조상의 유연성, 시장추세에 대한 적응성, 짧은 제품개발주기 등으로 파악하거나, '기업이 지속적으로 학습하고 적응하고 변화하고 혁신하는 능력을 관리하는 동태적 일상성'으로 정의하는 견해인데 동태적인 움직임에 그 역점을 두고 있다.

두 번째 견해는 형이상학적인 전략적 통찰력(metaphysical strategic insights)에 중점을 두고 있다. 전략적 통찰력은 기업으로 하여금 보유자원의 내재적 가치를 인식하게 하거나 새로운 전략을 경쟁기업보다 먼저 개발하게 한다. 조직능력을 '전략을 구상하고 선택하고 실행하게 하는 조직특징'이라고 정의하거나, '기업의 자원을 활용하고 새로운 자원을 개발하는 능력'으로 정의하는 것이 그 예라고 하겠다. 이 견해는 조직을 관리자의 전략적 능력에 그 역점을 두고 있다.

세 번째 견해는 조직능력과 관련되는 기업 문화적 접근이다. 이것은 성공한 우량기업의 특징을 7s의 요소로 설명한다. 다시 말하면 조직의 중요자산으로서 기업문화가 등장하였다는 점이다. 조직의 문화를 조직의 마음(mind), 공유화된 신념으로 표현하고 표출된 사회적 세포라고 할 정도로 조직의 생명력과 조직적인 프로세스의 연결체

로 주장하고 있다.[14)]

이 세 가지의 견해를 망라해서 보면 경쟁기업보다는 뛰어난 일련의 행동을 하여 그 경쟁수단을 발휘하여 기업의 독자능력(distinct competence)과 관계가 있다[15)]는 점이다.

제 7 절 내부자원의 특성과 경쟁우위의 지속성

자원준거이론의 두 가지 전제조건인 자원의 이질성과 비이동성은 중요하다. 그런데 자원의 이질성과 비이동성이 충족된다고 하더라도 기업이 보유한 모든 자원이 지속적 경쟁우위의 원천이 될 수 는 없다. 기업이 누리는 경쟁우위는 제품생산에 필요한 자원의 복잡성과 독특성으로 인해 다른 기업이 모방할 수 없을 때 지속될 수 있기 때문이다. 그러므로 기업의 자원이 지속적 경쟁우위의 원천이 되기 위해서는 다음의 그림과 같은 네 가지 특성, 즉 유용성(value), 희소성(rareness), 모방곤란성(imitability), 불완전한 대체성(incomplete subsititutability)을 갖추어야 한다.

1. 경쟁우위의 지속성

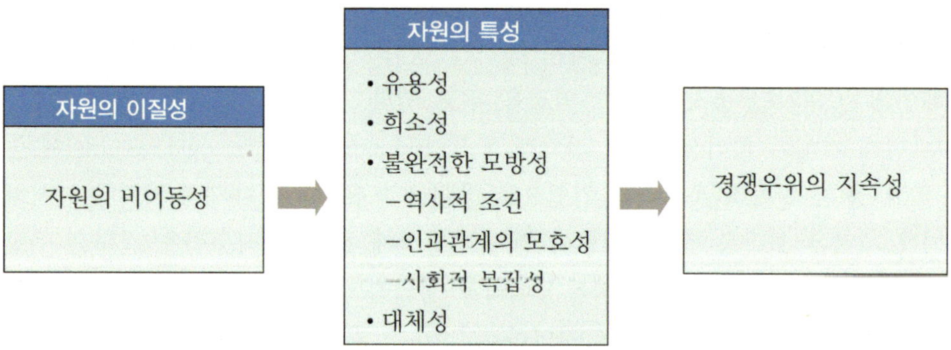

14) Pettigrew A. M., The Awakening Giant : Continuity & Change in Imperil Chemical Industries, basil Blackwell, 1985. pp.25-44.

15) Howard Stevenson, Defining Corporate Strength and Weaknesses, Sloan Management Review, 1976, pp.51-58.

2. 자원의 유용성

기업이 보유한 자원(유형자산, 무형자산 조직의 능력)이 유용성이 있을 때 지속적 경쟁우위의 원천이 될 수 있다. 즉, 기업의 효율성과 효과성을 증대시키기 위한 전략을 수립하고 실행하는 데 필수불가결하다는 것을 의미한다. 결국 자원의 유용성이란 기업이 외부환경에서 발생하는 기회를 활용하고 위협을 중화시키는 데 도움을 주는 자원이라는 것을 의미한다.

3. 자원의 희소성(rarity)

기업이 보유한 모든 자원을 경쟁기업이 보유하고 있다면 이 자원은 경쟁우위의 원천이 될 수 없다. 즉, 어떤 자원의 유용성이 높다고 하더라도 희소성이 없을 경우 그 자원은 경쟁우위의 원천이 되기는 어렵다는 점이다. 이런 점에서 볼 때 경쟁 기업이 그 자원을 보유하고 있지 않을수록 자원의 희소성이 증대될 것이며, 지속가능한 경쟁우위의 강력한 원천이 될 것이다.[16)]

4. 모방곤란성

다른 기업들이 완전하게 모방할 수 없을 때 지속적 경쟁우위의 원천이 된다. 성공기업이 보유한 경쟁우위를 획득하기 위해서는 경쟁우위의 원천이 무엇인가를 분석하여 그 원천을 파악한 후에, 그러한 경쟁우위를 성공적으로 복제할 수 있어야 한다. 이를 위해서는 성공전략의 근거가 되는 자원을 획득하여야 하는데 다음의 세 가지 특징이 존재한다.

첫째, 자원이 물리적으로 독특성(physcically unique) 즉, 복제불가능하여야 한다. 둘째, 경로의존성(path Dependence) 때문에 모방이 곤란한 경우이다. 세 번째, 인과관계의 불명료성(Causal Ambiguior)이다. 이런 점에서 본다면 경쟁우위의 지속성은 경쟁기업과의 모방시차에 달려 있다. 즉, 성공기업이 누리는 경쟁우위의 지속성은 모방기업이 경쟁우위를 구축하는 데 필요한 자원을 얼마나 빨리 획득하느냐에 달려 있

16) 페트라프는 경쟁우위의 지속성을 자원의 이질성(heterogeneity), 불완전한 이동성(imperfect mobility), 경쟁에 대한 사후적 제안(ex post limits of competition), 경쟁에 대한 사전적 제한(ex ante limits to competition)이라는 네 가지 요인을 이용해 설명하고 있다. 경쟁에 대한 사후적 제한요소에 불완전한 모방성(imperfect imitability)과 불완전한 대체성(imperfect substitutability)을 포함시키고 있다. M. A. Petraf(1993), pp.182-186.

다고 하겠다.

모방이 발전하면 새로운 제품과 서비스를 만들 수 있다.

1) 모방곤란성과 고립(격리) 메커니즘(isolating mechanism)

자원준거이론(자원기반이론, RBV)에 경쟁 우위의 지속을 설명하는 가장 중요한 개념은, 「격리 메커니즘」이다. 격리 메카니즘이란, 경쟁기업에 의한 전략의 모방을 방해하는 기업에 내재하는 구조이다. 경쟁 우위의 지속은 모방에 걸리는 비용에 의해 결정되기 때문에, 자원준거이론으로는 기업 레벨로 일하는 격리 메커니즘의 존재에 의해서 경쟁 우위가 유지되는 구조를 설명하려고 시도한다. 여기에서는, 자원준거이론(RBV) 초기에 있어서의 대표적인 2개의 연구(Lippman and Rumelt, 1982 ; Wernerfert, 1984)가 등장한다.[17]

리퍼맨 과 루멜트(Lippman and Rumelt)는 행위와 결과의 사이에 존재하는 기본적인 애매성이 기업의 이질성을 유지하는 것을 「인과관계의 애매성」이라고 이름 붙였다.[18] 인과관계의 애매성이란 경쟁기업의 전략을 모방하려는 기업에 일하는 제약이다.

인간에게는 본질적으로 합리성의 한계[19](March and Simon, 1958)가 존재하기 때문에, 인간의 집단인 기업에도 합리성의 한계는 존재한다. 경영자는 경영 팀을 조직하는 것으로, 이 합리성의 한계를 극복하려고 한다. 조직으로서 행동하는 것으로 합리성의 한계는 완화되는 것이지만, 그런데도 완전하게 극복되는 것은 아니다. 따라서 타기업에 좋은 업적을 가져온 진정한 원인을 밝혀내 전략을 모방하는 능력에는, 항상 일정한 제약이 부과되어 이것이 기업에 「불확실한 모방능력(uncertain imitability)」를 가져온다.

5. 불완전한 대체성

기업의 자원이 지속적 경쟁우위의 원천이 되기 위한 마지막 조건은 대체자원이 존재하지 않아야 한다는 것이다. 즉, 희소하지 않거나 모방이 어렵지 않은 유용한 대체자원이 존재하지 않아야 한다. 서로 다른 두 가지의 유용한 기업자원이 존재하고, 각 자원을 동일한 전략을 실행하는 데 사용할 수 있다면, 이들 두 자원은 전략적으로 동

17) Birger Wernerfelt, A Resource-Based View of the Firm, Strategic Management Journal, Vol.5, 171-180 (1984).

18) Lippman, Steven A. and Richard P. Rumelt, "Uncertain Imitability : an Analysis of Inter firm Differences in Efficiency Under Competition," Bell Journal of Economics. 13(1982) : 418-438.

19) James G. March and Herbert A. Simon. Organizations, John Wiley and Sons, Inc., 1958, p.262.

등한 자원이라고 할 수 있다. 따라서 전략적으로 동등하게 사용될 수 있는 대체자원이 존재하지 않을 때, 그 자원은지속적 경쟁우위를 창출하는 데 도움이 된다. 이는 전략을 수립하고 실행하는 데 사용되는 그 자원이 유용하고 희소하며 완전한 모방이 불가능하기 때문이다.

제 8 절 경쟁우위와 자원준거이론

자원준거이론은 기업이 보유하고 있는 내부의 자원에 중점을 두어 기업 간 업적차이를 설명하고자 하였다. 특히 자원의 불완전한 모방성을 경쟁우위를 지속시키는 핵심요인으로 보고 있는데, 자원의 불완전한 모방성은 요소시장의 불완전성에 기인한다. 이에 따라 전략에 관한 기존의 논의가 제품시장에서 판매자 입장의 기업행동을 설명하고 있는 데 반해, 자원준거이론은 요소시장에서의 구매자 관점에서 요소시장의 불완전성과 초과이익(렌트)의 발생을 설명하고 있다. 따라서 자원준거이론이 기업차원의 전략을 설명하는 이론임에도 이론을 전개하는 데 있어서 요소시장에 대한 경제적 분석법이 중요시되고 있다.

포터(M. E. Porter)가 『경쟁전략(Competitive Strategy, 1980)』에서 산업조직분야에서 풍부한 이론적 실증적 문헌을 이용하여 기업이 속한 업계와 그 속에서 기업이 차지하는 경쟁포지션을 이해하는 것의 중요성을 강조하였다.

기업분석을 기업의 외부적 환경요인으로 설명하였다는 점이다. 즉, 포터 모형은 산업매력도에 영향을 주는 산업의 구조적 특징(다섯 가지 경쟁요인)을 이용해 기업이 누리는 초과이익을 설명하고 있다. 이런 점에서 산업조직론의 틀에서 벗어나지 못하고 있으며, 기업의 내부적 특징을 고려하지 않고 있다는 한계를 벗어나지 못한다.

프라할라드(Prahalad)와 게리함멜(Gary Hamel)에 의해 자원을 새롭게 가치창조의 원천으로 보고 기업을 포트폴리오가 아니고 기업의 능력포트폴리오로 생각하였다.

1990년대에 이르면서 기업의 조직능력을 찾다 보니 기업의 내부요소를 더 깊게 찾고 해석하는 것이 중요하게 등장하였다. 즉, 기업이 누리는 경쟁우위(원가우위와 차별화우위)의 원천을 기업의 가치 활동으로 설명하려는 시각의 전환이 이루어지고 있다. 예컨대 가치 활동을 경쟁기업보다 저원가(또는 독특한 방법)로 수행함으로써 원가우위(또는 차별화우위)를 누릴 수 있다고 설명한다. 이러한 설명법은 또한 산업구조모형이 개별기업의 수익성을 설명하지 못하였던 것을 보완할 수 있다. 개별기업이 가치 활동을 얼마나 효율적으로 또는 효과적으로 수행하느냐에 따라 경쟁우위를 누리는 정도가 달라질 것이므로, 결과적으로 같은 산업에 속한 기업이라고 하더라도 성과가 다를 수 있다는 것을 설명할 수 있다.

경쟁우위의 원천이 되는 요인들을 제시하는 것과 이들 요인이 어떤 과정을 통해 경쟁우위를 창출하고 이것이 기업의 초과이익으로 연결되는가를 설명하는 것은 다르기 때문이다.

이런 점에서 볼 때 자원준거이론은 경쟁우위의 원천이 무엇인가를 설명해 주며, 경쟁우위가 창출되고 지속되는 과정을 설명해 준다. 기업이 보유하는 독특한 내부자원이 경쟁우위의 원천이 되는 이유를 설명하고, 경쟁우위가 지속되는 이유를 설명할 수 있으며, 자원의 특성과 렌트 발생을 연결시킴으로써 개별기업이 누리는 초과이익의 근거를 설명할 수 있다.

자원준거이론은 이와 같이 기존 모형이 가지고 있던 한계(외부환경 중심적이며 개별기업의 성과차이를 설명하지 못함)를 보완해 준다는 측면에 못지않은 또 다른 중요성을 가지고 있다. 즉 자원준거이론의 또 다른 중요성은 경쟁우위를 발생시키는 과정을 이해하게 함으로써, 원하는 경쟁우위나 경쟁우위의 원천이 되는 자원을 개발하고 축적하고 활용하기 위해 이 과정을 어떻게 관리할 것인가에 대해 말해 줄 수 있다는 것이다.

시장이라는 단순한 외부환경요인만을 고려해서는 개별기업의 행동과 성과를 만족하게 설명할 수 없을 것이다. 전략의 목적이 외부환경과 내부환경 간의 적합성을 모색하는 데 있다고 한다면, 기존 연구에서 등한시하였던 조직의 내부자원에 대한 연구가 뒷받침되어야 전략이 기업의 업적에 미치는 영향을 완전하게 이해할 수 있을 것이다.

그러한 의미에서 자원준거이론은 기업이 핵심역량으로서 기능하고 복수사업기업 내에서 가치의 원천이 되는 자산(자원)이 광범위하고 정확하게 정의되었다고 하겠다.

Chapter 15 전략경영의 단계

제 1 절 전략경영의 등장

1. 전략경영(strategic management)의 의미

요즈음 전략경영이란 용어가 매스컴은 물론, 일반인들 사이에서도 다양하게 사용되고 있다. 그럼에도 불구하고 전략경영이란, 경영전략이나 기업전략과 비슷하게 사용되는 경우가 많다. 그러나 엄밀히 따져 보면 약간 다른 의미로 사용되고 있다고 하겠다. 루와 홀랜드(Leslive Rue and Phyllis Holland)는 최고경영자 수준의 장기적 계획의 일환으로 보고 있으며 그린레이(Gordone E Greenley)도 전략적 경영에 대해 관리적 결정과의 구별을 통해 회사의 장기간에 영향을 주는 의사결정으로 해석하였다.

전략적 경영의 정의는 일반적으로 상술한 것과 같이 광의적 정의와 협의적 정의로 나눌 수 있다. 광의적 정의는 소가와 히로구니(十川廣國)처럼 포괄적인 정의로, "조직을 환경에 적절하게 조화시켜 가는 계속적이고 반복적인 과정"[1]으로 정의하고 있다. 피어스와 로빈슨(Pearce & Robinson)도 "기업의 목적을 달성하기 위해 계획과 실행에 의해 생겨난 행동과 의사결정"이라 정의하고 있다.

협의적 정의는 조금 더 알기 쉽게 전략적 경영을 정의하고 있다. 바니(Barney)는 '기업이 생각하는 경쟁에 성공하기 위한 로직'[2]으로 디 크루이버와 피어스(De Kluyver and Pearce)는 '지속적인 경쟁 우위를 달성하기 위한 포지셔닝 구축'[3]으로 정의하고 있다.

---

1) 十川廣國, 經営戦略論, 中央経済社, 2013.
2) Jay B. Barney, Gaining and sustaining competitive advantage, Addison-Wesley Pub, May/1996.
3) Cornelis A. De Kluyver and John A. Pearce, Strategy : A View from the Top, Prentice Hall College Div, Aug./2002.

이타미 히로유키(伊丹敬之)도 '시장 내 조직으로서의 활동의 장기적인 기본 설계도'[4]로 설명하고 있다.

그러나 광의적이든 협의적이든 전략적 의사결정을 정의할 경우에는 CEO의 의사결정을 중심으로 전개되는 시스템적 설명이므로 상황이론 및 그 패러다임으로서의 전략적 선택이론(strategic choice theory)이 타당하다고 하겠다.

그래서 필자는 전략적 경영을 '조직(기업)이 미래의 환경변화에서도 생존하기 위한 진단서'로 정의한다. 즉 상황이론이 인간 본성을 가정으로 하는 결정인 데 반해, 전략적 선택이론은 시스템을 가정하고 있다는 점이다. 이 논점에 따르면, 조직과 환경의 연결 역할을 하는 CEO(인간)의 역할을 중시한다는 점이다. 전략경영은 이 논리에 서 있다.

기업은 최종목표인 "기업의 존속"을 이루기 위해, 장기간에 걸쳐 성장성이나 수익성을 계속 확보해야 한다. 그러기 위해 기업이 나아가야 할 장래의 방향을 결정하고 기업이 지니고 있는 사람, 상품, 돈(금전), 정보 등의 귀중한 경영자원을 전개해 나가야 한다.

이와 같이 "조직 방향을 확립하고, 목표를 설정하여, 조직이 수행해야 할 계획을 만들어내는 전반적인 관리 기능을 전략의 책정(Strategic Formulation)"이라고 한다. 그러나 책정된 전략이 아무리 효과적이라 해도 그것을 실행하기 위한 시스템이 준비되어 있지 않으면 조직목적을 달성할 수 없다.

조직목적의 달성은, 전략책정과 전략실행에 따라 크게 좌우된다. 이를 위해 조직이 가지고 있는 내부의 경영자원을 책정된 전략적인 방향을 향해 효과적으로 전개시켜 갈 필요가 있다.

그렇기 때문에 전략의 실행을 선택된 전략의 내부에서 배분하여 목표를 실제로 만들어낼 수 있도록 전략책정과 전략실행이라는 두 기능을 적합하게 기능함으로써 조직목적을 달성하게 된다.

그러므로 전략경영이란 전략적인 의사결정과 일상적·업무적인 의사결정을 통합하기 위한, 조직구조, 관리시스템, 조직문화를 포함한 통합적인 경영관리 활동이라 하겠다.

전략적인 의사결정과 업무적인 의사결정을 연결하는 역할을 하고 있는 관리활동은, 장기적인 경영활동에서 생겨난 독자의 관리 스타일이 있으며, 또한 독자적인 신념이나 가치관에 깊이 뿌리 내리고 있는 것에서 그것들이 조직문화로 되어 전략을 실

---

4) 伊丹敬之,『経営戦略の論理』, 日本経済新聞社, 2003年11月 (第3版).

행하는 인간 행동을 규제하고 있다. 이를 위해 관리활동은 전략경영 시스템의 중핵적인 역할을 짊어지고 있다고 생각할 수 있다.

2. 전략경영의 단계

전략경영의 흐름과 단계는 학자에 따라 다르게 표현되나 피어스와 로빈슨(John Pearce and Richard Robinson)은 전략경영의 단계를 다음과 같은 9종의 의사결정이나 행동으로 성립하고 있다고 서술하고 있다.([그림 15-1] 참조)

① 회사의 vision을 정의할 것. 회사의 목적이나 생각, 철학, 목표에 대한 폭넓은 성명까지도 포함하여, 기업이 어떤 사명을 갖고 존재하고 있는가에 대한 정의에 관련된 결정

② 회사의 내부 상황이나 능력을 반영한 회사의 프로필(Profile)의 작성에 관한 결정

③ 회사가 직면하고 있는 경쟁상황에 관한 요인과 배후에 있는 환경요인을 명백히 하여, 회사의 외부환경을 평가하는 결정

④ 회사의 프로필과 외부의 환경을 서로 비추어 보아 현재는 대상으로 하고 있지 않으나, 자사의 능력으로 보아 가능성이 있는 여러 대안을 분석할 것

⑤ 그 가능성을 회사사명과 서로 비추어 보아 회사에 있어서 바람직한 대안을 명백히 할 것

⑥ 회사에 있어서 바람직한 대안을 달성하기 위해 필요한 장기목표와 중요한 전략을 선택하여 결정할 것

⑦ 장기목표와 중요한 전략과 조화된, 연차 목표와 단기 전략을 작성해 낼 것

⑧ 예산으로서 배분된 자금에 근거하여, 전략안을 실행하기 위한 일, 인간, 조직구조, 기술, 정보시스템과의 적합관계를 강화할 것

⑨ 통제 활동을 위한 기초로서 유용하게 활용시키기 위해 혹은 장래의 의사결정에 활용하기 위해 성공한 전략의 책정, 실행과정을 평가하고 비평할 것

이것들의 의사결정이나 행동은 다음과 같은 전략경영 시스템으로서 체계화되어 있다.

전략경영의 제1단계는 기업의 미션(사명)이 어떤 것인가를 정의하는 것이다. 자사가 어떤 사업을 시행하는가에 대해, 제품이나 시장이나 기술의 범위, 확장을 정하는 것이다. 사업영역(도매인)의 결정이다.

제2단계는 기업이 내부에 지니고 있는 자원의 프로필을 작성하고, 자사의 내부자원에서 판단하여 자사의 강점과 약점을 명백히 하여야 한다.

제3단계는 자사를 둘러싸고 있는 외부환경을 평가하고, 업계의 평가, 환경변화 예측 등의 경쟁 상황을 평가하는 것에 의해, 외부환경의 기회와 위협을 분석하는 것이다.

제4단계는 자사의 내부 분석, 외부의 환경 분석을 통해 자사에 있어서 가능성이 있는 대안을 명백히 하여 각종의 전략대안에서 기업의 미션(사명)과 비추어 보아 특정한 전략을 책정하는 것이다.

그리고 제5단계는 책정된 전략을 장기 전략과 단기 전략으로 구체화하는 것으로 구성되어 있다.

이상과 같이 미션(사명)의 책정에서 구체적인 장기, 단기 전략의 책정까지의 흐름을 전략책정의 과정이라 할 수 있다. 또한 책정된 전략은 그것을 실행하기 위해 어울리는 조직구조, 급여시스템, 조직문화 등의 실행시스템과 실행전략을 구체적인 정책으로 의도하고, 전략을 제도화하는 것에 의해 가능해진다. 이와 같이 전략경영 시스템은 전략책정과 전략을 실행하는 프로세스를 포괄하는 전사적인 시스템으로 생각되고 있는 것을 이해할 수 있겠다.

[그림 15-1] 피어스와 로빈슨의 전략경영 모델

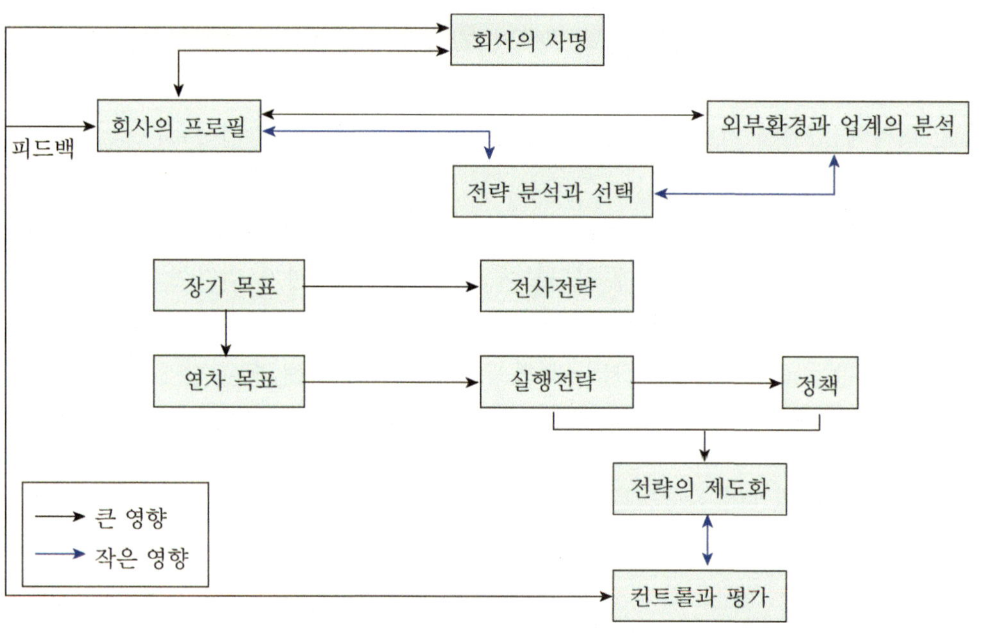

자료 : John Pearce and Richard Robinson Jr., Formulation and Inplementation and Control of Competitive Strategy(Fourth Edition), Irwin 1991, p.12.

톰슨과 스트릭랜드(Thompson & Strickland)는 전략경영에 관련된 경영관리자의 일을 5가지로 분류하고 있다. 그것들은 다음과 같다.

① 사업의 개념을 개발하고, 조직을 이끄는 장기 비전을 만들어 낼 것
② 미션(사명)을 특정한 장기·단기의 업적 목표로 번역할 것
③ 조직의 상황에 적합하고, 목표로 할 성과를 낼 전략을 만들어 낼 것
④ 선택된 전략을 능률적·효과적으로 실행할 것
⑤ 업적을 평가하고, 상황을 감안하여 잘못 없이 조정할 것

그리고 5가지의 전략경영 프로세스를 [그림 15-2]와 같이 도식화하고 있다.

[그림 15-2] 톰슨과 스트릭랜드의 전략 경영의 프로세스

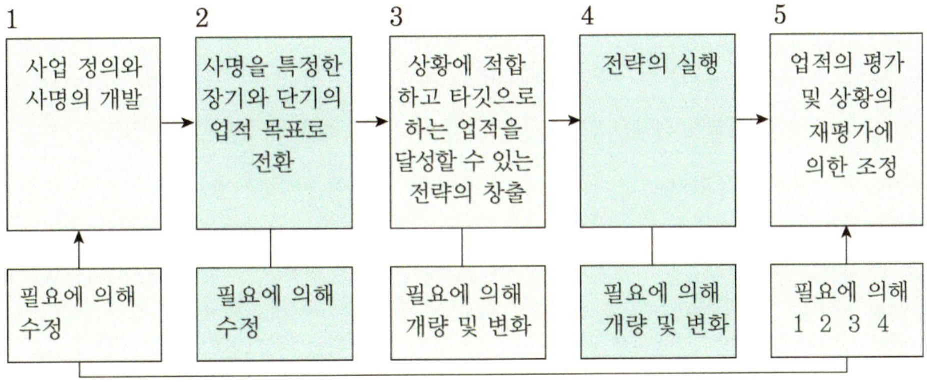

자료 : Thomson A. A. Jr. and A. J. Strickland Ⅲ, Strategy Formulation and Inplementation : Tasks of the General Manager, Irwin 1989, p.12.

톰슨과 스트릭랜드의 전략경영의 단계도 피어스와 로빈슨과 마찬가지로 비전책정으로 시작되어, 사명을 기초로 한 전략의 책정, 전략의 실행 컨트롤의 활동에서 성립하고 있음을 알 수 있다. 그중에서도 제일 중요한 것이 사업의 정의와 비전 책정으로, 이것이 흔들리면 전략 자체가 흔들리므로 비전을 어떻게 책정하였고 사업영역을 어떻게 정의하였는가가 중요한 요인으로 작용하고 있다. 사업영역의 결정에서 외부환경과 제품적 정의와 욕구 중심적 정의를 어떻게 변화시키는가에 의해 기업전략도 바뀌게 된다.

1) 사업영역의 결정

경영자가 소비자의 원초적 욕구를 중심으로 사업영역을 정의하려는 사고를 갖게 되면 독창적 전략 대안을 개발하는 데 필요한 창의력을 크게 향상시킬 수 있다. 새로운 사업 기회를 발견하는 데 있어서도 경영자의 창의력이 중요시되므로 욕구 중심적 정의는 경영자의 창의적 의사결정을 촉진시킬 뿐 아니라, 궁극적으로 기업이 새로운 성장 방향을 발견하는 데 도움을 준다.(〈표 15-1〉 참조)

이 방법에 의하여 사업영역을 정의하는 데 따르는 한계는 소비자의 원초적 욕구가 구체적인 개념이 아니기 때문에 실제의 의사결정에 유용한 지침이 될 수 없다는 데 있다. 다시 말해 기업의 현재 제품시장과 미래의 제품시장 간의 관계가 명확하게 연계되지 못하기 때문에 기업의 장기적인 성장방향을 구체적으로 제시하는 데 있어서 미흡하다.

〈표 15-1〉 사업영역의 결정 방법

제품 중심적 정의	원초적 욕구 중심적 정의
우리는 화장품을 생산한다.	우리는 미에 대한 희망을 판다.
우리는 철도회사이다.	우리는 사람과 물건을 이동시킨다.
우리는 가솔린을 판매한다.	우리는 에너지를 제공한다.
우리는 영화를 제작한다.	우리는 오락을 제공한다.
우리는 에어컨과 난방기기를 생산한다.	우리는 쾌적한 주거환경을 선사한다.
우리는 비료를 판매한다.	우리는 농업생산성을 증대시킨다.
우리는 백과사전을 판매한다.	우리는 정보의 생산 및 유통산업에 종사한다.
우리는 드릴(송곳)을 생산하고 판매한다.	우리는 구멍(홈)을 판매한다.

자료 : 어윤대·방호열, 『전략경영』, 학현사, 1996.
P. Kotler, Marketing Managenent : Analysis, Planning, Inplementation and Control, Prentice-Hall, Englewood Cliffs, 1988, p.39.

3. 전략적인 의사결정의 특질

1) 전략의 구성요소

전략적인 의사결정이란, 어떤 내용의 의사결정을 의미하는 것일까? 앤소프(Ansoff)는 "기업과 환경과의 관계를 확립하는 결정"으로 정의하여 어떠한 사업, 또는 어떤 제품, 시장을 선택하여야 하는 가로 축소하였다. 다시 말해 기업을 위해 제품과 시장의 콘셉트를 결정짓는 것으로 자원전환의 과정을 방향 짓는 것이 전략이며, 기업이 어떤 방향으로 진출하는가 하는 것과 같은 외부환경과의 관계에 대한 의사결정이 '전략적 의사결정'이라고 한다.

또한 전략을 "환경변화가 만들어 내는 기회와 리스크에 자원을 매치시켜, 조직능력을 유효적이고 동시에 능률적으로 발휘시키는 것"이라고 정의하기도 한다.

이상의 정의에서, 전략에 관련된 의사결정에서는 다음과 같은 특징을 엿볼 수 있다. 즉, 전략적인 내용은 다음의 요소를 포함한다.

① CEO의 결정을 필요로 할 것
② 회사가 갖고 있는 대부분의 자원배치를 포함하고 있을 것
③ 회사의 장기 전략과 발전에 중요한 요인을 포함할 것
④ 외부환경의 요인을 고려할 필요가 있을 것

이러한 것을 고려하면 어떤 전략도 4개의 구성요소로 분류할 수 있다고 여긴다. 호퍼와 쉰델(Hofer & Schendel)은 전략의 구성요소를 다음과 같이 구분하고 있다.[5]

① 영역(domain)이나 범위 : 조직이 목표를 달성하려는 행동 영역
② 독자적 능력(distinctive competences) : 조직이 목표를 달성할 때 사용하는 기능이나 자원
③ 경쟁우위성 : 조직이 기능이나 자원을 사용하여 영역의 결정을 통해 경쟁자에 대하여 달성하려고 생각하고 있는 우위성(독자적인 포지션)
④ 시너지 : 조직의 자원 개발 및 영역 결정에서 요구되는 상호 작용

첫 번째 구성요소인 '영역이나 범위'란 조직이 환경과의 상호작용을 이룰 범위를 의미하며, 제품과 시장의 선택에 관련된 요소이다. 두 번째의 '독자 능력'이란 자원전개라고도 생각되나, 조직이 과거로부터 어떻게 경영자원을 전개하여 현재에 이르고 있는가 하는 조직 독자의 자원전개능력을 의미한다. 세 번째의 '경쟁우위성'이란 주로 조직이 가지고 있는 독자적 능력이나 제품, 시장에 있어서 포지션(위치선정)에서 생긴다고 생각되어 경쟁자에 대한 우위성을 초래하는 요소이다.

목표와 정책이 그렇듯이 전략에도 계층이 있다고 주장하고 있다. 전략을 세 단계로 나누고 있다.

각 전략의 단계는 서로의 제약을 받기 때문에 조화·일관성·일관성이 중요하다.[6]

---

5) Dan E. Schendel & Charles W. Hofer, Strategic Management : A New View of Business Policy and Planning, 1979.
6) Dan E. Schendel & Charles W. Hofer, p.35.

(1) 전사 전략(corporate strategy)
우리는 기본적으로 어떤 사업으로 집중해야 하는가
(2) 사업 전략(business strategy)
특정 산업 또는 제품/시장 세그먼트에서 경쟁하는 방법
(3) 기능분야별 전략(functional strategy)
각 기능별과 분야별의 전략

호퍼와 쉰델(Hofer & Schendel)은 각 전략들이 내적인 일관성과 조화를 유지하여야 한다고 강조하였다.

전략경영에서 1980년대-90년대 가장 많이 등장했던 영역(사업영역)이라는 단어를 전략론에서의 처음 사용한 학자는 호퍼와 쉰델(Hofer & Schendel)이 사용한 도메인(domain)이었으며 일본에서는 1980년대 초에 도메인(domain)을 「영역(領域)」이라고 번역하였다,

영역(domain)을 미국 기업은 구체적인 시장에서의 성공 요인에 가까운 '기능적 정의'를 하는 경우가 많은 반면, 일본 기업은 조직의 활성화로 이어지는 '방향 감각적 정의를 하는 경향이 있다'고 지적하고 있다.[7)]

가고노다다오(加護野忠男) 등은 사업영역을 다음과 같이 기술하고 있다.[8)] 이들이 주장하는 도메인(domain)은 기업의 독특한 생존 영역이며 도메인 정의는 가장 전형적으로는 "우리 회사의 사업은 무엇인가"라는 기업의 사회적 존재 이유를 밝히는 것으로 주장하였다.

따라서 여기에서의 영역은 기업이 그 경영자원을 전개해야 할 기회 집합의 범위를 특정 하는 것이며, 누구에게 어떠한 기술로 어떠한 기능을 제공할지에 대한 논리를 포함한 것으로 미국보다는 더 구체적으로 접근하였음을 알 수 있다.

2) 전략의 공식성

전략적 의사결정을 행할 때는, 책정하는 과정이 '공식성'을 갖고 있는 편이 바람직하다고 간주한다. 전략의 공식성이란 "의사결정을 할 때 구성원, 책임, 권한, 재량이 확실하게 정해져 있는 정도"를 의미하며, 공식성이 높아지면 높아질수록 계획을 책정하는 활동이 중요해지며 전략의 정확성은 높아지고, 계획이 성공할 확률도 높아진다

7) 加護野忠男·野中郁次郎·榊原清則·奥村昭博 (1983), 『日米企業の経営比較—戦略的環境適応の理論—』日本経済新聞社.
8) 加護野忠男 外 전게서 (1983), pp.63-64.

고 말한다.

그러나 모든 조직이 공식성을 지닌 전략을 필요로 하는 것은 아니다. 공식적인 전략 책정이 필요하게 되는 것은 조직의 규모, 관리스타일, 직면하는 환경의 복잡성, 생산과정, 문제의 성질, 계획 시스템 등의 요인에 따라 다르나, 기업의 규모와 발전단계가 전략의 공식성을 정하는 중요한 요인이다.

즉, 기업 규모가 확대되어 발전단계가 진화함에 따라 전략을 책정하기 위한 시스템은 보다 공식성을 지니게 된다고 말한다. 그렇기 때문에 환경변화의 타입, 지리적인 조건, 제품라인, 제품타입, 조직, 규모 등을 들어 [그림 15-3]과 같이 정리하고 있다.

[그림 15-3] 공식적인 전략경영이 필요로 하는 조건

환경변화율	원만		급격
환경변화의 타입	연속적	증 가	불연속적
지리적 조건		필 요	다국적
제품라인	단 일	공식적	광 범
제품타입	관 련	전략적	다각화
조직	직능적	관 리	사업 부제
규모	소규모		대규모

자료 : Digman L. A. Strstegic Management, Irwin, 1990, p.18.

이것에 의하면, 기업이 직면한 환경변화율이 급격하며 변화타입도 불연속적인 경우, 혹은 생산, 판매점이 다 국가에 걸쳐, 제품 그 자체도 광범위에 걸친 다각화 기업인 경우에 유용한 수법인 것을 알 수 있다. 그런고로 제품다각화 전략을 책정하고, 분권적인 사업부제 조직을 지닌 대규모 조직에서 필요한 전략책정의 방법이라고 생각된다.

전략경영이 전략의 책정과 실행을 통합한 경영시스템을 의미하는 것은 앞서 서술한 대로이다. 그러나 전략경영 시스템이 효과적으로 기능하기 위해서는 여러 조건을 갖춰야 한다. 조직의 규모, 관리 스타일, 직면하는 환경의 복잡성 등이 전략경영에 필요하게 될 조건이나, 그중에서도 기업의 규모와 발전단계가 중요한 요인이라고 생각되고 있다.

따라서 조직의 성장·발전단계와 대조시켜, 전략경영 시스템의 진화과정에 대해 생각해 보자.

제 2 절 전략경영시스템

1. 전략경영 시스템으로의 진화 단계

1) 글럭, 카프만, 월렉(Gluck, Kaufman, Walleck)의 견해

글럭, 카프만, 월렉 등은 많은 회사의 경우를 조사하고 검토한 결과, 이들은 공식적인 전략계획 시스템으로 발전하는 단계는 어느 회사에서나 비슷한 패턴을 보인다고 지적하고, 전략계획 시스템이 발전하는 단계를 4가지 측면으로 분류하고 있다. 공식적인 전략계획은 4단계의 진화로 이루어진다고 〈표 15-2〉는 정리하고 있다.

[표 15-2] 공식적인 전략계획의 진화

단계 1	단계 2	단계 3	단계 4	단계 5
기본적 재무계획	예측 중심의 계획	외부지향의 계획	전략적 경영	
예산통제 연도별 예산부문 중심	성장을 지향한 효과적 계획, 환경 분석과 다년도 예측, 자원의 정태적 배분	시장과 경쟁으로의 대응관계, 철저한 상황 분석과 경쟁력 평가, 전략 대체안의 평가, 경영자원의 동태적 배분	경쟁우위 창출을 향한 모든 경영자원을 결집, 계획구조를 전략적으로 선택, 창조적이며 유연한 계획책정 프로세스, 그것을 돕는 가치시스템과 기업문화	경영계획의 실효성
예산 징수	미래 예측	전략 발상	미래 창조	가치시스템

자료 : Gluck F. W., S. P. Kaufman, A. A. Walleck, "Strategic Management for competitive advantage," Harvard Business Review(Jul-Aug, 1980), p.157.

제1단계의 기본적인 재무계획의 단계는 '예산 징수', 제2단계의 예측에 근거한 계획 단계는 '미래 예측', 제3단계의 외부지향의 계획 단계가 되면 '전략 발상'이라는 전략적인 사고가 중요시된다. 그리고 제4단계의 전략경영에서는 '미래 창조'에 중점이 놓인다. 이와 같이 계획의 진화 과정에서, 제2단계의 예측에 근거한 계획에서 제3단계인 전략적 계획에 이르는 흐름에는 큰 차이가 존재한다. 즉, 기업계획 시스템을 전략적 계획으로 이행하기 위해서는 상당히 큰 질적인 변화를 필요로 한다.

제3단계에 있어서 회사는 외부환경을 중시하는 첫걸음을 내디뎌 “계획 활동의 중심이 매출액과 이익의 예측에서 벗어나, 자원을 변화하는 고객욕구, 기술발전, 경쟁적 지위, 경쟁 상대의 출현의 이해를 위해 동원하는 것으로 이행하는 것이다. 또한 제4단계의 전략경영 시스템에서는 전략계획과 업무결정을 직결시켜 시장의 제일선에서 그 계획을 실행하는 것이다. 뛰어난 경영자는 경쟁에 이긴다는 신념에서 꿋꿋한 의지와 신념을 지탱할 경영 스타일이나 시스템에서 보인다고 주장하여 미래를 창조하는 것에 가치를 이끌어 낸다는 점을 강조하고 있다.

경쟁상의 이점을 만들어 내기 위해 모든 자원이 동원되고 창조적이며 유연한 전략 정책 프로세스로 전략이 책정되고 동시에 전략실행을 지지하는 가치시스템과 풍토가 형성된다. 더욱이 경쟁에 이길 수 있도록 경영방법을 수정하고, 재평가하여 경영방법을 개선하고 자기혁신이 가능한 기업으로 하는 것이다. 이를 위해서는 조직구조나 전략, 그것을 실행하기 위한 시스템, 사원, 조직의 문화와 가치 등이 상호로 관련하여 복합효과를 찾아낼 필요가 있다.

2) 핵스와 매주라프(Haxand Majluf)의 견해

핵스와 매주라프는 전략경영의 사고가 등장한 배경과 전략경영에 이르는 진화단계를 5단계로 분류하고 있다.

① 예산과 재무 통제
② 장기계획
③ 사업전략계획
④ 전사적 전략계획
⑤ 전략경영

기업의 규모가 그렇게 대규모는 아니고, 기업이 직면하는 외부환경 변화나 복잡성도 그렇게 급격하지 않은 경우에 기업의 계획시스템은 제1단계의 ‘예산과 재무통제’에 의해 충분히 환경에 대응할 수 있다. 그러나 기업의 규모가 확대되고 업무가 증가함에 따라 기업의 계획시스템은 점차로 고도화되고 단기적인 생각에서 장기적인 생각으로 변화하게 된다.

이처럼 장기경영계획이 등장한 것은 기업을 둘러싼 상황이 변화하고, 장기적인 시점에서 계획할 필요성이 증대하기 때문이다. 그것이 사업 레벨에서의 전략적인 발상의 필요성을 불러일으켜 전략계획의 등장을 촉진한 것이다.

[그림 15-4] 공식적인 전사전략계획 책정 프로세스

㉠ 기업의 비전 : 전사적인 철학, 기업미션(사명), SBU의 명시와 상호작용
㉡ 전략적인 자세와 계획(가이드라인) : 전사적인 전략정책, 전사적인 업적 목표, 도전적 계획
㉢ 사업의 미션 : 사업의 스코프와 제품? 시장 세그먼트의 명확화
㉣ 사업전략과 넓은 행동계획 책정
㉤ 직능전략의 책정 : 사업계획으로의 참가, 사업전략의 제안에 대한 일치 · 불일치, 넓은 액션 · 프로그램
㉥ 사업전략과 직능전략의 전사 레벨에서의 통합
㉦ 사업 레벨에서의 특정한 행동 프로그램의 정의와 평가
㉧ 직능 레벨에서의 특정한 행동 프로그램의 정의와 평가
㉨ 자원배분과 관리통제를 위한 업적 측정의 정의
㉩ 사업 레벨에서의 예산화
㉪ 직능 레벨에서의 예산화
㉫ 예산의 통합전략 · 직능자금의 승인

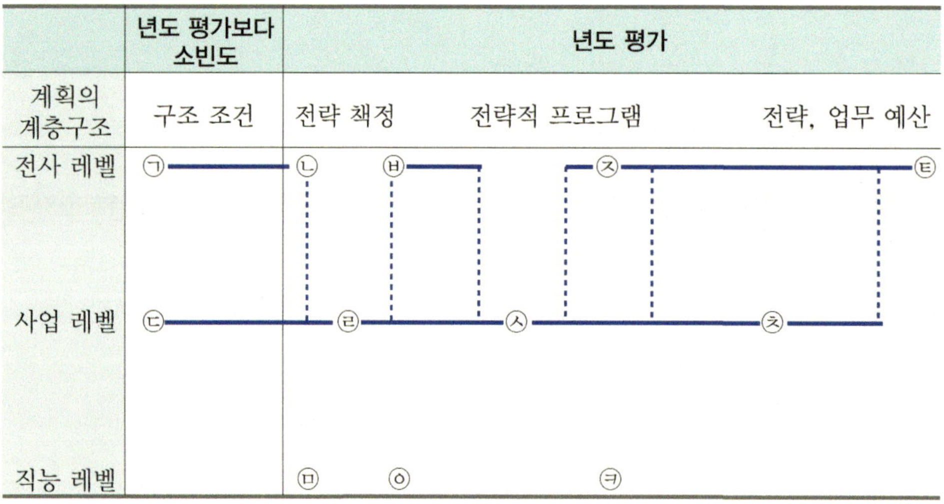

자료 : Hax A. C. and N. S. Majluf, Strategic management : An Integrative Perspective, prentice-Hall, 1984, p.42.

사업전략계획의 책정은 계획의 중요성에 의해, 전사 레벨과 사업 레벨로 나눌 수 있다. 사업 레벨에서는 사업의 방향성과 비전의 정의가 이루어져, 기업의 내부 상황의 파악, 외부환경의 평가에 의해 사업전략, 행동 프로그램이 책정된다. 전사 레벨에서는 사업 레벨의 업적 측정과 예산의 배분이 이루어진다.

이러한 과정을 flowchart로 보면 ㉠사업의 미션(사명)의 정의 ㉡·㉢사업 레벨에 있어서 내부분석, 사업 레벨에 있어서 환경 스캐닝을 통한 사업전략의 책정과 특정행동

프로그램의 책정 ㉣사업전략과 행동 프로그램이 전사 레벨에 올려져, 자원의 배분과 컨트롤을 위한 업적평가 척도의 정의, 그리고 ㉤사업 레벨에서의 예산이 책정되어, 다시 ㉥전사 레벨에서의 예산안이 승인이 된다는 과정으로 성립되고 있다.

다음으로, 네 번째의 전사적 전략계획의 단계가 되면, 전략의 책정은 다시 복잡해지며, 보다 정밀화된다. 즉, 전략의 계획과정이 전사레벨, 사업레벨, 직능부문레벨과 3계층이 되며, 조직의 관리계층과 대응하여 각 레벨에서 역할이 분할된다. 전사적인 레벨에서는, 다른 사업부에 걸친 전사적인 내용에 대한 안이 계획되고, 사업레벨에서는 직면하는 시장의 상황에 접합한 제품·시장 전략이 책정된다. 이 프로세스는 [그림 15-4]에 나타나 있듯이 12개의 행동이나 의사결정으로 성립하고 있다.

[그림 15-4]에 있어서 조직의 구조적인 조건, 전략의 책정, 전략적인 프로그램, 전략적 및 실행상의 예산이라는 프로세스에 붙여져 있는 기호는 위에서 서술한 전략책정에 관련된 12개의 구체적인 활동을 나타낸 것이다.

전사적 전략계획은, 전사 레벨에 있어서 기업의 비전을 정의하는 것에서 시작된다. 비전에서는 전사적인 철학, 기업의 미션이 정의되고, SBU(전략적인 사업의 단위)가 정의되어, 각 SBU 간의 상호관계가 명확해진다.

[그림 15-5] 기업의 비전과 전략적인 자세

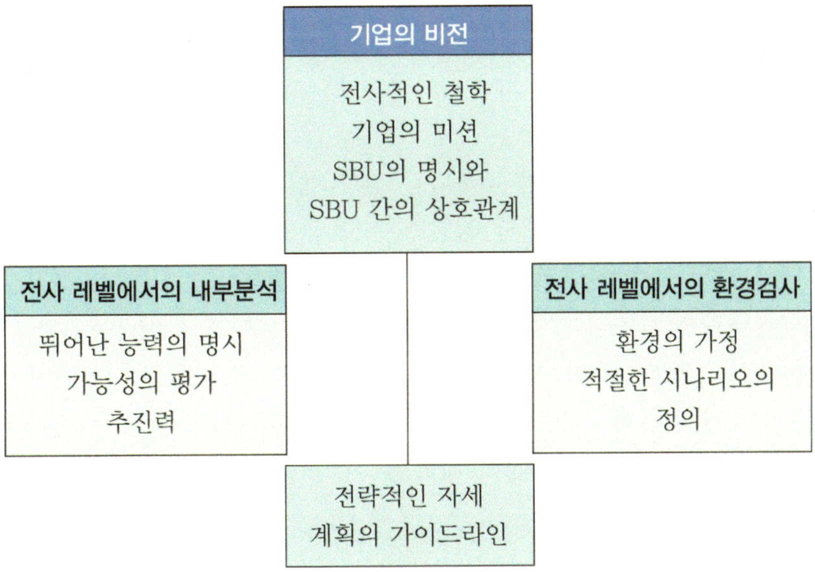

다음으로 정의된 기업비전과 기업이 지니고 있는 뛰어난 능력, 가능성 등의 전사 레벨에서의 내부분석 및 전사 레벨에서 이루어지는 환경 스캐닝에 의해 전략적인 자세와 계획의 가이드라인이 작성된다. 가령, 전략적인 자세란, 전략적인 공격, 전사적인 업적목표, 전사·사업·직능 레벨에서의 도전적 계획 등으로 성립하고, 기업의 전략적인 방향성을 가리키는 것이다. 또한 계획의 가이드라인이란, 계획의 예정표, 형식, 관리책임의 할당 등에 의해 나타내듯이 계획의 개념적인 구조 틀을 보이는 것이다.

이와 같은 기업의 비전에서 전략적인 자세와 계획의 가이드라인의 작성에 이르는 과정은 [그림 15-5]와 같이 도식화되어 있다.

카플란(R. Kaplan)과 노턴(D. Norton)이 전략 실행 프리미엄(The Execution Remium)에 BSC의 한계와 문제점을 개선하려는 노력으로 작성된 책이다.[9)]

3) 전략적 계획과 업무 실행을 통합하는 관리 체계

카플란(R. Kaplan)과 노턴(D. Norton)은 [그림 15-6]에서 나타내듯이 전략의 책정 및 계획을 업무실행과 연결하는 포괄적이고 통합적인 매니지먼트 시스템의 아키텍처를 구축해 왔다.

이 시스템에는 6개의 주요 스테이지가 있다.

① 스테이지 1 : 경영자는 앞에서 기술한 전략 툴을 이용해 전략을 구축한다.(Develop the strategy)

② 스테이지 2 : 기업은 전략 맵이나 밸런스 토스코어 카드와 같은 도구로 전략을 기획한다.(Plans the strategy)

③ 스테이지 3 : 높은 레벨에서 구축되는 전략 맵과 밸런스 토스코어 카드가 명확해지면 경영자들은 전략 맵과 밸런스 스코어 카드를 모든 조직 유닛과 결합시켜 떨어뜨림으로써 전략의 조직에 대한 알라인먼트를 실시한다. 경영자는 공식적인 전달과정을 통해 종업원의 개인목표 및 인센티브를 전략목표와 연동한다.

④ 스테이지4 : 전략으로 방향 지어진 모든 조직 유닛과 종업원을 동반하여 경영자들은 이제 품질관리와 프로세스 매니지먼트 리엔지니어링, 프로세스, 대시보드 롤링 예측, ABC, 자원 커패시티 계획, 다이내믹 예산이라는 툴을 이용하여 업무를 계획할 수 있다.

---

9) Kaplan, R. S., & Norton, D. P. (2008), The execution premium : Linking strategy to operations for competitive advantage, Boston, Mass : Harvard Business Press.

⑤ 스테이지 5 : 전략 및 업무계획이 실행됨과 동시에 기획은 문제, 저해요인, 도전적 과제를 모니터하고 학습한다. 이 프로세스는 업무 및 전략검토회의의 주의 깊게 설계된 구조 하에서 업무와 전략의 정보를 통합한다.

⑥ 스테이지 6 : 경영자는 내부업무 데이터와 새로운 외부환경 및 경쟁상의 데이터를 이용해 통합된 전략적 계획과 업무실행 시스템에 관련된 또 하나의 다른 루프를 시작함으로써 전략을 검증하고 적응시킨다.

[그림 15-6] 매니지먼트시스템 : 전략과 업무의 연락[10)]

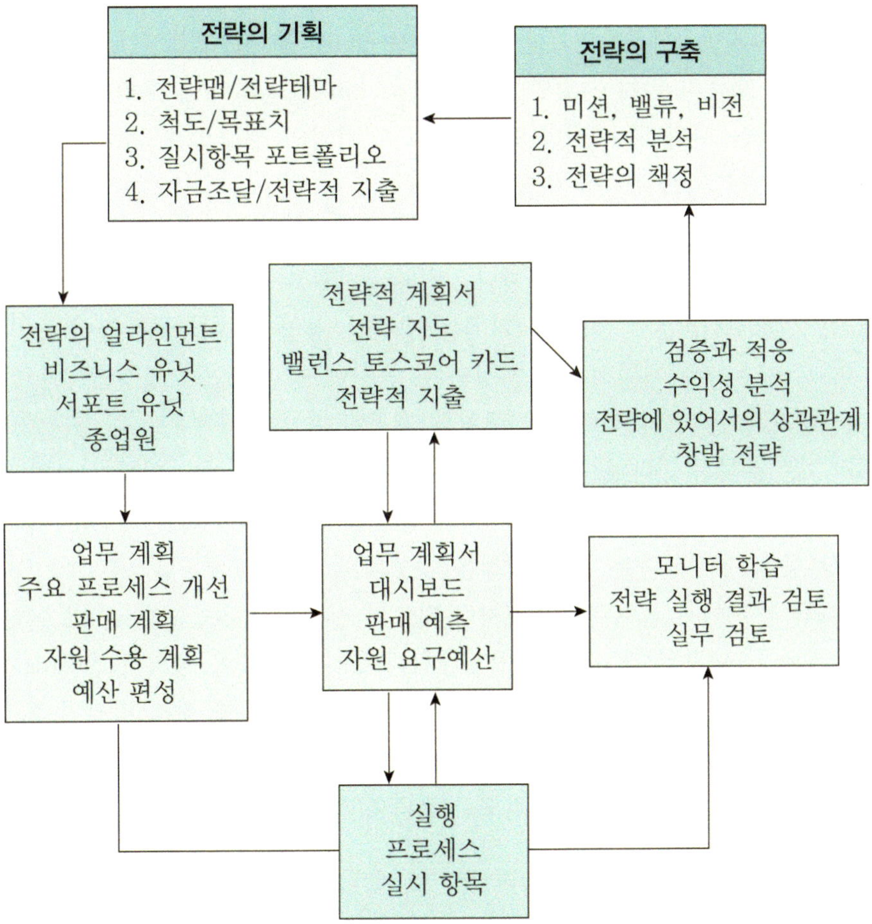

10) Kaplan, R. S., & Norton, D. P. (2008), The execution premium : Linking strategy to operations for competitive advantage, Boston, Mass : Harvard Business Press.

다음으로 통합한 관리 시스템의 6단계 중 1개씩 간결하게 기술한 후, 본 책 각 장에서 이를 상세하게 설명한다.

4) 민츠버그의 전략형성 과정

캐나다 출신의 경영학자 헨리 민츠버그(Henry Mintzberg) 등이 저술한『전략의 사파리(Strategy Safari)』에 의하면,「전략 매니지먼트」는 10개의 학파(schools of thought)로 분류했다, 그 중에서 전략은 여러 가지로 정의되고 있다.[11)]

민츠버그는 전략에 대해서 계획, 책략, 패턴, 포지션, 전망(Plan, Ploy, Pattern, Position, Perspective)등 5P로 다양하게 정의한다. 리더십을 강조하며 지침으로서의 "의도된 계획(Plan)을 말하지만, 성공하여 "실현된 패턴(Pattern)"을 전략으로 간주하기도 한다. 또 시장에서의 제품의 위치 지정인 "포지션(Position)", 조직 내에 뿌리 깊은 문화로서의 기업이념 등을 나타내는 "전망(Perspective)", 기업의 성공요인으로서의 "계략이나 책략(Ploy)"도 전략으로 간주되기도 한다.

특히 그는 미래와 변화에 대한 감지, 사업에 대한 지식, 변화와 지속성사이의 균형, 새로운 패턴에 대한 판단력을 강조한다. 전략은 기획부서실과 뛰어난 소수의 리더들이 만드는 정보수집, 분석, 회의를 거치는 정적인 경영계획이 아닌 것이다.

민츠버그는 "전략은 계획적으로 책정되는, 동시에 창발적으로 형성되어야 한다"라고 해, 시야가 넓은 기업 전략에의 대처를 제창하고 있다.

민츠버그는 분석적 전략형성에 관련된 문제 즉, 전통적 기업이 커지다 보면 법이나 규정 우선의 조직이 등장하게 되고, 이러한 상황에서는 정해진 활동이 중시되고 창조적인 발상 등이 무시된다는 점에 역점을 두었다.

우선 [그림 15-7]에서 볼 수 있는 것처럼 의도된 전략(intended strategy)과 실현된 전략(realiged strategy)으로 나누어, 초기의 계획대로 가는 전략을 계획적 전략(deliberate stratgy)으로 취급하고 사업을 진행하는 과정에서 시행착오를 통해 갑자기 변경하여 실현된 전략으로 서의 긴급창외적 전략, 창발적 전략(cmcrgcnt strategy)으로 위치시켜 환경의 변화 상황에 의해 당초 의도된 전략이 조직 내의 변경을 첨가하여 실현되는 가능성을 지적하고 있다.

---

11) Mintzberg, H. Ahlstrand, B. and Lampel, J. Strategy Safari : A Guided Tour Through the Wilds of Strategic Management, The Free Press, New York, 1998.

[그림 15-7] 계획적 및 긴급창의 전략

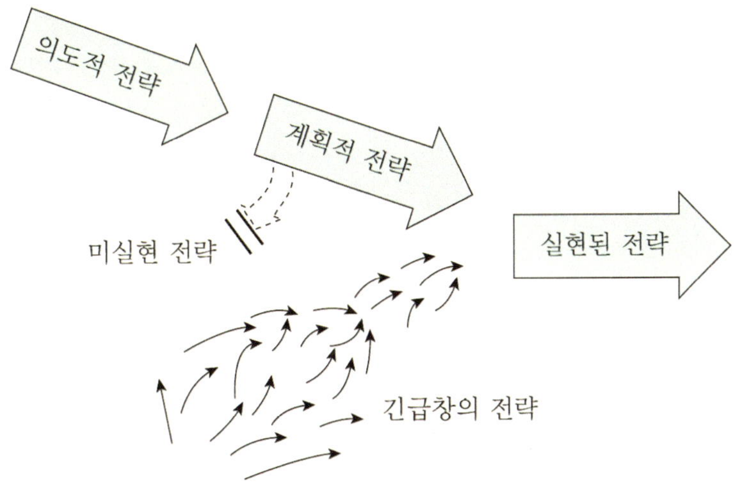

자료 : Henry Mintzberg, Bruce Ashistrand, Joseph Lampel, Strategic safari, The Free Press, 1998.

2. 전략경영의 유효성

그렇다면 이와 같은 복잡한 과정으로 성립하고 있는 전략경영 시스템을 실행하는 것에 의해 어떤 장점이 나타나는 것일까?

공식적인 전략책정은 합리적이기 때문에, 실행단계에서 문제가 발생하기 쉽고, 유효성에는 의문이 있다는 지적도 있다. 또한 현실의 전략이 형성되는 프로세스를 묘사해 보면, 공식적인 전략계획이 가정하고 있는 것보다 전진적이며, 더구나 중요한 결정은 공식적인 전략책정 프로세스에서 결정되고 있다는 지적도 있다.

여기에서 전략경영의 장점과 단점에 대해 생각해 보기로 하자.

1) 전략계획의 장점

전략계획이 초래하는 장점은 다음과 같다.

① 전략을 계획하면서 기업 문제를 예방하는 능력이 강화된다. 전략계획의 작성과 그 활동에 보수를 주는 결과로서, 경영자는 여러 책임이 있는 감시업무, 예측업무를 종업원 도움을 받을 수 있다.

② 전략이 결정됨으로써 좀 더 이용가능성이 높은 대안을 발견할 수가 있다. 즉 집

단의 상호작용을 통해 대안을 일반화하는 것이 필요하다. 집단멤버가 각자의 입장에서 여러 가지 가능성에 대한 의견을 말함으로써 대안 자체가 개량된다.

③ 종업원이 계획책정의 활동을 통해 생산성과 보수와의 관계를 이해함으로써 종업원의 모티베이션을 환기할 수 있다. 즉, 종업원이 전략계획책정의 과정에 참가함으로써 조직의 보수시스템이나 조직 활동을 보다 잘 이해할 수가 있어 종업원의 목표 지향행동에 긍정적인 역할을 한다.

④ 전략형성의 과정에 참가함으로써 종업원 개인의 활동, 혹은 그룹 활동이 각각의 조직에 있어서 해야 할 역할분담을 알고, 갭을 줄일 수 있다.

⑤ 변화로의 저항을 적게 할 수 있다. 참가함으로써 변화와 관련이 있는 불확실한 요소를 제거할 수 있다.

2) 전략계획의 단점

전략경영 시스템도 큰 리스크를 안고 있는 시스템이라 할 수 있는데, 그 리스크는 다음과 같다.

① 전략경영의 과정에 소비하는 시간이 꽤 많기 때문에, 비용적으로는 비싸다. 그 때문에 경영자가 전략적인 활동에 시간을 들이듯이, 일상의 의무적인 활동을 스케줄 할 수 있는 훈련이 필요하다.

② 전략 책정자가 전략의 실행과 밀접한 관계를 갖지 않는 경우에는 의사결정의 과정이나, 그것에 이어지는 결론에 대한 개인책임을 회피하게 된다.

③ 전략적인 경영자는 부하가 달성할 수 없는 기대와 욕구불만의 상태에 있을 때 이것을 예측하여 해소하고, 미래지향으로 대응할 수 있도록 하는 훈련이 필요하다.

이외에도 다음과 같은 단점이 지적되고 있다.

① 환경이 크게 변화하는 듯한 경우에는, 너무 자세한 표현을 해 두면, 전략계획 자체가 무용한 것이 되어 버리는 점

② 기업의 외부환경이나 내부프로필을 분석할 때 필요한 정보가 양적으로도 얻어진다고는 할 수 없는 점

③ 의사결정자는, 한정된 단순한 요인이나 상호관련밖에 이해할 수 없는 점

④ 체계적으로 공식화한 계획은, 지나치게 과격하거나 협력적은 아니나 성공할 가능성이 있는 아이디어를 매장해 버릴 가능성이 있는 점

⑤ 전문가가 계획입안하고 있는 경우에는, 라인의 관리자가 결정에 대해 저항하는

경향이 있는 점

⑥ 초우량기업에서 전략계획이 유효하게 기능하고 있는 기업은 아주 조금밖에 없는 점

⑦ 전사적인 계획과정의 도입 부분, 혹은 실행 단계에서 문제가 일어나 버리는 점

기업이 행하고 있는 사업이 잘 진행되어 가고 있는가를 판정할 때, 산업 내에서 경쟁하고 있는 타 기업의 사업보다 우위인가 열위인가를 인식하여야 한다. 즉, 경쟁우위에 있는 방향으로 자사의 강점을 이끌어야 하기 때문이다. 한편, 사업이 지금은 잘 번창해 가고 있으나 미래에도 계속 지속해 간다는 보증은 없기 때문에 산업이 어떻게 진전해 가는가를 관찰하여야 한다.

제 3 절 경쟁기업의 전략

1. 기본적인 경쟁전략

어느 기업이든 경쟁기업에 대해 장점·단점을 갖고 있다. 장단점에 대해서는 수없이 많이 있으나, 기본적으로는 저비용인가 차별화인가의 2가지로 결정된다고 하겠다. 기업의 장점·단점도 깊이 들어가 보면 경쟁기업의 비용 대 자사의 비용 혹은 차별화에 어느 정도 영향을 미치고 있는가로 정해진다. 경쟁상의 우위를 위해서는 2가지 타입 중 어느 것으로든 가지 않을 수 없다.

이 2가지 타입의 경쟁우위는 기업이 산업 내에서 평균 이상의 업적을 달성하기 위해 행하는 활동 폭과 연결되어 마이클 포터(Michael Porter)가 주장하는 3가지 기본전략이 된다.[12)]

① 비용상의 우위(cost leadership)

② 차별화(differentiation)

③ 집중화(focus)

---

12) Porter, Michael E. (1985), Competitive Advantage : Creating and Sustaining Superior Performance, Free Press, p.12.

경쟁우위의 원천과 활동 폭의 관계에서 3가지 기본전략을 [그림 15-8]과 같이 나타낼 수 있다.

집중은 경쟁우위와 결부되어, 비용집중과 차별화집중으로 나뉜다. 이 기본전략의 어느 것을 선택할 것인가가 기업의 경쟁우위를 결정하는 일이다.

따라서 근본적으로 전략이 다를 수밖에 없다. 비용우위와 차별화는 산업 전체에서 세분화를 취하고, 그 후에 경쟁우위를 구하는 행동을 하는 것이다. 산업 안에서의 좁은 세분화에 들어가 취할 수 있는 전략집중이다. 그러나 이 경우도 그 세분화 중에서 비용우위인가, 차별화우위인가의 차이이다.

[그림 15-8] 3가지의 기본전략

<table>
<tr><td rowspan="3">활동의 폭</td><td></td><td colspan="2">경쟁우위</td></tr>
<tr><td>산업 전체</td><td>전원가 전략</td><td>차별화</td></tr>
<tr><td>일부 특정 산업 부문</td><td colspan="2">비용집중   집중   비차별화 집중</td></tr>
</table>

자료 : Porter, Michael E. (1985), Competitive Advantage : Creating and Sustaining Superior Performance, Free Press, p.12.

우위의 원천인 비용우위와 차별화우위를 양립시키는 일은 거의 불가능하다. 그것은 일반적으로 다른 방향으로 전진하는 길이며, 동시에 그 길을 나아가는 것이 어렵기 때문이다. 이 3가지 기본전략이 어떤 것인가를 알아보기로 하자.

1) 저원가전략

자사가 속하는 산업에서, 저비용의 기업이라는 이미지를 갖추는 것이 비용우위의 전략이다. 기업은 폭넓게 활동을 하여, 많은 세분화를 취하여 제품을 공급하고 있다.

기업 활동이 어느 정도 폭넓게 행해지고 있는가? 이것이 비용우위를 추구하는 데 있어서 중요하다.

비용우위의 원천은 많이 있으며, 산업구조에 의해서도 정해진다. 즉 규모의 경제성이 추구되거나 독자적으로 기술 원재료를 확보하여 타사보다 유리한 방법을 취하여 비용우위를 달성하면, 산업 내의 평균가격 혹은 그것에 가까운 가격으로 판매할 수 있어 이 기업은 평균이상의 수익을 올릴 수 있다.

경쟁기업과 같은 가격이나, 그것보다 어느 정도 싼 가격으로 판매해도 저비용의 위치에 있으므로 경쟁우위에 있다. 그러나 비용우위와 차별화를 기반으로 하는 기업은 무시할 수 없다. 한 제품을 구매자가 타사의 것보다 인정해 주지 않는다면 경쟁기업 이상으로 가격인하를 하여야 하기 때문이다. 이러한 사태가 되면, 비용상 우위에 서 있는 강점은 없어져 버린다.

비용상 우위는 그 경쟁우위를 비용우위에 걸고 있는 것이지만 산업평균 이상의 업적을 올리기 위해서는 차별화에 대해, 경쟁기업과 거의 같은, 혹은 가까운 상태로 해두어야 한다. 차별화에 있어서 거의 같은 정도라면 비용우위는 그대로 경쟁기업보다 높은 수익을 초래하게 된다.

차별화에 있어서 경쟁기업에 근접하고 있다면, 시장점유율을 늘리기 위해 가격인하를 했다고 해도 비용우위가 무너져 버리는 일은 없다. 따라서 산업평균 이상의 수익을 올릴 수 있다.

비용우위를 누리고 싶어 하는 기업이 많다면 기업 간 경쟁은 격심해진다.

2) 차별화

차별화란 산업 전체에서 고객이 중요하다고 생각하는 속성(제품이나 서비스)을 하나 이상 선택하여, 그 욕구를 만족시키기 위해 특이한 지위를 구축하는 일이다. 그 특성이 있기 때문에, 타사보다 높은 가격으로 팔 수 있다.

차별화의 수단은 산업마다 달라진다. 제품 자체의 차별화, 판매를 위한 유통시스템의 차별화, 마케팅의 방법 등의 다양한 차별화가 시행된다.

차별화 전략의 논리는 고객들이 브랜드를 인지하고 신뢰하기 때문에 가격을 따지지 않기 때문에 경쟁기업과의 대결에서 승리할 수 있다.

3) 집중화

산업 내의 세분화의 하나 또는 몇 개를 선택하여 그것에 적합한 전략을 만들어내는 것을 말한다. 즉, 목표로 한 특정 세분화만으로 전략의 최적화를 꾀하는 것이므로 산업 전체의 경쟁우위는 없어도 목표로 하는 부문에서의 경쟁우위를 얻을 수 있다.

목표에는 특이한 욕구를 지닌 고객이 있으므로, 그에 적합한 제조방법이나 유통시스템은 산업 내의 타 기업과는 크게 다르다는 것을 생각할 수 있다. 광범위한 목표의 기업은 특정한 세분화전략을 따로 취급하여 대응하는 일은 어렵다. 그 틈새를 찌른 전략이라 말할 수 있다.

4) 기본전략의 지속력

기본전략이 잘 작용했다고 해도, 그 전략이 경쟁기업에 대해 지속력을 지니지 않으면 평균 이상의 업적은 이루어지지 않는다. 3가지 기본전략에 지속력을 갖게 하기 위해서는 기업의 경쟁우위가 경쟁기업의 행동이나 산업계의 발전에 의해 타격을 받지 않도록 하여야 된다.

기본전략에 지속력이 있게 하기 위해서는 전략의 모방을 어렵게 하는 장벽을 갖고 있어야 한다. 그러나 모방에 대해 장벽을 설치해도 어느 순간 뛰어넘을 수 있다. 거기에서 그 지위를 항상적으로 끌어올리기 위한 투자를 하여 장애를 넘으려 하는 경쟁기업에는 타깃을 이동시키는 일이 필요하다.

산업에 따라서는 산업구조의 특성을 위해 기본전략 중 아무리 해도 취할 수 없는 것이 있다. 기업이 규모의 경제성에서 경쟁을 하면 비용우위의 전략은 어렵고, 또 몇 개의 제품에 차이가 없는 경우도 차별화는 어렵다. 원래 세분화가 적은 산업에서는 집중화전략은 취하기 힘들다는 현상은 몇 개의 산업에서 생각할 수 있다.

기본전략을 생각하는 전제는 산업구조의 특성의 차이에 의해 경쟁우위를 확보하는 방법은 여러 가지가 있다는 것이다. 어떤 산업 내의 모든 기업이 경쟁전략의 원리에 따라 움직인다면, 각각이 생각하는 대로의 경쟁우위 방향을 탐구하게 될 것이다. 모든 기업이 성공하는 것은 아니나, 기본전략은 타사보다 뛰어나기 위한 길을 보여 주는 일이다.

2. 경쟁우위를 만드는 법

마이클 포터는 "경쟁우위는 기업 전체로 볼 때는 이해될 수 없다"고 했는데 경쟁우위는 기업의 활동에서 생겨난다. 제품을 표준화하고 규모의 경제를 살려 생산 활동에서 생산의 비용우위가, 특수한 원료를 소재에 첨가하여 만들어진 제품에서 차별화의 우위라는 식으로 경쟁우위는 만들어지는 것이다.

경쟁우위의 원천은 기업이 행하는 모든 활동을 분석하는 것에 의해 찾아낼 수 있다. 그 분석의 기초개념으로서 포터는 가치사슬을 제안했다. 즉, 포터는 가치사슬은 비용의 행위 및 차별화가 현존하는 원천 혹은 잠재하는 원천을 이해하기 위해 기업을 전략적으로 중요한 활동으로 분해하는 것으로 인식하였다.

기업이 개개인의 활동을 어떻게 행하는가는 기업마다 다르다. 각각의 기업에는 그 역사의 차이, 전략과 그 실시 방법 및 활동의 기초로 되어 있는 경제성에 차이가 있기 때문이다. 그러나 이러한 기업의 여러 활동의 가치사슬에서 경쟁우위가 나타나는 것이다.

제 4 절 글로벌 경영전략

1. 글로벌 경영전략의 등장 배경

1) 업계 경쟁 전략과 국가 경쟁 우위 –마이클 포터

글로벌화(globalization) 또는 우리말로 세계화에 대한 정의는 학자마다 상이할 수 있으나, 글로벌화란 일반적으로 기업이 개별 국가시장에 대해 각기 다른 전략을 취하기보다 전 세계시장을 하나의 시장으로 보고 통합된 전략을 수립하는 것을 의미한다.

글로벌 전략론을 특징짓는 '집중' 대 '분산', '집권' 대 '분권', '통합' 대 '분화'에 대한 논의에 가장 영향을 준 연구 중 하나가 마이클 포터(Porter, Michael)에 의한 업계 경쟁 전략의 분석이다. 업계 구조를 산업 내 경쟁, 신규시장 진입자, 대체재, 고객, 공급자의 5가지 경쟁 요인으로 분석하는 5가지 경쟁 요인 프레임 워크는 잘 알려져 있지만, 여기서는 포터의 이론의 중요성은, 이것을 해외에서의 사업 전개에 적용하려는 곳에 역점을 둔다. 사업의 해외 전개에서는 국내 시장에서의 기업 간 경쟁의 관계에 가세해 재화나 서비스의 현지화와 다른 한편으로 경영관리 프로세스의 통합을 고려할 필요성이 나온다.

포터는 사업의 해외 전개에 있어서의 현지화와 통합(표준화)의 문제를 가치 사슬의 배치와 조정의 문제로 파악했다.[13] 가치 사슬의 각 요소, 즉 회계와 인사, 연구 개발, 구매, 제조, 물류, 마케팅, 서비스 등의 조직 기능을 어떻게 집중적으로 배치할지, 아니면 분산시킬 것인가가 구체적인 문제 포인트로 밝혀냈다. '집중' 대 '분산' 문제를

13) M. E. Porter (ed.), Competition in Global Industries, Harvard Business School Press, Boston, 1986.

글로벌 전략론의 주요 논점으로 명확해한 것이 포터의 경쟁 전략이다.

게다가 포터에 의하면, 현지화와 통합의 조정의 방법은. 산업에 따라 다르다. 포터는 이 문제를 글로벌 산업과 멀티 도메스틱 산업의 대비를 통해 고찰했다. 글로벌 산업이란, 경쟁 환경이 세계적 규모로 확대되어 세계 시장의 존재를 염두에 두고, 경쟁 전략을 세울 때 필요성이 높은 산업이며, 고객도 경쟁 상대도 세계적인 확산을 가지고 있기 때문에, 글로벌 전략이 필요하다. 즉, 세계를 단일 시장으로 볼 수 있는 산업으로 표준화된 제품을 시장에 투입할 수 있다. 이 산업에서는 가치 사슬의 배치를 특정 국가에 집중적으로 배치하여 규모의 경제성을 증대시키는 것이 목적이다.

이에 대해 멀티도메스틱 산업이란 경쟁 환경이 나라마다 다르고, 이 때문에 경쟁전략도 나라마다 다른 산업이다. 이 산업에서는 가치사슬의 전 활동을 각국별로 배치하는 전략이 필요하다. 위의 설명에서 알 수 있듯이, 국제화 관점에서 "글로벌"과 "로컬"의 개념이 국제 경영론에서 처음으로 전략적 문제로 명확하게 확인되는 것이 포터 경쟁 전략의 연구이다. 글로칼리제이션(Glocalization) 사고방식[14)]이 명확하게 된 최초의 연구라고 할 수 있다.

[그림 15-9] 포터의 다이아몬드 모델

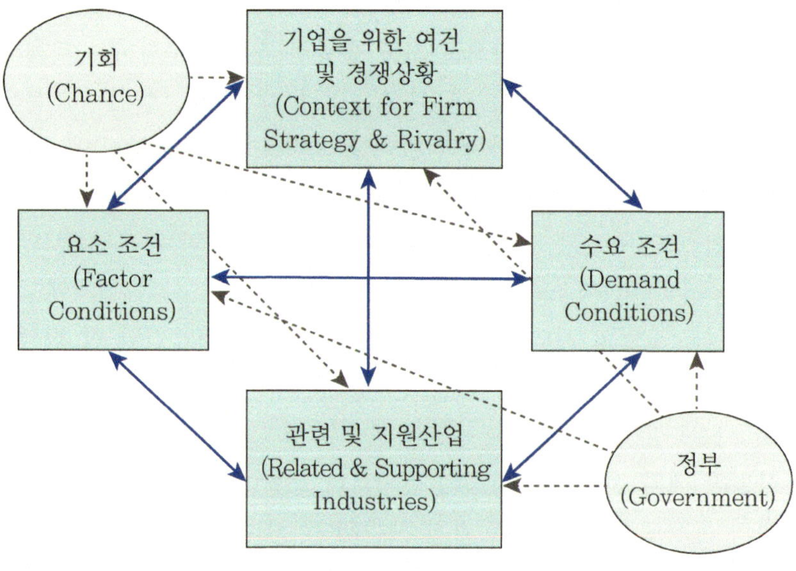

자료 : Porter, Michael, The Competitive Advantage of Nations, New York : Free Press, 1990, p.72.

14) 세계화(世界化)를 의미하는 글로벌라이제이션(globalization)과 지방화(地方化)를 의미하는 로컬라이제이션(localization)의 합성어로 세방화라고도 한다.

포터의 관심은 리카드의 비교 우위나 헥셔 올린의 이론 등 지금까지의 국제 무역의 이론으로는 설명할 수 없었던 것, 즉 국가의 경쟁력의 해명에 있었다. 포터에 따르면 국제 경쟁에서 국가가 특정 산업에서 성공하는 이유로 요소 조건(factor endowments), 수요 조건(demand conditions), 관련 산업(related and suppOm ng industries), 기업 전략·구조·경쟁 관계(corporate strategy, structure and rivalry)의 4가지 요인에 요구했다. 이른바 포터의 다이아몬드 모델(Porte's Diamond)이다.[15)]

2) 국가경쟁과 클러스터의 등장

포터의 논의에서는,「국가의 경쟁 우위의 원천」은「입지에 의한 경쟁 우위의 원천」으로 더욱 발전되면서「입지」와「분산」)의 문제가 매우 중요한 논점이 된다. 즉, 본국에 의한 소유의 우위를 중심으로 한 우위성의 창출로부터, 수출에 의존하지 않고, 자국 이외의「입지」에 의한 경쟁 우위의 창출을 세계 각 거점에서 복합적으로 행해 가는 것으로의 전환이다

'입지'의 중요성에 대한 포터의 지적과 관련하여 흥미로운 것이 그의 '클러스터'의 개념이다. 글로벌 기업으로서 성공하고 있는 기업은. 각국에 활동을 분산시키고 있지만, 주요 제품 계열과 사업 단위(business unit)는 한 곳에 집중적으로 배치하고 있는 경향이 있다. 따라서 글로벌 시장에서 지속적으로 경쟁 우위를 유지해 나가기 위해서는 많은 경우 매우 로컬인 요소, 즉 전문성이 높은 스킬과 지식대학 등을 포함하는 각종 관계기관, 경쟁기업, 공급업체 등 관련 비즈니스, 기대 수준이 높은 고객 등이 한 지역이나 국가에 집중적으로 존재하는 '집적지(cluster)'로서의 입지가 중요해진다.[16)] 이러한 글로벌 시장에서 조직이 경쟁 우위를 지속적으로 발휘하기 위해서는 클러스터라고 한다.

비즈니스 클러스터는 특정 분야에서 상호 연결된 비즈니스, 공급업체 및 관련 기관의 지리적 집중입니다. 클러스터는 기업이 전국적으로, 전 세계적으로 경쟁할 수 있는 생산성을 높이는 것으로 간주되며 도시 연구에서도 클러스터라는 용어가 사용된다. 또한 산업 클러스터, 경쟁 클러스터 또는 포터클러스터로 알려진 비즈니스 클러스터라는 용어는 마이클 포터가 국가의 경쟁 우위에 도입하여 대중화되었다.[17)]

---

15) Porter, Michael, The Competitive Advantage of Nations, New York : Free Press, 1990, p.72.

16) Porter, Michael E., "Clusters and the New Economy", Harvard Business Review 76, No. 6 (November-December 1998).

17) Porter, M.E. (1990). The Competitive Advantage of Nations. New York : The Free Press

2. 글로벌 경영전략의 과제

최근 기업들은 지역별 대응을 요구하는 현지화(localization)와 더불어 글로벌화(globalization)라는 글로벌 경영환경의 변화를 경험하고 있다. 즉, 한편으로는 혁명적인 교통·통신수단의 발달, 국가 간 무역장벽의 완화, 생산기술의 발달과 더불어 국내 소비량을 능가하는 규모의 경제단위의 확대, 개도국들의 소득수준 향상으로 인한 세계시장의 확대, 소비자 욕구의 동질화 등으로 세계가 하나의 큰 시장으로 변해 가는 범세계화 현상이 나타나고 있다. 다른 한편으로는 국가마다 상이한 시장구조와 소비자의 선호 등 현지화의 요구가 여전히 상존하고 있다.

물론 이러한 국가별 차이도 국제적인 교통·통신 수단의 발달로 점차 완화되기는 하나 아직도 이러한 국가별 제품에 대한 선호, 기호 등은 상당한 차이를 보이고 있다. 특히 비관세장벽과 같은 정부의 규제 및 간섭 등이 지역별 대응을 여전히 중요한 요인으로 만들고 있는 정부 측면의 현지화 요인들이다. 따라서 이처럼 "상반된 두 갈래의 글로벌 경영변화에 대해 기업들이 어떻게 조화로운 대응을 하느냐"가 기업의 글로벌 경영전략의 수립에 중요한 과제로 등장하고 있다.

[그림 15-10] 글로벌화와 현지화 간의 조화

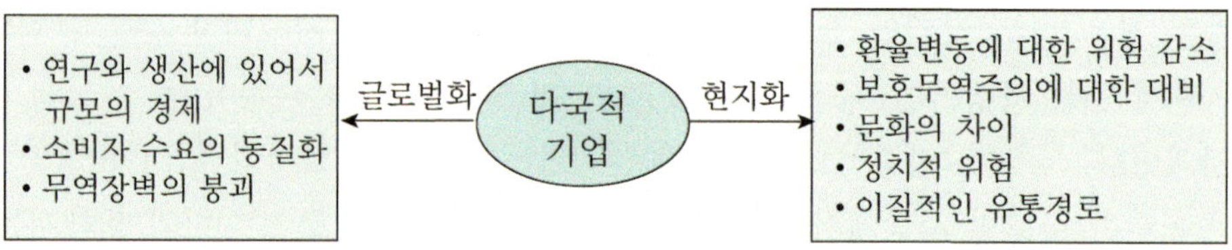

3. 글로벌 경영전략의 모델

포터에 의해 글로벌경쟁전략이 고찰된 것과 거의 비슷한 시기에 프라할라드 & 도즈(Prahalad and Doz, 1987)는 글로벌 통합(Integration)과 현지 적응(반응)(Local Responsiveness)의 2개의 상반되는 압력 (pressure)의 조합이 산업에 따라 다르다는 것을 주장했다.[18] 여기서 전략에서의 "글로벌 통합"의 개념이 제시된 것이다. 글로벌

18) C. K. Prahalad and Yves L. Doz (1987), The multinational mission : Balancing local demands and global vision, Free Press.

통합이란 해외 거점의 수가 점차 늘어남에 따라 기업 전체로서의 통합성을 유지하고 효율성을 향상시키는 것이 중요하다는 것을 의미한다.

이에 대해 현지적응이란 원재료, 인재, 자금 등을 현지에서 조달하는 것의 중요성을 의미한다. 조직 전체로서는, 해외 각 거점의 현지화를 진행할수록 y 조직 전체로서의 정합은 다루기 어려워져, 전체로서의 효율성은 저하한다고 생각된다.

톱 매니저의 역할을 고찰하는 가운데, 프라할라드 & 도즈는, 사업의 해외 전개에 있어서, 경영 톱이 대처해야 하는 「경제적 압력(pressure)」과 「정치적 압력」의 2개의 요인에 주목하고 있다. 경제적 압력이란 기본적으로 규모의 경제성 추구를 중심으로 실현해야 할 '글로벌 통합'에 대한 압력이며, 정치적 압력은 '현지 적응'에 대한 압력으로 이해된다. 이들은 이 두 관계를 글로벌 통합 정도를 종축으로, 현지 적응 정도를 횡축으로 취하고, 그 중에서 기업의 양자의 조합이 어디에 위치하는지를 2차원 매트릭스로 나타내었다. 이것은 글로벌 통합(lntegration)과 현지 적응(Responsiveness)의 이니셜을 취한 1-R 그리드(I-RGrid) 이다.

1) 통합-반응(Integration-Responsiveness, IR) 모델

범세계적 통합의 압력(pressures for global integration)으로 작용하는 요인들을 구체적으로 살펴보면 다음과 같다.

① 글로벌 소비자들의 존재 : 이와 같은 소비자들은 전 세계에 걸쳐 있는 공급자들의 가격 및 서비스 등을 비교하여 제품구입을 결정하게 된다.

② 글로벌 경쟁자들의 출현 : 특정 지역에서 벌어지는 기업 간 경쟁을 통해 타 지역에서의 경쟁에 영향을 끼침으로써 범세계적 경쟁을 촉발시키는 경쟁자들이 출현하게 된다.

③ 첨단산업을 중심으로 한 R&D 집약적인 산업의 등장 : 이 경우 대규모의 투자를 회수하기 위해 보다 넓은 세계시장을 상대로 한 마케팅활동을 전개하게 된다. 이는 특히 초기에 대규모 투자가 소요되는 투자집약적인 사업의 경우에 해당된다.

④ 비용절감에 대한 압력 : 요소비용이 낮은 지역에서 생산을 추구하고 대규모 공장을 건설하여 규모의 경제와 경험효과를 추구한다.

⑤ 소비자욕구의 동질화 경향 : 이는 국가 간에 존재하는 벽을 허물어, 전 세계를 하나의 단일시장으로 파악하고 전략을 수립하는 글로벌경영을 요구하고 있다.

이에 반해 지역별 대응의 압력(pressures for local responsiveness)으로 작용하는 요인들을 보면 다음과 같다.

① 소비성향의 이질성 : 국가 혹은 지역별로 다양한 소비자 요구를 충족시키기 위해 지역적 대응전략이 필요하다.
② 시장구조의 상이성 : 각 국가 간에는 유통경로, 가격결정, 제품 포지셔닝, 판매촉진과 광고 등의 상이성이 존재한다.
③ 대체품의 존재 : 진입시장에서 상이한 가격체계를 가진 현지 대체품과 만날 경우 경쟁력을 유지하기 위해 현지 적응전략이 요구된다.
④ 현지국 정부의 압력 : 국가 발전 및 국가 안보 등 다양한 이유로 현지국 정부의 요구가 있을 때 각국별 적응전략이 요구된다.

이상에서 보았듯이 글로벌기업이 범세계적 통합과 지역적 대응의 요구 하에서 어떤 전략을 택할 것인가는 각 기업에 작용하는 개별 요인들의 크기에 따라 달라질 것이다. 이 모델은 범세계적으로 경영활동을 통합할 것인가 아니면 개별, 지역별로 적응하여 대응할 것인가에 따라 3가지 전략을 제시하고 있다. 즉 ①글로벌 통합전략(global integratin strategy) ②지역별 대응전략(local responsiveness strategy) ③절충형태의 다중초점전략(multi-focal strategy)을 들 수 있다.

글로벌 통합전략은 다국적기업의 여러 자회사가 본사에 의해서 직접적으로 지휘와 통제를 받으며 특히 생산이나 판매 면에서 자회사 간에 긴밀한 상호의존성을 갖는 경우의 전략을 말한다. 통합의 필요성은 비용절감과 투자의 효용 극대화이며, 이를 위해 임금이 싼 국가에 공장을 설립하여 규모의 경제를 실현하기 위해 대규모의 전문화된 공장을 건설한다. 이 전략은 보통 중앙집권적 조직구조를 가진다.

다중초점전략은 자회사 간의 독자적인 자율경영 원칙에서 각 지역의 자회사 간 조정과 상호협력을 갖는 것을 의미한다. 즉, 연구개발의 우선순위를 조정하고 범세계적 소비자에 대한 가격결정을 조정하며 본사에서 자회사로 혹은 자회사 간에 기술이전을 촉진하는 데 그 특징이 있다. 이 전략은 자회사들에게 차별화된 목표를 할당하는데, 이는 경쟁 능력을 개발하기 위한 것이다.

지역별 대응전략은 개별국가의 환경에 맞추어 마치 그 나라의 기업처럼 현지국에서 자율적으로 활동하도록 하는 것을 말한다. 따라서 자회사는 현지의 경쟁사나 소비자의 요구에 대응하여 독자적으로 자원의 실행결정을 내리게 된다. 따라서 지역별 대응전략은 주로 분권적 조직구조를 요구하게 된다.

2) 가치활동의 배치와 조정 모델

이 모델은 기업의 경쟁력의 원천은 R&D, 생산, 마케팅, 애프터서비스 등의 주요 경영기능들의 효율성을 제고하는 데 있음을 강조하고, 저원가와 차별화라는 경쟁우위를 달성하기 위해 각 기능들의 활동을 범세계적으로 배치하고 조정하는 모델이다.

가치활동의 배치(configuration)라는 개념은 전 세계를 대상으로 수행되는 가치사슬 내의 각 활동들이 얼마만큼 특정국에 집중되어 있는가 또는 분산되어 있는가를 의미하고, 가치활동의 조정(coordination)이란 개념은 각 국가에서 수행되는 가치사슬 간의 상호조정 정도를 의미한다.

따라서 가치사슬의 집중은 본국을 중심으로 소수 지역에 각 가치활동을 집중 배치하는 것을 의미하며, 분산을 각각의 가치활동을 분산시켜 극단적으로는 모든 진출 지역에 본사와 동일한 가치사슬(value chain)을 갖는 자회사를 두는 것을 의미한다.

그리고 높은 조정 수준이라는 것은 높은 통제(가치활동의 통합)를 추구하는 중앙집권식 경영을 말하며, 낮은 조정 수준은 높은 자율성을 추구하는 분권화된 경영방식을 시사한다. 예를 들면 한국, 미국, 영국에 3개의 생산공장을 가지고 있는 기업의 경우 3개의 공장을 각각 완전히 자율적으로 운영할 수도 있고, 아니면 똑같은 생산방식과 부품 등을 사용하게 함으로써 본사에서 철저하게 통제할 수도 있다.

가치활동의 범세계적인 배치와 조정을 구체적으로 살펴보면 다음과 같다.

① 순수 글로벌 전략(pure global strategy)은 기업의 가치사슬 중 규모의 경제에 민감한 부분들은 가급적 하나의 국가에 집중하고, 현지화에 충실해야 할 기능들만 최소한으로 분산시킨다. 그것도 개별국가 간의 차이를 좁히도록 높은 조정 수준을 유지한다. 이는 저원가를 달성하는 데 유용한 전략이다.

② 개별국가 중심 전략(country-centered strategy)은 기업활동의 대부분이 개별국가에 분산되어 행해지지만 자회사 간 가치활동의 조정이 이루어지지 않는 전략의 형태이다.

③ 고도의 해외직접투자 전략(higy FDI strategy)은 대부분의 가치활동을 각국에 분산 배치하는 면에서는 개별국가 중심 전략과 유사하나 분산된 가치활동에 대해서는 철저한 중앙 통제 및 조정을 행하는 점에서 다른 측면을 가지고 있으며, 반면 자회사 간의 조정 수준이 높은 전략이다.

④ 수출 중심 전략(export strategy)은 가치활동을 지역적으로 집중시키되 가치활동 간의 조정은 별로 하지 않는 전략이다. 즉, 순수 글로벌 전략처럼 기업의 가치사슬 중 규모의 경제에 민감한 기능들은 가급적 한곳으로 집중시켜 관리하고 최소한으로 현지화에 필요한 기능만 분산시켜 각 지역별 적응의 요구에 대응하는 수출 위주의 전략이다.

배치와 조정의 매트리스 내에 있는 전략 중 어떤 것을 선택하여 실행하는가 하는 것은 어떤 전략이 자사의 국제적인 경쟁우위를 확보하는 데 효과적인가에 따라서 결정되기 때문에, 자사에게 가장 유리한 전략을 선택하기 위해서는 가치활동의 지역적 집중에 따른 장단점과 분산된 가치활동의 조정 및 통제에 따른 장단점을 이해해야 한다.

3) 경쟁범위에 따른 전략 모델

경쟁범위는 기업이 경쟁하는 데 있어서의 활동의 폭을 의미한다. 기업이 글로벌경영을 수행하는 데 있어 경쟁의 범위를 어떻게 선택하는가에 따라 글로벌 경영전략의 추구가 달라진다. 글로벌기업은 어떻게 가치활동을 전 세계적으로 배치하고 조정함으로써 경쟁우위를 향상시킬 수 있는가의 여부와 시장세분의 범위를 어느 정도로 정할 것인가의 여부에 따라 전략이 구분된다. 가치활동의 지역적 배치 및 조정에 따라 범세계적 전략과 개별국가 중심 전략으로 분류하고, 세분시장을 다수와 소수로 구분한다. 각 전략들을 살펴보면 다음과 같다.

① 차별화 전략(global cost leadership or differentiation)이란 광범위한 제품라인에 걸쳐 경쟁하기 위해 기업의 가치활동을 지역적으로 집중하며 또한 가치활동을 강력하게 통제하는 전략이다. 즉, 각 개별시장을 독립된 개개의 시장으로 보지 않고 하나의 범세계적 시장으로 보고 전략을 수립한다.

② 글로벌적 세분화 전략(global segmentation)이란 자동차산업의 메르세데스 벤츠와 같이 특정 세분시장을 대상으로 하여 범세계적 경쟁전략을 추구하는 것이다. 즉, 기업의 자원이 한정되어 있을 경우 범세계적 시장의 특정 시장을 목표시장으로 하는 전략이다.

③ 보호된 시장침투 전략(protected markets)이란 관세, 쿼터, 수출 자율규제, 보조금 등을 통하여 정책적으로 보호를 받는 산업 내에서 광범위한 세분시장을 대상으로 하는 전략이다. 각 나라 안에서의 경쟁이 서로 독립적인 산업, 즉 한 국가 안에서의 경쟁이 여타 국가에서의 경쟁에 무관한 식품산업과 같은 산업에서 수행되는 전략이다.

④ 현지시장 적응전략(national responsiveness)은 현지국의 독특한 시장 상황으로 인하여 생겨나는 세분시장에 선별적으로 진출하는 전략이다. 즉, 각국의 현지시장의 불규칙한 수요에 부응하여 한정된 자원을 특정 시장에 집중하는 전략이다.

4) Total Global Strategy 모델

현재의 글로벌 환경은 산업의 범세계화가 급속히 추진됨에 따라, 기존의 다국가 전략은 점차 그 실효성을 잃어 가고 세계 각국에서의 사업들을 통합된 관점에서 바라보는 글로벌 전략에 대한 필요성이 점차 증가되고 있는 추세이다.

이러한 글로벌 전략을 수행하는 데 있어서 중요하게 고려될 점들로서는 기업이 속한 산업이 얼마나 글로벌화 되어 있는가를 평가하는 일과 기업의 전략을 산업의 글로벌화의 정도에 맞게 글로벌화 하는 것이 요구되고 있다.

이러한 원칙을 중심으로 Total Global Strategy의 틀(framework)을 제시하면 다음과 같다. 우선적으로 글로벌 전략을 수행하기 위해서 가장 고려되어야 할 점으로는 과연 해당 기업이 글로벌전략을 수행할 수 있는 경쟁적 지위와 자원을 지니고 있는지를 확인하는 것이다.

YIP은 우선 글로벌 전략의 이익과 비용의 요인으로서 글로벌 전략수단과 산업의 글로벌화 추진력, 글로벌 조직요소를 글로벌화 트라이앵글로 칭했다. 좀 더 구체적으로는 회사의 상황과 자본(기업의 글로벌화) 및 산업의 글로벌화 추진력의 각 요소가 글로벌 전략수단에 영향을 주어 이것이 글로벌 전략의 이익과 비용에 영향을 준다는 구도이다.

이러한 점들이 충분히 고려되고 평가된 후에는 이상의 2가지 요소들에 적합한 글로벌 전략수단들을 선택해야 하는데, 이러한 전략들이 모두 통합된 관점에서 선택될 때에만 글로벌 전략이 성공할 수 있다. 이러한 글로벌 전략수단들로는 글로벌 시장진입 전략, 글로벌 제품전략, 글로벌 가치활동의 입지전략, 글로벌 마케팅전략, 글로벌 경쟁자 대응전략 등을 들 수 있다.

[그림 15-11] 입(Yip)의 모델

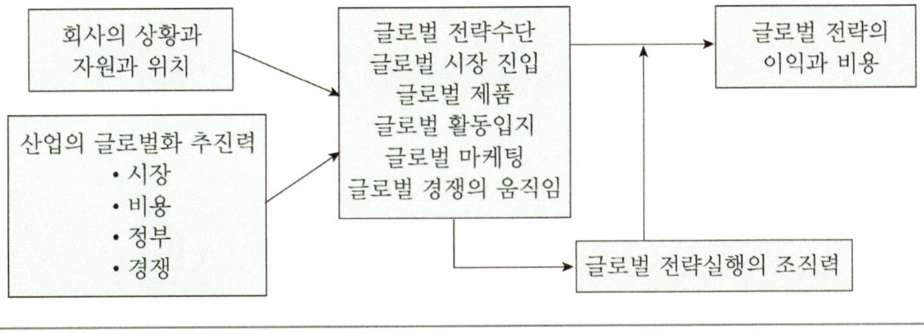

자료 : George S. Yip, Global Strategy in a world of nation, Sloan Management Review, Vol.31, No.1, Fall, 1989, pp.29-41.

한편 이러한 글로벌 전략수단들의 실행에는 조직의 능력이 뒷받침되어야 하는데, 기업의 조직이 과연 글로벌 전략을 실행할 만한 체계를 갖추고 있는지를 평가해야 한다. 이를 위해서는 조직이 전략의 실행에 미칠 수 있는 영향력과 역으로 글로벌 전략이 조직에 미칠 수 있는 영향력에 대한 고려를 해야 한다.

마지막으로 글로벌 전략의 실행이 기업에 주는 이익과 손실을 계산해야 한다. 글로벌 전략의 실행이 기업에게 반드시 이익만을 가져다주는 것은 아니며 손실도 동시에 수반할 수 있으므로 이러한 이익과 손실을 정확히 계산해 기업에게 주는 이익을 예측한 후 글로벌 전략을 수립하고 실행해야 한다.

사례

새로운 전략으로서의 'AAA 트라이앵글'

덧붙여 새로운 시점으로서의 예를 들어, 게마와트 Ghemawat는 2007년 논문[19]에서 해설한 'AAA 트라이앵글'은 '적응 전략(Adaptation)', '집약 전략(Aggregation)', '재정 전략(Arbitrage)'의 3개의 방향성의 최적의 밸런스를 검토해, 그 조합에 의해 시장의 다양성으로부터 최대한의 이익을 얻어야 한다고 한다.

적응전략은 각국의 특수성에 가능한 한 적응하여 각국의 고객에 대한 상품의 매력도를 극대화하려는 방향성이다. 이것은 I-R 프레임 워크의 적합성(Responsiveness)의 방향성과 겹쳐진다.

또 집약 전략이란 I-R 프레임워크의 통합(Integration)과 마찬가지로 국제적인 운영을 가능한 한 하나로 집약함으로써 그 비용을 최소화하고 경쟁 우위를 창출하려는 방향성이다. 그리고 재정전략이란 각 나라 사이에 존재하는 차이로부터 경쟁 우위를 창출하려는 방향성이다. 가장 알기 쉬운 것은, 인건비나 광열비 등의 생산 비용의 차이이며, 신흥국에서 생산해, 선진국에서 판매하는 형태가 적용된다.

19) Ghemawat, P., 2007, "Managing Differences," Harvard Business Review, 85, pp.58-68.

찾아보기

F

G

H

I

J

K

L

M

N

O

P

R

S

T

V

W

Z

저자 약력

■ **이 덕 훈**(李悳薰, Lee, Duk-Hoon)

일본 게이오대학(慶応義塾大学)상학(경영회계학) 박사
일본 게이오대학 상학부 객원교수
미국 뱁슨칼리지(Babson college) Arthur M Blank center 기업가센터 객원교수
한남대학교 일본연구소장, 학술정보처장, 학생처장, 기획조정처장 역임
대한경영학회회장 역임
한남대학교 총장 역임
현) (사)한국전통시장학회 회장

[주요 저서]

- 일본의 기업사회, 학문사(1995)
- 기업과 환경, 학문사(1996)
- 글로벌기업경영, 학문사(1999)
- 화교경제의 생성과 발전, 한남대출판부(제4판, 2011)
- 국제기업과 환경, 교우사(개정판, 2002)
- 국제기업전략, 한남대출판부(2005)
- 벤처와 창업경영, 글누리(제3판, 2007)
- 글로벌기업과 전략, 교우사(2007)
- 국제경영, 교우사(제2판, 2008)
- 창업과 경영, 도서출판 서연(2008)
- 일본의 경제발전과 무사도, 비앤엠북스(2009)
- 글로벌 기업전략, 비앤엠북스(2011)
- 국제경영, 비앤엠북스(2011)
- 국제기업과 전략, 도서출판 두남(2015)
- 한국의 기업경영, 글누리(제5판, 2012)
- 기업과 환경, 비앤엠북스(제3판, 2017)
- 창업학의 이해, 비엔엠북스(제4판, 2021)
- 국제경영학, 도서출판 두남(2022)

[역서] • 유교자본주의 운명과 대안, 시공아카데미(1999)

[논문]

- "The Role of Entrepreneurs in the Development of Japanese Automotive Industry", KEIO Buniness Review, No 32, KEIO University.
- "東南亞華僑 資本蓄積過程" 三田商學研究 42卷 4号, 慶応義塾大学商学会, 1999.
- "韓国の経済発展と韓国的資本主義の課題" 三田商学研究 52卷 5号, 慶応義塾大学商学会, 2009.
- "글로벌무역으로서의 마닐라 갈레온무역과 중국인과 일본인의 교역" 일본문화학보, 62집, 2014.
- "스페인 식민지시기의 필리핀에서의 중국계 메스티조의 등장과 역할" 동남아시아연구 24권 4호, 2014. 외 다수

새로운 경영전략

초 판 1쇄 인쇄 —— 2022년 8월 25일
초 판 1쇄 발행 —— 2022년 8월 30일
지은이 —— 이 덕 훈
펴낸이 —— 전 두 표
펴낸곳 —— 도서출판 **두남**
서울시 강동구 성내로 6길 34-16 두남빌딩
신 고 : 제25100-1988-9호
TEL : 02) 478-2065, 2066, 2067, 2311
FAX : 02) 478-2068
E-mail : dnbooks@dunam.co.kr
http://www.dunam.co.kr

정가 34,000원

ISBN 978-89-6414-947-8 93320